**Raízes do privilégio:
mobilidade social
no mundo ibérico
do Antigo Regime**

Raízes do privilégio: mobilidade social no mundo ibérico do Antigo Regime

Organização de
Rodrigo Bentes Monteiro, Bruno Feitler,
Daniela Buono Calainho e Jorge Flores

CIVILIZAÇÃO BRASILEIRA

Rio de Janeiro
2011

Copyright© Rodrigo Bentes Monteiro, Bruno Feitler, Daniela Buono Calainho e Jorge Flores (orgs.), 2011

DIAGRAMAÇÃO DE MIOLO
Editoriarte

CAPA
Alain Tramont

CIP-BRASIL. CATALOGAÇÃO-NA-FONTE
SINDICATO NACIONAL DOS EDITORES DE LIVROS, RJ

R131   Raízes do privilégio : hierarquias sociais no mundo ibérico do Antigo Regime / organizadores, Rodrigo Bentes Monteiro... [et al.] ; [tradução Maria alzira Brum, Adelaine La Guardia, Ana Letícia Fauri]. — Rio de Janeiro : Record, 2011.
il.

ISBN 978-85-200-1022-8

1. Portugal — Colônias. 2. Espanha — Colônias. 3. Dominância (Psicologia) — História. 4. História social. I. Monteiro, Rodrigo Bentes.

10-5243
CDD: 946
CDU: 94(46)

EDITORA AFILIADA

Todos os direitos reservados. Proibida a reprodução, armazenamento ou transmissão de partes deste livro, através de quaisquer meios, sem prévia autorização por escrito.

Texto revisado segundo o novo Acordo Ortográfico da Língua Portuguesa.

Direitos desta edição adquiridos pela
EDITORA CIVILIZAÇÃO BRASILEIRA
Um selo da
EDITORA JOSÉ OLYMPIO LTDA.
Rua Argentina 171 — 20921-380 — Rio de Janeiro, RJ — Tel.: 2585-2000

Seja um leitor preferencial Record.
Cadastre-se e receba informações sobre nossos lançamentos e nossas promoções.

Atendimento e venda direta ao leitor:
mdireto@record.com.br ou (21) 2585-2002

Impresso no Brasil
2011

Sumário

INTRODUÇÃO
Rodrigo Bentes Monteiro, Bruno Feitler, Daniela Buono Calainho e
Jorge Flores   9

PARTE I
Monarquias por escrito   25

CAPÍTULO 1
Vendendo a história: historiadores e genealogias na Espanha
moderna   27
Richard L. Kagan

CAPÍTULO 2
"Dicionário das antiguidades de Portugal": estudo introdutório sobre
um manuscrito aberto   49
Ana Paula Torres Megiani

CAPÍTULO 3
Seleta de uma sociedade: hierarquias sociais nos documentos
compilados por Diogo Barbosa Machado   69
Rodrigo Bentes Monteiro e Pedro Cardim

CAPÍTULO 4
Servir segundo a dignidade: exílios políticos e administração real na
monarquia hispânica, 1580-1610   105
José Javier Ruiz Ibáñez

CAPÍTULO 5
Os Vaaz em Nápoles: ascensão e queda de uma família de banqueiros portugueses (1590-1660) *133*
Gaetano Sabatini

CAPÍTULO 6
A lealdade dos traidores. Rebelião, justiça e bom governo no Rio da Prata (1580) *165*
Darío G. Barriera

PARTE II
Hierarquias, raça e nobreza *205*

CAPÍTULO 1
"Entre duas majestades", ordem social e reformas no México burbônico *207*
Óscar Mazín

CAPÍTULO 2
Hierarquias e mobilidade na carreira inquisitorial portuguesa: a centralidade do tribunal de Lisboa *235*
Bruno Feitler

CAPÍTULO 3
Artes e manhas: estratégias de ascensão social de barbeiros, cirurgiões e médicos da Inquisição portuguesa (séculos XVI-XVIII) *259*
Georgina Silva dos Santos

CAPÍTULO 4
Ascensão e queda dos Lopes de Lavre: secretários do Conselho Ultramarino *283*
Maria Fernanda Bicalho

CAPÍTULO 5
O vício dos nobres: sodomia e privilégios da elite na Inquisição portuguesa *317*
Luiz Mott

PARTE III
Etnias, ascensão social e carreiras *353*

CAPÍTULO 1
Mulatismo, mobilidade e hierarquia nas Minas Gerais: os casos de Simão e Cipriano Pires Sardinha *355*
Júnia Ferreira Furtado

CAPÍTULO 2
Fradaria dos Henriques. Conflitos e mobilidade social de pretos no Recife *c.* 1654-1744 *387*
Ronald Raminelli

CAPÍTULO 3
A fortuna da diáspora: judeus portugueses no Brasil holandês *423*
Ronaldo Vainfas

CAPÍTULO 4
De infâmia e honra: a trajetória de José Francisco de Paula Cavalcante de Albuquerque (*c.* 1773-1818) *453*
Guilherme Pereira das Neves

CAPÍTULO 5
Curas e hierarquias sociais no mundo luso-brasileiro do século XVIII *483*
Daniela Buono Calainho

PARTE IV

Casa(s), fronteira(s) e engenharia social   *507*

CAPÍTULO 1

Os *casados* na Índia portuguesa: a mobilidade social de homens úteis   *509*
Andréa Doré

CAPÍTULO 2

Religião, "nação", estatuto: os desafios de uma "dinastia" de intérpretes hindus na Goa seiscentista   *535*
Jorge Flores

CAPÍTULO 3

Clérigos e castas: o clero nativo de Goa e a disputa por cargos eclesiásticos no Estado da Índia — séculos XVII e XVIII   *567*
Célia Cristina da Silva Tavares

CAPÍTULO 4

Áreas proibidas e hierarquias contestadas: resistência indígena à incorporação colonial na mata atlântica setecentista   *589*
Hal Langfur

CAPÍTULO 5

Adquirindo e defendendo os privilégios concedidos pela coroa no norte do Brasil   *617*
Barbara A. Sommer

CAPÍTULO 6

Minha casa, minha honra: morgadios e conflito no império português   *639*
Márcia Maria Menendes Motta

AGRADECIMENTOS   *667*

Introdução

Raízes do privilégio recorda o livro de Sérgio Buarque de Holanda (1902-1982), editado pela primeira vez em 1936. Como se sabe, a pequena obra de poucas citações tornou-se logo clássica, de início fornecendo aos jovens descrentes do liberalismo oligárquico no país a compreensão de posições políticas e a busca de novas soluções, fossem elas mais à esquerda ou à direita. Em termos muito sucintos, *Raízes do Brasil* procura oferecer uma análise do passado por meio das características fundamentais da sociedade brasileira, com respaldo na história social francesa e na sociologia alemã. Para Antônio Cândido de Mello e Souza, diferentemente de alguns trabalhos então em voga, Buarque de Holanda não apresentava uma visão hierárquica e autoritária da sociedade, preferindo defini-la por contrastes e contrários. Essa seria a característica mais marcante do livro, aprofundando uma tendência da reflexão latino-americana, calcada na exploração de conceitos polares tratados simultaneamente: trabalho e aventura, método e capricho, rural e urbano, burocracia e caudilhismo, norma e afeto. Pares destacados pelo historiador na estrutura social e política para compreender o Brasil e os brasileiros.[1]

Nesse afã comparativo, o livro é bastante conhecido por sua análise das raízes ibéricas, na confrontação dos tipos castelhano e português. Buarque de Holanda tratava da Ibéria, desdobrada em Portugal e Espanha, como origem remota de um tradicional personalismo, da frouxidão das instituições e da falta de coesão social. A isso se somariam a

---

[1] Para algumas dessas reflexões, ver Antônio Cândido, "O significado de *Raízes do Brasil*", *in* Sérgio Buarque de Holanda, *Raízes do Brasil*, p. xxxix-l.

fragilidade das hierarquias e a exaltação do prestígio pessoal em relação ao "privilégio". No Brasil colonial, a busca de privilégios teria sido favorecida pelo "espírito de aventura", em oposição ao mundo do trabalho, da segurança e do esforço, aspectos associados à escravidão. Desse modo a sociedade rústica e rural precisava ceder espaço ao elemento urbano, tema que, projetado para o passado da fundação das cidades, proporcionou a mais fecunda e criativa dicotomia feita no livro: o semeador e o ladrilhador. Mas os brasileiros de *Raízes...* também seriam marcados pela cordialidade e pelo predomínio da família, da simpatia a dificultar as relações impessoais, mais próprias da burocracia estatal.

No tempo em que foi lançado, a atualidade de *Raízes do Brasil* era inegável. Para Sérgio Buarque de Holanda, o conhecimento do passado vinculava-se aos problemas do presente, e a liquidação das "raízes" era necessária ao desenvolvimento histórico. Conquanto avaliasse um tanto sentimentalmente os componentes lusos, no livro o sentido moderno da "evolução brasileira" passaria pela perda crescente das raízes ibéricas, rumo a uma civilização urbana e cosmopolita. Em 1937 veio o golpe de Estado, com uma fórmula ao mesmo tempo rígida e conciliatória, encaminhando as transformações econômicas pela industrialização. Nas palavras de Antônio Cândido: "O Brasil de agora deitava os seus galhos, ajeitando a seiva que aquelas raízes tinham recolhido."[2]

Em junho de 2009, no Rio de Janeiro, ao lado do antigo Palácio do Catete, palco de tantos episódios decisivos da república brasileira, pesquisadores provenientes de universidades do Brasil, da Argentina, do México, dos Estados Unidos, de Portugal, da Espanha e da Itália reuniram-se em torno de um tema ao mesmo tempo semelhante e muito diferente da história contada em *Raízes do Brasil*. Semelhante, pois os historiadores são sempre sensíveis às raízes pretéritas, e nisso Sérgio Buarque de Holanda fornece-nos lições insubstituíveis de argúcia e interpretação. O colóquio internacional, como o livro inspirador de seu título, também teve como foco as dinâmicas sociais, concebidas de modo relacional a aspectos políticos, culturais e econômicos, de forma

---

[2] *Idem*, p. l.

INTRODUÇÃO

quase multidisciplinar — outra marca do grande historiador com forte formação literária. Destaca-se ainda como ponto comum a perspectiva comparada no estudo do âmbito ibérico, presente naquela obra seminal e também no conjunto das diversas comunicações apresentadas, transformadas em capítulos deste livro.

Mas se em *Raízes do Brasil* a observação do passado vinculava-se de forma ostensiva ao presente, com posicionamentos políticos que possibilitariam justamente a libertação "nacional", o mesmo não ocorre em *Raízes do privilégio*. A atual geração de historiadores dedicados aos séculos XVI, XVII e XVIII parece afeita à ideia de um passado que se convencionou chamar Antigo Regime, termo que alude à alteridade de uma época em que os privilégios sociais eram mais naturalizados e instituídos. Contudo, embora as sociedades contemporâneas sejam regidas pelo princípio da igualdade, por poderes em equilíbrio e pela distinção entre o público e o privado, não raro disfarçam seus privilégios e suas hierarquias sociais. Faz-se necessário, portanto, estar atento às transformações da Época Moderna.

Diferenças também no espaço. No mundo globalizado, as oportunidades de estudo e acesso à informação abrangem vastas regiões na Europa, América, Ásia e África, partes do enorme mundo ibérico entre os séculos XVI e XVIII. Cresceram também as possibilidades de comunicação e intercâmbio entre os pesquisadores. Nesse âmbito, o paradigma das histórias nacionais tem sido revisado, especialmente em função de abordagens que contemplem os chamados impérios português ou espanhol ou a monarquia espanhola em sua dimensão europeia e plural. Em decorrência disso, *Raízes do privilégio* apresenta um leque muito maior de investigações sobre espaços e situações sociais, ultrapassando os limites do Brasil e das comparações outrora encetadas por Buarque de Holanda entre Portugal e Castela, as Américas portuguesa e espanhola.

Diferenças ainda nas análises das clivagens sociais ibéricas do Antigo Regime, que hoje cotejam melhor as oscilações entre normas de sociedades altamente hierarquizadas e práticas que permitiam alguma mobilidade social — de ascensão, queda ou deslocamento geográfico — de indivíduos e grupos. Mesmo que Buarque de Holanda tenha sido um destruidor de mitos tradicionais da história do Brasil, avesso à historiografia do Instituto Histórico e Geográfico Brasileiro, ele estabeleceu perfis e consequentes estereótipos sociais, hoje matizados. As atuais pesquisas históricas mostram-se mais atentas a heterodoxias e mestiçagens culturais, bem como às negociações em torno do poder central. Por outro lado, o maior contato com fundos de documentos europeus permite enriquecer algumas reflexões de Buarque de Holanda, por exemplo, em relação ao "fidalguismo" e à lógica do prestígio pessoal, que merecem ser contextualizados no âmbito das casas nobres, da política de concessão de mercês e das prestigiosas ordens militares, bem como relacionadas aos conceitos de honra e reputação.

Este livro visa a estudar alguns aspectos inerentes à problemática das hierarquias sociais no mundo ibérico do Antigo Regime, sem, contudo, pretender esgotar o amplo tema ou abranger todos os contextos pertinentes. Dessa forma, *Raízes do privilégio* foi dividido em quatro partes. A primeira intitula-se "Monarquias por escrito". Desde o final do século XX, as relações sociais e suas hierarquias impregnaram o campo da historiografia política voltada para a Época Moderna. Para além dos documentos de cariz administrativo, historiadores "modernistas" começaram a lidar com fontes de origens diversas: registros genealógicos, testamentos, epístolas, processos judiciais e textos de cunho literário. Por todos os lados, emergiram aspectos de vínculos clientelísticos, conflitos de jurisdições, trajetórias de famílias, produções laudatórias elucidativas de relações de força.[3] Tópicos que desafiavam a norma de um Estado ibérico impessoal e abstrato para os séculos XVI, XVII e XVIII, ao denotar a pujança de facções e clãs familiares, aristocráticos ou de perfis variados: financistas, desbravadores de terras, exilados e letrados. Conquanto aquelas práticas fossem muito diferentes das hipérboles que caracterizaram outrora o "Estado absolutista" na historiografia dos séculos XIX e XX, seus atores sociais viviam num universo cultural e político comum aos tratadistas coevos das monarquias ibéricas. Comungavam, assim, valores pertinentes ao catolicismo moderno e à segunda escolástica, à intolerância religiosa e à pureza de sangue. Mas

---

[3] Carlo Ginzburg, *Relações de força: história, retórica, prova*.

INTRODUÇÃO

também se inseriam nos ambientes dos manifestos espetaculares do poder de príncipes e da busca de erudição, nos quais as demonstrações retumbantes pesavam bastante no jogo das hierarquias e mobilidades. Nessa parte que ora apresentamos, o poder, mais do que a política concebida isoladamente, aparece indissociável do seu registro escrito. Se por um lado a imprensa em ascensão desde Johannes Gutenberg possibilitava a ampliação de informes, ideias e potestades, o manuscrito conservava um aspecto solene e mais secreto, igualmente significativo no estabelecimento de relações.[4] Nesse âmbito, a honra podia ser até comprada, mostrando que a riqueza — além da educação — interferia na forja da limpeza de sangue e na febre genealógica que grassou a Espanha moderna, com seu ápice em Luís de Salazar y Castro. Histórias legitimadoras de poderes também podiam surgir, mediante o dicionário manuscrito reinventado por três vezes em três séculos no qual a busca de glórias inicialmente passou pelo enunciado das antiguidades do reino de Portugal, no delicado período filipino, pelas mãos do chantre de Évora Manoel Severim de Faria. Já no Setecentos, o artífice de uma reinvenção do dicionário era cronista da casa de Bragança e irmão do dedicado acadêmico real Diogo Barbosa Machado, que em sua enorme coleção de documentos impressos evidenciou hierarquias e valores pertinentes a sua sociedade portuguesa considerada na longa duração, desde o século XVI. A propósito, foi esse o tempo em que a monarquia hispânica converteu-se em modelo mundial de comportamentos e posturas.[5] Desse modo, o contato dos exilados estrangeiros — franceses, ingleses, irlandeses e outros — com a coroa espanhola denotava a cooptação e a persuasão da causa católica, em contraponto aos ataques protestantes, fabricadores, por exemplo, da *leyenda negra*. Com efeito, a hegemonia castelhana eu-

---

[4] Ver trabalhos de Fernando Bouza Álvarez. Como síntese, "Comunicação, conhecimento e memória na Espanha dos séculos XVI e XVII", *Cultura*, Revista de história e teoria das ideias, livros e cultura escrita, Brasil, Portugal, Espanha, vol. XIV, IIª série, 2002, p. 105-171.

[5] Serge Gruzinski, *Les quatre parties du monde: histoire d'une mondialization*. Cf. também José Javier Ruiz Ibáñez e Gaetano Sabatini, "Monarchy as conquest: violence, social opportunity, and political stability in the establishment of the Hispanic Monarchy", *The Journal of Modern History*, vol. 81, nº 3, September 2009, p. 501-536.

ropeia proporcionou mobilidades geográficas e sociais de grupos expoentes. Como os financistas portugueses Vaaz em Nápoles, enriquecidos por sua atuação no comércio de trigo e beneficiados por seus vínculos com a coroa, mas indispostos com círculos locais de poder, por fim acusados de judaísmo pela Inquisição após as rebeliões de Portugal e no vice-reino napolitano em 1647. Também no Novo Mundo as revoltas conferiam uma identidade paradoxal à monarquia espanhola, por elas enfraquecida e ao mesmo tempo perpetuada. Foi o caso do conflito ocorrido no interior da região platina no final do século XVI. Ali, as disputas entre o vice-rei do Peru, Francisco de Toledo, os governadores locais e suas clientelas acabaram por favorecer a dinastia Habsburgo. Não obstante, o processo de estabelecimento da justiça — atributo tão caro às realezas medieval e moderna — foi acompanhado de oscilações sobre quem seriam os acusados de tirania e do crime de lesa-majestade. Na Europa ou na América do Sul, vigia a mesma cultura política.

Entre tantas migrações no tempo, no espaço e na sociedade, fica também descomposto o paradigma do Estado nacional. Nos seis capítulos dessa seção, as nações e pátrias eram várias, de portugueses, judeus, estrangeiros europeus e até da nobreza inca, não raro relacionando-se com o centro do poder valendo-se desse perfil excêntrico.[6] Não menos significativas eram as casas nobres ou as famílias de impressores. As esferas de influência desses grupos na organização social e política muitas vezes suplantavam os limites da máquina burocrática e administrativa formal. Tratamos assim de um mundo de fronteiras movediças, no qual a política — afirmada por si mesma apenas no século XIX — mesclava-se constantemente a concepções de sociedade e a valores culturais. Portanto, nessas monarquias ibéricas, a busca por honra, glória e privilégios costumava dialogar com estatutos tradicionais, possuindo na escrita uma poderosa aliada.

Na seção seguinte do livro, intitulada "Hierarquias, raça e nobreza", continua-se a buscar não tanto as lógicas aparentemente estáticas que regiam o estar social do Antigo Regime hispano-português, mas sim al-

---

[6] Jean-Frédéric Schaub, "El patriotismo durante el Antiguo Régimen: ¿práctica social o argumento político?", *in* Francisco Javier Guillamón Álvarez e Ruiz Ibáñez (orgs.), *Lo conflictivo y lo consensual en Castilla*, p. 41-56.

INTRODUÇÃO

gumas das estratégias ou contraestratégias que fizeram com que a mobilidade social fosse uma realidade tangível. Contudo, essa vontade irresistível de ascensão de muitos elementos da população deparava com os freios impostos por uma imagem de arraigada hierarquização que essa mesma sociedade tinha de si e pela própria legislação que regia as diferentes instituições, que serviam, quando não de trampolim, pelo menos de escada social — já que essa ascensão era um paciente processo que tomava, por vezes, gerações. Interessante notar como as próprias instituições faziam parte desse jogo, precisando garantir seu lugar no hierarquizadíssimo corpo do Estado, ganhando ou perdendo notoriedade e poder junto à população, sobretudo diante do monarca. Há aqui dois exemplos disso. A Inquisição portuguesa viu seu favor junto à monarquia variar durante sua história, variando também o acesso que seus membros mais graduados, os deputados do Conselho Geral, tiveram a cargos do Desembargo do Paço, por exemplo. A mudança do regime de nomeações de juízes de tribunais régios para o lugar de deputado distrital ou do Conselho Geral da Inquisição e vice-versa, ou ainda de inquisidores a bispados, é um sintoma, primeiro, da "domesticação" do tribunal por D. Pedro II e D. João V, por fim da perda do seu prestígio já sob D. José. O reformismo ilustrado também estava na origem da perda de poder sofrida pelo clero hispano-americano, para muito além da retumbante expulsão dos jesuítas de Portugal, da Espanha e de seus domínios. Desde meados do século XVII o clero regular consolidara seu papel de intermediário privilegiado entre o monarca ou os vice-reis e a população local. Mas as novas necessidades financeiras e militares da coroa surgidas nos anos 1760 e as reformas acarretadas fizeram com que bispos e párocos acabassem — apesar da existência de amplas diferenças regionais — perdendo esse lugar. Essa nova situação fez com que prelados — como o bispo de Michoacán, D. Pedro Anselmo Sánchez de Tagle (1758-1772) — percebessem que a lealdade devida à majestade do rei Católico não mais coincidia perfeitamente com aquela devida à majestade divina.

Também nesses tempos de reformismo ilustrado a compartimentação da sociedade começava a se simplificar. Quando, em 1773, Pombal proibiu que se diferenciassem os portugueses entre cristãos-velhos e novos, a sociedade perdeu, ao menos em teoria (na prática, o preconceito racial sem dúvida perdurou, apesar de não haver ainda estudos sobre a questão), um importante parâmetro de hierarquização social. Importado da vizinha Espanha, o preconceito racial para com os descendentes cristãos de judeus, mas também de mouros, ciganos, negros e índios, somando-se aos tradicionais parâmetros de nobreza e limpeza de mãos, foi paulatinamente adotado por uma ampla gama de instituições portuguesas, de tribunais a corporações de ofício, norteando sua política de recrutamento.[7] Em Portugal a pureza de sangue foi assim seriamente levada em conta pela população em sua busca por reconhecimento social, e a indevida designação de alguém como "judeu" ou "mulato" podia fatalmente impedir o acesso do imputado a vários cargos, também sendo motivo de processos de desagravo. A irresistível ascensão dos Lopes de Lavre em torno do comércio de carnes e depois do cargo de secretário do Conselho Ultramarino por pouco não foi freada por um rumor surgido quando da habilitação a familiar do Santo Ofício do patriarca Manoel Lopes de Lavre. Rumor que podia rapidamente ser calado a golpes de testemunhas antigas e de crises de consciência, mas também por meio de tráfico de influência e grossos subornos. A simples demora em receber resposta das instituições aos pedidos de habilitação, sobretudo quando se tratava da Inquisição, era suficiente para levantar suspeitas gerais sobre a existência de um costado impuro. E o Santo Ofício foi o verdadeiro bastião da pureza de sangue; a instituição era vista como a mais rigorosa no controle racial dos seus ministros e oficiais. Mas o acesso à familiatura inquisitorial era socialmente muito mais amplo, por exemplo, do que aos hábitos das ordens militares de Avis, Santiago ou Cristo, já que não só se permitia, mas se incentivava o recrutamento na lide inquisitorial da parcela da população designada "mecânica", que aproveitava, assim, para tentar alçar-se ao "estado do meio".[8] A corporação dos homens de ferro e fogo

---

[7] Para uma cronologia da adoção de critérios raciais em Portugal, ver Maria Luiza Tucci Carneiro, *Preconceito racial em Portugal e Brasil colônia: os cristãos-novos e o mito da pureza de sangue*.

[8] Para uma comparação entre as políticas de verificação genealógica inquisitorial e das ordens militares, ver Fernanda Olival, "Rigor e interesses: os estatutos de limpeza de sangue em Portugal", *Cadernos de Estudos Sefarditas*, nº 4, 2004, p. 151-182.

INTRODUÇÃO

da cidade de Lisboa, por exemplo, além de ter muitos de seus mesteres dentro do grupo dos familiares, acabou por adotar os mesmos parâmetros da Inquisição para incorporar novos membros. As relações sexuais, além de serem momentos reveladores de dominação ou amor, também eram instrumento de ascensão social. Relações hipergâmicas reconhecidas pela instituição do matrimônio consagrado eram moeda corrente. Mas as relações consensuais ou forçadas entre homens e mulheres, até as proibidíssimas e inefáveis relações homoeróticas, também podiam ser um mecanismo certeiro de sucesso social, como demonstram os casos de diversos serviçais do conde de Vila Franca. Sob proteção do conde, senhor da ilha de São Miguel dos Açores, seus pajens e criados, depois de passar por sua cama, chegavam a postos de vigário, capitão-mor, escrivão judicial ou juiz da alfândega.

No cume da sociedade, como antípoda dos mecânicos e cristãos-novos, situava-se a nobreza, no seu ápice a nobreza de espada, apesar de muitas das melhores famílias do reino também terem um costado infecto. Das intermináveis e irresolutas discussões sobre o que seria levado em conta, em primeiro lugar, na promoção dos letrados em suas carreiras — a nobreza, a antiguidade da entrada na instituição ou a prática real do ofício —, vê-se como a origem familiar estava no centro das disputas por reconhecimento naquela sociedade fundamentada na ideia de privilégio. Mas a alta prosápia era de pouca ou nenhuma valia quando se tratava do tribunal da fé. Sodomitas nobres e seus parentes — por vezes até o rei — evocavam a estirpe e os serviços prestados à coroa pelos imputados para livrá-los da punição, ou ao menos da infâmia pública e do opróbrio que recairiam sobre seus colaterais e descendentes. Se alguns réus conseguiram a discrição, nenhum deles ficou isento do castigo.

"Etnias, ascensão social e carreiras" congrega a terceira parte do livro, que procura dar conta de algumas dimensões das hierarquias no Antigo Regime que tiveram no mundo luso-brasileiro um caráter peculiar. A América portuguesa também gestou uma sociedade marcada por mecanismos de ascensão social, sujeita a valores ibéricos de limpeza de sangue, nobilitações de origem, sacramentados por uma legislação específica para ingresso em ordens militares, cargos públicos e eclesiásticos. Mas, além disso, essa sociedade também ultrapassara barreiras étnicas, políticas, por vezes religiosas e socioprofissionais, levando indivíduos a galgar cargos e privilégios inimagináveis no Velho Mundo. Sociedade porosa, flexível, que por vezes permitiu incorporar infames, negros, mulatos, judeus e certas categorias socioprofissionais a uma estirpe de homens honrados, abastados, bem classificados, cuja mobilidade social foi evidente. A especificidade da "nobreza colonial" é, portanto, tema instigante, marcadamente objeto dos artigos apresentados nesse bloco.

Comecemos por tratar dos negros e mulatos nas Minas setecentistas, onde dois irmãos burlaram um mundo de hierarquias, no qual brancos e cristãos ocupavam o topo da pirâmide social. Cipriano Pires Sardinha, nascido em 1749 no arraial do Tejuco — região que primou por uma população mestiça —, era filho de um médico português e uma escrava. Ordenado presbítero secular em Mariana em 1779, passou pelas habilitações de gênere necessárias à ocupação de qualquer cargo, civil ou eclesiástico, no império português, mesmo sendo filho ilegítimo e com ascendência negra. Em 1770, constava como estudante de Cânones na Universidade de Coimbra, onde estabeleceu importantes laços de amizade que lhe facilitaram a obtenção do cargo eclesiástico, pelo grande prestígio e pela honra conferidos pelos bancos coimbrenses. Seu meio-irmão por parte de pai, Simão Pires Sardinha, nascido em 1751, era filho da célebre Chica da Silva e aos 17 anos habilitou-se à carreira eclesiástica. Porém, ao acompanhar o padrasto João Fernandes, acabou por ficar em Portugal, onde recebeu a Ordem de Cristo em 1779, burlando o mulatismo, a ilegitimidade e a ascendência negra e escrava da mãe. Evocou no processo de gênere a ascendência paterna e recebeu várias tenças como almoxarife do reino. Tornou-se sargento-mor das ordenanças das Minas Novas e alcançou a patente de tenente-coronel da tropa auxiliar de Minas Gerais. Suas amizades com a elite intelectual do reino valeram-lhe o posto de sócio correspondente da Real Academia das Ciências de Lisboa, dedicado às ciências naturais.

Outra faceta da ascensão dos mulatos no universo de cargos e mercês teve como palco as guerras no Recife seiscentista envolvendo alguns membros do terço dos Henriques, *corpus* militar que, finda a guerra de restauração em Pernambuco, recebeu mercês, patentes militares, alfor-

INTRODUÇÃO

rias e terras pelos heroicos serviços militares liderados por Henrique Dias. Alguns de seus membros, porém, envolveram-se nas malhas inquisitoriais por integrar uma congregação ou fradaria fundada em 1737, na igreja de Nossa Senhora do Rosário, composta de escravos, livres e mestiços. Bem semelhante às irmandades leigas, ali eles faziam orações coletivas, promoviam festas religiosas, formavam noviços, tinham uma hierarquia e andavam com hábitos de ordens religiosas. Acusados de criar um culto religioso sem permissão formal da Igreja, iniciando noviços, e vistos ainda como pervertidos sexuais, vadios e bêbados, o conjunto dos testemunhos acabou por levar os inquisidores a absolvê-los por falta de provas que consagrassem um comportamento reconhecidamente herético. No entanto, na devassa inquisitorial contra esses oficiais, ficaram explícitos nítidos mecanismos de exclusão pelas falsas denúncias, denotando um grande mal-estar pela ascensão desses indivíduos, o que incitava fortes rivalidades com religiosos, ourives e militares, seus acusadores. Mas o que prevaleceu foi o contrário, pois em 1743 Vitorino Pereira da Silva, um dos acusados, recebeu de D. João V — alguns meses após sair da prisão — patente de capitão de uma companhia do terço dos Henriques, além do pagamento do soldo pela fazenda real.

Um caso notável de mobilidade social ocorreu também no Pernambuco holandês da década de 1630. Período atípico no movimento ibérico de luta pela preservação do catolicismo e da unidade da fé, promovendo, ao contrário, significativa tolerância religiosa, ainda que num contexto de guerra e dominação estrangeira. Sob os auspícios da West Indische Compagnie (WIC) — poderosa companhia de comércio por ações — judeus portugueses foram autorizados a professar sua "lei de Moisés" livremente. Judeus que na verdade haviam sido cristãos-novos em Espanha e Portugal no início do século XVII, refugiados na Holanda, rumando para o Brasil, onde se tornaram judeus públicos, ou "judeus novos". E cristãos-novos residentes no Brasil, a partir de 1635 aderindo ao judaísmo dos recém-chegados, tornando-se eles também judeus novos e integrantes dos negócios da WIC nas capitanias açucareiras. Os fortes laços de interdependência que marcaram a *gente de nação* portuguesa, as redes comerciais forjadas, fortalecidas pelas origens comuns, levaram alguns, de condições mais modestas, a ascender rapidamente no Brasil, ligados a parentes e amigos que atuavam no comércio de grosso trato.

O poder das hierarquias sociais e da honra no mundo luso-brasileiro também demoveu "infâmias", como foi o caso de um dos irmãos da tradicional família Cavalcante de Albuquerque, José Francisco de Paula, o mais novo dos Suassunas. Sua trajetória de sucesso no império português, como seguidor da carreira das armas, governador do Rio Grande do Norte entre 1806 e 1810 e depois de Moçambique, não se viu em nada abalada pelas devassas instauradas em 1801 e 1817, denunciando o espírito conspiratório dos irmãos contra a coroa portuguesa.

Por fim, outro aspecto da diversidade colonial tangente às hierarquias e aos mecanismos de ascensão social pode ser constatado na configuração profissional que marcou o mundo dos que atuavam em prol da saúde da população. Carente de médicos formados e de uma medicina abrangente, a América portuguesa viu chegar de Portugal desde o século XVII cirurgiões que não tinham a formação acadêmica dos médicos do reino, mas que aqui atuaram como tais, adquirindo conhecimento e *status* social que em Portugal jamais conseguiriam, dada a grande competição entre eles, numerosos, aliada à péssima remuneração que recebiam em relação aos médicos. Carreiras notáveis de cirurgiões se fizeram na América, atuando junto a senhores locais e poderosos, adquirindo terras, escravos ou mesmo atuando no comércio de grosso trato.

A quarta e última parte chama-se "Casa(s), fronteira(s) e engenharia social". Em larga medida moldado por sua dimensão imperial, o Antigo Regime ibérico atravessava vários continentes e constituía uma realidade socialmente complexa. Aqueles que, na Época Moderna, embarcavam em Lisboa e em Sevilha em direção às quatro partes do mundo encaravam a experiência ultramarina como jornada de enriquecimento material, social, por vezes também espiritual. Já na América, na Ásia ou na África, tendiam a reproduzir comportamentos e gestos característicos da sociedade de origem.

Todavia, eram poucos os que, uma vez nos trópicos, logravam viver numa espécie de bolha ibérica. Em vez disso, era o entrecruzamento de hierarquias sociais europeias e não europeias que usualmente triunfava: o missionário jesuíta vivendo em Pequim queria que o vissem como um lite-

INTRODUÇÃO

rato chinês, tanto quanto o "prazeiro" dos Rios de Sena aspirava a ser considerado um chefe africano. Do lado das sociedades indígenas que experimentaram um contato continuado com portugueses e espanhóis desde os séculos XV e XVI, vivia-se fenômeno idêntico. Do México à China, havia quem visse vantagens em se comportar como se tivesse nascido no Minho ou em Castela a Velha. Gente convertida ao catolicismo mudava de nome, escrevia em português ou em castelhano, ansiando obter sinais de aceitação social desse mundo longínquo que passava a ter por referência.

O resultado foi o aparecimento de um sem-número de mediadores e intermediários que asseguravam a interseção de culturas e sociedades distintas.[9] A negociação e a adaptação eram posturas frequentes em indivíduos e sociedades de fronteira, mas também se identificam atitudes de recusa e ruptura. Aliás, nem todo intermediário tornava-se um "crioulo": as identidades múltiplas corriam muitas vezes paralelas e simultâneas, dependendo de como um indivíduo via-se a si próprio e de como era classificado pelos outros em sociedades diversas. O exemplo do africano Domingos Álvares, que morreu e nasceu socialmente várias vezes ao longo da vida, constitui um bom estudo de caso setecentista: era um homem com três rostos, consoante se encontrasse no Benim, em Pernambuco ou em Castro Marim.[10]

Incidindo sobre o Brasil e a Índia nos séculos XVI-XVIII, os seis trabalhos que integram essa seção do livro procuram participar dessa discussão, remetendo-nos a interessantes processos de engenharia social. O espaço, nas suas múltiplas dimensões, é o denominador comum entre esses artigos. Espaço enquanto propriedade, posse e alargamento, que constituía o eixo do privilégio e da honra da família Garcia d'Ávila e de sua influentíssima casa da Torre.

Espaço enquanto casa, num sentido mais lato do que o anterior. Falamos da "casa portuguesa", imperial e católica, como se idealizava Goa depois de 1510. A Goa imperial, no pensamento de Afonso de Albuquerque,

---

[9] Para um exemplo recente de pesquisa nesta área, ver Simon Schaffer *et al.* (orgs.), *The brokered world: go-betweens and global intelligence, 1770-1820.*
[10] James Sweet, "Mistaken identities? Olaudah Equiano, Domingos Álvares, and the methodological challenges of studying the African diaspora", *American Historical Review*, 114:2, April, 2009, p. 279-306.

assentava-se na figura do "casado": soldados "reinóis" vivendo com mulheres da terra convertidas, a quem se atribuíam privilégios para se comportarem como "povoadores" e "lavradores", mas que deram gradualmente forma a uma realidade social bem mais "subversiva" um pouco por todo o império asiático. Mas a capital do Estado da Índia também era suportada por colaboradores indígenas, como os brâmanes-intérpretes: assumiam-se como "vassalos", mesmo que em Lisboa os não considerassem como tal, dado que permaneceram quase todos hindus durante boa parte do período moderno. A Goa imperial entrecruzava-se assim com a Goa católica, uma "casa" repleta de tensões e distinções. Ali se negavam privilégios aos que não se convertiam (como o brâmane Ramoji), ao mesmo tempo em que se discriminavam os que, até convertidos, nunca seriam "perfeitos": essa era a história do clero nativo e do brâmane Mateus de Castro.

Da fronteira interna — étnica, "nacional", confessional, social — à fronteira externa. A fronteira amazônica, alargada na segunda metade do século XVIII graças ao apoio de cunhamenas e da nobreza indígena (os "principais"), em troca de presentes e privilégios como o hábito da Ordem de Cristo. Ou a fronteira da mata atlântica, a leste de Minas Gerais, no mesmo período disputada violentamente por colonos e botocudos — o que não implica que estes desconhecessem as hierarquias e os padrões daqueles.

Nesse vaivém entre Índia e Brasil ao longo de três séculos, há uma multitude de comparações e conexões — de temas, fontes e métodos — que é legítimo evocar. Falar de morgadios no Brasil leva-nos à Virgínia colonial e ao sistema de *entail*. Estudar os principais da Amazônia setecentista sugere paralelos com os curacas da América espanhola, enquanto as práticas dos botocudos fazem mais sentido quando comparadas às de iroqueses e comanches. Em outro plano, os brâmanes que trabalhavam como "línguas do Estado" dependiam tanto do vice-rei português como do que se decidia nas assembleias religiosas em Benares. Do mesmo modo, entende-se melhor a realidade dos casados da Índia portuguesa se consideramos a pesquisa feita sobre marginais parisienses quase na mesma época ou estabelecendo um paralelo com os casamentos mistos no Brasil sob a égide do Diretório.

INTRODUÇÃO

Tudo isso se encontra no "arquivo" colonial. Fazer falar sociedades indígenas no Brasil e na Índia por meio de documentos europeus ou usar fontes oficiais para entender as lógicas de grupos sociais marginais é um exercício arriscado. Arriscado mas estimulante para qualquer historiador do Antigo Regime ibérico.

Entre as raízes e as diferenças, o presente livro amplia as comparações de Buarque de Holanda, pela análise de hierarquias, trajetórias, redes e mecanismos de poder, não apenas na América, mas em vários espaços sociais nesse mundo de matriz ibérica. Os capítulos abordam, com pesquisas originais, a estratificação orquestrada por essas monarquias na mobilidade social baseada na linhagem, nos defeitos mecânicos e de pureza de sangue, nos serviços prestados, nas atividades letradas, nos círculos cortesãos e eclesiásticos. Ou grupos sociais específicos, suas ideias e rebeliões. Ou novas formas de ascensão, como a dos comerciantes. Temas importantes para se entender rupturas e permanências, por exemplo, em nossas sociedades, nas quais as novidades da globalização mesclam-se a arcaísmos em pleno século XXI. Contudo, diferentemente da perspectiva de *Raízes do Brasil*, *Raízes do privilégio* conta com pesquisadores altamente especializados, mais preocupados em produzir um grande inventário — sempre aberto e incompleto — das hierarquias sociais no mundo ibérico do Antigo Regime do que em estabelecer pontes, talvez precipitadas, entre os privilégios atuais e os passados.

Os ORGANIZADORES
Companhia das Índias, junho de 2010

REFERÊNCIAS BIBLIOGRÁFICAS

ÁLVAREZ, Fernando Bouza. "Comunicação, conhecimento e memória na Espanha dos séculos XVI e XVII". *Cultura: Revista de história e teoria das ideias*. Livros e cultura escrita, Brasil, Portugal, Espanha, v. XIV, II ª série, p. 105-171, 2002.

CÂNDIDO, Antônio."O significado de *Raízes do Brasil*". In HOLANDA, Sérgio Buarque de. *Raízes do Brasil*. 18ª edição comemorativa do jubileu de ouro. Rio de Janeiro: José Olympio, 1986, p. xxxix-l.

CARNEIRO, Maria Luiza Tucci. *Preconceito racial em Portugal e Brasil colônia: os cristãos-novos e o mito da pureza de sangue.* São Paulo: Perspectiva, 2005 (1ª ed., 1983).

GINZBURG, Carlo. *Relações de força: história, retórica, prova.* São Paulo: Companhia das Letras, 2002.

GRUZINSKI, Serge. *Les quatre parties du monde: histoire d'une mondialization.* Paris: Seuil/Éditions de La Martinière, 2004.

IBÁÑEZ, José Javier Ruiz e SABATINI, Gaetano. "Monarchy as conquest: violence, social opportunity, and political stability in the establishment of the Hispanic Monarchy". *The Journal of Modern History,* Chicago, The University of Chicago Press, vol. 81, n° 3, p. 501-536, September 2009.

MARRAMAO, Giacomo. *Dopo il Leviatano: individuo e comunità.* Turim: Bollati Boringhieri, 2000.

MELLO, Evaldo Cabral de. *A fronda dos mazombos: nobres contra mascates Pernambuco 1666-1715.* São Paulo: Companhia das Letras, 1995.

_____. *O nome e o sangue: uma fraude genealógica no Pernambuco colonial.* São Paulo: Companhia das Letras, 1989.

OLIVAL, Fernanda. "Rigor e interesses: os estatutos de limpeza de sangue em Portugal". *Cadernos de Estudos Sefarditas,* n° 4, p. 151-182, 2004.

SCHAFFER, Simon et al. (orgs.). *The brokered world: go-betweens and global intelligence, 1770-1820.* Sagamore Beach: Science History Publications, 2009.

SCHAUB, Jean-Frédéric. "El patriotismo durante el Antiguo Régimen: ¿práctica social o argumento político?". In GUILLAMÓN, Francisco Javier Álvarez e IBÁÑEZ, Ruiz (orgs.). *Lo conflictivo y lo consensual en Castilla.* Múrcia: Universidad de Murcia, 2001, Cuadernos del Seminario "Floridablanca", n° 4, p. 41-56.

SILVA, Maria Beatriz Nizza da. *Ser nobre na colônia.* São Paulo: Editora da Unesp, 2005.

SWEET, James. "Mistaken identities? Olaudah Equiano, Domingos Álvares, and the methodological challenges of studying the African diaspora". *American Historical Review,* 114:2, p. 279-306, abril 2009.

PARTE I Monarquias por escrito

CAPÍTULO 1 # Vendendo a história: historiadores e genealogias na Espanha moderna

*Richard L. Kagan**
Tradução de Maria Alzira Brum Lemos
Revisão de Carmem Cacciacarro

---

*Professor de História Moderna na Johns Hopkins University, nos Estados Unidos, com ênfase na Espanha dos Habsburgos e na expansão ibérica. É autor, entre vários outros livros, de *Clio and the crown: the politics of history in Medieval and Early Modern Spain*, Baltimore, Johns Hopkins University Press, 2009.

> ... a parte da história que estuda a genealogia,
> ou conhecimento das linhagens, costuma ser
> abraçada por alguns com tal extremo que os torna
> ridículos e até odiosos...[1]
>
> Francisco Gutiérrez de los Rios y Córdoba,
> conde de Fernán Núñez, *El hombre práctico* (1686)

Existe uma conexão entre a história, escrever a história, os historiadores e a mobilidade social? Que papel, se é que há algum, os historiadores desempenham na construção da honra, da dignidade, da estima social ou daquilo que é conhecido de outra maneira como "a genealogia da reputação"? Estas são algumas das questões que gostaria de abordar neste artigo. Para isso, examinarei atentamente as obras de historiadores que, no contexto da Espanha moderna, fizeram da fabricação da honra familiar uma ocupação muito importante.

Antes de passar a esses historiadores, no entanto, quero deixar claro que a ideia de utilizar a história como indicador ou medida da estima social não se circunscreveu de maneira nenhuma à Espanha. Sabemos que, em muitas sociedades, tanto no presente quanto no passado, a reputação constituiu (e constitui) peça-chave do *status* social e, em certa medida, também da mobilidade social. Sabemos desse modo que alguns indivíduos, e até famílias inteiras, fizeram todo o

---

[1] "... *la parte de la historia que mira a la genealogía, o conocimiento de los linajes, suele abrazarse por algunos con tal extremo que los hace ridículos y aún odiosos...*"

possível para realçar sua posição social — transformando seus estilos de vida, mudando seus sotaques e, se o custo não fosse impedimento, gastando desmesuradamente em vestuário, casas, educação dos filhos —, envolvendo-se no que se conhece como "consumo conspícuo", tudo isso a fim de realçar seu *status* social. Outros inflaram os dotes das filhas com o propósito de aumentar as oportunidades de que contraíssem um matrimônio favorável. E há aqueles que, além de tudo isso, recorreram a historiadores a fim de que lhes proporcionassem genealogias ilustres com as quais, não fosse assim, lhes teria sido impossível contar.

Já na Antiguidade, sabe-se que havia numerosos historiadores — Plutarco foi um deles — que, com uma penada, podiam elevar indivíduos ao rol de personalidades dignas de emulação e respeito. Pela mesma razão, muitos monarcas medievais se cercaram de cronistas e historiadores. A tarefa desses autores variava, mas incluía fabricar genealogias, tanto ilustradas quanto escritas, cujo objetivo era realçar a autoridade desses monarcas ao estabelecer laços diretos e ininterruptos com uma figura bíblica — Tubul, no caso dos castelhanos — ou semimítica — troiana, no caso dos reis da França, embora nesse caso também pudesse ser o conhecido Faramundo, o legendário primeiro rei dos francos, ou, no caso da Inglaterra, figuras como o rei Artur ou Brutus, o cônsul romano transformado no primeiro rei inglês.[2]

Ao longo dos séculos XV e XVI, historiadores humanistas procuraram desmontar alguns desses mitos. No entanto, aquilo que o historiador britânico Jack Plumb chamou de "febre genealógica" não desapareceu. O que aconteceu foi que ela se intensificou, na medida em que famílias de comerciantes, de *condottieri* ambiciosos e outros indivíduos de "própria feitura", em busca de legitimidade e de um mínimo de *status* social, recorreram a historiadores em posição de lhes proporcionar um passado ilustre, preferivelmente nobre. Por essa razão, famílias como os Médicis — de origem mercantil — em Florença ou os

---

[2] Para uma introdução a esses cronistas "oficiais", tanto na Espanha quanto em outros países, ver meu livro, *Clio and the crown: the politics of history in Medieval and Early Modern Spain*.

Sforzas — também *parvenus* — em Milão contrataram vários historiadores para elaborar uma história que enfatizasse a importância, a antiguidade e, o mais importante, a virtude de seus ancestrais — elementos indispensáveis para obter a aceitação da nobreza antiga em suas respectivas cidades.[3] Por volta de meados do século XVI, na verdade, praticamente todas as cidades italianas — Ferrara, Veneza, Nápoles, Bolonha e Roma — contavam com historiadores orgulhosos de auxiliar famílias a documentar sua história mediante a criação de genealogias ininterruptas e elaboradas árvores genealógicas, algumas das quais *incredibli* — expressão de Roberto Bizzocchi — por terem raízes em famílias romanas ou ainda etruscas. Bizzocchi conta também a história de Alfonso Ceccarelli, um médico convertido em antiquário que foi executado em Roma em 1583 acusado de ter falsificado testamentos e fabricado genealogias falsas tendo como pano de fundo uma série de disputas testamentárias.[4]

Que eu saiba, nenhum historiador na Inglaterra ou na França teve tal sorte. Mas isso não quer dizer que historiadores desses reinos não oferecessem serviços dessa natureza. Na Inglaterra, por exemplo, os antiquários raramente hesitavam em proporcionar aos comerciantes desejosos de ser reconhecidos como membros da pequena nobreza genealogias muito elaboradas, algumas remontando ao próprio Noé. Na realidade, o preço dessas genealogias falsificadas, como um estudioso gostava de chamá-las, podia ser bastante elevado. Um antiquário de Yorkshire, por exemplo, cobrou mais de mil libras para produzir um *pedigree*, escrito em pergaminho, para um cliente desesperado para de-

---

[3] Para algumas histórias de famílias italianas do *quattrocento*, ver Gary Ianziti, *Historiography under the Sforza: politics and propaganda in Fifteenth-Century Milan*.
[4] Ver Roberto Bizzocchi, *Genealogie incredibili: scritti di storia nell'Europa*. Outros estudos relacionados ao tema da "cultura genealógica" da Fra Moderna incluem Harold A. Ellis, "Genealogy, history, and aristocratic reaction in Early Eighteenth-Century France: the case of Henri de Boullainvilliers", *The Journal of Modern History*, n° 58.2, p. 414-451, 1986; Christiane Klapisch-Zuber, "L'invention du passé familial à Florence (XIVe-XVe siècle)", in *Temps, mémoire, tradition au Moyen Age*, p. 95-118, e Erica Bastress-Dukehart, "Family, property, feeling in Early Modern German noble culture: the Zimmerns of Swabia", *Sixteenth Century Journal*, n° 21, p. 1-18, 2001. Não pretendo que essa lista de estudos seja completa.

monstrar que sua família contava com raízes anglo-saxônicas.[5] Em tese, a coroa designava alguns oficiais — os chamados *heralds* ou "juízes de armas" — para garantir a veracidade dessas genealogias, mas mesmo a muitos desses oficiais faltava o que podemos chamar de "limpeza de mãos". Assim, vários foram multados por fabricar o que se denominava *unwarranted pedigries*, ou seja, genealogias inventadas.[6]

O mercado para esse tipo de genealogia era igualmente efervescente na França, em especial entre os nobres de "jovem colheita", ansiosos para se estabelecer como nobres de *race*, ou seja, nobres de linhagem antiga e ilustre. Os historiadores que atendiam a esse mercado específico ainda esperam um estudo detalhado, mas incluem autores como Pierre d'Hozier (1592-1660), que fabricou a *Généalogie de l'illustre maison de Bailleul* para um magistrado do parlamento de Paris que queria demonstrar pertencimento a uma antiga família nobre da Bretanha.[7] Enquanto isso, André Duchesne (1581-1640) fez uso da autoridade e do prestígio associados a seu cargo de *historiographe du roi* como instrumento de venda para atrair dúzias de clientes nobres, todos desejosos de obter linhagens ilustres que ele estava mais do que disposto a oferecer.[8]

Não deveria surpreender que d'Hozier e Duchesne tivessem numerosas contrapartes na Espanha. Seja em Aragão seja em Castela, pode-se dizer que a preocupação com a linhagem e a genealogia tinha mais peso na Espanha do que na própria França. Começando no século XIV, a Espanha participou da fascinação pan-europeia pelos brasões, pela heráldica e pelas árvores genealógicas elaboradas. Em Aragão, essa mesma

---

[5] O caso de Sir Robert Digby, citado em Clive Holmes e Felicity Heal, *The gentry in England and Wales, 1500-1700*, p. 36.

[6] Para mais informações sobre a invenção de genealogias no mundo anglo-saxônico, ver Daniel Woolf, *Social circulation of the past: English historical culture, 1500-1700*, especialmente os capítulos 2 e 3.

[7] Christian Maurel, "Construction généalogique et développement de l'État moderne. La généalogie de Bailleul", *Annales ESC*, nº 46.4, p. 807-825, 1991. Nesse mesmo número dos *Annales* há vários outros estudos dedicados à "cultura genealógica" da Era Moderna. Ver os vários estudos impressos em *Annales ESC*, nº 46, 1991.

[8] Para esse e outros exemplos de como historiadores franceses exploravam seus conhecimentos do passado para legitimar origens familiares, ver André Burguière, "La mémoire familiale du bourgeois gentilhomme. Généalogies domestiques en France aux XVIIe et XVIIIe siècles", *Annales ESC*, nº 46.4, p. 771-781, 1991.

centúria presenciou o que se conhece como "processos de *infanzonía*", ou seja, processos mediante os quais indivíduos podiam estabelecer sua nobreza e assim reclamar certas isenções tributárias e outros privilégios. Tais processos posteriormente criaram o marco para as mais elaboradas provas de "limpeza de sangue", ou seja, uma ascendência livre de toda mancha de sangue mourisca ou judia. Como David Niremberg demonstrou, a conversão de milhares de judeus ao cristianismo ao longo do século XV desestabilizara a sociedade espanhola a tal ponto que se criaram novos indicadores de distinção social.[9] Desses, o mais importante era o ser cristão-velho. Ao mesmo tempo, à medida que a monarquia fazia da outorga de patentes e títulos nobiliários um hábito, a tarefa de definir "nobreza verdadeira" se transformou em uma preocupação maior, como deixa claro a publicação, em 1486, de *Claros varones de Castilla*, de Fernando de Pulgar.

Ao longo do século XVI, a importância que a sociedade espanhola dedicou aos assuntos de genealogia só parecia aumentar. Da mesma forma que em outros pontos da Europa, a mania pela genealogia espanhola tinha raízes populares, embora não reste dúvida de que a monarquia contribuiu especificamente para essa moda. Sabemos, por exemplo, que os reis Católicos contrataram o ilustre humanista romano Annius di Viterbo para elaborar *Comentários* documentando que a casa de Trastâmara era uma das mais antigas e ilustres da Europa, embora, de fato, ela tenha começado com o assassinato do rei Pedro pelas mãos de seu meio-irmão, Henrique de Trastâmara, em 1366.[10] Os primeiros reis Áustrias da Espanha, Carlos V e Filipe II, compartilharam essa preocupação com a genealogia. O último, por exemplo, fez pouco para mitigar o aumento

---

[9] Refiro-me a David Niremberg, "Mass conversion and genealogical mentalities: Jews and Christians in Fifteenth-Century Spain", *Past & Present*, nº 174, p. 3-41, fev. 2002, e também ao seu "La generación del 91: conversión masiva y crisis de identidad", in José I. Fortea, Juan E. Gelabert e Tomás A. Mantecón (orgs.), *Furor et rabies: violencia, conflicto y marginación en la Edad Moderna*, p. 313-338.

[10] Sobre essa encomenda, ver Richard Kagan, *Clio and the crown, op. cit.*, p. 49. Pode-se aproximar desses comentários — os chamados *Commentaria per opera diversorum auctorum de antiquitatibus loquentium* —, por meio de Anthony Grafton, *Defenders of the text: the traditions of scholarship in an Age of Science, 1450-1800*, p. 76-103, e também *What was history: the art of history in Early Modern Europe*.

do número de instituições — cabidos, colégios, câmaras municipais etc. — que exigiam que seus membros apresentassem provas de "limpeza de sangue", mesmo quando muitos teólogos argumentavam, com razão, que essas exigências eram fundamentalmente não cristãs, a ponto de menosprezarem o poder de apagar o pecado atribuído ao sacramento do batismo. Ao mesmo tempo, Filipe desenvolveu um grande interesse por sua própria genealogia, animado em parte por um gosto pessoal, mas em parte também pela perspectiva de obter benefícios políticos — lembremos que seu direito ao trono do reino vizinho de Portugal se baseava em grande medida em uma série de genealogias especialmente compiladas por advogados e cronistas sob sua encomenda. Foi tal a importância atribuída por Filipe a assuntos de genealogia que um de seus primeiros biógrafos, Luis Cabrera de Córdoba, relatou que ele "mandou fazer secretamente um compêndio histórico das origens de suas famílias, casas, crescimento, declínios, quem lhes deu títulos, em que reinado obtiveram o que possuem, por que serviços, quais eram consumidos, unidos ou suprimidos em outros".[11] Infelizmente, esse *Compendio* se extraviou, mas sabemos por outras fontes que Filipe chamou seu inquisidor-geral — o cardeal Gaspar de Quiroga — para que iniciasse investigações secretas sobre a "limpeza" de vários "cavalheiros titulares e alguns dos grandes", entre eles vários membros ilustres do Conselho de Estado.[12]

Um corolário dessa febre genealógica foi o surgimento de um pequeno grupo de antiquários especializados na *ars diplomatica* e dedicados a assistir pessoas desejosas de provar sua fidalguia, o que era facilitado com cópias dos documentos necessários. Alguns deles ocupavam cargos de

---

[11] "*Mandó hazer un compendio historial secretamente de los principios de sus familias, casas, aumento, declinaciones, quién les dio títulos, en qué reinado obtuvieron lo que poseen, por qué servicios, cuáles eran consumidos, unidos o suprimidos en otros.*" José Martínez Millán e Carlos Javier de Carlos Morales (orgs.), *Luis Cabrera de Córdoba, Felipe II, rey de España* (1619), livro XII, p. 887.

[12] Arquivo e Biblioteca Zabálburu, Madri, pasta 129, nº 116, consulta de 16 de fevereiro de 1582. Os conselheiros que foram investigados incluem os condes de Chinchón, Lemos e Miranda, e também os marqueses de Moya e Villena. Ver também pasta 145, nº 13, consulta de 6 de dezembro de 1583, em que o cardeal Quiroga advertiu o rei sobre a limpeza de outros "cavalheiros de título e alguns dos grandes".

tabeliães e, graças a pesquisas recentes, sabemos que se queixavam, pelo menos em Granada e em outras cidades andaluzas, de tabeliães especializados na falsificação de documentos antigos, utilizando, ao que parece, o esterco para essa finalidade.[13] Não podemos ter certeza, mas é provável que os ditos reis de armas, os oficiais reais encarregados de certificar a autenticidade dos escudos e brasões familiares, empregassem esse e outros métodos para produzir documentos com a pátina do tempo, ou aquilo que o conselho supremo da Inquisição descreveu em um relatório de 1626 como os "da letra, papel e estilo de ter duzentos anos".[14]

Serviços similares eram oferecidos a quem procurava deixar atestada sua limpeza de sangue. Na base dessa cadeia particular se encontravam os *linajudos*, ou aqueles indivíduos que Sebastián de Covarrubias descrevia como "os que se prezam e gabam de sua linhagem, dando a entender que vêm da casta dos godos ou de alguns dos doze pares de França, ou de outra linhagem semelhante".[15] Um *linajudo* também era conhecido como "aquele que se dedica ao estudo de linhagens e genealogias". Algo mais preciso, e que reflete bem o que faziam os *linajudos* no cotidiano, é a descrição do *linajudo* como "pessoa que tem tratos e comércio para que lhe paguem sobre o que deponha ou deixe de depor em um julgamento de honra".[16]

Os *linajudos* de estirpe podiam ser encontrados praticamente em qualquer cidade. Para falar a verdade, alguns eram verdadeiros extorsionários, dedicados ao que hoje chamaríamos de chantagem,

---

[13] Ver Miguel Angel Extremera Extremera, "El delito en el archivo. De escribanos, falseadores y otros gentes de mal vivir en la Castilla del Antiguo Régimen", *Hispania*, vol. 65, nº 220, p. 465-484, 2005. Também são úteis as observações mais gerais sobre essas práticas que se encontram em Enrique Soria Mesa, *La nobleza en la España moderna*, especialmente as páginas 294-307.

[14] Citado em Henry Kamen, "Una crisis de conciencia en la Edad de Oro española: Inquisición contra 'limpieza de sangre'", *Bulletin Hispanique*, vol. 88, nº 3-4, p. 347, 1996. Diferentemente de Alfonso de Ceballos-Escalera y Gila, *Heraldos y reyes de armas en la corte de España*, um estudo de caráter institucional. Faltam estudos precisos sobre os reis de armas.

[15] Sebastián de Covarrubias Orozco, *Tesoro de la lengua castellana o española*, p. 768.

[16] "*Persona que tiene tratos y comercio para que les paguen el que depongan o dejen de deponer en un juicio de honor.*" Citado em E. Postigo Castellanos, *Honor y privilegio en la corona de Castilla: el consejo de las ordenes y los caballeros de hábito en el siglo XVI*, p. 149.

para a qual tomavam conhecimento de nomes de pessoas que precisavam provar sua limpeza, ou que estivessem dispostas a testemunhar a favor da nobreza de algum indivíduo, para, dessa maneira, certificar, por exemplo, a legitimidade de uma petição para fazer parte de alguma das prestigiosas ordens militares. Providos dessa informação, certos *linajudos* inescrupulosos ameaçavam expor o solicitante caso ele não desembolsasse uma quantia determinada ou não contratasse seus serviços. Como Ruth Pike demonstrou recentemente, Sevilha, uma cidade na qual só um punhado de famílias privilegiadas podia se considerar livre de sangue *converso*, propiciou o surgimento de uma série de *linajudos* larápios, entre eles um tal Fernando Ortiz de Zúñiga y Leiva, o mais próximo de um chantagista profissional que se pode encontrar no início da Espanha moderna. Indubitavelmente, Leiva foi longe demais. Detido por delito de usura e falso testemunho em 1617, foi banido de Sevilha e posteriormente exilado no presídio espanhol de Orão.[17]

Muito mais respeitáveis do que os *linajudos* eram os historiadores e cronistas especializados em pesquisa genealógica. Talvez um dos mais destacados dentre esses historiadores no século XVI tenha sido Gonzalo Argote de Molina (1548-1596), mais conhecido atualmente por sua *Nobreza de Andalucía*, uma enorme história sobre a reconquista da Andaluzia, publicada pela primeira vez em Sevilha em 1588. Baseada em grande parte em pesquisa de arquivo, a obra incorporava genealogias de mais de duzentas famílias nobres naturais da Andaluzia. No prefácio, Molina dizia que sua pesquisa fora desenvolvida por ordem do rei e para a honra e a glória de sua "pátria" — a Andaluzia —, assim como da Espanha. Infelizmente, Molina não foi objeto de um estudo sério desde 1953, mas o que fica claro é que não era tão desinteressado como se pensava.[18] Em contrapartida, em sua condição

---

[17] Ruth Pike, *Linajudos and conversos in Seville: greed and prejudice in Sixteenth and Seventeenth-Century Spain*. Sobre a construção fictícia de genealogias no México colonial, ver María Elena Martínez, *Genealogical fictions: limpieza de sangre, religion and gender in colonial Mexico*.

[18] Refiro-me a Celestino López Martínez, *Algunos datos de la biografía de Gonzalo Argote de Molina*.

VENDENDO A HISTÓRIA

de conselheiro municipal (*veinteycuatro*) de Sevilha, a terceira e última parte da *nobreza* — dedicada exclusivamente às famílias sevilhanas mais destacadas — parece ter sido escrita em benefício dos colegas *veinticuatros* com o propósito de demonstrar que cada um deles contava com ancestrais que participaram da libertação da Andaluzia do jugo muçulmano. Em suma, a ideia consistia em elevar a reputação do conselho municipal, assim como a dignidade e a honra das famílias que o integravam.

Argote de Molina, no entanto, não era o único, e houve literalmente dúzias de outros antiquários que escreveram histórias para glorificar uma cidade ou vila. Claramente animados por motivações patrióticas — a frase "amor à pátria" figura recorrentemente nos prefácios dessas histórias —, muitos estavam desse modo interessados em aumentar a honra e a dignidade, para não dizer limpeza de sangue, de certos clãs ou famílias locais. A cidade de Múrcia, por exemplo, achou um paladino na pessoa do Francisco de Cascales (1564-1642), um humanista local cujos interesses iam da poesia à história. Em 1608, Cascales recebeu uma encomenda para escrever uma história da cidade, e, para assisti-lo, a câmara municipal concedeu a ele acesso privilegiado a seus arquivos e, talvez mais contundentemente, proporcionou-lhe uma lista das famílias cujas genealogias devia investigar, documentar e incorporar em seu livro. Como era de se esperar, a lista incluía a maioria das famílias representadas na câmara, muitas das quais tinham um passado mercantil ou *converso*. No entanto, quando essas genealogias finalmente apareceram na obra de Cascales, *Discursos históricos de la ciudad de Murcia y su reyno*, em 1621 — note-se que a publicação foi subsidiada pela câmara de vereadores da cidade —, qualquer rastro dessas linhagens outrora "suspeitas" tinha sido extirpado, e as famílias cujas genealogias apareciam no livro tinham sido transformadas em cristãs-velhas, com ancestrais que haviam participado da Reconquista e da luta para libertar o reino de Múrcia dos mouros.

O fato de que os governantes de Múrcia e de outras cidades — e com gosto poderia dar mais exemplos — encomendassem histórias desse tipo reflete a eterna importância de contar com uma linhagem nobre e irrepreensível dentro da sociedade da Espanha moderna. De várias maneiras, essa linhagem era peça-chave para garantir a mobilidade social, parte essencial dos esforços de um indivíduo, para não dizer de uma família inteira, para subir na escala social. Ser possuidor, portanto, da genealogia apropriada representava um investimento, dado que era talvez a melhor maneira, citando uma fonte contemporânea, de "garantir os direitos de casas e fundações de morgados".[19] Não é de estranhar que o conde de la Roca, em carta escrita em 1637 dirigida a um sobrinho residente no Peru, mas ansioso para que lhe fossem concedidas honras em Madri, informava ao jovem parente que a única maneira de "perpetuar-se" seria mediante a escrita e os livros. A cidade de Troia, afirmava o conde, é lembrada apenas em livros, assim como heróis como Alexandre Magno. O conde prossegue sugerindo que o sobrinho "deveria tentar tornar-se amigo de historiadores e daqueles que escrevem genealogias". Ao mesmo tempo, porém, advertia que deveria fazê-lo com prudência, para não ser julgado como "vaidoso e ambicioso".[20]

Conselho prudente. Mas a que historiadores deveria recorrer esse jovem peruano que, por casualidade, era um soldado em busca de uma insígnia de uma ordem militar? Ao que parece, havia muitos dispostos a "vender" a história. Assim julgava Alonso López de Haro, que, no prólogo de seu *Nobiliario genealógico de los reyes y títulos de España* (Madri, 1612), criticou aqueles que "têm escrito sobre esta matéria de Genealogias só para ganhar amigos, lisonjeando-os com adulações, sem fazer mais diligências, averiguações e fundamentos".[21] Paradoxalmente, esse mesmo autor parece ter sido capaz de fazê-lo. Portanto, é provável que figurasse entre os historiadores que Bernabé Moreno de Vargas, em

---

[19] *"Acreditar los derechos de casas y fundaciones de mayorazgos."*
[20] *"Debería intentar hacerse amigo de historiadores y de aquellos que escriben genealogías."* Carta de Juan de Vera y Figueroa ao sobrinho Juan de Vera, coronel em Cuzco, Peru, 10 de outubro de 1636; ver Eugenio de Ochoa (org.), "Epistolario español", *Biblioteca de autores españoles*, nº 62, 1870, p. 71.
[21] *"Han escrito desta materia de Genealogías solo para ganar amigos, lisonjeándolos con adulaciones, sin hacer más diligencia, averiguaciones y fundamentos."* Alonso López de Haro, "a los lectores", *Nobiliario genealógico de los reyes y títulos de España*.

seu *Discursos sobre la nobreza de España* (Madri, 1636), caracterizou como autores dispostos a "esquecer" os "princípios gerais e certos que se encontram nas histórias verdadeiras".[22] E os outros? Não podemos ter certeza, mas um deles foi o destacado historiador toledano Pedro Salazar de Mendoza. Clérigo, cônego penitenciário do cabido catedralício, administrador do famoso Hospital de La Tavera daquela cidade e prolífico autor — suas muitas obras incluíam *Origen de las dignidades seculares de Castilla y León* —, Salazar de Mendoza montou um negócio de fabricar genealogias limpas para várias famílias toledanas importantes, que eram, muito provavelmente, de ascendência judaica. Ao mesmo tempo, aparecia como *linajudo* chantagista. Essa era a opinião de pelo menos um solicitante de insígnia da ordem militar de Alcântara que havia recusado a oferta de utilizar seus serviços. Segundo ele, Salazar encabeçava o que descreveu como uma "quadrilha" de testemunhas que "tinham tiranizado Toledo"; tiranizado no sentido de que Salazar de Mendoza, historiador especializado em "linhagens", quase controlava os toledanos que queriam obter insígnias das ordens militares, lugares nos colégios universitários e nas igrejas, que requeriam que seus membros dessem provas de limpeza de sangue.[23] Assim, não é nada surpreendente que Salazar de Mendoza desfrutasse da riqueza necessária para converter-se em colecionador de quadros, livros e mapas, além de chegar a ser um mecenas do pintor El Greco.[24]

---

[22] Bernabé Moreno de Vargas, em seu *Discursos sobre la nobleza de España*, 3 vols. A citação completa é: "Não são poucos os que mencionam muitas mentiras sobre a origem de suas armas, e as origens de seus sobrenomes, como vemos nos livros manuscritos sobre essa matéria, aos quais se seguiram alguns autores, impressos, esquecendo-se, uns e outros, dos princípios gerais e certos, que se encontram nas histórias verdadeiras" ("*No son pocos los que refieren largas patrañas del origen de sus armas, y principios de sus apellidos, como lo vemos en los libros manuscritos desta materia, a quienes han seguido algunos autores, que ha impreso, olvidándose unos y otros de los principios generales y ciertos, que en las historias verdaderas se hallan*").

[23] Documento de 1622 citado na introdução de Pedro Salazar de Mendoza e Enrique Soria Mesa (orgs.), *Origen de las dignidades seglares de Castilla y León*, p. XXI.

[24] Para Salazar de Mendoza como mecenas e colecionador, ver Kagan, "Pedro de Salazar de Mendoza as collector, scholar, and patron of El Greco", in *El Greco: Italy & Spain, Studies in the History of Art*, p. 85-93, e Bartolomé Bennassar, "Los inventarios postmortem y la historia de las mentalidades", *La documentación notarial y la historia*, atas del II coloquio de metodología histórica aplicada, vol. II, p. 139-146.

Outro historiador-genealogista bem conhecido dessa mesma época foi José de Pellicer Ossau y Tovar (1602-1679). Nascido em Aragão, mas residente por longo tempo em Madri, Pellicer correspondia àquilo que o famoso escritor do século XVII Baltasar Gracián descreveu como "pluma tingida", ou seja, um escritor absolutamente disposto a distorcer registros históricos, ou a inventar fontes, a fim de obter benefícios políticos e pessoais.[25] Um *poseur* de primeira ordem, Pellicer dizia ter títulos universitários que na verdade não possuía; gabava-se de ter publicado mais de 300 folhas avulsas ou panfletos, cifra que nenhum bibliógrafo foi capaz de comprovar, e anexava a seu nome vários cargos inexistentes.[26]

Deduz-se que a controvérsia acompanhava Pellicer onde quer que fosse. Alguns o descreviam como "erudito e engenhoso"; outros o chamavam de plagiador, "mojuelo" e mentiroso. Condenava-se desse modo sua *chronisteria*, termo que alude a seu afã por inflar sua reputação ao referir-se a si mesmo como "cronista do reino", título honorário que utilizava para somar à legitimidade e à importância de seu trabalho, em especial às histórias familiares e genealogias que produzia a pedido de pessoas como o peruano que mencionei algumas linhas antes. Pellicer elaborou desse modo genealogias para a monarquia e em um panfleto — escrito quando França e Espanha estavam em guerra — que desafiava a legitimidade da lei sálica procurou demonstrar que Filipe IV era descendente direto de Carlos Magno e, portanto, legítimo herdeiro do reino da França.

Praticamente todas as genealogias de Pellicer aguardam estudo. Algumas contavam com uma sólida base documental. Pellicer era um bom estudioso, seu conhecimento das coleções de arquivos e manuscritos espanhóis praticamente não tinha similar. No entanto, é claro

---

[25] Para o conceito de "pluma tingida", ver o meu "Baltasar Gracián y los historiadores de su tiempo", *Baltasar Gracián: IV centenario (1601-2001)*, p. 87-103.
[26] Uma lista não muito completa dessas genealogias está incluída em José Pellicer de Ossau y Tovar, *Biblioteca formada de los libros y obras publicadas por Joseph Pellicer de Ossau y Tovar*. Vários exemplos de genealogias fabricadas por Pellicer também estão arquivados no Archivo de la Nobleza, em Toledo. Para uma introdução à obra histórico-genealógica de Pellicer, ver Kagan, *Clio and the crown*, op. cit., p. 235-244.

que tomou amplas licenças com muitas das fontes que consultou, embora não pretendesse fabricar uma *genealogia inacreditável* que chegasse a figuras míticas como Hércules ou Tubal. Por outro lado, para melhor servir a seus clientes, nunca hesitava em preencher os vazios em suas genealogias. Ao mesmo tempo, fez todo o possível para apagar qualquer sinal de sangue cristão-novo e acrescentar um pouco mais de brilho à virtude e importância de cada família, sempre tentando vincular cada linhagem a uma importante figura na história medieval espanhola. Consequentemente, foi sempre uma figura controversa, tanto que, de acordo com um crítico, "nenhum autor na história da Espanha fez mais para perturbar os mortos (da Espanha) que dom José Pellicer".[27]

Esse crítico era ninguém menos do que Luís de Salazar y Castro (1658-1734), talvez o mais famoso genealogista de toda a história da Espanha e possivelmente um dos que mais trabalharam para desembaraçar a genealogia do ambicioso trabalho dos *linajudos* e de historiadores criativos como Pellicer. Oriundo de Valhadoli, na Velha Castela, Salazar y Castro já era conhecido por seus interesses genealógicos quando, por volta de 1680, se mudou para Madri. Cinco anos mais tarde, graças principalmente à ajuda do conde da Oropesa, um nobre para quem preparou uma longa e ilustre genealogia, assumiu o cargo de cronista do rei, no mesmo ano em que sua aclamada *História genealógica de la casa de Silva* veio à luz pela primeira vez. Nesse e em outros trabalhos genealógicos, Salazar y Castro adotou a metodologia associada à história crítica inaugurada na França por Jean Mabillon, que se apoiava na meticulosa transcrição, análise e verificação da autenticidade de documentos de arquivo.[28] Esses métodos, argumentava, eram necessários para resgatar o estudo da genealogia e da história espanholas do "descuido" de que tinha sido objeto por parte de outros estudiosos, Pellicer em particular.

---

[27] "*Ningún autor en la historia de España ha hecho más por perturbar a los muertos (de España) que don Joseph Pellicer.*" Luis de Salazar y Castro, *Carta del maestro de niños a don Gabriel Álvarez de Toledo, primer bibliotecario del rey*, p. 74.

[28] Refiro-me, entre outras obras, a Jean Mabillon, *De re diplomatica*, Paris, 1681.

No entanto, apesar de suas críticas ao trabalho desses historiadores, o compromisso de Salazar y Castro em ajustar-se aos métodos de história crítica de Mabillon não era total. Da mesma forma que Pellicer, por exemplo, ele raramente hesitava em produzir detalhadas histórias familiares cuja exatidão permanece sob suspeita. Em sua famosa genealogia da casa dos Silvas, por exemplo, fica claro que ele não apenas preencheu os vazios nas linhagens de alguns importantes toledanos — entre eles os Garcías de Toledo — como evitou qualquer menção aos vínculos entre essa e outras importantes famílias toledanas e a comunidade *conversa* daquela cidade.[29]

Igualmente suspeitas são aquelas que ele confeccionou após a decisão de Filipe V, em 1721, de criar uma nova ordem militar, a do Espírito Santo, que devia ter como modelo a do *Toison d'Or*, embora estritamente limitada aos nobres da Espanha. Segundo o duque de Saint-Simon, embaixador francês em Madri, a possibilidade de ser membro dessa nova ordem "despertou entre os principais senhores o desejo de obter a ordem do Espírito Santo a fim de marcar sua adesão à nova casa reinante e ostentar uma distinção que demonstrasse a consideração e o favor de que se faziam credores". Mas o número de lugares (ou "colares") na nova ordem era limitado e a concorrência para conseguir um, intensa. Por isso, conforme Saint-Simon relata a seguir, o projeto de ingressar nessa ordem, e na do *Toison*, "transformou-se em objeto do desejo e esperança de todos os que se gabavam de poder obtê-la".[30]

Em vista dessa concorrência, além da honra e das recompensas que um "colar" certamente conferia, dúzias de nobres bateram diretamente nas portas de Salazar y Castro, visto ser sabido que ele con-

---

[29] Sobre essas genealogias, ver Linda Martz, *A network of converso families in Early Modern Toledo*, p. 145-148.

[30] "Despertó entre los principales señores la emulación para hacerse con la orden del Espíritu Santo, a fin de señalar su adhesión a la nueva casa reinante y ostentar una distinción que pusiera en manifiesto la consideración y el favor a que se habían hecho acreedores." "Se convirtieron en objeto del deseo y la esperanza de cuentas seguirlas." M. A. Pérez Samper (org.), *Sant-Simon en España*: memorias junio 1721-abril 1722, p. 476.

tava com um tesouro oculto de valiosos documentos genealógicos. A esse respeito, Salazar y Castro era o único capaz de demonstrar a "antiguidade" e o "esplendor" da linhagem de praticamente qualquer nobre que estivesse interessado em contratar seus serviços. Infelizmente, não sabemos quanto Salazar y Castro cobrava por seus trabalhos, mas fica claro que qualquer genealogia que procurasse demonstrar que um nobre provinha de uma "elevadíssima família" não era obtida a baixo preço.[31]

A lista dos nobres e outros indivíduos que recorreram a Salazar y Castro para obter árvores genealógicas e outras provas de antiguidade de suas famílias é um estudo que fica para o futuro. Assim, e para terminar este ensaio, gostaria de fazer um exercício de autobiografia. No início de minha carreira como historiador, o tema da mobilidade social estava no centro de minhas preocupações enquanto analisava registros de matrículas de universidades na Espanha, na Itália e na França. No artigo "Law students and legal careers in Eighteenth Century France", publicado no periódico *Past & Present* em 1975, também fiz uso de programas de computador, recentemente desenvolvidos na época, num esforço para calcular até que ponto uma licenciatura em direito da Universidade de Dijon operava como agente de mobilidade social, permitindo — para citar um exemplo — que filhos de oficiais de justiça de baixo escalão se transformassem em *avocats*.[32]

No meu entender, educação e mobilidade social andavam juntas. Percebia, é claro, que, além da educação, a ascensão social podia também ser produto da acumulação de riquezas, de um casamento favorável, de conexões pessoais com nobres ou oficiais reais bem posicionados, para não falar de serviços extraordinários prestados ao monarca ou príncipe. Todos certamente representavam canais de ascensão social tradicionais, e não é preciso dizer que eu não era o único historiador a ter abordado o assunto em questão a partir dessas

---

[31] *Idem*, p. 477.
[32] Refiro-me ao meu "Law students and legal careers in Eighteenth Century France", *Past & Present*, nº 68, p. 38-72, 1975.

diferentes perspectivas. Anos depois, no entanto, depois de tomar conhecimento das obras de autores como Pellicer e Salazar y Castro, me conscientizei de que a ascensão social — ou pelo menos a impressão de tê-la conseguido — também podia ser obtida recorrendo-se a historiadores capazes de confeccionar uma história familiar ilustre, preferivelmente acompanhada de uma elaborada árvore genealógica, que carregavam um valor simbólico que também tinha o poder de abrir portas, conseguir bons casamentos e facilitar o acesso a um "colar" de uma ordem militar.

A maioria dessas histórias de famílias aguarda estudos detalhados, da mesma forma que os historiadores — "artesãos de glória", para citar a memorável expressão do meu colega Orest Ranum — que as escreviam.[33] Estou agora convencido de que, sem esse tipo de estudo, nossa compreensão de como indivíduos e famílias navegavam pelas complicadas hierarquias sociais do início do mundo moderno permanecerá incompleta.

REFERÊNCIAS DOCUMENTAIS E BIBLIOGRÁFICAS

BASTRESS-DUKEHART, Erica. "Family, property, feeling in Early Modern German noble culture: the Zimmerns of Swabia". *Sixteenth Century Journal*, n° 21, p. 1-18, 2001.

BENNASSAR, Bartolomé. "Los inventarios post-mortem y la historia de las mentalidades". *La documentación notarial y la historia: atas del II coloquio de metodología histórica aplicada.* Santiago de Compostela: Secretariado de Publicaciones de la Universidad de Santiago, 1984, vol. II, p. 139-146.

BIZZOCCHI, Roberto. *Genealogie incredibili: scritti di storia nell'Europa.* Bolonha: Il Mulino, 1995.

BURGUIÈRE, André. "La mémoire familiale du bourgeois gentilhomme. Généalogies domestiques en France aux XVIIe et XVIIIe siècles". *Annales ESC*, n° 46.4, p. 771-781, 1991.

---

[33] Refiro-me a Orest Ranum, *Artisans of glory: writers and historical thought in Seventeenth-Century France.*

CASTELLANOS, E. Postigo. *Honor y privilegio en la corona de Castilla: el consejo de las ordenes y los caballeros de hábito en el siglo XVI*. Valladolid: Junta de Castilla y León, 1988.

CASTRO, Luis de Salazar y. *Carta del maestro de niños a don Gabriel Álvarez de Toledo, primer bibliotecario del rey*. Zaragoza, 1713.

CEBALLOS-ESCALERA Y GILA, Alfonso de (Marqués de la Floresta). *Heraldos y reyes de armas en la corte de España*. Madri: Ediciones Iberoamericanas, 1983.

ELLIS, Harold A. "Genealogy, history, and aristocratic reaction in Early Eighteenth-Century France: the case of Henri de Boullainvilliers". *The Journal of Modern History*, n° 58.2, p. 414-451, 1986.

EXTREMERA, Miguel Angel. "El delito en el archivo. De escribanos, falseadores y otros gentes de mal vivir en la Castilla del Antiguo Régimen". *Hispania*, vol. 65, n° 220, p. 465-484, 2005.

GRAFTON, Anthony. "Commentaria per opera diversorum auctorum de antiquitatibus loquetium". In *Defenders of the text: the traditions of scholarship in an Age of Science, 1450-1800*. Cambridge (MA): Harvard University Press, 1991, p. 76-103.

_____. *What was history: the art of history in Early Modern Europe*. Cambridge: Cambridge University Press, 2007.

HARO, Alonso López de. "A los lectores". In *Nobiliario genealógico de los reyes y títulos de España*. Madri, 1612.

HOLMES, Clive e HEAL, Felicity. *The gentry in England and Wales, 1500-1700*. Stanford: Stanford University Press, 1994.

IANZITI, Gary. *Historiography under the Sforza: politics and propaganda in Fifteenth-Century Milan*. Oxford: Oxford University Press, 1988.

KAGAN, Richard. "Baltasar Gracián y los historiadores de su tiempo". In *Baltasar Gracián: IV centenario (1601-2001)*. Zaragoza: Institución Fernando el Católico, 2003, p. 87-103.

_____. "Law students and legal careers in Eighteenth Century France". *Past & Present*, n° 68, p. 38-72, 1975.

_____. "Pedro de Salazar de Mendoza as collector, scholar, and patron of El Greco". *El Greco: Italy & Spain*. Washington, National Gallery of Art, *Studies in the History of Art*, n° 13, 1984, p. 85-93.

_____. *Clio and the crown: the politics of history in Medieval and Early Modern Spain*. Baltimore: Johns Hopkins University Press, 2009.

KAMEN, Henry. "Una crisis de conciencia en la Edad de Oro española: Inquisición contra 'limpieza de sangre'". *Bulletin Hispanique*, vol. 88, n° 3-4, p. 321-356, 1996.

KLAPISCH-ZUBER, Christiane. "L'invention du passé familial à Florence (XIVe-XVe siècle). *Temps, mémoire, tradition au Moyen Age*. Aix-en-Provence: Université de Provence, 1983, p. 95-118.

MABILLON, Jean. *De re diplomática*. Paris, 1681.

MARTÍNEZ, Celestino López. *Algunos datos de la biografía de Gonzalo Argote de Molina*. Sevilha: Imprenta y Librería de Eulogio de las Heras, 1953.

MARTÍNEZ, Maria Elena. *Genealogical fictions: limpieza de sangre, religion and gender in colonial Mexico*. Stanford: Stanford University Press, 2008.

MILLÁN, José Martínez e MORALES, Carlos Javier de Carlos (orgs.). *Luis Cabrera de Córdoba, Felipe II, rey de España (1619)*. Valhadoli: Junta de Castilla y León, 1998.

MARTZ, Linda. *A network of converso families in Early Modern Toledo*. Ann Arbor: University of Michigan Press, 2003.

MAUREL, Christian. "Construction généalogique et développement de l'État moderne. La généalogie de Bailleul". *Annales ESC*, n° 46.4, p. 807-825, 1991.

MENDOZA, Pedro Salazar de e MESA, Enrique Soria (orgs.). *Origen de las dignidades seglares de Castilla y León*. Granada: Archivium, 1998.

MESA, Enrique Soria. *La nobleza en la España moderna*. Madri: Marcial Pons, 2007.

NIREMBERG, David. "Mass conversion and genealogical mentalities: Jews and Christians in Fifteenth-Century Spain". *Past & Present*, n° 174, p. 3-41, fev. 2002.

_____. "La generación del 91: conversión masiva y crisis de identidad". In FORTEA, José I.; GELABERT, Juan E.; MANTECÓN, Tomás A. (orgs.). *Furor et rabies: violencia, conflicto y marginación en la Edad Moderna*. Santander: Universidad de Cantabria, 2002, p. 313-338.

OCHOA, Eugenio de (org.). "Epistolario español". *Biblioteca de Autores Españoles*, n° 62, Madri, 1870.

OROZCO, Sebastián de Covarrubias. *Tesoro de la lengua castellana o española*. Madri: Ediciones Turner, 1979.

PIKE, Ruth. *Linajudos and conversos in Seville: greed and prejudice in Sixteenth and Seventeenth-Century Spain*. Nova York: Peter Lang, 2000.

RANUM, Orest. *Artisans of glory: writers and historical thought in Seventeenth-Century France*. Chapel Hill: University of North Carolina Press, 1980.

SAMPER, M. A. Pérez (org.). *Saint-Simon en España: memorias junio 1721- abril 1722*. Tradução de J. Lorenzo Miralles. Alicante: Universidad de Alicante, 2008.

TOVAR, Joseph Pellicer de Ossau y. *Biblioteca formada de los libros y obras publicadas por Joseph Pellicer de Ossau y Tovar*. Valencia, 1671.

VARGAS, Bernabé Moreno de. *Discursos sobre la nobleza de España*. Madri, 1636, 3 vols.

WOOLF, Daniel. *Social circulation of the past: English historical culture, 1500-1700*. Oxford: Oxford University Press, 2003.

CAPÍTULO 2   "Dicionário das antiguidades de Portugal": estudo introdutório sobre um manuscrito aberto

*Ana Paula Torres Megiani**

---

*Professora de História Ibérica na Universidade de São Paulo, pesquisadora da Cátedra Jaime Cortesão, pesquisadora associada da Companhia das Índias e membro de Red Columnaria. É autora do livro O *rei ausente: festa e cultura política nas visitas dos Filipes a Portugal (1581 e 1619)*, São Paulo, Alameda, 2004.

A existência de escritos que buscaram registrar, em Portugal, a antiguidade de nomes de família, cargos e títulos com o objetivo de fixar a memória das linhagens e a transmissão de privilégios data da época medieval. Está nas bases da formação do reino a preocupação de garantir por escrito, em livros de linhagem, os direitos de herança, a fim de assegurar possessões recebidas em tempos remotos. As possibilidades surgidas a partir de uma mudança dinástica, de uma nova configuração territorial, da perspectiva da conquista de terras e cargos no ultramar, entre outros fatores, fizeram com que se constituísse em Portugal um campo da cultura política que hoje denominamos *genealogia*.[1]

Em determinados momentos, sobretudo quando ocorrem mudanças na composição das hierarquias, ameaçando os poderes das elites constituídas, é esperado que aumente a preocupação de garantir a verdade acerca da antiguidade de uma família, dos direitos forais de um grupo ou senhor ligados a uma determinada localidade. Um desses momentos em que a

---

[1] "Nos anos 80 do século XIII compunha-se o chamado *Livro velho de linhagens*. Propunha-se contar a descendência das famílias nobres que teriam estado nas origens da formação do reino de Portugal. (...) O livro chegou até nós truncado. Para além do *Prólogo*, apenas se conservaram uma das partes e metade de outra. (...) Passada uma geração, nos anos 40 do século XIV, elaboraram-se duas novas narrativas genealógicas, o chamado *Livro do deão* e o *Livro de linhagens*, do conde Pedro Afonso de Barcelos. O primeiro conhece-se através de uma cópia feita em 1343 para um deão não identificado. (...) quanto ao *Livro de linhagens*, a sua composição ocorreu em cerca de 1340, dele também não se conhecendo a versão original. Toda a sua tradição manuscrita repousa em cópias onde já se encontravam incorporados acrescentos introduzidos por duas refundições actualizadoras da obra." Luis Kruz, *A concepção nobiliárquica do espaço ibérico (1280-1380)*, p. 15 e 16.

preocupação com a antiguidade dos nomes de família e das tradições se tornou representativa na produção genealógica portuguesa foi o período marcado pelo fim da união das coroas, a partir de 1640. Podemos afirmar, para além dessa constatação, que todo o período da união das coroas foi marcado pela consolidação da busca de afirmação das *antiguidades* portuguesas, de modo a garantir a autonomia que determinava o Pacto de Tomar, antiguidades essas que na vivência da unificação poderiam desaparecer.

Durante o chamado período filipino (1580-1640), as elites portuguesas experimentaram inúmeras vicissitudes, ocorrendo para uns a possibilidade de se tornarem *grandes de Espanha* e para outros o trágico desfecho da perda de privilégios, rendas e mercês garantidos havia várias gerações.[2] Assegurar a proximidade da corte de Madri por meio de casamentos era uma das formas de preservação dos direitos tradicionais das antigas famílias; novos aspirantes também poderiam ser agraciados, sobretudo durante os anos do conde-duque Olivares, o que levaria para o centro da península muitos dos cortesãos mais dispostos a jogar o jogo das influências.[3] Contudo, estar perto da corte não era a única forma de se manter em posição de privilégio, tendo ocorrido excepcionais mas significativos casos de "cortes de aldeia".

São conhecidas, entre os séculos XVI e XVII, várias obras que expressam a preocupação com a fixação de tradições e antiguidades portuguesas, sobretudo aquelas surgidas a partir do círculo eborense do humanista André de Resende, cuja maior preocupação era definir as origens lusitanas do reino de Portugal, seja em termos toponímicos, seja em seus elementos urbanos e artísticos.[4] Uma dessas obras derivadas dessa busca das origens

---

[2] Para a situação da nobreza portuguesa que permanece em Madri após 1640, ver: Fernando Bouza Álvarez, "Entre dois reinos, uma pátria rebelde: fidalgos portugueses na monarquia hispânica depois de 1640", in *Portugal no tempo dos Filipes: política, cultura, representações (1580-1668)*, p. 271-291.

[3] Um estudo recente sobre a questão é o de Rute Pardal: *As elites de Évora ao tempo da dominação filipina: estratégias de controlo do poder local (1580-1640)*.

[4] Desde meados do século XVI podemos identificar uma preocupação no reino de Portugal com a questão das *antiguidades lusitanas*. Sobretudo na relação que se estabelece entre o rei D. João III e o letrado humanista André de Resende, autor da obra *De antiquitatibus Lusitaniae* (as antiguidades da Lusitânia), de 1545, publicada postumamente, inacabada, em 1593. Escrevendo a partir de autores gregos, romanos e humanistas de seu tempo, Resende inaugura em Portugal um gênero que, ao lado de Damião de Góis,

pode ter passado praticamente desconhecida ao longo de séculos. Um manuscrito denominado *Diccionario das antiguidades de Portugal*, pertencente ao acervo do Instituto Histórico e Geográfico Brasileiro (IHGB), no Rio de Janeiro, pode ser a versão disponível de uma obra que não chegou a ser publicada no século XVII. A sua história, origem, seus autores e colaboradores dedicaremos nossas reflexões neste artigo.[5]

Um suposto original, atualmente desaparecido, é atribuído a Manoel Severim de Faria, o conhecido chantre da Sé de Évora, que viveu entre 1583 e 1655, autor de obras impressas e manuscritas, sobretudo. A respeito desse erudito português, temos realizado várias pesquisas, sendo que delas resultaram alguns artigos publicados.[6] O objetivo final deste trabalho é realizar uma edição da fonte, com um estudo crítico que se encontra em fase de elaboração.

Este artigo é a primeira parte da leitura crítica, resultado de cinco participações em eventos no Brasil, em Portugal e na Espanha, nos quais apresentamos o conteúdo do dicionário e as primeiras hipóteses para sua análise. Consideramos que serão necessárias ainda muitas leituras para podermos esgotar todas as possibilidades de reflexão que a fonte

---

entre outros, pode ser considerado histórico, para além das crônicas régias existentes até o início do século XVI. A obra de André de Resende é seminal, despertando o interesse de eruditos quinhentistas em identificar as antiguidades de Portugal ligadas ao passado romano lusitano e também medieval, passando a ser a principal referência para o que se fez a partir daquele momento no campo das *antiguidades*. Segundo Raul Miguel Rosado Fernandes, o ponto de vista adotado por Resende "não quer sobretudo aceitar que *Todos somos Hispanos*, uma vez que liga Castela, com a qual o intercâmbio cultural e das famílias portuguesas não podia ser maior, à visão da Hispânia". André Resende, *As antiguidades da Lusitânia*, Coleção *Portogaliae monumenta neolatina*, vol. III, p. 6.

[5] O projeto de transcrição e análise desta fonte foi possível graças a um protocolo de colaboração realizado entre o IHGB e a Cátedra Jaime Cortesão, do Instituto Camões, e da Faculdade de Filosofia, Letras e Ciências Humanas da Universidade de São Paulo em 2007. Agradeço a confiança em mim depositada pelos professores Arno Wehling e Vera Lucia Amaral Ferlini, respectivos diretores das instituições que participaram deste protocolo.

[6] Ana Paula Torres Megiani, "Política e letras no tempo dos Filipes: o império português e as conexões de Manoel Severim de Faria e Luis Mendes de Vasconcelos", in Maria Fernanda Baptista Bicalho e Vera Lucia Amaral Ferlini (orgs.), *Modos de governar: ideias e práticas políticas no império português. Séculos XVI e XIX*, p. 239-256; idem, "Das palavras e das coisas curiosas: correspondência e escrita na coleção de notícias de Manuel Severim de Faria", *Topoi*, vol. 8, n° 15, jul-dez 2007, p. 24-47; idem, "Memória e conhecimento do mundo: coleções de objetos, impressos e manuscritos nas livrarias de Portugal e Espanha, séculos XV-XVII", *Anais do Museu Paulista*, vol. 17, 2009.

nos apresenta. Por ora, realizaremos uma aproximação geral do texto e o desenvolvimento de algumas hipóteses levantadas sobre sua autoria.[7] Segundo a arquivista e paleógrafa Regina Wanderley, responsável pela coordenação da equipe de digitalização e transcrição da fonte no IHGB, a cópia manuscrita pertencente a esse instituto, sem autoria identificada, foi feita no início do século XIX. Contudo, não é possível definir exatamente a data de sua realização.[8] Aparenta ter sido feita com certa pressa, por uma só pessoa do início ao fim, provavelmente o brigadeiro Raymundo José da Cunha Matos (1776-1839), um dos fundadores do IHGB em 1834.[9]

O primeiro grande desafio desta pesquisa consistiu em comprovar que não se trata de uma cópia autêntica de um suposto original, já que pudemos identificar várias intervenções posteriores ao século XVII. Contudo, como se pode notar pelos textos anteriormente referidos também de caráter genealógico, faz parte desse gênero de texto o interesse de seus copistas posteriores em acrescentar dados, já que se trata de garantir honras, privilégios e mercês alcançados. Inicialmente, acreditávamos tratar-se de uma cópia autêntica na íntegra, o que configuraria uma descoberta extremamente rara, pois não há notícia de nenhuma obra do gênero do *Diccionario de antiguidades* de Portugal, em ordem alfabética, datada do século XVII. Contudo, a constatação da presença de outros autores que intervieram no texto ao longo do século XVIII e no início do

---

[7] Para a elaboração das primeiras hipóteses foram fundamentais as contribuições de vários colegas de pesquisa; em Portugal, Tiago C. P. dos Reis Miranda e José Alves Dias; no Brasil, Íris Kantor e Pedro Puntoni; na Espanha, António Castilho Gómez.
[8] A pesquisa sobre essa fonte foi possível graças ao trabalho de transcrição dos pesquisadores Marcos Amorim e Carlos Henrique Campos, supervisionados pela professora Regina Wanderley, do IHGB. A eles agradeço o trabalho responsável e minucioso que fizeram.
[9] Sobre o brigadeiro Raimundo José da Cunha Matos, consultar os recentes trabalhos de Neuma Brilhante Rodrigues, *Pelos caminhos do império: a trajetória de Raymundo José da Cunha Mattos*. Também, "(...) numa obra escrita entre 1835 e 1836, o brigadeiro Cunha Matos (1776-1839) considerava que 'os portugueses fizeram durante os bons tempos da monarquia *estudos mui sérios sobre a geografia das nações* com quem estiveram em contacto imediato, e ainda acerca dos países mais remotos: Diogo do Couto, João de Barros, Galvão, Mendes Pinto e D. João de Castro aplicaram-se à geografia e história, por uma maneira que honra ainda hoje aqueles homens estimáveis'. E acrescentava: 'Tudo quanto se tem escrito modernamente a respeito dos lugares que foram frequentados pelos portugueses funda-se no que eles disseram.' Assim sendo, a perspectiva de Boxer, ao valorizar o pioneirismo dos portugueses no que respeita ao conhecimento orientalista, insere-se nesta mesma sequência." Diogo Ramada Curto, *Cultura escrita: séculos XV a XVIII*, p. 122.

"DICIONÁRIO DAS ANTIGUIDADES DE PORTUGAL"

XIX nos coloca uma gama muito mais ampla de problemas, motivo pelo qual optamos por tratá-lo como um manuscrito aberto. Tal aspecto levou-nos a realizar um percurso diferente, adotando a perspectiva da história da cultura escrita e buscando identificar as mãos que interferiram no texto ao longo dos três séculos. Novas questões emergiram, tais como: quem seria(m) o(s) autor(es) das intervenções? Quem possuiu o manuscrito, e cópias dele, antes que fosse depositado no acervo do IHGB na época da sua fundação? Sobre as características materiais da fonte, essas perguntas e suas respostas, passaremos agora a discorrer.

DESCRIÇÃO DO DOCUMENTO

O documento encontra-se em bom estado de conservação, sendo composto por quatro volumes de folhas em quarto, encadernadas posteriormente à data da cópia, sendo a capa do próprio IHGB. As entradas estão separadas em três tomos, o primeiro de A a I/J, o segundo para as letras L e M e o terceiro de N a Z. A cópia contém um índice com 596 entradas, presente provavelmente no próprio original, pois está copiado com a mesma letra do início ao fim. Esse índice, contudo, não deve ter sido elaborado pelo copista, pois várias vezes a relação não corresponde à ordem de verbetes encontrados nos volumes. Localizamos 643 verbetes; 70 deles estão ausentes do índice e 23 dos presentes no índice não foram encontrados nos volumes. Não foi possível identificar uma razão para a perda de verbetes, sendo provável que algumas das folhas tenham desaparecido antes da encadernação, já que não estão numeradas. A ordem alfabética também não corresponde à sequência que encontramos nos tomos encadernados, tendo ocorrido muitas inversões e mesmo deslocamento de verbetes de uma letra para outra. O resultado são quatro volumes de três tomos bastante irregulares, com muitos verbetes completos e outros incompletos, em claro estado de elaboração, o que nos leva a tratá-los como uma obra em plena construção ao longo de aproximadamente dois séculos.

Na tabela a seguir é possível observar a proporção das entradas por letras, bem como a relação entre inexistentes e excedentes para cada letra. Chama a atenção o fato de que nas letras C e D constam 25 novas entradas que não estão no índice da cópia e, sobretudo, que a letra D possui apenas cinco itens no índice e 12 excedentes. Nesse caso pode ter ocorrido um erro na cópia, tendo sido esquecidas as 12 entradas excedentes ou parte delas.

TABELA NUMÉRICA COMPARATIVA

Letra	Entradas no índice	Inexistentes	Excedentes	Total de itens
A	82	5	6	83
B	31	0	2	33
C	102	2	13	113
D	5	0	12	17
E	32	1	1	32
F	29	0	5	34
G	23	4	3	22
H	7	0	1	8
I/J	17	0	0	17
L	22	1	2	23
M	56	1	6	61
N	14	0	0	14
O	11	1	3	13
P	48	3	5	50
Q	3	0	0	3
R	22	0	1	23
S	36	2	2	36
T	28	1 (repetido)	2	29
U/V	25	1	6	30
X	1	0	0	1
Z	2	1	0	1
Total	596	23	70	643

Também são muito variadas as proporções dos verbetes, alguns contendo duas ou três linhas e outros duas, três ou mais páginas. Não foi possível realizar ainda uma comparação entre os verbetes excedentes e os constantes no índice para sabermos se poderiam ter sido escritos em épocas posteriores. Contudo, uma leitura preliminar dos conteúdos demonstra que essa hipótese não procede, já que foi possível notar a presença de referências dos séculos XVIII e XIX em textos de verbetes constantes do índice. Suspeitamos que o enigma dos excedentes será muito difícil de decifrar.

O aspecto material mais destacado do documento do IHGB relaciona-se com o tipo de papel. Trata-se de folhas avulsas recicladas a partir de impressos timbrados do consulado português em Argel, na gestão do cônsul Henrique McDonell. A prática de reciclagem de papel oficial era muito comum entre os funcionários da coroa, sobretudo em tempos de dificuldades como parece ter sido a época em que a cópia foi realizada.

Não temos registro de que o brigadeiro Cunha Matos tenha estado em Argel, contudo sabemos que serviu na Guiné e nas ilhas de São Tomé e Príncipe, a partir de 1797, com 21 anos, até 1814, quando pediu licença para viajar à corte do Rio de Janeiro.[10] As folhas, portanto, podem ter pertencido ao corpo diplomático português, e seria necessário verificar a existência de uma possível ligação entre o brigadeiro Cunha Matos e o cônsul Henrique McDonell, ao que ainda não tivemos condições de proceder.

A cópia apresenta também valiosas informações sobre duas passagens pela censura, uma portuguesa e uma brasileira. Na primeira folha consta um despacho negativo da censura, afirmando que a cópia "não foi considerada digna de impressão" em 6 de março de 1823, assinado por Villela V. J., um dos avaliadores da censura régia no Brasil. Além dessa, no final do índice em ordem alfabética aparecem outras informações sobre uma permissão de publicação anterior à de 1823, datada de Lisboa em tempos de transferência da corte real para o Brasil:

---

[10] Introdução de Tarquínio Oliveira à *Corografia histórica da província de Minas Geraes (1837)*, vol. I, p. XV-XVIII.

> Imprima-se appontadas as leis respectivas usadas em artigos da Censura, e torne para se cumprir. Lisboa a 6 de Fev[ereir]o de 1808. com 6 rubricas. Vay com este Ms. o extracto da Censura, para vista delle se observar a Determinação do Despacho de 6 de Fevereiro de 1808.

Com essas informações sabe-se, portanto, que o manuscrito esteve na censura, foi aprovado, mas não impresso. É muito provável que tenha sido nesse momento que passou às mãos do brigadeiro Cunha Matos.

Também é relevante para o entendimento da história dessa fonte o conteúdo introdutório do manuscrito, constituído por duas cartas de apresentação, uma do século XVII e outra do século XVIII, sendo a primeira assinada e a segunda sem autor identificado. Assim, continuando o percurso retrospectivo, após as breves notas da censura apresentadas, encontramos, datado do século XVIII, um "prefação" de autor não declarado: "Hum Diccionario das antiguidades de Portugal, pareceu a quem ordenou este, que oferece a seus amabilíssimos Compatriotas, poder entrar no numero daquelas aplicações estudiosas, de que se lhes seguiria aproveitamento e inegavel."

No mesmo prefácio, o autor da carta define em que consistem as tais "antiguidades de Portugal":

> Por Antiguidades de Portugal deve nesta obra entender-se tudo quanto decorre desde o Conde D. Henrique, pai do nosso primeiro e glorioso Rei até o falecimento d'el Rei D. João II isto é desde o ano de 1035 até de 1485. Nessa ordem de coisas, cronicas mais exatas, noticias mais bem averiguadas, leis reduzidas a boa forma e juntas em um só corpo, novos estabelecimentos, escritores polidos, linguagem constante e com a velha rudeza (...) desde o felicissimo reinado d'el Rei D. Manuel até os nossos dias quase tudo uniforme, e a todos accessível.

O mesmo autor desse prefácio faz uma *Addição*, que traz informações sobre o *Diccionario* e menciona o chantre de Évora como seu primeiro autor, com grande número de contribuições. Destaca ainda a data do suposto original.

"DICIONÁRIO DAS ANTIGUIDADES DE PORTUGAL"

Manoel de Severim de Faria Conego e Chantre da Sé de Evora, a quem inalteravelmente todos seus contemporaneos e posteriores dedicão louvores assaz merecidos e competentes, posto que remendados e extraordinários, he quem muito contribue para o util desse Diccionario, como nelle se vê com frequencia.

(...)

A informação feita em segredo ao serenissimo Senhor Rei D. João 4 sobre materia de tanta gravidade e importância, informação dada por ordem do mesmo Soberano, e cometida a sujeito merecedor de tal confiança, a linguagem da verdade que nela reluz, a qual a adulação ou particulares interesses mal sabem contrafazer, dão ao original aqui fielmente lançado o credito mais autentico e incontestavel.

(...)

O sobredito original he do anno de 1655 ultimo da vida do preclarissimo Chantre de Evora. O Informante é o Padre Francisco Pinheiro, Jesuita, Doutor Theologo pela Universidade de Evora, onde ditou 16 annos Theologia Escolastica e 3 Moral, com fama de excelentissimo Mestre e Doutor sapientíssimo.

(...)

Governou os colegios de Evora e Coimbra com prudencia e afabilidade. Falleceo em 27 de julho de 1661 com 66 annos (An 29 de julho, diz o L. do Ann.[Hist.] tomo 2. f. 426 n.) de idade, e 51 de Religião.

Recuando um pouco mais no tempo, encontramos em seguida a cópia de uma carta assinada pelo padre Francisco Pinheiro, que afirma escrever de Coimbra em 15 de fevereiro de 1655,[11] a pedido do bispo do Japão, aconselhando ao rei três nomes que seriam dignos da nomeação a bispos em Portugal: Manoel Severim de Faria, D. Veríssimo de Lancastre, tesoureiro-mor da Sé de Évora e inquisidor, e o chantre de Coimbra, Domingos Ribeiro Cirne. Segundo Maria Luísa Guerra, Francisco Pinheiro é natural de Gouveia, viveu entre 1595 e 1661 e foi mestre em filosofia pela Universidade de Évora.[12] A carta de Francisco Pinheiro estaria anexada ao original, o que faz do dicionário um elemento de

---

[11] Manoel Severim de Faria morreria no dia 16 de dezembro de 1655.
[12] Maria Luísa Guerra, *A Universidade de Évora: mestres e discípulos notáveis (sécs. XVI-XVIII)*.

comprovação da qualidade de Severim de Faria em sua indicação. Contudo, só esse texto está associado aos nomes dos indicados ao cargo.

A existência comprovada de Francisco Pinheiro em Évora nos permite inferir que tenha frequentado o ambiente do chantre, que, segundo Diogo Ramada Curto e Maria da Conceição Ferreira Pires, foi o local onde nasceu e floresceu, na primeira metade do XVII, uma das primeiras academias de Portugal,[13] marcada pela experiência da crítica de textos, pelos debates sobre autores, sempre numa perspectiva humanista. É pouco provável que haja participação de Francisco Pinheiro na elaboração do dicionário; caso contrário seu nome estaria mencionado nos verbetes, o que não ocorre. Vale destacar que no século XVII continua sendo uma prática comum as obras históricas e genealógicas serem escritas por vários autores, ou copiadas de obras de outros anteriores que serviam como argumento de autoridade, tal como podemos notar na seguinte observação feita pelo próprio autor do prefácio do século XVIII: "Entende-se que transcrevendo fielmente dos nossos Autores, que com infatigável desvelo, curiosa indagação, e zelo sinceramente racional se empregarão neste assunto, se conseguiria mais firme confiança do leitor (...)"

Contudo, identificamos no corpo dos verbetes a presença de autores que se autorreferenciam, podendo ser mesmo identificados por se tratar de figuras conhecidas no contexto letrado do período. A menção a eles também foi indicada pelo padre Francisco Pinheiro:

> Nesta conta he sobresairem com preferencia aos demais os dois Cronistas mores do Reino Fr. Antonio Brandão e seu sobrinho Fr. Francisco Brandão, e o chantre da Sé de Evora, Manoel de Severim de Faria, digno, como se disse estando ele ainda vivo, de illustres elogios, pelo zelo que tem da honra de sua Patria, e pelo credito, que lhe tem alcançado com seus estudos e cujas mãos são deposito benemerito de todos os tesouros da antiguidade.

---

[13] Diogo Ramada Curto, *O discurso político em Portugal (1600-1650)*; Maria da Conceição Ferreira Pires, *Os acadêmicos eborenses na primeira metade de seiscentos: a poética e a autonomização do literário*.

A afirmação reproduzida é uma das chaves mais importantes na identificação dos participantes na composição da obra, já que na leitura foram encontrados muitos verbetes, alguns em fase de elaboração, cujas autorreferências aos cronistas António Brandão e seu sobrinho Francisco Brandão são explícitas. Uma delas pode ser encontrada no verbete sobre *Azambuja*:

> A vila de Azambuja chamada antigamente Vila Franca se povoou em tempo del Rei D. Sancho I. Fez El Rei doação dela a D. Rolim Cavaleiro de Flandres, e a outros cavaleiros da sua companhia: é a data no mes de Janeiro do ano de 1200. (Torr. do Tomb. Liv. de foraes de Leit. nova f. 10.) Já adverti em outro lugar (Ma. Lus. p. 3. l. 10. c. 29.) como este Fidalgo não era o D. Rolim, que nossas historias contava assistir na tomada de Lisboa, mas que devia ser seu filho ou parente, o qual acudiu à conquista de Silves. Deste parecer sou ainda pelas razões, que propus, e não é necessário repetilas. Nem aos descendentes destes Fidalgos, quais são os Rolins e Mouras, deste Reino, fica menor gloria de não ser este o D. Rolim, que veio a Lisboa, pois se convence que não uma, mas muitas vezes ajudarão seus antepassados aos primeiros Reis deste Reino nas maiores necessidades, e ocasiões de honra. Fr. A. Brand. Mon. p. 4. l. 12. c. 31.[14]

A autorreferência de António Brandão não poderia ser mais declarada. Aqui Brandão não apenas indica o lugar onde se pode encontrar o assunto no corpo da *Monarquia lusitana*, da qual ele foi um dos autores, como realiza uma crítica documental ao discordar de uma fonte utilizada anteriormente da própria Torre do Tombo. Assegura aos herdeiros que sua identificação não os prejudica, pelo contrário, favorece-os, pois é a certa, verdadeira.

Outro caso semelhante encontramos no verbete sobre a *Casa de Bragança*, para o qual teria contribuído um dos autores acima, ou até mesmo um terceiro:

---

[14] "Azambuja", DAP, tomo I.

> O Chronista do Reino Fr. Manoel dos Santos Mon. p. 8 l. 23. c. 44 diz: Entrando el Rei (D. João I) na Vila de Santarem aos 23 do mes de Agosto de 1385, e como fora testemunha (...) das heroicas honras que recebeu na batalha de Aljubarrota do seu condestavel... no mesmo dia em que chegou a primeira mercê que fez foi ao dito Condestavel. Deu-lhe o Condado de Ourem, e abriu nesta doação os fundamentos da Casa Real de Bragança, que neste Conde teve principio; e seja me licito advertir, que saiu ao mando esta grande casa; erigir se este seminario de Principes no dia faustissimo de S. Bernardo, Santo sempre benemerito dos Portuguezes, benemerito na primeira ereção do Reino, quando na Curia Romana fez as partes do nosso primeiro Rei sobre o uso do seu titulo que lhe embargara el Rei de Castella: benemerito na memoravel de Aljubarrota, e ao depois na Aclamação d'el Rei D. João IV como já ponderei em outro lugar (Na Historia de Alcobaça).[15]

Vale lembrar que frei Manoel dos Santos, indicado no verbete, é o autor da oitava parte da *Monarquia lusitana*, ou seja, o último cronista da sequência de autores dessa obra.

Desse modo, podemos deduzir seguramente a presença de tio e sobrinho, os cronistas de Alcobaça, como colaboradores na composição do manuscrito do dicionário. E mais, dada a semelhança que o texto do manuscrito guarda com as mais conhecidas obras de Manoel Severim de Faria, podemos também afirmar que esses autores eram colaboradores diretos do chantre e participavam de seus textos como autores, mesmo não sendo referidos. Certamente o circuito de correspondência de Severim era o responsável por essa múltipla autoria.

O passo seguinte, portanto, foi buscar confirmar se houve ou não um original de Manoel Severim de Faria que possa ter alguma semelhança com esse manuscrito. É necessário acrescentar, para aqueles que desconhecem essa figura, que o chantre de Évora foi proprietário de uma grande livraria, na qual reuniu impressos, manuscritos, gravuras, documentos originais e copiados de grande relevância no século XVII. Seus contatos e sua correspondência cobriam todas as partes dos domí-

---

[15] "Casa de Bragança", DAP, tomo I.

"DICIONÁRIO DAS ANTIGUIDADES DE PORTUGAL"

nios portugueses e, embora nunca tenha saído de sua região, sabia o que se passava nas várias partes do reino e do império. Uma relação dessa livraria foi apresentada pelo IV conde da Ericeira nas *Memórias da Academia Real da História Portuguesa*, documento que nos tem servido de base para a busca e comprovação dos manuscritos hoje dispersos que teriam pertencido ao chantre.[16] Nessa relação não localizamos nada que se assemelhasse a uma lista alfabética de antiguidades de Portugal. Uma hipótese para tal ausência é que o dicionário talvez não estivesse entre os manuscritos herdados pelo sobrinho Baltazar e transmitidos ao conde de Vimieiro por um caminho também muito tortuoso. Talvez o manuscrito tenha passado a outra pessoa, possivelmente o padre Francisco Pinheiro. Trata-se de uma hipótese frágil, já que a grande maioria dos escritos do século XVII tem borradores e cópias incompletas localizáveis.

As obras conhecidas de Severim e publicadas no século XVII foram: *Notícias de Portugal* e *Discursos vários políticos*. A primeira possuiu quatro edições desde 1655 até 2000. Na segunda edição rara, de 1740, encontramos uma chave para decifrar alguns dos mistérios apresentados pelo dicionário. O volume, organizado por um letrado do século XVIII, o padre José Barbosa, irmão de Diogo Barbosa Machado e Ignácio Barbosa, todos pertencentes à Academia Real da História Portuguesa, contém no final um glossário relativo ao volume intitulado *Índice das cousas notáveis*. Esse glossário corresponde, em grande parte, aos termos do nosso *Diccionario das antiguidades de Portugal*. Não foi fácil descobrir essa relação, pois somente a edição de 1740 possui esse índice e a atual versão das *Notícias de Portugal* foi feita a partir da primeira edição de 1655, que não apresentava índice, somente uma lista dos nomes das famílias. A identificação da semelhança entre o índice impresso no XVIII e a cópia do dicionário manuscrito nos levou a concluir, por enquanto, que além dos autores do século XVII, Manoel Severim de Faria e freis Antônio Brandão e Francisco Brandão, há também a mão do padre José

---

[16] Outro registro do conteúdo da livraria do chantre foi realizado por João Franco Barreto, *Bibliotheca luzitana: autores portugueses*, original manuscrito da casa de Cadaval, mas do qual só dispomos de uma fotocópia do original, muito ilegível.

Barbosa nesse multidicionário, antes de chegarmos à última cópia, feita pelo brigadeiro Cunha Matos.

A partir dessas constatações, percebemos que o documento ganha outro significado, pois já não se trata de garantir a verdade sobre as antiguidades portuguesas em relação à Espanha no contexto da guerra de Restauração. Trata-se, por outro lado, de consolidar a história do reino e seus elementos antigos enquanto fatores de glória e honra da casa de Bragança estabelecida no poder. A presença de referências eruditas do século XVIII é muito marcante; em uma delas revela-se, pela primeira vez, uma indicação ao vocabulário de Rafael Bluteau.

> *Alfama*: O D. Rafael Bluteau no Vocabulario Portuguez diz que este he o bairro mais antigo de Lisboa. O nome he arábico que quer dizer banho de agua quente, conforme explica João de Barros nas antiguidades do Minho Cap. 2. E por que em Alfama ha grande copia de águas calientes, e ja às havia em tempo dos Mouros, por isso chamarão a este sitio Alfama, que corresponde às Thermas dos Gregos. Os curiosos podem ver a Duarte Nunes de Leão na D... de Portugal cap. 12. pág. 34. João Bapt. de Castro Mapp. de Port. Tom. 3 part. 5. parágrafo 28 pag. 384, n. 309 not. 2 no baixo da pag.[17]

Também no verbete sobre a casa de Avis, no qual curiosamente se faz referência à Academia Real da História Portuguesa:

> *Avis*: (...) El Rei D. João I mandou enlaçar com a cruz de Avis as armas de Portugal; nas quaes a dita cruz permaneceo até o tempo del Rei D. João II que a mandou tirar. Fr. José da Purific. Cat. dos Mestres da Ord. de Avis. Coll. dos Docum. da Acad. Real de Hist. Port. C. de 30 — de 1722. N. 16.[18]

José Barbosa também faz referência a si mesmo e ao seu irmão Ignácio Barbosa, nos verbetes abaixo:

---

[17] "Alfama", DAP, tomo I.
[18] "Avis", *idem*.

"DICIONÁRIO DAS ANTIGUIDADES DE PORTUGAL"

Concubina: Nos séculos antigos não soava tão torpemente o nome concubina, como soa nos presentes; por que concubina não era só a mulher que servia culpavelmente ao apetite alheio, mas também a mulher legitima se chamava concubina. A diferença consistia ou por que esta se tomava por mulher sem as solenidades jurídicas de escrituras dotaes, ou por ser de inferior nascimento ao do marido. Por tanto neste sentido se devem entender o Arcebispo de Toledo D. Rodrigo Ximenes, L. 6. c. 2. e o Bispo de Oviedo D. Pelayo no fim da sua historia, quando nomeião concubina a D. Ximena Nunes de Gusmão, legitima mulher del Rei D. Affonso VI Rei de Leão e de Castella, pais da Rainha D. Teresa mãe do nosso primeiro Rei D. Affonso Henriques. D. Jose Barbos. Catal. das Rainh. p. 15.[19]

Corpo de Deus: O Bispo de Lisboa D. Mattheus foi o primeiro que no anno de 1264 fez celebrar na dita Cidade com grande pompa a festa do Corpo de Deos que Urbano IV instituira. Veja se a Hist. Crit. da Prociss. do Corpo feita pelo Doutor Ignacio Barbosa. João Bap. de Castr. Mapp. de Port. tom. 3. p. 5. c. 2. parágrafo 16. pag. 108. n. 30.[20]

Ainda no século XVIII, localizamos também uma referência ao terremoto de 1755:

Limoeiro de Lisboa: Esta cadea ou carcere de malfeitores, chamada limoeiro, e a casa da supplicação alli contigua ate o anno de 1755, foi obra sumptuosa que mandou fazer el Rei D. Manuel (Goes Chron. del Rei D. Manuel part. 4. c. 85) e segundo escreve o Chronista mór Fr. Francisco Brandão, Mon. Lus. part. — Liv. 17 cap. 57. aqui habitarão as Commendadeiras de santos pelos annos de 1405 quando estes Paços erão do Infante D. Duarte, filho del Rei D. João I.[21]

E, finalmente, uma rara, mas determinante, referência a uma obra do século XIX consultada para a elaboração de um verbete, intervenção que deve muito provavelmente ter sido escrita pelo próprio brigadeiro Cunha Mattos.

---

[19] "Concubina", *idem*.
[20] "Festa do Corpo de Deus", *idem*.
[21] "Limoeiro de Lisboa", *idem*, tomo II.

> *Sello Real.* O Sr. João Pedro Ribeiro na sua Observação X de Diplomatica Artigo V p.141 e seguintes impressa em Lisboa em... estabelece a epoca do uso de sellos pendentes nos diplomas do nosso Reino, como posteriores ao reinado do 1º Rei D. Affonso Henriques. Depois nas suas Dissertações Chronologicas e Criticas sobre a Historia e Jurisprudencia Ecclesiastica e Civil de Portugal impressas em 1810, emprega toda a dissertação III neste assumpto, intitulando-se: Sobre a Stragistica Portugueza, ou Tratado sobre o uso dos sellos no nosso Reino. Nella, a que remettemos o leitor, encontrará este quanto cumpre não desconhecer-se em materia tão interessante à jurisprudencia e Diplomatica Portugueza. Aqui também achará aquella fina prespicacia e investigação crítica, que sobre maneira accreditão em todos os seus escritos o sobredito Author igualmente douto e infatigavel, constituindo o assim credor da mais justa e permanente gratidão dos nossos nacionaes.[22]

Além disso, há um parágrafo na carta de apresentação que indica ter sido esse documento depositado na Academia das Ciências de Lisboa no intuito de ser publicado: "Se alguém o quizer examinar depois de publicado, na Bibliotheca d'Academia Real das Sciencias, onde será entregue para este mesmo fim, poderá inteirar-se da sua certeza."

O verbete e o trecho acima são a comprovação definitiva de que temos em mãos um manuscrito elaborado ao longo de três séculos e acrescentado inúmeras vezes por seus proprietários, colaboradores e copistas, o que nos leva a descartar, definitivamente, a autoria única de Manoel Severim de Faria, que deve, no remoto século XVII, ter sido o iniciador, aquele que criou as condições para a composição desse texto, sendo essa a sua relevância para o aparecimento da ideia de se elaborar uma relação alfabética de *antiguidades* do reino de Portugal.

Outros aspectos deverão ser tratados daqui por diante; um deles é o conjunto de autores citados no texto. Uma apreciação prévia a esse respeito nos permite afirmar que se trata de uma grande maioria de autores portugueses, além das referências a livros da Torre do Tombo, chancela-

---

[22] "Sello Real", *idem*, tomo III. Trata-se da obra João Pedro Ribeiro, *Dissertações chronologicas e criticas sobre a historia e jurisprudencia ecclesiastica e civil de Portugal*.

"DICIONÁRIO DAS ANTIGUIDADES DE PORTUGAL"

rias, livros de forais e outros. O aprofundamento dessa vertente poderá nos fornecer informações sobre mecanismos de consulta e formas de referência utilizados para a elaboração de genealogias e consolidação de honras e privilégios nos três séculos em que o manuscrito foi elaborado, considerando-se que o padrão adotado pelos primeiros colaboradores parece ter sido reproduzido por aqueles que fizeram os acréscimos nos séculos XVIII e XIX.

REFERÊNCIAS DOCUMENTAIS E BIBLIOGRÁFICAS

ÁLVAREZ, Fernando Bouza. "Entre dois reinos, uma pátria rebelde: fidalgos portugueses na monarquia hispânica depois de 1640". In *Portugal no tempo dos Filipes: política, cultura, representações (1580-1668)*. Tradução de Ângela Barreto Xavier e Pedro Cardim. Lisboa: Cosmos, 2000, p. 271-291.

BARRETO, João Franco. *Bibliotheca luzitana: autores portugueses*. Original manuscrito da casa de Cadaval (fotocópia do original).

CURTO, Diogo Ramada. *Cultura escrita: séculos XV a XVIII*. Lisboa: Imprensa de Ciências Sociais, 2007.

_____. *O discurso político em Portugal (1600-1650)*. Lisboa: Universidade Aberta, 1988.

Dicionário das antiguidades de Portugal, Rio de Janeiro, Instituto Histórico e Geográfico Brasileiro, sem paginação (DAP).

GUERRA, Maria Luísa. *A Universidade de Évora: mestres e discípulos notáveis (sécs. XVI-XVIII)*. Évora: Editora da Universidade de Évora, s/d.

KRUZ, Luis. *A concepção nobiliárquica do espaço ibérico (1280-1380)*. Lisboa: Fundação Calouste Gulbenkian/Junta Nacional da Investigação Científica e Tecnológica, 1994.

MEGIANI, Ana Paula Torres. "Memória e conhecimento do mundo: coleções de objetos, impressos e manuscritos nas livrarias de Portugal e Espanha, séculos XV-XVII". *Anais do Museu Paulista*, vol. 17, 2009. Disponível em: http://www.scielo.br/scielo.php?script=sci_arttext&pid=S0101-47142009000100010&lng=pt&nrm=iso&tlng=pt.

_____. "Das palavras e das coisas curiosas: correspondência e escrita na coleção de notícias de Manuel Severim de Faria". *Topoi*, vol. 8, nº 15, p. 24-47, jul-dez 2007.

_____. "Política e letras no tempo dos Filipes: o império português e as conexões de Manoel Severim de Faria e Luis Mendes de Vasconcelos". In BICALHO, Maria Fernanda Baptista e FERLINI, Vera Lucia Amaral (orgs.). *Modos de governar: ideias e práticas políticas no império português. Séculos XVI a XIX.* São Paulo: Alameda, 2005, p. 239-256.

OLIVEIRA, Tarquínio. "Introdução". In MATOS, Raimundo José da Cunha. *Corografia histórica da província de Minas Geraes (1837).* Belo Horizonte: Arquivo Público Mineiro, 1979, vol. I, p. XV-XVIII.

PARDAL, Rute. *As elites de Évora ao tempo da dominação filipina: estratégias de controlo do poder local (1580-1640).* Lisboa: Colibri, 2007.

PIRES, Maria da Conceição Ferreira. *Os acadêmicos eborenses na primeira metade de seiscentos: a poética e a autonomização do literário.* Lisboa/Évora: Colibri/ CIDEHUS, 2006.

RESEDE, André de. *As antiguidades da Lusitânia.* Tradução de R. M. Rosado Fernandes. Coimbra: Imprensa da Universidade de Coimbra, 2009. Coleção *Portvgaliae Monumenta Neolatina*.

RIBEIRO, João Pedro. *Dissertações chronologicas e criticas sobre a historia e jurisprudencia ecclesiastica e civil de Portugal.* Lisboa: Academia Real das Sciencias, 1810-1836, 5 vols.

RODRIGUES, Neuma Brilhante. *Pelos caminhos do império: a trajetória de Raymundo José da Cunha Mattos.* Tese de doutorado em História, Universidade de Brasília, Brasília, 2008.

CAPÍTULO 3 ## Seleta de uma sociedade: hierarquias sociais nos documentos compilados por Diogo Barbosa Machado

*Rodrigo Bentes Monteiro**
*Pedro Cardim***

---

*Professor associado de História Moderna na Universidade Federal Fluminense, coordenador do polo brasileiro de Red Columnaria, pesquisador do CNPq e da Companhia das Índias (coordenador executivo de 2006 a 2009). É autor do livro *O rei no espelho: a monarquia portuguesa e a colonização da América, 1640-1720*, São Paulo, Hucitec, 2002.
**Professor associado de História Moderna na Universidade Nova de Lisboa, Portugal, investigador do Centro de História de Além-Mar, pesquisador associado da Companhia das Índias e coordenador-geral de Red Columnaria. É autor do livro *Cortes e cultura política no Portugal do Antigo Regime*, Lisboa, Cosmos, 1998.

Para este artigo, tratamos de um corpo documental único sobre a história de Portugal e suas conquistas ultramarinas. Um conjunto de documentos escritos, encadernados em 146 tomos organizados por temas, doados à Real Biblioteca de D. José I pelo acadêmico real e abade de Santo Adrião de Sever Diogo Barbosa Machado (1682-1772), transferidos àquele acervo entre 1770 e 1773.[1] Esse extrato da grande *livraria* do bibliófilo é composto por 3.185 documentos, de variados tamanhos, a grande maioria de impressos avulsos, produzidos entre 1505 e 1770. Como sabemos, a Real Biblioteca viria para o Brasil com a corte portuguesa no início do século XIX e a "coleção" da qual tratamos — na realidade parte de um conjunto muito maior, entre livros, álbuns de gravuras e mapas — está hoje depositada na divisão de obras raras da Biblioteca Nacional, no Rio de Janeiro. Não há notícias de outro agrupamento deste tipo — relacionado à história dos homens, com documentos escritos compondo impressos pequenos — reunido e preservado, dessa forma, em Portugal.[2]

---

[1] Dois tomos encontram-se infelizmente extraviados. Os bolsistas de iniciação científica do CNPq André Reynaud Sampaio e Bento Machado Mota contaram documentos pertinentes aos 144 tomos disponíveis, sob nossa orientação. Lygia Moura executou os gráficos. Agradecemos a leitura crítica e os comentários de Tiago C. P. dos Reis Miranda.

[2] Naquela época as coleções de numismática ou de objetos naturais eram mais comuns do que as coleções dedicadas a documentos escritos, cujo critério de seleção celebrava trajetórias (individuais e coletivas) consideradas dignas de registro. João Carlos Pires Brigola, *Colecções, gabinetes e museus em Portugal no século XVIII*. Note-se que não tratamos aqui da coleção de gravuras de retratos, depositada na divisão de iconografia da mesma Biblioteca Nacional. A esse respeito, ver Rodrigo Bentes Monteiro, "Reis, príncipes e varões insignes na coleção Barbosa Machado", in *Anais de História de Alémmar*, vol. VI, 2005, p. 215-251, e Pedro Cardim, "Festividades e cerimónias na coleção

Após um trabalho de fichamento particularizado dos textos, e de compreensão da ordem encetada pelo colecionador,[3] desde 2008 começamos a formular "perguntas" a esse conjunto. Respondemos a essas perguntas, ao menos em parte, mediante uma análise quantitativa. Contudo, os dados aqui obtidos não se esgotam em si mesmos, sendo antes um ponto de partida para reflexões calcadas em impressões sobre o corpo documental e na historiografia pertinente. Será essa a dinâmica expositiva a ser seguida no presente artigo.

A primeira dessas perguntas foi referente à questão do espaço. Um rápido olhar pela vasta coleção de impressos avulsos reunida por Barbosa Machado revela que a maior parte dos espécimes reunidos pelo colecionador refere-se à produção tipográfica portuguesa na corte, com 1.863 documentos impressos em Lisboa, 58% da coleção e mais 162 publicados em outras cidades do reino. Isso significa que, nessa coleção, Lisboa apresenta-se praticamente como o único centro português de produção desse tipo de textos, com grande projeção nos meios de "estabelecimento da opinião". O fato de a corte régia se encontrar, a partir de 1640, quase em permanência nessa urbe foi também determinante para fazer de Lisboa um polo de difusão de impressos, mas também de controle, por parte da coroa, da opinião "pública" — na acepção que Fernando Bouza Álvarez lhe atribui.[4]

Contemplando agora os espaços de forma mais temática, sobre os assuntos de cada documento ocorridos em diferentes locais no âmbito da coroa portuguesa, verificamos que as conquistas ultramarinas na Ásia, em África e na América vinculam-se a 10% entre os eventos da coleção, enquanto Portugal, em relação a outros países europeus, constitui o ambiente dos outros 90%. Esse baixo valor alusivo ao mundo ultramarino chama

---

Barbosa Machado", comunicação apresentada no colóquio "Lisboa e a festa: celebrações religiosas e civis na cidade medieval e moderna".

[3] Com Valeria Gauz coordena-se a edição de um catálogo eletrônico desses fichamentos, ainda manuscritos. Sobre a organização dos tomos pelo colecionador, Bentes Monteiro e Ana P. Sampaio Caldeira, "A ordem de um tempo: folhetos na coleção Barbosa Machado", *Topoi*, vol. 18, nº 14, jan-jun 2007, p. 77-113.

[4] Fernando Bouza, *Imagen y propaganda: capítulos de historia cultural del reinado de Felipe II*. Cf. também Maria Teresa Esteves Payan Martins, *A censura literária em Portugal nos séculos XVII e XVIII*, e André Belo, *Nouvelles d'Ancien Regime: la Gazeta de Lisboa et l'information manuscrite au Portugal (1715-1760)*.

a atenção se tivermos em conta que, ao menos a partir de meados do século XVII, quase todas as carreiras dos altos dignitários — da aristocracia, de eclesiásticos ou magistrados — passaram por cargos e estadas mais ou menos prolongadas em territórios extraeuropeus sob jurisdição portuguesa. Seria esperado, portanto, uma presença maior de relatos de façanhas e de serviços prestados no âmbito ultramarino. Será isso indício de uma certa subalternização do espaço extraeuropeu? Será que os serviços — designadamente militares — prestados na Europa eram mais valorizados do que os desempenhados no espaço ultramarino?

No referente às diferentes temporalidades da história de Portugal e suas conquistas nesse conjunto documental voltado para o passado, constatamos que 12% desses documentos escritos situam-se no reinado de D. João IV (1640-1656) e 8% tratam da conjuntura da guerra da Restauração (1640-1668) — o que é significativo, se pensarmos que o acervo foi reunido em meados do século XVIII. Para a dinastia Bragança, mas também para parte significativa da alta nobreza portuguesa de meados do século XVIII, a ruptura com a monarquia espanhola em 1640 e a consequente entronização brigantina foi um momento fundador, crucial para a definição da sua preeminência social. Em recente estudo, Leonor Freire Costa e Mafalda Soares da Cunha observam que o reinado de D. João IV, devido à guerra com a monarquia espanhola, propiciou muitas trajetórias ascensionais, levando figuras de nascimento menos seleto até o escalão da alta nobreza e conduzindo à marginalização linhagens até então preponderantes — sobretudo as casas que optaram por manter sua fidelidade aos Áustrias. A coleção de Barbosa Machado, ao conceder tanta atenção à conjuntura da Restauração, constitui, de certa forma, uma prova escrita dos serviços prestados por todos aqueles que ascenderam socialmente naqueles anos e de como era importante divulgar e promover por escrito essa ascensão.[5]

Ao tecer esses comentários, começamos a responder a uma das principais questões postas a esse conjunto documental: o seu recorte social. Partimos do pressuposto de que essa coleção faz eco de algumas das

---

[5] Leonor Freire Costa e Mafalda Soares da Cunha, *D. João IV*, sobretudo as páginas p. 269-280.

principais dinâmicas sociais em curso no universo português do Antigo Regime, sobretudo dos séculos XVII e XVIII. Cabe assim indagar o que o processo de seleção e montagem da coleção nos diz sobre Diogo Barbosa Machado e sua visão de sociedade.

Sabemos que o colecionador era bastante influenciado pelas oportunidades de aquisição de documentos, conseguidos por troca ou compra. Mas suas preferências pessoais também se manifestavam, podendo ser relacionadas a um "sentir geral" dessa sociedade do Antigo Regime português, dada a fartura de registros amealhados. Entretanto, podemos ter essa coleção como indicativa de valores e visões, relativos ao tema da hierarquia e da mobilidade social no mundo português, mesmo considerando a autoria de Diogo Barbosa Machado na confecção desse acervo e as possibilidades limitadas de ofertas dos documentos do passado português em meados do século XVIII (maior para tempos mais recentes ao próprio Barbosa Machado, menor para tempos mais distantes). Desse modo a pergunta se desdobra em: que agentes ou grupos sociais aparecem destacados nos documentos e de que forma os eventos ali narrados se articulam em relação ao tema das hierarquias e mobilidades sociais? Apresentamos a seguir uma série de gráficos, elucidativos para o que se pretende esclarecer.

Pelo gráfico a seguir, constata-se a não concentração de autores — configurada no item "outros" — no conjunto da coleção. Fato normal, se considerarmos que ela amealha documentos do século XVI ao XVIII. Mas também se percebe a pouca expressão desse quesito no universo português do Antigo Regime, pois 35% dos espécimes que integram a coleção são anônimos. Isso era próprio do campo literário daquele tempo, uma época em que a afirmação da individualidade do criador nem sempre era prioritária ou imprescindível. Muitos desses escritos resultaram de encomendas que a casa real, casas nobres ou mesmo indivíduos comuns em busca de distinção social dirigiram a homens de letras, que tinham como hábito redigir obras em troca de remuneração. Portanto, mais do que a capacidade do autor desses elogios de reis e aristocráticos, ou de relatos de batalhas, o "encomendador" esperava um retrato eloquente e apologético da sua pessoa ou da sua família. A figura do autor tendia, pois, a esbater-se.

SELETA DE UMA SOCIEDADE

Gráfico I
Autores

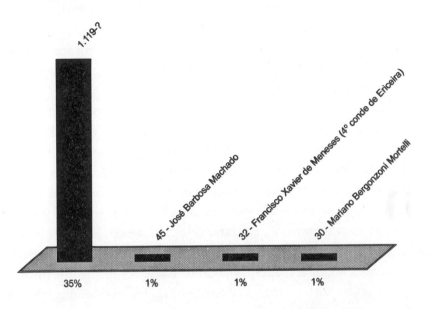

Outros: 1.959 (62%)
Total: 3.185 docs.

Registremos dois casos mais salientes nesse cômputo. D. José Barbosa Machado (1674-1750), irmão do nosso Diogo, ingressou na ordem dos teatinos em 1690. Orador de ocasiões festivas e fúnebres, tornou-se cronista oficial da casa de Bragança, com várias obras, e um dos membros fundadores da Academia Real da História, além de examinador das três ordens militares e do patriarcado de Lisboa. Ao morrer, D. José Barbosa — como era conhecido — teve sua biblioteca anexada à do próprio Diogo. Autor de um conjunto vasto de obras em homenagem — por vezes póstuma — de dignitários da alta nobreza portuguesa, encontrou na aristocracia portuguesa um "mercado" proveitoso para suas funções. Já D. Francisco Xavier de Menezes (1673-1743), quarto conde de Ericeira, era o protótipo do aristocrata cultivado, animador de academias que se dedicava às letras e às artes como signo de distinção, de forma desinteressada, típica da nobreza. Diferentemente dos irmãos

Barbosa Machado, frequentemente pagos por sua dedicação às letras. Portador de dotes científicos e erudito, seguindo a tradição de sua casa, o conde conhecia gramática, mitologia, poética, matemática. Foi um dos artífices da Academia Real, conhecido na Europa por seus talentos. Dono de uma seleta livraria herdada do pai, além de escritor foi combatente na Guerra de Sucessão da Espanha, tendo sido nomeado mestre de campo general e conselheiro de guerra.[6]

Ambos os autores possuíam em comum uma concepção elitista da cultura e das letras, envolvidos em redes de dependência que os ligavam ao monarca. No caso dos irmãos Barbosa Machado em especial, eram protegidos de figuras poderosas como o marquês de Abrantes e o próprio rei. Um tanto paradoxalmente, essas dependências propiciaram suas projeções autorais — tal como assinala Christian Jouhaud para a França desse mesmo período, ao tratar do *paradoxe de l'écrivain*. Nessa relação entre a afirmação do poder régio e uma nova configuração intelectual, a coroa tendia a conferir mais autoridade aos elementos formados na eloquência cortesã, marginalizando os representantes dos saberes tradicionais, como teólogos e juristas. Jouhaud analisa a relação entre o campo literário e a emergência de um poder político de sinal regalista. O paradoxo mencionado por esse autor seria inerente à condição do escritor de corte: a relação de proteção e serviço, a literatura como manifestação de liberdade criativa, mas, simultaneamente, ligada ao serviço de uma entidade política.[7]

Além dessas relações de dependência com o poder régio, aristocrático ou eclesiástico, o ambiente intelectual de Diogo Barbosa Machado era muito influenciado por homens como D. António Caetano de Sousa e D. Manoel Caetano de Sousa, figuras de destaque pelos seus estudos de história, genealogia e heráldica.[8] Barbosa Machado moveu-se tam-

---
[6] André Belo (org.), *Diogo Barbosa Machado. Bibliotheca lusitana* (versão em CD-ROM), vol. 2, p. 289-296 e 825-829. Sobre D. Francisco Xavier de Menezes, ver Diogo Ramada Curto, *Cultura escrita: séculos XV a XVIII*, p. 405-406 e 409-410.
[7] Christian Jouhaud, *Les pouvoirs de la littérature: histoire d'un paradoxe*.
[8] Segundo Diogo Barbosa Machado, António Caetano de Sousa (1674-1759) era clérigo regular, dedicado à história secular e eclesiástica do reino, sob influência do "príncipe dos genealógicos" D. Luiz Salazar e Castro. Entre os 50 acadêmicos reais em 1720, foi

bém em um meio erudito marcado pela criação em 1720 da Academia Real da História, instituição que encarava a genealogia como elemento estruturante da história e na qual se cultivava uma preocupação de validar o conhecimento sobre o passado das diversas famílias do reino com documentos oriundos de nobiliários, contanto que fossem credíveis e sérios. Como demonstra Isabel Ferreira da Mota, na Academia da História registra-se uma forte presença de membros da nobreza, bem como um significativo peso de eruditos em matérias genealógicas. Além disso, como lembra Íris Kantor, nesse âmbito verifica-se um pleno reconhecimento do papel da geografia como saber articulado à política, mas também à genealogia e à heráldica.[9]

Mas, ao lado das notícias genealógicas de famílias insignes, vemos na coleção muitos documentos sobre feitos guerreiros de homens sem qualidade, representados como varões valorosos na Europa e no além-mar. Podemos imaginá-los nas ruas de Lisboa, encomendando opúsculos de divulgação rápida e barata a autores anônimos, para que seus exemplos fossem lidos em voz alta nas casas e tavernas, ou para que seus pleitos para recebimento de mercês junto ao Conselho Ultramarino e à Secretaria de Estado de Negócios do Reino fossem mais fundamentados com seus procuradores.[10] Nobres ou plebeus, inse-

---

encarregado de escrever as memórias dos bispados ultramarinos. Ficou mais conhecido como autor da *História genealógica da casa real portuguesa*, obra publicada em seis tomos entre 1735 e 1739. Era também qualificador do Santo Ofício e consultor da *bula da cruzada*. Já Manoel Caetano de Sousa (1658-1734) estudou com os jesuítas, ingressando entre os teatinos em 1675. Foi examinador das três ordens militares e do priorado do Crato, entre outros ofícios. Uma estada em Roma a partir de 1709 ampliou seus horizontes. Foi idealizador da Academia Real da História em 1720, sendo muito próximo de D. Francisco Xavier de Menezes, o conde de Ericeira, que organizou em sua homenagem a *Bibliotheca sousana*, em 1736. André Belo (org.), *Bibliotheca lusitana*, op. cit., vol. 1, p. 228-230 e vol. 3, p. 200-211. Cf. também Ramada Curto, op. cit., p. 409.
[9] Isabel Ferreira da Mota, *A Academia Real da História: os intelectuais, o poder cultural e o poder monárquico no séc. XVIII*, e Íris Kantor, *Esquecidos e renascidos: historiografia acadêmica luso-americana (1724-1759)*. Para um dimensionamento da importância do saber genealógico no mundo português setecentista, ver João Figueirôa Rêgo, *Reflexos de um poder discreto*, p. 15-27 e 119-217. Longe de ser uma peculiaridade portuguesa, esse interesse pela genealogia também estava muito presente no âmbito espanhol, como mostra o trabalho de Enrique Soria Mesa, *La nobleza en la España moderna: cambio y continuidad*.
[10] Jorge Miranda Leite, *O dito e o feito: heróis exemplares nos relatos de guerra na restauração pernambucana (1630-1654)*. Rita Marquilhas, em *A faculdade das letras: leitura e*

riam-se nas redes de poder da época e a figura a quem esses textos eram dedicados costumava ser um indicador da estratégia de legitimação que estava a ser desenvolvida. Portanto, parece pertinente interrogar a quem se dedicavam, formalmente, os textos existentes no conjunto documental em tela.

Ainda no campo das relações sociais e de poder incidentes nesse acervo, a presença de dedicatórias também aparece como um quesito pouco expressivo no conjunto da coleção, porquanto somente 28% dos textos são dedicados a alguém. Isso talvez ocorra devido à natureza muito diversificada dos documentos, com muitos tratados e reuniões políticas e registros de eventos "públicos". Ainda assim, os reis surgem como os principais destinatários de dedicatórias, mormente o rei mais próximo a Diogo Barbosa Machado, D. José I, com 69 documentos a ele dedicados, seguido por D. João V, com 50. A dedicatória, como se sabe, visava essencialmente a dois objetivos: por um lado, significava reconhecimento e agradecimento, *a posteriori,* pelo apoio recebido de algum dignitário. Por outro, podia ser um gesto de *captatio benevolaentiae,* ou seja, dedicava-se uma obra a alguém na expectativa de se alcançar, desse dignitário, algum tipo de compensação ou apoio. A forte presença de figuras régias — em especial dos reis coevos à vida de Barbosa Machado — entre os visados nas dedicatórias das obras por ele coligidas tem a ver, provavelmente, com a primeira das duas situações: trata-se, na maior parte dos casos, de obras que resultaram do mecenato régio e que, enquanto tais, acabaram por ter dedicatórias em honra dos monarcas.[11] Não por acaso, e devido justamente ao perfil da coleção, a realeza também evidencia-se no item seguinte.

---

escrita em Portugal no séc. XVII, considera os níveis de alfabetização no Portugal seiscentista com base em documentos inquisitoriais. Sobre a oralidade desses escritos, cf. também Bouza, "Comunicação, conhecimento e memória na Espanha dos séculos XVI e XVII", *Cultura:* Revista de história e teoria das ideias, Livros e cultura escrita, Brasil, Portugal, Espanha, vol. XIV, II ª série, 2002, p. 105-171, e Roger Chartier, *Leituras e leitores na França do Antigo Regime* e *À beira da falésia: a história entre certezas e inquietudes,* p. 255-271.

[11] A esse respeito, ver Chartier, "O príncipe, a biblioteca e a dedicatória", in Marc Baratin e Christian Jacob (orgs.), *O poder das bibliotecas: a memória dos livros no Ocidente,* p.182-199.

SELETA DE UMA SOCIEDADE

Gráfico II
Dedicatórias

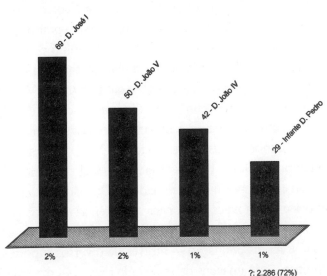

Gráfico III
Personagens principais

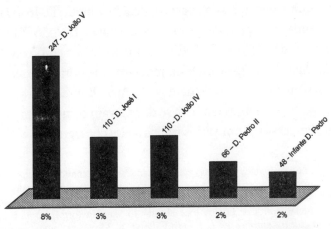

Nesse tópico, é fácil a identificação de personagens mais frequentemente em foco nos documentos escritos compilados por Diogo Barbosa Machado, entre os quais apenas 18% não foram identificados. Não obstante, mais uma vez constata-se a disseminação, a não concentração em poucas personagens, denotando que não apenas os reis destacavam-se como protagonistas dos eventos. A vasta abrangência temporal da coleção também contribui para essa dispersão de personagens. De qualquer modo, D. João V figura em 8% dos eventos, mormente em documentos sobre sua saúde ao final do reinado, as embaixadas que promoveu ou acontecimentos relativos a sua vida: casamento, natalícios, morte. Pois esse era o tempo áureo da Academia Real da História, o tempo de Diogo Barbosa Machado. A circunstância de se tratar de uma coleção contemporânea ao reinado de D. João V explica, de fato, o maior peso dessa figura na coleção. Mas a incidência do protagonismo joanino também parece refletir o forte investimento verificado, nesse tempo, na "propaganda" e na disseminação — através de diversos suportes, entre os quais a imprensa — de imagens da majestade régia. No dizer de Fernando Bouza Álvarez, um tempo em que se notou, com especial intensidade, a preocupação de se criar memória, estar em boa opinião ou manter a reputação, através de textos impressos e manuscritos e de imagens em desenhos, gravuras etc.[12] Em seguida ao *Fidelíssimo*, temos D. José I, cujo reinado ainda não terminara quando da doação à Real Biblioteca; D. João IV, evidenciando mais uma vez o peso da Restauração; o pai de D. João V, D. Pedro II; e o infante D. Pedro, depois D. Pedro III por seu casamento com D. Maria I. Todos da dinastia Bragança. Desse modo, as memórias desses reis eram transformadas em história, como demonstra Alain Boureau para o caso francês.[13] No entanto, os nobres também se destacavam como protagonistas dos documentos impressos, com vários tomos a eles consagrados.

---

[12] Fernando Bouza, *Imagen y propaganda*, op. cit. Carlos Hernando Sánchez tem questionado o uso do termo *propaganda* nesse âmbito entre monarquias e poderes da Época Moderna, ao aludir a uma pluralidade cultural que também marcava a veiculação de imagens e ideias políticas. Carlos José Hernando Sánchez (org.), *Roma y España: un crisol de la cultura europea en la Edad Moderna*, p. 33, e *Las Indias en la monarquía católica: imagenes e ideas políticas*.
[13] Para Boureau, os mecanismos de *representação*, *projeção* e *identificação* animam a lembrança da figura real. Alain Boureau, "Le roi", in Pierre Nora (org.), *Les lieux de mémoire*, p. 4521-4544. Acerca dos relatos sobre o estado de saúde do rei e como pau-

SELETA DE UMA SOCIEDADE

Gráfico IV
Casas nobres

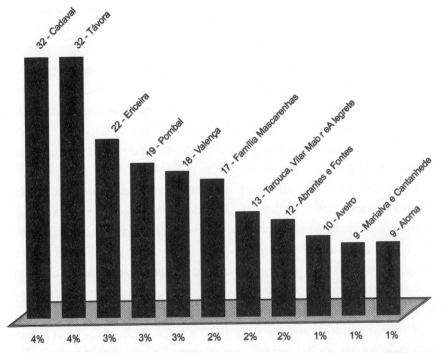

?: 96 (13%)
Outros: 452 (61%)
Total: 741 docs.

Nesse cômputo específico, atinente à maior ou menor visibilidade de casas nobres no conjunto documental compilado por Barbosa Machado, trabalhamos somente com os 35 tomos relativos a elogios a nobres e a eclesiásticos, a notícias genealógicas de famílias portuguesas e a sermões dedicados a membros da nobreza, somando 741 documentos, e não com os 144 tomos existentes da coleção, que abrangem 3.185 documentos escritos. Portanto, essa foi uma contagem parcial, mas ainda assim significativa, pelo simples fato de considerarmos que esses 35 tomos encader-

---

taram as várias fases do reinado de Luís XIV, em França, veja-se o recente livro de Stanis Perez, *La santé de Louis XIV: une biohistoire du roi-soleil*.

nados e intitulados tematicamente por Barbosa Machado representam, com seus muitos textos, 23% do conjunto da coleção em voga, com títulos exclusivamente dedicados a dignitários da nobreza de Portugal.

A forte presença de membros da nobreza nos textos coligidos por Barbosa Machado é explicável por várias razões. A aristocracia era considerada a "parte melhor" do corpo social. Como muitos desses textos são relatos de vidas ou de feitos desempenhados por elementos da nobreza, essas histórias tinham um potencial exemplar muito significativo, ou seja, eram lidas como exemplos e modelos a serem seguidos e também como textos que confirmavam a preeminência social desse grupo. No entanto, o fato de a aristocracia ser a principal "encomendadora" de escritos apologéticos também explica o peso numérico de obras dedicadas a nobres.[14]

Esses dados atestam ainda a persistente centralidade do *ethos* nobiliárquico na sociedade portuguesa de meados do século XVIII: o serviço à coroa, sobretudo sob a forma do desempenho de cargos militares, continuava a ser um elemento crucial enquanto fator definidor da nobreza como grupo. Era uma questão de identidade social. Aliás, em muitos dos relatos dos feitos desempenhados por um membro da nobreza, não somente sobressai a trajetória da figura individual da nobreza, mas sobretudo o modo como isso contribuía para reafirmar que a "parte melhor" daquela sociedade era, e continuava a ser, a aristocracia. Por outras palavras, os feitos individuais de um membro da nobreza não eram abonatórios apenas a ele, mas para a família de que era oriundo, para a casa de que era membro, para o grupo social nobre do qual fazia parte. Tudo isso reiterava que a nobreza era por isso mesmo merecedora, a título mais ou menos monopolístico, dos principais cargos do governo, da administração e das forças militares da coroa. Há também textos que incidem sobre figuras ou casas recentemente enobrecidas. Como vimos, trata-se de fenômenos de ascensão social, de famílias re-

---

[14] António Manuel Hespanha, "A nobreza nos tratados jurídicos dos séculos XVI a XVIII", e Nuno Gonçalo Monteiro, "Casa e linhagem: o vocabulário aristocrático em Portugal nos séculos XVII e XVIII", in *Penélope: Fazer e Desfazer a História*, nº 12, dez. 1993, p. 27-64. Cf. também Soares da Cunha, *A casa de Bragança 1560-1640: práticas senhoriais e redes clientelares*, p. 45-200.

centemente nobilitadas e que, por isso mesmo, careciam de relatos que sublinhassem suas virtudes nobres e perpetuassem a sua glória, como que para dissipar qualquer dúvida quanto ao merecimento desse grupo familiar. Observa-se ainda o predomínio do caráter masculino nesse modelo de nobreza, com poucos títulos sobre mulheres nobres e senhoras de Portugal,[15] fato que, evidentemente, também se relaciona ao estatuto jurídico que, naquela época, era conferido às mulheres.[16]

Nesse quadro, o ducado de Cadaval e o marquesado de Távora encontram-se particularmente bem representados, revelando uma correlação positiva entre projeção política e mecenato literário. Vários membros dessas casas serviram à coroa portuguesa em cargos destacadíssimos na segunda metade de Seiscentos e ao longo do século XVIII. Como era habitual naquela época, para além do desempenho desses cargos, esses nobres preocuparam-se em disseminar — através de impressos apologéticos — os serviços por eles desempenhados. A casa da Ericeira, na qual o saber era encarado de forma eminentemente elitista e cultivado como signo de diferenciação social, foi, desde a segunda metade de Seiscentos, a mais destacada no apoio e no envolvimento em academias literárias. Não era uma cultura que se pretendia difundir maciçamente, mas sim uma erudição vocacionada para uma elite social, que tinha nesse saber um atributo distintivo, privilegiando temas e motivos orientados para o seu *ethos*. Nessa sociedade em que a diferença social era tida como o que estava mais conforme à natureza das coisas, e na qual a igualdade costumava ser olhada como uma anomalia, o saber histórico-genealógico revelava-se fundamental para justificar e legitimar aquilo que Bartolomé Clavero apelida de "desigualdade institucionalizada". Não obstante, tratava-se de uma sociedade que, além da rigidez que caracterizava a hierarquia entre os diversos estatutos, comportava, também, uma forte dinâmica de mobilidade e, sobretudo, de ascensão social.[17]

---

[15] Gonçalo Monteiro, *O crepúsculo dos grandes: a casa e o patrimônio da aristocracia em Portugal*, p. 21-197.
[16] Hespanha, "Carne de uma só carne: para uma compreensão dos fundamentos histórico-antropológicos da família na época moderna", *Análise Social*, vol. XXVIII, nº 123-124, 1993, 4º-5º, p. 951-973.
[17] Bartolomé Clavero, *Razon de estado, razon de individuo, razon de historia*.

Por isso mesmo, disseminados ao longo da coleção, no item "outros", que configura 64% do quadro anterior relativo a personagens principais, encontram-se aqueles heróis que, por meio de certas virtudes, destacavam-se nos combates. Suas ações foram divulgadas em folhetos que relatavam façanhas nas batalhas, buscando alguma mercê da coroa ou nobilitação. A dissertação de mestrado de Jorge Miranda Leite mostra o quanto as virtudes régias e nobiliárquicas desse tempo impregnavam também o perfil idealizado desses heróis de guerra, tal como figuram nos panfletos que contam histórias militares na restauração de Pernambuco, por exemplo. Tratava-se de uma honra adquirida pela ação, como incentivada pelo jesuíta Baltasar Gracián: uma *razão de estado de si mesmo*, na qual o herói apresentava uma liderança inata, capaz de conquistar corações e mentes.[18]

Esse conjunto de textos, ao insistir tanto no conceito de heroísmo que acabou de ser delineado, pode também ser uma reação à emergência de um novo tipo de serviço militar, pautado pela disciplina, pela técnica e pela meritocracia e avesso ao conceito aristocrático de serviço militar.[19] Não obstante, Fernando Dores Costa e Nuno Monteiro demonstram que, durante todo o Antigo Regime português, a nobreza ocupou os postos mais destacados da hierarquia militar. Seus valores impregnavam também as estratégias de distinção social desses homens sem qualidade.[20]

Ao analisar a dinâmica de serviços e mercês no mundo português, Fernanda Olival considera a importância de ser mencionado como bom servidor da coroa em relatos históricos, gazetas impressas ou manuscritas, com as ações relevantes minuciosamente descritas.[21] Entre as *experiências* idealizadas nas batalhas e as *expectativas* de mudança social — categorias caras à compreensão histórica nessa Época Moderna — moviam-se essas

---

[18] Miranda Leite, *op. cit.* Sobre as virtudes cardeais também presentes nos perfis desses heróis de guerra, ver Quentin Skinner, *As fundações do pensamento político moderno*, p. 68. Cf. também Baltasar Gracián, *El héroe — Oráculo manual y arte de prudencia*, p. 67 e 123-126.
[19] Fernando Dores Costa, "O bom uso das paixões: caminhos militares na mudança do modo de governar", *Análise Social*, vol. XXXIII, nº 149, 1998, 5º, p. 969-1017.
[20] Dores Costa e Gonçalo Monteiro, "Milícia e sociedade", in Hespanha (org.), Manuel Themudo Barata e Nuno Severiano Teixeira (dirs.), *Nova história militar de Portugal*, p. 68-111.
[21] Fernanda Olival, *As ordens militares e o Estado moderno: honra, mercê e venalidade em Portugal (1641-1789)*, p. 24. Cf. também João Luís Lisboa, Reis Miranda e Olival (orgs.), *Gazetas manuscritas da Biblioteca Pública de Évora (1729-1731)*.

personagens.[22] Para Rui Bebiano, a forte conjuntura de guerra, em especial no século XVII, favoreceu também o aumento da vacância de postos na hierarquia militar. Embora António Manuel Hespanha associe o recurso dessas mercês aos oficiais, é provável que soldados também compartilhassem da ambição, por vezes alcançando a ascensão almejada, segundo certos limites e a conjuntura favorável.[23] No estudo que efetua sobre o período *post bellum* em Pernambuco, Miranda Leite não persegue as trajetórias dos indivíduos referidos nos folhetos ou nas consultas ao Conselho Ultramarino para determinar se alcançaram ou não o requerido à coroa. No entanto, demonstra como a afirmação e a distinção social faziam parte das expectativas dos homens que enfrentaram os neerlandeses em Pernambuco. A divulgação de seus feitos era um elemento a mais para alcançar os seus objetivos, não raro explicitados nos relatos. Mesmo um indivíduo sem cabedal podia, graças a suas relações, aparecer como auxiliar valoroso em uma publicação. Na documentação apreciada é comum alguém se destacar no papel principal, enquanto muitos — de quinze a trinta nomes — surgem de forma periférica como coadjuvantes.[24]

Ainda a respeito da guerra em Pernambuco — bem representada, também, na coleção de Barbosa Machado — cabe lembrar que os jesuítas não se opunham a ter seus nomes em relações de feitos militares, aspirando também a recompensas régias. Entre eles o padre Manoel de Moraes (1596-1651) estudado por Ronaldo Vainfas. Em 1630, Moraes liderou indígenas na resistência contra os neerlandeses, mas acabou trocando de lado na conquista da Paraíba. Transferiu-se então para a Holanda, tornando-se calvinista, casando-se e tendo filhos. Em 1643 retornou ao Brasil, atuando na restauração pernambucana como capelão. Denunciado, foi para Lisboa responder a processo por heresia. Condenado, depois foi livre da pena. Um caso extraordinário de mobi-

---

[22] Reinhart Koselleck, *Futuro passado: contribuição à semântica dos tempos históricos*, p. 305-327.
[23] Rui Bebiano, "Elementos de um barroco militar", *Revista de História das Ideias, Cultura Política e Mentalidades*, vol. 11, 1989, p. 122, e Hespanha (org.), *Nova história militar...*, op. cit., p. 362.
[24] Miranda Leite, op. cit., p. 88 e 104.

lidade social, cultural e geográfica.[25] Maiores notoriedades alcançaram Francisco Barreto de Menezes (1616-1688) e João Fernandes Vieira (1613-1681), participantes em vários relatos sobre a guerra pernambucana presentes na coleção. O primeiro tornou-se governador de Pernambuco, depois governador-geral do Estado do Brasil. Já Fernandes Vieira governou a Paraíba e depois Angola. Contudo, obras por ele encomendadas e publicadas à época em Lisboa projetaram-no — no reino e nas conquistas, como a coleção de Barbosa Machado torna patente — como herói de guerra e varão valoroso, não obstante sua origem simples.[26] Adentramos, assim, o mundo das tipografias e dos impressos.

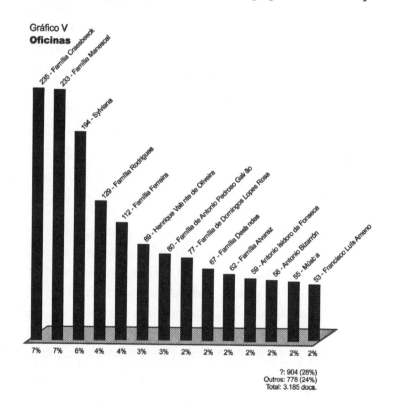

Gráfico V
Oficinas

---
[25] *Idem*, p. 111 e 130; Ronaldo Vainfas, *Traição: um jesuíta a serviço do Brasil holandês processado pela Inquisição*.
[26] José Antonio Gonsalves de Mello, *João Fernandes Vieira mestre de campo do terço de infantaria de Pernambuco*; Evaldo Cabral de Mello, *Olinda restaurada: guerra e açúcar no nordeste, 1630-1654* e *Rubro veio: o imaginário da restauração pernambucana*, p. 71-104.

As oficinas tipográficas igualmente aparecem bem identificadas no conjunto da coleção, em mais de 70% dos documentos. A sobrevivência de oficinas no decorrer de gerações e a existência de homônimos nas mesmas famílias indicam que nesse caso, também, o âmbito familiar pode prevalecer sobre o individual, pois o que se encontra é um quadro já razoavelmente conhecido: o predomínio de verdadeiras dinastias de impressores, denotando a valorização do ofício e a expressão das tipografias nessa sociedade da escrita.

Para Ana Paula Megiani, muitos dos impressores que passaram por Portugal no século XVI aspiravam a conseguir alguma mercê ou um privilégio como impressor régio, ou atuar como livreiro de um arcebispo ou cardeal. Devido à existência da universidade ainda em Lisboa, a partir de 1537 em Coimbra, os livreiros podiam interessar-se pelos consumidores de impressos. Não obstante, desde então cresceram as dificuldades de impressão pelo estabelecimento do Santo Ofício. A autora destaca, assim, a grande preocupação de Filipe II e Filipe III no referente aos impressores e à censura, confirmando um incremento da tipografia em Portugal a partir da União Ibérica. Os reis Habsburgos incentivavam a impressão nos reinos ibéricos e em suas conquistas, em línguas portuguesa e castelhana, fazendo dos impressos meios de exaltação da corte e da realeza. O *modus operandi* da monarquia hispânica, na qual suas parcelas precisavam comunicar-se com rapidez e eficácia, também explica esse incremento. Era a *monarquia compósita* da qual fala John Elliott, também autor da ideia de um *governo de papel*.[27]

Destacam-se assim, no cômputo referente ao quadro ora apresentado, as oficinas que receberam favores régios, como impressores da casa real. Mormente a família de origem flamenga Craesbeeck, instalada em

---

[27] Ana Paula Torres Megiani, "Imprimir, regular, negociar: elementos para o estudo da relação entre coroa, Santo Ofício e impressores no mundo português (1500-1640)", in Laura de Mello e Souza, Júnia Ferreira Furtado e Maria Fernanda Bicalho (orgs.), *O governo dos povos*, p. 131-151. Cf. também *Anais de História de Além-mar*, vol. VII, 2000, p. 231-250; John Elliott, "A Europe of composite monarchies", *Past and Present*, nº 137, nov. 1992, p. 48-71, e *La España imperial 1469-1716*, p. 180.

Lisboa e Coimbra.[28] Também os membros da família Manescal apresentam produção disseminada, entre a segunda metade de Seiscentos e meados do Setecentos, como impressores do Santo Ofício, da casa de Bragança, do príncipe ou do rei. No entanto, evidenciaram-se muito mais na impressão de vilancicos — espécie de cânticos a serem recitados nas missas — imprimindo quase 50% dos 267 documentos classificados sob esse gênero no conjunto compilado por Barbosa Machado. Por sua vez, a oficina Sylviana detinha privilégios de impressão da Academia Real da História, na primeira metade do século XVIII. Sabe-se também que a família Álvarez foi beneficiada com a mercê régia.[29]

Diogo Ramada Curto alude a um "surto panfletário" posterior a 1640 — o que, como vimos, explica a grande expressão dessa conjuntura na produção tipográfica da coleção. Interrogando-se sobre o lugar ocupado por impressores, autores e mecenas no campo literário, para o historiador não está claro se havia uma alternância entre os Craesbeeck e António Álvarez (filho) como impressores régios ou uma concorrência entre duas grandes oficinas de Lisboa. Nesse tempo, as figuras do impressor e do livreiro não eram bem separadas e os impressos podiam ser

---

[28] Pedro Crasbeeck (1572-1632) nasceu em Antuérpia, onde aprendeu o ofício de tipógrafo na oficina de Plantin e Balthasar Moretus. Fugindo das guerras nos Países Baixos, instalou-se em Lisboa, onde fundou uma tipografia com material importado da Flandres. Em 1620 foi nomeado cavaleiro e impressor régio por Filipe II. Após sua morte, seu filho Lourenço Craesbeeck liderou a Officina Craesbeeckiana e em 1639 fundou uma nova casa em Coimbra. O irmão mais novo, Paulo Craesbeeck, tornou-se responsável pela oficina de Lisboa, nomeado em 1624 livreiro das ordens militares de Cristo, Avis e Santiago, morrendo em 1660. António Craesbeeck de Mello foi nomeado impressor régio em 1666, sucedido após sua morte neste cargo em 1687 por Miguel Deslandes, vindo da França. João José Alves Dias, *Craesbeeck: uma dinastia de impressores em Portugal*; Megiani, *O rei ausente: festa e cultura política nas visitas dos Filipes a Portugal (1581 e 1619)*, p. 224; e Ramada Curto, *O discurso político em Portugal (1600-1650)*, p. 104-105.

[29] Megiani narra um conflito em Lisboa em 1618, sobre um caso de impressão sem licença do Santo Ofício envolvendo António Álvarez. Em 1641, o filho homônimo do impressor, desta vez livreiro do rei, foi acusado de imprimir um documento sem licença do tribunal, embora alegasse ter a permissão do rei. Perguntado se achava que, na censura, a jurisdição do Santo Ofício tinha prioridade sobre a do rei, Álvarez respondeu que sabia que os reis não tinham poderes eclesiásticos, mas que sempre imprimira documentos por ordem régia sem licença do Santo Ofício, como seu pai. Revela-se assim, uma hierarquia de poderes no jogo das licenças. Megiani, *O rei ausente*, op. cit., p. 220-221. Cf. também Ramada Curto, *O discurso político...*, op. cit., p. 105-106.

vendidos em tendas, boticas ou confeitarias, revelando também uma indistinção de produtos.[30] Em relação ao século XVIII, Curto coteja fontes notariais e de testamento e reforça a importância dos vínculos familiares na configuração de uma relativa autonomia entre os grupos face aos poderes instituídos. Tratando mais dos livreiros — os que *vendiam* livros —, o autor observa que a comunidade de livreiros franceses era mais organizada e especializada do que a dos portugueses. Não obstante, António Manescal e Miguel Rodrigues, de famílias de impressores, foram livreiros do Conselho Ultramarino e António Rodrigues Galhardo, pai de Miguel Rodrigues, foi contínuo da Real Mesa Censória em 1768. Em uma sociedade de Antigo Regime, a busca de privilégios fazia-se sentir até mesmo entre os membros comercialmente mais dinâmicos do setor de livros.[31]

Além da família, as comunidades e as confrarias constituíam um segundo círculo de integração, regulando os conflitos nesse mundo livresco. Desse modo, as hierarquias não eram lineares. O mais importante parecia ser o volume de negócios, associado às possibilidades de crédito, de diversificação de atividades e de alianças matrimoniais. Nessa perspectiva, Ramada Curto concebe, para esses livreiros de Setecentos, uma hierarquia tendo na base os cegos da irmandade do Menino Jesus dos Homens Cegos, que faziam um pequeno comércio de papéis volantes, com tenda volante, mas que por vezes detinham algum privilégio de venda desde o reinado de D. João V, autorizados a vender livros pequenos. No meio estavam os livreiros portugueses e no topo, os mercadores franceses. No entanto, havia livreiros portugueses que, mediante a expansão de seus negócios ou com privilégios destinados ao fornecimento de certos conselhos, ocupavam posições de destaque.[32]

---

[30] *Idem*, p. 104 e 108, e Ramada Curto, *Cultura escrita, op. cit.*, p. 313.
[31] *Idem*, p. 217, 223 e 234.
[32] *Idem*, p. 236-237. Uma hierarquia mais detalhada e diferente encontra-se em Manuela D. Domingos, *Livreiros de Setecentos*, p. 58-59. Nesse mundo lisboeta setecentista dos livros, o comércio abrangia 72% das atividades e a tipografia não ultrapassava 24%. Diogo Ramada Curto, Manuela Domingos, Dulce Figueiredo e Paula Gonçalves, *As gentes do livro: Lisboa, século XVIII*, p. 11.

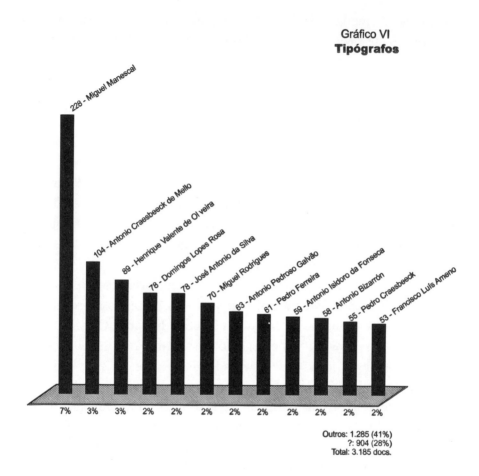

Gráfico VI
Tipógrafos

Outros: 1.285 (41%)
?: 904 (28%)
Total: 3.185 docs.

Entre os impressores mais incidentes na coleção, individualmente considerados, destaca-se Miguel Manescal, ao publicar genetlíacos, elogios, relações de entradas, epitalâmios, exéquias, notícias militares, tratados políticos, genealogias e sermões, segundo os títulos dos tomos que agrupam documentos elaborados por Barbosa Machado. Todavia, foi na impressão de vilancicos que o tipógrafo mais se notabilizou. Os vilancicos foram incorporados às cerimônias da capela real após 1640. A tradição vinha de Vila Viçosa, em princípio restrita ao Natal, sendo depois estendida a outras festas. Mas na capela real a encenação dos vilancicos passou a ser acompanhada da impressão e da venda de seus textos, indicando uma estratégia afirmativa dos Braganças, aliada à popularidade desses documentos. Miguel Manescal imprimiu vilancicos da capela real a partir da regência do príncipe D. Pedro (1668-1683) e até 1715, quando ali foi adotada a liturgia da capela pontifícia romana. Nos folhetos não há referências a qualquer autoria. Forjados para ser cantados, os textos recendem musicalidade, mesmo sem partituras. Não raro, neles os elementos pagãos e da natureza mesclam-se a ideias cristãs. Após 1715, Miguel Manescal imprimiu vilancicos cantados em outras igrejas de Lisboa, em louvor aos reis magos, a Nossa Senhora da Conceição e a outros santos populares, em textos em português ou em espanhol, mas também com expressões retiradas de dialetos. Também António Craesbeeck de Mello, nomeado impressor régio em 1666, imprimiu 60 vilancicos existentes na coleção, além de genetlíacos, epitalâmios, elogios a reis e nobres, relatos militares, tratados de paz, autos de cortes, registros de procissões, sermões e relatos de embaixadas. Essa maior incidência de impressores em um gênero literário sugere uma relativa especialização em um tipo de impresso com forte apelo popular e devocional, além do evidente patrocínio régio — ao menos em sua primeira fase na capela real. Em 1723, os vilancicos foram proibidos em Portugal.[33]

Mas nesse quadro também figuram tipógrafos com trajetórias instigantes. Os primeiros impressos de António Isidoro da Fonseca em Lisboa datam de 1735, onde publicou muitas obras até 1745, incluindo o primeiro volume da *Bibliotheca lusitana*, em 1741. No entanto, em 1747 imprimiu dois trabalhos no Rio de Janeiro sobre a entrada do bispo D. António do Desterro Malheiro nesta cidade, com licença de impressão do próprio bispo, documentos existentes na coleção. Também no Rio, o tipógrafo deu à estampa uma tese jesuíta, em latim, impressa em seda. Suspeita-se ainda que António Isidoro tenha imprimido em 1748, na sua segunda oficina, o *Exame de bombeiros*, do engenheiro militar José Fernandes Pinto Alpoim, apesar de a obra indicar o local de publicação em Madri. As impressões fluminenses supõem a existência de um ambiente urbano favorável a essas atividades, com religiosos e

---

[33] Rui Miguel Cabral Lopes, *O vilancico na capela real portuguesa (1640-1716): o testemunho das fontes textuais*.

suas instituições de ensino, engenheiros militares e homens de negócios aspirantes a cargos políticos na câmara. O próprio governador Gomes Freire de Andrada seria associado ao funcionamento da tipografia no Rio de Janeiro, por suas destreza bélica e erudição nas letras. Suspeita-se ainda de uma participação jesuíta no incentivo à tipografia. Surgiram então papéis no reino em repressão à segunda oficina de Isidoro da Fonseca, através do Conselho Ultramarino e da Inquisição. O episódio permanece misterioso e há quem aluda a uma possível perseguição inquisitorial a António Isidoro, pela sua suposta origem hebreia ou por ter sido impressor de Antônio José da Silva, queimado pela Inquisição em Lisboa. Tendo retornado ao reino, o tipógrafo faria nova tentativa de se restabelecer na América junto ao Conselho Ultramarino, alegando dificuldades financeiras para se reestruturar e pedindo permissão para instalar nova tipografia no Rio ou na Bahia. Mas em 1750 foi impedido de implementar sua oficina no Brasil.[34]

Uma curiosidade diz respeito à expressão adquirida pelo tipógrafo espanhol Antonio Bizarrón no conjunto da coleção, ao publicar muitos relatos de batalhas na conjuntura da Guerra de Sucessão da Espanha, em especial na *Gaceta de Madrid*. O exemplo evidencia como Barbosa Machado organizava seus documentos escritos. Desse modo, ele não apenas incorporou os reinados Habsburgos na história de Portugal e suas conquistas ultramarinas entre 1580 e 1640, mas também colecionou impressos que denotavam o ponto de vista adversário, durante as guerras da Restauração e, no caso de Bizarrón, na sucessão do trono espanhol ao início de Setecentos. Dois grandes momentos de produção panfletária.[35]

---

[34] O episódio deve ser contextualizado na dinâmica política e cultural do Rio setecentista, bem como em relação às diretrizes da monarquia portuguesa no controle de ideias e censura de impressos — diferentes do império espanhol, com tipografias na América desde o século XVI. A esse respeito, ver a pesquisa de Jerônimo Duque Estrada de Barros, mestrando do Programa de Pós-Graduação em História da Universidade Federal Fluminense. Cf. também Maria Fernanda Bicalho, *A cidade e o império: o Rio de Janeiro no século XVIII*, e Payan Martins, *op. cit.*

[35] Caldeira, "O colecionismo como escrita da história", in Bentes Monteiro (org.), *Espelhos deformantes: fontes, problemas e pesquisas em História Moderna. Séculos XVI-XIX*, p. 321-330.

Não obstante, quase todos esses impressores estavam estabelecidos em Lisboa. Em parte, tal deve-se ao fato de a cidade ser enorme para o panorama português da época e se tratar, por isso mesmo, de um mercado aliciante para impressores; mas também porque, porto oceânico, era evidentemente um importante polo receptor e difusor de notícias. A presença em Lisboa dos principais "encomendadores" — a casa real e as grandes casas aristocráticas — também fazia com que esses impressores se estabelecessem na capital.[36] Por outro lado, não é de excluir que a coroa tenha tido o seu papel na concentração das principais oficinas. Nesse ambiente de pluralidade de meios de circulação da informação, era importante para a casa real contar com um espaço mais ou menos delimitado de produção de relatos e de notícias, de forma a podê-lo controlar de maneira mais eficaz.

Cabe assinalar ainda o poder inerente aos tipógrafos no processo de confecção do impresso, ao interferirem na pontuação, na disposição das letras, na ornamentação do texto etc. Roger Chartier e Fernando Bouza têm sublinhado a importância de se considerar esses códigos de leitura, referentes não apenas à oralidade dos textos ou a sua comunicação visual — mesmo em documentos escritos — mas também às formas gráficas, que diferenciam muito os impressos dos manuscritos, mais originais.[37] Por último, é importante pensar que, por trás do nome de cada impressor, havia outras hierarquias sociais, repletas de tensões, nas tipografias expostas, que não aparecem nos documentos. Robert Darnton oferece-nos o contundente estudo da gráfica parisiense em fins da década de 1730, quando aprendizes se revoltaram contra oficiais assalariados e seus patrões. O exemplo desautoriza visões idílicas em relação ao mundo da imprensa antes da Revolução Industrial e evidencia o forte universo simbólico em que se expressavam as relações em uma sociedade de Antigo Regime.[38] A propósito, o próximo gráfico continua a tratar de sociabilidades subjacentes à produção de impressos.

---

[36] Nuno Monteiro mostra que entre os séculos XVII e XVIII a maior parte das casas aristocráticas tinha já residência estabelecida em Lisboa. Gonçalo Monteiro, *O crepúsculo dos grandes, op. cit.*, p. 205-499.
[37] Bouza, *Imagen y propaganda*, p. 134-152; Chartier, *À beira da falésia, op. cit.*, p. 263-271.
[38] Robert Darnton, *O grande massacre de gatos e outros episódios da história cultural francesa*, p. 103-139.

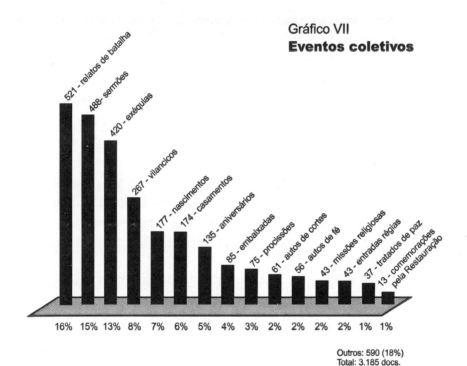

Gráfico VII
Eventos coletivos

Outros: 590 (18%)
Total: 3.185 docs.

O gráfico anterior mostra a pujança dos eventos coletivos — ou "sociais" — de variados tipos na coleção, com mais de 80% dos documentos. Essa sociabilidade dos homens do mundo português aparece descrita em batalhas, sermões, celebrações das vidas de reis, nobres e eclesiásticos, embaixadas no estrangeiro, missões e procissões religiosas, autos de fé, autos de cortes e tratados políticos. Trata-se de um conjunto documental que ressalta a importância da sociabilidade no Antigo Regime português, em que as hierarquias aparecem sempre representadas, bem como as possibilidades de ascensão.[39]

Destacam-se os relatos de batalhas na Europa e nos demais continentes, com 16% da coleção. Mobilidade geográfica de deslocamento no espaço e social de ascensão, mediante o conflito, que necessitava ser

---

[39] Para a concepção desse quadro sobre a importância da sociabilidade dos homens do Antigo Regime, inspiramo-nos nos trabalhos de Norbert Elias, principalmente *A sociedade de corte*.

descrito e publicado. Ao menos para as batalhas ocorridas na Bahia e em Pernambuco, essa literatura de guerra comportava sugestões de pedidos de mercê, por parte de elementos referidos como protagonistas dos feitos heróicos. Para Diogo Curto, essa literatura militar guardava a influência dos romances medievais de cavalaria, doravante investida de um perfil imperial.[40] Mas entrevê-se igualmente uma hierarquia de serviços militares. Havia guerras mais nobres do que outras e o cálculo das mercês concedidas pela coroa tinha em conta essa diferenciação. A guerra contra a monarquia espanhola após 1640 e a Guerra da Sucessão de Espanha foram mais valorizadas, tendo sido pautadas por campanhas de "propaganda" de grande porte. Na coleção, temos 257 impressos para a Guerra de Restauração e 237 documentos para a Guerra de Sucessão, os dois maiores blocos temáticos desse enorme conjunto documental. Também a conquista do Oriente mereceu 72 notícias militares entre os séculos XVI e XVIII. Não parece estranho, portanto, que Barbosa Machado tenha coligido um número tão grande de relatos — individuais ou coletivos — alusivos a essas guerras. Na Europa daquele tempo era candente a preocupação com o problema da difusão de notícias, sobretudo porque estava então em formação uma "república das letras" cada vez mais densa, ávida de informações frescas e exigente quanto a sua credibilidade.[41]

Por sua vez, os sermões, como meios de comunicação oral que acabaram escritos, com 15% da coleção, mostram que essa sociabilidade

---

[40] Ramada Curto, *Cultura escrita*, op. cit., p. 328-329.
[41] Rui Bebiano conota a importância do imaginário guerreiro para essa sociedade, referindo-se à circulação de literatura a enaltecer batalhas e vitórias portuguesas. Em Portugal, desde cedo se produziam escritos sobre atividades militares. Por gazetas e panfletos — nas campanhas e até nos sermões — sucedem-se os relatos noticiosos, nos quais a descrição ultrapassa a dimensão realista dos eventos ficcionados. As relações dos sucessos de guerra desenvolvem-se por um discurso convulsivo, pormenorizado, alegórico, até fantástico. Os folhetos integravam descrições geralmente extensas de fatos particulares ou de um conjunto de acontecimentos. Possuíam apresentação simples e barata e o conjunto dos autores perpassava letrados e clérigos de distinta valia intelectual e hierarquia, mas também militares, titulares da nobreza, mestres da universidade e membros da administração régia. Bebiano, op. cit., p. 126, e *A pena de Marte: escrita da guerra em Portugal e na Europa (sécs. XVI-XVIII)*, p. 224 e 230-231. Cf. também Hespanha (org.), *Nova história militar...*, op. cit., e José Javier Ruiz Ibañez (org.), *Las milícias del rey de Espana: sociedad, política e identidad en las monarquías ibéricas*.

também se manifestava no âmbito religioso — que era ao mesmo tempo político. Nas igrejas do reino ou d'além-mar, durante as pregações o público dispunha-se de forma hierárquica, enquanto as comunicações oral e visual se mesclavam, antes da conversão daqueles momentos em textos escritos e impressos.[42] Especialmente na conjuntura da Restauração, muitos sermões existentes na coleção aludiam à situação de guerra ou à causa justa dos reis Braganças. O ciclo de vida dos reis, das rainhas e dos príncipes de Portugal permanece sendo o principal objeto dos sermões compilados pelo colecionador, gerando 304 impressos. Já os sermões em louvor a nobres ou eclesiásticos somam 154 documentos no conjunto da coleção.[43]

Acerca da oratória sacra, importa lembrar que ela era um dos dispositivos mais adequados ao cultivo do saber histórico-genealógico e tal está patente na coleção Barbosa Machado. Os sermões coligidos pelo abade de Sever, em especial aqueles pregados em datas significativas da trajetória do núcleo doméstico de reis e de nobres, revelam que a parenética era também um gênero literário apto à celebração das glórias familiares. Destaque-se, a esse respeito, as peças de oratória dedicadas ao nascimento de um novo membro da família real ou de uma casa aristocrática, a um batizado, a um casamento, à recuperação de uma doença grave e, sobretudo, às exéquias em memória de um membro do agregado doméstico acabado de falecer. Esses momentos do "calendário familiar" constituíam excelentes pretextos para a celebração e para a evocação das glórias domésticas, com a consequente mobilização do saber genealógico e heráldico.[44] Além disso, e na linha do que se disse

---

[42] Bouza, "Comunicação...", op. cit.
[43] Veja-se os clássicos de João Francisco Marques, *A parenética portuguesa e a dominação filipina* e *A parenética portuguesa e a Restauração 1640-1668*. Cf. também Alcir Pécora, *Teatro do sacramento: a unidade teológico-retórico-política dos sermões de Antonio Vieira*, e Marques e António Camões Gouveia (orgs.), Carlos Moreira Azevedo (dir.), *História religiosa de Portugal: humanismos e reformas*.
[44] Nesse contexto, os nomes e os sobrenomes — ou apelidos — eram elementos recordatórios da ascendência familiar que se revestiam de grande importância, uma espécie de emblema da família. Os estudos de António Camões Gouveia sobre a importância da onomástica na sensibilidade aristocrática portuguesa de seiscentos devem ser aqui recordados. Camões Gouveia, "A linhagem ou o tempo da memória. D. Francisco Manuel de Melo e o nobre seiscentista", *Ler História*, vol. 18, 1990, p. 3-24.

atrás, tais textos contribuem para reiterar a centralidade da realeza e da nobreza na vida do reino. Entretanto, na parenética compilada pelo colecionador também se encontra o tema da [in]tolerância social e da exclusão, com 56 sermões proferidos contra os judeus em autos de fé, em cidades portuguesas e em Goa.

A relevância do âmbito religioso evidencia-se ainda pelos 267 vilancicos na coleção, produzidos desde o tempo de D. João IV até meados do reinado de D. João V, sugerindo a persistência de uma cultura musical mais tradicional em Portugal, um gosto pela música relativamente à margem das correntes de desenvolvimento musical oriundas dos grandes centros de produção daquela época.[45] No período em que Barbosa Machado reuniu esses materiais, Portugal vivia, já, uma conjuntura musical completamente diferente, pois, como é bem sabido, o mecenato de D. João V e de D. José a respeito de músicos e gêneros vindos da Península Itálica foi muito intenso. Como tal, é bem provável que, no tempo de Barbosa Machado, o gosto melômano de D. João IV fosse já percepcionado como algo tradicional.

Identificamos, assim, no conjunto da coleção dois principais grupos de acontecimentos: os *relatos de batalhas* e os eventos relacionados à trajetória familiar de dignitários, família real e nobreza, evocados nos *sermões* e *elogios*. No seu catálogo manuscrito, Barbosa Machado classificou os mais de três mil documentos escritos que reuniu como "sucessos".[46] A palavra *sucesso* vem do castelhano *suceso*, termo que significa acontecimento digno de registro, de ser tornado *público*, disseminado e fixado para a posteridade. Daí a expressão *relación de sucesos* para denominar um texto de caráter noticioso, cuja finalidade era difundir e preservar a memória de eventos. Palavra polissêmica à época, *público*, no âmbito político, podia significar legítimo, digno de enaltecimento, em oposição a *privado*, associado ao segredo, ao recato e ao ilegítimo. Na ordem social daquele tempo, *público* denotava o oficial, com efeitos jurídicos, enquanto *privado* relacionava-se ao informal. Mas, em termos

---

[45] Cabral Lopes, *op. cit.*
[46] Diogo Barbosa Machado, *Catálogo dos livros da livraria de Diogo Barbosa Machado distribuídos por ele em matérias e escrito por sua própria mão.*

sociais, *público* também significava o investimento na representação ou ainda o "correto", em termos morais.[47]

Possuindo a dimensão pública que acabamos de apontar, a coleção estudada apresenta uma finalidade exemplar, visando a proporcionar modelos de comportamento. Como assinala Fernando Bouza, na Época Moderna o fenômeno comunicativo foi estruturado por uma forte vontade de conduzir condutas — ligado ao esforço de disciplinamento social. Essa informação, por circular de forma mais massificada, comportava certa responsabilidade, porque transmitia ensinamentos, os quais circulavam pelos meios mais adequados: oral, iconográfico e escrito.[48] Dado importante, quando pensamos que a esmagadora maioria dos documentos coligidos por Barbosa Machado é de impressos. Dessa forma, muitos dos impressos contidos na coleção são, nas palavras de Christian Jouhaud, dispositivos retóricos para agir sobre os leitores, e não um reflexo linear da opinião pública daquele tempo. São textos empenhados em confirmar a ordem e a hierarquia, mas também em frisar que é fundamental restaurar a ordem no momento em que ela se rompe, por exemplo na longa doença de D. João V ou no atentado a D. José I.[49]

Como assinala André Belo, o relato impresso, quando comparado ao manuscrito, tinha, em princípio, um tempo de produção — e de seleção dos assuntos — mais lento e ponderado. Comparando o que algumas memórias coetâneas contam do Portugal do século XVIII com aquilo que surgia em suporte impresso, Belo nota que, enquanto os relatos manuscritos estão cheios de alusões a conflitos, os impressos tendem a transmitir uma visão muito mais harmoniosa da dinâmica social.[50]

---

[47] Elias, "'L'espace privé' — 'Privatraum' oder 'Privater Raum?'", in Philippe Ariès (org.), *A propos de l'histoire de l'espace privé*, p. 31-43.
[48] Bouza, "Comunicação...", *op. cit.*, p. 133-134.
[49] Christian Jouhaud e Alain Viala (orgs.), *De la publication: entre Renaissance et Lumières*.
[50] Em trabalho recente sobre a *Gazeta de Lisboa* (contemporânea a Barbosa Machado), André Belo fornece exemplos de censura régia sobre a circulação de notícias e de relatos de acontecimentos, todos eles do tempo de D. João V. Na correspondência de dignitários ligados à *Gazeta de Lisboa*, por exemplo, é possível perceber que existiam ordens do rei para não se tocar em certos assuntos. Havia, desde logo, constrangimentos de tipo espacial. Assim, e por exemplo, não se podia falar de casamentos de fidalgos de fora da corte. Mas havia também constrangimentos hierárquicos: só se podia fazer referência a eventos protagonizados pela grande nobreza ou por figuras de relevo da vida cortesã. Quanto à

Entretanto, a dimensão *pública* dos documentos coligidos por Barbosa Machado relaciona-se também à questão da *verdade* e do conhecimento da história, secular ou eclesiástica. Nesse âmbito a genealogia era de grande importância, porque proporcionava poder social e político. O saber histórico-genealógico atravessa boa parte dos documentos reunidos por Barbosa Machado. Nos panegíricos de reis, membros da família real, de nobres ou dignitários da Igreja, bem como nos sermões, se celebravam as glórias familiares: o nascimento de um membro da família real ou de uma casa nobre, um batizado, um casamento, a recuperação de uma doença grave, sobretudo as exéquias em memória de alguém. Mas a genealogia era também um saber associado à prova de "limpeza de sangue", algo central nas sociedades ibéricas do Antigo Regime, condição fundamental para aceder a cargos e receber mercês da coroa, como por exemplo mostraram Evaldo Cabral de Mello e Fernanda Olival.[51] Era a comprovação das origens familiares impolutas e ilustres que permitia projetar — ou condenar — socialmente uma família. Essa informação permitia também reivindicar prêmios pelos serviços prestados, quer à coroa quer a casas nobres ou episcopais, constituindo, de fato, a *raiz do privilégio*.

REFERÊNCIAS DOCUMENTAIS E BIBLIOGRÁFICAS

BEBIANO, Rui. "Elementos de um barroco militar". *Revista de História das Ideias, Cultura Política e Mentalidades*, 1989, vol. 11, p. 122.

_____. *A pena de Marte: escrita da guerra em Portugal e na Europa (sécs. XVI-XVIII)*. Coimbra: Minerva, 2000.

---

reação a esses constrangimentos, Belo assinala que o responsável pela gazeta nem sempre estava de acordo com as sugestões ou instruções que lhe davam, mas reconhece, igualmente, que sua margem de manobra era reduzida. Belo constata que o responsável pela gazeta se encontrava enredado numa pluralidade de dependências: dependia do rei mas também de personagens poderosas, e sem esse apoio dificilmente teria condições para desenvolver seu trabalho erudito de forma contínua. A esse respeito, o redator da *Gazeta de Lisboa* não se distingue muito da generalidade dos homens de letras daquele tempo. Belo, *Nouvelles d'Ancien Régime*, op. cit.
[51] Cabral de Mello, *O nome e o sangue: uma fraude genealógica no Pernambuco colonial*, e Olival, *As ordens militares...*, op. cit.

BELO, André. *Nouvelles d'Ancien Régime: la Gazeta de Lisboa et l'information manuscrite au Portugal (1715-1760)*. Tese de doutorado em história, École des Hautes Études en Sciences Sociales, Paris, 2006.

BELO, André (org.). *Bibliotheca lusitana* (versão em CD-ROM). Lisboa: Comissão Nacional para as Comemorações dos Descobrimentos Portugueses/Biblioteca Nacional, s. d.

BICALHO, Maria Fernanda. *A cidade e o império: o Rio de Janeiro no século XVIII*. Rio de Janeiro: Civilização Brasileira, 2003.

BOUREAU, Alain. "Le roi". In NORA, Pierre (org.). *Les lieux de mémoire*. Paris: Gallimard, 1997, vol. 3, p. 4521-4544.

BOUZA, Fernando. "Comunicação, conhecimento e memória na Espanha dos séculos XVI e XVII". *Cultura:* Revista de história e teoria das ideias. Livros e cultura escrita. Brasil, Portugal, Espanha, vol. XIV, IIª série, 2002, p. 105-171.

_____. *Imagen y propaganda: capítulos de historia cultural del reinado de Felipe II*. Madri: Akal, 1998.

BRIGOLA, João Carlos Pires. *Colecções, gabinetes e museus em Portugal no século XVIII*. Lisboa: Fundação Calouste Gulbenkian, 2003.

CALDEIRA, Ana Paula. "O colecionismo como escrita da história". In MONTEIRO, Rodrigo Bentes (org.). *Espelhos deformantes: fontes, problemas e pesquisas em História Moderna. Séculos XVI-XIX*. São Paulo: Alameda, 2008, p. 321-330.

CARDIM, Pedro. "Festividades e cerimónias na colecção Barbosa Machado". Comunicação apresentada no colóquio *Lisboa e a festa: celebrações religiosas e civis na cidade medieval e moderna*. Lisboa: Organização do Grupo "Amigos de Lisboa" e Fundação das Casas de Fronteira e Alorna, 12-14 de novembro de 2008 (inédito).

CHARTIER, Roger. "O príncipe, a biblioteca e a dedicatória". In BARATIN, Marc e JACOB, Christian (orgs.). *O poder das bibliotecas: a memória dos livros no Ocidente*. Rio de Janeiro: Editora da UFRJ, 2008, p.182-199.

_____. *À beira da falésia: a história entre certezas e inquietudes*. Porto Alegre: Editora da UFRGS, 2002.

_____. *Leituras e leitores na França do Antigo Regime*. São Paulo: Editora da Unesp, 2004.

CLAVERO, Bartolomé. *Razon de estado, razon de individuo, razon de historia*. Madri: Centro de Estudios Constitucionales, 1991.

COSTA, Fernando Dores e MONTEIRO, Nuno Gonçalo. "Milícia e sociedade". In HESPANHA, António Manuel (org.). BARATA, Manuel Themudo e TEIXEI-

RA, Nuno Severiano (dirs.). *Nova história militar de Portugal*. Lisboa: Círculo de Leitores, 2004, vol. 2, p. 68-111.

COSTA, Fernando Dores. "O bom uso das paixões: caminhos militares na mudança do modo de governar". *Análise Social*, 1998. vol. XXXIII, n° 149, 5°, p. 969-1017.

COSTA, Leonor Freire e CUNHA, Mafalda Soares da. *D. João IV*. Lisboa: Círculo de Leitores, 2006.

CUNHA, Mafalda Soares da. *A casa de Bragança 1560-1640: práticas senhoriais e redes clientelares*. Lisboa: Estampa, 2000.

CURTO, Diogo Ramada. *Cultura escrita: séculos XV a XVIII*. Lisboa: Imprensa de Ciências Sociais, 2007.

_____. *O discurso político em Portugal (1600-1650)*. Lisboa: Centro de Estudos de História e Cultura Portuguesa/Universidade Aberta, 1988.

CURTO, Diogo Ramada; DOMINGOS, Manuela; FIGUEIREDO, Dulce; GONÇALVES, Paula. *As gentes do livro: Lisboa, século XVIII*. Lisboa: Biblioteca Nacional, 2007.

DARNTON, Robert. *O grande massacre de gatos e outros episódios da história cultural francesa*. Rio de Janeiro: Graal, 1986.

DIAS, João José Alves. *Craesbeeck: uma dinastia de impressores em Portugal*. Lisboa: Associação Portuguesa de Livreiros e Alfarrabistas, 1996.

DOMINGOS, Manuela D. *Livreiros de Setecentos*. Lisboa: Biblioteca Nacional, 2000.

ELIAS, Norbert. "'L'espace privé' — 'Privatraum' oder 'Privater Raum'?". In ARIÈS, Philippe (org.). *A propos de l'histoire de l'espace privé*. Séminaire. Berlim: Wissenschaftskolleg zu Berlin, 9 au 11 mai 1983, p. 31-43.

_____. *A sociedade de corte*. Lisboa: Estampa, 1987.

ELLIOTT, John. "A Europe of composite monarchies". *Past and Present*, n° 137, nov. 1992, p. 48-71.

_____. *La España imperial 1469-1716*. Barcelona: Vicens-Vives, 1998.

GOUVEIA, Camões. "A linhagem ou o tempo da memória. D. Francisco Manuel de Melo e o nobre seiscentista". *Ler História*, vol. 18, 1990, p. 3-24.

GRACIÁN, Baltasar. *El héroe — Oráculo manual y arte de prudencia*. Madri: Clásicos Castalia, 2003.

HESPANHA, António Manuel. "A nobreza nos tratados jurídicos dos séculos XVI a XVIII". *Penélope: fazer e desfazer a história*, n° 12, dez. 1993, p. 27-64.

_____. "Carne de uma só carne: para uma compreensão dos fundamentos histórico-antropológicos da família na época moderna". *Análise Social*, vol. XXVIII, n° 123-124, 1993, 4°-5°, p. 951-973.

IBAÑEZ, José Javier Ruiz (org.). *Las milícias del rey de Espana: sociedad, política e identidad en las monarquías ibéricas*. Madri: Fondo de Cultura Económica/ Red Columnaria, 2009.

JOUHAUD, Christian e VIALA, Alain (orgs.). *De la publication: entre Renaissance et Lumières*. Paris: Fayard, 2002.

_____. *Les pouvoirs de la littérature: histoire d'un paradoxe*. Paris: Gallimard, 2000.

KANTOR, Íris. *Esquecidos e renascidos: historiografia acadêmica luso-americana (1724-1759)*. São Paulo: Hucitec, 2004.

KOSELLECK, Reinhart. *Futuro passado: contribuição à semântica dos tempos históricos*. Rio de Janeiro: Contraponto/Editora PUC-Rio, 2006.

LEITE, Jorge Miranda. *O dito e o feito: heróis exemplares nos relatos de guerra na restauração pernambucana (1630-1654)*. Dissertação de mestrado em história, Universidade Federal Fluminense, Niterói, 2009.

LISBOA, João Luís; MIRANDA, Tiago C.P. dos Reis; OLIVAL, Fernanda (orgs.), *Gazetas manuscritas da Biblioteca Pública de Évora (1729-1731)*. Évora: Colibri/CIDEHUS/CHC, 2002 e 2005 (2 vols.).

LOPES, Rui Miguel Cabral. *O vilancico na capela real portuguesa (1640-1716): o testemunho das fontes textuais*. Tese de doutoramento em música e musicologia, Universidade de Évora, Évora, 2007, 2 vols.

MACHADO, Diogo Barbosa. *Catálogo dos livros da livraria de Diogo Barbosa Machado distribuídos por ele em matérias e escrito por sua própria mão*. Lisboa/Rio de Janeiro: Biblioteca Nacional do Brasil, Divisão de manuscritos, [s.d].

MARQUES, João Francisco. *A parenética portuguesa e a dominação filipina*. Porto: Instituto Nacional de Investigação Científica, 1986.

_____. *A parenética portuguesa e a Restauração 1640-1668*. Porto: Instituto Nacional de Investigação Científica, 1989, 2 vols.

MARQUES, João Francisco e GOUVEIA, António Camões (orgs.). *História religiosa de Portugal: humanismos e reformas*. Direção de Carlos Moreira Azevedo. Lisboa: Círculo de Leitores, 2000.

MARQUILHAS, Rita. *A faculdade das letras: leitura e escrita em Portugal no séc. XVII*. Lisboa: Imprensa Nacional/Casa da Moeda, 2000.

MARTINS, Maria Teresa Esteves Payan. *A censura literária em Portugal nos séculos XVII e XVIII*. Lisboa: Fundação Calouste Gulbenkian, 2005.

MEGIANI, Ana Paula Torres. "Imprimir, regular, negociar: elementos para o estudo da relação entre coroa, Santo Ofício e impressores no mundo português

(1500-1640)". In SOUZA, Laura de Mello e; FURTADO, Júnia Ferreira; BICALHO, Maria Fernanda (orgs.). *O governo dos povos*. São Paulo: Alameda, 2009, p. 131-151.

_____. *O rei ausente: festa e cultura política nas visitas dos Filipes a Portugal (1581 e 1619)*. São Paulo: Alameda, 2004.

MELLO, Evaldo Cabral de. *O nome e o sangue: uma fraude genealógica no Pernambuco colonial*. São Paulo: Companhia das Letras, 1989.

_____. *Olinda restaurada: guerra e açúcar no nordeste, 1630-1654*. Rio de Janeiro: Topbooks, 1998.

_____. *Rubro veio: o imaginário da restauração pernambucana*. Rio de Janeiro: Topbooks, 1997.

MELLO, José Antonio Gonsalves de. *João Fernandes Vieira mestre-de-campo do terço de infantaria de Pernambuco*. Lisboa: Comissão Nacional para as Comemorações dos Descobrimentos Portugueses/CEHA, 2000.

MESA, Enrique Soria. *La nobleza en la España moderna: cambio y continuidad*. Madri: Marcial Pons, 2007.

MONTEIRO, Nuno Gonçalo. "Casa e linhagem: o vocabulário aristocrático em Portugal nos séculos XVII e XVIII". *Penélope: fazer e desfazer a história*, n° 12, dez. 1993, p. 27-64.

_____. *O crepúsculo dos grandes: a casa e o patrimônio da aristocracia em Portugal*. Lisboa: Imprensa Nacional/Casa da Moeda, 1998.

MONTEIRO, Rodrigo Bentes. "Reis, príncipes e varões insignes na coleção Barbosa Machado". *Anais de História de Além-mar*, vol. VI, 2005, p. 215-251.

MONTEIRO, Rodrigo Bentes e CALDEIRA, Ana P. Sampaio. "A ordem de um tempo: folhetos na coleção Barbosa Machado". *Topoi*, vol. 18, n° 14, jan.-jun. 2007, p. 77-113.

MOTA, Isabel Ferreira da. *A Academia Real da História: os intelectuais, o poder cultural e o poder monárquico no séc. XVIII*. Coimbra: Minerva, 2003.

OLIVAL, Fernanda. *As ordens militares e o Estado moderno: honra, mercê e venalidade em Portugal (1641-1789)*. Lisboa: Estar, 2001.

PÉCORA, Alcir. *Teatro do sacramento: a unidade teológico-retórico-política dos sermões de Antonio Vieira*. São Paulo: Edusp, 1994.

PEREZ, Stanis. *La santé de Louis XIV: une biohistoire du roi-soleil*. Paris: Champ Vallon, 2007.

RÊGO, João Figueirôa. *Reflexos de um poder discreto*. Lisboa: Centro de História de Além-Mar, 2008.

SÁNCHEZ, Carlos José Hernando (org.). *Roma y España: un crisol de la cultura europea en la Edad Moderna*. Madri: Sociedad Estatal para la Acción Cultural Exterior, 2007.

_____. *Las Índias en la monarquía católica: imagenes e ideas políticas*. Valhadoli: Universidad de Valladolid/Secretariado de Publicaciones, 1996.

SKINNER, Quentin. *As fundações do pensamento político moderno*. São Paulo: Companhia das Letras, 1996.

VAINFAS, Ronaldo. *Traição: um jesuíta a serviço do Brasil holandês processado pela Inquisição*. São Paulo: Companhia das Letras, 2008.

CAPÍTULO 4 Servir segundo a dignidade: exílios políticos e administração real na monarquia hispânica, 1580-1610*

*José Javier Ruiz Ibáñez*****
Tradução de Maria Alzira Brum Lemos
Revisão de Carmem Cacciacarro

---

*Este trabalho foi realizado no âmbito do projeto de pesquisa "Hispanofilia, la proyección política de la Monarquía Hispánica (I): aliados externos y refugiados políticos (1580-1610)", HAR2008-01107/Hist. del Ministerio de Ciencia e Innovación.
**Professor titular de História do Pensamento e dos Movimentos Sociais e Políticos na Universidad de Murcia, Espanha, e coordenador-geral de Red Columnaria. É autor, com Robert Descimon, de *Les ligueurs de l'exil: le refuge catholique français après 1594*, Seyssel, Champ Vallon, 2005.

TRADIÇÕES HISTORIOGRÁFICAS E REALIDADES DOCUMENTAIS

Em 10 de outubro de 1628, o Conselho de Estado, reunido em Madri, analisou o memorial apresentado por Antonio Zapata, "africano de nação", que "recebeu o santo batismo tendo vindo de sua terra deixando seus pais, parentes e fazenda, e se encontra pobre e sem ocupação. E porque é prático nas coisas da guerra, suplica à Sua Majestade lhe faça mercê de lhe conceder salário para Flandres ou para onde Sua Majestade for servido".[1]

O conselho propôs que "pelo que o suplicante representa e suas boas qualidades, poderiam lhe ser dados dois escudos de vantagem para Flandres",[2] parecer com o qual o rei concordou sem dificuldade, com o habitual e pouco imaginativo "está bem".[3]

Não era a primeira vez que o Conselho de Estado se deparava com a necessidade de definir o *estatuto* administrativo de um exilado na monarquia, de um refugiado que tinha acabado nas terras do rei Católico procurando amparo, mas também o prêmio, ou pelo menos a compensação por suas renúncias, seus abandonos e seus sacrifícios. Os estudos sobre o exílio na monarquia foram, até datas recentes, um

---

[1] *"Ha rezibido el santo bautismo habiendo venido de su tierra dejando sus padres, parientes y hazienda y se alla pobre y sin ocupación y porque es practico en las cosas de la guerra supplica a Vuestra Majestad le haga merced de señalarle sueldo para Flandes o para la parte que Vuestra Majestad fuere servido."*
[2] *"Por lo que representa el suplicante y sus buenas partes se le podrían dar dos escudos de ventaja para Flandes."*
[3] Archivo General de Simancas (AGS), Estado (E), 2790, sem número, 10 de outubro de 1628, consulta de parte.

tema menor, obscurecido pelo paradoxal e não pouco fetichista brilho historiográfico da Lenda Negra,[4] e reduzido, em muitos casos, ao estudo genealógico de comunidades particulares (sobretudo britânicas), realizado por seus autoproclamados herdeiros confessionais ou *nacionais* (independentemente do sentido polissêmico e fortemente anacrônico dessa palavra). Há que se constatar o surgimento de uma história em parte renovada a partir da década de 1980, mas que, embora tenha melhorado em seus métodos, continua centrando a análise dos grupos de exilados numa perspectiva *nacional*. Dessa forma, o sentido desses fenômenos não foi considerado uma unidade ou um meio de compreensão da monarquia em si mesma.[5] Pelo contrário, as aproximações a esses exílios oscilam muitas vezes entre a afirmação apriorística de um nebuloso protonacionalismo reivindicativo e sua redução a um não lugar de memória,[6] expressão da antimodernidade radical que, a partir de algumas historiografias, ainda se pressupõe (embora continue aguardando a demonstração) a respeito das monarquias ibéricas e de seus aliados.

Na verdade, a última década viu florescer estudos sobre a relação da monarquia com grupos concretos de exilados articulados em comunidades de origem territorial. Em geral,[7] a orientação sobre a origem reforça a percepção historiográfica da base *comunitia* desses exílios, de seu *ethos* de origem, na lógica *nacional* que articulava as

---

[4] Para uma visão geral, ver Ricardo García Cárcel, *La Leyenda Negra: historia y opinión*; D. Schmidt, *Innocence abroad: the Dutch imagination and the New World, 1570-1670*.
[5] De fato, ainda persiste a visão da monarquia hispânica apenas como um espaço de expulsões, como se pode ver, a título ilustrativo, pelo conjunto de trabalhos incluídos em Antonio Mestre Sanchís e Enrique Giménez López, *Disidencias y exilios en la España moderna*; a tendência se confirma com a edição, em 2007, do livro *Exilios: los éxodos políticos en la historia de España. Siglos XV-XX*, por Jordi Canal, centrado no fenômeno dos exílios exteriores e recompilando uma série de notáveis trabalhos de especialistas sobre eles.
[6] Uma denominação utilizada originalmente para o exílio francês na monarquia hispânica, mas que bem pode ser aplicada a outras experiências similares, cf. Robert Descimon e José Javier Ruiz Ibáñez, *Les ligueurs de l'exil: le réfuge catholique français après 1594*, p. 8.
[7] Uma revisão global sobre o fenômeno do exílio no início da Idade Moderna como expressão e resultado da divisão confessional continental pode ser vista em meu "Entre Dios y los hombres: los refugios políticos en la alta Edad Moderna europea", in *Acogidos y rechazados en la historia*, p. 103-146.

comunidades em circulação na Europa moderna.⁸ O resultado é que esses trabalhos tendem a reproduzir a própria lógica discursiva das comunidades em exílio,⁹ sobressaindo-se esse ângulo em detrimento dos mecanismos de incorporação da administração régia e da circulação dentro da monarquia hispânica dos próprios exilados como pessoas.¹⁰ Focalizar a inclusão de alguns estrangeiros concretos é claramente legítimo e proveitoso no que se refere ao trabalho histórico, mas as possibilidades da contribuição histórica dessa presença de estrangeiros parecem exploradas somente em parte. Em todo caso, essa acumulação de estudos mostra claramente aos historiadores o que era óbvio para os contemporâneos: a existência de um tropismo entre os católicos radicais em direção à monarquia hispânica, sustentado no muitas vezes contraditório desenvolvimento de um sistema assistencial e de recepção por parte das autoridades (tanto centrais quanto vice-reinais) do rei Católico.¹¹

---

⁸ Essa perspectiva, a *nacional*, própria da Idade Moderna, era complementar às outras constitutivas da comunidade civil e religiosa, como mostra claramente Xavier Gil Pujol, "Un rey, una fe, muchas naciones. Patria y nación en la España de los siglos XVI y XVII", in Bernardo José García García e Antonio Alvarez-Ossorio Alvariño (orgs.), *La monarquía de las naciones: patria, nación y naturaleza en la monarquía de España*, p. 39-76.

⁹ Consequentemente, e os estudos sociais sobre o desenvolvimento das carreiras políticas dos refugiados assim atestam, a identidade de origem linguística era somente uma das que os refugiados podiam mobilizar de forma estratégica (buscando ativar mecanismos de proteção, solidariedade e obtenção de graça). Mas não era a única, tendo o próprio serviço ao rei ou a experiência pessoal um peso igualmente significativo na hora de condicionar sua autodefinição — razão pela qual condicionar, de forma exclusiva, a aproximação da experiência do refúgio à reprodução da lógica nacional-comunitária bloqueia outras reflexões. Nesse sentido, ainda que para um período diferente, ver Thomas Glesener, "Poder y sociabilidad: las elites flamencas a través de los expedientes de órdenes militares (siglo XVIII)", in Ana Crespo Solana e Manuel Herrero Sánchez (orgs.), *España y las 17 provincias de los Países Bajos: una revisión historiográfica*, p. 167-188.

¹⁰ Em sentido contrário, pode-se ver a excelente aproximação geral, centrada sobretudo no âmbito mediterrâneo e irlandês, de Miguel Ángel de Bunes Ibarra, "La idea de frontera en el mundo hispánico", Enrique García Hernán e Óscar Recio Morales (orgs.), *Extranjeros en el ejército: militares irlandeses en la sociedad española, 1580-1808*, p. 97-112.

¹¹ Victoria Sandoval Parra elabora no momento, no âmbito do projeto referido na última nota deste trabalho, uma tese de doutorado sobre o sistema de pensões estabelecido nos territórios europeus da monarquia hispânica que permitirá, pela primeira vez, dimensionar o peso real, a circulação e a evolução da presença de exilados político-religiosos na estrutura da graça régia.

Juntamente com trabalhos clássicos,[12] pesquisas mais recentes sobre diversos territórios da monarquia (lugares tão distantes quanto o norte da África,[13] as ilhas britânicas,[14] o Sacro Impé-

---

[12] Talvez o mais significativo, pela ausência de fontes referentes às pensões concedidas, seja o realizado por Albert J. Loomie sobre as listas do exército de Flandres, recolhidas nos apêndices de seu *The Spanish Elizabethans: the English exiles at the court of Philip II*. Para o contexto político geral deste grupo, cf. Robert Lechat, *Les réfugiés anglais dans les Pays-Bas espagnols durant le règne d'Elisabeth (1558-1603)*.

[13] Prestando atenção sobretudo em personagens de alto escalão, abriu-se uma promissora linha de trabalho; cf. o clássico Jaime Oliver Asín, *Vida de don Felipe de África, príncipe de Fez y Marruecos*, e, mais recentemente, e de forma mais completa, a visão de conjunto dada por Beatriz Alonso Acero, *Sultanes de Berbería en tierras de la cristiandad: exilio musulmán, conversión y asimilación*, p. 105-107.

[14] Para o caso britânico (escocês, irlandês e inglês), a bibliografia é imensa, destacando-se o acúmulo de estudos recentes sobre a comunidade irlandesa e a monarquia hispânica, sobretudo depois da publicação do volume coletivo García Hernán, Bunes Ibarra, Recio Morales e García García (orgs.), *Irlanda y la monarquía hispánica: Kinsale 1601-2001. Guerra, política, exilio y religión*. Deve-se destacar ainda a publicação da obra, também coletiva, *Extranjeros en el ejército, op. cit.* Em um contexto geral, devem ser lembrados os trabalhos, mais ou menos relacionados com o exílio, de Anne Dillon, *The construction of martyrdom in the English Catholic community, 1535-1603*; e de Arthur F. Marotti, *Religious ideology & cultural fantasy: catholic and anti-catholic discourses in Early Modern England*. É particularmente significativa a consolidação de uma geração de historiadores espanhóis especialistas precisamente nas relações irlandesa-espanholas, entre eles García Hernán, "Obispos irlandeses y la monarquía hispánica en el siglo XVI", in M. B. Vilar García e Pilar Pezzi (orgs.), *Los extranjeros en la España Moderna*, p. 275-280; *Irlanda y el rey Prudente*; Recio Morales, "El pensamiento político irlandés en la España del XVII", *Chronica Nova: Revista de historia moderna de la Universidad de Granada*, 29, 2002, p. 245-275; "'Una nación inclinada al ruido de las armas'. La presencia irlandesa en los ejércitos españoles, 1580-1818: ¿la historia de un éxito?", *Tiempos Modernos: Revista electrónica de Historia Moderna*, vol. 4, nº 10, 2004; "'De nación irlandés': percepciones socio-culturales y respuestas políticas sobre Irlanda y la comunidad irlandesa en la España del XVII", in García Hernán e Davide Maffi (orgs.), *Guerra y sociedad en la monarquía hispánica: política, estrategia y cultura en la Europa moderna (1500-1700)*, p. 651-680; *El socorro de Irlanda en 1601 y la contribución del ejército a la integración social de los irlandeses en España*; *España y la pérdida del Ulster: Irlanda en la estrategia política de la monarquía hispánica (1602-1649)*; Igor Pérez Tostado, "'Mártires de profesión': estudio de caso de los conflictos de las comunidades inglesa e irlandesa en la Andalucía a finales del XVII", in *Los extranjeros en la España Moderna, op. cit.*, p. 645-655; "Cañones para Irlanda: estudio de caso de la actividad del grupo de presión irlandés en la monarquía católica de Felipe IV", in Francisco José Aranda Pérez (org.), *La declinación de la monarquía hispánica en el siglo XVII*, p. 281-296; "Looking for 'powerful friends': Irish and English political activity in the Spanish Monarchy (1640-1660)" e "'Tu, Felix Austria, Nube'. La actividad política bicéfala de la comunidad exiliada irlandesa en la corte de Felipe IV y la visita de Carlos Estuardo", ambos em *Tiempos Modernos: Revista electrónica de Historia Moderna*, vol. 4, nº 12, 2005, e vol. 5, nº 13, 2006; "'Por respeto a mi profesión: disciplinamiento, dependencia e

rio,[15] o Japão[16] ou a França[17]) foram desvelando (embora não esgotando como tema), sob diversas perspectivas historiográficas, nem sempre coincidentes,[18] tanto a extensão quanto a complexidade e a evolução desse sistema assistencial e, em algumas ocasiões, suas consequências políticas, sociais e culturais. A grande extensão do fenômeno convida a aprofundar suas implicações e seu significado, integrando-o numa análise de conjunto sobre a projeção política da monarquia hispânica,[19] razão pela qual é preciso reconstruir uma visão global dessa hispanofilia[20] em movimento e, a partir desse pressuposto analítico, aproximar-se de outras fronteiras menos conhecidas até agora: a Capitania Geral do Chile, as Províncias

---

identidad en la formación de las comunidades militares irlandesas e inglesas en los ejércitos hispanos", in *Guerra y sociedad en la monarquía hispánica, op. cit.*, vol.1, p. 681-706; "La llegada de los irlandeses a la frontera caribeña en el siglo XVII", *Extranjeros en el ejército, op. cit.*, p. 301-316, e sobretudo *Irish influence at the court of Spain in the Seventeenth Century*.

[15] Sobre a projeção clientelista da política de Filipe II nos territórios imperiais, cf. Friedrich Edelmayer, *Söldner und pensionäre: das Netzwerk Philippe II in Heiligen Römischen Reich*.

[16] Embora — segundo a informação que tenho — não haja um estudo específico sobre o exílio japonês na monarquia fora dos trabalhos sobre as embaixadas e os mártires, pode-se obter uma visão geral em Antonio Cabezas, *El siglo ibérico del Japón: la presencia hispano-portuguesa en Japón (1543-1643)*.

[17] Alain Hugon, "Les lendemains de Vervins: la 'guerre couverte' des soldats perdus du catholicisme ligueur", in Paul Mironneau e Isabelle Pétay-Clottes (orgs.), *Paix des armes, paix des âmes*, p. 177-186; *Au service du roi catholique: "honorables ambassadeurs" et "divins espions". Représentation diplomatique et service secret dans les relations hispano-françaises de 1598 à 1635*; Descimon e Ruiz Ibáñez, "Marineros con brújula pero sin mar. Los exiliados católicos radicales franceses al final de las guerras de religión: discurso, acción política, interés social y procesos de desagregación", *Historia y Política*, nº 9, 2003, p. 291-324; *Les ligueurs de l'exil, op. cit.*, cap. III.

[18] Sobre a reavaliação da imensa literatura a respeito da chamada renovação historiográfica da história política, é muito estimulante o trabalho de Gil Pujol, "Sobre la noción actual del hecho histórico: entre contingencia y construcción", *Revista de Occidente*, nº 332, jn 2007, p. 64-82.

[19] Uma integração da análise dos exílios interiores na avaliação global do devir político da monarquia já proposto em Ruiz Ibáñez e Bernard Vincent, *Historia de España: política y sociedad, siglos XVI y XVII*, p. 35-37.

[20] O próprio termo *hispanofilia* é complexo e pode ser de uso ambíguo por parte de uma historiografia que em geral está mais disposta a identificar como um todo (projetando em direção ao presente a tradição denotativa nascida no conflito político dos séculos XVI e XVII) os partidários do rei Católico do que a problematizar a diversidade de matizes, níveis e variação de compromissos que teve de apoiar, ou em que teve de se apoiar, nos planos e recursos do soberano espanhol.

Unidas,[21] Pérsia,[22] o istmo polonês, a Amazônia,[23] os Bálcãs[24] ou a fronteira Chichimeca.

Nos âmbitos fronteiriços, milhares de pessoas passaram "para o outro lado", ou seja, para a monarquia hispânica, por vários motivos que aparecem entrelaçados de maneira natural e cuja leitura global permite compreender o que significou, fora de suas fronteiras, a hegemonia do rei Católico. Esses motivos plurais podiam ser claramente coincidentes: derrota em uma guerra civil, conversão religiosa, escolha afetiva, oportunidade econômica ou trabalhista, simpatia política... Esse salto, como toda mobilidade social, tinha muito de transgressão, embora esta circunstância se radicalizasse ao implicar o abandono da pátria e da lealdade natural sob o argumento de uma liberdade de consciência católica[25] que impunha não apenas a obrigatoriedade do exílio, mas também definia a sua direção pela represen-

---

[21] Pouco se avançou na constatação dessa corrente migratória em Willem Frijhof, "Migrations religieuses dans les Provinces-Unies avant le second refuge", *Revue du Nord*, LXXX, 326-327, jul-dez 1998, p. 573-598.

[22] Um tema tratado essencialmente por parte da história diplomática, mas que oferece amplas perspectivas se indagarmos sobre o trânsito de pessoas para a Índia portuguesa e dali para a Europa; cf. Luis Gil Fernández, *El imperio luso-español y la Persia safávida*.

[23] A capacidade de imbricar populações autóctones e não necessariamente comprometidas com os projetos político-religiosos e culturais europeus na América é verificada nas diferentes frentes de expansão e atrito entre ambas as populações; sobre seus efeitos de identificação e conflito, pode-se ver a contribuição de Ronald Raminelli a este volume.

[24] Continua pendente uma renovação da pesquisa sobre os "albaneses" e a monarquia hispânica, sobretudo no exército. A atenção crescente às negociações durante o reinado de Filipe III com descontentes gregos parece convidar a uma pesquisa global sobre a representação, por parte do mundo ortodoxo, do que pode ter significado uma possível ajuda do rei Católico; continua sendo de extrema utilidade o volume de J. M. Floristán Imízcoz, *Fuentes para la historia oriental de los Austrias: la documentación griega del Archivo General de Simancas (1571-1621)*; e "Felipe II y la empresa de Grecia tras Lepanto (1571-1578)", *Erytheia*, 15, 1994, p. 155-190. De uma perspectiva diplomática, cf. A. Tovar Llorente, "Una petición de socorro de los griegos de Maina a Felipe II en 1584-1585", *Boletín de la Real Academia de la Historia*, 142, 1958, p. 343-363; Ioannis Hassiotis, "España y el sureste de Europa en la época moderna: cuatro siglos de dilemas diplomáticos", in Juan González-Barba (org.), *España y la cultura hispánica en el sureste Europeo*, p. 36-48, 313-329; Antonio Corral Castanedo, "Unas conspiraciones contra el sultán turco en tiempo de Felipe III", *Simancas. Estudios de Historia Moderna*, 1, 1950, p. 383-415; Luis Gil, "De la 'Sancta empresa de Grecia contra los Turcos'", *Erytheia*, 16, 1995, p. 97-115, e "Griegos en España (siglos XV-XVII)", *Erytheia*, 18, 1997, p. 111-132.

[25] Descimon e Ruiz Ibáñez, *Les ligueurs de l'exil, op. cit.*, p. 190-192.

tação que se fazia da monarquia hispânica. Isto é importante, já que a materialização dos refúgios é uma prova eloquente da difusão, nesses espaços, de um discurso de afinidade com o rei Católico que se traduzia no desenvolvimento de exílios interiores,[26] dos quais as migrações políticas foram apenas uma expressão minoritária. É surpreendente que um tema historiográfico tão extenso não tenha sido objeto da atenção dos historiadores até o presente; as razões são evidentemente complexas, mas é preciso situá-las no peso que ainda tem a história nacional clássica para uma compreensão excessivamente ibérica das monarquias ibéricas e das comunidades que as constituíram.[27]

A MONARQUIA HISPÂNICA COMO TERRA PROMETIDA

Nestas linhas, não podemos fazer mais que pedir, e convocar de textos posteriores, uma contribuição para a compreensão do sentido que o fenômeno da hispanofilia deu à monarquia. No entanto, a constatação da existência desses exílios e de sua consequente recepção nos coloca ante uma perspectiva que se revela global. Os exilados, por definição, uniam mobilidade geográfica e social, procurando manter seus estatutos ou melhorá-los por meio da valorização de seu sofrimento ou da tradução de sua posição anterior à sociedade de acolhida.[28] Em certo sentido, o que encontramos na peripécia desses milhares de homens e, em menor medida, mulheres, é a explicitação dos valores próprios da sociedade

---

[26] O estudo dessa promissora linha de pesquisa deve passar pela conexão das análises das células católicas nos países protestantes com as variações de seu catolicismo por meio da receptividade geral (em territórios majoritariamente católicos ou reformados) do catolicismo espanhol no século XVII.

[27] Obviamente, isso não implica negar a importância da origem territorial ou cultural na hora de se definir dentro da monarquia, como bem mostram os trabalhos reunidos em *La monarquía de las naciones, op. cit.*, mas sim reivindicar que a lógica de origem foi uma das muitas que estiveram disponíveis para os exilados, que mobilizaram uma ou outra (serviço, nação, sofrimento, clientela...), dependendo do contexto e, especialmente, de seus interlocutores.

[28] Ruiz Ibáñez, "Identidad y movilidad de los refugiados católicos franceses entre los Países Bajos al Mediterráneo a principios del siglo XVII", in Claudia Moatti, Wolfgang Kaiser e Christophe Pébarthe (orgs.), *Le monde de l'itinérance en Méditerranée de l'Antiquité à l'époque moderne: procedures de contrôle et d'identification*, p. 685-712.

que eles pretendiam como ideal, e que expunham por meio de seus pedidos de graça e de justiça régia.[29] Como patrão supremo, o rei devia reconhecer, em um cosmos ordenado, qual devia ser a posição de cada um e, ao fazê-lo, materializar as atribuições que exigia para definir sua própria majestade. Tudo isso no ambiente competitivo de demandas de favor ao príncipe como era a corte dos Áustrias[30] e a complexa trama administrativa sobre a qual se sustentava sua monarquia.

As relações entre os exilados e o rei Católico se articulavam nos mesmos níveis que as desenvolvidas entre ele e seus súditos. Existia uma base comunitária, em que a honra e o sofrimento coletivo de origem *nacional* era o argumento decisivo para as demandas globais de reconhecimento da comunidade de exilados como tal. Obviamente, em muitas ocasiões, como acontecia com outros exílios modernos, o peso da existência de instituições de acolhida da própria comunidade, da administração militar ou da Igreja, e outras mais ou menos relacionadas com a monarquia, servia como estímulo necessário para orientar essas migra-

---

[29] É interessante diferenciar esses dois pressupostos, já que o recurso a cada um deles colocava o solicitante ante uma situação diferente com a administração; pelo estudo dos *ligueurs* franceses em sua viagem à Espanha, parece claro que a administração central da monarquia somente reconhecia como imperativos aqueles compromissos que tivessem contado com o reconhecimento explícito do rei e, em alguns casos, de seu governador-geral; o exemplo de Henri de Saureulx é eloquente a respeito; Descimon e Ruiz Ibáñez, *Les ligueurs de l'exil*, op. cit., p. 174-175.

[30] Um ambiente integrado por multidões de pedintes de mercês (militares, exilados, religiosos, representantes de localidades...) é descrito na literatura da época. Na última década, melhorou muito a informação sobre o funcionamento da corte como espaço de patronato e influência, graças em grande parte às pesquisas bem conhecidas da equipe de José Martínez Millán sobre a administração curial no século XVI e até o reinado de Filipe III; sem esquecer a linha de pesquisa de Bernardo José García García para descrever a posição dos flamengos na corte madrilenha. Uma visão rápida da documentação, à espera de aproximações mais exaustivas, parece que marca uma clara diferença na presença de demandantes entre o final do reinado de Filipe II e o começo do reinado de seu filho. Isso é lógico, já que nos dois últimos decênios do século XVI a projeção política da monarquia se apoiava na existência ativa de células pró-espanholas para além das diversas fronteiras e se fundava na hipertrofia da administração militar. A consecução de pazes entre 1598 e 1609 e as tentativas gerais de reforma das pensões entre 1596-1609, a cessão dos Países Baixos a Isabel Clara Eugenia e ao arquiduque Alberto, assim como a diminuição do gasto militar, provocaram uma verdadeira avalancha de peticionários, o que agravou ainda mais a situação dos exilados, que deviam se deslocar para um meio administrativo desconhecido, onde se viam ultrapassados por dependentes *naturais* do rei.

ções. Mas também existia a possibilidade de se estabelecer uma relação bilateral entre exilado e monarca. Isso criava um grande número de espaços de negociação e reconhecimento.

A emigração tinha muito mais componentes do que a simples escolha política. Como ficou assinalado na consulta de Antonio Zapata, os exilados buscavam que o rei Católico lhes reconhecesse um estatuto socioprofissional coerente com seu posicionamento, mas dependente de sua origem social e suas qualidades pessoais. Um contraponto válido é o de Andrea de Befacaro,

> de nação grega, tendo sido tomado pelos turcos em sua infância e, com violência, convertido àquela lei; havendo sido capitão de artilharia de Tunis e dos janízaros, inspirado por Deus e, lembrando-se de que havia sido cristão, fugiu com um navio, trazendo consigo sua mulher e cinco filhos, com quatro cristãos e alguns mouros, e se apresentou em Roma à sua santidade, e se reconciliou e batizou os filhos, e que, por conta disso, deixou muita fazenda e bens de raiz e móveis.[31]

Befacaro contava com um capital de serviço muito importante e com a dignidade que havia perdido. Por isso a pensão de 30 escudos junto ao vice-rei da Sicília que lhe foi concedida era muito mais importante do que a ajuda para iniciar uma carreira de serviço outorgada a Zapata.[32] É óbvio que a mobilidade física procurava conservar uma posição que se apoiava na existência do marco de uma cultura política e social comum na qual os componentes das hierarquias de origem (nobreza, patrimônio, ofícios, serviço de armas, viuvez, orfandade e, é claro, ordem religiosa...) eram facilmente compreensíveis para a administração hispana.[33]

---

[31] *"De nación griego siendo en su niñez de turcos y con violençia tornado a aquella ley aviendo sido capitán de la artillería de Tunez y de los geniçaros inspirado de Dios y acordándose que havia sido christiano se vino huyendo con un navio traiendo consigo a su muger y cinco hijos con cuatro christianos y algunos moros y se presento en Roma a su santidad y se reconcilio y baptiso los hijos y que por esto dexo mucha hazienda y de bienes raizes y muebles."*
[32] AGS, E 1159, nº 165, primeiro de novembro de 1600, Madri, minutas de despacho ao duque de Maqueda.
[33] Os pontos de coincidência sobre o marco político e social, assim como a validação do

As formas de reconhecimento da posição de cada exilado (pessoa, grupo familiar ou corporação) por parte dessa administração eram variadas e iam da concessão do próprio estatuto de refugiado pela fé (o que permitia ter acesso à caridade do rei e da Igreja) ao reconhecimento de vantagens jurídicas[34] (não poder ser perseguido por dívidas contraídas no lugar de origem, concessão de naturalizações, permissões de residência, direitos de comércio...), à atribuição de empregos ou ofícios (militares, na inteligência,[35] na administração da pluma e religiosos) e de benefícios econômicos. Estes eram de duas naturezas, os pontuais (conhecidos como *ajudas de custo* e que eram uma quantidade fixa pagável por um caixa determinado) ou os estruturais, em forma de renda ou de pensão, estes últimos definidos como *entretenimientos*. Ou seja, de sustento, teoricamente o pagamento mensal de uma quantia, enquanto se buscava uma melhor acomodação na administração real. Na prática eram pensões que podiam ter um caráter vitalício, ou ao menos ser pagas até que fossem suprimidas ou cortadas por necessidades de economia na Fazenda do rei.[36] Esses instrumentos não eram incompatíveis entre si e, dessa forma, alguém que contasse com uma praça militar sobrepaga (uma *vantagem*) podia também obter uma ajuda de custo e manter seu *entretenimiento*.

Não era apenas nas cortes de Madri ou Valhadoli que esse tipo de prêmio podia ser outorgado. Cada uma das cortes vice-reinais da monarquia[37] (e, é óbvio, Bruxelas e Milão) fixava (em muitos casos por iniciativa do próprio delegado régio[38]) pensões e auxílios que carrega-

---

serviço, ultrapassavam muitas vezes as diferenças culturais mediante a generalização de uma tradição nobiliária mais ou menos compartilhada.
[34] Descimon e Ruiz Ibáñez, *Les ligueurs de l'exil, op. cit.*, p. 112-113 e 160-161.
[35] Sobre a diplomacia secreta e a participação dos exilados há uma abundante literatura, da qual se destacam os trabalhos já mencionados de Alain Hugon e o livro genérico de Carlos J. Carnicer Garcia e Javier Marcos Rivas, *Espías de Felipe II: los servicios secretos del imperio español*, p. 328-329.
[36] Descimon e Ruiz Ibáñez, *Les ligueurs de l'exil, op. cit.*, p. 175-186.
[37] O conhecimento sobre os âmbitos de decisão supostos pelas capitais dos diversos territórios que compunham a monarquia hispânica melhorou notavelmente nos últimos anos; cf., por exemplo, o volume coletivo editado por Francesca Cantú, *Las cortes virreinales de la monarquía española: América e Italia*.
[38] Embora nem sempre tivessem poder para fazer isso, a necessidade fez com que os procônsules do rei lhe tomassem a jurisdição. Assim, em 1600, o duque de Maqueda, vice-rei

vam pesadamente as disponibilidades de dinheiro por parte das autoridades locais. Embora em muitos casos as pensões situadas na escala local fossem um meio para reforçar as clientelas dos vice-reis ou governadores, junto a esse tipo de concessão havia aquelas que premiavam os agentes que tinham apoiado a política da monarquia nas fronteiras imediatas, ou que podiam servir como exemplo e ponte com as populações externas à monarquia. Não se deve esquecer tampouco que, entre os diversos espaços administrativos nos quais se situavam esses *entretenimientos*, houve uma importante mobilidade quando, sobretudo depois de 1596-1598, a monarquia tentou racionalizar seus gastos e exonerar de compromissos os territórios que estavam mais sufocados, o que se traduziu em uma importante realocação de rendas e pensões de Flandres e Castela para os vice-reinos do sul da Itália.[39] As embaixadas da monarquia também contavam com esses *entretenimientos* cariciosos junto às pensões de apoio a políticos locais.[40]

O auge da política confessional de Filipe II[41] se deu no momento em que o maior número de refugiados se dirigiu para a monarquia. A capa-

---

da Sicília, escrevia à corte de Palermo pedindo que designasse um *entretenimiento* de 14 escudos por mês a "Petrivin Barbaroxa, grego que além de ter servido (...) como espião (...) foi e voltou muitas vezes com boas notícias..." (*"Petrivin Barbaroxa, griego que demás de aver servido... como espia... a ydo y venido muchas vezes con buenos avisos..."*), além de participar das negociações com o sultão otomano, já que "não sendo coisa permitida prover *entretenimientos* por aqui, me vi obrigado a prover-lhe até que VM^d mande outra coisa..." (*"no siendo cosa permitida proveer aca entretenimientos me a obligado a proveelle hasta que VMd mande otra cosa..."*); AGS, E 1159, n° 106, 22 de setembro de 1600.

[39] A identificação de Flandres como o centro da concessão das pensões mais políticas (afinal, os Países Baixos católicos eram a principal fronteira da monarquia com os territórios onde se apoiava de forma mais comprometida seus aliados) já foi realizada, embora sem fazer uma abordagem quantitativa do peso das pensões, em Aline Goosens, "Les Pays-Bas méridionaux, refuge politique et religieux à l'époque du traité de Vervins (1590-1598)", in Jean François Labourdette, Jean-Pierre Poussou e Marie-Catherine Vignal (orgs.), *Le traité de Vervins*, p. 203-232.

[40] Particularmente significativa foi a ação de Bernardino de Mendoza em suas embaixadas de Londres e Paris, conforme se pode acompanhar em sua contabilidade, recolhida em AGS, Contaduría Mayor de Cuentas (CMC), III, 2906; uma versão mais completa do que a utilizada em García e Rivas, *Espías...*, *op. cit.*, p. 465, procedente de AGS, Estado Francia (Ek), 1567.

[41] O que não deixou de ser reconhecido por esses exilados que transformaram a representação ilusória de Filipe II na encarnação do rei verdadeiramente cristão; cf. Descimon e Ruiz Ibáñez, "La imagen de Felipe II en la Liga radical francesa (1589-1598)", in Manuel Rivero Rodríguez (org.), *Felipe II (1598-1998): Europa y la monarquía católica, el*

cidade retributiva e sua projeção territorial auxiliaram na formação de expectativas de apoio do rei Católico e no afloramento de comunidades de aliados externos que, uma vez derrotados em seus países, se infiltraram nas terras do rei entre 1585 e 1596. Uma pesada herança que o rei Prudente deixou aos governos de sua filha em Flandres e de seu filho no conjunto da monarquia.[42]

A (RE)CONSTRUÇÃO DA HIERARQUIA SOCIAL

Atravessar as fronteiras significava também ter de apresentar explicitamente tanto os critérios que definiam a situação pessoal quanto seus mecanismos de aplicação. Isso deu lugar a um tipo de fonte privilegiada, os memoriais de pedidos de mercês, que revelam os elementos considerados inteligíveis para se reconhecer um estatuto social por parte das autoridades de recepção. É claro que a existência de comunidades de exilados convidava ao estabelecimento de mecanismos de reprodução, pelo menos em intenção, da sociedade de origem. No entanto, a dependência de um novo soberano para que esses estatutos fossem reconhecidos e a própria experiência de ruptura que o refúgio trazia consigo significavam a mobilização de novos argumentos para definir tanto a hierarquia interna da própria comunidade quanto a incorporação de cada um dos exilados no mundo que o acolhia. Afinal, a obtenção da graça do rei se dava sempre em um meio muito competitivo. Nesse espaço de emulação, os argumentos dos exilados, fossem quais fossem suas origens, deviam torná-los visíveis ante os patrões para que eles pudessem se inserir em clientelas cortesãs ou militares mais ou menos operativas.[43]

---

gobierno de la monarquía (corte y reinos), p. 111-136.
[42] Embora, em princípio, o testamento de Filipe II implicasse um cancelamento dos compromissos assistenciais, essa cláusula não teve efeito real sobre as comunidades exiladas, além de permitir que o governo eliminasse ou deslocasse as pensões que julgava menos eficazes. Sobre o testamento de Filipe II, cf. Lechat, *Les réfugiés...*, *op. cit.*, p. 194.
[43] Nesse sentido, são muito importantes as cartas de apoio que cada peticionário recebia e que acompanhavam seus expedientes, já que, junto com os méritos que podiam estar enunciados nelas, destacava-se o princípio de fidelidade de cada exilado por meio da enunciação de seu conhecimento pessoal por ministros do rei. A função testemunhal não

Dessa maneira, a própria interlocução com as autoridades espanholas passava para primeiro plano, inclusive para a própria comunidade, como instrumento de construção tanto das hierarquias sociais dos refugiados como de controle das tentativas de mobilidade social.

As listas de *entretenidos* no exército de Flandres em princípios do século XVII podem servir bem para ilustrar os mecanismos de definição e os argumentos mobilizados para a obtenção das ansiadas mercês.[44] Mercês que definiam em si mesmas as comunidades. O primeiro dado a considerar era a hierarquia básica estabelecida entre os pensionistas, e entre estes e o restante da comunidade. No total, os pensionistas estrangeiros representavam entre 1,5% e 3% do total dos gastos do exército nos Países Baixos.[45] Era uma quantidade significativa que não esgotava os recursos de retribuição para esses estrangeiros por parte do regime espanhol. Os montantes das pensões eram diferentes segundo a dignidade, os serviços e a eficácia do amparo obtido por cada exilado, como se pode comprovar na tabela a seguir.[46]

Montante em escudos de 50 placas por mês	Ingleses em 1596 (britânicos)				Franceses em 1600			
	Nº de pensionários	%	Total em escudos	% do total	Nº de pensionários	%	Total em escudos	% do total
De 8 a 20	14	24,2	243	11,9	24	43,6	381	9,9

---

deve ser entendida unicamente em termos probatórios, mas também em termos de apoio explícito e de mobilização de prestígio.

[44] Para o exército de Flandres há diversas listas com a descrição de quem tinha direito de cobrar pensões, e, além disso, foram localizados os expedientes, pessoais ou coletivos. A documentação está descrita de forma detalhada em Descimon e Ruiz Ibáñez, *Les ligueurs de l'exil, op. cit.*, p. 273-274.

[45] AGS, CMC, II, 877, contabilidade de Gerónimo Walter Zapata.

[46] A tabela foi elaborada a partir de AGS, E 612, nº 125-127, "Traslado de la relación q se dio a su A(lteza) de los entretenidos ingleses a X de mazo de 1596 en Bruselas"; a informação sobre os *entretenidos* franceses procede de AGS, F-617, 46, 55 e 56-57, 26 de junho de 1600.

De 25 a 35	31	53,4	880	43,3	17	30,9	480	12,5
De 35 a 60	8	13,8	320	15,7	9	16,4	410	10,6
Mais de 60	5	8,6	590	29,2	5	9,1	2580	67
Total	58		2033		55		3851	

As duas estruturas de pensões são eloquentes para mostrar a existência de dois exílios bem caracterizados. O francês é mais recente e incorpora uma série de grandes clientelas cujos líderes recebem pensões autônomas para se manter com seu séquito, traduzindo a estrutura plural piramidal da Liga católica, com uma ampla base de pensionistas com pequenos *entretenimientos* e de origem social inferior. Os ingleses, ao contrário, mostram-se como uma comunidade muito mais estabelecida,[47] cujas lideranças obedeceram mais ao que perderam na Inglaterra do que à intervenção direta espanhola nos conflitos desse reino. São pensões que reconhecem uma dignidade prévia, mas com natureza muito mais assistencial, com o grupo dotado de pensões médias ocupando um lugar considerável. A averiguação dos *entretenimientos* dos ingleses de 1596 permite também identificar a razão e a cronologia da concessão. De 38 pensões cuja origem foi identificada, sete correspondem ao patronato do cardeal Alan e cinco ao deste e ao do embaixador Bernardino de Mendoza (veterano da Inglaterra que serviu posteriormente em Paris), que por sua vez obteve a concessão de duas pensões, e mais uma dividida com o duque de Guise. A parentela do duque de Feria[48] obteve a

---

[47] O estabelecimento de um sistema de proteção para os exilados por parte da administração espanhola em Flandres deve ter sido bem precoce. Segundo os informes dados em razão da reforma geral dos *entretenimientos* de 1º de abril de 1600, AGS, E 617, 24, "Relaçion de los entretenidos ingleses", já se faz referência aos que receberam a pensão depois das rebeliões da década de 1560 na Inglaterra e durante o mandato do duque de Alba em Flandres.
[48] Como filho de uma dama inglesa, Feria encabeçava um *lobby* de exilados ao qual se integrava uma parte importante da antiga corte nobiliária católica que havia se formado em torno de Filipe e Maria Tudor na década de 1550. Sobre sua posição como administrador na década de 1590, cf. Valentín Vázquez de Prada, *Felipe y Francia (1559-1598): política, religión y razón de Estado*, p. 97-99.

concessão de uma dezena de pensões, a nobreza flamenga (*monsieur* de la Motte) três, o duque da Lorena duas e o jesuíta Robert Persons, o cardeal Farnese e o papa, uma cada.

A diferença entre os dois grupos era resultado da política das décadas de 1580-1590, mas serve para reforçar que a recepção de exilados e o conseguinte reconhecimento de estatutos eram enormemente dependentes da situação política, das capacidades financeiras da monarquia e da visibilidade das ações dos exilados. Para eles, como para qualquer pessoa do Antigo Regime, seu estatuto juridicamente objetivo era o reflexo de uma avaliação socialmente relativa, que dependia dos patronatos que pudessem ser mobilizados e se expressava por meio da graça régia. Para os exilados, a obtenção dos *entretenimientos* não era um ponto de chegada, já que, em si mesmo, tratava-se de um sistema instável, pelas pertinazes dívidas que deviam contrair por causa da insolvência da fazenda militar. Com isso, a concessão de pensões estabelecia ao mesmo tempo uma dupla hierarquia, muito variável e ajustável às próprias conjunturas políticas e aos "vaivéns" da comunidade de exilados: a das quantias outorgadas e a dos pagamentos efetivados que, embora em geral estivessem relacionados, não costumavam ser simétricos.[49] Isso traçava uma situação muito complexa — a qual, deve-se insistir, não era específica dos exilados —, que requeria a mobilização de argumentos que permitiam aos exilados traduzir e tentar melhorar sua posição social.

O ARGUMENTO DO ESTATUTO SOCIAL

As comunidades de exilados e a retórica das autoridades de acolhimento insistiam na imobilidade social que o exílio pressupunha e, inclusive, desenvolviam sistemas de bloqueio para garantir que ninguém aproveitasse a bruma que caía sobre seu passado para reinventar sua origem e ascender socialmente por meio da falsificação da memória.[50] Isso era re-

---

[49] O único estudo detalhado sobre os pagamentos efetivos a exilados a partir de suas pensões se encontra em Descimon e Ruiz Ibáñez, *Les ligueurs de l'exil, op. cit.*, p. 171-172.
[50] No entanto, os registros e os sistemas de controle da veracidade dos relatos dos exila-

lativamente comum, apesar de todos os mecanismos criados para evitá-lo. A interlocução de alguns membros da comunidade com os ministros espanhóis responsáveis ou "especialistas" condicionava fortemente os níveis de reconhecimento que lhes podiam ser dados em muitos casos.[51] Essa situação de intermediário entre a comunidade e as fontes da graça real reforçava as posições política e institucional, mas também social de quem a exercia e era uma verdadeira oportunidade de promoção pessoal e de avanço para a família e para os próprios fiéis em detrimento de outros grupos do exílio. Cabia a eles verificar e garantir as informações dos companheiros de infortúnio; uma função assim foi exercida por personagens como a duquesa de Feria, o cardeal Alan, o coronel Stanley ou Robert Persons para o exílio inglês,[52] ou o duque de Aumale, os padres Boucher, Hamilton ou Delaunay, o jurista Mathias Delabruyère, o monge Saureulx e Bertrand Percin de Mongaillard para o francês.[53]

Ocupar a posição de intermediário permitia a alguns agentes específicos não apenas aumentar sua autoridade na comunidade, mas também ficar cada vez mais próximos da própria administração régia, da qual podiam esperar favores maiores. Isso implicava uma maior hispanização ideológica em bases que podiam ser diversas e de diferentes origens culturais.[54] Esses agentes eram bem conscientes de que o próprio pertenci-

dos, bem como a própria função dos líderes da comunidade, atuavam como elementos de bloqueio das tentativas mais grosseiras de travestismo social. De fato, na referida lista, conservada em AGS, E 617, 24, "Relaçion de los entretenidos ingleses", fica clara a distinção entre quem era "bem nascido", quem era "cavaleiro bem nascido" e quem, como Thomas Court, era "homem de sorte muito baixa". Outra coisa diferente é que, a partir do serviço ao rei (que aparece cada vez mais na justificativa de méritos, uma vez consolidados os exílios), se pudesse construir uma nova memória, menos controlada.

[51] Cada facção dentro do refúgio podia contar com seus protetores dentro da administração (geralmente veteranos que haviam compartilhado com eles os momentos amargos da luta confessional), que fariam todo o possível para conseguir que suas criaturas progredissem, o que não deixava de ser um meio de valorizar perante a administração central a própria experiência profissional.

[52] Cita-se expressamente o "coronel Stanleo, el padre Guillermo Holltt y Hugo Oen" (ou seja, três decididos partidários da "opção espanhola" para a sucessão britânica) para os ingleses na lista recolhida em AGS, E 612, nº 125-127, "Traslado de la relación q se dio a su A(lteza) de los entretenidos ingleses a X de mazo de 1596 en Bruselas": Lechat, *Les réfugiés..., op. cit.*, p. 176-178.

[53] Descimon e Ruiz Ibáñez, *Les ligueurs de l'exil, op. cit.*, cap. 2.

[54] Declan Downey, "Catholicism, milesianism, and monarchism: the *facilitators* of Irish identification with Habsburg Spain", *Extranjeros en el ejército, op. cit.*, p. 167-180;

mento à comunidade como tal não apenas tinha seus limites, como também, e isso era talvez o mais grave, dependia da prioridade política que tivesse aos olhos de seus sócios ibéricos.[55] Se o caminho do retorno ia se fechando, a não ser que se estivesse disposto a assumir um descenso social brutal, a própria lógica do exílio convidava a construir identidades político-administrativas complexas, que permitissem aos refugiados (ou a seus descendentes) passar para uma dependência pessoal (que não negava a ascendência, mas tampouco necessariamente a sublimava) em relação a seu novo soberano. As possibilidades de promoção no mundo da monarquia hispânica iam além da mera reivindicação dos serviços beneméritos que os agora exilados tinham dado a Deus e, consequentemente, ao rei da Espanha. Por mais heroicos que tivessem sido, esses serviços podiam permitir o acesso ao território da monarquia e até a obtenção, em primeira instância, de um benefício e um reconhecimento pontuais, sobretudo enquanto existissem expectativas políticas para a monarquia em relação à possibilidade de manter a intervenção nos territórios dos quais provinham os emigrados. No entanto, em finais do século XVI, essas expectativas se converteram rapidamente em coisa do passado e a ilusão da ascensão social por meio da restauração religiosa nos territórios de origem também se transformou em uma quimera.[56]

Nesse contexto, tornou-se necessário, para muitos exilados notórios, transformar em um projeto de vida estratégico o que originalmente ia ser uma estada tática. As vias abertas com a administração espanhola deviam, pois, converter-se em um instrumento no qual o ca-

---

Recio Morales, "El pensamiento político irlandés...", *op. cit.*

[55] Daí a fratura contínua que ameaçava as comunidades de exilados, entre os que buscavam um ponto de encontro com as autoridades de seus lugares de origem e os que perseveravam em sua hispanização. Caso exemplar é o do exílio britânico ante a sucessão de Isabel I; cf. Lechat, *Les réfugiés...*, *op. cit.*, cap. IV.

[56] A retórica das demandas dos exilados para justificar a pertinência dos auxílios recebidos e por receber mudou bruscamente entre o período de conflitividade confessional e o que se seguiu às pazes de 1598-1609. Se no primeiro momento se insistia nas perdas sofridas pelo serviço a Deus e na idoneidade de continuar com a causa católica em cada um dos territórios, posteriormente a ênfase se depositou no fato de que as perdas sofridas no conflito ocorreram por serviço ao rei da Espanha. A exaustiva documentação utilizada no livro já citado, escrito com Descimon, deixa pouco lugar para dúvidas sobre esse posicionamento, que era mais tático do que estratégico; uma reflexão geral sobre o tema em Ruiz Ibáñez, "Identidad y movilidad...", *op. cit.*

pital-caridoso e os laços de proteção comunitários servissem para adquirir visibilidade suficiente para aceder a uma posição interessante à administração espanhola. Os exilados mobilizavam toda uma retórica que é bem conhecida: idoneidade religiosa,[57] inclinação política e capacidade de abandono de bens constituíam a origem de sua inserção social, garantindo a honra ou a qualidade deles. Mas, como para os outros súditos do rei, a honra ou partes eram igualmente significativas; ou seja, o serviço que efetivamente tinham prestado e a utilidade que podiam ter para a administração régia. Oportunidade, graça, justiça e caridade constituíam um amálgama sobre o qual se definia o jogo instável de reconhecimento de estatutos e de apresentação de demandas.

Cada grupo, e cada refugiado, dispunha de um espaço de promoção no qual podia obter a satisfação de seus interesses. É óbvio que os clérigos contavam com a vantagem da existência de sistemas de acolhida reservados a eles (notadamente os colégios e seminários disseminados ao longo de Flandres e da Península Ibérica,[58] mas também da França e

---

[57] O argumento da conversão ao cristianismo era particularmente potente e mais abundante do que se supunha até agora. Já foi mencionado aqui o caso de Antonio Zapata. Não era o único, mas se tratava de uma tipologia muito complexa. Podia tratar-se de norte-africanos que entravam na península como ápice da sua afinidade com a monarquia. É o caso de Hernando de Córdova ("que deixou pátria, parentes e muita fazenda para envolver-se no grêmio da Igreja, atento a ele e aos serviços que fez na cidade de Orão [...] dando muitos avisos de importância e sustentando muitos soldados...") (*"que dexo patria parientes y mucha haçienda por benir a meterse en el gremio de la Ygl*ª *atento a lo qual y a los servicios que hiço en la ciudad de oran... dando muchos avisos de importancia y sustentando muchos soldados..."*), que recebeu, em 1604, uma pensão de 12 escudos em La Coruña, aumentada posteriormente, após uma estada de seis meses na corte, para 18 escudos, e uma ajuda de custo para regressar à Galícia; AGS, E 1581, sem número, consultas de parte da relação de méritos de 21 de maio de 1605. Caso diferente era o dos muçulmanos, que haviam se convertido via Roma ou que alcançavam os portos do sul da Itália e eram empregados pela monarquia na administração militar italiana, como, por exemplo, o antigo prisioneiro Constantino de Morea, que contava com 8 escudos de *entretenimiento* nas galeras de Sicília, ou Catalina Vayana e Luis Vayan, seu filho, "turcos de nação", que com o marido de Catalina e o restante da família, "iluminados pelo espírito santo, deixando sua pátria, parentes e fazenda" (*"iluminados por el espíritu santo dexando su patria parientes y hazienda"*), chegaram à Sicília, onde receberam uma esmola anual de dez onças por ano; AGS, E 1159, nº 156 e 163, 25 de setembro e 1º de novembro de 1600, minutas de despacho ao duque de Maqueda; ver também, no mesmo grupo, os casos do grego Jorge de Morea (nº 182) e do janízaro Juan Cocoli (nº 178).

[58] Javier Burrieza Sánchez, "Escuelas de sacerdotes y mártires: los colegios del exilio católico", *Irlanda y la monarquía hispánica...*, op. cit., p. 39-74.

da Itália); além disso também podiam ter acesso com relativa facilidade (embora não sem a concorrência dos religiosos locais) aos benefícios que dependiam diretamente do patronato régio.[59] A outra via principal eram as armas. Muitos dos grandes exilados na monarquia (basta lembrar o *condestable* de Bourbon,[60] o marechal de Rosne,[61] Carlos [II] Stuart, o Grand Condé,[62] ou, já no século XVIII, o duque do Berwick) chegaram a ocupar postos de alta responsabilidade no estrato militar hispânico, algo que também se produzia em níveis mais amplos, que iam dos oficiais ingleses e irlandeses que serviram nas unidades constituídas com base nacional entre seus conterrâneos,[63] passando pelos príncipes (ou simples guerreiros) norteafricanos[64] e, sobretudo, albaneses,[65] que

---

[59] É verdade, porém, que aqueles que acabavam excessivamente conhecidos por seu radicalismo prévio tinham um teto de promoção, já que a diplomacia de seus países de origem (e os próprios freios do papado) fechava sua ascensão a dignidades demasiadamente visíveis. É significativo que inclusive um refúgio tão prestigioso como o britânico não contasse com um cardeal entre suas fileiras depois da morte de Paul Allen; Lechat, *Les réfugiés...*, op. cit., p. 177.

[60] Denis Crouzet, *Charles de Bourbon, connétable de France*.

[61] Louis Daville, "Chrétien de Savigny, sieur de Rosnes (1550-1596)", *Mémoires de la société des lettres, sciences et arts de Bar-le-Duc*, 1912, IVᵉ série, 10, p. XIX-XXXI.

[62] Christophe Blanquie, "Entre courtoisie et révolte. La correspondance de Condé, 1648-1659", *Histoire, Economie et Société*, n° 3, 1995, p. 427-443.

[63] Juntamente com a bibliografia já mencionada, sobre a colaboração militar anglo-irlandesa a serviço da monarquia, cf. também Robert A. Stradling, *The Spanish Monarchy and Irish mercenaries: the wild feese in Spain*, 1618-68.

[64] Convertidos que desenvolveram ampla mobilidade na monarquia, da mesma forma que os integrantes de outros grupos de exilados. Alguns já foram lembrados nestas páginas. Basta mencionar aqui a cédula que Filipe II deu em 12 de dezembro de 1595 a "Dom Pedro Lopez de Ayala, mouro de nação" ("*Don Pedro Lopez de Ayala moro de nación*") que, "inspirado por Deus, deixou seus parentes e fazenda (...) deseja ir para servir-me em meu exército de Flandres (...) pelo que lhe era concedido um *entretenimiento* de vinte escudos por mês" ("*inspirado por Dios dexo sus deudos y hazienda... desea yr a servirme en mi ex*ᵗᵒ *de Flandes ... por lo que se le hacía entretenimiento de veinte escudos al mês*"), Archives Générales du Royaume, Algemeen Rijksarchief, fº 50, v-51.

[65] A presença militar em Flandres foi contínua e relativamente numerosa, desenvolvendo por meio dela uma relação clientelar que ligara durante décadas as pessoas à monarquia, o que introduz outro elemento importante ao esboçado neste texto, mas trabalhado em outros, nas relações entre comunidades extraterritoriais e soberanos, como era a continuidade e transmissão familiar dos laços de clientela. Argumento defendido de forma contínua pelos peticionários ao rei Católico. A expressão dessa continuidade aparece relatada claramente no memorial apresentado pelo albanês Jorge Grescia, um dos mais prestigiosos comandantes de cavalaria do fim do século XVI, "descendente de pessoas que de cem anos até aqui serviram à Coroa de Espa-

passaram a servir ao rei Católico em Flandres, os indígenas convertidos que se incorporavam de uma forma ou outra às agrupações de soldados do rei Católico destinadas a defender as fronteiras americanas[66] e, sem esquecer, os corsários holandeses que, expulsos de seus portos por causa da religião, se refugiaram em Dunquerque, Gravelinas ou Calais para guerrear com os antigos compatriotas, dos quais a saga dos Jacobsen é talvez a mais conhecida.[67] Dessa maneira, o exílio se convertia no meio para prosseguir, e até se promover, em alguns campos profissionais abertos na monarquia hispânica... que contavam com ampla demanda. O reconhecimento da origem sofredora dos exilados era uma via, possível mas não infalível, para aceder assim à administração. Para os exilados cuja utilidade político-administrativa era menos evidente, as coisas foram mais complicadas, como no caso dos juristas franceses que ficaram em uma espécie de terra de ninguém. Em sentido contrário, devem-se destacar os exilados de base, comerciantes, artesãos e soldados que puderam seguir suas carreiras e, em médio prazo, se inserir nas sociedades de recepção. O que, por si só, já era um sucesso ante os bloqueios que estas conseguiram desenvolver.

CONCLUSÕES

Da mesma forma que outros processos de mobilidade social, os que se desenvolveram no cenário dos exílios políticos eram regidos por regras bem conhecidas: 1) controle da memória e do reconhecimento de dignidade que permitia a reconstrução desta; 2) adequação a ela por parte dos interessados e sua tradução para as instituições receptoras;

---

nha e seu pai Theodoro o continuou em todas as jornadas" (*"descendiente de personas que de çien años a esta parte han servido a la Corona de España y su padre Theodoro lo continuó en todas las jornadas"*); AGS, E 1578, n° 23, 29 de março de 1591, Bruxelas.
[66] Christophe Giudicelli, "'Indios amigos' y movilización colonial en las fronteras americanas de la monarquía católica, siglos XVI-XVII", Ruiz Ibáñez (org.), *Las milicias del rey de España*: política, sociedad e identidad en las monarquías ibéricas, p. 349-377.
[67] Henri Malo, *Les corsaires Dunkerquois et Jean Bart*, p. 188-189 e 216.

3) apropriação e empatia com seu discurso de legitimidade, e 4) afirmação de continuidade necessária entre a origem social e os postos administrativos que buscava ocupar. Essa realocação social era construída sobre a recolocação de algumas hierarquias que, a princípio, se julgavam, ou pelo menos se proclamavam, sólidas e imutáveis, mas a política cotidiana e a conjuntura reduziram tal caráter a uma realidade em grande parte ilusória. Os exílios na monarquia hispânica, como todos os outros exílios modernos, implicaram uma grande perda para seus protagonistas, mas também significaram uma oportunidade social que só pôde ser aproveitada por uma parcela limitada de quem os realizou. No entanto, as lições que podem ser tiradas do seu estudo (o estudo de uma microssociedade que pensa em si própria e se refaz a partir de pulsões individuais e representações coletivas) definem bem as linhas centrais que, em outros âmbitos e com outros ritmos, foram seguidas nos diversos agentes sociais.

As possibilidades de mobilidade se localizavam no mesmo espaço que as dos demais súditos do rei. Os jogos de fabricação de memória, casamentos confirmativos de estatuto, clientelismo e consolidação de laços de proteção com as autoridades, formação de solidariedades profissionais, mobilidade espacial, especialização familiar e geracional, adoção de formas e culturas sociais e políticas... não foram exclusividade desses exilados. Eles simplesmente contavam com um argumento forte que podia ser compreensível para uma monarquia que usava como estandarte a defesa da fé e da caridade para com os perseguidos por sua causa. E também podiam dispor de um marco de solidariedades específico; mas esses dois elementos somente seriam mobilizados caso fossem convenientes e oportunos no quadro de uma definição complexa do servidor real. O êxito desses exilados que conseguiram cotas importantes na administração geral ou local da monarquia não se deu tanto por eles se aferrarem a uma identidade, mas por se adaptarem aos interlocutores e às conjunturas que encontraram, fazendo dessa identidade um valor a mais de sua aposta social... Exatamente como faziam, ou podiam fazer, todos os outros habitantes da monarquia à qual eles se incorporavam.

REFERÊNCIAS DOCUMENTAIS E BIBLIOGRÁFICAS

ALONSO ACERO, Beatriz. *Sultanes de Berbería en tierras de la cristiandad: exilio musulmán, conversión y asimilación*. Barcelona: Bellaterra, 2006.

Archives Générales du Royaume, Algemeen Rijksarchief. Bruxelas: Secretaria do estado da Guerra, Secretarie van State en Oorlog, 16, f° 50v-51.

BLANQUIE, Christophe. "Entre courtoisie et révolte. La correspondance de Condé, 1648-1659". *Histoire, Economie et Société*, n° 3, 1995, p. 427-443.

DE BUNES IBARRA, Miguel Ángel. "La idea de frontera en el mundo hispánico". In Enrique HERNÁN, García e MORALES, Óscar Recio (orgs.). *Extranjeros en el ejército: militares irlandeses en la sociedad española, 1580-1808*. Madri: Ministério da Defesa, 2007, p. 97-112.

CABEZAS, Antonio. *El siglo ibérico del Japón: la presencia hispano-portuguesa en Japón (1543-1643)*. Valhadoli: Universidad de Valladolid, 1995.

CANAL, Jordi. *Exilios: los éxodos políticos en la historia de España. Siglos XV-XX*. Madri: Sílex, 2007.

CANTÚ, Francesca. *Las cortes virreinales de la monarquía española: América e Italia: actas del coloquio internacional*. Sevilla, 1-4 junio 2005, Roma, Viella, 2008, 2 vols.

CARNICER GARCIA, Carlos J. e MARCOS RIVAS, Javier. *Espías de Felipe II: los servicios secretos del imperio español*. Madri: La Esfera de los Libros, 2005.

CORRAL CASTANEDO, Antonio. "Unas conspiraciones contra el sultán turco en tiempo de Felipe III". *Simancas. Estudios de Historia Moderna*, 1, 1950, p. 383-415.

CROUZET, Denis. *Charles de Bourbon, connétable de France*. Paris: Fayard, 2003.

DAVILLE, Louis. "Chrétien de Savigny, sieur de Rosnes (1550-1596)". *Mémoires de la société des lettres, sciences et arts de Bar-le-Duc*, 1912, IVe série, 10, p. XIX-XXXI.

DESCIMON, Robert e IBÁÑEZ, José Javier Ruiz. "La imagen de Felipe II en la Liga radical francesa (1589-1598)". In RODRÍGUEZ, Manuel Rivero (org.). *Felipe II (1598-1598): Europa y la monarquía católica, el gobierno de la monarquía (corte y reinos)*. Madri: Parteluz, 1998, p. 111-136.

_____. "Marineros con brújula pero sin mar. Los exiliados católicos radicales franceses al final de las guerras de religión: discurso, acción política, interés social y procesos de desagregación". *Historia y Política*, n° 9, 2003, p. 291-324.

_____. *Les ligueurs de l'exil: le réfuge catholique français après 1594*. Seyssel: Champ Vallon, 2007.

DILLON, Anne. *The construction of martyrdom in the English Catholic community, 1535-1603*. Adlershot: St Andrews University/Ashgate, 2002.

DOWNEY, Declan. "Catholicism, milesianism and monarchism: the facilitators of Irish identification with Habsburg Spain". In HERNAN, Enrique García e MORALES, Óscar Recio (orgs.). *Extranjeros en el ejército: militares irlandeses en la sociedad española, 1580-1808*. Madri: Ministério da Defesa, 2007, p. 167-180.

EDELMAYER, Friedrich. *Söldner und pensionäre: das Netzwerk Philippe II in Heiligen Römischen Reich*. Viena: Oldenbourg, 2002.

FLORISTÁN IMÍZCOZ, J. M. "Felipe II y la empresa de Grecia tras Lepanto (1571-1578)". *Erytheia*, 15, 1994, p. 155-190.

_____. *Fuentes para la historia oriental de los Austrias: la documentación griega del Archivo General de Simancas (1571-1621)*. Leon: Universidad de Leon, 1988.

FRIJHOF, Willem. "Migrations religieuses dans les Provinces-Unies avant le second Refuge". *Revue du Nord*, Villeneuve-d'Ascq, LXXX, 326-327, jul-dez, 1998, p. 573-598.

GARCÍA CÁRCEL, Ricardo. *La Leyenda Negra: historia y opinión*. Madri: Alianza, 1998.

GARCÍA HERNÁN, David. "Obispos irlandeses y la monarquía hispánica en el siglo XVI". In VILAR GARCÍA, M. B. e PEZZI, Pilar (orgs.). *Los extranjeros en la España Moderna*. Actas del I Congreso Internacional, Málaga 28-30 de novembro de 2002, Málaga, 2003, p. 275-280.

_____. *Irlanda y el rey Prudente*. Madri: Laberinto, 2000-2003.

GARCÍA HERNAN, David; de BUNES IBARRA, Miguel Ángel; MORALES, Recio; GARCÍA GARCÍA, Bernardo (orgs.). *Irlanda y la monarquía hispánica: Kinsale 1601-2001. Guerra, política, exilio y religión*. Madri: CSIC, 2002.

GIL FERNÁNDEZ, Luis. "De la 'Sancta empresa de Grecia contra los Turcos'". *Erytheia*, Madri, 16, 1995, p. 97-115.

_____. "Griegos en España (siglos XV-XVII)". *Erytheia*, Madri, 18, 1997, p. 111-132.

GIUDICELLI, Christophe. "'Indios amigos' y movilización colonial en las fronteras americanas de la monarquía católica, siglos XVI-XVII". In IBÁÑEZ, José Javier Ruiz (org.). *Las milicias del rey de España: política, sociedad e identidad en las monarquías ibéricas*. Madri: Fondo de Cultura Económica, 2009, p. 349-377.

GLESENER, Thomas. "Poder y sociabilidad: las elites flamencas a través de los expedientes de órdenes militares (siglo XVIII)". In SOLANA, Ana Crespo e

SÁNCHEZ, Manuel Herrero (orgs.). *España y las 17 provincias de los Países Bajos: una revisión historiográfica*. Córdoba: Universidad, 2002, p. 167-188.

GOOSENS, Aline. "Les Pays-Bas méridionaux, refuge politique et religieux à l'époque du traité de Vervins (1590-1598)". In LABOURDETTE, Jean François; POUSSOU, Jean-Pierre; VIGNAL, Marie-Catherine (orgs.). *Le traité de Vervins*. Paris: Presses de l'Université de Paris-Sorbonne, 2000, p. 203-232.

HASSIOTIS, Ioannis. "España y el sureste de Europa en la época moderna: cuatro siglos de dilemas diplomáticos". In GONZÁLEZ-BARBA, Juan (org.). *España y la cultura hispánica en el sureste Europeo*. Atenas: Ministerio de Cultura, 2000, p. 36-48, 313-329.

HUGON, Alain. "Les lendemains de Vervins: la 'guerre couverte' des soldats perdus du catholicisme ligueur". In MIRONNEAU, Paul e PÉTAY-CLOTTES, Isabelle (orgs.). *Paix des armes, paix des âmes*. Actes du colloque international organisé par la Société Henri IV pour la commémoration de l'édit de Nantes et de la paix de Vervins à Pau en 1998. Paris: Imprimerie Nationale, 2000, p. 177-186.

_____. *Au service du roi catholique: 'honorables ambassadeurs' et 'divins espions'. Représentation diplomatique et service secret dans les relations hispano-françaises de 1598 à 1635*. Madri: Casa de Velázquez, 2004.

LECHAT, Robert. *Les réfugiés anglais dans les Pays-Bas espagnols durant le règne d'Elisabeth (1558-1603)*. Lovaina: Roulers, 1914.

LLORENTE, A. Tovar. "Una petición de socorro de los griegos de Maina a Felipe II en 1584-1585". *Boletín de la Real Academia de la Historia*, 142, 1958, p. 343-363.

LOOMIE, Albert J. *The Spanish Elizabethans: the English exiles at the court of Philip II*. Londres: Greenwood Press, 1963.

MALO, Henri. *Les corsaires Dunkerquois et Jean Bart*. Paris: Mercure de France, 1912-1913.

MAROTTI, Arthur F. *Religious ideology & cultural fantasy: catholic and anti-catholic discourses in Early Modern England*. Notre Dame: University of Notre Dame Press, 2005.

MESTRE SANCHÍS, Antonio; GIMÉNEZ LÓPEZ, Enrique. *Disidencias y exilios en la España moderna*. Alicante: Universidad de Alicante, 1997.

OLIVIER ASIN, Jaime. *Vida de don Felipe de África, príncipe de Fez y Marruecos*. Granada: Universidad, 2009 [Madri, 1955].

PÉREZ TOSTADO, Igor. "'Mártires de profesión': estudio de caso de los conflictos de las comunidades inglesa e irlandesa en la Andalucía a finales del XVII". *Los extranjeros en la España Moderna*. Actas del I congreso internacional, Málaga 28-30 de novembro de 2002, Málaga, 2003, p. 645-655.

_____. "'Por respeto a mi profesión: disciplinamiento, dependencia e identidad en la formación de las comunidades militares irlandesas e inglesas en los ejércitos hispanos". In GARCÍA HERNÁN, Enrique e MAFFI, Davide (orgs.). *Guerra y sociedad en la monarquía hispánica: política, estrategia y cultura en la Europa moderna (1500-1700)*. Madri: CSIC, 2006, vol. 1, p. 681-706.

_____. "Cañones para Irlanda: estudio de caso de la actividad del grupo de presión irlandés en la monarquía católica de Felipe IV". In ARANDA PÉREZ, Francisco José (org.). *La declinación de la monarquía hispánica en el siglo XVII*. Cidade Real: Universidad de Castilla la Mancha, 2004, p. 281-296.

_____. "La llegada de los irlandeses a la frontera caribeña en el siglo XVII". In GARCÍA HERNÁN, Enrique e RECIO MORALES, Óscar (orgs.). *Extranjeros en el ejército: militares irlandeses en la sociedad española, 1580-1808*. Madri: Ministério da Defesa, 2007, p. 301-316.

_____. "Looking for 'powerful friends': Irish and English political activity in the Spanish Monarchy (1640-1660)". *Tiempos Modernos*: Revista electrónica de Historia Moderna, vol. 4, nº 12, 2005.

_____. *Irish influence at the court of Spain in the Seventeenth Century*. Bodmin: Four Court Press, 2008.

_____."'Tu, Felix Austria, Nube'. La actividad política bicéfala de la comunidad exiliada irlandesa en la corte de Felipe IV y la visita de Carlos Estuardo". *Tiempos Modernos*: Revista electrónica de Historia Moderna, vol. 5, nº 13, 2006.

RECIO MORALES, Óscar. "'Una nación inclinada al ruido de las armas'. La presencia irlandesa en los ejércitos españoles, 1580-1818: ¿la historia de un éxito?". *Tiempos Modernos*: Revista electrónica de Historia Moderna, vol. 4, nº 10, 2004.

_____. "El pensamiento político irlandés en la España del XVII". *Chronica Nova*: Revista de historia moderna de la Universidad de Granada, 29, 2002, p. 245-275.

_____. *El socorro de Irlanda en 1601 y la contribución del ejército a la integración social de los irlandeses en España*. Madri: Ministerio de Defesa, 2002.

_____. *España y la pérdida del Ulster: Irlanda en la estrategia política de la Monarquía Hispánica (1602-1649)*. Madri: Laberinto, 2003.

_____. "'De nación irlandés': percepciones socio-culturales y respuestas políticas sobre Irlanda y la comunidad irlandesa en la España del XVII". In GARCÍA HERNÁN, Henrique e MAFFI, Davide (orgs.). *Guerra y sociedad en la monar-*

quía hispánica: política, estrategia y cultura en la Europa moderna (1500-1700). Madri: CSIC, 2006, p. 651-680.

RUIZ IBÁÑEZ, José Javier. "Entre Dios y los hombres: los refugios políticos en la alta Edad Moderna europea". In *Acogidos y rechazados en la historia*. Salamanca: Instituto Simancas, 2005, p. 103-146.

_____. "Identidad y movilidad de los refugiados católicos franceses entre los Países Bajos al Mediterráneo a principios del siglo XVII". In MOATTI, Claudia; KAISER, Wolfgang; PÉBARTHE, Christophe (orgs.). *Le monde de l'itinérance en Méditerranée de l'Antiquité à l'époque moderne: procedures de contrôle et d'identification*. Tables-rondes Madri (2004), Istambul (2005). Bordéus: Ausonius Éditions Études 22, 2009, p. 685-712.

RUIZ IBÁÑEZ, José Javier; VINCENT, Bernard. *Historia de España: política y sociedad, siglos XVI y XVII*. Madri: Síntesis, 2007.

RUIZ IBÁÑEZ, José Javier (org.). *Las milicias del rey de España: política, sociedad e identidad en las monarquías ibéricas*. Madri: Fondo de Cultura Económica, 2009.

SCHMIDT, D. *Innocence abroad: the Dutch imagination and the New World, 1570-1670*. Cambridge: Cambridge University Press, 2001.

STRADLING, Robert A. *The Spanish Monarchy and Irish mercenaries: the wild geese in Spain, 1618-68*. Dublin: Irish Academic Press, 1994.

VÁZQUEZ DE PRADA, Valentín. *Felipe y Francia (1559-1598): política, religión y razón de Estado*. Pamplona: Eunsa, 2004.

CAPÍTULO 5 **Os Vaaz em Nápoles: ascensão e queda de uma família de banqueiros portugueses (1590-1660)***

*Gaetano Sabatini***

---

*Uma primeira versão deste texto foi apresentada em um seminário realizado em outubro de 2008 no ISCTE de Lisboa; os comentários de Susana Münch Miranda e de José Vicente Serrão então recebidos, assim como os formulados posteriormente por Rodrigo Bentes Monteiro e Bruno Feitler, ajudaram-me a enriquecer e a articular melhor este texto.
**Professor catedrático de História Econômica no Dipartimento di Studi Storici Geografici Antopologici da Università Roma Tre, Itália. É um dos coordenadores-gerais da Red Columnaria. É organizador do livro *Comprendere le monarchie iberiche: risorse materiali e rappresentazione del potere*, Roma, Viella, 2010.

INTRODUÇÃO

A partir da segunda metade do século passado, com a publicação das obras fundamentais de Karl Brandi, Fernand Braudel e Ramón Carande, a importância e o peso das finanças internacionais na história da monarquia espanhola na época de Carlos V e de Filipe II têm sido amplamente reconhecidos por múltiplos estudos. Mas a atenção dos historiadores da economia centrou-se sobretudo no século XVI, quase exclusivamente no papel dos banqueiros alemães e genoveses.[1] Só em trabalhos mais recentes o interesse começou a manifestar-se também pelo século XVII,[2] a evidenciar a importância que durante a Época Moderna os banqueiros portugueses tiveram para as finanças da monarquia espanhola, como demonstram os estudos de J. C. Boyajian.[3] Contudo, falta ainda muito para se conhecer na totalidade o papel que tiveram as comunidades desses banqueiros nos múltiplos territórios da monarquia católica, pelo menos a partir de 1580 e em todo o século XVII. Não só como centros de poder localmente ativos — e em contínua interlocução com outros poderes políticos, econômicos e religiosos

---

[1] Ver especialmente Ramón Carande, "Carlos V y sus banqueros", *Revista de Occidente/Sociedad de Estudios y Publicaciones*, 1943-1949, 3 vols.
[2] É fundamental, nesse contexto, o estudo de Felipe Ruiz Martín, *Las finanzas de la monarquía hispánica en tiempos de Felipe IV (1621-1665)*; ver também Carmen Sanz Ayán, *Los banqueros de Carlos II*, e Carlos Álvarez Nogal, *O crédito na monarquia hispânica no reinado de Filipe IV*.
[3] James C. Boyajian, *Portuguese bankers at the court of Spain (1626-1650)*; idem, *Portuguese trade in Asia under the Habsburgs (1580-1640)*.

locais — mas também como elementos de suporte do sistema imperial, em relação direta com o soberano e com os conselhos centrais da coroa.[4]

De fato, na estratégia política do conde-duque de Olivares, em particular na primeira década em que esteve no poder, constava a substituição dos odiados genoveses pelos portugueses como banqueiros da coroa, sobretudo depois da suspensão dos pagamentos de 1627. Como sabemos, esse desenho de Olivares teve apenas êxito parcial, mas, a partir do final dos anos 20, embora partilhado com os genoveses, o poder dos banqueiros e homens de negócios lusitanos aumentou consideravelmente.[5]

Para além do processo de integração nas finanças imperiais, a parábola dos banqueiros portugueses foi marcada por frequentes episódios locais de duros confrontos com outros poderes, por violentas fraturas, muitas vezes de caráter religioso, devido à identidade de cristãos-novos de sua grande maioria.[6] Em todos esses sentidos, a história da família Vaaz em Nápoles é altamente representativa das formas de integração e de conflito que marcaram a presença das comunidades de banqueiros portugueses na monarquia espanhola durante o século XVII.

OS VAAZ EM NÁPOLES

A presença em Nápoles dos três irmãos Bento, Eduardo e Miguel Vaaz, mercadores cristãos-novos originários de Lisboa, é documentada a partir dos finais dos anos 80 do século XVI, altura em que seus nomes

---

[4] Como demonstra o estudo de Daviken Studnicki-Gizbert, *A nation upon the Ocean sea: Portugal's Atlantic diaspora and the crisis of the Spanish Empire, 1492-1640*.
[5] Ruiz Martín, "La banca en España hasta 1782", *El Banco de España: una historia económica*, p. 1-196; Rafael Valladares, *Banqueros y vasallos*; Manuel Herrero Sánchez, "La quiebra del sistema hispano-genovés (1627-1700)", *Hispania, Revista Española de Historia*, a. LXV, 2005, p. 115-151.
[6] Ver, por exemplo, o caso de Lima na primeira metade dos anos 30 do século XVII: René Millar Carvacho, *Inquisición y sociedad en el virreinato peruano: estudios sobre el tribunal de la Inquisición de Lima*, p. 129-169 (os confiscos da Inquisição de Lima aos judeus conversos da "gran complicidad" de 1635).

se encontram frequentemente relacionados ao comércio do trigo, atividade que os Vaaz exerciam já na Península Ibérica.[7] Nesses anos estava ainda bem viva, tanto na plebe napolitana como nas elites dirigentes da cidade, a lembrança da revolta popular de 1585, causada pela falta de pão e que culminara no linchamento de um importante expoente do poder municipal, o *Eletto del Popolo* Gian Vincenzo Starace, considerado responsável por ter consentido a exportação de trigo para fora do reino, apesar da fome de que padecia a cidade.[8] A partir desse triste acontecimento, o governo espanhol em Nápoles dedicou a máxima atenção ao abastecimento da cidade para evitar o repetir-se de semelhantes situações, que podiam com muita facilidade transformar-se em perigosas alterações da ordem pública. Em determinados momentos a *anona* napolitana, entidade municipal que cuidava do abastecimento da cidade, não hesitou em aceitar as onerosas condições impostas pelos grupos de mercadores, comprando o trigo a preços exorbitantes para depois introduzi-lo nos mercados citadinos a um preço político.[9]

---

[7] As notas biográficas mais completas sobre os Vaaz no reino de Nápoles encontram-se em Carolina Belli, "Michele Vaaz 'hombre de negocios'", *Ricerche sul '600 napoletano: saggi e documenti per la storia dell'arte*, p. 7-42; ver também, não sem muitas imprecisões, Maria Sirago, "L'inserimento di una famiglia ebraica portoghese nella feudalità meridionale. I Vaaz a Mola di Bari (circa 1580-1816)", *Archivio Storico Pugliese*, a. XL, 1987, p. 119-158, que reconstitui brevemente a história da presença dos judeus no reino de Nápoles; sobre esse último tema, também sobre bibliografia precedente, Pierroberto Scaramella, "La campagna contro i giudaizzanti nel regno di Napoli (1569-1582): antecedenti e risvolti di un'azione inquisitoriale", *Le inquisizioni cristiane e gli ebrei: tavola rotonda nell'ambito della conferenza annuale della ricerca*, p. 357-373. Entre as fontes antigas sobre os Vaaz, ver Domenico Confuorto, *Notizie d'alcune famiglie popolari della città e del regno di Napoli, divenute riguardevoli per causa di ricchezze, o dignitari*, ms. X A 15 (outra cópia em 1. D. 5), cc. 127 r-128 t.
[8] Sobre esse acontecimento, ver Raffaele Colapietra, *Il governo spagnolo nell'Italia meridionale (Napoli dal 1580 al 1648)*, p. 69-173; Rosario Villari, *La rivolta antispagnola a Napoli: le origini, 1585-1647*, p. 42-52.
[9] A esse respeito, também sobre precedente bibliografia respeitante à *anona* napolitana, Sabatini, "Il pane di Cerbero. Aspetti di politica annonaria e demografica nel regno di Napoli nell'età di Filippo II", in *Felipe II (1598-1998) Europa y la monarquía católica*, v. I, p. 767-776. Uma síntese sobre as práticas da política da *anona* em Nápoles na obra de Carlo Tapia, *Il trattato dell'abondanza*, sobre a qual ver Julien Dubuloz e Sabatini, "Tutto ciò confermando con autorità di leggi, dottrine et esempj. Teoria, prassi e riferimenti alla tradizione classica dell'approvvigionamento granario nel 'Trattato dell'abondanza' di Carlo Tapia", in Brigitte Marin e Catherine Verlonvet (orgs.), *Nourrir les cités de Méditerranée*, p. 539-572.

A partir da sua chegada a Nápoles, os Vaaz ocupam um papel destacado no grande negócio do comércio do trigo: em sociedade com banqueiros e mercadores tradicionalmente presentes nesse mercado, participam dos mais lucrativos contratos para abastecer a cidade, que se concluem entre o final dos anos 80 e o início dos anos 90. Contudo, ao longo da última década do século, a figura de Miguel Vaaz destaca-se claramente de todos os outros membros da família.

Miguel Vaaz chegou a Nápoles por volta de 1590, com aproximadamente 35 anos e já com alguma experiência no campo do comércio do trigo na Península Ibérica; sua capacidade de se inserir no mercado napolitano revelou-se extraordinária.[10] Com grande rapidez conseguiu participar de todos os maiores contratos para abastecer Nápoles: sua habilidade residia, em primeiro lugar, em juntar-se a outros mercadores estrangeiros — flamengos, dálmatas, genoveses — que conseguiam importar trigo também de áreas afastadas, até obter quantidades superiores às que podiam oferecer os outros grupos de homens de negócio locais.[11]

Contudo, a habilidade de Miguel Vaaz para proporcionar grandes quantidades de trigo provinha igualmente de uma conduta que seus contemporâneos não hesitavam em qualificar como pouco escrupulosa: sozinho ou em sociedade com outros mercadores, também nesse caso dálmatas ou flamengos, armava barcos corsários que percorriam os mares Tirreno e Adriático em busca de navios carregados de mercadorias. O rápido e enorme êxito que obteve com o comércio do trigo abriu a Miguel Vaaz o caminho para participar de todos os assuntos financeiros

---

[10] Confuorto, *op. cit.*; as crônicas locais da comunidade de que foi fundador Miguel Vaaz, S. Michele, na província de Terra di Bari (ver *ultra*), narram como Filipe II, tendo conhecido Vaaz em Portugal, enviou-o para Nápoles a partir de 1580 como seu emissário (Leonardo D'Addabbo, "S. Michele e una colonia serba", *Iapigia*, a. XIV, 1936, nº 3, p. 289-301; ainda que não exista documentação que confirme diretamente essa notícia, é de notar que o nome de um Miguel Vaaz surja em duas listas de *"mercedes y recomendaciones"* relativas a Nápoles, nas quais figuram igualmente numerosos espanhóis que combateram contra a resistência portuguesa no exército de Filipe II. Archivo General de Simancas (AGS), Estado, Nápoles, 1. 1088, a. 1585-1586.
[11] Giuseppe Coniglio, *Il vicaregno di Napoli nel sec. XVII: notizie sulla vita commerciale e finanziaria secondo nuove ricerche negli archivi italiani e spagnoli*, p. 34-39, 47, 175, 199-201, 207-213; Colapietra, *op. cit.*, p. 195-196.

que se negociavam em Nápoles, até ser considerado, na virada do século, o verdadeiro dono do mercado de crédito no reino.

Como é fácil compreender, rapidamente se consolidou contra Miguel Vaaz uma ampla frente de hostilidade, que abarcava desde os mais poderosos banqueiros locais até famílias da aristocracia napolitana que integravam o poder municipal e que diariamente acertavam com ele, e nas suas condições, os contratos para abastecimento da cidade. Esses grupos das elites dirigentes do reino, evidentemente não secundários, acusavam publicamente Vaaz de atuar como usurário e denunciavam-no à plebe napolitana como um especulador que, para seu benefício pessoal, provocava a escassez e o elevado preço do pão.[12]

Baseando-se na documentação existente em Nápoles, vários historiadores do século passado fizeram referência às atividades de Miguel Vaaz e ao pouco benévolo julgamento que sobre ele deixaram seus contemporâneos.[13] Contudo, a reconstrução mais minuciosa das atividades de Miguel Vaaz, dentro e fora de Nápoles, encontra-se numa fonte que, até hoje, não teve a atenção que merece: a correspondência que o *residente di Venezia*, ou seja, o embaixador de Veneza em Nápoles, mantinha com o senado da República Sereníssima.[14]

Os despachos que enviaram para Veneza Giovan Carlo Scaramelli, até finais de 1601, e Anton Maria Vincenti, posteriormente, documentam com muitos pormenores o papel central que nesses anos Miguel Vaaz teve na vida financeira do reino e as suas múltiplas atividades relacionadas aos contratos de abastecimento da cidade de Nápoles. Mas os relatos dos embaixadores dão particular atenção ao tema dos navios corsários armados por Vaaz que, frequentemente, assaltavam barcos venezianos.

---

[12] Confuorto, *op. cit.*; Colapietra, *op. cit.*, p. 191 e 260-261.
[13] Além dos já citados Coniglio e Colapietra, ver Giuseppe Galasso, "Contributo alla storia delle finanze del regno di Napoli nella prima metà del Seicento", *Annuario dell'Istituto Storico per l'età moderna e contemporanea*, a. XI, 1959, p. 3-106, agora parcialmente em Galasso, *Alla periferia dell'impero: il regno di Napoli nel periodo spagnolo (secoli XVI-XVII)*, p. 157-184.
[14] Antonella Barzazi (org.), *Corrispondenze diplomatiche veneziane da Napoli: dispacci*, vol. III (de 27 de maio de 1597 a 2 de novembro de 1604).

A título de exemplo, entre junho e novembro de 1601 os relatórios do *residente di Venezia* em Nápoles permitem reconstituir os acontecimentos que rodearam a captura do navio veneziano *Pigna* por um barco corsário armado por Miguel Vaaz e capitaneado pelo seu sócio, o flamengo Pietro Orange di Bruxelles. Bem como as cumplicidades existentes entre o mercador português e a vice-rainha e, sobretudo, com o conde de Castro, filho do vice-rei conde de Lemos, ao qual sucederá nas funções de lugar-tenente geral do reino — de fato vice-rei interino — desde a morte do pai em outubro de 1601 até a chegada do novo vice-rei, o conde de Benavente, em abril de 1603.[15]

O tema da conivência do poder político com as empresas levadas a cabo por Miguel Vaaz regressa muito claramente quando, em fevereiro-março de 1602, o embaixador veneziano Anton Maria Vincenti chama a atenção do lugar-tenente do reino para o fato de que o mercador português armava quatro navios corsários com armamento e equipagem provenientes do arsenal do reino; aos contínuos protestos do diplomata, o conde de Castro responde apenas que Vaaz tinha ordens para não atacar navios venezianos, mas unicamente ingleses e turcos, e sempre a serviço do rei de Espanha. Nos sucessivos despachos enviados a tal respeito, entre 1602 e 1603, o embaixador Scaramelli comunica com indisfarçada satisfação que os navios corsários de Vaaz foram obrigados várias vezes a proteger-se no porto de Messina em mau estado e que uma parte da equipagem, ante a escassez dos saques, tinha-os abandonado para procurar melhor fortuna em Malta.[16] Depois desses episódios, as notícias sobre

---

[15] G. C. Scaramelli ao senado de Veneza, Nápoles, 5 de junho de 1601 (Barzazi, *op. cit.*, p. 381-382): o navio veneziano *Pigna* foi assaltado por um barco ligeiro de Miguel Vaaz e de seu sócio flamengo Pietro Orange di Bruxelles (Vaaz é descrito como *"persona ricca e molto intima di tutti i signori viceré che vengono a questo governo* [di Napoli]"); o *residente* denuncia as conivências com o vice-rei, que promete, no entanto, fazer restituir a embarcação, então em Palermo, e prender Orange; G. C. Scaramelli ao senado de Veneza, Nápoles, 12 de junho de 1601 (383) e 19 de junho de 1601 (385): ainda sobre o sequestro do navio *Pigna*, Vaaz oferece-se ao embaixador para buscar um acordo; G. C. Scaramelli ao senado de Veneza, Nápoles, 9 de outubro de 1601 (405): restituição do navio *Pigna* aos venezianos, mas se confirma que o navio corsário fora armado por Vaaz em cumplicidade com a vice-rainha. No mesmo período há notícias de outros carregamentos de trigo que chegaram por Miguel Vaaz a Nápoles da Púlia. Archivio di Stato di Napoli (ASN), Camera della Sommaria Partum, vol. 1570, f. 17, 10/5/1601.

[16] A. M. Vincenti ao senado de Veneza, Nápoles, 26 de fevereiro de 1602 (Barzazi, *op.*

OS VAAZ EM NÁPOLES

a participação de Vaaz no armamento de navios corsários tornam-se raras;[17] todavia, ele continuou sempre a encorajar essa prática comprando mercadorias capturadas em contexto de atos de pirataria.[18]

Ainda mais emblemáticos da integração nos ambientes do poder político napolitano que Miguel Vaaz tinha alcançado em poucos anos são os acontecimentos que se desenrolaram a partir de julho de 1602, quando os venezianos resgataram um navio francês assaltado por corsários enquanto transportava para Nápoles um carregamento de trigo, propriedade de Miguel Vaaz. O mercador português pediu sua restituição imediatamente a Veneza, argumentando que os corsários não se tornaram legítimos proprietários do navio porque o tiveram na sua posse por menos de um dia e, consequentemente, o navio e a sua carga deviam ser-lhe restituídos. Ao contrário, o comandante da armada veneziana sustentava que podia demonstrar que o navio ficara na posse dos corsários durante quatro dias, sendo portanto legítimo que fosse resgatado e apropriado com toda a carga. O embaixador Vincenti es-

---

cit., p. 518): Vaaz armava três navios corsários em sociedade com o capitão Pietro Orange, parece que também em sociedade com a vice-rainha, o *residente* falou com o lugar-tenente mas obteve unicamente vagas promessas de atuação; A. M. Vincenti ao senado de Veneza, Nápoles, 2 de março de 1602 (435): Vaaz continua, sem ser perturbado, a armar os navios, que são agora quatro e cujos armamentos provêm do arsenal, sinal claro da cumplicidade do lugar-tenente e da vice-rainha; A. M. Vincenti ao senado de Veneza, Nápoles, 12 de março de 1602 (437): aos protestos do diplomata, o lugar-tenente responde que Vaaz tem ordens para não atacar os navios venezianos, mas unicamente os ingleses e turcos, e que o faz ao serviço de Sua Majestade; A. M. Vincenti ao senado de Veneza, Nápoles, 19 de março de 1602 (439): os navios de Vaaz deixaram Nápoles em direção ao Levante; A. M. Vincenti ao senado de Veneza, Nápoles, 19 de novembro de 1602 (472): depois do período de pirataria, os navios estão em Messina para sofrer reparações, mas os saques foram decepcionantes e uma parte da equipagem vai para Malta em busca de melhor fortuna; A. M. Vincenti ao senado de Veneza, Nápoles, 31 de dezembro de 1602 (478-79) e 28 de janeiro de 1603 (484): os navios de Vaaz voltam a partir de Messina; A. M. Vincenti ao senado de Veneza, Nápoles, 27 de maio de 1603 (505): os navios de Vaaz regressaram a Messina em muito mau estado.

[17] A. M. Vincenti ao senado de Veneza, Nápoles, 21 de outubro de 1603 (Barzazi, *op. cit.*, p. 524-525): depois da última campanha, Vaaz parece convencido de que armar navios corsários já não é conveniente.

[18] A. M. Vincenti ao senado de Veneza, Nápoles, 24 de agosto de 1604 (Barzazi, *op. cit.*, p. 572): Vaaz encontra-se entre os compradores das mercadorias dos navios venezianos, resgatados aos piratas turcos e depois capturados pelo comandante general das galeras napolitanas, marquês de Santa Cruz, que não quisera reconhecer a proveniência dos navios, recusando-se a restituí-los a Veneza.

creveu ao senado escandalizado pela atitude desproporcionada tomada pelo lugar-tenente do reino: estando Vaaz envolvido nessa questão, o conde de Castro qualificou o episódio como assunto de Estado, chegando a ameaçar o sequestro dos bens e das mercadorias de todos os venezianos residentes em Nápoles até conseguir a devolução dos bens ao mercador português.

A divergência arrastou-se até a primavera de 1603, com a Sereníssima a reclamar o direito de julgar a questão num processo a ter lugar em Veneza e o lugar-tenente a exercer todas as pressões ao seu alcance para obter a libertação do navio. De fato, só foi encontrada uma solução quando, na iminência da partida de Nápoles do conde de Castro e da chegada do novo vice-rei, conde de Benavente, Vaaz considerou mais conveniente chegar a um acordo.[19]

---

[19] A. M. Vincenti ao senado de Veneza, Nápoles, 2 de julho de 1602 (Barzazi, *op. cit.*, p. 452): os venezianos sequestraram um navio carregado de trigo que os piratas tinham capturado; é um navio francês que transporta uma carga de trigo de Miguel Vaaz; o lugar-tenente, estando envolvido Vaaz, transforma imediatamente o acontecimento numa questão de Estado. O lugar-tenente quer proceder ao sequestro de todos os bens dos venezianos residentes em Nápoles; A. M. Vincenti ao senado de Veneza, Nápoles, 20 e 23 de julho de 1602 (455): Vaaz defende que os corsários tinham detido o navio em seu poder por menos de um dia, pelo que não se tinham tornado proprietários do mesmo, devendo os venezianos restituir-lhe, mas os venezianos argumentam que os corsários tinham mantido o navio capturado durante quatro dias; A. M. Vincenti ao senado de Veneza, Nápoles, 30 de julho, 6 e 13 de agosto de 1602 (456-9): Vaaz demonstra toda a proteção de que goza por parte do governo espanhol; o senado de Veneza a A. M. Vincenti, Veneza, 27 de agosto de 1602 (461): o senado delibera que o navio e sua carga devem partir para Veneza, onde se celebrará um processo; a decisão enfurece o lugar-tenente do reino; A. M. Vincenti ao senado de Veneza, Nápoles, 22 de outubro de 1602 (461): a questão ainda se encontra bloqueada; senado de Veneza a A. M. Vincenti, Veneza, 2 de novembro de 1602 (469): o *residente* que diga a Vaaz de enviar a um seu agente a Veneza para o processo; entretanto, o dinheiro resultante da venda de algumas mercadorias do navio foi depositado num banco; A. M. Vincenti ao senado de Veneza, Nápoles, 12 de novembro de 1602 (470): o *residente* refere um encontro com o lugar-tenente para lhe comunicar a decisão de Veneza, tendo-o convencido a custo a não dar início a um processo em Nápoles e tendo depois recebido de Vaaz a confirmação de que enviará um agente; A. M. Vincenti ao senado de Veneza, Nápoles, 19 de novembro de 1602 (472): ulterior confirmação de que Vaaz e os seus sócios enviarão procuradores para o processo em Veneza; A. M. Vincenti ao senado de Veneza, Nápoles, 3 e 10 de dezembro de 1602 (473-5): Vaaz comunica que pretende prosseguir a causa em Nápoles; uma vez que a decisão do senado relativa ao depósito do dinheiro nunca produziu qualquer efeito, o lugar-tenente continua a apoiar Vaaz e a partir desse momento pretende que a questão seja tratada não só pelos tribunais do reino, mas também por seu máximo órgão político, o Conselho Colateral. A. M. Vincenti ao senado de Veneza, Nápoles 7 e 14 de

Ainda que não existam documentos que confirmem com certeza a denúncia por parte dos embaixadores venezianos de que o próprio lugar-tenente-geral do reino estava associado a Vaaz na atividade de armar barcos corsários, é evidente que só uma relação muito forte com o governo espanhol em Nápoles pode explicar que Miguel Vaaz tenha conseguido subtrair-se, pelo menos até 1616, aos ataques dos muitos inimigos que suas atividades lhe proporcionavam.

Essa ligação com o governo espanhol revela-se particularmente forte a partir de 1599, a partir da chegada a Nápoles do vice-rei Fernando Ruiz de Castro Andrade y Portugal, primeiro da linhagem dos condes de Lemos a ocupar esse cargo, e foi provavelmente por intermédio de alguns portugueses que integravam o séquito do vice-rei que Miguel Vaaz entrou em contato com Francisco Fernández, conde de Castro.[20] Como referido, Vaaz teve seguramente uma relação muito estreita com o conde de Castro, continuando a administrar seu patrimônio em Nápoles quando esse deixou o reino em 1603 para tornar-se embaixador em Veneza e em Roma até 1616, tornando-se depois vice-rei da Sicília entre 1616 e 1622.[21] Contudo, foi com o irmão mais velho do conde de Castro, Pedro Fernández de Castro — herdeiro do título de conde de Lemos depois da morte do pai em 1601, vice-rei de Nápoles entre 1610 e 1616 — que Miguel Vaaz atingiu o auge do seu poder.

---

janeiro de 1603 (479-81): falha a tentativa do *residente* de convencer o lugar-tenente a discutir a causa em Veneza, o lugar-tenente tenta convencer o *residente* a tratar diretamente com Vaaz; o senado de Veneza a A. M. Vincenti, Veneza, 21 de fevereiro de 1603 (488): o senado convidou todos os envolvidos, incluindo o provedor da armada veneziana, a apresentar os documentos para o processo; A. M. Vincenti ao senado de Veneza, Nápoles, 11 de março de 1603: o embaixador teve um encontro com Vaaz, que se manifestou contrário ao processo de Veneza, mas disponível para chegar a um acordo.
[20] Sobre a linhagem dos condes de Castro, em particular na etapa napolitana, ver Isabel Enciso Alonso-Muñumer, *Nobleza, poder y mecenazgo en tiempos de Felipe III: Nápoles y el conde de Lemos*.
[21] As funções de banqueiro e administrador que Miguel Vaaz desempenhou para o conde de Castro são documentadas pelos dados relativos aos movimentos registrados pelo Banco della Pietà de Nápoles em 1612 (quando o conde de Castro era embaixador de Espanha em Roma) publicados por Fausto Nicolini (org.), "Notizie storiche tratte dai giornali copiapolizze dell'antico Banco della Pietà", *Bollettino dell'Archivio Storico del Banco di Napoli*, a. 1950, f. 2, p. 97-192, na p. 185, e a. 1951, f. 1, p. 193-304, em p. 239 e 299.

O APOGEU: OS ANOS DOS VICE-REIS CONDE DE BENAVENTE E CONDE DE LEMOS

À sua chegada a Nápoles em 1603, o conde de Benavente procurara reafirmar a autoridade vice-real sobre os poderes econômicos locais, mas a terrível carestia que marcou os anos centrais do seu governo, e que se prolongou até 1610, obrigou-o a realizar pactos com a grande finança local para resolver os gravíssimos problemas de abastecimento da cidade e do reino.[22] A carestia começou em 1604 e atingiu o pico em 1606 de forma tão desastrosa que tornou necessária, em seguida à escassíssima colheita da primavera e do verão daquele ano, a importação de um milhão e meio de *tomoli*[23] de trigo, praticamente uma vez e meia as necessidades de consumo da cidade de Nápoles. Através do relatório que, no início de 1607, o mais alto magistrado encarregado da *anona* napolitana — o *Grasciero maggiore* marquês de Corleto — enviou a Filipe III, sabemos que cerca de metade dessa enorme quantidade foi obtida por Miguel Vaaz em toda a Europa: 550 mil *tomoli* só para ele e mais 120 mil em sociedade com o mercador genovês Cesare Zattera.[24] Esse episódio permaneceu na memória dos contemporâneos, comentando-o com grande encantamento:

> Nesses anos de 1607 e 1608, (...) que foram de grande miséria em toda a Itália, por obra do senhor Conde de Benavente e de Miguel Vaaz, cavalheiro português, de todas as partes do mundo chegaram navios

---

[22] Sobre os anos de Benavente, ver Coniglio, *op. cit.*, p. 149-155; Colapietra, *op. cit.*, p. 195-200. Luigi De Rosa, *Il Mezzogiorno spagnolo tra crescita e decadenza*, em particular as páginas 71-88 e 110-127.

[23] O *tomolo* (plural *tomoli*) era a unidade de volume tradicional para os secos utilizada em Nápoles e equivalente a 55,5 litros; é também o equivalente da *fanega* ou *hanega* utilizada em Castela.

[24] O relatório do marquês de Corleto datado de 8 de janeiro de 1607 — que, além do mais, estimava a população napolitana em 264 mil almas e, consequentemente, as necessidades mínimas para a aprovisionar em 960 mil *tomoli* de trigo — reconstrói detalhadamente todas as aquisições de trigo efetuadas pela *anona* na segunda metade do ano de 1606 para enfrentar a carestia (AGS, Estado, Nápoles, l. 1104, f. 12; ver também Coniglio, *op. cit.*, p. 45-48, e Colapietra, *op. cit.*, p. 191 e 261). Sobre as relações entre Miguel Vaaz e Cesare Zattera, ver A. M. Vincenti ao senado de Veneza, Nápoles, 25 de fevereiro de 1603 e 4 de março de 1603: Vaaz e Zattera firmaram um contrato para 100 mil *tomoli* de trigo a importar das áreas de Marche e de Abruzzo, no centro de Itália, ao custo de 21 e 23 *carlini* por *tomolo*, respectivamente (Barzazi, *op. cit.*, p. 488-491).

cheios de trigo, coisa nunca mais vista neste porto [de Nápoles], com universal admiração.²⁵

O benefício que Miguel Vaaz obteve por tão grande empenho no aprovisionamento da *anona* da cidade é clarificado pela missiva que o agente em Nápoles do grão-duque da Toscana, Cosimo Del Sera, enviou a Florença a 27 de julho de 1606, sublinhando como o preço apresentado por Vaaz e Zattera era em média de 26 *carlini* por *tomolo* enquanto que, poucos dias antes da confirmação das más colheitas, o preço não superava os 18 *carlini*, portanto com um aumento acima dos 40%!²⁶ Na realidade, a operação comercial realizada pelo mercador português em 1606 foi muito mais complexa do que o descrito sinteticamente pelo agente toscano: Vaaz tinha importado para Nápoles em sociedade com Cesare Zattera 120 mil *tomoli* de trigo do interior do reino (ao custo por *tomolo* de 21 *carlini* para o trigo tenro e de 23 para o trigo duro), da Alemanha (24 *carlini*) e do norte da Itália e da França (26 *carlini*); só por Vaaz tinham sido depois importados 100 mil *tomoli* de trigo provenientes da Espanha e de Portugal (25 *carlini* por *tomolo*) e do norte da Itália e da França (28 *carlini*); finalmente, Vaaz tinha feito chegar a Nápoles mais 450 mil *tomoli* ao preço de 28 *carlini*. Mas dessa quantidade, claramente a maior importada pelo mercador português em 1606, o marquês de Corleto, autor da relação da qual são extraídos os dados

---

²⁵ "*in questi anni 1607 e 1608, (...) essendo universale penuria per tutta Italia, per diligenza del signor Conte di Benavente et per opera di Michele Vaaz gentiluomo portughese, sono da tutte le parti del mondo concorse navi cariche di frumento, cosa mai più veduta in questo porto [de Nápoles], con stupore universale.*" Ver, por exemplo, Bartolomeo Capasso (org.), "Napoli descritta nei principi del secolo XVII da Giulio Cesare Capaccio", *Archivio Storico per le Province Napoletane*, 1882, fascículos I-IV, agora em Gabriele De Rosa e Antonio Cestaro (orgs.), *Territorio e società nella storia del Mezzogiorno*, p. 49-86, na p. 56 para a citação. Sobre o autor dessas palavras, Giulio Cesare Capaccio, ver Pasquale Novellino, "Le filigrane culturali della 'fedeltà' nella storiografia napoletana tra fine Cinquecento e inizio Seicento", in J. P. Didieu (org.), *Mélanges de l'ecole Française de Rome — Italie et Méditerranée*, número monográfico dedicado a *Fidelitas*, nº 118/2, 2006, p. 243-253. Por outro lado, comentários plenos de admiração por Miguel Vaaz continuaram a ser produzidos mesmo depois de sua sorte ter definitivamente desaparecido: Domenico Antonio Parrino, *Teatro eroico e politico de 'governi de' viceré del regno di Napoli etc.*, vol. II, p. 60.
²⁶ Francesco Palermo (org.), *Narrazioni e documenti sulla storia del regno di Napoli dall'anno 1522 al 1667*, p. 264-65.

mencionados, não indica a origem, o que torna altamente provável que se tratasse do fruto da atividade corsária de Vaaz.[27]

Se a situação de grave carestia marcou os anos centrais da primeira metade do século em que se realizou o notável crescimento do poder — não só econômico mas também político — de Miguel Vaaz, é no entanto com a chegada a Nápoles de Pedro Fernández de Castro, conde de Lemos em 1610, que o banqueiro português consolida seu papel central na vida financeira do reino, chegando rapidamente ao ambicionado lugar de conselheiro do vice-rei.

Como o próprio conde de Lemos escreveu em várias ocasiões para Madri,[28] Miguel Vaaz foi o inspirador das reformas que o vice-rei realizou em vários campos da vida econômica do reino, sobretudo na gestão das despesas e das entradas, na contabilidade do estado, na redação dos orçamentos do reino, na emissão da dívida pública. Todas essas reformas são expressão de um único projeto político pensado para permitir o saneamento das finanças do reino, base necessária para garantir a defesa do seu território e a participação no processo de rearmamento que a integração na monarquia implicava.[29]

Mais precisamente, com a *prammatica* de 15 de outubro de 1612,[30] o conde de Lemos, no âmbito de uma reorganização mais geral de toda a máquina administrativa do reino, e depois de ter procedido a um atento estudo das saídas com o objetivo de evitar fraudes e esbanjamentos, estabeleceu que as entradas a partir daquela data fossem subdivididas em duas cotas, uma destinada à tesouraria geral do reino, igual a cerca de 15%, e outra destinada a uma seção do orçamento do Estado a instituir, a *caixa militar*, que recolheria os restantes 85%. A caixa militar

---

[27] Além do mais, os interesses de Vaaz não se resumiam ao comércio do trigo; em 1604, por exemplo, tinha obtido o alvará anual para o fornecimento de carne salgada para as galeras do reino (ASN, Camera della Sommaria, *Partium* vol. 1638, c. 19 t).
[28] AGS, Estado, Nápoles, l. 1106, f. 133, *Relación de las rentas etc.*, memória, datada de Nápoles, 26 de março de 1611, anexa à missiva enviada pelo conde de Lemos a Filipe III (de fato ao secretário Andrés de Prada), Nápoles, 28 de março de 1611, *idem*, f. 132.
[29] Sobre as reformas do conde de Lemos em Nápoles, ver Alonso-Muñumer, *op. cit.*, p. 420-448.
[30] Lorenzo Giustiniani, *Nuova collezione delle pammatiche del regno di Napoli*, vol. X, p. 300-333.

deveria cobrir as despesas militares, de defesa e policiamento, mas também a realização das principais obras públicas e o pagamento dos emolumentos do vice-rei e dos seus colaboradores. Aos itens de entrada na caixa militar, declarados inalienáveis, deveriam somar-se gradualmente, recompradas com os excedentes do orçamento, todas as entradas cedidas aos banqueiros em pagamento de empréstimos ou alienadas como base para o pagamento dos juros da dívida pública.[31]

A intenção do vice-rei era que a reforma da contabilidade e sobretudo a criação da caixa militar servissem não só para garantir o regular pagamento dos emolumentos aos soldados, a fim de evitar que as retribuições em falta criassem perigosas tensões entre as tropas, mas também para evitar que as situações recorrentes de emergência colocassem continuamente o vice-rei no dever de aceitar as onerosíssimas condições impostas pelos banqueiros para a concessão de avultados empréstimos. De fato, paralelamente às intervenções na máquina administrativa e na contabilidade do reino, o conde de Lemos procedeu igualmente a uma drástica redução das taxas dos juros da dívida pública: para os títulos não vitalícios que rendiam 9-10%, as taxas foram reduzidas para 7%; para os títulos vitalícios que rendiam 12-13%, para 10%.[32]

Só um homem de negócios tão entendido em finanças públicas e privadas como Miguel Vaaz podia assinalar ao vice-rei onde se escondiam as fraudes mais ocultas e qual era o melhor caminho para limitar, tanto quanto possível, o poder dos banqueiros na gestão do dinheiro do rei. E o conde de Lemos, que definia Vaaz como *"instrumento principal de mis acciones"*

---

[31] Coniglio, *op. cit.*, p. 207-213; Galasso, *Alla periferia dell'impero...*, *op. cit.*, p. 157-158; Sabatini, "Gastos militares y finanzas publicas en el reino de Nápoles en el siglo XVII", in Enrique García Hernán e Davide Maffi (orgs.), *Guerra y sociedad en la monarquía hispánica: política, estrategia y cultura en la Europa moderna, 1500-1700*, Madri, Mapfre, 2006, vol. II, p. 257-291.
[32] AGS, Estado, Nápoles, l. 1106, f. 132 e 133, e Coniglio, *op. cit.*, p. 199. O agente do duque de Urbino em Nápoles estimava que a redução das taxas de juro da dívida pública tinha poupado aos cofres do reino 400 mil ducados, dos quais 250 mil de banqueiros genoveses (*Narrazioni e documenti...*, *op. cit.*, p. 223-224); se realmente Miguel Vaaz foi considerado o inspirador dessa medida, deve imaginar-se que tal não contribuiu para melhorar as já tensas relações entre os banqueiros portugueses e genoveses de Nápoles; sobre esse tema, ver Sabatini, "Aliados y enemigos: Genoveses y Portugueses en el control del mercado del crédito y del sistema de abastecimiento de Nápoles entre XVI y XVII siglo", actas do congresso *Génova y la monarquía hispánica*.

e que exaltava a abnegação com que esse tinha trabalhado na revisão das contas do reino — *"fue solo el que ha desecho el encantamiento del Balanço, advertiendome de sus errores y ajustando la cuenta con esquisito primor y trabajo"* — não deixava de sublinhar a Filipe III que o português demonstrava uma fidelidade ao soberano além dos próprios interesses, como comprovava o fato de que, na operação de redução da renda da dívida pública, o próprio Vaaz tivesse perdido cerca de 3 mil ducados.[33]

Na realidade, mesmo nos anos do governo de Nápoles pelo conde de Lemos, Miguel Vaaz continuou sua lucrativa atividade de comércio do trigo,[34] em face da qual as perdas resultantes da redução das rendas parecem irrisórias. Para além dessa atividade, ele incrementou o processo, já em marcha desde o final da década anterior, de aquisição de feudos nas melhores áreas de produção de trigo do reino: Roscignano, São Nicandoro e Casamassima na província de Terra di Bari, Belrisguardo em Principato Citra, São Donato em Terra d'Otranto, culminando na compra da cidade de Mola, também na província de Terra di Bari.[35] Sobre essa cidade, Filipe III confirmou a Miguel Vaaz a concessão do título de conde, como recompensa pelos serviços prestados ao vice-rei. Corria 1613 e no ano anterior o conde de Lemos apresentara ao rei o seu programa de reformas.[36]

---

[33] AGS, Estado, Nápoles, l. 1106, f. 133; ver também Giovanni Muto, *Le finanze pubbliche napoletane tra riforme e restaurazione (1520-1634)*, p. 93.

[34] Que o conde de Lemos não se comportava de maneira diferente do seu predecessor em matéria de aprovisionamento de trigo, demonstram-no, entre outros, os contratos assinados para o ano de 1610, ano da sua chegada a Nápoles, com Miguel Vaaz em sociedade com o genovês Giacomo Fornari (ASN, Notamenti del Collaterale, vol. 3, c. 19 r); para os anos seguintes, de 1610 a 1616, ver Coniglio, *op. cit.*, p. 34 (a fonte citada por Coniglio para essas datas é o *Liber conclusionum originalium* do Archivio Storico del Comune di Napoli, v. 1405 e 1406, que, no entanto, como assinala o próprio autor, foi destruído num incêndio em 1946 e, portanto, já não se encontra disponível para consulta). O conde de Lemos mostrou-se todavia mais intransigente do que seus antecessores ao exigir de Vaaz o respeito pelas cláusulas dos contratos de fornecimento de trigo e ao recusar as importações quando essas não correspondiam à qualidade contratada, como ocorreu, por exemplo, em 1615 (Coniglio, *op. cit.*, p. 200). Dados, para os mesmos anos, sobre a atividade de Vaaz como banqueiro do conde de Lemos, tanto em sua esfera privada como nas suas funções de vice-rei, em Fausto Nicolini (org.), "Notizie storiche...", *op. cit.*

[35] ASN, Cedolari feudali, vol. 44, cc. 70 v-71 r.

[36] Em 1612 o conde de Lemos pediu a Filipe III para Miguel Vaaz *"por más conveniente merced que renta o ayuda de costa [...] un título de duque o marqués y plaza en el Consejo Colateral, que en esto segundo ganará infinito el servicio de V. Mag. [por] ser grande su suficiencia para ocuparla en cosas publicas y de las de aquel Reyno* [de Nápoles], *de*

Dois anos mais tarde, em 1615, no território de Quattro Miglia, feudo rural da comunidade de San Michele em Terra di Bari, comprada en 1608, Miguel Vaaz fundou uma nova comunidade, que batizou de Casa Vaaz: das costas da Dalmácia fez chegar ao porto de Barleta um barco com 460 camponeses de religião ortodoxa, que escapavam ao avanço turco, para colocá-los num território despovoado; a obrigação de colonizar as terras pela nova comunidade foi assinada em Nápoles a 6 de julho de 1615 pelo padre Damiano de Damianiis, que conduzira esse pequeno povo na sua viagem entre as duas margens do mar Adriático.[37] A partir de 1616, como consequência do primeiro dos processos inquisitoriais que atingiram os Vaaz sob acusação de judaísmo, a comunidade foi rebatizada com o nome de San Michele e à sua população original juntaram-se outros habitantes da área para esconjurar o perigo de heresias que poderia resultar da permanência de ritos de origem greco-ortodoxa; também essa transformação foi sancionada, em 1619, através da assinatura de um contrato pelos novos habitantes.[38]

A nova posição de Miguel Vaaz não só resolvia definitivamente o problema do seu *status* de estrangeiro, uma vez que como conde de Mola passava a ser natural do reino,[39] mas também marcava claramente uma importante mudança em termos sociais, do que a compra de um palácio no elegante bairro de Chiaia, junto ao palácio da aristocrática família espanhola dos Alarcón y Mendoza, era um claro sinal.[40]

Por outro lado, nesses mesmos anos ocorreram outros importantes acontecimentos que reforçaram a imagem de rápida ascensão social da família Vaaz, como foi o caso, particularmente notável, do ingresso na carrei-

---

toda Italia y de Levante, de que tiene mucha inteligencia" (AGS, Estado, Nápoles, I. 1107, *Consulta sobre la remuneración de las personas que estuvieron en el Parlamento general de Nápoles*, Nápoles, 10 de setembro de 1612, c. 1 r-4 v). Para o título de conde Mola, concedido por Filipe III em Madri no dia 4 de maio de 1613, ver AGS, Secretarias provinciales, Nápoles, I. 177, c. 164 v.
[37] D'Addabbo, *op. cit.*, p. 295-96; Sirago, *op. cit.*, p. 130.
[38] D'Addabbo, *op. cit.*, p. 297-298; Sirago, *op. cit.*, p. 130-131.
[39] Por via da *prammatica De officiorum provvisione* emanada a 12 de março de 1550 pelo vice-rei Pedro de Toledo e pelos contemporâneos capítulos imperiais de Bruxelas, quem recebesse uma investidura feudal no reino de Nápoles *ipso facto* tornava-se "*natural del reyno*" para todos os efeitos. Villari, *op. cit.*, p. 20.
[40] Belli, *op. cit.*, p. 13.

ra dos tribunais do reino de Simão Vaaz, filho de Eduardo Vaaz, sobrinho e herdeiro do patrimônio e do título de Miguel Vaaz, que não teve filhos. Simão Vaaz, *doctor in utroque iure*, foi nomeado pelo conde de Lemos comissário para o Estado dos Presídios da Toscana em 1611; no mesmo ano entrou como juiz *in civilibus* no tribunal da *Vicaria* de Nápoles;[41] e em 1614 tornou-se presidente de seção no tribunal da *Sommaria*, órgão administrativo máximo do reino, cargo no qual permaneceu até 1653.[42]

Ainda mais simbólica é a trajetória da sobrinha de Miguel Vaaz, Fiorenza Vaaz, filha de Bento Vaaz, que em 1615 casou com D. Giovanni Pignatelli, segundogênito do duque de Noja, proveniente de uma das mais importantes famílias aristocráticas do reino de Nápoles.[43] Não é de somenos importância observar que o casamento entre Fiorenza Vaaz e Giovanni Pignatelli constitui uma exceção à estrita endogamia que os Vaaz praticavam, casando-se sempre entre membros da mesma família, segundo um hábito muito difundido em todas as comunidades de cristãos-novos. O próprio Miguel Vaaz era casado com sua sobrinha Ana, filha do seu irmão Bento, do qual outra filha, Majora, havia casado com seu primo, o já referido Simão Vaaz (que, porém, em segundo matrimônio casou com Anna Brancaccio, expoente de uma das mais antigas famílias da nobreza napolitana). Também o filho de Simão, Eduardo, casou-se com uma prima segunda, Gratia Vaaz de Andrade.[44]

A QUEDA: DOS ANOS DO DUQUE DE OSUNA AOS PROCESSOS INQUISITORIAIS

Todos esses elementos indicam claramente que a posição social dos Vaaz, sobretudo do seu mais prestigiado membro, Miguel, conde de Mola, resultou, à saída de Nápoles do conde de Lemos em 1616, muito consolidada em comparação à década anterior. Contudo, a situação

---

[41] Tribunal civil e criminal superior do reino de Nápoles, correspondente às *audiencias* espanholas.
[42] N. Toppi, *De origine tribunalium urbis Neapolis*, vol. III, p. 26 e 138; Gaetana Intorcia, *Magistrature del regno di Napoli: analisi prosopografica, secoli XVI-XVII*, p. 390.
[43] Confuorto, *op. cit.*
[44] *Idem.*

mudou completa e radicalmente em poucos meses, com a chegada a Nápoles do novo vice-rei Pedro Téllez Girón, duque de Osuna.[45] O duque de Osuna, radical opositor do conde de Lemos na luta entre facções na corte de Filipe III, desencadeou uma violenta perseguição contra todos os mais estreitos colaboradores do predecessor.[46] Entre os perseguidos não podia faltar o próprio Miguel Vaaz, que o duque de Osuna suspeitava de ter procurado impedir sua vinda para Nápoles e que, exatamente no momento da chegada do novo vice-rei, era acusado pelo concelho municipal napolitano de ter vendido à cidade trigo estragado ou de má qualidade.[47]

O primeiro golpe chegou à sua família: logo em 1616 o irmão de Miguel Vaaz, Bento, e a sua mulher Beatriz foram acusados ante a Inquisição de judaísmo, num processo que se considerou inspirado pelo próprio vice-rei.[48] No ano seguinte chegou a vez de Miguel Vaaz: a 4 de maio de 1617, o duque de Osuna ordenou a detenção e o arresto dos bens de um grupo de napolitanos suspeitos de conjurar contra ele; no caso de Miguel Vaaz, a essa acusação juntou-se a de ter trocado correspondência com infiéis.[49] Miguel Vaaz deparou-se com os guardas quan-

---

[45] Sobre o governo do duque de Osuna em Nápoles, ver Michelangelo Schipa, *La pretesa fellonia del duca d'Ossuna (1619-20)*; Colapietra, *op. cit.*, p. 201-208.
[46] Sobre a rivalidade entre o conde de Lemos e o duque de Osuna, ver Galasso, *Alla periferia dell'impero*, *op. cit.*, p. 178-184. Por outro lado, a hostilidade de alguns setores da sociedade napolitana em relação ao conde de Lemos e aos que lhe eram próximos já se tinha manifestado ao aproximar-se o fim do seu mandato, pelo menos a partir de 1614: ver Alonso-Muñumer, *op. cit.*, p. 383-409.
[47] Francesco Zazzera, "Giornali dell'illustrissimo ed eccellentissimo signor Pietro Girone duca d'Ossuna", *Narrazioni e documenti...*, *op. cit.*, p. 471-617, em particular p. 478 e 482. As acusações feitas a Vaaz durante o governo do duque de Osuna encontram eco em numerosos manuscritos anónimos que circularam em Nápoles naqueles anos: ver Biblioteca Nazionale di Napoli (BNN), ms. X B 65, *Michele Vais* (sic) *e le sue pregiudiziali invenzioni* (ver Villari, *op. cit.*, p. 183).
[48] Os documentos relativos ao processo inquisitorial contra Benedetto Vaaz e sua mulher Beatriz encontram-se no Arquivo Histórico Diocesano de Nápoles, *Fondo Sant'Ufficio*, 201-480 / A (ver Galasso e Carla Russo (orgs.), *L'Archivio Storico Diocesano di Napoli*, vol. II, p. 820).
[49] Vitor Ivo Comparato, *Uffici e società a Napoli (1600-1647)*, p. 294; a perseguição feita a Miguel Vaaz está relacionada ao tema dos contatos secretos mantidos entre os cristãos-novos e os judeus exilados da monarquia católica em Londres, Amsterdã, Livorno ou Veneza e parte da rede de espionagem do império otomano (sobre a qual ver José Alberto Rodrigues da Silva Tavim, "O 'aviso' anónimo sobre João Micas na Colecção de S. Vicente", *Anais de História de Além-mar*, Lisboa, vol. V, 2004, p. 253-282, em parti-

do saiu de casa para ir assistir à missa no contíguo convento dos monges celestinos, onde se refugiou protegido pela imunidade eclesiástica da casa religiosa.[50]

O conde de Mola permaneceu encerrado no convento dos monges celestinos durante três anos, até 1620, ano em que o duque de Osuna foi substituído devido aos graves excessos cometidos no governo de Nápoles.[51] Vaaz, que posteriormente contou ter sido avisado em sonhos do perigo iminente por São Pedro Celestino, quis honrar a dívida de gratidão que tinha para com os celestinos comprando por mil ducados um terreno contíguo à sua casa e ao convento, que ofereceu aos monges com a obrigação de edificar uma igreja dedicada a São Miguel e doando 10 mil ducados para a construção da igreja e mais 9 mil para a decoração do interior; mais tarde fundou um *monte*, ou seja, um conjunto de bens vinculares, para garantir o financiamento da construção da igreja.[52]

Apesar do cativeiro, Miguel Vaaz continuou seus negócios: em 1619 figura como titular de um contrato para aprovisionamento de 9 mil *tomoli* em Nápoles, ainda que no mesmo ano tenha movimentado uma quantidade de trigo quase quatro vezes maior, 34 mil *tomoli*, por meio de um sobrinho chegado de Portugal, Francisco Vaaz de Andrade, que desposara a filha do seu irmão Bento, Beatriz.[53] Mas com a substituição do duque de Osuna pelo cardeal Gaspar Borja y Velasco, que deteve o cargo de vice-rei interino de Nápoles de junho a dezembro de 1620 — en-

---

cular p. 273). Sobre os contatos entre os cristãos-novos de Nápoles e as comunidades hebraicas de Livorno e Veneza, ver, respectivamente, Lucia Frattarelli Fischer, *Vivere fuori dal ghetto: Ebrei a Pisa e Livorno (secoli XVI-XVIII)*, e Federica Ruspio, *La nazione portoghese: Ebrei ponentini e nuovi cristiani a Venezia*.

[50] Os acontecimentos são reconstruídos pelo próprio Vaaz no ato de doação com o qual posteriormente recompensará os celestinos pela proteção concedida (ver *ultra* e Belli, *op. cit.*, p. 13).

[51] Schipa, *op. cit.*

[52] O ato de doação, datado de 4 de maio de 1622, exatamente cinco anos depois da falhada tentativa de prisão, e o ato de constituição do *monte*, datado de 29 de julho de 1623, são integralmente publicados em apêndice a Belli, *op. cit.*, p. 22-25 e 25-27.

[53] Coniglio, *op. cit.*, p. 34. No entanto, é evidente que durante seu cativeiro Miguel Vaaz não conseguia exercer um controle pleno sobre seus negócios, como demonstra o fato de que em 1622 estivessem ainda suspensos os pagamentos relativos ao fornecimento de trigo que ele tinha efetuado entre 1616 e 1619 (AGS, Estado, Nápoles, l. 1884, *Bilancio d'esatto e pagato del anno 1621 del regno di Napoli*, Nápoles, 25 de outubro de 1622, cc. 15 r, 20v e 25v.).

OS VAAZ EM NÁPOLES

quanto se aguardava a chegada do novo representante de Filipe III, o cardeal Zapata —, abriu-se para Miguel Vaaz uma oportunidade inesperada para recuperar toda a sua ascendência sobre o governo do reino.

Com o cardeal Borja chegara também o seu secretário particular, Diego de Saavedra Fajardo, que em Nápoles tinha o importante cargo de chefe da secretaria do vice-rei e secretário de Estado e de Guerra. Diego de Saavedra Fajardo tivera estreitas relações com Miguel Vaaz por causa dos laços que uniam o diplomata espanhol ao conde de Lemos, de cujo agente em Roma fora secretário, e ele próprio fora agente em Roma do conde de Castro, durante o período em que esse desempenhou as funções de vice-rei da Sicília. Desse modo, a presença de Saavedra Fajardo ao lado do vice-rei interino poderia representar uma importante oportunidade para o conde de Mola recuperar seu papel social.[54]

Mas Miguel Vaaz não explorou essa oportunidade e depois de recuperar sua liberdade não tentou regressar ao mundo dos negócios, provavelmente devido ao clima de hostilidade que permanecia contra ele, apesar do fim do governo de Osuna. Hostilidade eloquentemente testemunhada por um episódio ocorrido em novembro de 1622, quando num dos organismos municipais foram publicamente denunciadas as atividades especulativas dos mercadores portugueses e foi formada uma comissão para pedir ao vice-rei cardeal Zapata que interviesse contra a acumulação fraudulenta do trigo.[55] Só a partir da década seguinte o nome dos Vaaz voltará a estar ligado a contratos para fornecimento de

---

[54] Sabatini, "Roma, Nápoles, Milán: la etapa italiana de Saavedra Fajardo en el gran teatro de la diplomacia barroca (1610-1633)", in José Javier Ruiz Ibáñez (org.), *Pensar Europa en el siglo de hierro:* el mundo en tiempos de Saavedra Fajardo, p. 41-74.

[55] "*Erano divenuti potentissimi nella città nostra* [Nápoles] *alcuni banchieri portoghesi a nome Vaaz. Costoro, facendo col favore del governo negoziati e partiti di grano, avevano occupato tutti i posti delle marine dell'Adriatico, del Ionio e del Tirreno, tenevano affittata dal Papa la dogana di Benevento* [enclave do Estado da Igreja no reino de Nápoles], *e quivi serbavano le vettovaglie, che compravano sui mercati delle nostre province. Queste cose furono riferite il giorno 19 novembre 1622 nella adunanza del Sedile di Porto, e furono eletti deputati al viceré per richiamarsi di questi prepotenti mercatanti incolpati delle passate miserie e furono allora fatte alcune pragmatiche contro le grosse compere di grano.*" Nunzio Federico Faraglia, *Storia dei prezzi a Napoli dal 1831 al 1860*, p. 151 e 198-200.

trigo com alguma importância,[56] mas tratar-se-ão de outros membros da família, tendo Miguel Vaaz falecido em 1623, com cerca de 70 anos.

O testamento e numerosos outros documentos com que Miguel Vaaz, nos últimos anos de vida, quis pôr ordem nos seus negócios permitem-nos conhecer seu vasto patrimônio e avaliar em 23 mil ducados as suas rendas anuais; a parte mais importante do seu patrimônio era o conjunto dos seus senhorios: o sobrinho Simão herdou Mola, Casamassima, Rutigliano, San Nicando e a aldeia rural de San Michele; as sobrinhas Fiorenza e Beatriz, filhas do seu irmão Bento, herdaram, respectivamente, Belriguardo e San Donato.[57]

Na geração seguinte à de Miguel, alguns Vaaz ainda exercem atividades comerciais,[58] mas os membros mais destacados da família passam a ser seus sobrinhos, o alto magistrado Simão Vaaz e sua prima Fiorenza Vaaz Pignatelli. Foram Simão e Fiorenza quem, como executores testamentários de Miguel Vaaz, seguiram as obras de construção da igreja de

---

[56] Em 1630, Benedetto Vaaz de Sousa, em sociedade com João Mennes Eriquez (provável erro de transcrição por Menezes Enriques), importa do Levante 30 mil *tomoli* de trigo; em 1632, Simão Vaaz importa da Púlia mil *tomoli* de trigo; em 1633, Benedetto Vaaz de Sousa, em sociedade com Emanuel Vaaz de Andrade, importa mil *tomoli* de trigo de lugar não especificado; ainda em 1633, um grupo de mercadores Vaaz importa, predominantemente da Púlia, 56.384 *tomoli* de trigo etc. (Coniglio, *op. cit.*, p. 35).

[57] O testamento, datado de 17 de setembro de 1623, e o inventário *post mortem*, datado de 7 de novembro de 1623, estão publicados na íntegra em apêndice a Belli, *op. cit.*, respectivamente p. 27-31 e 31-42. É interessante notar que Miguel Vaaz exclui completamente da herança, à exceção de pequenos legados, o sobrinho Jorge Vaaz, irmão de Simão e governador da cidade de Matera, que parece ter-se tornado impopular junto aos parentes por sua má conduta, provavelmente entendida como um obstáculo à ascensão social da família (Jorge Vaaz, como governador de Matera, tinha sido julgado e condenado na sequência da inspeção geral à administração do reino levada a cabo por Juan Beltran de Guevara a partir de 1607, ver AGS, Secretarias provinciales, Nápoles, l. 235, Nápoles, 8 de julho de 1617, c. 32: "*Jorge Vaaz, governador de laa ciudad de Matera, ha sido condenado en quinientos ducados para el fisco por cohechos y extorsiones que ha cometido en su oficio*"; ver também AGS, Secretarias provinciales, Nápoles, l. 138, f. 7). Idênticas más relações encontram-se na geração seguinte, a dos filhos de Simão e de Jorge Vaaz, sendo esses igualmente acusados de ter rebaixado o estatuto social da família ao contrair matrimônios considerados desonrosos (D. Confuorto, *op. cit.*). Por outro lado, será a denúncia de uma filha de Jorge Vaaz, Gratia, a determinar o processo por judaísmo de Eduardo Vaaz e, com a condenação desse, a ruína social de toda a família (ver *ultra*).

[58] Em 1623, ano da morte de Miguel Vaaz, Michele e Emanuele Vaaz, filhos de Jorge Vaaz, estão inscritos na corporação da *Arte della Seta* de Nápoles, como mercadores (ASN, Matricole, vol. 8, cc. 188r e 216r); anteriormente, em 1609, era inscrito na mesma corporação como mercador de seda o irmão de Miguel, Bento (*idem*, vol. 7, c. 42 t).

São Miguel, empregando o maior arquiteto napolitano da época, Cosimo Fanzago, e mais tarde, para a decoração do interior, um dos melhores pintores europeus do século XVII, Luca Giordano.[59] Em 1633, Francisco Vaaz de Andrade, que desposara Beatriz, irmã de Fiorenza Vaaz, obtém o título de duque de San Donato;[60] em 1645, Simão obtém para o filho primogênito Michele Vaaz o título de duque de Casamassima;[61] o filho secundogênito, Eduardo, seguira as pegadas do pai, entrando na carreira de magistrado a partir de 1636 e chegando, em 1643, ao cargo de juiz *in criminalibus* no tribunal da *Vicaria* em Nápoles.[62] As três filhas de Simão Vaaz casaram-se com expoentes patrícios da cidade: Anna com o duque de Belcastro, Orazio Sersale, do *Seggio* de Nido, Gratia com Antonio Muscettola, filho primogênito do duque de Spezzano, e Fiorenza com Geronimo Carmignano, do *Seggio* de Montagna.[63] Além do mais, em 1645, Simão Vaaz deixou o palácio no bairro de Chiaia, que fora propriedade do seu tio, para se mudar para um elegante, porém mais sóbrio, palácio na rua Toledo, ao lado do palácio que fora do marquês de Belmonte, Carlos Tapia, o mais eminente magistrado napolitano da primeira metade do século XVII.[64]

A saída do mundo da alta finança napolitana e a plena integração na classe dos magistrados e da nobreza de toga pareciam ter feito esquecer a hostilidade que acompanhara a ascensão da família. Acresce que, durante o período dos motins de 1647-1648, tanto Simão Vaaz, que à época acumulava o importante cargo de governador da alfândega de

---

[59] Belli, *op. cit.*, p. 13-15.
[60] Sirago, *op. cit.*, p. 133.
[61] Confuorto, *op. cit.*
[62] Toppi, *op. cit.*, p. 66-71; Intorcia, *op. cit.*, p. 390.
[63] Sobre a política matrimonial dos Vaaz, ver Maria Antonietta Visceglia, "Linee per uno studio unitario dei testamenti e dei contratti matrimoniali dell'aristocrazia feudale napoletana tra fine Quattrocento e Settecento", *Mélanges de l'Ecole Française de Rome — Italie et Méditerranée*, n° 95, 5, 1983, p. 393-470. As mais antigas famílias da nobreza de Nápoles estavam reunidas em cinco conselhos, cada um dos quais designado por *Seggio*, que desempenhavam importantes funções na administração da cidade e na vida política de todo o reino (ver Camillo Tutini, *Dell'origine e fundatione de' seggi di Napoli, del tempo in che furono instituiti, e della separation de'nobili dal popolo*; Galasso, "Una ipotesi di 'blocco storico' oligarchico-borghese nella Napoli del '600: i 'Seggi' di Camillo Tutini tra politica e storiografia", *Rivista Storica Italiana*, v. XC, 1978, p. 507-529.
[64] Belli, *op. cit.*, p. 14.

Foggia,[65] como seu filho Michele, que tinha o grau de capitão de milícia, deram provas de fidelidade à coroa espanhola, empenhando-se sobretudo ao lado do conde de Conversano na oposição aos revoltosos.[66] No entanto, no fim dos anos 1640 e devido às suas origens portuguesas, os Vaaz tornaram-se suspeitos de ligações com os exilados napolitanos que se refugiaram junto ao papa depois da revolta de 1647-1648. Esses exilados entraram em contato com os agentes de D. João IV, em particular com o jesuíta Antônio Vieira, que esteve em Roma no início de 1650, para estudar a possibilidade de uma nova sublevação pró-lusitana em Nápoles.[67] A missão do padre Vieira não teve o êxito esperado; contudo, durante o governo do vice-rei conde de Oñate em Nápoles, entre 1650 e 1654, fortes suspeitas recaíram sobre a comunidade portuguesa da cidade e se não se chegou a concretizar nenhuma ação contra a família Vaaz, foi unicamente devido ao prestígio pessoal de Simão Vaaz, que, além do mais, fora nomeado em 1653, por Filipe IV, para o Conselho Colateral, órgão político máximo que assessorava o vice-rei na condução dos destinos do reino.[68]

Mas depois da morte de Simão Vaaz em 1655 (o seu filho primogênito, Michele, morreu em 1654, de forma que ambos os títulos de conde de Mola e de duque de Casamassima passaram para Eduardo), a hostilidade para com a família voltou a manifestar-se rapidamente. Em 1657, o vice-rei conde de Castrillo ordenou a prisão de Eduardo Vaaz sob acusação de que esse, na qualidade de presidente da seção criminal do tribunal da *Vicaria*, procurara proteger o filho de outro alto magis-

---

[65] A esse cargo incumbia o controle de toda a complexa máquina administrativa e fiscal que presidia ao sistema do pastoreio transumante no reino de Nápoles; nesse papel e por suspeita de corrupção, o nome de Simão Vaaz foi envolvido numa investigação conduzida no reino de Nápoles pelo visitador-geral Juan Chacón Ponce de León, a partir de 1644 (AGS, Secretarias provinciales, Nápoles, l. 227, *Instrucción al licenciado don Juan Chacón Ponce de León etc.*, Zaragoça, 9 de setembro de 1644, c. 6 v; *idem*, l. 230, *Memoria de los ministros contra quien resultan cargos de la visita general del Reyno de Nápoles etc.*, Madri, 9 de dezembro de 1651, c. 1 r).
[66] Sirago, *op. cit.*, p. 135.
[67] Sobre a missão de Antônio Viera em Nápoles como agente de D. João IV, em 1650, e os seus contatos com os exilados napolitanos, com vista a uma sublevação do reino pró-lusitana, ver Sabatini, "Il primo soggiorno di Antonio Vieira a Roma (1650)", Actas do congresso *Antonio Vieira, Roma e l'universalismo delle monarchie portoghese e spagnolo*.
[68] Intorcia, *op. cit.*, p. 390.

trado acusado de homicídio; encarcerado no castelo de Santelmo, em Nápoles, Eduardo foi igualmente atingido pela denúncia, feita por uma prima sua, Fiorenza Vaaz, de praticar o judaísmo, tendo seus bens imediatamente sequestrados preventivamente.[69]

Apesar do processo por judaísmo sofrido pelo avô materno Bento Vaaz em 1616,[70] e da abjuração do tio Francisco Vaaz de Andrade, duque de São Donato — que no leito de morte, em 1636, declarara que nunca abandonara a religião hebraica —,[71] constituírem pesados precedentes, numa primeira fase do processo judicial de Eduardo Vaaz a Inquisição parece não ter desempenhado um papel determinante. No entanto, a situação mudou em 1659 com a nomeação para chefe do Santo Ofício napolitano de monsenhor Camillo Piazza, que vinha preencher o vazio deixado pela morte do predecessor durante a peste de 1656 e pôr fim ao período de *interim* em que as ditas funções foram desempenhadas pelo núncio apostólico.[72]

Monsenhor Piazza, quebrando a tradição de moderação que caracterizara o Santo Ofício em Nápoles pelo menos no último quarto de século, intensificou de forma considerável a sua atividade, levando rapidamente adiante os procedimentos já em curso, instruindo novos, multiplicando e enchendo os cárceres inquisitoriais.[73] Eduardo Vaaz e sua família tornaram-se imediatamente o centro das atenções de monsenhor Piazza. Em momentos posteriores, sobretudo na sequência de confissões obtidas durante os interrogatórios, foram presos, pelo mesmo crime de judaísmo e sob acusação de fazer parte da mesma seita de Eduardo Vaaz, o seu irmão Benedetto com sua mulher Gratia, suas irmãs Gratia e Fiorenza, a tia Beatriz Vaaz de Andrade, com os filhos Emanuele, duque de São Donato, e Fiorenza, a prima Gratia Vaaz com o marido, Eduardo de Rivieta, e o fi-

---

[69] Confuorto, *op. cit*. As crônicas da época atribuem a denúncia feita por Fiorenza Vaaz à oposição que Eduardo teria manifestado ao seu matrimônio com o barbeiro que a teria assistido durante a epidemia de peste do ano anterior.
[70] Ver *supra*.
[71] O episódio da apostasia de Francesco Vaaz de Andrade é referido em Francesco Capecelatro, *Degli annali della città di Napoli (1631-1640)*, vol. I, p. 69-70.
[72] Galasso, *Napoli spagnola dopo Masaniello: politica, cultura, società*, vol. I, p. 62.
[73] Giuseppe Galasso e Luigi Amabile, *Il Santo Officio della Inquisizione in Napoli: narrazione con molti documenti inediti*, p. 38-40.

lho — de um precedente matrimônio — Eduardo Mendez, a prima Beatrice Vaaz, seu marido Enrique Suarez Coronel e o cunhado António Suarez Coronel.[74]

Além do mais, em setembro do ano precedente, o núncio apostólico em Nápoles, monsenhor Giulio Spinola, escrevera ao Conselho Colateral pedindo que os réus de judaísmo fossem levados a Roma para ser processados pelo Santo Ofício,[75] tendo depois informado ao secretário de Estado de Alexandre VII, o cardeal Flavio Chigi, que obtivera do vice-rei conde de Peñaranda a confirmação de que o Conselho Colateral acolhera favoravelmente o pedido.[76] Processados no tribunal do Santo Ofício de Roma em 1660 e julgados culpados, os réus abjuraram publicamente em janeiro de 1661 numa cerimônia celebrada na igreja de Santa Maria Sopra Minerva, onde foram anunciadas as sentenças: Eduardo Vaaz foi condenado ao cárcere perpétuo, além de algumas penas acessórias, como o pagamento de 2 mil escudos romanos em esmolas.[77]

Informado da condenação, o Conselho Colateral decretou o confisco definitivo e a devolução ao fisco real de todos os bens sequestrados a Eduardo Vaaz.[78] Essa decisão provocou uma violenta reação contra o vice-rei, quer por parte de monsenhor Piazza, que defendia para o Santo Ofício o direito de proceder ao confisco dos bens, quer por parte da aristocracia do reino, que, através do conselho municipal de Nápoles, invocava por sua vez a aplicação do breve com o qual, em 1567, o papa Júlio III proibira o confisco dos bens dos hereges no reino de Nápoles. O conflito resolveu-se, por um lado, com a expulsão de monsenhor Piazza do reino, mas, por outro, com a reafirmação do direito do Conselho Colateral de proceder ao arresto dos bens dos hereges.[79]

---

[74] Sirago, *op. cit.*, p. 138-139. Dos nomes que constam das atas do processo inquisitorial, só o de Giovanni Vargas, filho da duquesa de Cagnano, o do advogado Girolamo De Rosa e os dos respectivos mãe, tia e sobrinho não conduzem diretamente ao vasto grupo familiar dos Vaaz. *Idem*.
[75] ASN, Collaterale, Notazioni, vol. 63, cc. 142 r-t.
[76] Sirago, *op. cit.*, p. 139-140.
[77] ASN, Collaterale, Notazioni, vol. 65, c. 18 r; Confuorto, *op. cit.*; Ignazio Fuidoro e Franco Schlitzer (org.), *Giornali di Napoli dal 1660 al 1680* (1660-1665), vol. I, p. 63; Sirago, *op. cit.*, p. 140.
[78] ASN, Collaterale, Notazioni, vol. 65, c. 27 r.
[79] Amabile, *op. cit.*, p. 44-49; Galasso, *Napoli spagnola...*, *op. cit.*, p. 62-64.

OS VAAZ EM NÁPOLES

Todavia, no princípio de 1662 foi revogado o arresto dos bens do patrimônio de Eduardo Vaaz que já não fossem alienados, talvez como efeito de um memorando apresentado ao Conselho Colateral por sua mulher,[80] que atuava agora como procuradora dos interesses do marido. Ou, com maior probabilidade, porque esse ato de clemência foi incluído, porventura por desejo de outros altos magistrados, nas graças que a cidade de Nápoles pedira a Filipe IV para celebrar o nascimento do príncipe Carlos, ocorrido no precedente 6 de novembro.[81] Numerosos bens, fossem de plena propriedade, fossem feudais, entre os quais um dos mais valiosos, o ducado de Casamassima, haviam sido já vendidos e só depois de um longo contencioso a família de Eduardo Vaaz conseguiu manter o condado de Mola.[82]

Em 1666, o Conselho Colateral decretou um indulto para os delitos cometidos por Eduardo Vaaz no reino de Nápoles, por "ter sido honrado por el-Rey com o cargo de Juiz e [por] os Ministros que teve a sua Casa"[83] o próprio Vaaz, em 1667, suplicou ao Conselho Colateral sua intervenção junto ao papa para solicitar um ato de clemência equivalente.[84] No fim de 1670 ou no início de 1671, Eduardo Vaaz foi libertado e regressou a Nápoles; significativamente, porém, não voltou ao palácio da família no centro da cidade, detendo-se às portas de Nápoles, em Casale di Capodimonte, onde morreu em 1671.[85] Mas, anteriormente à sua morte e apesar da recuperação parcial do seu patrimônio, os Vaaz haviam sido já banidos da elite dirigente da Nápoles espanhola e nenhum dos descendentes de Eduardo Vaaz chegou a recuperar o prestígio social que usufruíram Miguel ou Simão Vaaz.

---

[80] ASN, Collaterale, Notazioni, v. 65, c. 38 (sessão de 2 de maio de 1661).
[81] AGS, Estado, Nápoles, l. 3285, *La ciudad de Nápoles, con motivo del nacimiento del principe Carolos, solicita [el] levantamiento del secuestro de los bienes del conde de Mola*, Nápoles, 1662, papel não numerado.
[82] O longo e complexo contencioso é reconstruído em Sirago, *op. cit.*, p. 145-148. Sobre a sentença de condenação de Eduardo Vaaz, ver também *idem*, "L'Inquisizione a Napoli nel 1661", *Quaderni*, p. 429-454.
[83] *"essere stato onorato da S. Maestà con il grado di Giudice e [per] i Ministri che ha tenuto la sua Casa"*.
[84] ASN, Collaterale, Notazioni, v. 67, c. 123 t (sessão de 13 de setembro de 1666) e c. 169 r (sessão de 28 de fevereiro de 1667).
[85] Confuorto, *op. cit.*

GENEALOGIA DOS VAAZ EM NÁPOLES

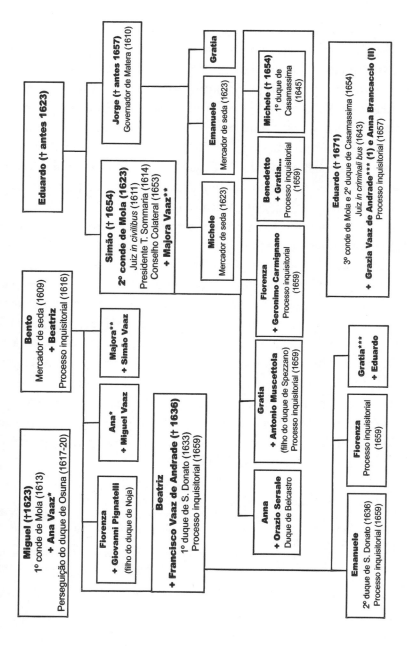

REFERÊNCIAS DOCUMENTAIS E BIBLIOGRÁFICAS

ALONSO-MUÑUMER, Isabel Enciso. *Nobleza, poder y mecenazgo en tiempos de Felipe III: Nápoles y el conde de Lemos.* Madrid: Actas, 2007.

AYÁN, Carmen Sanz. *Los banqueros de Carlos II.* Valhadoli: Universidad de Valladolid, 1989.

BARZAZI, Antonella (org.). *Corrispondenze diplomatiche veneziane da Napoli: dispacci.* Roma: Istituto Italiano per gli Studi Filosofici/Istituto Poligrafico e Zecca dello Stato, 1991, vol. III (de 27 de maio de 1597 a 2 de novembro de 1604).

BELLI, Carolina. "Michele Vaaz 'hombre de negocios'". In *Ricerche sul '600 napoletano: saggi e documenti per la storia dell'arte.* Milão: L&T, 1990, p. 7-42.

BOYAJIAN, James C.. *Portuguese bankers at the court of Spain (1626 — 1650).* New Brunswick (NJ): Rutgers University Press, 1983.

_____. *Portuguese trade in Asia under the Habsburgs (1580-1640).* Baltimore/Londres: The Johns Hopkins University Press, 1993.

CAPASSO, Bartolomeo (org.). "Napoli descritta nei principi del secolo XVII da Giulio Cesare Capaccio". *Archivio Storico per le Province Napoletane*, 1882, fascículos I-IV.

CAPECELATRO, Francesco. *Degli annali della città di Napoli (1631-1640).* Nápoles: Stamperia Reale, 1849.

CARANDE, Ramón. "Carlos V y sus banqueros" (ed. original). *Revista de Occidente*, Sociedad de Estudios y Publicaciones, Madri, 1943-1949, 3 vols.

CARVACHO, René Millar. *Inquisición y sociedad en el virreinato peruano: estudios sobre el tribunal de la Inquisición de Lima.* Lima: UCP, 1998.

COLAPIETRA, Raffaele. *Il governo spagnolo nell'Italia meridionale (Napoli dal 1580 al 1648).* Nápoles: Edizioni della Storia di Napoli, 1972.

COMPARATO, Vitor Ivo. *Uffici e società a Napoli (1600-1647).* Florença: Olschki, 1986.

CONFUORTO, Domenico. *Notizie d'alcune famiglie popolari della città e del regno di Napoli, divenute riguardevoli per causa di ricchezze, o dignitari.* Nápoles: Biblioteca Nazionale di Napoli (BNN), 1693, ms. X A 15 (outra cópia em 1. D. 5), cc. 127r-128t.

CONIGLIO, Giuseppe. *Il viceregno di Napoli nel sec. XVII: notizie sulla vita commerciale e finanziaria secondo nuove ricerche negli archivi italiani e spagnoli.* Roma: Edizioni di Storia e Letteratura, 1955.

D'ADDABBO, Leonardo "S. Michele e una colonia serba". *Iapigia*, a. XIV, 1936, n° 3, p. 289-301.

DE ROSA, Gabriele e CESTARO, Antonio (orgs.). *Territorio e società nella storia del Mezzogiorno*. Nápoles: Guida, 1973.

DE ROSA, Luigi. *Il Mezzogiorno spagnolo tra crescita e decadenza*. Milão: Il Saggiatore, 1987.

DUBULOZ, Julien Sabatini. "Tutto ciò confermando con autorità di leggi, dottrine et esempij. Teoria, prassi e riferimenti alla tradizione classica dell'approvvigionamento granario nel 'Trattato dell'abondanza' di Carlo Tapia". In MARIN, Brigitte e VIRLOUVET, Cathrine (orgs.). *Nourrir les cités de Méditerranée*. Aix en Provença: Maison Méditerranéenne des Sciences de l'Homme, 2003, p. 539-572.

FARAGLIA, Nunzio Federico. *Storia dei prezzi a Napoli dal 1831 al 1860*. Nápoles: Nobile, 1878.

FISCHER, Lucia Frattarelli. *Vivere fuori dal ghetto: Ebrei a Pisa e Livorno (secoli XVI-XVIII)*. Veneza: Zamorani, 2008.

FUIDORO, Ignazio e SCHLITZER, Franco (orgs.). *Giornali di Napoli dal 1660 al 1680 (1660-1675)*. Nápoles: Società Napoletana di Storia Patria.

GALASSO, Giuseppe. "Contributo alla storia delle finanze del regno di Napoli nella prima metà del Seicento". *Annuario dell'Istituto Storico per l'età moderna e contemporanea*, a. XI, 1959, p. 3-106.

_____. "Una ipotesi di 'blocco storico' oligarchico-borghese nella Napoli del '600: i 'Seggi' di Camillo Tutini tra politica e storiografia". *Rivista Storica Italiana*, 1978, vol. XC, p. 507-529.

_____. *Alla periferia dell'impero: il regno di Napoli nel periodo spagnolo (secoli XVI-XVII)*. Turim: Einaudi, 1994.

_____. *Napoli spagnola dopo Masaniello: politica, cultura, società*. Florença: Sansoni, 1982.

GALASSO, Giuseppe e AMABILE, Luigi. *Il Santo Officio della Inquisizione in Napoli: narrazione con molti documenti inediti*. Città di Castello: Lapi, 1892.

GALASSO, Giuseppe e RUSSO, Carla (orgs.). *L'Archivio storico diocesano di Napoli*. Nápoles: Guida, 1978.

GIUSTINIANI, Lorenzo. *Nuova collezione delle Prammatiche del regno di Napoli*. Nápoles: Stamperia Simoniana, 1804.

IBÁÑEZ, José Javier Ruiz (org.). *Pensar Europa en el siglo de hierro: el mundo en tiempos de Saavedra Fajardo*. Múrcia: Ediciones del Año Saavedra Fajardo, 2008.

INTORCIA, Gaetana. *Magistrature del regno di Napoli: analisi prosopografica, secoli XVI-XVII*. Nápoles: Jovene, 1987.

MARTÍN, Felipe Ruiz. *Las finanzas de la monarquía hispánica en tiempos de Felipe IV (1621-1665)*. Madri: Real Academia de la Historia, 1990.

_____. "La Banca en España hasta 1782". In *El Banco de España: una historia económica*. Madri: Banco de España, 1970.

MILLAN, José Martinez (org). *Felipe II (1598-1998): Europa y la monarquía católica*. Madri: Parteluz, 1998, vol. I.

MUTO, Giovanni. *Le finanze pubbliche napoletane tra riforme e restaurazione (1520-1634)*. Nápoles: ESI, 1980.

NICOLINI, Fausto (org.). "Notizie storiche tratte dai giornali copiapolizze dell'antico Banco della Pietà". *Bollettino dell'Archivio storico del Banco di Napoli*, a. 1950, f. 2, p. 97-192, e a. 1951, f. 1, p. 193-304.

NOGAL, Carlos Álvarez. *O crédito na monarquia hispânica no reinado de Filipe IV*. Valhadoli: Junta de Castilla y León, 1997.

NOVELLINO, Pasquale. "Le filigrane culturali della 'fedeltà' nella storiografia napoletana tra fine Cinquecento e inizio Seicento". DEDIEU, J. P. (org.). *Mélanges de l'école Française de Rome — Italie et Méditerranée*, número monográfico dedicado a *Fidelitas*, nº 118/2, 2006, p. 243-253.

PALERMO, Francesco (org.). *Narrazioni e documenti sulla storia del regno di Napoli dall'anno 1522 al 1667*. Florença: Archivio Storico Italiano/Gio. Pietro Vieusseux Direttore-Editore, 1846.

PARRINO, Domenico Antonio. *Teatro eroico e politico de'governi de' viceré del Regno di Napoli etc.*. Nápoles: Ricciardi, 1730 (ed. originale: Nápoles: Parrino e Mutii, 1692-1694).

RUSPIO, Federica. *La nazione portoghese: Ebrei ponentini e nuovi cristiani a Venezia*. Veneza: Zamorani, 2007.

SABATINI, Gaetano. "Aliados y enemigos: Genoveses y Portugueses en el control del mercado del crédito y del sistema de abastecimiento de Nápoles entre XVI y XVII siglo". Actas do congresso *Génova y la Monarquía Hispánica*, Sevilha, 16-19 de setembro de 2009 [no prelo].

_____. "Gastos militares y finanzas publicas en el reino de Nápoles en el siglo XVII". In HERNÁN, Enrique García e MAFFI, Davide (orgs.). *Guerra y sociedad en la monarquía hispánica: política, estrategia y cultura en la Europa moderna, 1500-1700*. Madri: Mapfre, 2006, vol. II, p. 257-291.

_____. "Il primo soggiorno di Antonio Vieira a Roma (1650)". Actas do congresso *Antonio Vieira, Roma e l'universalismo delle monarchie portoghese e spagnolo*. Roma, 28-29 de novembro de 2008 [no prelo].

SÁNCHEZ, Manuel Herrero. "La quiebra del sistema hispano-genovés (1627-1700)". *Hispania*: revista española de historia, a. LXV, 2005, p. 115-151.

SCARAMELLA, Pierroberto. "La campagna contro i giudaizzanti nel regno di Napoli (1569-1582): antecedenti e risvolti di un'azione inquisitoriale". In *Le inquisizioni cristiane e gli ebrei*, tavola rotonda nell'ambito della conferenza annuale della ricerca (Roma 20-21 dicembre 2001). Roma: Accademia Nazionale dei Lincei, 2003, p. 357-373.

SCHIPA, Michelangelo. *La pretesa fellonia del duca d'Ossuna (1619-20)*. Nápoles: Pierro, 1911.

SIRAGO, Maria. "L'inserimento di una famiglia ebraica portoghese nella feudalità meridionale. I Vaaz a Mola di Bari (circa 1580-1816)". *Archivio Storico Pugliese*, a. XL, 1987, p. 119-158.

_____. "L'Inquisizione a Napoli nel 1661". In *Quaderni*. Bari: Facoltà di Magistero/Istituto di Scienze Politiche, 1980, p. 429-454.

STUDNICKI-GIZBERT, Daviken. *A nation upon the Ocean Sea: Portugal's Atlantic diaspora and the crisis of the Spanish Empire, 1492-1640*. Oxford: Oxford University Press, 2007.

TAPIA, Carlo. *Il trattato dell'abondanza*. Editado por Sabatini, Lanciano, Carabba, 1998 (ed. original: Nápoles, 1638).

TAVIM, José Alberto Rodrigues da Silva. "O 'aviso' anónimo sobre João Micas na Colecção de S. Vicente". *Anais de História de Além-mar*, Lisboa, 2004, vol. V, p. 253-282

TOPPI, N. *De origine tribunalium urbis Neapolis*. Nápoles: De Bonis, 1666, vol. III.

TUTINI, Camillo. *Dell'origine e fundatione de' seggi di Napoli, del tempo in che furono instituiti, e della separation de'nobili dal popolo*. Nápoles: Ottavio Beltrano, 1644.

VALLADARES, Rafael. *Banqueros y vasallos*. Cuenca: Universidad de Castilla La Mancha, 2002.

VILLARI, Rosario. *La rivolta antispagnola a Napoli: le origini, 1585-1647*. Roma/Bari: Laterza, 1976.

VISCEGLIA, Maria Antonietta. "Linee per uno studio unitario dei testamenti e dei contratti matrimoniali dell'aristocrazia feudale napoletana tra fine Quattrocento e Settecento". *Mélanges de l'Ecole Française de Rome — Italie et Méditerranée*, 1983, nº 95, 5, p. 393-470.

CAPÍTULO 6 A lealdade dos traidores.
Rebelião, justiça e bom governo
no Rio da Prata (1580)

*Darío G. Barriera**
Tradução de Maria Alzira Brum Lemos
Revisão de Carmem Cacciacarro

---

*Professor titular de História na Universidad Nacional de Rosario, na Argentina, pesquisador do Conicet e coordenador do polo "rioplatense" da Red Columnaria. É organizador do livro *Justicias y fronteras: estudios sobre historia de la justicia en el Rio de la Plata. Siglos XVI-XIX*, Múrcia, Universidad de Murcia/Red Columnaria, 2009.

INTRODUÇÃO

Na madrugada de 31 de maio de 1580, um motim agitou a tranquila noite santa-fesina. Cerca de trinta homens, entre os quais alguns moradores notáveis, tramaram para derrubar as autoridades da cidade, que respondiam a Garay e ao governo de Assunção. Pretendiam impor como alcaides e vereadores do *cabildo* pessoas do seu partido e colocar a cidade sob a jurisdição de Tucumán, governada então por Gonzalo do Abreu e Figueroa. A rebelião durou menos de dois dias e foi reprimida por uma comissão comandada e integrada por vários dos que constavam da lista de rebeldes. Dos 34 homens que assinaram uma ata selando a conspiração, dez foram sentenciados; mas o nome de sete deles ganhou transcendência, o que cristalizou o nome da sublevação como "A Rebelião (ou a revolução) dos Sete Chefes".

Em alguns livros escolares ela ainda aparece enunciada como o *primeiro antecedente da independência nacional*. Os amotinados de 1580 são colocados em uma linha histórica que culmina nos sucessos de maio de 1810, no marco de uma genealogia para a nação argentina que se presume existente desde (quase) sempre.[1]

---

[1] Aqueles que sustentam essa hipótese maximizam um determinado parágrafo da ata capitular da cidade de Córdoba, de 29 de junho de 1580: "Soube-se que os habitantes da cidade de Santa Fé da província do Paraguai haviam se rebelado contra a coroa real do rei Dom Felipe nosso senhor" (*"Se ha sabido que los vecinos de la ciudad de Santa Fe de la gobernación del Paraguay se habían rebelado contra la corona real del rey Don Felipe nuestro señor"*), cabildo de Córdoba, *Actas capitulares*, Archivo de Córdoba, 1974.

O fato é atribuído a uma polarização entre espanhóis e "filhos da terra" com base em dois pressupostos: que os "espanhóis" teriam monopolizado o controle do conselho santa-fesino e que a terra estava distribuída de modo muito desigual entre os integrantes do grupo conquistador. No entanto, nunca foi demonstrada de maneira cabal a iniquidade na distribuição dos recursos econômicos e, além disso, ignora-se que a polarização supostamente instalada no seio da contenda funcione em suas propostas apenas localmente (já que, para derrubar Garay, os "filhos da terra" não tiveram nenhum problema em pactuar com outro peninsular, o sevilhano Gonzalo de Abreu y Figueroa).[2]

"A Rebelião dos Sete Chefes" pode ser estudada graças ao "Juízo de Residência" iniciado em 1580 contra o governador de Tucumán, Abreu y Figueroa. Essa fonte — composta por declarações, testemunhos, pesquisas e atas levantadas em diferentes cidades da *real audiencia* de Charcas — permite estudar a conjuração perpetrada em uma jurisdição (Santa Fé do Paraguai e Rio da Prata) por meio de um processo judicial substanciado em outra (Santiago del Estero, governo de Tucumán). Cinco das acusações do processo permitem ler no episódio como algumas pessoas pensavam o projeto das jurisdições nas malhas periféricas da monarquia hispânica. Para este trabalho, além dos dossiês do Juízo de Residência impetrado contra Gonzalo do Abreu,[3] foram utilizadas atas capitulares da cidade da Santa Fé,[4] relações de serviço, poderes, memórias, epistolários e variados papéis de vice-reis, *adelantados* e governadores do período.

---

[2] O exame dessa historiografia é feito em Darío G. Barriera, "Conjura de mancebos. Justicia, equipamiento político del territorio e identidades. Santa Fe del Río de la Plata, 1580", in *Justicias y fronteras: estudios sobre historia de la justicia en el río de la Plata*, p. 11-49, artigo do qual este trabalho constitui uma versão reduzida.
[3] Archivo General de Indias, Sevilha (doravante AGI), Escribanía de Cámara, libro I, 873-0. Existe cópia na Biblioteca Nacional, Buenos Aires (doravante BN), coleção Gaspar García Viñas (GGV). Foram utilizadas as duas versões, confrontadas; as citações são de GGV.
[4] Archivo General de la Provincia de Santa Fe. Serão citadas como AGSF-ACSF, livro ou tomo e folha.

O TERRITÓRIO

A cidade de Assunção do Paraguai, fundada em 1537, converteu-se no primeiro *corpo político europeu* da bacia platina com a criação de seu *cabildo* em 1541. Desde então, foi o centro administrativo e político do governo do Paraguai e Rio da Prata. Quando pouco depois foi criado o vice-reino do Peru (1542-43), essa extensa província ficou sob sua jurisdição. A partir do abandono do forte de Buenos Aires (1541) e até a fundação de Santa Fé (1573), Assunção foi a única cidade no leste da América do Sul hispânica e, do ponto de vista dos europeus, tinha ficado isolada. A pretensão de chegar ao Peru, assim como a de povoar outro porto sobre o Paraná a caminho do Atlântico, onde tinha estado Sancti Spiritu (1527-1532), ou o forte de Buenos Aires (1536-1541), esteve presente em seus habitantes desde a fundação, e não foi abandonada até 1580.[5]

Entre 1540 e 1580, a demarcação dos governos hispânicos na América do Sul foi modificada várias vezes, assim como mudou a sua dependência de outras instituições jurisdicionais maiores, como as *audiencias*[6] ou os vice-reinos.[7] Durante os primeiros anos, o panorama foi um tanto confuso e emaranhado,[8] mas os interesses da coroa e de seus contratados (os *adelantados*) eram tão contraditórios quanto complementares:

---

[5] Uma manifestação precoce dessa consciência pode ser lida nos relatos de Pero Hernández sobre a segunda parte dos *Naufragios*... de Alvar Núñez Cabeza de Vaca; ver especialmente "En tierras del Paraguay".

[6] A primeira criada em território sul-americano foi a da Ciudad de los Reyes (Lima), pela real cédula de Carlos V, em 20 de novembro de 1542 (*Recopilación*, ley 5, tít. XV, libro II). Assunção nunca teve *real audiencia*; por R. C. de 4 de setembro de 1559, Filipe II criou a *real audiencia* de La Plata (Charcas), que esteve sujeita ao governo platino até a criação da de Buenos Aires (1661), e novamente depois do fechamento desta (1671). Durante o século XVI, no Chile, existiu uma com sede na cidade de Concepción (1565-1575); a de Santiago foi criada no início do século seguinte. Em 1580, o tribunal de alçada para o Paraguai, Rio da Prata e Tucumán era a *real audiencia* de Charcas.

[7] O vice-reino do Peru (criado por uma R. C. assinada em 1542, designando o primeiro vice-rei em março de 1543 e em funcionamento efetivo desde o ano seguinte) compreendia os governos de Nueva Castilla, Nueva Toledo, a província do Estrecho, a do Chile da Nueva Extremadura e a do Paraguai-Rio da Prata, criada nas instruções da capitulação de 1534 entre a coroa e Pedro de Mendoza, a quem foi concedida. Ver Oscar Nocetti e Lucio Mir, *La disputa por la tierra*, cap. I-III.

[8] *Idem*.

se a coroa impunha condições e retinha direitos, após as capitulações cedia uma ampla delegação de *potestas* e *auctoritas*.[9] A monarquia funcionava bem, não apesar dessas contradições, e sim graças a elas: a concessão dessas amplas faculdades — poder para fundar cidades, mas também o poder de delegar essa potestade a um tenente e este a outro — permitiu a incorporação de um território longínquo e desconhecido a seus domínios. A monarquia punha em mãos de alguns súditos instrumentos que permitiam variar os projetos, conforme as oportunidades se apresentavam.[10]

A frequente modificação das divisões administrativas durante o século XVI corresponde aos interesses em jogo: existia um diagrama concebido "de cima", expresso nas primeiras capitulações, que deixava entrever uma concepção *latitudinal* das jurisdições; por outro lado, a dinâmica territorial da conquista indicava que as jurisdições deviam consolidar os movimentos dos agentes de campo. Estas últimas apoiavam seu projeto sobre cidades e caminhos e eram mais *realistas*.

A conquista militar dos territórios gerava a necessidade de premiar um grande número de homens.[11] As hostes ganhavam espaço físico e simbólico: obtinham prerrogativas[12] e solicitavam a concessão de honras (títulos e graus militares), primeiro passo para solicitar mercês de terras (solares, quadras, estâncias) ou *encomiendas*. Passados os primeiros anos de conquista, em todo lugar se forjou um número de *capitães novos* que fazia pressão sobre os chefes da saga conquistadora e até sobre a própria coroa. Os jovens não encontravam nesses agentes a me-

---

[9] A dignidade real foi aparentemente todo o tempo muito ligada ao exercício de poderes judiciais. Walter Ullmann, *Escritos sobre teoría política medieval*, p. 117.
[10] Miguel Alberto Guérin, "La organización inicial del espacio rioplatense", in Enrique Tandeter (org.), Juan Suriano (ed.), *Nueva historia argentina: la sociedad colonial*, tomo II, p. 40.
[11] Os historiadores do direito chamam este processo, típico do processo formador das Índias, de dinâmica premial ou direito premial. Cf. Ramón María Serrera, "Derecho premial y aspiraciones señoriales de la primera generación de la conquista", Real Academia de la Historia, *Congreso de Historia del Descubrimiento (1492-1556)*, tomo III, p. 481 e ss.
[12] Que quase sempre supunham também obrigações: o assentamento, por exemplo, exigia ter *casa povoada*, já que o que se esperava do "casado" era arraigo no lugar. O assentamento também comprometia a defender a cidade com o próprio corpo e as armas, assim como o cuidado de sua limpeza física e moral. Nas circunstâncias de conquista, o assentamento implicava a concessão de parcela de terra onde se estabeleceria a casa povoada e podia incluir terras para a manutenção — mais além do terreno comum.

lhor predisposição para premiá-los com presteza, de modo que se transformaram em uma população insatisfeita e preocupante.

Este fenômeno influiu diretamente na velocidade e eficácia com que territórios enormes — por exemplo os que se estendem entre os altos vales calchaquís e as costas *rioplatenses* — foram ocupados, povoados e submetidos à jurisdição monárquica. Aqui também houve uma feliz coincidência de interesses: os grupos mais antigos da área peruana, bem como os de Assunção, com a concordância tanto do Conselho das Índias quanto de Filipe II, assumiram a expulsão com interesse. Isso é central para entender que a ocupação das terras da bacia do rio da Prata e das margens do Paraná foi ao mesmo tempo um projeto desejado e alimentado pela coroa — com entradas pelo rio da Prata na década de 1510 — e um sucedâneo da descompressão de capitães "peruanos" sobre a área tucumana, tanto quanto da descompressão *asunceña*, que por volta de 1570 tinha uma expressiva população de jovens mestiços, descendentes da primeira geração de conquistadores. Todos procuravam a *saída atlântica*, e as elites locais tinham expulsado o que consideravam população excedente.

Os povoados instalados na linha traçada pela ampliação da conquista do Alto Peru para o sul e o sudoeste foram mais numerosos e mais estáveis do que os ensaiados por quem entrava do rio da Prata. Isso se explica pela chegada contínua de *espanhóis* do Peru, mas também porque as diferentes regiões do atual noroeste argentino estavam ocupadas por povos nativos mais organizados que serviram de mão de obra para organizar o espaço.

Entre 1540 e 1580, o enorme território situado a sudeste da cidade de La Plata (Charcas) e a oeste da linha de Tordesilhas foi um butim de partilhas e um local de ensaio para assentar novas jurisdições. Suas divisão e subordinação judicial ao distrito da *Audiencia* de Charcos (1563) incluíram a instituição de um governo *de Tucumán* (denominado na Real Cédula como de *Juríes y Diaguitas*).[13] Esse processo de povoamento — de noroeste a sudeste — era animado pelas mais altas autoridades

---

[13] *Recopilación de las leyes de los reinos de Indias*, Madri, 1681, ley 9, tít. XV, libro II.

da mencionada *real audiencia*, que desse modo conseguia também "tirar gente do distrito e premiar de alguma forma quem aguardava recompensas por ter combatido contra Gonzalo Pizarro".[14] Essa *descarga* estava presente nos planos de Francisco de Aguirre, do auditor Matienzo[15] e do vice-rei Toledo, que desde 1569 encarou esse aspecto com determinação. Para isso, contou com empresários-militares-espanhóis dispostos a ir para o sul tentar melhor sorte.[16]

Por outro lado, de Assunção ainda se tentava encontrar o melhor caminho possível de comunicação com o Peru, e não se abandonou a ideia de "povoar abaixo [ao sul] para que tivéssemos porto e navegação da Espanha".[17] Em 1571 e 1572, em um clima de grande agitação, ocorreram conflitos nos quais o governo local reprimiu com força o distúrbio produzido por grupos de jovens descontentes. Entre eles foi recrutada boa parte da tropa que acompanhou Garay para fundar um porto ao sul em 1573.

Na região do Paraná e poucas léguas ao sul de Santa Fé, Garay e seu grupo tomaram contato com uma guarda avançada que provinha "do Tucumán", homens de Jerónimo Luis de Cabrera, que fundara havia poucas semanas a cidade de Córdoba.[18] As correntes da "descarga" peruana e de Assunção não se encontraram na metade de caminho, e sim em pleno litoral, a 400 quilômetros ao norte do estuário platino: a for-

---

[14] "... *sacar gente del distrito y premiar en alguna forma la que aguardaba recompensas por haber combatido contra Gonzalo Pizarro*". Roberto Levillier, *Nueva crónica de la conquista del Tucumán*, tomo I, p. 164. Na mesma direção vai a leitura feita por alguns moradores. Ver a "Probanza de los vecinos de Santiago del Estero", *idem*, p. 168.

[15] Para o projeto de Aguirre, *idem*, tomo III, p. 4. A reivindicação de Matienzo também é conhecida: ele pensava na reconstrução de Buenos Aires como caminho para um sistema de circulação que suplantaria o de Portobelo-Panamá. Uma boa análise em Guérin, *op. cit.*, especialmente p. 46 e ss.

[16] Tais como Zorita, D. Jerónimo Luis de Cabrera e Gonzalo de Abreu, em 1573, Pedro de Zárate, em 1574, Pedro de Arana, em 1578. Hernando de Lerma o fez em 1579, não sem antes afirmar algumas diferenças com o vice-rei, documentadas em três cartas de Hernando de Lerma à Sua Majestade, publicadas em Levillier, *op. cit.*, tomo III, p. 251, 253 e 256 respectivamente.

[17] "... *poblar abajo [al sur] para que tuviesemos puerto y navegacion de España*". Opinião sustentada, por exemplo, pelo feitor Dorantes, AGI, Charcas, 42.

[18] Diferentes versões desse encontro, no já mencionado Rui Díaz de Guzmán e em Félix Azara, *Descripción e historia del Paraguay y río de la Plata*, cap. XXX.

ça da corrente *peruana* era ostensivamente mais forte e estava muito perto de alcançar a saída para o rio da Prata.

Na noite da rebelião dos jovens, Garay não estava em Santa Fé: tinha partido para a fundação de Buenos Aires, criando finalmente o almejado assentamento de frente para o Atlântico. Naqueles dias sua posição era a de lugar-tenente de um tenente *adelantado* com autorização para fundar cidades: assim tinha feito em Santa Fé, graças ao poder que Martín Suárez de Toledo (mais tarde seu consogro) lhe conferira e por delegação de potestade por parte do mesmo Juan de Torre Beira y Aragón, que devia às gestões do biscainho o mesmíssimo título de *adelantado*. Além de Assunção, a única cidade no enorme governo do Paraguai e Rio da Prata era Santa Fé. Tinha sua justiça ordinária assentada no *cabildo* e seu tribunal de alçada era a *real audiencia* de Charcas, a quatro meses de viagem.[19]

REBELIÃO NA PROVÍNCIA: FRONTEIRAS INTERIORES

Se a rebelião de 1580 tinha como motivo o acesso ao poder político e à terra, o problema central ia além da escala local: apresentando-se como marginalizados, os rebeldes fizeram coincidir seus desgostos e interesses com as ambições de um governador e com um reordenamento jurisdicional à escala de vice-reino. A rebelião, por conseguinte, não é *causa* nem *consequência*, mas um elemento do processo e do contexto: sua organização, sua repressão e sua judicialização permitem compreender, observando o momento, os conflitos causados pela organização do território.

Uma apresentação possível dos fatos que culminaram nesse acontecimento é a seguinte: no início de 1574, o governador da província do Tucumán, Jerónimo Luis de Cabrera, foi tirado do cargo e processado por seu sucessor, Gonzalo de Abreu.[20] Toledo tinha recomendado que

---

[19] Também estava sob essa jurisdição, em 1580, o governo de Tucumán, com sede em Santiago del Estero.
[20] O juiz comissionado foi Juan Arias de Altamirano, homem de confiança de Gonzalo de Abreu.

ele se limitasse a fundar uma cidade perto de onde hoje está Salta e retornasse ao Alto Peru, mas Cabrera ignorou essas instruções e avançou quase duzentas léguas a sudeste, até alcançar as costas do rio Paraná, onde fez contato com Garay. O vice-rei teve outro contratempo: Filipe II tinha estendido um título de governador do Tucumán a Gonzalo de Abreu y Figueroa, sobrepondo essa designação à que o vice-rei lhe tinha dado e às suas preferências para suceder Cabrera. Toledo fez do obstáculo vantagem: mandou Abreu como sucessor de Cabrera — desse modo evitando um conflito com Filipe II — e pôs a faca no pescoço do fundador de Córdoba: o governador entrante processou Cabrera, que morreu durante o processo devido ao interrogatório *apaixonado*, desimpedindo o terreno literalmente.

Em 1578, Abreu foi contatado por alguns moradores da Santa Fé, supostamente marginalizados por Garay, e em 1579 estes lhe escreveram já oferecendo apoio incondicional ao seu propósito de estender a jurisdição de Tucumán até Santa Fé, "contanto que o pagamento e o galardão não sejam o que Joan de Garay nos deu, que foi dar o melhor aos que vieram, como se diz, ontem, e nós que viemos povoar a terra somos vistos como estúpidos pobres e abatidos".[21] "Os paraguaios" — era assim que Abreu os designava nas cartas que enviava ao seu tenente de governador em Córdoba, Diego da Rubira — se comunicavam com o governador de Tucumán por meio de Diego Ruiz, homem que contava com a confiança de Abreu e dos moradores de Santa Fé descontentes com Garay.

Pelo lado de Santa Fé, Juan de Garay fez alianças que prejudicavam os interesses de Toledo e de Abreu: em 1577, viajou a Charcas para interceder junto a seu parente Fernando de Zárate para casar Juana — filha mestiça do recentemente falecido *adelantado* Juan Ortíz de Zárate, também seu parente — com o licenciado Juan de Torres Vera y Aragón. Juana levaria para o casamento — entre outras coisas — o título de *adelantado* e governador das Províncias do Rio da Prata; o trâmite foi tor-

---

[21] "... con tal que no sea el pago y galardon que Joan de Garay nos a dado que es dar lo mejor a los que vinieron a manera de dezir ayer y los que venimos a poblar tierra estamos a la mira como badajos pobres y abatidos". BN, GGV, CXXI, 2092.

tuoso, mas, em abril de 1578, Garay foi recompensado por seu agora parente político com o cargo de tenente de governador e capitão-geral das Províncias do Rio da Prata,[22] honra gozada até então por Diego de Mendieta. Os movimentos de Garay ameaçavam a facção de Mendieta no Paraguai, os interesses do próprio vice-rei Toledo sobre o litoral e afiançavam sua própria posição e a de seus familiares, titulares do *adelantado* do rio da Prata, em Santa Fé e Encargo. Garay se posicionava então nas antípodas do projeto toledano e obstruía os planos de Abreu.

O fundador ganhava inimigos em todas as escalas: no vice-reino, na *audiencia*, nos governos vizinhos e na própria cidade. Até que se cumprisse a disposição testamentária que tornava o marido da Juana *adelantado*, o mando do Paraguai continuava nas mãos do jovem Diego Ortíz de Zárate y Mendieta, outro sobrinho de Juan Ortíz de Zárate. Mendieta desembarcou em Santa Fé com 130 homens, exibiu seus títulos no *cabildo* e comunicou que assentaria ali o governo provisório do Paraguai e Rio da Prata. Os abusos que cometera em Assunção continuaram em Santa Fé, de onde foi expulso e enviado em uma caravela à Espanha pelas autoridades locais.[23] Garay e os seus ganharam a antipatia dos partidários do *mozalbete* — denominados *mancebos*. Dois deles, que eram, além disso, moradores de Santa Fé — Pedro Villalta e Diego Ruiz —, ligaram esse sentimento dos partidários do deposto Mendieta ao projeto de extensão jurisdicional alentado por Toledo e Abreu. Dois anos de comunicações consumiram a gestação do plano, que foi livremente redigido de próprio punho pelo governador — ou algum de seus lacaios — em uma minuta dirigida aos inquietos mancebos: os mensageiros procedentes de Santiago del Estero (sede do governo de Tucumán, onde residia Abreu) chegaram a Santa Fé na madrugada de 31 de maio de 1580. Os amotinados capturaram as autoridades locais[24] e tomaram à força o governo da cidade; deixaram o tenente preso na casa

---

[22] Garay era, além disso, testamenteiro nomeado de Juan Ortíz de Zárate.
[23] AGSF-ACSF, I, f. 26.
[24] Cujos nomes e funções convém guardar: Simón Xaques era tenente de governador; Pedro de Oliver, o prefeito; Bernabé Luján, o oficial-mor; Alonso Fernández Montiel, o escrivão do *cabildo*, acompanhados pelo sobrinho do *adelantado* Alonso de Vera y Aragón.

de Pedro Galego e se reuniram na de Lázaro de Benialvo, um dos organizadores da ação. Trinta e quatro homens assinaram a ata em que designavam as novas autoridades.[25]

Paradoxalmente, poucas horas depois, um dos signatários encabeçou a repressão que pôs fim ao efêmero movimento: Cristóbal de Arévalo, designado capitão-geral e juiz maior pelos rebeldes, conclamou os recentemente depostos a acabar com "a farsa". Se o motim previa um pequeno massacre contra as autoridades legais, sua repressão desencadeou outra que, apesar de improvisada, nem por isso deixou de ser efetiva. Benialvo, anfitrião dos rebeldes, foi assassinado na própria casa. Na mesma faina, os rebeldes travestidos em leais acabaram com a vida do Diego de Leyva e Pedro Galego, desta vez na via pública. Domingo Romero foi executado no meio da praça, e o movediço Diego Ruiz no pelourinho, após um brevíssimo julgamento sumário. Rodrigo Mosquera e Pedro de Villalta conseguiram fugir até Córdoba. Melhor sorte parece ter tido Pedro Galego el Mozo, de quem só se sabe que fugiu.[26]

Enquanto os capturados relatavam sua versão dos fatos, os homens leais a Garay e "à ordem" montavam a cena pedagógica, expondo na praça e nos caminhos restos físicos dos que em vida tramaram a revolta. As rebeliões e contrarrebeliões ocorridas em outros pontos do império, incluindo as não tão remotas "guerras civis do Peru", são pródigas em exemplos desse tipo.[27]

Em Córdoba, Diego de Rubira — tenente de governador e homem de confiança de Gonzalo de Abreu nessa cidade — ordenou a detenção

---

[25] Entre as quais se encontram alguns notáveis, como Diego Ramírez e Juan de Santa Cruz, como alcaides, e Cristóbal de Arévalo como juiz-mor e capitão-geral. Ao anfitrião da reunião era reservado o título de mestre de campo.

[26] O tratamento sumário — e o castigo exemplar e imediato — estava contemplado nas leis hispânicas ao se enquadrar a rebelião naquilo que se denominava à época *delitos notórios*. Aqui também é interessante a conexão com a tradição judaico-cristã. Nas Decretais, cita-se santo Agostinho para capitular que "Sobre os delitos notórios proceda o juiz de ofício, mesmo que não haja acusador". ("*Sobre los delitos notorios proceda el juez de oficio aunque no haya acusador*"); Antonio Xavier Pérez y López, *Teatro de la legislación universal de España e Indias por orden cronológico de sus cuerpos y decisiones no recopiladas y alfabético de sus títulos y principales materias*, tomo IV, p. 213.

[27] Efraín Trelles Areástegui, *Lucas Martínez Vegazo: funcionamiento de una encomienda peruana inicial*.

de Rodrigo Mosquera e Pedro Villalta, a fim de mandá-los a Santiago del Estero para que Abreu decidisse; mas estes ficaram à disposição da justiça do investigador de Abreu, a quem foram entregues. Hernando de Lerma chegara a Santiago del Estero com sua designação como governador e com o poder para iniciar a investigação de Abreu, culpado em 54 das 55 acusações que lhe imputavam.

O LONGO BRAÇO DA MONARQUIA PERMITE A SEUS MAIS HUMILDES VASSALOS AGITAR AS MÃOS

Das 55 acusações imputadas a Abreu, cinco o relacionavam a essa revolta, apresentada como um ato de desserviço à majestade — traição à coroa.[28] Para o delito de traição ao rei ou à coroa, as *Partidas* previam que podiam se apresentar como acusadores até mesmo aqueles que não podiam fazê-lo de maneira ordinária — isto é, todo tipo de sujeito juridicamente dependente.[29] Somando isso à circunstância de ser "secreta" (a apresentação dos testemunhos era confidencial), o juiz conseguia resgatar durante a investigação um registro de vozes extraordinariamente heterogêneo.

O processo demonstra a relação entre os dispositivos de controle que a monarquia implementava em escala imperial com as dinâmicas facciosas locais. Abreu foi condenado a pagar multas em dinheiro por insultos de palavra, parcialidade em pleitos, excessos no uso da tortura ("ter inquirido as testemunhas com muita persuasão") e até por ter faltado ao respeito com alguns moradores e suas mulheres.[30] Durante a investiga-

---

[28] BN, GGV, CXXII, 2125, várias declarações. Ver também a confissão de Ruiz, BN 2126 e 2127.
[29] Partida VII, tít I, lei 2.
[30] BN, GGV, CXXI, 2112; em outro dos documentos incorporados por essa via à causa, Garci Sánchez, Hernán López Palomino, Alonso Abad, Gonzalo Sánchez Garçon, Juan Serrano e Luis de Gallegos, moradores, conquistadores e povoadores de Santiago del Estero, reclamam, em sua justificação de 6 de julho de 1580, de constrangimentos e falsificação de documentos contra Bartolomé de Sandoval em uma contenda mantida entre este e Hernán Mexía de Miraval. BN, GGV, CXXI, 2113.

ção, a correspondência do governador com várias pessoas foi confiscada, o que permitiu reconstruir sua vinculação com os "paraguaios".

Abreu trabalhou sem descanso na confecção de uma malha de relações que lhe devia informar fidelidades de diferentes tipos durante seu governo: começou no dia em que chegou a Santiago del Estero, mudando desde a chefia do *cabildo*, depois fazendo o mesmo com o de Córdoba. Concedeu ofícios municipais, distribuiu favores materiais com bens que tirava dos opositores e distorceu a balança da justiça, beneficiando com decisões arbitrárias e rápidas pessoas que pretendia transformar em partidários. Obteve a incondicionalidade de um antigo morador de Santiago del Estero, Diego de Rubira, a quem colocou como seu tenente em Córdoba.[31] Rubira mobilizou por ele favores para Francisco Velázquez (que depois lhe forneceu cavalos e equipamento para a revolta em Santa Fé) e quando se lançou em perseguição a Cristóbal de la Chica, um traidor que possuía muita informação a respeito da relação entre Abreu e "os paraguaios" de Santa Fé. Rubira executava todo tipo de serviço para seu governador; pagando dívidas em dinheiro ou em espécie, fazendo favores judiciais, perseguindo pessoas, e até expulsando de Córdoba pessoas *non gratas* a seu patrão.[32]

Por outro lado, o próprio Abreu tinha limpado o terreno de inimigos reais e potenciais. Exercendo seu poder de juiz maior, processou opositores e até condenou à morte um morador durante o período de apelação da sentença. A morte de alguns *encomenderos* lhe proporcionou recursos para premiar seus próximos; beneficiou o irmão e os que o ajudaram a controlar o caminho que ligava Santiago del Estero com Charcas a partir de 1578, vigilância redobrada assim que teve notícias da chegada de Lerma, seu sucessor. Invadindo a jurisdição eclesiástica,

---

[31] Ver as cartas de Gonzalo de Abreu a Diego de Rubira, de Santiago del Estero, de 15 de maio de 1580. BN, GGV, CXXI, 2102. Carta de Diego de Rubira a Gonzalo de Abreu, de Córdoba, de 9 de junho de 1580. BN, GGV, CXXI, 2090. Carta de Gonzalo de Abreu a Diego de Rubira, de Santiago del Estero, de 23 de abril de 1580; BN, GGV, CXXI, 2100.
[32] Cartas de Abreu a Rubira, de Santiago del Estero, de 27, 28 e 29 de março de 1580. BN, GGV, CXXI, 2094, 2095 e 2096. Outra carta de Abreu a Rubira, de Santiago del Estero, de 11 de abril de 1580. BN, GGV, 2098. Carta de Abreu a Rubira, de Santiago del Estero, de 19 de abril de 1580; BN, GGV, CXXI, 2099. Carta de Abreu a Rubira, de Santiago del Estero, de 3 de junho de 1580, BN, GGV, CXXI, 2103.

mandou capturar índias como feiticeiras, a maioria das quais acabaram como concubinas do governador e dos homens de seu séquito, embora também as tenha utilizado como caçadoras de informação nos leitos dos homens que não lhe eram completamente confiáveis.[33]

O Juízo de Residência abria possibilidades para os infelizes que conseguiram sobreviver a esse tipo de barbárie: durante a primeira fase, a "secreta", o juiz investigador recebia, de maneira confidencial, declarações e denúncias sobre as atividades do acusado. Foram muitos os moradores e habitantes de Santiago del Estero que prestaram informações denegrindo a ação de Abreu. Além de ser a oportunidade de vingança para os prejudicados, essa instância proporcionava uma lista de prováveis partidários ao governador recém-chegado — que, nesse caso, coincidia com a figura do acusador. Na segunda instância, chamada pública ou plenária, apresentaram-se processos e recolheram testemunhos que permitiram culpar Abreu de proceder *apaixonadamente* contra os partidários do predecessor (Jerónimo Luis de Cabrera) bem como de "ter dado ofícios e cargos de justiça a homens baixos e muito humildes...". Segundo os vizinhos que apresentaram denúncias contra ele, Abreu manipulava as eleições para a câmara de Santiago del Estero e de Tucumán e até mudava os juízes quando não eram de seu agrado.[34]

Apesar de justas, as acusações tinham algo de estereotipado: quando Juan Ramírez de Velasco acusou Hernando da Lerma, imputou denúncias fundamentadas, e aos olhos do novo governador o investigador de Abreu era um "velhaco", contra quem recolheu 105 acusações. A reiteração se deve tanto ao tipo de pergunta com que o juiz investigador recolhia informação quanto ao modo como se articulava o funcionamento da dinâmica política da monarquia, com a coincidência conjuntural de interesses de atores muito distantes entre si. Os partidários de Cabrera, outrora derrubados e prejudicados por Abreu, encontraram no Juízo de Residência iniciado por Hernando de Lerma em 1580 a possibilidade de

---

[33] Toda a informação em BN, GGV, CXXI, 2112.
[34] "... aver dado ofiçios y cargos de justicia a ombres baxos y muy humildes..." BN, GGV, 2112. Esse ponto de vista é o dos moradores "velhos" de Santiago del Estero, afastados por essa camada de homens a quem consideravam de qualidade inferior.

solicitar ressarcimentos por via do direito;[35] o mesmo aconteceu com os destituídos por Lerma quando este foi acusado por Ramírez de Velasco. A longínqua *audiencia* não enviava juízes comissionados, e a acusação era realizada por quem chegava para se radicar como governador.[36] Isso permitia que os lesados pelo governador que saía pudessem pedir ressarcimento, e aos prejudicados da vez prever que a situação se reverteria com a chegada do próximo. O governador recém-chegado, embora viesse com uma pequena comitiva, contava no local de destino com o tácito apoio dos que tiveram seus interesses lesados pelo anterior.

As constelações do poder político, observadas de perto, mostram sua mobilidade e sua fragilidade. O enfoque a partir da fonte judicial — mesmo carregado de fórmulas e estereótipos — permite construir, com uma perspectiva *de baixo*, as razões de um equilíbrio que não se assentava em uma forte centralização, mas em mudanças contínuas e vibrantes. A dinâmica que *explica* essa continuidade é puro movimento: a ordem é compreensível ao se admitir que a turbulência é uma forma de organização.

SANTA FÉ, 1580: ALINHAVANDO SILÊNCIOS

Os registros das sessões da câmara de Santa Fé não mencionam o motim da noite de Corpus Christi de 1580: neles predomina um silêncio lancinante. Esse silêncio[37] é surpreendente porque muitos dos atores do tumulto continuaram vivendo na cidade.

As relações entre os membros do grupo hispânico da cidade de Santa Fé se construíram sobre a experiência de Assunção, mas sobretudo

---

[35] Ver, por exemplo, as declarações de Mexía Mirabal, em BN, GGV, CXXI, 2114.
[36] Rodrigo Aguiar y Acuña & Juan Francisco Montemayor y Córdoba de Cuenca, *Sumarios de la recopilación general de leyes de las Indias Occidentales*, presentación de José Luis Soberanes Fernández; prólogo de Guillermo F. Margadant y estudio introductorio de Ismael Sánchez Bella, Edición facsimilar de la edición de 1628, livro IV, títulos oitavo e nono.
[37] Similar ao que envolveu as comunidades de Castela, por exemplo.

por um punhado de decisões tomadas pelo fundador ao conceder a seus homens cidadania e terras.

O silêncio das atas de Santa Fé não foi único. Quase terminando o século, em 10 de julho de 1599, Cristóbal de Arévalo — renomado comandante da rebelião, cabeça da contrarrebelião e ainda morador da cidade da Santa Fé, embora se reconhecesse como natural de Assunção — enviava ao rei uma folha de serviços pedindo recompensa. Não obstante os 30 anos de vida agitada, para relatar seus méritos sua memória parece conservar-se prodigiosa.[38] Ao evocar a rebelião da noite de Corpus Christi de 1580, destacou seu serviço como sendo repressor e omitiu ter sido eleito como autoridade máxima pelos rebeldes. Antes de terminar a carta, em sua longa folha de serviços enfatizou apenas este episódio: "Remeto disso tudo [...] e de como a cidade de Santa Fé, que é a que tomei ao tirano e deixei *ao serviço de vossa majestade*, é a melhor que há nestas províncias." Nas "informações" das testemunhas de ofício que compareceram ante o alcaide Pedro de Oliver em Santa Fé, os "leais" que se alinharam a Arévalo na contrarrebelião reputaram o fato como "um dos serviços mais qualificados prestados a Vossa Majestade, por haver impedido um dano tão grande como o que se esperava".[39] Na cultura política católica, poucas coisas contavam mais do que acabar com algum Judas, e isso não requeria a leitura de nenhum tratado erudito.

No *cabildo*, a lembrança da rebelião foi tacitamente encenada em um ato protocolar: a nomeação do primeiro alferes da cidade, registrada em 9 de janeiro de 1581, evitou as fórmulas consagradas, e o texto aparecia cortado com um comentário que, obviamente, é inesperado:

---

[38] Informe de Cristóbal de Arévalo ao rei, em 10 de julho de 1599, Manuel Cervera, *Historia de la ciudad y provincia de Santa Fe*, Santa Fe, p. 301-302.

[39] "... embio de todo esto [...] y de cómo la ciudad de Santa Fe qués la que quite al tirano, y puse en serbicio de Vuestra Magestad, es la mejor que ay en estas provincias". "... uno de los mas calificados seruiçios que se an hecho a su magestad por auerse atajado un daño tan grande como esperaua". "Contenido de la instrucción sumaria con motivo del motín efectuado el 30 de mayo de 1580 en Santa Fe, remitido al Gdor. Lic. Hernando de Lerma, en sobre cerrado, por el Alcalde Pedro de Oliver. Se acompaña del bando del cap. Cristóbal de Arévalo, prohibiendo la salida de gente de la ciudad sin licencia." AGI, Escribanía de Cámara, livro I, 873-0, recolhido também em BN, GGV, CXXII, 2125.

... porquanto na legislatura passada nomearam alferes desta cidade, para este ano, ao dito Pedro de Oliver, e sobre isso nada se escreveu. A partir deste momento o nomeavam e nomeiam para o dito cargo de alferes da cidade, e *ordenavam e ordenam que caso haja alguma alteração ou levantamento, que seja da parte de Sua Majestade*, para o que o fizeram jurar na forma do direito.[40]

Tampouco é casual sua eleição: Pedro do Oliver foi o juiz-presidente de segundo voto que oficiou como juiz nas inquisições sumárias levantadas contra os conjurados, seus parentes e aliados.

O relato da revolta, silenciado pelo *cabildo*, circulava em notícias de viajantes e informações enviadas ao rei. Mas, além da designação de Pedro de Oliver, o corpo dava outros sinais menos tênues: em 1581, ordenou que se fizesse uma *festa de desagravo* ao real estandarte no dia de Corpus Christi. Alonso Torre de Vera, um dos capturados durante o motim, não deixou passar a oportunidade sem relatar que naquela noite sua vida correu risco por *lealdade ao real serviço*: a edificante lembrança parece latente e rentável ainda em 1601, quando os regulamentos do governador Valdés y de la Banda sobre eleições na câmara incluíam o item "que os condenados e indiciados e suspeitos de abusos não sejam eleitos em cargos de regimento nem de justiça...".[41] Uma década mais tarde, a referência foi atualizada em uma carta remetida pelo *cabildo* à *real audiencia* de Charcas, aludindo ao ano de 1580 como momento de grandes mudanças políticas.[42]

---

[40] "... *por quanto en otro cabildo pasado nombraron para este año al dicho pedro de oliber para alferez desta ciudad y sobre ello no se escrivio asunto alguno y en lo qual desde agora le nombravan y nombraron por tal alferez de la ciudad* y le mandavan y mandaron que si se ofreciere alguna alteracion o levantamiento que sea de la parte de Su Majestad *para lo qual le tomaron juramento en forma de vida de derecho*". AGSF — ACSF, tomo I, livro primeiro, f. 56, destaque meu.
[41] "... *que los condenados e indiçiados y sospechosos en tiranías no sean elegidos en oficios de regimientos ni justicias...*" AGSF, Reales Cédulas y Provisiones, tomo I, "Provisiones sobre elecciones en el cabildo dadas por el Gobernador Valdés y de la Banda a doce de febrero de 1601".
[42] "Carta para la Real Audiencia, del Cabildo de Esta Ciudad", 5 de março de 1590, AGSF — ACSF, tomo I, livro terceiro, f. 56 v.

Não obstante, conhecendo o final da história, alguns registros camarários anteriores a 1580 podem ser significativos. Durante 1578, Rodrigo Mosquera (um dos conjurados de 1580) era nada menos que procurador da cidade da Santa Fé, um cargo nada *marginal*. Na sessão do dia 17 de junho, Mosquera apresentou uma informação, seguida de uma petição, parte da qual nos interessa em função dos acontecimentos posteriores.

> ... também tinha a informação de que Francisco de Sierra e Juan de Espinosa e Diego Bañuelos queriam sair furtivamente da cidade de Assunção com certos amigos para a cidade de Santiago del Estero para encontrarem-se com o governador geral que chegasse para esse governo [o até então fantasmagórico sucessor de Abreu] para dar-lhe falsas informações, do mesmo modo que fizeram em Assunção. E por isso peço e suplico a vossas mercês que caso necessário despachem homens abonados e de grandes virtudes deste povoado com despachos de vossas mercês *para que o governador geral que chegar tenha conhecimento da grande lealdade com que estamos servindo...* [43]

Esse escrito deve ser lido na conjuntura política em que foi escrito: por volta de 1577, Juan de Garay viajava a Chuquisaca, para a casa de Juana de Zárate e Juan de Torres Beira y Aragón, homem de sua confiança e partido. Francisco de Serra, a quem Mosquera apontava como um homem em quem o *cabildo* não devia confiar porque poderia levar ao próximo governador de Tucumán informações infelizes, foi designado tenente de governador de Santa Fé por Garay nesse mesmo ano. Juan de Espinosa e Diego Bañuelos eram também beneméritos e partidários de Garay, homens da primeira hora. Quando Mosquera apresentou seu

---

[43] " ... *tambien Esab ynformado que francisco de sierra y Juan despinosa y diego bañuelos se querian venir y salir de la ciudad de la asumpcion con ciertos amigos furtivamente á la ciudad de Santiago del Estero por verse con el governador o general que para esta governacion viniere [el por entonces fantasmático sucesor de Abreu] para le informar falsas ynformaciones como ansy lo han hecho en la asumpcion y para esto pido y suplico a vuestras mercedes que si es necesario se despachen dos hombres abonados y de grandes prendas deste pueblo con despachos de vuestras mercedes para que sepa el gobernador o general que viniere en la gran lealtad en que estamos sirviendo...*" AGSF — ACSF, tomo I, livro primeiro, f. 42, destaques meus.

relatório e sua petição, Garay se encontrava fora de Santa Fé (retornou à cidade no início de agosto daquele ano) e o poder que Vera y Aragón lhe outorgara data de 9 de abril. Na viagem de Charcas a Santa Fé, Garay evitou primeiro a pressão (e a perseguição) de Toledo e depois a de Abreu, ambos prejudicados pelo casamento que, por poder, Garay tinha arranjado, debilitando as pretensões vice-reinais de controlar mais firmemente a área paraguaio-platina. Hermando de Lerma, por sua vez, não podia tornar efetiva sua nomeação como governador de Tucumán: por volta de 1578, a notícia de sua titularidade já havia percorrido os extensos caminhos que conectavam Charcas a Santa Fé; todos estavam informados, mas Lerma era submetido a diversos questionamentos pela *real audiencia* de Charcas e pelo próprio vice-rei Toledo. Essa é a configuração em que deve ser inscrita a indignação que Mosquera mostrava ante a possibilidade de que os homens escolhidos fossem a Santiago del Estero ou para o norte, provavelmente para se encontrar com Lerma — embora talvez fosse principalmente para apoiar em termos logísticos a volta de Garay. A pressão que Mosquera exerceu foi bem-sucedida, já que obteve a nomeação de outras "duas pessoas para que fossem à cidade de Santiago para trazer mensagens, se houvesse, e notícias do governador e general Juan de Garay".[44] Foram designados Amador de Benialvo e Miguel de Rute, homens que entrariam em contato com Abreu para fortalecer sua posição em Santa Fé.

QUEM ERAM OS MANCEBOS? SANGUE, TERRITÓRIO E BOM GOVERNO

Os historiadores sustentam que os rebeldes de 1580 formavam um grupo social e etnicamente diferenciado (os filhos da terra), politicamente subordinado (mancebos), sociologicamente marginalizado (da propriedade da terra e do controle do *cabildo*, despossuídos material e simbolicamente) e, por fim, incidentalmente ofendido pela nomeação de um lugar-te-

---

[44] "... dos personas para que fuesen a la ciudad de santiago a traer despachos si los hubiere y nuevas del governador y general Juan de garay..."

nente "estrangeiro" que lhes era adverso (Simón Xaques). Essa imagem é a que os rebeldes quiseram oferecer de si mesmos: colocava-os em uma situação de "vítimas" e permitia construir a imagem do tirano. O curioso é que a historiografia que acreditou na primeira parte da imagem (a vitimização) não fez a mesma coisa com seu outro apoio (jamais admitiu que Garay fosse um tirano).

Voltemos imaginariamente à casa de Lázaro de Benialvo, no momento em que os rebeldes se reuniam. Ali, na terça-feira 31 de maio de 1580, "se juntou muita gente para eleger Luiz maior". A eleição recaiu em Cristóbal de Arévalo, morador da cidade; sem guardar uma ordem lógica de preeminências e certamente impondo a urgência às formas. Na mesma linha registra-se a eleição do dono de casa como "mestre de campo".[45] A ata está rubricada por 34 assinaturas[46] dos que participaram dessa junta,[47] que se arrogou a capacidade de mudar as autoridades que deviam governar a cidade.

A metade dos homens ali reunidos integrou o grupo fundador: 16 acompanharam Juan de Garay desde Assunção. Três dos cabeças da rebelião — Lázaro Benialvo, Pedro Galego e Diego de Leyva — e alguns que, mesmo participando dela, depois se tornaram "leais ao rei" e reprimiram o movimento — como Cristóbal de Arévalo e Antón Romero — tinham sido, além disso, soldados de Garay no início da década de 1570.[48] Segundo o testemunho de Felipe Xuárez, todos esses

---

[45] Ata de nomeação das autoridades pelos rebeldes; BN, GGV, CXXII, 2124.
[46] Cinco homens não assinaram a ata, mas foram presos, e dois deles, Domingo Romero e Francisco Álvarez Gaytán, foram processados.
[47] A palavra aparece utilizada para designar a reunião no juízo sumário seguido por Pedro de Oliver.
[48] Os três primeiros são mencionados no testemunho do capitão Juan Fernández de Enciso, enquanto os dois últimos no de Pedro Sánchez Valderrama. Ambas as declarações correspondem à "Información hecha à petición de Tomás de Garay como apoderado del General Hernán Arias de Saavedra, Gobernador de las provincias del Río de la Plata, y por ante el Capitán Diego Núñez de Prado, Alcalde ordinario de la Asunción, de los servicios del Capitán Juan de Garay, fundador de Buenos Aires", em Assunção, em 23 de julho de 1596. Em Enrique Ruiz Guiñazú, *Garay, fundador de Buenos Aires*, p. 195 e 200-201, respectivamente. O testemunho de Felipe Suárez — aliás, ocular, já que participou da fundação de Santa Fé e era soldado de Garay — enumera, além dos nomes apontados, o de Juan de Santa Cruz e o de Mateo Gil, que também estavam em Santa Fé em 31 de maio de 1580.

homens eram gente de sua confiança.[49] Nessa altura, os soldados do Garay eram considerados pela mesma testemunha "peritos" no uso das armas e na prática da guerra contra os indígenas. Sempre para a mesma testemunha, Garay "... havia obrado pelo caminho como declararam Juan de Santa Cruz, Sebastian de Aguilera e Luis Gaitan e Pedro Gallego e Lázaro Benialvo, soldados de fé e crédito assim como outros que também o acompanharam..."[50] Vários dos "mancebos rebeldes" foram homens de confiança do biscainho desde o início da década de 1570 até pouco antes de a rebelião ser tramada. Inclusive vemos que, quando Mosquera tentava trocar os nomes dos homens que iriam para Santiago del Estero, Galego e outro dos Benialvos, Lázaro, vinham com ele. Mas a caracterização dos homens rebeldes como mancebos não surge do nada.

A condição tem significados que, segundo mostra a experiência "paraguaia", foram pesando jurídica e socialmente. Por um lado, "mancebo" faz referência a uma condição jurídica relacionada à juventude e à dependência; mas que no rio da Prata (ou no Paraguai, mais corretamente) relacionava-se a uma trama localizada, reveladora de questões culturais do processo de conformação da sociedade colonial.

Mesmo que os menores de 25 anos fossem proibidos de utilizar armas de fogo, era bastante corrente que os *mancebos* se lançassem precocemente à vida militar com a expectativa de obter algum tipo de privilégio em um mundo mesquinho nessa questão. Desde cedo, os mestiços filhos de índias e espanhóis que, reconhecidos ou não pelos pais, constituíam um estrato inferior ao dos "peninsulares" — inclusive ao dos espanhóis nascidos na América, isto é, aos filhos de pai e mãe espanhóis — ofereciam seu apoio a capitães, certamente alimentando expectativas nem sempre satisfeitas.

Um bando do tenente Felipe do Cáceres apregoado em Assunção em 1571, proibia "o uso de armas e montar a cavalo, assim como juntar-se

---

[49] Idem, p. 208.
[50] "... avia travajado por el camino según tiene declarado que fueron Juan de Santa Cruz Sebastian de Aguilera y Luis Gaitan y Pedro Gallego y Lazaro Benialuo soldados de fee y credito y otros que con el fueron..." Idem, p. 209.

em dois ou três para cima, sob pena de morte corporal..."⁵¹ No seu entender, os homens que faziam isso tratavam de abandonar a cidade, "levando todas as armas e cavalos que pudessem...". O bando enumerava

> os seguintes *mancebos desordenados, filhos da terra*: Pedro Moran, Alvarez, Santiago de Ribera, Juan Martin Herrero, Francisco de Esquivel, *Pedro Gallego*, Arcamendia, *Rodrigo Mosquera*, *Leiva*, *Amador de Venialvos*, Santiago Mendez, Polo Sandoval, Manuel Antonio Herrero, Richarte, Rivero, Martin de Peralta, Luis Calafate e Anton Alonso.⁵²

Os nomes dessa lista são importantes: vários dos amotinados de Santa Fé foram classificados como *mancebos desordenados* por Felipe de Cáceres, que os marcara como suspeitos de rebelião na cidade sede do governo: muito provavelmente foi esse o motivo pelo qual lhes pode ter sido firmemente sugerido alistar-se no alarde de 1572 para embarcar com Garay rumo à fundação de um porto no rio Paraná.⁵³

O vice-rei do Peru, Francisco de Toledo, não escondia seu horror ante o crescimento da população que chamava "mestiça" e que ganhara muita importância, sobretudo em Tucumán e no Paraguai. Seu diagnóstico era alarmante:

> Aquilo está em vias de perder-se caso Vossa Majestade não mande com brevidade dar remédio por meio do relato que tenho do que fez Diogo Ortiz de Zárate Mendieta, sobrinho do dito *adelantado* Juan Ortiz de Zárate, que enquanto *a filha da índia que aqui deixou a governar, ela, ou quem com ela se casasse*, governasse aquele moço...⁵⁴

---

⁵¹ "... *el uso de armas y el montar á caballo, ni juntarse de dos ó tres para arriba, so pena de muerte corporal...*", "... *llevando todas las armas y caballos que pudiesen...*".
⁵² Manuel Ricardo Trellez, *Revista patriótica del pasado argentino*, tomo V. Todos os grifos são meus.
⁵³ Um pouco mais severa nesse ponto parece ser a tradição imperial chinesa; para manter as lealdades, fundamental na ideia oriental de bom governo, os suspeitos de sedição (ora sob os Mings, ora sob seus sucessores) eram induzidos por seus superiores a se suicidar, de forma a lavar sua honra e não levar consigo parte alguma a cepa da traição. Jonathan Spence, *La traición escrita: una conjura en la China imperial*.
⁵⁴ "*Aquello esta en punto de perderse si Vuestra Magestad con breuedad no manda poner el remedio mediante la rrelacion que tengo de lo que ha hecho digo ortiz de zarate mendieta sobrino del dicho adelantado Juan ortiz de zarate que entretanto que yba* la hija de la

Toledo estava espantado com o que poderiam fazer Diego de Zárate e Mendieta, os de Santa Fé também. Nisso coincidiam: tinham diferenças profundas sobre os caminhos a seguir.

Juana de Zárate, portadora de um título de *adelantado* para quem a desposasse, era filha natural do *adelantado* Juan Ortíz de Zárate com Leonor Yupanqui, uma princesa inca do Peru. Juana foi legitimada por Filipe II em 1572. Quando o pai morreu, ficou sob os cuidados de D. Hernando de Zárate, que a tinha em "depósito" por mandato da *audiencia* de La Plata. A mediação de Garay transformou-a em esposa de Juan de Torres Vera y Aragón, e o casamento o transformou em *adelantado*.[55] Informado sobre as tramoias de Garay para arranjar aquela união,[56] Toledo escreveu a Filipe II advertindo que, sendo Juana "filha de uma índia e conforme a criação que elas têm, seria possível casar-se com algum mestiço ou mulato, ou *com algum dos que foram grandes traidores a vossa real coroa*".[57] A última categoria que aqui se ressalta é obviamente aquela que inclui o candidato de Garay a essa aliança matrimonial que tanto desgosta Toledo. O vice-rei relaciona-a ao perigo que implica deixar pessoas de tais qualidades como "encarregadas de seus vassalos e da conversão e doutrina dos naturais...":[58] permitir que o governo caia em mãos de traidores ou de

---

yndia que aca dexo a gouernar ella o quien con ella se casase, *gouernase aquel mozo...*" Carta do vice-rei D. Francisco de Toledo a Sua Majestade sobre diversos assuntos de governo, justiça, finanças e guerra..., de Los Reyes, de 12 de dezembro de 1577, Levillier, "El virrey Francisco de Toledo, 1577-1580", *Gobernantes del Perú: cartas y papeles*, siglo XVI, tomo VI, p. 12, o destaque é meu.

[55] Poder no general D. Juan de Garay, em AGSF-ACSF, livro primeiro, tomo I, f. 33, a 26 de julho de 1578.

[56] Garay não era apenas um homem muito próximo de Juan de Torres de Vera y Aragón, era seu devedor a tal ponto que, em algumas cartas ao rei, reconhece que devia a ele pouco menos que sua sobrevivência. Ver, entre outras, sua carta ao rei de abril de 1582, transcrita por Manuel Cervera no tomo III de sua *Historia..., op. cit.* Na mesma carta se pode constatar, além disso, seu parentesco com o *adelantado* Zárate. Foi também seu testamenteiro judicial. "Información...", *op. cit.*, p. 148-219. Original em AGI, Patronato, 1-6-47/10, Coleção E. Peña.

[57] "... *hija de vna yndia y conforme a la criança que ellas tienen seria pozible casase con algun meztizo o mulato o con alguno de los que han sido muy traidores a vuestra real corona*". Carta do vice-rei D. Francisco de Toledo a Sua Majestade..., *op. cit.*, p. 16, destaque meu.

[58] "... *encargados de sus vasallos y la conuerssion y doctrina de los naturales...*"

homens que se afastam do cristianismo pela impureza do sangue, contaminação derivada daquelas mulheres com as quais se amancebavam e, às vezes, até se casavam, era um mau exemplo para a reprodução de uma sociedade que devia emular os princípios fundamentais da monarquia católica.

Essas "misturas", sempre segundo Toledo, estavam intimamente vinculadas ao exercício de uma "cultura dos motins", escreveu, "a única que aprendem", e às sublevações contra cabeças e caudilhos, vexando o bom governo com tiranias.[59] A linha de ideias expressas nessa carta é clara: sangue índio mais barbárie e tirania é igual a mau governo. Para o vice-rei, as províncias de Tucumán e do Paraguai eram "mal assentadas", porque superpovoadas de mestiços e mancebos. Estes não eram "puros" e por isso não podiam ser "homens bons". Para o vice-rei, a sucessão do governo da província paraguaia cobria de opróbio o sentido literal do bom governo e da justiça, levando a um grau inadmissível a incorporação, ao máximo nível do governo provincial, do fruto de uma dessas uniões resultantes dos amancebamentos entre espanhóis e índias. Por outro lado, embora omita dizê-lo, tinha para a "impura" seu próprio candidato, o filho do auditor Matienzo.

Para a construção do sentido de *mancebo*, localiza-se aqui uma nova linha: Juana era o resultado de um "amancebamento"[60] e foi legitimada como filha e herdeira dos direitos e ofícios de um proeminente servidor de Sua Majestade. Por seu intermédio, legitimava-se o envilecimento de um alto ofício de governo e, com isso, advertia o vice-rei, viciava-se a hierarquia régia e cultivava-se o caldo de possíveis futuras revoltas. Sua indignação o fez subir o tom quando, em 1578, dirigiu-se ao rei da seguinte maneira:

---

[59] *Idem*, p. 17.
[60] Amancebado, obviamente forma pouco virtuosa de união entre um homem e uma mulher. Cf. *Diccionario de Autoridades* (1734) e Sebastián de Covarrubias, *Tesoro de la lengua castellana* (1611).

> ... não sei como satisfazer a real cédula de vossa majestade nomeando-os delas governadores, à vontade do que para cá vêm tão carregados de filhos, filhas, mestiças e mulatas. E ficariam vossos súditos e vassalos caso os aceitassem como superiores e governadores deles, e como reconheceram e mantiveram esses a fidelidade que se deve a Vossa Majestade, especialmente visto que mesmo sem isto nos desvelamos tanto na busca de meio para se desfazer o perigo dos mestiços desta terra, pois quase todo o Paraguai é deles...[61]

Toledo não podia ser mais explícito: subvertia-se uma ordem hierárquica que se devia ao *bem comum*, o que podia diminuir a lealdade à coroa. Para Toledo era incompreensível que o rei não interferisse nesse assunto, porque seus vassalos cairiam na confusão ao reconhecer como governo o produto dessas uniões, fruto de amancebamentos.

Poucos anos depois, no final de 1585, Hernando de Montalvo, tesoureiro da província do Prata, insistia em trazer para essas terras gente espanhola, porque quatro quintos dos habitantes eram mestiços, "amigos de coisas novas [...] cada dia mais desavergonhados em relação a seus superiores [...]".[62] O oficial propunha que chegassem uns

> ... quatrocentos espanhóis, para que haja, assim, nas povoações que já estão povoadas, assim como nas que novamente se povoarem, duas partes de espanhóis e uma desses *mancebos da terra*, e assim permanecerão

---

[61] "... *no se como se puede satisfazer a la real conciencia de Muestra Magestad nombrandolos gouierno dellas a la boluntad de los que aca vienen y estan tan cargados de hijos hijas mestizas y mulatas y quedarian vuestros subditos y vasallos con tener a estos por superiores y ser gouernados dellos y como reconoceran y ternan ellos la fidelidad que se deue a vuestra magestad especialmente que aun sin esto nos desuelamos tanto en buscar medios como se quite el peligro de los mestizos desta tierra y casi todo lo del paraguay es dellos...*" Carta do vice-rei D. Francisco de Toledo a Sua Majestade, de Los Reyes, de 8 de março de 1578, Levillier, *Gobernantes del Perú...*, op. cit., p. 25.

[62] "*amigos de cosas nuevas [...] cada dia mas desvergonzado con sus mayores*", "Carta del tesorero del Río de la Plata, Hernando de Montalvo a S. M. refiriendo varios sucesos acaecidos en aquella gobernacion, fecha en la ciudad de Buenos Aires a doce de octubre de 1585", Trelles, *op. cit.*, 1890, v. IV.

humildes e bem comportados, e farão o que devem ao serviço de Nosso Senhor e de Vossa Majestade..."[63]

Montalvo trazia uma lembrança ingrata: "Se Nosso Senhor não remediasse o que aconteceu na cidade de Santa Fé, na véspera do Corpus Christi, no ano oitenta, alguma centelha saltaria para o Peru..."[64] Os fatos da véspera do Corpus de 1580 aparentemente resumiam o significado do perigo mancebo, cuja solução passava pelo contador para colocá-los em inferioridade numérica. O vocábulo mancebo, associado desde tempo imemorial à pouca idade, à dependência e ao celibato masculino, possuía no Paraguai e no rio da Prata atributos particulares: um temperamento inquieto, entusiasmo pelas coisas novas, "pouca amizade" pela ordem, prontos para rebelar-se.

Aqueles mancebos manejavam armas de fogo, mas nem sempre o fizeram para enfrentar os "peninsulares": o próprio Garay conseguiu que 52 dos *mancebos filhos da terra* que embarcaram com ele de Assunção para Santa Fé trouxessem entre seus pertences algum arcabuz, enquanto ele mesmo — no que para o contexto era uma verdadeira ostentação — proveu 23 por sua conta para armar aqueles que não tivessem um.[65] Isso é interessante, porque um *mancebo* é um homem cuja condição jurídica exigia tutela e — legalmente — não podia manejar esse tipo de arma. Apesar disso Garay armou-os, e o procurador Dorantes afirmava que "os mancebos ordinariamente são bons arcabuzeiros, em pouco tempo os usam..."[66]

---

[63] "... *cuatrocientos españoles, para que haya así en los pueblos que están ya poblados, como en los que nuevamente se poblaren, las dos partes de españoles y la una de estos mancebos de la tierra, y así andarán humildes y corregidos, y harán lo que están obligados al servicio de nuestro Señor y de V. M...*" Idem.
[64] Idem.
[65] Augusto Fernández Díaz, *Garay. Suvida y su obra*, tomo I, p. 473. Toledo, Dorantes, Cáceres ou Martín de Orúe — todos, como Garay, peninsulares — nomeavam os filhos de espanhóis com índias de *mancebos* ou *mancebos da terra*, sintetizando os atributos da pouca idade, o celibato e o pouco apego às autoridades. Em outra carta escrita por dois oficiais reais em maio de 1580, afirmava-se que Garay tinha partido de Assunção com "alguns espanhóis e setenta *mancebos naturais da terra*...", encadeando as categorias em vez de condensá-las: não fundem *mancebos* com "naturais".
[66] "... *los mancebos hordinariamente son buenos arcabuceros en poco tiempo que lo usan...*"

JUSTIÇA SUMÁRIA E ORDEM POLÍTICA

> E os que ficarem ouvirão e temerão,
> e não voltarão a fazer mais maldade semelhante.
> (Deuteronômio, 19:20)

A rebelião foi inspirada por um pequeno grupo de moradores bem integrado ao organismo de governo municipal. Lázaro de Benialvo, o principal líder, foi vereador em 1574, 1577 e 1580; em 1579 foi juiz-presidente de segundo voto. Diego da Leyva o tinha sido em 1576, 1578 e 1580. Rodrigo Mosquera foi vereador em 1577 e procurador em 1578. Pedro Galego fora alcaide de segundo voto em 1575 e vereador em 1578, e Bartolomé Figueredo oficial menor no mesmo ano da revolta. Se levarmos em conta o restante dos signatários da ata de 31 de maio, incluindo os contrarrevolucionários, a participação dos rebeldes no órgão de poder local se amplia.

Sua repressão se deu ao grito de "viva o rei", taxando os rebeldes de "traidores" ou "tiranos", o que justificava as decapitações.[67] As cabeças cortadas foram exibidas em lugares públicos como parte de uma *pedagogia* política do castigo profundamente judaico-cristã, mas também da difamação da memória dos traidores.[68] Depois de ter esfaqueado ele mesmo um dos cabeças, Arévalo lembrava ter dito "vossas mercês pros-

---

[67] "a lei Júlia sobre o crime de lesa-majestade, que compreendia as pessoas que atentavam ou conspiravam contra o imperador ou contra a república. Sua pena é a perda da vida, e a memória do culpado era difamada mesmo depois de sua morte" ("... *la ley Julia sobre el crimen de lesa majestad, que comprendía a las personas que atentaban o maquinaban contra el emperador o contra la república. Su pena es la pérdida de la vida, y la memoria del culpable era infamada aun después de su muerte*"), Instituciones de Justiniano, livro quarto, tit. XVIII: 3.

[68] A traição à coroa era considerada obviamente um crime de lesa-majestade e, segundo a tradição romana, assim como a tratadística da época, devia ser julgada de maneira breve e castigada de modo exemplar. Cf. Jerónimo Castillo de Bovadilla, *Política para corregidores*, 1601, II, livro V, capítulo III; Alonso de Villadiego, *Instrucción política y práctica judicial*. Carlos I de Inglaterra foi julgado pelo delito de traição, considerado culpado e decapitado em 30 de janeiro de 1649. Durante seu governo, havia feito a mesma coisa com seus ministros Strattford (1641) e Laud (1645). Por essas terras, muitos anos depois, em novembro de 1863, a cabeça de Vicente "el Chacho" Peñaloza foi cortada e exibida em uma estaca na praça de Olta, La Rioja. A exposição das cabeças de traidores, não obstante, não é uma exclusividade da cultura ocidental.

sigam e façam justiça aos demais agressores, como pessoas que quebraram a fé em seu rei...". Não há nenhum crime na restituição da ordem; Arévalo, rebelde dúbio e contrarrevolucionário sangrento, liquidou a cena em um gesto austero: "e este testemunho, entrego a bandeira ao senhor tenente, em nome de sua majestade, doravante fico como simples soldado como antes costumava ser..."[69]

A LEALDADE DOS TRAIDORES

Na cultura política católica, as mortes dos traidores e dos rebeldes sempre são justas e não requerem maiores justificações; a mais exemplar talvez tenha sido a de Diego Ruiz, justiçado "ao pé do tronco" após um brevíssimo julgamento oral.

Mas o atributo foi fixado, e os *mancebos* ou rebeldes o receberam simplesmente porque perderam o jogo. Se tivessem tido êxito, eles teriam conseguido transformar Garay em um *tirano* a quem era justo depor, e quem não tivesse se unido, ou quem tivesse defendido o tirano, poderia perfeitamente ser processado por traição.

Note-se que os traidores também tinham suas lealdades e que estas conduziam diretamente à cúpula dos poderes originários: do seu ponto de vista, Diego Ruiz não morria como um traidor, mas sim como um leal servidor de Gonzalo de Abreu, na época legítimo governador de Tucumán nomeado por Filipe II: em consequência, morria convicto de ter prestado um serviço a Sua Majestade, e não mentia.

Antes de ser executado, Ruiz disse conhecer todos os rebeldes e envolveu Abreu diretamente na trama, enfatizando que o governador "queria tomar posse desta cidade [Santa Fé] com toda a terra". Afirmou saber que "cantavam liberdade usurpando a jurisdição real [...] e

---

[69] "... *vuestras merçedes sigan y hagan Justiçia de los demas agresores como de personas que .an quebrantado la fee a su rrey...*", "*... y este testigo entrego la uandera al señor teniente en nonbre de Su Magestad de alli adelante quedo como vn soldado cençillo como de antes solia estar...*" Testemunho de Cristóbal de Arévalo, em BN, GGV, CXXII, 2125, *op. cit.*

que sabe por onde foi ordenado este motim, levante e desserviço de Sua Majestade, e que este vinha ordenado por mandado do governador Gonçalo de Abreu...".[70] O jovem Ruiz, de apenas 22 anos, convertido em delator de Abreu com uma hora de garrote, ante tabelião e pluma, conseguiu escrever ao chefe depois da confissão. Com orgulho, assegurou-lhe ter completado sua tarefa (levar as cartas), reconheceu-se como seu criado e pediu desculpas pelo fracasso... Ruiz considerava que morria por *sua senhoria* e lhe pediu, ignorando que a sorte do destinatário do bilhete não era diferente da sua: "Faça bem por minha alma, pois muito justamente mereço a morte [...] volto a suplicar a vossa senhoria que não esqueça o que peço, Nosso Senhor guarde a mui ilustre pessoa de vossa..."[71]

Do ponto de vista dos declarantes pelos "leais ao Real Serviço", está claro que nada podia estar mais longe da verdade: o verdadeiro serviço estava ao seu lado, dos que tinham acabado com a vida dos "tiranos" (não mais apenas rebeldes, agora também tiranos, como estes chamavam Garay).[72]

O grupo contrarrevolucionário integrava-se por um minúsculo patriciado peninsular (composto, além de Juan de Garay, então ausente, por Pedro de Oliver, Francisco de Pueyo,[73] Francisco de Serra, Alonso Fernández Romo e mais seis ou sete homens) e também por alguns jovens provenientes de Assunção, que em quase todos os casos eram filhos de conquistadores com índias do Paraguai, ou seja, *filhos da terra*.

---

[70] "... *quería tomar posesion desta zivdad [Santa Fe] con toda la tierra*" "*...cantaban liuertad vsurpando la juridiçion rreal [...] e que saue por donde vino hordenado este motin levantamiento y deseruiçio de su magestad e que esto venia hordenado por mandado del governador Gonçalo de Abreu...*" Confissão de Diego Ruiz. Santa Fé, 1º de junho de 1580. GGV, CXXII, BN, 2127. Ao estudar os *comuneros* de Castela de 1520 tampouco se enfatizou esse aspecto, chave nas reivindicações de tipo antigo que não questionavam em absoluto a ordem monárquica.
[71] "*haga bien por mi anima pues tan justamente merezco la muerte [...] bueluo a suplicar a vuestra señoria no se oluide lo que le encomiendo de anima Nuestro Señor guarde la muy ilustre persona de vuestra...*", Carta de Diego Ruiz a Abreu, Santa Fé, 1º de junho de 1580, BN, GGV, CXXII, 2126.
[72] Testemunho de Juan de Ovalle.
[73] Garay deu-lhe uma *encomienda* sobre dois povoados de indígenas até 16 de agosto de 1578; cópia desse documento em *Anales de la Biblioteca*, tomo X, p. 126.

Examinemos a lista dos contrarrevolucionários: Cristóbal de Arévalo (porta-bandeira "forçado" dos rebeldes), Diego Ramírez, Juan de Santa Cruz, Sebastián de Aguilera, Antón Rodríguez, Francisco Ramírez, Domingo Vizcaíno... Nenhum deles deixou de ser "natural" de Assunção depois da tarde de 1º de junho de 1580: mas tampouco se voltou a dizer que algum deles fosse ou tivesse sido um *mancebo*.

Cristóbal de Arévalo, conforme se depreende de sua Relação de Serviços de 1599, nunca deixou de prestar apoio ao grupo dominante em Santa Fé. Gabriel de Hermosilla Sevilhano, Alonso Fernández Romo, Felipe Xuárez, Sebastián da Aguilera, Francisco Ramírez, Juan de Vallejo e Gabriel Sánchez são os nomes mais repetidos das composições capitulares entre 1581 e 1590.

A partir do ato contrarrevolucionário, esses homens transformaram-se nos cabeças das famílias renovadamente beneméritas que, entre 1580 e 1600, conformaram a aristocracia de fato que essa cidade oferecia. Daí em diante, os mestiços integrantes do grupo contrarrevolucionário viram-se progressivamente beneficiados com mais partilhas de terras, licenças para vaquejar gado e, eventualmente, cargos na câmara. A reversão do estigma relaciona-se com a reconfiguração da ordem social posterior à revolta. Essa nova aristocracia surgiu das vísceras da conjuração: os rebeldes "arrependidos"[74] assassinaram os próprios camaradas de revolta em nome da "honra de seu rei" e se aliaram aos provisoriamente deplorados "espanhóis".

Vejamos como foi se tramando o posicionamento social de alguns desses homens.

Juan de Santa Cruz e Diego Ramírez — dois dos contrarrevolucionários que participaram da reunião sediciosa em casa do Benialvo — foram, em 1578, fiadores de Simón Xaques, tenente de governador supostamente questionado pelos rebeldes.[75] Depois da rebelião, Xa-

---

[74] Nunca poderemos afirmar qual era o grau de convicção de cada um deles no momento de assinar a ata na junta de 31 de maio; é provável que nunca estivessem totalmente com a rebelião (mas também é óbvio que participaram da repressão e nunca reconheceriam ter estado desse lado).

[75] AGSF-ACSF, livro primeiro, tomo I, sessão de 30 de dezembro de 1578.

ques — suspeito de vínculo nunca provado com Abreu — foi substituído por Gonzalo Martel de Guzmán, que chegava de Assunção designado como tenente de governador, cargo que exerceu a partir de julho de 1580. Seus avalistas foram Diego de Santuchos e Pedro de Yllanes, novos na vida política da vila. Santuchos obteve uma banca de vereador em 1584, quando Martel de Guzmán foi eleito alcaide de primeiro voto. Agora morador da cidade, Martel de Guzmán era um candidato certo do novo tenente de governador, D. Juan de Torres Navarrete: em 23 de dezembro de 1583, Martel de Guzmán oferecera sua fiança ao novo tenente.[76] Quando Torres Navarrete teve de se ausentar da cidade, concedeu um título de "Tenente de Governador da Cidade de Santa Fé" a Martel de Guzmán: o fiador foi novamente Diego Tiram de Santuchos. Duas testemunhas fecham esse pequeno círculo que trabalha sua própria solidificação: Feliciano Rodríguez e Juan de Vallejo, rebeldes signatários, contrarrevolucionários fiéis e, depois, beneméritos indiscutíveis da cidade.

Feliciano Rodríguez começava nessa época sua carreira rumo à notoriedade com alguns movimentos precisos: em 1583, com o amigo e compadre Diego Ramírez, foi fiador dos alcaides Antonio Tomam e Juan Sánchez, duas figuras com forte presença no *cabildo* desde a sua fundação. Em 1585 Rodríguez fez o mesmo com todos os conselheiros desse ano; entre os fiadores, volta a aparecer Juan de Vallejo, acompanhado desta vez de Francisco Hernández e Alonso Fernández Romo, este último três vezes vereador, entre 1580 e 1584. No início do século XVII celebraram-se alguns casamentos entre os descendentes deste último e de Rodríguez.

Depois da contrarrebelião, Diego Ramírez ocupou ofícios administrativos importantes e ofereceu fianças em repetidas oportunidades. Participante do grupo fundador de Garay e integrante do *cabildo*, o capitão Ramírez era filho de espanhóis vindos com Cabeza de Vaca, mas nascera em Assunção por volta de 1546. Tinha vínculos com os nascidos nessa cidade, mas teve o cuidado de travar relações cordiais e de reci-

---

[76] AGSF-ACSF, livro segundo, tomo I, sessão de 23 de dezembro de 1583, f. 60.

procidade com os poucos espanhóis que habitavam Santa Fé. Foi vereador em 1574, 1579 e 1582; alcaide em 1581 e 1585.[77] Em 1581, seus fiadores foram Pedro do Oliver e Juan Sánchez, de quem ele mesmo foi fiador no ano seguinte. Em 1585, foi respaldado por Feliciano Rodríguez, Juan de Vallejos, Francisco Hernández e Alonso Fernández Romo. Com Feliciano Rodríguez, diz-se, foi fiador de Juan Sánchez e de Antonio Tomam. Esses gestos documentam como o grupo governante surgido da contrarrebelião se ofereceu apoio mútuo.[78]

Gabriel de Hermosilla Sevillano, um dos moradores importantes que participaram da reunião rebelde na casa de Lázaro Benialvo, foi alcaide em 1579 e era vereador em 1580. Voltou a sê-lo em 1582, 1585 e 1588, e em 1585 a cidade nomeou-o procurador. Durante esses anos também lhe confiaram o real estandarte (foi alferes real) e cumpriu mandatos como fiel executor; quando em 1584 Gonzalo Martel de Guzmán foi designado tenente de Santa Fé, Hermosilla assumiu como alcaide em sua substituição e seu fiador foi Juan Sánchez. Não parece ter estado à altura de quem poderia oferecer fianças, mas recebeu-as de Pedro de Oliver, Juan Sánchez (várias vezes), Diego Sánchez Ceciliano, Feliciano Rodríguez, Juan de Vallejo, Francisco Hernández e Alonso Fernández Romo.[79]

O várias vezes mencionado Pedro de Oliver foi um homem de muito peso na reorganização pós-rebelião. Entre 1578 e 1588 ocupou cargos administrativos durante sete anos, e entre 1578 e 1581 o fez consecutivamente. Foi o primeiro alferes da cidade.[80] Por último, revolucionários e contrarrevolucionários compartilhavam alguns traços, mas o que parece diferenciá-los definitivamente é sua posição em relação à autoridade de sua jurisdição e sua derrota no campo das provas de força.

Entre os rebeldes, contavam-se vários conselheiros e, como se disse, os cabeças participavam ativamente no governo da cidade. Os *mancebos*

---

[77] AGSF-ACSF, livros primeiro, segundo e terceiro, tomo I.
[78] AGSF-ACSF, livro primeiro, tomo I, sessão de 3 de dezembro de 1578.
[79] AGSF-ACSF, livros primeiro e segundo, tomo I, sessões de 1º de janeiro de 1582, de 1584, f. 63, e de 1585.
[80] AGSF-ACSF, livro primeiro, tomo I, sessão de 9 de janeiro de 1581, f. 56.

não eram maioria no *cabildo*, como não o eram em nenhuma das cidades recém-fundadas na América colonial, e pode-se garantir que a informação que manejavam e a pressão que puderam exercer sobre outros moradores foi possível graças a uma situação nas antípodas do que a historiografia lhes atribui: os rebeldes não só não estavam marginalizados pelo governo local como, além disso, controlavam lugares de importância.

Também se disse que eram economicamente marginais ou "pobres", mas algumas pistas permitem indicar que não estavam na miséria extrema. Os dois Gallegos ("o velho" e "o moço") tinham ganhado — como se destaca na lista — em 1577. Em um estudo do Manuel Cervera, examina-se a prestação de contas do tabelião Alonso Fernández Montiel em razão da execução em arremate dos bens dos rebeldes. Depreende-se que quase todos eles eram proprietários de alguma faixa de terra nas cercanias da cidade, assim como dos solares que o fundador lhes entregara para instalá-los.[81] A existência de uma diferenciação econômica importante no interior do grupo conquistador é um tanto especulativa. Não há constância na repartição de indígenas trabalhadores e, quanto aos solares, é óbvio que Garay distribuíra os melhores entre seus próximos. Mas sua situação em Assunção, como a de todos os homens que compuseram o grupo, era de uma melhoria visível de condições. O mais certo é que procuravam uma melhor posição, e que a subordinação em que diziam se encontrar, embora não fosse absoluta, evidentemente lhes resultava incômoda.

Queriam mais, e isso não era possível naquela conjuntura. O notável é que, depois da rebelião (e sobretudo depois da contrarrebelião), mui-

---

[81] Lázaro de Benialvo era proprietário de uma parcela de terra em El Saladillo e tinha uma estância na terra de Calchines. Francisco Álvarez Gaytán possuía uma chácara, outra com casa, um solar, uma carreta, junta de bois e, além disso, uma estância em El Viliplo. Mosquera era dono de chácara e casa, estância em El Viliplo, terras em El Saladillo e gado. Pedro Gallego possuía casas e chácara, estância em Los Calchines e algum gado. Pedro Gallego el Mozo e Juan Correa eram donos de una corda de terra; Domingo Romero, de chácara e solar, Pedro Sánchez ao menos de um solar, Diego de Leyva de uma chácara e Bartolomé de Figueredo possuía uma estância em El Saladillo e um solar. Esse documento, cujo original não vi, aparece recuperado em Cervera, *Ubicación de la ciudad de Santa Fe fundada por Garay. Estudio histórico*, p. 107-110.

tos dos que participaram da junta de 31 de maio conseguiram instalar-se precisamente onde queriam a partir do engajamento na contrarrevolta impulsionada por Arévalo, o que permitiu uma mobilidade ascendente à custa do sangue de alguns pares.

Conforme demonstram com clareza os fatos posteriores, sufocar a rebelião que tinham organizado (ser duas vezes traidores em dois dias) foi o que instalou esse grupo de homens na elite local por cerca de trinta anos. Os que participaram na rebelião da noite de Corpus Christi como líderes irredimíveis desapareceram da vida santafesina simples e discretamente — na maioria dos casos, da própria vida. Suas famílias ficaram completamente marginalizadas, sem qualquer possibilidade de participação na vida política da vila.[82]

IDENTIDADES, TERRITÓRIO E JUSTIÇA NA FRONTEIRA

Todos os homens que se assentaram em Santa Fé entre 1573 e 1580 provinham de Assunção do Paraguai e fizeram parte do deslocamento que se seguiu aos incidentes de 1572: Cáceres os havia chamado de *mancebos* desordenados, e a fundação de Santa Fé os convertera em moradores de uma cidade do rio da Prata. Vistos de Santiago del Estero ou de Córdoba, Villalta, Rodrigo de Mosquera, Diego de Leyva e Lázaro de Benialvo eram *paraguaios*, porque "Santa Fé" fazia parte "do Paraguai"; de Santa Fé, os do Córdoba e Santiago del Estero eram percebidos como "do Tucumán", expressão anterior à criação do governo (1563) que designava com um vocábulo indígena uma região difusa, ou seja, a *provincializava*. De Tucumán, do Paraguai ou, inclusive, do "rio da Prata", dizia-se ora que eram governos, ora que eram províncias — territórios longínquos incorporados à coroa.

A semântica do paradigma do Estado não funciona porque a aparente desordem lexicográfica é apenas o repertório linguístico de quem estava *fazendo* o processo de organização política do espaço. As denominações

---

[82] "Información de Juan de Espinosa (1596)", Guiñazú, *op. cit.*, p. 166-176.

múltiplas e confusas dos moradores ou até dos mesmos governadores correspondem ao que a monarquia desenvolvia e às identidades que os agentes se atribuíam.

Depois de 1580, a rotação nos cargos principais foi menor, o que mostra a consolidação de alguns membros da comunidade que não eram "espanhóis". O novo grupo governante se desenhou a partir das fianças ou da celebração de alianças matrimoniais: de 87 cargos principais elegíveis entre 1581 e 1590 (só contabilizo aqueles dos quais há dados confiáveis), 46 (mais da metade) foram ocupados por homens que já intervinham no âmbito administrativo antes de 1580: e esses 46 ofícios foram usufruídos por somente 16 moradores, a quem é justo apontar como a estreita elite triunfante do reordenamento de 1580.[83] A partir desse ano, integraram-se novos membros, que ingressavam justamente com o aval de homens como Diego Ramírez, Juan Sánchez ou Pedro de Oliver, sendo também administradores entre 1580 e 1589: Diego Sánchez Ceciliano, Sebastián da Aguilera, Feliciano Rodríguez, Gonzalo Martel de Guzmán e Juan Xaques constituem o que se poderia chamar de elemento de "recambio generacional", avalizado pelos mais antigos membros da câmara antes mencionados.

O episódio fecha o ciclo das primeiras lutas pelo controle dos recursos políticos da cidade da Santa Fé: a natureza de sua fonte de mérito continuava sendo o Real Serviço, embora o cenário tivesse mudado. As jornadas expedicionárias tinham dado lugar à defesa da cidade e do bom governo, onde os "filhos de conquistadores" tentavam sufocar uma rebelião que conseguiram retratar como uma traição aos interesses reais. Os rebeldes da primeira hora souberam, a tempo, travestir como lealdade ao rei a traição a seus compadres de conjuração, articulando dessa maneira a satisfação de suas pretensões locais e a ordem mais vasta de uma monarquia sem promover mudanças nos governos. O corpo político podia outorgar-lhes sentido de corpo e

---

[83] Mateo Gil, Diego Ramírez, Pedro de Espinosa, Antonio Tomás, Hernán Ruiz de Salas, Alonso Fernández Montiel, Juan Sánchez, Francisco Hernández, Felipe Juárez, Hernán Sánchez, Pedro de Oliver, Simón Figueredo, Gabriel de Hermosilla Sevillano, Antón Rodríguez, Alonso Fernández Romo, Rodrigo Álvarez Holguín, aos quais se deve acrescentar os de Juan de Espinosa e Cristóbal de Arévalo, arrolados, embora distanciados de Santa Fé.

razão política no âmbito da comunidade e no âmbito do império. Os governos de Tucumán e do Rio da Prata continuaram tendo relações tensas e conflitantes — ao menos, seus vizinhos as tiveram. No entanto, não voltaram a registrar uma tentativa de modificar essa fronteira interior semelhante ao analisado.

Na resolução da crise de 1580, o alinhamento que enquadrou a repressão da revolta atrás dos gritos de "viva o rei" valeu-se da dimensão romana e católica do delito de traição (convertendo-o em crime *laesae majestatis*), cobrindo desse modo a execução e o desterro dos *mancebos*, considerados tiranos (Ovalle) ou traidores, localizando-se assim os executores na vereda da lealdade. Os que decidiram integrar a contrarrebelião, por meio dos procedimentos descritos, fizeram pesar o atributo da antiguidade de estabelecimento na área (o que os tinha expulsado do Paraguai, provavelmente) como requisito para integrar o corpo político. Ao mesmo tempo, o *cabildo* legitimou-os perante residentes, moradores ocasionais, estrangeiros e moradores de outras cidades. Manter boas relações com as famílias que controlavam a instituição passou a ser uma estratégia de sobrevivência.

O processo levado adiante contra os conjurados da noite do Corpus Christi de 1580 (primeiro em Santa Fé e mais tarde em Santiago del Estero) não tem muito de excepcional. Ao contrário, ante rebeldes e traidores — na monarquia, a rebelião era uma das manifestações máximas da traição —, os agentes posicionados do lado da *auctoritas* tomaram medidas exemplares para desestimular essas atitudes e preservar o *status quo* desde tempos remotos.[84] Além das penas impostas nesses casos serem máximas (incluindo a perda da vida, dos bens e da honra), os tratadistas aconselhavam ao rei que não o fizesse "sozinho e em segredo", mas publicamente, o que era imitado por seus subordinados em diferentes pontos da monarquia.[85] No pensamento político e jurídico hispânico, a traição teve

---

[84] Os historiadores do direito hispânico admitem que, durante a Época Moderna, não houve novidades jurídicas em torno do castigo a esse tipo de delito. José Luis Bermejo Cabrero, *Poder político y administración de justicia en la España de los Austrias*, p. 106.
[85] Até o século XII, seguindo a tradição gótica, "embora as leis recomendassem aos príncipes a virtude da clemência, não lhes outorgaram a faculdade de perdoar os réus condenados por traição ou infidelidade contra o soberano e a pátria..." ("... *aunque las leyes recomendaban a los príncipes la virtud de la clemencia, con todo eso no les otorgaron*

um tratamento específico[86] e, ainda no século XIX, Martínez Marina considerava que era "o maior delito, o mais funesto à sociedade e o mais digno de castigo...", e nisso se apoiava o célebre fundador da escola de história do direito espanhol para justificar a dureza das sentenças a respeito.[87]

Muitos são os elementos comuns a outras rebeliões que se deram na monarquia: a invocação do nome do rei; a mudança de jurisdição (Catalunha, 1640); o "juntismo"; as posturas variáveis; o que era julgado como traição; o julgamento rápido e sumário; os castigos exemplares; a reivindicação de maior participação no governo da cidade (Sicília, 1646); os castigos excepcionais e a exibição das cabeças cortadas (Nápoles, 1647).[88] A análise de alguns aspectos do Juízo de Residência contra Abreu facilitou a percepção conjunta da administração da justiça em diferentes níveis (o vice-reino, o governo e a cidade), distintas modalidades (administrativa, ordinária e sumária) e a articulação dos interesses da monarquia com os de alguns súditos que não ocupavam lugares centrais: saber como esses homens foram julgados permitiu compreender a relação existente entre atribuição de identidades, interesses políticos, administração de justiça e equipamento político em territórios jovens e turbulentos.

REFERÊNCIAS DOCUMENTAIS E BIBLIOGRÁFICAS

AA.VV. *1640. La monarquía en crisis*. Barcelona: Crítica, 1992.
ACUÑA, Rodrigo Aguiar y; CÓRDOBA DE CUENCA, Juan Francisco Montemayor y. *Sumarios de la recopilación general de leyes de las Indias Occidentales*. Apresentação de José Luis Soberanes Fernández; prólogo de Guillermo F. Mar-

---

facultad de perdonar á los reos convencidos de traición o infidelidad contra el soberano y la patria...") Francisco Martínez Marina, *Ensayo histórico-crítico sobre la legislación y principales cuerpos legales de los reinos de León y Castilla: especialmente sobre el Código de las Siete Partidas de D. Alfonso el sabio*, p. 63.
[86] Aquilino Iglesia Ferreirós, *Historia de la traición: la traición regia en León y Castilla*, p. 147 e ss.
[87] "... el mayor delito, el más funesto a la sociedad y el más digno de escarmiento..." Martínez Marina, *op. cit.*, p. 387.
[88] Rosario Villari, *La revuelta antiespañola en Nápoles: los orígenes (1585-1647)*;. AA.VV. *1640. La monarquía en crisis*.

gadant e estudo introdutório de Ismael Sánchez Bella. México: Fondo de Cultura Económica, 1994 [fascimilar da edição de 1628].

Anales de la Biblioteca. Introdução e notas de Paul Groussac. Buenos Aires: Coni, 1912.

AREÁSTEGUI, Efraín Trelles. *Lucas Martínez Vegazo: funcionamiento de una encomienda peruana inicial.* Lima: PUCP, 1982.

BARRIERA, Darío G. "Conjura de mancebos. Justicia, equipamiento político del territorio e identidades. Santa Fe del Río de la Plata, 1580". In BARIERA, Darío G. (org.). *Justicias y fronteras: estudios sobre historia de la justicia en el Río de la Plata.* Múrcia: Editum, 2009, p. 11-49.

BOVADILLA, Jerónimo Castillo de. *Política para corregidores.* S. l., s. ed., 1601.

CABRERO, José Luis Bermejo. *Poder político y administración de justicia en la España de los Austrias.* Madri: Ministerio de Justicia, Secretaría General Técnica, 2005.

CERVERA, Manuel. *Historia de la ciudad y provincia de Santa Fe.* Santa Fé: Universidade Nacional do Litoral, 1979 [1908], vol. III.

CERVERA. *Ubicación de la ciudad de Santa Fe fundada por Garay: estudio histórico.* Santa Fé: La Unión, 1933.

COVARRUBIAS, Sebastián de. *Tesoro de la lengua castellana.* Madri: Ignacio Arellano y Rafael Zafra, 1611.

DÍAZ, Augusto Fernández. *Garay: su vida y su obra.* Rosário: Molachino, 1973.

Diccionario de Autoridades. Madri: Real Academia Española, herederos de Francisco del Hierro, 1734.

FERREIRÓS, Aquilino Iglesia. *Historia de la traición: la traición regia en León y Castilla.* Santiago de Compostela: Universidad de Santiago de Compostela, 1971.

GUÉRIN, Miguel Alberto. "La organización inicial del espacio rioplatense". In TANDETER, Enrique (org.); SURIANO, Juan (dir.). *Nueva historia argentina: la sociedad colonial.* Buenos Aires: Sudamericana, 2000, tomo II.

GUIÑAZÚ, Enrique Ruiz. *Garay, fundador de Buenos Aires.* Buenos Aires: Compañía Sudamericana de Billetes de Banco, 1915.

GUZMÁN, Rui Díaz e AZARA, Félix. *Descripción e historia del Paraguay y Río de la Plata.* Madri: Sanchiz, 1847.

LEVILLIER, "El virrey Francisco de Toledo, 1577-1580". In *Gobernantes del Perú: cartas y papeles, siglo XVI. Documentos del Archivo de Indias.* Madri: Juan Pueyo, 1924.

LEVILLIER, Roberto. *Nueva crónica de la conquista del Tucumán.* Madri: Sucesores de Rivadeneyra, 1926.

LÓPEZ, Antonio Xavier Pérez y. *Teatro de la legislación universal de España e Indias por orden cronológico de sus cuerpos y decisiones no recopiladas y alfabético de sus títulos y principales materias*. Madri: Manuel González, 1792.

MARINA, Francisco Martínez. *Ensayo histórico-crítico sobre la legislación y principales cuerpos legales de los reinos de León y Castilla: especialmente sobre el Código de las Siete Partidas de D. Alfonso el sabio*. Madri: Sociedad Literaria y Tipográfica, 1845.

NOCETTI, Oscar e MIR, Lucio. *La disputa por la tierra*. Buenos Aires: Sudamericana, 1997.

Recopilación de las leyes de los reinos de Indias. Madri: Julián de Paredes, 1681.

SERRERA, Ramón María. "Derecho premial y aspiraciones señoriales de la primera generación de la conquista". In *Real Academia de la Historia. Congreso de Historia del Descubrimiento (1492-1556)*. Madri: Confederacion Española de Cajas de Ahorros, 1992, tomo III.

SPENCE, Jonathan. *La traición escrita: una conjura en la China imperial*. Barcelona: Tusquets, 2004.

TRELLEZ, Manuel Ricardo. *Revista patriótica del pasado argentino*. Buenos Aires: 1892, tomo V.

ULLMANN, Walter. *Escritos sobre teoría política medieval*. Buenos Aires: Eudeba, 2002.

VILLADIEGO, Alonso de. *Instrucción política y práctica judicial*. Madri: Antonio Marín, 1766.

VILLARI, Rosario. *La revuelta antiespañola en Nápoles: los orígenes (1585-1647)*. Madri: Alianza, 1979.

PARTE II Hierarquias, raça e nobreza

CAPÍTULO 1 # "Entre duas majestades", ordem social e reformas no México burbônico

Óscar Mazín[*]
Tradução de Maria Alzira Brum Lemos
Revisão de Carmem Cacciacarro

---

[*]Professor pesquisador do Centro de Estudos Históricos do Colégio de México, no qual é editor da revista *Historia Mexicana*. É coordenador do polo "nuevo-hispano" da Red Columnaria e autor de *Iberoamérica: del descubrimiento a la independencia,* México, El Colegio de México, 2007.

O estado burbônico nasceu como
morreria mais tarde, em meio à violência
e ao derramamento de sangue

DAVID A. BRADING, 1971

AUTONOMIA EM QUESTÃO

Entre 1650 e 1760 a Nova Espanha viveu anos de autonomia que nunca tivera e jamais voltaria a ter. Em comparação com as épocas da conquista e das "Reformas burbônicas", mais bem estudadas, esse é o século menos conhecido da história do México. A famosa "crise do século XVII" não pôde ser confirmada e a queda no comércio transatlântico foi mais do que compensada pelo contrabando. A Nova Espanha conseguiu igualmente adaptar suas estruturas às crises demográficas nativas. As cifras de população indígena começaram a cair na segunda metade do século XVII, enquanto outros grupos, sobretudo os de sangue misturado, experimentaram desde então um considerável aumento.[1] O que preservou o domínio da Espanha na América enquanto a guerra permanente dificultava as comunicações marítimas e nações poderosas como Inglaterra, França e Províncias Unidas se apropriavam de algumas ilhas importantes do Caribe? Para além do fato de que essas potências inimigas logo começaram a competir e a enfraquecer-se mutuamente, tal preservação se deveu à força e à

[1] Bernd Hausberger e Óscar Mazín, "Nueva España, los años de autonomía", *Nueva historia general de México*.

densidade do povoamento, ao enraizamento urbano, mas sobretudo a uma firme lealdade da população à monarquia católica.

A pátria, ou seja, a terra, fosse o lugar de nascimento, de criação ou de moradia, surgiu como o primeiro referente dessa lealdade. Quase sempre conotava um sentido de dever, compromisso e devoção religiosa. Nas Índias, como em suas outras latitudes, a monarquia esteve, portanto, baseada nos sentimentos e nas crenças que o indivíduo professava à sua pátria, aos seus santos, ao seu rei e ao seu Deus. Orientar a vida local, embora sem modificá-la substancialmente, foi um dos fios condutores da política hispana. Isso equivale a afirmar que o poder real assentou-se sobre uma base consensual. Por isso as elites crioulas desenvolveram ao máximo as possibilidades de autogoverno relativo que a estrutura convencional da monarquia lhes conferia.[2]

A Nova Espanha evoluíra, portanto, como uma entidade regida pelos grupos locais. Uma série de realidades, além das já evocadas, permitiu esse regime de autonomia: dizimada pela derrota, pela dívida financeira e pelas revoltas, Castela viu-se na necessidade de dar uma virada radical na sua política de hegemonia planetária. No entanto, a perda desta última esteve longe de significar a derrocada da monarquia. Sua sobrevivência só foi possível mediante mudanças na gestão territorial. Assim, a "conservação" foi o eixo diretor da política sob os últimos Áustrias. Paradoxalmente, as urgências financeiras da coroa colaboraram para esse mesmo fim, pois, a partir de 1641, a venda de cargos e ofícios do governo e da administração dos vice-reinos se intensificou. O número de ouvidores, cônegos, oficiais do exército, mercadores, membros da vereança e até de oficiais da real fazenda de origem crioula ou peninsular, mas com forte apego à terra, não parou de aumentar entre 1650 e 1760. Tratava-se não apenas dos principais corpos de república, mas também das oligarquias das regiões mais urbanizadas. Só depois da Guerra dos Sete Anos (1756-1763) os crioulos teriam de enfrentar a coroa. A "americanização" se inverteria.

---

[2] Carlos Garriga, "Patrias criollas, plazas militares...", in *La América de Carlos IV (Cuadernos de investigaciones y documentos)*, vol. I, p. 35-130.

No que diz respeito à população nativa, ela continuou sendo majoritária. Não obstante, tinha experimentado fortes mudanças culturais. Certos relatos dão testemunho da vontade de reconstituição dos povoados de índios. Costumam remontar às suas origens míticas e históricas, assim como à genealogia nobiliária dos seus governantes. As elites nativas foram capazes de fazer retroceder as fronteiras sociais e de provar que os indígenas deviam gozar dos mesmos privilégios que os cristãos velhos. Paradoxalmente, isso implicava que deixassem de ser indígenas, embora na verdade o tenham sido mais do que nunca, como resultado de sua reivindicação de uma identidade que transcendia as fronteiras tradicionais.

Outra tendência também acabou por preponderar, sobretudo a partir do último terço do século XVII: o clero secular alentou na Nova Espanha o auge de grandes devoções comuns a diversos setores da população, em parte para romper a hegemonia espiritual dos religiosos. Essas devoções, inspiradas em cultos ibéricos cujos mitos de fundação remontavam à época da conquista, fundaram-se sobre imagens prodigiosas como a da Virgem de Guadalupe do México.[3]

À medida que aumentava na Europa a incerteza em relação à sucessão de Carlos II, um monarca sem herdeiro, os vice-reis da Nova Espanha viram-se obrigados a agir prudentemente. O desenvolvimento de suas carreiras tropeçou em filiações políticas essencialmente movediças. Desprovido de neutralidade, o estilo de seu comportamento favoreceu os bispos, cuja presença política se incrementou. Em 1746, a Virgem de Guadalupe foi proclamada padroeira do reino por todos os prelados diocesanos e a Santa Sé sancionou oficialmente seu culto em 1754. Essa presença do episcopado encontrou apoio na influência que as igrejas catedrais exerciam, já nessa altura, no conjunto das relações sociais, por meio do culto, das obras de beneficência, dos centros de ensino e do empréstimo de dinheiro. Trata-se de um verdadeiro "ciclo" das catedrais da Nova Espanha central.[4] Comparados desde 1656, pelo vice-rei

---

[3] Antonio Rubial, "Invención de prodigios. La literatura hierofánica novohispana", *Historias*, nº 69, 2008, p. 121-132.
[4] Mazín, "Cathédrales et cités dans le Nouveau Monde, le cas de Valladolid du Michoacán (Nouvelle-Espagne)", *Histoire Urbaine*, nº 7, jun. 2003, p. 121-140.

duque de Albuquerque, com os duques italianos ou com os príncipes vizinhos de Flandres, os bispos da Nova Espanha concebiam a Igreja como cabeça e guia da nação.[5] Apoiavam-se nos privilégios e nas imunidades sancionados pelo rei. De maneira não usual, e apesar da mudança de dinastia reinante em 1700, os prelados exerceram inclusive o cargo de vice-rei interino durante longos anos, tanto no último quarto do século XVII quanto na primeira metade do XVIII.[6] Talvez isso não se tenha refletido então sobre as implicações futuras de uma dose enorme de poder local nas mãos da Igreja.

O arraigo aperfeiçoado, a especificidade territorial e um sentido profundo de sacralidade e piedade religiosa constituíram, pois, marcas distintivas da configuração social novo-hispana. À medida que os grupos economicamente fundamentais se consolidaram, também exerceram maior influência na corte do rei para a designação dos bispos. A maior parte dos prelados continuou sendo certamente de origem peninsular. No entanto, como um ramo de suas famílias já residia nas Índias, foram mantidos laços transatlânticos familiares, comerciais e políticos muito consistentes. Nenhuma entidade jurídica e administrativa é mais característica do arraigo e do clima de autonomia do vice-reinado do que a diocese. Entretanto, ela constitui também, paradoxalmente, o melhor cenário da subversão dessa autonomia a partir da segunda metade do século.

---

[5] "São [os bispos mexicanos] o que os duques de Saboya, Mântua, Parma e o governo de Veneza para Itália, [ou] o que os reis e príncipes vizinhos para Flandres, com esta única diferença que os torna piores: que estes bispos agem sob o manto do privilégio eclesiástico, do qual se valem para iniciar pleitos e dissensões contra o interesse de sua Majestade" ("*Son [los obispos mexicanos] lo que los duques de Saboya, Mantua, Parma y el gobierno de Venecia para Italia, [o] lo que los reyes y príncipes vecinos para Flandres, con esta sola diferencia que los hace peores: que estos obispos proceden bajo el embozo del privilegio eclesiástico, del cual se valen para iniciar pleitos y disensiones contra el interés de su Majestad*"), escreveu o vice-rei duque de Albuquerque a D. Luis Méndez de Haro, México, em 26 de julho de 1656, no Archivo de los duques de Albuquerque, Madri, al5cl6-1, nº 30.

[6] Foi o caso dos arcebispos do México frei Payo Enríquez de Rivera, vice-rei interino entre 1673-1680, e de D. Juan Antonio de Vizarrón y Eguiarreta, vice-rei interino entre 1734-1740. Mazín, *Iberoamérica, del descubrimiento a la independencia*, Anexo: "Genealogías de los virreyes".

Pretendo ilustrar aqui esse regime de autonomia na Nova Espanha e os limites que lhe foram impostos. Faço isso expondo a crise de consciência de graves proporções que um bispo da província e diocese de Michoacán, D. Pedro Anselmo Sánchez de Tagle (1758-1772), enfrentou.[7] Essa crise fraturou um mundo estruturado pela moral e pela justiça que, ao se romper, evidenciou que a lealdade à majestade do rei Católico não coincidia mais com a lealdade e o serviço à majestade de Deus.[8] Violava-se assim uma tradição antiquíssima que, através dos séculos, fazia dos bispos conselheiros do soberano, já que a salvação eterna podia ver-se comprometida caso a justiça não fosse repartida.[9]

A DIOCESE COMO UNIDADE

Se o império romano apoiou-se de maneira original sobre uma trama de poderes locais organizados em torno da cidade, nas Índias a unidade básica foi a diocese. Essa demarcação não é exclusiva das fontes de origem eclesiástica, e não o é porque, no centro da Nova Espanha, a diocese preencheu o vazio causado pela estreiteza do território das câmaras municipais e pela jurisdição extremamente vasta dos tribunais régios (*audiencias*) do México e de Guadalajara. Assim, a diocese — ou o bispado — se apresentou como a unidade intermediária por excelência. Impôs-se como unidade já por volta de 1570 nas descrições de cronis-

---

[7] Nasceu em Santillana del Mar (Cantábria) em 29 de junho de 1695 ou 1696. Foi colegial no colégio de San Bartolomé de Salamanca e duas vezes seu reitor. Chegado ao México por volta de 1727, atuou como promotor e depois como inquisidor-mor do tribunal dessa importante cidade. Em 1746 foi apresentado ao bispado de Nueva Vizcaya (Durango), que governou por um espaço de quase dez anos. O monarca promoveu-o em 1756 à diocese de Michoacán. Depois de atravessar sua comarca mais povoada, entrou em Valhadoli, a nova capital, em agosto de 1758. Governou a igreja de Michoacán até sua morte, em 27 de maio de 1772. Mazín, *Entre dos majestades: el obispo y la iglesia del gran Michoacán ante las reformas borbónicas, 1758-1772*.
[8] Para as relações entre moral, justiça, política e governo no século XVII, ver Pedro Cardim, "'Governo' e 'política' no Portugal de Seiscentos. O olhar do jesuíta António Vieira", *Penélope*, nº 28, 2003, p. 59-92.
[9] Mazín, "Una jerarquía hispánica, los obispos de la Nueva España", in Victor Gayol Romo de Vivar (org.), *Formas de poder en la historia de México*.

tas, funcionários e viajantes.[10] A coroa também se serviu dela para amealhar informação sobre seus domínios.[11] A conveniência da escala diocesana nas Índias é ainda mais compreensível se pensarmos que nos reinos da Espanha o território dos bispados foi consideravelmente menor, em média de 10 mil quilômetros quadrados, principalmente depois do aumento do número de sedes episcopais no último terço do século XVI.[12]

As dioceses foram erigidas nas Índias aproximadamente segundo os limites das províncias obtidas pela conquista dos antigos senhorios pré-hispânicos e de acordo com dois critérios dos quais resultaram algumas ambiguidades: um perímetro de 15 léguas em volta da cidade sede do bispado, e o território restante, chamado cercanias, dividido meio a meio entre as dioceses vizinhas segundo o ponto cardeal. No caso em questão, a diocese estabeleceu-se sobre o antigo senhorio ou "estado tarasco" e posterior província de Michoacán, embora sem coincidir exatamente com o território do primeiro, salvo em alguns pontos, nem com o agregado das comarcas de *encomienda* dos conquistadores. A partir de 1538, quando D. Vasco de Quiroga tomou posse do novo bispado, erigido por uma bula de 1536, Michoacán não designou mais o espaço de uma corregedoria, de uma câmara municipal ou de uma província civil, mas o espaço cada vez maior de uma diocese. A configuração desta deu-se em um tempo relativamente curto. Se por volta de 1580 já contava com uma superfície aproximada de 130 mil quilômetros quadrados, em meados do século XVIII, quando alcançou sua máxima extensão, compreendia 175 mil quilômetros quadrados. A imensidão

---

[10] Bastem como exemplos: Juan López de Velasco, *Geografía y descripción universal de las Indias* (obra escrita entre 1571 e 1574); Antonio de Herrera, *Historia general de los hechos de los castellanos en las islas y tierra firme del mar océano*; Isidro Vázquez de Espinosa, *Compendio y descripción de las Indias occidentales*; Joannes de Late, natural de Amberes, *Mundo nuevo o descripción de las Indias occidentales escrita en 18 libros*.

[11] Os questionários enviados pela coroa, respectivamente, em 1575 e 1577, nos quais pediu relações com a descrição tanto dos reinos de Castela quanto das Índias, privilegiam igualmente a circunscrição diocesana. Ver, por exemplo, as perguntas 34 e 35 do questionário de 1577, elaborado pelo cronista Juan López de Velasco. A primeira concerne ao bispado em geral, a segunda à igreja catedral.

[12] Em 1590, havia na península cerca de 60 dioceses. Demetrio Mansilla, "Panorama histórico-geográfico de la Iglesia española en los siglos XV y XV", in García Villosada (org.), *Historia de la Iglesia en España*.

desse território, equivalente a uma quarta parte da França atual, não encontra paralelo em nenhuma diocese europeia.[13]

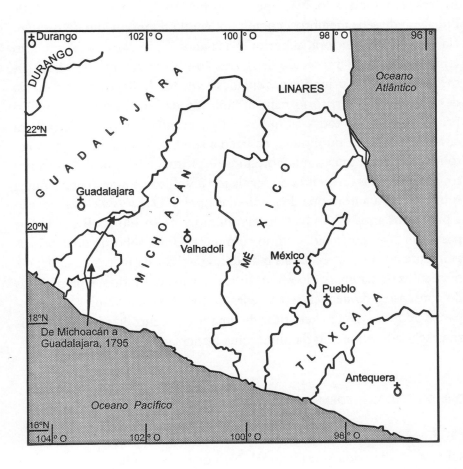

Mapa 1: Limites diocesanos da Nova Espanha[14]

---

[13] Para a primeira cifra, ver Sylvie Lecoin, Nicole Percheron e Françoise Vergneault, "Cartographie et recherche historique: le diocèse du Michoacán au XVIe siècle d'après les relations géographiques des Indes 1579-1582", *Trace*, nº 10, jul. 1986, p. 15-25. A segunda cifra em Claude Morin, *Michoacán en la Nueva España del siglo XVIII*, p. 20-37.

[14] Tomado de Mazín, "Cathédrales et cités...", *op. cit.*, p. 125. O desenho procede de Peter Gerhard, *A guide to the historical geography of New Spain*, p. 73

Desde o apogeu das catedrais na Nova Espanha, talvez o traço mais chamativo seja o enraizamento gradual do clero catedral e paroquial no seu respectivo bispado. Não apenas em função do lugar de origem e de linhagem de seus membros, como também do tempo médio de residência dos clérigos de fora, superior a dez anos.[15] No caso do Michoacán também intervém um século de formação e recrutamento de várias gerações de clérigos oriundos das cidades e vilas de El Bajío, porção média dessa diocese, o território mais urbanizado da Nova Espanha e muito provavelmente de todas as Índias.[16] Esse enraizamento do clero, bem como sua relativa autonomia, ocorreu à sombra de uma monarquia católica fiadora de uma dupla potestade, espiritual e temporal. No entanto, as tendências crescentes ao regalismo absoluto da dinastia burbônica subverteram a autonomia de gestão das igrejas. O *status quo* foi violado a partir dos anos 1760. Nas últimas décadas do século XVIII, as Índias passaram a ser concebidas como colônias e foram subordinadas principalmente aos interesses fiscais e de defesa militar da metrópole. Depois de séculos de ter abarcado reinos diferenciados nas Índias, e de ter feito do consenso e da negociação a pedra de toque de sua dominação, a Espanha adquiria as características de uma nação centralizada e uniformizada segundo o modelo da monarquia francesa.

O IMPACTO DAS REFORMAS

Conforme veremos, essas mudanças chegaram a repercutir duramente sobre a normatividade tradicional. Não que o rei tenha deixado de ser visto como vigário de Deus e principal responsável pela salvação de seus súditos. Esses lemas, de fato, foram reforçados sob os Bourbons. Por isso se acentuou, no século XVIII, o "regalismo" ou capacidade de condução do rei e de suas autoridades delegadas em matéria eclesiástica e

---

[15] Mazín, *El cabido catedral de Valladolid de Michoacán*.
[16] Para o processo de povoamento urbano en El Bajío durante os sécalos XVI-XVIII, ver Juan Carlos Ruiz Guadalajara, *Dolores antes de la independencia: microhistoria del altar de la patria*.

até religiosa. No entanto, as novas práticas administrativas, as duras imposições fiscais e a militarização para a defesa dos vice-reinos, medidas muito impopulares, entraram em contradição com a mentalidade das pessoas comuns. As noções e crenças de lealdade, confiança e serviço ao rei viram-se alteradas. Os funcionários mais próximos ao soberano, influenciados pelas ideias da Ilustração, não demoraram a condenar as formas de governo apoiadas em um pacto tácito, no consenso e na negociação a distância por parte dos grupos dirigentes locais. Também reprovaram os instrumentos e as práticas de culto religioso convencionais, ou seja, as expressões hiperbólicas da religião, seus excessos de ornamentação e as festas espetaculares, que para eles supunham esbanjamento e dispêndio. Consequentemente, foi ordenada a supressão de muitas confrarias e exigiu-se uma fé mais interior e personalizada que contradizia o hábito de mais de dois séculos. Como se não bastasse, a coroa limitou os privilégios, também antigos, de vários corpos e grupos dirigentes. Limitou também a distribuição da justiça no foro eclesiástico e insistiu na vocação dos professores dos padres, obnubilando a dos juízes. Isto é, suas faculdades judiciais foram ignoradas. Enfim, ante a extrema urgência de caudais, a coroa lançou mão dos bens e dinheiros administrados por diferentes pessoas e corpos eclesiásticos que tinham feito a economia da Nova Espanha prosperar. Tudo isso suscitou contrariedade e preocupação entre alguns eclesiásticos, como Manuel Abade y Queipo, temerosos de se verem derrubados do trono em algum dia não muito distante.[17] Espalharam-se o desânimo, as dúvidas e até a incredulidade em alguns grupos dirigentes. Entre as maiorias, aumentaram as desigualdades, mas igualmente a frustração, a irritação e os ressentimentos. O mais lamentável é que as pressões e imposições da coroa, ao ritmo de suas urgências fiscais e militares, não chegaram a dar forma a um projeto novo que garantisse a sobrevivência da monarquia nas Índias.[18]

---

[17] Manuel Abad y Queipo, *Colección de los escritos más importantes que en diferentes épocas dirigió al gobierno D. Manuel Abad y Queipo, obispo electo de Michoacán movido de un celo ardiente por el bien general de la Nueva España y felicidad de sus habitantes, especialmente de los indios y las castas*.
[18] Para uma visão de conjunto do reformismo burbônico e de seu impacto sobre as igrejas da Nova Espanha, ver David. A. Brading, "Tridentine catholicism and enlightened des-

O primeiro embate do reformismo foi de índole fiscal. Não houve ano, a partir de 1758, em que não se pedisse ao bispo e à câmara municipal de Michoacán que enviassem à Espanha uma relação minuciosa dos ganhos totais da igreja. Deviam precisar também a divisão detalhada das rendas entre os interessados. Essa insistência foi a antessala de uma visita ao vice-reino, ordenada pela coroa. Com uma longa trajetória militar, o vice-rei marquês de Cruillas chegou à Nova Espanha disposto a executar outra reforma, o estabelecimento inusitado, mediante recrutamento, de um núcleo forte de tropas provinciais. A formação de um exército nesse vice-reino se inscreve no contexto geral de revisão de objetivos em relação aos domínios da América. Em vista da recente invasão de Havana pela Inglaterra, era preciso garantir a defesa do continente lançando mão de recursos locais. A medida teve efeitos sociais devastadores aos quais o bispo e seu cabido não puderam permanecer alheios. Primeiro por causa de uma epidemia desencadeada em 1761, que começou a ceifar vidas. Em seguida porque essa primeira formação não contou com treinamento nem com uma provisão adequada de equipamentos. O recrutamento provocou um mal-estar generalizado entre grupos diversos, começando pela câmara e pelos comerciantes de Valhadoli. O alcaide impôs aos últimos a obrigação de prover e custear armamento e vestimenta para a soldadesca. Por sua vez, os homens do campo negaram-se a prestar serviços ao rei. Alegavam "que não podiam deixar suas terras, pois eram o único meio que tinham para obter algum dinheiro e pagar o tributo. Se não o pagassem, sabiam que teriam de brigar com o alcaide ou fugir de suas terras".[19] Contudo, em outubro de 1762, foram improvisadas várias companhias de tropas de segunda linha. Os homens que, um ano depois, sobreviveram às duras jornadas a

---

potism in Bourbon Mexico", *Journal of Latin American studies*, vol. 1, mai. 1983, p. 1-22. Do mesmo autor, *La Iglesia asediada, la diócesis de Michoacán, 1749-1810*. Há também, de William B. Taylor, *Ministros de lo sagrado: sacerdotes y feligreses en el México del siglo XVIII*.

[19] "que no podían dejar sus tierras, pues eran el único medio que tenían para hacerse de algún dinero y pagar el tributo. De no pagarlo, ya sabían que tenían que habérselas con el alcaide mayor o huirse de sus tierras". María del Carmen Velázquez Chávez, *El estado de guerra en Nueva España 1760-1808*, p. 40.

pé, às chuvas, ao contágio pelo "vômito escuro" e às condições insalubres da costa do Golfo voltaram para suas terras muito abatidos, quando não doentes e dispostos a recusar um novo alistamento. Por sua vez, os membros das famílias poderosas praticamente não viram vantagens nos cargos da nova oficialidade miliciana. Também experimentaram os perigos e desconfortos daqueles primeiros aquartelamentos improvisados em Orizaba e Veracruz.[20] Em janeiro de 1763, o marquês de Cruillas voltou a ordenar ao alcaide de Michoacán, Luis Vélez das Covas, que mandasse fazer novas listas de homens solteiros. Temendo a resistência, que atribuiu à "escassa fidelidade" ao rei, distribuiu instruções aos capitães e tenentes de cada distrito e ordenou a colocação de guardas nas guaritas para impedir a fuga de recrutas.

A sociedade de Valhadoli, antimilitar e profundamente religiosa, celebrou a paz de Paris (1763) com a fundação da arquiconfraria do Divino e uma missa de ação de graças no santuário de Nossa Senhora de Guadalupe, mais uma grande procissão do santo Cristo da Sacristia pela libertação da epidemia e pelo socorro da paróquia.[21] Impunha-se a cautela ante o panorama econômico daqueles anos: decadência generalizada da mineração e demissão de jornaleiros de muitas fazendas, ao que parece por conta de uma superprodução relativa, que encontrava preços muito baixos nos mercados; alistamento e recrutamento para as tropas, além da revisão do número de tributários com o objetivo de aumentar os caudais da fazenda real; baixa na arrecadação do dízimo, visível desde 1761 e sentida já em 1764. O clero episcopal deplorava sobretudo "a extrema pobreza das populações". Tudo contribui para caracterizar esses anos como uma "recessão econômica", anterior à etapa de grande crescimento do último terço do século, na qual a historiografia insiste.[22]

---

[20] Josefa Vega Juanino, *La institución militar en Michoacán en el último tercio del siglo XVIII*, p. 40.
[21] A arquiconfraria foi integrada por sete membros do cabido e por integrantes da câmara municipal, entre os quais figuraram dois sobrinhos do bispo Sánchez de Tagle. ACCM (Archivo del Cabildo Catedral de Morelia), *Actas de cabildo*, sessões de 10 de fevereiro e 24 de abril de 1763.
[22] Carlos Marichal, *La bancarrota del virreinato, Nueva España y las finanzas del imperio español, 1780-1810*.

Em julho de 1765 foi anunciada a chegada a Veracruz de D. José de Gálvez, visitador geral por Sua Majestade de todos os tribunais e ministros do vice-reino.

O bispado do Michoacán viveu anos de comoção entre 1766 e 1767, como não voltaria a viver até a guerra de independência. Trata-se de um caso isolado, mas extremo, análogo, embora de maneira imperfeita, à grande rebelião de Tupac Amaru que o Peru viveria em 1781.[23] As circunstâncias enfrentadas acabaram por persuadir o bispo e o cabido de Valhadoli de que as limitações à esfera eclesiástica já eram uma guerra aberta. Diversos grupos foram a eles para implorar sua proteção e defesa contra medidas consideradas como despóticas e sem precedentes. Os primeiros a fazer isso foram os mulatos e negros livres de Valhadoli. Em janeiro de 1766, expressaram ao prelado que não estavam em condições de pagar os tributos recém-taxados, que consideravam elevadíssimos, pois em vez do pagamento de 20 reais para os casados e 12 para os solteiros, agora exigiam de todos cinco pesos por ano, ou seja, 40 reais. Dias depois, o prelado comunicou a situação ao vice-rei. Os contribuintes, explicou-lhe, iam parar nos cárceres por não poder pagar muitas vezes nem os 20 e 12 reais da taxação anterior. Se não se moderasse a exigência, um tumulto seria iminente.[24]

Informado por seu predecessor e por Sánchez de Tagle da situação em Michoacán, o novo vice-rei, o marquês de Croix, imediatamente deu instruções para reforçar militarmente essa província. Em meados de agosto, chegou a Valhadoli o sargento D. Felipe de Neve com alguns oficiais e um grupo de soldados. Em breve começaria a realizar novo alistamento e sorteio para a formação miliciana, primeiro na capital episcopal, depois em Pátzcuaro, antiga capital dos tarascos. As advertências do bispo acabaram sendo proféticas antes do imaginado. Na primeira semana de setembro, explodiram motins de "gente ordinária e plebe" em Valhadoli. Além dos protestos, ocorria um enfrentamento

---

[23] Felipe Castro Gutiérrez, *Nueva ley y nuevo rey: reformas borbónicas y rebelión popular en Nueva España*.
[24] A reestruturação da cobrança dos tributos gerou um aumento líquido de 678.604 pesos em 1765 para 810.351 pesos em 1766, *idem*, p. 105.

entre o alcaide e a câmara municipal. O primeiro pretendia provocar a destituição do segundo, da mesma forma que se opunha a que Vélez voltasse a ser designado alcaide de Michoacán. Na noite de 14 de outubro de 1766 explodiu em Pátzcuaro uma primeira manifestação. As pessoas se revoltaram, foram até as casas reais e ameaçaram incendiá-las se o sargento Neve não deixasse a cidade. Os homens não aceitariam que os obrigassem a deixar suas terras e famílias mais uma vez. O sargento não teve outro remédio senão sair e refugiar-se em Valhadoli, distante 60 quilômetros.

Dias depois, ficou evidente a influência da Igreja na preservação da ordem social. O próprio bispo Sánchez de Tagle, que beirava os 70 anos de idade, foi a Pátzcuaro encarar mais de 500 insurretos que haviam se apoderado da paróquia. Ouviu as queixas de índios, mulatos e "lobos". Esse contato convenceu-o de que eles eram delinquentes apenas por engano, por ignorância e pelo próprio abatimento em que viviam. Explicou-lhes que não se tratava agora de um novo recrutamento, mas de um alistamento. Também os fez saber que, na sua opinião, "estas companhias militares não deviam incluir índios nem mulatos, mas espanhóis".[25] O bispo se propôs a conseguir-lhes um indulto para que o vice-rei e o visitador do reino não fizessem cair sobre eles nenhum castigo. O marquês de Croix cedeu aos rogos do prelado.[26] Em troca do indulto, pediu que a entrada de D. Felipe de Neve em Pátzcuaro fosse permitida.

A submissão não acabou com as tensões. A cidade lacustre também havia se queixado a seu bispo da extorsão e dos maus-tratos que recebia do alcaide. Este não merecia a confiança de Sánchez de Tagle. Já em 1764 tinha ignorado e desprezado a censura e as recomendações do bis-

---

[25] "*en estas compañías militares no se debían comprender indios ni mulatos, sino españoles*". *Cartas varias sobre el primer tumulto o azonada* [sic] *de la ciudad de Pátzcuaro. A consecuencia de éstas siguen varias de la segunda azonada* [sic] *en el año 1767*, Archivo Histórico Manuel Castañeda Ramírez (AHMCR), Casa de Morelos, *Negocios diversos*, 1766-1767, 292 p., localização não verificada por reorganização do arquivo.
[26] O bispo escreveu ao vice-rei que durante sua estada não havia encontrado "nenhuma desobediência ou infidelidade formal aos preceitos do rei, mas uns erros que haviam impressionado e causado horror ao nome dos milicianos" ("*alguna formal inobediencia o infidelidad a los preceptos del rey, sino unos errores de que estaban impresionados y les habían causado horror al nombre de milicianos*"). O vice-rei outorgou o perdão geral em 6 de dezembro de 1766, Castro Gutiérrez, *op. cit.*, p. 167.

po, para que deixasse de ostentar as relações com sua concubina. Com igual ousadia, Vélez tinha incluído no lote de tributos todo o serviço do palácio episcopal, até os espanhóis e os pajens dos cônegos. O alcaide estaria disposto a reprimir a manifestação sem a intervenção do bispo. Além disso, apesar do indulto conseguido, Vélez iniciou investigações para identificar os cabeças, embora sem informar a Sánchez de Tagle.[27]

MICHOACÁN SUBVERSIVO

A agitação e a violência voltaram a eclodir em vários lugares da diocese de Michoacán em 1767. Em 28 de maio foi preso em Pátzcuaro, D. Pedro de Soria Villarroel, recém-agraciado no início do ano com o título de "governador dos naturais desta nobilíssima cidade e província de Michoacán e anexas".[28] Com autoridade sobre cerca de 113 povos e até com influência entre as castas, Soria não demorou a esbarrar com o alcaide. Vélez cobrava para si uma sobretaxa de 9% do tributo, à qual o novo governador índio opôs-se. Este ordenou que todos os tributos da província fossem entregues a ele, e não diretamente em Valhadoli, como de costume. Naquele dia, o tenente-geral de Pátzcuaro aprisionou Soria como castigo pela desobediência ao alcaide. Nessa mesma noite, a comunidade indígena, acalorada, ameaçou incendiar a casa do tenente se não colocassem o caudilho em liberdade. No assalto à prisão, de onde levaram Soria, vários moradores espanhóis acabaram feridos. Nos dias seguintes, chegaram pessoas de toda a comarca, dispostas a ignorar a justiça e romper a sujeição à coroa. Apesar da devolução do governador aos amotinados, o ambiente continuou sendo de tensão. Soria escreveu

---

[27] ACCM, *Libro de los negocios secretos que comenzó desde siete de febrero de 1757*, sessão de 3 de janeiro de 1765.
[28] *"gobernador de los naturales de esta nobilísima ciudad y provincia de Michoacán y anejas"*. O novo governador, nos diz Castro Gutiérrez, *op. cit.*, p. 168, utilizou habilmente o velho prestígio de seu cargo e dos precedentes, que lhe davam primazia sobre os outros governadores, para recriar uma organização intercomunal, uma espécie de reconstrução da liderança tarasca. Afirmava assim que os únicos verdadeiros governadores indígenas (na Nova Espanha) eram os de Pátzcuaro e Tlaxcala.

cartas e cartas ao bispo para acalmar os ânimos, como fizera durante a primeira manifestação. Assegurou-lhe que toda a culpa era do alcaide, e não dele. Mas Sánchez de Tagle replicou que, dessa vez, por não ter prevenido o vice-rei, tinham-no deixado já sem nenhum meio de repetir suas súplicas. Ao não respeitar as condições do acordo anterior, acrescentou o prelado, "deixaram-me de mãos atadas para solicitar outro indulto".[29] Só conseguiu impedir que a tropa enviada do México entrasse para aplacar a revolta. Também enviou a Pátzcuaro seu advogado de câmara em 24 de junho.

No dia seguinte, o marquês de Croix tornou extensiva a pragmática sanção de Carlos III, que decidia expulsar de todos os seus domínios os membros da Companhia do Jesus. Sánchez de Tagle, protetor declarado dos padres, com pesar, começou a organizar o desterro dos jesuítas das seguintes casas de sua diocese: San Luis Potosí, San Luis de la Paz, Guanajuato, León, Celaya, Pátzcuaro e Valhadoli.[30] Ao que parece, somente em León, Celaya e Valhadoli os padres saíram sem oposição violenta da paróquia. Expulsão de jesuítas, alistamento de tropas e tributação eram ingredientes de uma mesma poção. Seu impacto em Michoacán foi brutal. Em Pátzcuaro, onde os índios continuavam em pé de guerra, o reitor da Companhia convenceu o governador Soria a entregar-se em vez de empreender a luta armada. A tropa entrou na cidade e foi atacada na praça principal, onde Soria conclamou a multidão a se acalmar. Como ela se opôs à saída dos padres, os soldados a reprimiram, deixando vários feridos.

O visitador José do Gálvez, futuro ministro das Índias, foi quem encabeçou pessoalmente a campanha de repressão em diversos povoados do bispado do Michoacán. Saiu do México no início de julho e só

---

[29] "*me han ligado las manos para solicitarles otro indulto*".
[30] Como se atravessasse o onomástico de prelado, este só recebeu condolências de Pátzcuaro: "Já vejo, senhor, que com todos esses cuidados e com os maiores que o dia proporciona a lamentável desgraça da religião da Companhia, que a todos nos tem tão absortos e consternados, não terá vossa senhoria ilustríssima os dias de nosso padre são Pedro tão felizes e festivos" ("*Ya veo, señor, que con todos estos cuidados y con los mayores que en el día ocasiona la lamentable desgracia de la religión de la Compañía, que a todos nos tiene tan absortos y consternados, no tendrá vuestra señoría ilustrísima los días de nuestro padre san Pedro tan felices y festivos*"), do clérigo Beltrán de Villaseñor, advogado da câmara, ao bispo Sánchez de Tagle, 26 de junho de 1767 em *Cartas varias...*, *op. cit.*, f. 108-206.

retornou à capital em dezembro de 1767.[31] Em várias cartas, agradeceu ao bispo Sánchez de Tagle sua disposição para resolver os conflitos. Mas também aproveitou para lhe fazer saber que somente a ele competia uma solução definitiva, sobretudo por causa do envolvimento de vários clérigos no repúdio à expulsão dos jesuítas.[32] Em San Luis Potosí, 50 homens foram condenados à forca, muitos outros ao açoite e mais de 200 à prisão. Em Guanajuato, somaram-se mais de 600 prisioneiros, dos quais nove foram executados, cinco açoitados e 30 perpetuamente desterrados. A iminência da volta de Gálvez à Cidade do México não impediu que ele passasse alguns dias em Valhadoli.

Alegando indisposição devido à sua idade avançada, o bispo negou-se a recebê-lo. Apenas dois cônegos o cumprimentaram com uma frieza da qual depois o visitador se lembraria com amargura.[33] Essa atitude merece que nos aprofundemos em suas razões. Desde julho se realizavam investigações rigorosas contra o governador indígena de Michoacán. Mantido a par dos acontecimentos por seu advogado, chegara a hora de o bispo tomar partido. A partir de 11 de agosto, ele voltou a constituir-se como defensor da causa dos amotinados e sobretudo de Soria. Coerente com seu arraigo novo-hispano, para o bispo de Michoacán as revoltas não visavam a desobedecer ao rei e lhe ser desleal, mas apenas "se defender dos vexames e violências que acreditavam e temiam da mão armada do alcaide".[34] A atuação global deste último indivíduo dá a impressão de ter sido guiada pelo ânimo de vingar-se do prelado. Por outro lado, o vice-rei tinha ordenado que prendessem o governador Soria. No entan-

---

[31] Castro Gutiérrez, *op. cit.*, capítulo V.
[32] "Responda sua ilustríssima o que quiser, já ofereci a Deus o sacrifício de pôr esse malvado [tenente de cura] no cadafalso, e creio que vossa excelência [o vice-rei] aprovará meu modo de pensar e me ajudará a intervir na jurisdição de sua ilustríssima se me parecer certo o receio de que oponha dificuldades e demoras" (*"Responda su ilustrísima lo que quisiere, ya he ofrecido a Dios el sacrificio de ponerle a este malvado [teniente de cura] en el cadalso, y creo que vuestra excelencia [el virrey] aprobará mi modo de pensar y me ayudará a hacer aire a la mitra de su ilustrísima si me saliere cierto el recelo de que oponga dificultades y dilaciones"*), citado em Luis Navarro García, *Los virreyes de Nueva España en el reinado de Carlos III*, p. 294.
[33] Mazín, *Entre dos majestades...*, *op. cit.*, p. 150-153.
[34] "*a defenderse de las vejaciones y violencias que creían y temían de la mano armada del alcalde mayor*". Do bispo Sánchez de Tagle ao vice-rei marquês de Croix, Valhadoli, 11 de agosto de 1767, em *Cartas varias...*, *op. cit.*, f. 108-206.

to, o cumprimento da ordem atrasou, pois interessava a Gálvez pegar todos os outros acusados, de modo que o visitador pediu informes para enviar tropas e dar o golpe de maneira simultânea em Pátzcuaro e Valhadoli. Em 13 de setembro, chegaram tropas à cidade lacustre. Angustiado, o governador Soria pediu conselho ao bispo por escrito. Este lhe disse que como seu povo não tinha tomado parte em um motim recente contra as tropas em Uruapan, outro povoado da província da Michoacán, nada devia temer. Aconselhou-o, pois, a ficar tranquilo, garantindo que apoiava-o.[35] Mas na noite de 26 de setembro, Soria foi detido e conduzido a Valhadoli. Muito condoído, o bispo pediu uma explicação ao vice-rei. Em resposta, em 10 de outubro, o marquês de Croix desculpou-se por não poder atender à sua súplica no sentido de deixar o governador em liberdade. Aconselhou-o que seria melhor dirigi-la ao visitador.

Sem perder tempo, Sánchez de Tagle enviou uma carta a Gálvez, que ainda se encontrava em Guanajuato. Fez-lhe saber, uma vez mais, que os motins não deviam ser atribuídos à malignidade de intenções dos naturais, mas às suas ignorância, pobreza e rusticidade.[36] A resposta que o prelado recebeu na tarde de 24 de outubro deve ter lhe parecido uma absoluta demonstração de despotismo ante a qual já não se podia fazer nada. Como podia continuar conciliando a obediência ao rei, patrono da Igreja, com sua vocação de pastor da grei recebida da tradição apostólica? Este foi o dramático dilema que o mergulhou em uma profunda crise de consciência. Mesmo que o réu pudesse acabar inocentado, acima da veracidade dos argumentos episcopais estava a soberana autoridade do monarca. A "real justiça" seria exercida então pela via da violência e da crueldade para que aqueles naturais fossem castigados de uma vez por todas.[37]

Desde a véspera da entrada do corpo militar expedicionário em Valhadoli, D. Pedro Anselmo mandou uma mensagem a seu cabido para que alguns de seus membros recebessem o visitador-geral e tentassem "moderar seu rigor e conseguir sua benignidade nos fatais acontecimentos que

---

[35] Do bispo Sánchez de Tagle a Pedro de Soria Villarroel, Valhadoli, 14 de setembro de 1767, *idem*.
[36] Do bispo Sánchez de Tagle a José de Gálvez, Valhadoli, 11 de outubro de 1767, *idem*.
[37] De José de Gálvez ao bispo Sánchez de Tagle, 24 e 31 de outubro de 1767, *idem*.

nos ameaçam".[38] No dia 14 de novembro, Gálvez entrou na capital episcopal. Bastaram cinco dias para que ele ouvisse as acusações formadas contra os réus pelo alcaide, pelo oficial da visita e por um comissionado do vice-rei. No dia 20, ditou as sentenças que determinaram, como em outros lugares, pena de morte para os líderes, cujas cabeças penderiam em lugar público até se consumirem ao vento e ao sol, a destruição de suas casas, que foram cobertas com sal em sinal de opróbrio, seus bens confiscados e suas famílias desterradas perpetuamente da província e do bispado. Por outro lado, impuseram-se cargas fiscais às populações insurretas para que, no prazo de três meses, pagassem o armamento das tropas recém-formadas. Não devia o bom príncipe amar a república? Se o tributo era "dádiva entre amigos", como podia ser coletado na Michoacán de 1766-1767 e continuar acreditando na amizade e no amparo do rei Católico? Nas sentenças, o visitador recusou a intervenção de qualquer autoridade local e aludiu, é claro, ao bispo Sánchez do Tagle e seu advogado:

> Declaro e ordeno, em nome de Sua Majestade, que pelo próprio fato de se apresentarem *quaisquer* vassalos a propor condições com o fim de embaraçar ou diferir o cumprimento das ordens superiores (...) sejam tidos por sediciosos e que os magistrados, juízes e outras pessoas públicas ou privadas não possam admitir nem conceder semelhantes propostas em nenhum caso que seja, sob a mesma pena.[39]

O problema de controle que as catedrais novo-hispanas representaram para os vice-reis desde finais do século XVI tinha sido enfrentado com uma estratégia de consenso e equilíbrios mútuos. Em contrapartida, para a monarquia burbônica de 1767, não havia outra política além do despotismo e da repressão. Antes de sair de Valhadoli, Gálvez estabeleceu novos critérios para o exercício da violência física legal. Também impôs ao bispo e a seu

---

[38] *"temperar su rigor y conseguir su benignidad en los fatales sucesos que amenazan"*.
[39] *"Declaro y ordeno en nombre de su Majestad que por el mismo hecho de presentarse cualquiera vasallos a proponer condiciones con el fin de embarazar o diferir el cumplimiento de las órdenes superiores... sean tenidos por sediciosos y que los magistrados, jueces y otras personas públicas o privadas no puedan admitir ni conceder semejantes propuestas en ningún caso que sea, bajo la misma conminación"*. María Ofelia Mendoza Briones (org.), *Sentencia contra los naturales de San Francisco Uruapan, 1767*, p. 29 (destaque meu).

cabido uma pensão para custear os uniformes das tropas.[40] Nos últimos anos da visita de Gálvez à Nova Espanha, apresentou-se ao clero episcopal de Valhadoli mais um conflito com as autoridades superiores do vice-reino.

REPRESÁLIAS

Em sua passagem repressora de 1767 por San Luís Potosí, Guanajuato e, ao que tudo indica, Celaya, Gálvez conferiu poderes às respectivas câmaras municipais para cobrar pensões sobre os produtos do dízimo que eram introduzidos nos armazéns. Tais cotas deviam financiar obras públicas nessas cidades. Contra um costume e um privilégio recém-ratificados em 1764, as câmaras começaram a cobrar os direitos dos coletores de dízimos em janeiro de 1768. Depois de uma carta-consulta do cabido catedralício, Gálvez desculpou-se por não poder declarar a isenção e invocou a obrigação a que estavam sujeitas as rendas eclesiásticas segundo o critério da contribuição para as obras do bem comum. Como o cabido não queria submeter-se, foi convocada uma reunião extraordinária com a presença do prelado. Desta vez o cônego doutoral serviu de advogado, alegando todos os fundamentos legais da isenção. Como se não bastasse, lembrou que, em caso de nova negativa, apelaria aos tribunais que fossem necessários. Na mesma sessão, os próprios eclesiásticos decidiram não contribuir com uma ajuda de 6 mil pesos que, dias antes, fora solicitada pelo visitador Gálvez para financiar sua expedição a Sonora. Esta outra empresa tinha como objetivo, uma vez mais, esmagar "índios turbulentos". Cheio de espanto, o cabido determinou que se consultassem primeiro as igrejas do México e de Puebla de los Ángeles. O tempo passava, os coletores de dízimos não pagavam as pensões e, consequentemente, não podiam vender os produtos, com grave prejuízo para a cate-

---

[40] Sánchez de Tagle estabeleceu 3.349 pesos, mais 2.650 pesos de um "donativo gracioso" obtido anos antes. No entanto, acordou-se que seria dada a pensão "para redimir os chefes desta igreja de maiores humilhações" ("*para redimir los caudales de esta iglesia de mayores vejaciones*"), ACCM, *Libro de los negocios secretos que comenzó..., op. cit.*, sessão de 2 de dezembro de 1767.

dral. Pensou-se, então, em voltar a dirigir uma representação ao vice-rei, mas dessa vez assinada também pelo bispo, dado que a primeira apelação ante a *audiencia* do México não tinha procedido. A resposta vice-reinal reproduziu a argumentação de Gálvez, acrescentando que o procedimento do bispo e do cabido subvertia a legitimidade. A carta, além disso, é uma reprimenda fulminante, que chama os cônegos de "sujeitos demasiadamente viciados nas opiniões ultramontanas intolerantes (...) alheias à vontade do Príncipe e à justiça de suas leis civis". Portanto, o marquês de Croix ordenou que a igreja de Michoacán se sujeitasse ao pagamento das pensões nos armazéns. Sua carta conclui, ameaçadora:

> Não duvido que esta insinuação terá certamente toda a valoração que merece [...] e baste sozinha para conseguir o fim, sem que seja necessário que eu faça uso das faculdades vice-régias que em mim residem.[41]

Depois da leitura, o bispo mandou seus cônegos jurarem silêncio com relação a tudo o que acabavam de ouvir. Os meios de controle indireto e consensual dos corpos político-sociais não funcionavam mais como bases legais. Para esse clero influente e com longos anos de serviço à coroa, ser tomado de repente por ultramontano e subversivo deve ter significado um golpe muito duro. Não obstante, ele se dispôs a levar adiante o projeto diocesano e catedralício.

O CANTO DO CISNE

Este último foi realizado mais conforme a tradição local, consistente em favorecer as expressões e necessidades dos grupos locais, do que acatando incondicionalmente as reformas da coroa. Em setembro de 1770 teve lu-

---

[41] "*sujetos adictos demasiadamente a las opiniones ultramontanas intolerantes (...) ajenas a la voluntad del Príncipe y a lo justo de sus leyes civiles*". "*No dudo que esta insinuación tendrá desde luego toda la estimación que se merece [...] y baste sola a conseguir el fin, sin que sea necesario use yo de las viceregias facultades que en mi residen*". Do marquês de Croix para o bispo de Michoacán, Sánchez de Tagle, México, 13 de agosto de 1768. ACCM, *Actas capitulares*, sessão de 22 de agosto de 1768.

gar a inauguração do seminário tridentino de São Pedro Apóstolo, edificado esplendidamente em frente à catedral durante a última década. Servia como uma luva em um momento em que o clero secular substituía os frades em dezenas de missões. Mas também porque compensava de alguma forma as lacunas deixadas na diocese pela extinção de sete colégios da Companhia do Jesus. Houve mais um fruto, um conjunto suntuoso de obras que deu brilho ao culto da igreja catedral. Foi executado entre 1765 e 1775, a contracorrente da visita de Gálvez. Foi, ao mesmo tempo, uma reação premeditada e um sinal. Por isso constitui um canto do cisne das artes visuais e sacras. O projeto foi concebido em condições praticamente clandestinas e sua execução foi marcada pelas etapas em que cabido e bispo mais temeram a pressão dos caudais da fábrica. Esse conjunto consistiu num altar-mor ou torre eucarística de uns 15 metros de altura, toda esculpida em madeira dourada, na feitura do altar dos reis para o abside e em um corredor trabalhado em prata maciça que unisse o primeiro ao coro.[42]

O projeto foi concebido com consciência plena de uma sociedade voltada para o sagrado, em expressão mágica e multicolor, crescentemente ornamental, onde construir um altar-mor significava edificar a pedra fundamental, o trono de Cristo. Ao esculpir o altar dos reis, lembrava-se ou, melhor dizendo, interpelava-se o monarca sobre sua missão a serviço da majestade divina. A partir de 1765, foi preciso agir com urgência aduzindo a presença do visitador, que "mais despótico, queria impor e executar suas condições".[43]

CONCLUSÃO

Em menos de uma década, a Igreja e a sociedade da Nova Espanha foram expostas a reformas drásticas. A visita de Gálvez comprovou o enorme poder corporativo, o enraizamento e a influência moral, social e econômica das igrejas. Reverter esse enraizamento, assim como a li-

---

[42] Mazín, "Altar mayor, altar de reyes y ciprés de Valladolid-Morelia", in Nelly Sigaut (org.), *La catedral de Morelia*, p. 109-125.
[43] "*como más despótico quiera imponer y ejecutar sus condiciones*". ACCM, *Actas de cabildo*, sessão de 20 de setembro de 1765.

nhagem majoritariamente michoacana do clero catedralício e paroquial, seria um dos intuitos de sua futura gestão como ministro das Índias. Várias medidas mudaram rapidamente a composição interna do cabido em benefício de sujeitos de origem peninsular e em detrimento da chegada de padres do próprio bispado. Outro projeto do visitador consistiu em fortalecer o governo secular ou civil em Michoacán a fim de moderar o eclesiástico. Em 1770, a câmara de Valhadoli pediu ao rei que transformasse a cidade em governo provincial. Além disso, seu procurador na corte de Madri estava a par de que já se falava de uma ordem real para o estabelecimento de intendências gerais em cada bispado da Nova Espanha. No entanto, este último projeto teve de esperar até 1786. Não obstante, Gálvez conseguiu do monarca, em 1776, que Michoacán fosse transformada em corregedoria, embora sem mudar ainda de estrutura política ou territorial. Uma coisa era certa: o excessivo poder eclesiástico local incomodava sobremaneira.

As hierarquias do vice-reino da Nova Espanha, que tinham favorecido os bispos aumentando sua influência, presença e autonomia relativa sofreram uma transformação radical a partir da década de 1760. Esta foi imposta pela coroa, que se assegurou de que os prelados se subordinassem incondicionalmente aos intuitos de reforma do poder real. Pugnou-se, então, por uma maior uniformidade, ou "regra fixa", bem como pela recuperação da autoridade real em todos os âmbitos, simultaneamente ao afastamento dos párocos da cena pública. Os ímpetos de renovação do alto clero expuseram uma reforma espiritual e um programa de índole social amplo, de inspiração ilustrada. Os princípios dessa "Ilustração católica" já eram qualitativamente distintos das formas de fé, de culto e dos afãs de beneficência precedentes.[44] Os alcaides desafiaram o papel tradicional dos párocos no controle da moral pública; restringiu-se o direito de asilo nas igrejas; ordenou-se que o clero se abstivesse de criticar o governo. No entanto, as pressões da coroa, no compasso de suas urgências fiscais, impediram que os novos propósitos cristalizassem em um novo projeto histórico em médio prazo.

---

[44] Brading, "Tridentine catholicism...", *op. cit*.

Em outras palavras: se virmos as reformas burbônicas da Igreja como a incidência de uma nova ordem de coisas sobre processos de longo prazo — que, aliás, estendem-se a meio século para além da independência —, elas aparecem incompletas, embora com consequências determinantes. O papel público dos bispos e dos párocos pode ter sido modificado, mas não facilmente transformado desde o cume da ordem política, sem provocar consequências inesperadas. Assim, o papel mediador e de integração social do clero fragilizado ficou sujeito a variantes regionais, locais e individuais. Concluamos, com William Taylor, que as reformas burbônicas da Igreja, mais que implantar um novo regime de maneira sistemática, encobriram responsabilidades, agudizaram enfrentamentos e propiciaram a continuidade de realidades por longo tempo.[45]

Desenho do cipreste ou torre eucarística para o presbitério da catedral de Valhadoli de Michoacán (Nova Espanha). Tirada de Óscar Mazín, *El cabildo catedral de Valladolid de Michoacán*, p. 363.

---

[45] William B. Taylor, *Ministros de lo sagrado, op. cit.*

REFERÊNCIAS DOCUMENTAIS E BIBLIOGRÁFICAS

ABAD y QUEIPO, Manuel. *Colección de los escritos más importantes que en diferentes épocas dirigió al gobierno D. Manuel Abad y Queipo, obispo electo de Michoacán movido de un celo ardiente por el bien general de la Nueva España y felicidad de sus habitantes, especialmente de los indios y las castas*. México: Consejo Nacional para la Cultura y las Artes, 1994.

BRADING, David. A. "Tridentine catholicism and enlightened despotism in Bourbon Mexico". *Journal of Latin American Studies*, vol. 1, mai. 1983, p. 1-22.

——. *La Iglesia asediada, la diócesis de Michoacán, 1749-1810*. México: Fondo de Cultura Económica, 1994.

BRIONES, María Ofelia Mendoza (org.). *Sentencia contra los naturales de San Francisco Uruapan, 1767*. Morelia: Fimax, 1968.

CARDIM, Pedro. "'Governo' e 'política' no Portugal de Seiscentos. O olhar do jesuíta António Vieira". *Penélope*, nº 28, 2003, p. 59-92.

CHÁVEZ, María del Carmen Velázquez. *El estado de guerra en Nueva España 1760-1808*. México: El Colegio de México, 1950.

DE HERRERA, Antonio. *Historia general de los hechos de los castellanos en las islas y tierra firme del mar océano*. Prólogo e notas de Manuel Ballesteros y Bereta. Madri: Real Academia de la Historia, t. I, 1934 [1ª ed.: 1600].

DE LATE, Joannes. *Mundo nuevo o descripción de las Indias occidentales escrita en 18 libros*. Introdução, tradução e notas de Marisa Vannini de Gerulewicz. Caracas: Universidad Simón Bolívar, Instituto de Estudios de América Latina, 1988 [1ªˢ eds.: Leiden, 1625, 1630 e 1644].

ESPINOSA, Isidro Vázquez de. *Compendio y descripción de las Indias occidentales*. Transcrição do manuscrito original (c. 1620) por Charles Upson Clark. Washington: The Smithsonian Institution, 1948.

GARCÍA, Luis Navarro. *Los virreyes de Nueva España en el reinado de Carlos III*. Sevilha: Escuela de Estudios Hispano-Americanos, 1967.

GARRIGA, Carlos. "Patrias criollas, plazas militares...". In MATIRÉ, Eduardo (org.). *La América de Carlos IV (Cuadernos de investigaciones y documentos)*. Buenos Aires: Instituto de Investigaciones de Historia del Derecho, 2006, vol. I, p. 35-130.

GERHARD, Peter. *A guide to the historical geography of New Spain*. Norman: University of Oklahoma Press, 1993.

GUADALAJARA, Juan Carlos Ruiz. *Dolores antes de la independencia: microhistoria del altar de la patria*. Zamora: El Colegio de Michoacán/El Colegio de San Luis/Ciesas, 2004, 2 vols.

GUTIÉRREZ, Felipe Castro. *Nueva ley y nuevo rey: reformas borbónicas y rebelión popular en Nueva España*. México: El Colegio de Michoacán/Universidad Nacional Autónoma de México/Instituto de Investigaciones Históricas, 1996.

HAUSBERGER, Bernd e MAZÍN, Óscar. "Nueva España, los años de autonomía". In *Nueva historia general de México*. México: El Colegio de México, no prelo.

JUANINO, Josefa Vega. *La institución militar en Michoacán en el último tercio del siglo XVIII*. Zamora: El Colegio de Michoacán, 1986.

LECOIN, Sylvie; PERCHERON, Nicole; VERGNEAULT, Françoise. "Cartographie et recherche historique: le diocèse du Michoacán au XVIe siècle d'après les relations géographiques des Indes 1579-1582". *Trace*, n° 10, jul. 1986, p. 15-25.

MANSILLA, Demetrio. "Panorama histórico-geográfico de la Iglesia española en los siglos XV y XV". In VILLOSLADA, R. García (org.). *Historia de la Iglesia en España*. Madri: Biblioteca de Autores Cristianos, 1980, vol. III-1°.

MARICHAL, Carlos. *La bancarrota del virreinato, Nueva España y las finanzas del imperio español, 1780-1810*. México: El Colegio de México/Fondo de Cultura Económica, 1999.

MAZÍN, Oscar. "Altar mayor, altar de reyes y ciprés de Valladolid-Morelia". In SIGAUT, Nelly (org.). *La catedral de Morelia*. Zamora: El Colegio de Michoacán, 1991, p. 109-125.

_____. *El cabildo catedral de Valladolid de Michoacán*. Zamora: El Colegio de Michoacán, 1996.

_____. "Cathédrales et cités dans le Nouveau Monde, le cas de Valladolid du Michoacán (Nouvelle-Espagne)". *Histoire Urbaine*, n° 7, jun. 2003, p. 121-140.

_____. "Una jerarquía hispánica, los obispos de la Nueva España". In VIVAR, Víctor Gayol Romo de (org.). *Formas de poder en la historia de México*. Zamora: El Colegio de Michoacán, no prelo.

_____. *Entre dos majestades: el obispo y la iglesia del gran Michoacán ante las reformas borbónicas, 1758-1772*. Zamora: El Colegio de Michoacán, 1987.

_____. *Iberoamérica, del descubrimiento a la independencia*. México: El Colegio de México, 2007.

MORIN, Claude. *Michoacán en la Nueva España del siglo XVIII*. México: Fondo de Cultura Económica, 1979.

RUBIAL, Antonio. "Invención de prodigios. La literatura hierofánica novohispana". *Historias*, n° 69, 2008, p. 121-132.

TAYLOR, William B. *Ministros de lo sagrado: sacerdotes y feligreses en el México del siglo XVIII*. México: El Colegio de Michoacán/El Colegio de México/Secretaria de Gobernación, 1999, 2 vols.

VELASCO, Juan López de. *Geografía y descripción universal de las Indias*. Madri: Atlas, 1975.

CAPÍTULO 2 Hierarquias e mobilidade na carreira inquisitorial portuguesa: a centralidade do tribunal de Lisboa*

*Bruno Feitler**

---

*Esta pesquisa, ainda em andamento, foi feita graças a uma bolsa de pós-doutorado e uma bolsa de pesquisa no exterior da Fapesp.
**Professor adjunto de História Moderna na Universidade Federal de São Paulo, pesquisador do CNPq, da Cátedra Jaime Cortesão, do Núcleo de Estudos Inquisitoriais, pesquisador associado da Companhia das Índias e membro de Red Columnaria. É autor do livro *Nas malhas da consciência: Igreja e Inquisição no Brasil*, São Paulo, Phoebus/Alameda, 2007.

O tribunal do Santo Ofício, fundado em Portugal em 1536, compunha-se, na sua formatação final, em uma grande estrutura, que grosso modo pode ser dividida em cinco: 1) o inquisidor-geral e seu conselho, o Conselho Geral do Santo Ofício, cuja estrutura e cujo funcionamento foram consolidados em 1569, fixando-se um pouco mais tarde no palácio dos Estaus, junto com o tribunal de Lisboa; 2) o próprio tribunal lisboeta, fundado em 1541; 3) o tribunal de Coimbra, fundado definitivamente em 1565; 4) o tribunal de Évora, o primeiro dos tribunais da Inquisição portuguesa, e 5) o tribunal de Goa, o único extrametropolitano, criado em 1560. Como se terá notado, essa estrutura não foi aqui relacionada de modo cronológico, seguindo as datas de fundação de cada corpo, mas de acordo com um critério bem típico do Antigo Regime: o hierárquico, que fazia com que em raras ocasiões duas pessoas ou duas instituições tivessem o mesmo estatuto quando seu lugar no corpo geral da sociedade estava em questão.

Dentre os tribunais de distrito da Inquisição portuguesa, o de Lisboa ocupava claramente uma posição superior aos outros. O fato de estar instalado no mesmo palácio que o Conselho Geral, na sede da corte, grande empório e maior cidade do reino, é sem dúvida um dos elementos que justificam, ou demonstram, essa importância. Do ponto de vista processual, pela sua proximidade física com o Conselho Geral, o tribunal de Lisboa, para além dos casos surgidos na sua área jurisdicional, acabou por também concentrar os processos mais delicados, os prisioneiros controversos sendo muitas vezes transferidos para o Estaus. A visibilidade dos seus autos de fé também fez com que a partir de 1718 as pessoas relaxadas, ou seja, os réus condenados à fogueira, também fossem transferidos dos tribunais de Coimbra e Évora para lá, as cerimônias provinciais reduzindo-se, assim, à leitura das sentenças de reconciliação.[1]

Finalmente, essa importância processual do tribunal lisboeta ainda se percebe quando, na partida de inquisidores ou outros ministros para o tribunal indiano, esses passavam por uma espécie de estágio de formação no Estaus;[2] ou ainda quando inquisidores de Lisboa assumiam interinamente, por falta de ministros no conselho, o cargo de deputado da instância suprema da Inquisição, subindo eventualmente mais tarde de modo definitivo ao cargo de deputado-conselheiro.[3] Com efeito, do ponto de vista da carreira, havia uma proximidade real do tribunal de Lisboa com o conselho que o distinguia dos outros tribunais, e isso não só em relação aos inquisidores: havia claramente uma diferença entre ser notário ou inquisidor em Coimbra ou em Goa ou entre ser deputado em Évora ou em Lisboa. Assim, em 1639, o duque de Bragança e futuro monarca D. João IV não deixa de felicitar o inquisidor Diogo de Souza ao saber da sua "promoção" da Inquisição de Coimbra para a de Lisboa.[4] Partindo da constatação dessa centralidade lisboeta, este texto tem como objetivo analisar o *cursus honorum* inquisitorial e os diferentes elementos que regiam a promoção na carreira, entendendo assim, ao mesmo tempo, essa centralidade do tribunal lisboeta. Em consequência

---

[1] Ver Bruno Feitler, "Lisbona", in A. Prosperi e J. Tedeschi (orgs.), *Dizionario de l'Inquisizione*.

[2] Foi o caso, entre vários outros, do promotor Jorge Ferreira, que em dezembro de 1596, enquanto esperava o momento de embarcar para Goa, podia "entrar no secreto desta Inquisição de Lisboa para nele se instruir nas coisas de seu ofício". Instituto dos Arquivos Nacionais da Torre do Tombo (IANTT), Inquisição de Lisboa (IL), liv. 104, fl. 79 v, e do também promotor Manoel da Silva Cintrão, que em dezembro de 1725 recebeu juramento para poder "ser admitido no secreto desta Inquisição para se instruir na prática do Santo Ofício", IANTT, IL, liv. 111, fl. 139 v. Neste artigo, a ortografia das citações foi atualizada.

[3] Esse foi o caso, por exemplo, de Diogo de Souza, em 1642, e de João Duarte Ribeiro, em 1701. IANTT, Conselho Geral do Santo Ofício (CGSO), liv. 136, fl. 159 e 219.

[4] "Hoje soube da promoção de Vossa Mercê do tribunal da Santa Inquisição de Coimbra ao desta cidade de Lisboa e festeje já com quem deseja a Vossa Mercê os maiores lugares e postos. Estes espero eu que não faltem a Vossa Mercê para que seu merecimento não esteja sem o que se lhe deve e eu tenha muitas ocasiões de o festejar." Biblioteca da Ajuda (BdA), cód. 51-X-8, fl. 28.

disso, este estudo permitirá ver claramente que, ao adentrar o corpo inquisitorial intermédio, um jovem clérigo, para além de hipotéticos ideais de ortodoxia e de justiça, inseria-se numa estrutura na qual havia espaço para uma mobilidade interna e que, mais ainda, essa estrutura fazia parte da malha das instituições do Portugal do Antigo Regime, mesmo que num segundo escalão.[5]

OS DEGRAUS DA CARREIRA INQUISITORIAL

Há várias maneiras de se fazer uma tipologia do pessoal inquisitorial. Uma primeira divide os membros internos do tribunal e os externos, como os familiares, comissários e qualificadores. Uma outra tipologia divide-os em religiosos e laicos. Essa é a divisão mais útil no caso do estudo da carreira inquisitorial, pois por ela veremos que podia haver um pequeno trânsito entre os de dentro e os de fora. Concentrar-nos-emos então, aqui especificamente, sobre os oficiais e ministros ordenados, deixando de lado o interessantíssimo mundo dos oficiais leigos da Inquisição, ou seja, os familiares, mas também todo um conjunto de homens que trabalhavam dentro ou em torno dos tribunais (dos homens do meirinho ao alcaide dos cárceres, do impressor ao marchante do açougue) e que usufruíam privilégios e prestígio social por servir ao Santo Ofício e por ser comprovadamente cristãos-velhos, já que a nomeação para um desses cargos também estava condicionada a uma habilitação *de genere*, como para os cargos de deputado ou inquisidor. Esse grupo, as verdadeiras dinastias que ali se formaram e a venalidade que regia seu funcionamento merecem um estudo à parte.[6]

---

[5] Os estudos específicos sobre a carreira inquisitorial portuguesa são praticamente inexistentes. Ver sobretudo Maria do Carmo Jasmins Dias Farinha, "Ministros do Conselho Geral do Santo Ofício", *Memória* (revista anual do ANTT), nº 1, 1989, p. 101-205; mas também António Baião, *Inquisição em Portugal e no Brasil: subsídios para a sua história*, p. 51-61; Elvira Cunha de Azevedo Mea, *Inquisição de Coimbra no século XVI: a instituição, os homens e a sociedade*, sobretudo as páginas 101-141, e Francisco Bethencourt, *História das inquisições: Portugal, Espanha e Itália*, séculos XVI-XIX, p. 109-134. Ana Isabel López-Salazar Codes, *La Inquisición portuguesa bajo Felipe III, 1599-1615*.
[6] Preparo atualmente um estudo sobre os oficiais leigos do tribunal do Santo Ofício de Lisboa.

Assim, pelo que toca à carreira inquisitorial, podemos dividir os ministros religiosos em três níveis mais ou menos estanques: no cume da pirâmide encontra-se isolado o inquisidor-geral; no nível intermediário estão os deputados do Conselho Geral, inquisidores, promotores e deputados de distrito; e no nível inferior, os comissários, notários de distrito, qualificadores e visitadores das naus.

O cargo de deputado do Conselho Geral, instância de controle dos tribunais de distrito e órgão assessor do inquisidor-geral, era o topo da carreira inquisitorial. Era ali que almejava chegar a maioria daqueles que se candidatavam a um cargo de deputado de distrito — cargo de entrada na hierarquia intermédia do Santo Ofício. Mas essa assertiva valia apenas para aqueles que entrassem num dos três tribunais metropolitanos: os ministros inquisitoriais de Goa que chegaram a ser nomeados para o Conselho Geral contam-se nos dedos de uma mão. Para isso, na maioria dos casos, exerciam durante algum tempo o cargo de deputado e de promotor em um ou mais de um tribunal, passando em seguida a inquisidor. Depois de alguns anos como juiz num dos tribunais de província, suas chances de chegar ao Conselho Geral aumentavam se fosse nomeado inquisidor no tribunal de Lisboa. Com efeito, dos 126 deputados do Conselho Geral nomeados entre a sua fundação oficial, em 1569, e 1815 (ano da última nomeação), 45 (35%) o foram quando eram inquisidores de Lisboa. Vale mencionar aqui que os casos de nomeações que seguiram o caminho inverso (de inquisidores de Lisboa transferidos para Coimbra ou Évora) são praticamente irrelevantes e também se contam nos dedos de uma mão.[7] Se juntarmos aos inquisidores os deputados de Lisboa elevados diretamente ao conselho (caso frequente a partir de começos do século XVIII e como acontecia com os dominicanos que assumiam

---

[7] O dominicano Manoel da Veiga, depois de passar por Lisboa e Évora, terminou a carreira no tribunal de Coimbra em 1575; Bartolomeu da Fonseca, de Lisboa foi transferido para Coimbra antes de ser transferido para o Conselho Geral em 1598; Belchior Dias Preto terminou a carreira em Évora em 1654; Manoel Magalhães de Meneses, depois de Lisboa e Coimbra, foi nomeado para o Conselho Geral em 1660. Ver Nachman Falbel, *O catálogo dos inquisidores de frei Pedro Monteiro e sua complementação por um autor desconhecido.*

o lugar cativo da ordem no conselho), esse número sobe para 60 (47%), como pode-se perceber no quadro abaixo.[8]

CARGOS EXERCIDOS IMEDIATAMENTE ANTES DA NOMEAÇÃO PARA O CONSELHO GERAL

Inquisidor de Lisboa	45
Deputado de Lisboa	15
Total Lisboa	60
Inquisidor de Coimbra	19
Deputado de Coimbra	7
Total Coimbra	26
Inquisidor de Évora	18
Deputado de Évora	5
Total Évora	23
Outros	3
Nenhum	14
Total Geral	126

Esses são em geral os passos que mais frequentemente levavam ambiciosos juristas recém-saídos da Faculdade de Cânones (os inquisidores e deputados do Conselho Geral teólogos eram exceção) da Universidade de Coimbra, cristãos-velhos (até 1773), de um lugar de deputado de distrito ao cargo de deputado do Conselho Geral. De onde ele podia esperar ser, quem sabe, nomeado a algum bispado (31 deputados-conselheiros foram promovidos a bispos ou arcebispos) ou acumular o cargo de deputado (que não era de dedicação exclusiva, como o de inquisidor) ao de juiz de algum tribunal régio da corte, como

---

[8] Informações coletadas a partir dos dados fornecidos em Farinha, *op. cit.*, p. 101-205, e Falbel, *op. cit.*

foi o caso de mais de 30 deles (Desembargo do Paço, Junta dos 3 Estados, Mesa da Consciência e Ordens), além de receber o título de membro do Conselho *del-Rei*. Assim, é importante notar que o Santo Ofício não era uma instituição isolada, apesar do seu estatuto privilegiado no seio das instituições do Antigo Regime português, já que os inquisidores eram delegados apostólicos. Seus ministros ocupavam, paralelamente ou de modo alternado aos cargos inquisitoriais, outros cargos, tanto na hierarquia eclesiástica (priores, cônegos, bispos) quanto em tribunais civis, como o Desembargo do Paço, quanto na Universidade de Coimbra, onde quase todos se formaram, muitos chegaram a lecionar e alguns alcançaram o cargo de reitor. Contudo, vale a pena notar que houve diferentes momentos na história do favor ou desfavor dos soberanos em relação aos membros da instância suprema da Inquisição e que, em seguimento à crise da Restauração de Portugal (1640), nenhum deputado-conselheiro foi nomeado para conselhos régios até os anos 1720. Uma vez matizados os atritos, as nomeações de desembargadores da Casa da Suplicação e do Desembargo do Paço ou de deputados da Mesa da Consciência e Ordens ao cargo de deputado do Conselho Geral (passando pela etapa obrigatória de deputado de distrito) foram retomadas, invertendo a tendência anterior. A partir de então, alguns dos postos do Conselho Geral serviram para contemplar um pouco mais os membros da elite letrada portuguesa (os desembargadores). Nesse mesmo momento cessaram também as nomeações de deputados-conselheiros a bispados, reflexo sem dúvida da influência do jacobeu frei Gaspar da Encarnação sobre D. João V, nomeações que não serão retomadas nos períodos pombalino e mariano, apontando para uma real perda de prestígio dos ministros inquisitoriais.[9]

Isso não impede que a carreira inquisitorial tenha integrado, com suas especificidades, o sistema geral da economia das mercês português.[10] A quantidade de juízes, desembargadores e deputados de outros tribunais régios, homens que claramente já estavam um degrau acima na carreira e

---

[9] Bruno Feitler, "Consiglio Generale", in Prosperi e Tedeschi (orgs.), *op. cit.*
[10] Para a noção de economia das mercês, ver Fernanda Olival, *As ordens militares e o Estado moderno: honra, mercê e venalidade em Portugal (1641-1789)*.

que foram nomeados para o cargo de deputado do tribunal de distrito, é uma clara prova dessa integração. Mais ainda do que o cargo de deputado do Conselho Geral, ser deputado dos tribunais de distrito não implicava uma atividade contínua, mas podia não significar mais do que um título honorífico. Pelo capital de honra que esses cargos auferiam, e pelo estrito escrutínio pelo qual passavam aqueles que o fossem adentrar, fazer parte do corpo inquisitorial servia para dourar seu brasão, além de ser um bom modo de a instituição cooptar juristas e juízes de relevo.

A carreira não era, contudo, linear. Para começar, o cargo máximo, ou seja, o de inquisidor-geral, estava fora do horizonte de praticamente 99% dos homens que adentravam a carreira inquisitorial. Com efeito, foram somente três os que depois de uma experiência como deputados de distrito e inquisidores chegaram a ser nomeados inquisidores-gerais: Antonio de Matos de Noronha, em 1596, D. Veríssimo de Lencastre, em 1676, e D. Nuno da Cunha de Ataíde, em 1707, os dois últimos sem sequer passar pelo Conselho Geral. Por outro lado, os cargos de oficiais inquisitoriais que exigiam ordens sacras, ou seja, notários, comissários e qualificadores, esses não eram indicados para se começar uma carreira inquisitorial, a não ser que fossem dominicanos, como veremos adiante. Um notário que trabalhasse nos tribunais podia no máximo aspirar a chegar a secretário do Conselho Geral, cargo importante, mas muito estável e pelo qual passaram pouquíssimas pessoas.[11] Um notário de distrito podia, depois de conseguir algum benefício agregado, pedir a elevação a comissário. Quanto a esses, conheço apenas um caso de comissário que tenha chegado a inquisidor, o doutor João Justiniano Farinha, comissário em 1760, deputado em 1777 e

---

[11] Até 1723 haviam sido nomeados apenas 11 secretários, mais da metade deles provenientes do cargo de notário do tribunal de Lisboa. O licenciado José Coelho, por exemplo, foi nomeado notário do tribunal de Lisboa em 21 de novembro de 1682. Passou a secretário do conselho em 20 de janeiro de 1700, sendo substituído, provavelmente após a sua morte, por Jácome Esteves Nogueira, nomeado em 23 de fevereiro de 1723, IANTT, IL, liv. 106, fl. 444 v, e *Colecçam dos documentos, estatutos e memórias da Academia Real da História*, vol. 5, 1725, num. XXVII. Até o primeiro quartel do século XVIII, o recorde era detido por Diogo Velho, secretário entre 6 de outubro de 1636 e maio de 1675. Uma experiência imensa, num lugar-chave, que servia ao inquisidor-geral e ao Conselho Geral.

inquisidor de Lisboa em 1791.[12] Havia uma brecha no que toca aos qualificadores. Como os dominicanos tinham, desde 1614, um lugar cativo no Conselho Geral, era entre os qualificadores dessa ordem que o inquisidor-geral escolhia os que sucessivamente ocupariam o cargo, sendo que a prática dos negócios inquisitoriais era adquirida nos cargos intermédios de deputado de distrito e de inquisidor. Resumindo: pelo que toca aos clérigos de ordens sacras que serviam à Inquisição, existiam três diferentes níveis quase estanques (1 — ofícios menores; 2 — deputados, promotores, inquisidores e deputados do Conselho Geral; e, por fim, 3 — inquisidor-geral), o que significava que a ascensão social desses religiosos nunca podia ser total. As aspirações de cada um tinham de ficar dentro das fronteiras do cargo no qual entravam a serviço da Inquisição e de seu estatuto social específico, já que a cada degrau galgado, a carreira se afunilava para os não nobres.

Passemos direto pelos requisitos básicos para se começar a carreira inquisitorial: ser cristão-velho, ter ordens sacras, ser de uma certa idade, de bom comportamento etc.[13] Se nos concentrarmos nos ministros principais do Santo Ofício, os mais importantes para o seu funcionamento, ou seja, aqueles da camada intermédia (dos deputados de distrito a deputados conselheiros), o que era necessário para se subir na carreira? Seguindo uma lógica toda estamental, eram três os requisitos considerados, e toda a questão é entender em que ordem devem ser apresentados: a antiguidade no serviço, a prática dos negócios inquisitoriais, a "qualidade" do candidato. Conexo a esse último requisito, não é demais acrescentar numa categoria à parte os apoios do seu grupo familiar e seus elos clientelares, que vão ser primordiais nas carreiras que esses deputados e inquisidores também vão seguir fora da instituição inquisitorial.

---

[12] IANTT, IL, liv. 118 e 123.
[13] Para os detalhes e a evolução desses requisitos, ver os diferentes regimentos inquisitoriais. "Regimento da Santa Inquisição de 1552", Isaías da R. Pereira (org.), *Documentos para a história da Inquisição em Portugal*, fasc. 18, p. 48-72, cap. 1; *Regimento do Santo Offício da Inquisiçam dos reynos de Portugal*, na Inquisição de Lisboa, 1613, tit. I, cap. I; *Regimento do Santo Offício da Inquisição dos reynos de Portugal*, em Lisboa nos Estados, 1640, Livro I, tit. I, e *Regimento do Santo Offício da Inquisição dos reinos de Portugal*, Lisboa, 1774, Livro I, tit. I. Também o "Regimento do Conselho Geral" [1570], *Documentos para a história da Inquisição, op. cit.*, p. 99-105.

AS QUALIDADES DO INQUISIDOR: A QUESTÃO DA EXPERIÊNCIA

A nomeação para qualquer cargo nos três tribunais metropolitanos, desde os carcereiros até os inquisidores, era atribuição exclusiva do inquisidor-geral. Já os deputados conselheiros eram apenas propostos pelo inquisidor-geral e depois confirmados pelo soberano, que se limitava a sancionar a escolha. Durante a União Ibérica, Filipe III e Filipe IV tentaram por três vezes (em 1620, 1622 e 1632) mudar o sistema de seleção dos deputados do conselho português para equipará-lo ao da *Suprema* espanhola, ou seja, a escolha do deputado-conselheiro a partir de uma lista tríplice. Se a coisa se fez ao gosto de Filipe III durante os anos 1620, já sob a regência do inquisidor-geral D. Francisco de Castro (1630-1653), o representante do Santo Ofício português em Madri no começo dos anos 1630, D. Miguel de Castro, conseguiu, após o estudo da questão pela junta dos negócios do Santo Ofício (da qual faziam parte, com o inquisidor-geral espanhol, o confessor do rei e outros ministros), que Filipe IV promulgasse um decreto (datado de 13 de março de 1633) confirmando a regra e o uso portugueses.[14] A confirmação da regra portuguesa bloqueou um aumento das possibilidades de intervenção régia dentro dos negócios inquisitoriais portugueses que, ao mesmo tempo, significaria uma diminuição importante dos cargos à disposição do inquisidor-geral para a implementação das suas políticas e da sua rede de poder. Essas querelas, além de mostrar o jogo de forças em questão, revelam os dados levados em conta na escolha de um ministro inquisitorial. Assim, em 1610, o inquisidor-geral e também vice-rei D. Pedro de Castilho (1604-1613) teve de explicar sua escolha. Ao escrever ao soberano uma carta na qual diz ter escolhido D. Francisco de Bragança para o cargo vago de deputado do Conselho Geral, também diz ter considerado para o lugar

---

[14] Sobre os projetos de Filipe III e das juntas que reuniu em Valhadoli para reformar o Santo Ofício português, ver López-Salazar, *op. cit.*, p. 201-210. As discussões dos anos 1620 e as concessões dos anos 1630 estão em IANTT, CGSO, liv. 235, f. 143-152 e liv. 397, f. 1-5.

> todos os inquisidores e deputados que atualmente servem a Inquisição. Também fiz consideração do que é necessário para o ministério de cada tribunal da Inquisição, porque convém prover de sujeitos capazes e inquisidores experimentados, prudentes e bons letrados, porque nestes tribunais consiste a maior importância do exercício da Inquisição, neles se tomam as denunciações, processam as causas, sentenciam e executam as sentenças. Se nisso houvesse faltas, seriam de grande dano se tal mal se poderia remediar por o inquisidor geral e o Conselho da Inquisição, por o que, tirando para ele todos os inquisidores de maior confiança, e ficando os que não são tais, seria tirar as principais pedras do fundamento do edifício e arriscá-lo à ruína.[15]

Ou seja, apesar do cargo de deputado do conselho ser mais prestigioso do que o de inquisidor, esses eram de mais responsabilidade e mais importantes para o bom funcionamento do tribunal. Isto é, nesse caso D. Pedro explica que a progressão na carreira inquisitorial não era linear e que as questões a considerar na escolha de um inquisidor ou de um deputado do Conselho Geral podiam ser bastante diversas, tendo em vista as diferentes atribuições que esses cargos implicavam. Resumindo, o inquisidor-geral explicitou ao soberano a grande importância do "exercício" e da "confiança" para o cargo de inquisidor.

Nesse caso ganhou o rei (se se tratava, para ele, de barrar a nomeação do Bragança), pois Filipe III, depois de finalmente receber uma lista tríplice, nomeou para o cargo vago o experiente inquisidor de Lisboa Salvador de Mesquita, que tinha, em 1611, 21 anos de carreira.[16]

Esse caso — e outros que veremos mais adiante — nos leva novamente a perguntar: quais eram os principais atributos de um deputado do Conselho Geral? O que se esperava dele para bem exercer, ou bem encarnar, seu ministério? Durante o correr dos séculos XVII e XVIII, dentro do Santo Ofício como fora dele, ocorreram debates sobre, digamos, as qualidades do letrado ou do "juiz perfeito". Essas qualidades eram quase sempre arquitetadas como um triângulo, cujos vértices se-

---

[15] BdA, 51-VIII-17, n. 1, fl. 1-1 v.
[16] López-Salazar, *op. cit.*, p. 207-209.

riam pontos opostos e concorrentes, representando um a nobreza, outro a experiência e o terceiro a antiguidade no cargo.

Em *Arte de furtar*, compêndio das mazelas e dos desmandos vigentes no reino de Portugal pós-Restauração (dentre os poucos que não são incluídos na ladroagem geral está, por uma bela precaução, o tribunal do "Visco" da Santa Inquisição), encontramos alguns dados sobre a questão das qualidades dos letrados. Num passo, no qual reclama dos acúmulos de cargos, o autor diz não ser desculpa a falta de pessoas hábeis para ocupá-los individualmente, já que — e é aqui que mostra quais são as qualidades requeridas para os "ofícios da República" — "é o nosso reino de Portugal muito fértil de talentos muito cabais para tudo: prova boa sejam todas as ciências e artes que em Portugal acharam seus autores. A nobreza e fidalguia, autoridade e cristandade entre nós andam em seu ponto".[17] Mas qual desses atributos seria o mais importante? Em outro lugar, ao se perguntar se "devem ser os Conselheiros letrados ou idiotas; isto é, de capa e espada?", responde o autor que

> Uns dizem que os letrados, com o muito que sabem, duvidam em tudo e nada resolvem; e que os idiotas, com a experiência sem especulações dão logo no que convém. Outros têm para si que as letras dão luz a tudo, e que a ignorância está sujeita a erros. E eu digo que não seja tudo letrados, nem tudo idiotas. Haja letrados teólogos e juristas para que não se cometam erros, e haja idiotas, que com a sua astúcia, sagacidade e experiência descubram as cousas e dêem expediente a tudo.[18]

Mas nem por isso a questão estava encerrada. Ainda em pleno século XVIII a pergunta permanecia, sobretudo a importância (ou não) da nobreza.

Apesar de tentar desvencilhar-se dessa questão, pondo sempre em primeiro lugar as "prendas e talento" em detrimento da fortuna e da honra, Jerônimo da Cunha, na sua *A arte de bacharéis* (1743), admite,

---

[17] [Manuel da Costa], *Arte de furtar*, p. 253. A defesa que faz do fisco e da sua administração pela Inquisição está nas páginas 259-262.
[18] *Idem*, p. 212.

porém, a primazia da nobreza nos postos honoríficos. Mas essa seria uma nobreza "inferior", pois a verdadeira nobreza

> pode ter qualquer homem de bem, porque os fidalgos principais constituem classe separada da ministrice. Insisto pois em que ainda carecendo da que falamos, basta ao ministro a da virtude e letras, porque o mais não tem força natural que faça permanecer a honra nos descendentes.

Após afirmar que "havendo no nobre os requisitos da virtude e ciência, é utilíssimo que sejam preferidos", citando então uma série de autores[19] que demonstram as "qualidades de magnanimidade, liberalidade, sutileza de engenho e cortesia" da nobreza de sangue, notando, contudo, "que das mesmas pode algum carecer, e as terá o humilde virtuoso e sábio". Ou seja, Jerônimo da Cunha, pondo a nu as contradições cada vez mais gritantes existentes entre os ideais ilustrados e a sociedade estamental, embaralha-se tanto que no fim das contas admite: "Seria um grande e inexplicável labirinto irmos discorrendo mais miudamente nesta matéria."[20]

As discussões causadas por essa contradição básica da sociedade coeva também surgem dentro da Inquisição na mesma época, sobretudo durante a primeira metade do século XVII. A tensão existente entre a necessidade da experiência e o primado da qualidade, ou seja, da nobreza dos candidatos, apareceu nos anos 1620 num texto possivelmente escrito para justificar as escolhas de D. Fernão Martins Mascarenhas (inquisidor-geral entre 1616 e 1628) para o cargo de deputado do Conselho Geral, provavelmente na pessoa de D. Francisco de Bragança, já sugerido em 1610 por D. Pedro de Castilho, recusado pelo rei, e finalmente nomeado deputado-conselheiro em 1617.[21] O texto responde à seguinte questão: "A qual se deve em rigor da Justiça preferir para os

---

[19] Autores como Juan Arce de Otalora, *Summa nobilitatis hispanicae*, e Barthelemy de Chasseneuz, *Catalogus gloriae mundi, laudes, honores, excellentias, ac praeminentias omnium fere statuum*.
[20] Jerônimo da Cunha, *A arte de bachareis, ou perfeito juiz na qual se descrevem os requisitos, e virtudes necessarias a hum ministro...*, p. 63 e 71-72.
[21] BdA, 51-VIII-17, n. 1, fl. 1.

lugares do Conselho Geral do Santo Ofício; se o mais nobre, se o mais antigo no serviço?"[22] Vê-se aqui que a questão, na prática, não compara a nobreza à *expertise*, mas ao tempo de serviço, o terceiro dos vértices do triângulo evocado mais acima. O autor começa por lembrar os parâmetros a considerar, escrevendo que "precede sempre a lei, após ela o costume, faltando um e outro, se recorre à razão". A lei, ou seja, as bulas papais e o regimento do Conselho Geral redigido pelo cardeal D. Henrique, estatui que eles devem ser, segundo o autor do texto,

> pessoas eclesiásticas, de letras e virtude e prudência em que haja as qualidades que por este regimento se requerem para oficiais do Santo Ofício. E podendo ser pessoas nobres, essas se elegerão, contanto que tenham as mais qualidades. Das quais palavras se vê expressamente que o nobre, se tiver as condições e qualidades que convêm, e intrinsecamente se requerem para ser inquisidor, ele deve ser preferido.[23]

Ou seja, o autor distorce aqui as palavras do regimento, que fala de "letras, virtude e prudência", mas não da "antiguidade no serviço" ou da experiência dos negócios inquisitoriais, o que demonstra que essas virtudes, apesar da resistência do autor, faziam parte integrante das qualidades necessárias para o exercício do cargo em questão. Apesar de começar por se justificar por meio da "lei", alegando em seguida o direito divino, canônico, civil e "o costume geral de todo mundo", ele se vê obrigado a inserir na sua própria explicação essas qualidades que, na prática, se farão presentes no momento de se nomear um ministro inquisitorial. Quais são seus argumentos a favor da nobreza? Primeiro, "para haver obediência na república, convém que o tribunal que a faz executar se respeite [e] se venere. [Sendo nobres] os ministros que lhe assistem, será com mais facilidade obedecido, que é o fim principal que se pretende". Segundo: sendo os nobres normalmente descendentes de outros que já ocuparam ofícios supremos da república, eles teriam direito "em certo modo hereditário para serem nestes

---

[22] ANTT, CGSO, liv. 213, fl. 186. Outro exemplar do mesmo texto se encontra na Biblioteca Nacional de Portugal (BNP), cód. 1535, fl. 11 sqq.
[23] ANTT, CGSO, liv. 213, fl. 186-186 v.

lugares preferidos".[24] O autor chega aqui ao ponto principal de sua exposição, pois o que ele quer considerar não são as qualidades intrínsecas para ser nomeado ao cargo (letras, virtude etc.), mas uma qualidade extrínseca, como é a antiguidade, que ele, só com um certo esforço, consegue distinguir da experiência, noção para ele tão nova que é laboriosamente explicada, partindo das mencionadas qualidades intrínsecas: "É direito indubitável que o virtuoso, o letrado e o prudente se preferem ao nobre, ainda que ele juntamente seja o mais antigo para os cargos da Justiça", pois ser antigo ou nobre são somente considerações de conveniência, enquanto as outras são indispensáveis.

> E daqui vem que raramente se proveu o mais antigo nos lugares do Conselho, porque acontece de ordinário excederem os modernos nas qualidades referidas [...]. Nem obsta que os lugares do Conselho são em certo modo prêmio do serviço [...], porque repugna a natureza dos lugares da Justiça serem prêmios do serviço, porque pode o que serviu em um lugar não ter as qualidades que para outro se requerem [...]. Nem obsta outrossim que o mais antigo no serviço se presume mais ciente, porque é mais experimentado, qualidade necessária ao ofício, e assim parece que ele deve ser preferido. Porque respondo que nós, quando tratamos de preferir o que é mais nobre, já supomos que é ciente, pelo que não tem lugar a presunção de antiguidade. Além disso, não se segue de ser um mais antigo no serviço que tem melhor ciência experimental, a que chamam experiência, porque ela não se adquire tanto por mais tempo, quanto por melhor aplicação e natural suficiência, donde vemos de ordinário os modernos serem muito mais cientes que os antigos nas matérias que trataram, sendo a causa o saberem melhor aproveitar-se do que viram.

Se o autor continua dando mais importância à nobreza, conseguiu distinguir antiguidade de ciência e ciência de experiência. Os inquisidores gostavam de ter certezas, e esse pode ser o problema existente em se definir parâmetros para uma "ciência experimental" — convenhamos que é certamente mais fácil classificar as pessoas, pô-las numa certa or-

---
[24] *Idem*, fl. 187-187 v.

dem, segundo sua nobreza ou sua antiguidade, ou seja, o seu tempo de serviço. Devemos aqui salientar a elaboração e a discussão, dentro da própria instituição, desses três parâmetros (nobreza, saber e antiguidade), evocados de modos diferentes no tempo, dependendo da legislação ou do caso específico que se analisa.

A questão da experiência, assim como a da nobreza, foi debatida no próprio conselho durante os anos 1630, quando o regimento do Santo Ofício foi reelaborado. Com efeito, o regimento promulgado em 1640, diferentemente dos anteriores, para além de lembrar a importância dos estudos, a necessidade de ordens sacras, também diz que os inquisidores devem ser "pessoas nobres", de pelo menos 30 anos, e que "primeiro hajam servido no cargo de deputado, e nele tenham dado mostras de prudência, letras e virtude",[25] mostrando, assim, como a centralidade da experiência se havia fixado.

A importância da nobreza sem dúvida continuou, mesmo assim, a pautar a escolha dos inquisidores. Um caso ocorrido no âmbito das vivências extremas do mundo oriental português, para onde iam os inquisidores menos qualificados, ilustra tanto a importância da nobreza na carreira inquisitorial quanto a dificuldade de se nomear pessoas de qualidade que quisessem servir ao Santo Ofício na Índia. A reticência era tanta que o inquisidor-geral se via obrigado a prometer uma nomeação posterior num dos tribunais do reino depois de um tempo de serviço na Índia, como no caso do deputado de Lisboa Lopo Álvares de Moura, nomeado em 1677, mas que não teve a sorte de voltar.[26] Vamos ao caso em questão: o fidalgo macauense Pedro Vaz de Siqueira, estando jurado para casar, soube que no mesmo momento se tratava o casamento de uma irmã de sua noiva, D. Maria de Noronha, com um irmão do inquisidor Francisco Delgado de Matos (inquisidor de Goa entre 1666 e 1676). Inconformado, disse que se esse segundo casamento se efetuasse, ele não casaria mais

---

[25] *Regimento de 1640*, liv. I, tit. III, § 1. O regimento de 1774 não variou quanto a isso. Liv. I, tit. II, § 1.
[26] IANTT, CGSO, liv. 346, fl. 39. Foram pouquíssimos os que voltaram, como Bartolomeu da Fonseca (Lisboa, 1583), João Delgado Figueira (Évora, 1635, e depois Lisboa, 1641), Francisco Delgado de Matos (Évora, 1676), Manoel Gonçalves Gião (Évora, 1696) e frei João do Pilar (Lisboa, 1775). Os dados são incompletos para o século XVIII.

com sua prometida, "por não ser aquele [inquisidor] fidalgo da sua qualidade".[27] Esse pequeno episódio demonstra, como apontou Jaime Contreras para a Galícia, a importância que tinha o estrato social para os inquisidores e que eles também entravam, através de suas irmãs, e sem dúvida tios, primos e sobrinhos (e aparentemente a contragosto de alguns), nas alianças das famílias das regiões em que viviam e nas estratégias clientelares cortesãs, como veremos com mais vagar adiante.[28] Assim, o quesito social importava tanto para o funcionamento quanto para a manutenção da boa imagem e da honra da instituição. O que não impede que em fins do século XVII a importância da experiência já fizesse parte da prática e do discurso inquisitorial.

A questão da prática é ainda ressaltada por um parecer anônimo de fins do século XVII. Ao tratar dos problemas ligados ao "beco sem saída" que era o cargo de procurador dos presos dentro da carreira inquisitorial — levando o letrado que buscava esse cargo a procurá-lo apenas pelos privilégios a ele atinentes — o autor elogia os méritos da experiência e propõe que os advogados também fossem clérigos, para que assim,

> com a esperança de subirem a promotores e deputados, e que servindo nestes ofícios (...) deverão subir a inquisidores porque, com o desejo que todos têm de crescer, se esforçarão, de maneira que venham a ser perfeitos em letras e prática adquirida pelos ofícios inferiores, sem a qual não bastam textos que *deglutinunt in scholis*, se os não digerem pela prática nos tribunais [...]. E assim o tem mostrado nas Inquisições deste Reino a experiência *optimarerum magistra* que os homens que começaram pelos ofícios de promotores e depois serviram de deputados, vieram a ser dos mais perfeitos e melhores inquisidores que teve este Reino, e que quando estes, assim feitos nos negócios, chegam ao Conselho Geral, facilmente conhecem e emendam os erros dos processos e sentenças que lá vão das Inquisições *tam in jure quam in praxi*, e para isso foi instituído

---

[27] O Conselho Geral ordenou que o comissário de Macau chamasse o fidalgo à sua presença, tendo consigo seu escrivão, e o "advertisse do respeito que se deve às pessoas que na Índia ocupam o lugar de inquisidor". Biblioteca Nacional, manuscritos, 5, 1, 6, nº 208.
[28] Jaime Contreras, *El Santo Oficio de la Inquisición de Galicia: poder, sociedad y cultura*.

o dito Conselho Geral, como o foram os mais tribunais supremos de justiça deste Reino.[29]

Os números também mostram que a experiência cresceu. O regimento do conselho não estabelece uma idade mínima para os deputados conselheiros como o regimento geral o faz para deputados e inquisidores. Mas contando aqueles poucos (23) para os quais se conhecem as datas de nascimento ou de batismo, chega-se a uma média de 55 anos ao entrar no conselho (variando entre 38 anos e meio e 78 anos).[30] Esses números são da segunda metade do século XVIII e se levarmos em conta o período de experiência prévia no Santo Ofício, podemos pensar que os deputados dos séculos anteriores chegavam ao cargo máximo mais jovens: na primeira metade do século XVII, essa experiência era de 11 anos e meio, subindo para 19 anos entre 1651 e 1750 e pulando para pouco mais de 27 anos entre 1751 e 1815, ano da última nomeação para o conselho. Poucos foram os que, como Paulo de Carvalho e Mendonça, chegaram ao conselho sem nenhuma experiência prévia na Inquisição. Esses foram ao todo 15, dois terços deles anteriores a 1640, ano da publicação do novo regimento, que, como vimos, reforçou o papel da experiência para a ascensão na carreira inquisitorial.[31]

Uma evolução no grau de nobreza dos deputados, e também dos inquisidores, dadas as pesquisas incipientes, é por ora mais difícil de se notar. Durante a primeira metade do século XVII, vários foram os filhos e netos de nobreza titulada a entrarem no Conselho Geral: o já citado D. Francisco de Bragança; João da Silva, filho da condessa de Portalegre; Miguel de Castro, filho do 2º conde de Basto; Miguel de Portugal, neto do 2º conde de Vimioso, entre outros. Na segunda metade do sé-

---

[29] BNP, cód. 1531, fl. 66-66 v. Esse documento se encontra num volume que contém vários pareceres escritos por João Duarte Ribeiro como deputado e inquisidor do tribunal de Coimbra (1683-1700), sem que se possa ao certo atribuir-lhe a autoria.
[30] Farinha, *op. cit*.
[31] Além do irmão do marquês de Pombal, chegaram ao conselho sem experiência inquisitorial prévia o secretário de Estado, frei dominicano Manoel Pereira (1682); o doutor Francisco Barreto (1708); o deputado e depois juiz-geral das três ordens militares doutor João de Oliveira Leite Barros (1778); e o deputado extraordinário da Real Mesa Censória, o frei dominicano José da Rocha (1786).

culo não parece haver nenhum filho de grandes do reino, apesar de quase todos os nomeados serem descendentes de cavaleiros fidalgos, cavaleiros da Ordem de Cristo ou, em todo caso, desembargadores, governadores, capitães-mores ou outros cargos a serviço do rei. No período seguinte (1700-1750) surgem muitos fidalgos da casa real e apenas dois titulados, frei Rodrigo de Lencastre, neto do conde de Castelo Melhor, e Nuno da Silva Teles, filho do conde de Vila Maior. Durante a segunda metade do século XVIII encontramos dois filhos ilegítimos da alta nobreza, vários fidalgos e cavaleiros da Ordem de Cristo, mas também alguns filhos de mercadores e artesãos. Interessante notar a dificuldade de se nomearem dominicanos de origem nobre; eles eram quase todos filhos de barbeiros, artesãos e lavradores, sendo assim, quem sabe, os que mais facilmente se beneficiaram de uma real ascensão social.[32]

Vale a pena salientar que se os diferentes graus de nobreza podiam influenciar na evolução da carreira de um ministro inquisitorial, o mesmo não acontecia no que toca aos graus acadêmicos dos diferentes candidatos. Não houve, por exemplo, um aumento, com o correr do tempo, do número de inquisidores ou deputados conselheiros que tivessem um doutorado, em detrimento daqueles que possuíam apenas um grau de bacharel ou de licenciado.

A questão da nobreza tinha, assim, uma grande importância na nomeação para um cargo, apesar das contradições que implicava em relação ao tema da experiência. Essa tampouco se ajustava perfeitamente a um outro dado importante para a evolução da carreira dos ministros, de deputados a deputados do Conselho Geral: a questão da antiguidade, ou seja, não tanto do tempo de serviço, mas da ordem na qual os ministros haviam sido nomeados. Os regimentos inquisitoriais não tratam especificamente do "plano de carreira", da progressão geral dos inquisidores, mas apenas dos pré-requisitos necessários para a nomeação para cada um dos cargos; por isso, o papel que a ordem de entrada na instituição podia ter para a evolução profissional do sujeito não surge ali de modo claro. Contudo, os regimentos dão importância à antiguidade no que toca à organização in-

---

[32] Farinha, *op. cit.*, e Falbel, *op. cit.*

terna de cada um dos grupos de ministros, ou seja, esse era um dado importante não só para essa progressão, mas também para o estatuto do inquisidor ou do deputado do Conselho Geral dentro do próprio colégio. Havia uma evolução, pela antiguidade, da cadeira ocupada: o inquisidor da "primeira cadeira", ou seja, o mais antigo, era o presidente das sessões da mesa inquisitorial, enquanto o deputado mais antigo do Conselho Geral era seu presidente na ausência do inquisidor-geral.[33] Vimos quão era difícil separar essa questão da antiguidade — que surge explicitamente na questão colocada pelo papel anônimo que vimos acima — da *expertise* nas matérias inquisitoriais, mostrando que essa acabava tendo sua importância, apesar de ser impossível para qualquer instituição da época deixar completamente de lado, malgrado o discurso de alguns, as noções sumamente hierárquicas da nobreza e da antiguidade.

O tempo de serviço começava a contar desde a primeira nomeação, ou seja, desde a entrada no Santo Ofício como deputado, independentemente do tribunal, como estatuíra o cardeal D. Henrique. Em decreto de 18 de setembro de 1577, ele ordena que

> para evitar alguns inconvenientes e dúvidas que segundo fomos informados poderia haver entre os deputados do Santo Ofício acerca de suas precedências, havemos por bem e mandamos que todos os ditos deputados do dia em que tomaram posse de seus cargos em uma Inquisição, sejam tidos e havidos por deputados em todas as outras destes ditos reinos e senhorios para conforme a isso terem nelas seu voto e lugar e mais precedências por suas antiguidades, posto que em as cartas de suas criações sejam nomeados para deputados de uma Inquisição em particular, porquanto nossa tenção é que o sejam geralmente para servirem em cada uma das Inquisições nos despachos segundo a necessidade.[34]

Esse documento é importante, pois mostra que ao planejar o organograma do Santo Ofício, D. Henrique pretendia dar corpo a uma estrutura muito

---

[33] *Regimento de 1640*, liv. 1, tit. III, §§ 2-7. As regras gerais de precedência entre deputados e inquisidores: liv. 1, tit. III, § 57. *Regimento do Conselho Geral*, cap. 4º.
[34] ANTT, Inquisição de Coimbra, liv. 271, fl. 131.

centralizada, o que se confirma com a grande circulação que vigorou por muito tempo, não só de deputados, mas também de inquisidores, entre os três tribunais metropolitanos. Ele previa, então, que as carreiras não seguiriam lógicas locais, mas sim as necessidades da instituição, mas veremos adiante que esse ideal não foi mantido até o fim da existência da Inquisição portuguesa. Vejamos um exemplo extremo dessa grande circulação: Pedro Borges Tavares, antes vigário-geral do bispado do Algarve, foi nomeado promotor do tribunal de Lisboa em 12 de maio de 1650, deputado do mesmo tribunal em 20 de setembro de 1651, depois deputado de Évora em primeiro de agosto de 1656, inquisidor de Coimbra em 27 de abril de 1657, voltando em 7 de maio de 1664 com o mesmo título para Évora, para retornar a Lisboa como inquisidor em 29 de maio de 1668. Finalmente chegou ao Conselho Geral em 18 de agosto de 1671, fazendo assim um périplo de 21 anos antes de alcançar a cúspide da carreira.[35]

Apesar da importância do tempo de serviço, a decisão final na escolha dos ministros estava nas mãos do inquisidor-geral. Em todo caso, até meados do século XVII existem vários exemplos de promoções que não respeitaram a antiguidade das nomeações, como o inquisidor-geral D. Francisco de Castro fez questão de demonstrar ao secretário de Estado de D. João IV, quando esse tentou defender a promoção do inquisidor Pedro de Castilho, sobrinho do antigo inquisidor-geral homônimo, dando a entender que, dependendo da ocasião, a questão da antiguidade não era de se levar em conta:

> desde a primeira ereção do Conselho Geral feita pelo Sr. cardeal d. Henrique, se foram provendo aqueles lugares [do Conselho] só pela vontade dos inquisidores gerais que sempre foi e será conforme a razão e justiça, e não por sucessão dos inquisidores com respeito à antiguidade.[36]

Apesar da reafirmação dessa independência do inquisidor-geral, o lugar-comum da importância da antiguidade continuou a vigorar. Muitos anos

---

[35] Falbel, *op. cit.*
[36] O inquisidor-geral dá em seguida vários exemplos de nomeações ao conselho que não respeitaram a ordem de entrada na instituição. ANTT, CGSO, maço 43, s. n.

mais tarde, em janeiro de 1700, o inquisidor de Coimbra João Duarte Ribeiro tentou subverter os quatro meses que separavam sua entrada na Inquisição da do então inquisidor de Lisboa António Monteiro Paim, ambas ocorridas havia 18 anos, para ser nomeado para o conselho ao mesmo tempo em que o colega lisboeta, como se tudo dependesse dessas antiguidades.[37] A manobra, feita junto ao arcebispo de Braga, D. João de Souza, para que intercedesse a seu favor, não surtiu o efeito esperado (se é que teve algum), pois Ribeiro acabou por ser nomeado inquisidor em Lisboa, chegando finalmente ao conselho ano e meio mais tarde. Contudo, vimos atrás que houve um acréscimo geral no tempo de experiência para se evoluir na carreira inquisitorial. Apesar das alegações de D. Francisco de Castro, mais do que o tempo de serviço, que poderia variar de modo irrelevante entre dois candidatos, as nomeações para o Conselho Geral finalmente respeitaram, na grande maioria das vezes, a ordem em que os ministros inquisitoriais haviam sido criados. Assim, se aplicarmos aqui as fórmulas de José Subtil, a progressão da carreira inquisitorial basear-se-ia mais num paradigma burocrático estadualista, apoiado num caráter gradativo e progressivo da carreira, "ou seja, uma opção fundada na antiguidade, na aprendizagem do ofício e na qualidade técnica e profissional do desempenho das funções", do que num modelo jurisdicionalista, no qual haveria uma hereditariedade dos cargos, um "caráter patrimonial do ofício público", modelo ainda predominante no próprio Desembargo do Paço bem entrado o século XVIII.[38]

---

[37] BdA, 54-VIII-14, n. 327. "Não só está provido Pedro Hasse de Belém no lugar do Conselho Geral de que desta feira [á esta frª?] tomará posse, mas dizem o pretendeu com instância o Dr. Manoel da Costa de Almeida. Todo é público, porém em mim até desta sorte poderão ser culpáveis as notícias. (...) Eu entrei no Santo Ofício um dia depois de Pedro Hasse de Belém, e quatro meses antes de Antonio Monteiro Paim, e na mesma tarde tomei com ele posse de inquisidor. Não pretendo antecipar-me a ele no lugar do Conselho a que estamos imediatos, mas ir com ele juntamente, se o senhor Inquisidor geral tiver quem lhe aprove esta resolução poderá sem dúvida inclinar-se a ela. Eu não posso ter quem com mais afeto e autoridade lha possa inculcar do que V Ilma. Peço muito a V Ilma me faça mercê escrever-lhe logo para que não entenda que V Ilma se move pela minha petição, mas pela certeza da vacatura do lugar antes que eu a pudesse dizer a V Ilma quando V Ilma entenda que não faz desconveniência ao Santo Ofício e não farão in [?] útil no Conselho para onde há dois dias foi um ministro extraordinário. (...) Coimbra 6 de janeiro de 1700. Capelão de V Ilma., João Duarte Ribeiro."
[38] José Manuel Louzada Lopes Subtil, *O Desembargo do Paço (1750-1833)*, p. 81-97.

REFERÊNCIAS DOCUMENTAIS E BIBLIOGRÁFICAS

BAIÃO, António. *Inquisição em Portugal e no Brasil: subsídios para a sua história*. Lisboa: Arquivo Histórico Português, 1920.

BETHENCOURT, Francisco. *História das inquisições: Portugal, Espanha e Itália, séculos XVI-XIX*. São Paulo: Companhia das Letras, 2004 [1995].

CODES, Ana Isabel López-Salazar. *La Inquisición portuguesa bajo Felipe III, 1599-1615*. Trabalho de investigação apresentado na Universidade de Castilla-La Mancha, 2006.

CONTRERAS, Jaime. *El Santo Oficio de la Inquisición de Galícia: poder, sociedad y cultura*. Madri: Akal/Universitaria, 1982.

COSTA, Manuel da. *A arte de furtar*. Organização de R. Bismut. Lisboa: Imprensa Nacional/Casa da Moeda, 1991 (1652).

CUNHA, Jeronimo da. *A arte de bachareis, ou perfeito juiz na qual se descrevem os requisitos, e virtudes necessarias a hum ministro...* Lisboa: Officina de João Bautista Lerzo, 1743.

FALBEL, Nachman. *O catálogo dos inquisidores de frei Pedro Monteiro e sua complementação por um autor desconhecido*. São Paulo: Centro de Estudos Judaicos, 1980.

FARINHA, Maria do Carmo Jasmins Dias. "Ministros do Conselho Geral do Santo Ofício". *Memória*, revista anual do ANTT, Lisboa, n° 1, 1989, p. 101-205.

FEITLER, Bruno. "Lisboa". In PROSPERI, A. e TEDESCHI J. (orgs.). *Dizionario de l'Inquisizione*. Pisa: Edizione della Normale, 2010 [no prelo].

_____. "Consiglio generale". In PROSPERI, A. e TEDESCHI J. (orgs.). *Dizionario de l'Inquisizione*. Pisa: Edizione della Normale, 2010 [no prelo].

MEA, Elvira Cunha de Azevedo. *Inquisição de Coimbra no século XVI: a instituição, os homens e a sociedade*. Porto: Fundação Eng° António de Almeida, 1997.

OLIVAL, Fernanda. *As ordens militares e o Estado moderno: honra, mercê e venalidade em Portugal (1641-1789)*. Lisboa: Estar, 2001.

"Regimento da Santa Inquisição de 1552". In PEREIRA, Isaías da R. (org.). *Documentos para a história da Inquisição em Portugal*. Cartório Dominicano Português, século XVI, Porto, 1984, fasc. 18.

"Regimento do Conselho Geral" [1570]. In PEREIRA, Isaías da R. (org.). *Documentos para a história da Inquisição em Portugal*. Cartório Dominicano Português, século XVI, Porto, 1984, fasc. 18, cap. 1, p. 99-105.

SUBTIL, José Manuel Louzada Lopes. *O Desembargo do Paço (1750-1833)*. Lisboa: UAL, 1996.

CAPÍTULO 3 **Artes e manhas: estratégias de ascensão social de barbeiros, cirurgiões e médicos da Inquisição portuguesa (séculos XVI-XVIII)**

Georgina Silva dos Santos*

---

*Professora de História Moderna da Universidade Federal Fluminense, Jovem Cientista Nosso Estado pela Faperj, pesquisadora do CNPq e da Companhia das Índias (coordenadora executiva de 2003 a 2006), membro de Red Columnaria e autora do livro *Ofício e sangue: a irmandade de São Jorge e a Inquisição na Lisboa moderna*. Lisboa, Colibri/ICIA, 2005.

O arquivo da Inquisição portuguesa presta-se, como nenhum outro, ao estudo da religiosidade popular, das práticas sexuais, das crenças e dos costumes das minorias étnicas no vasto território do império luso. Não obstante, é igualmente revelador quando se trata das estratégias de inclusão e ascensão social utilizadas em Portugal no Antigo Regime. Recrutando para composição de seus quadros funcionais homens de sangue limpo, sujeitos de moral impoluta e capazes de negócios de segredo e importância, o Santo Ofício foi um dos principais vértices de disseminação do ideário racista e excludente que edificou a sociedade portuguesa, difundindo de uma ponta a outra da escala social o preconceito em relação aos descendentes de judeus, mouros, negros, índios e mestiços de raízes variadas. Mas como qualquer outro organismo concebido e criado em um mundo marcado pela pluralidade étnica, adaptou-se às incongruências da realidade quando lhe foi conveniente.

Criado em 1536, o tribunal religioso começou a tecer sua rede de familiares em 1570, por ordens expressas do cardeal D. Henrique, inquisidor-mor. A formação dessa milícia de agentes do Santo Ofício, encarregada de executar a prisão dos acusados por crimes de heresia e de escoltar os processados ao auto de fé, teve uma evolução vagarosa e índices de adesão que variaram conforme a política inquisitorial. De início, a concessão de privilégios foi um atrativo para o cargo.

Ainda em 1562, o rei D. Sebastião isentou os familiares do pagamento de impostos, tributos, empréstimos ou encargos extraordinários solicitados por qualquer conselho ou tribunal. Deu-lhes a prerrogativa de não irem constrangidos ou obrigados por mar ou por terra a qualquer parte, garantindo que não lhes tomassem suas casas de morada, adegas, víveres, animais, nem cavalariças ou outros domicílios em que pousassem. Permitiu-lhes o uso de armas ofensivas e defensivas e de roupas de seda ainda que não estivessem a cavalo.[1] Em 1580, D. Henrique confirmou esses privilégios e concedeu aos familiares e aos oficiais da Inquisição o direito de serem julgados em matéria civil ou criminal pelos inquisidores, com exceção dos crimes de lesa-majestade; nefando contra natura; rebelião; alevantamento ou motim de província; adulteração de cartas régias; quebrantamento de casa, igreja ou mosteiro; queima de campo; desobediência ao cumprimento das ordens reais; violação e roubo de mulheres.

Essas prerrogativas, concedidas aos habilitados no tempo dos reis de Avis, se mantiveram no período filipino. Mas em 1693, D. Pedro II limitou o número de familiares privilegiados em Portugal. Conhecidos desde então como "familiares do número", os integrantes da milícia inquisitorial que desfrutavam tais benefícios eram selecionados pela Inquisição de acordo com o tempo de serviço prestado à instituição.[2]

Nos dois primeiros séculos de vigência, a Inquisição incentivou mais a candidatura de mercadores, letrados e oficiais mecânicos do que de fidalgos para o cargo de familiar. Todavia, no século XVIII, para compensar a retração de suas atividades repressivas e ampliar sua representatividade em todos os segmentos sociais, passou também a receber fidalgos em suas fileiras.

Para tornar-se familiar do Santo Ofício, o candidato dispunha-se a ter seu passado devassado pelo tribunal. Com o objetivo de reunir provas que atestassem a pureza de sangue do postulante, os comissários inquisitoriais recolhiam, numa primeira fase das diligências (etapa extrajudicial), o testemunho de pessoas cristãs-velhas que conheciam o

---

[1] "Traslado autentico de todos os privilegios concedidos pelos reis destes reinos, e senhorios de Portugal aos officiaes e, familiares do Santo Officio da Inquisição", *apud* James E. Wadsworth, "Os familiares do número e o problema dos privilégios", in Ronaldo Vainfas, Bruno Feitler e Lana Lage (orgs.), *A Inquisição em xeque: temas, controvérsias, estudos de caso*, p. 98-99.
[2] *Idem*.

habilitando nos lugares onde ele e seus antepassados haviam nascido e onde moravam. Caso a averiguação indicasse a ausência de nódoa no sangue de seus ancestrais até a terceira geração e a inexistência de qualquer denúncia ou condenação contra ele e seus parentes nos demais tribunais inquisitoriais, prosseguia-se com a etapa judicial. Nesse segundo momento, cinco ou seis depoentes da fase extrajudicial compareciam a uma audiência no tribunal da Inquisição para prestar testemunho e ratificar as informações fornecidas anteriormente. Só então o habilitando prestava juramento e recebia sua carta de familiar.

Os oficiais mecânicos, em particular, viam nas familiaturas um meio de auferir capital simbólico e neutralizar a pecha imposta àqueles que exerciam atividades agrícolas e artesanais ou prestavam serviços subalternos. Embora a tripartição da sociedade em nobreza, clero e povo tivesse se tornado inoperante, incapaz de acompanhar a nova ordem econômica e a evolução socioprofissional dos indivíduos, a desvalorização das artes mecânicas manteve-se inalterada. Antítese da honra e obstáculo à obtenção de privilégios, o defeito mecânico era um estigma social, determinado pelo tipo de ofício, que estabelecia o nível de inserção do sujeito na sociedade e limitava sua participação política. Ainda que a posse da carta de familiar do Santo Ofício fosse insuficiente para nobilitar um oficial mecânico, evitava que sofresse as consequências do outro grande estigma presente na sociedade portuguesa do Antigo Regime: o sangue infecto.

Os oficiais mecânicos habilitados pela Inquisição aprenderam, entretanto, a manipular ao seu favor o fato de ser reconhecidamente cristãos-velhos. Utilizando a pureza de sangue como critério para admissão nas irmandades que tinham ascendência direta sobre as corporações de ofício, impediam os cristãos-novos de exercerem certas profissões, porque condicionavam o ingresso na associação de mesteres à filiação prévia na confraria. Essa prerrogativa, avalizada pelo poder régio, garantia-lhes o controle político das corporações de mesteres de que faziam parte, restringindo, inclusive, a intromissão da câmara municipal nos assuntos da associação.[3]

---

[3] Georgina Silva dos Santos, *Ofício e sangue: a irmandade de São Jorge e a Inquisição na Lisboa moderna*, p. 132-146.

Os barbeiros da irmandade de São Jorge de Lisboa, por exemplo, usaram e abusaram desse expediente para garantir sua liderança na corporação dos homens de ferro e fogo. Líderes desse corpo de ofícios desde os tempos do rei D. João I, os barbeiros sangradores foram os primeiros a se candidatar ao Santo Ofício para atuar nos seus cárceres tratando os presos com sangrias. Com a conivência dos irmãos de São Jorge de outras profissões da corporação, adotaram na irmandade as mesmas regras utilizadas para a admissão ao cargo de familiar, realizando um inquérito para reunir as provas de limpeza de sangue dos candidatos, caso eles ainda não fossem familiares do Santo Ofício. O recurso, utilizado inicialmente para controlar a concorrência das frentes de trabalho, transformou a irmandade em um núcleo de reprodução do ideário inquisitorial.[4]

A adoção dessa medida facilitou, naturalmente, a provisão de muitos sangradores nas masmorras da Inquisição de Lisboa. A presença de muitos mesteirais nas fileiras de familiares explica-se em parte pela pretensão de obter privilégios e adensar à sua biografia o prestígio que o estatuto de oficial mecânico era incapaz de conferir, mas em muitos casos era decorrente da atividade que exerciam, porque sua inclusão em algumas instituições dependia, necessariamente, da condição de cristão-velho.

O INGRESSO COMPULSÓRIO NA MILÍCIA INQUISITORIAL

O Hospital de Todos os Santos, em Lisboa, foi decerto um dos focos de recrutamento da milícia inquisitorial. Inaugurada em 1504, no reinado de D. Manuel, a casa hospitalar requeria em seu regimento que o barbeiro para sangrar e tosquiar os doentes fosse competente e assíduo. Em 1620, quase um século após a instauração da Inquisição, segundo o *Regimento dos barbeiros* do "Hospital Real", datado desse ano, "Primeiramente", o sangrador deveria ser "cristão velho de boa fama e caridoso".[5] O primeiro parágrafo do *Regimento dos barbeiros* do Hos-

---

[4] *Idem*, p. 216-223.
[5] "Regimento do barbeiro do Hospital de Todos os Santos", *apud* Costa Santos, *Sobre barbeiros sangradores do Hospital de Lisboa*, p. 17-20. Separata dos *Arquivos de historia*

pital Real era quase uma sugestão para que o sujeito se alistasse no corpo de oficiais do Santo Ofício. O barbeiro Manoel Rodrigues, por exemplo, só recebeu a provisão para atuar no estabelecimento hospitalar em 1620, justamente porque tinha "as partes" requisitadas.

A limpeza de sangue, oficializada pela administração do hospital, se enquadrava em um projeto maior de definição do perfil do oficialato régio, que, em última instância, deveria dar corpo ao discurso do Estado português. Se entre suas instituições havia um tribunal religioso com poderes para demarcar os limites entre os crédulos e os ímpios, e o fazia através da pureza de sangue, o quadro de funcionários dos demais órgãos do Estado deveria ser coerente com seus princípios. Diferentemente dos demais oficiais mecânicos, os barbeiros eram submetidos a esse julgamento cada vez que tencionavam ingressar como sangradores no corpo de funcionários daqueles dois polos institucionais.

Salvador Dias pertenceu às primeiras gerações de barbeiros que se filiaram à Inquisição de Lisboa. Ingressou no oficialato do tribunal em torno de 1588, aproximadamente 52 anos após a instauração do Santo Ofício em terras portuguesas. Além de servir à casa como barbeiro, o oficial também era familiar. Exatamente como muitos outros mesteirais residentes em Lisboa, Salvador deixou sua terra natal, Castelo Lanhoso, no arcebispado de Braga, para encontrar seu porto seguro na capital do reino. Casou-se com Margarida Simoa, que lhe deu um varão. Sem contrariar a prática corrente entre os oficiais mecânicos, Salvador não deu ao rebento seu sobrenome, o de sua mulher ou o de qualquer outro ancestral, mas legou-lhe o ofício e a pureza de sangue.

Declarando ao Santo Ofício um e outro, e que seu genitor já atuava nos cárceres como barbeiro, Manoel Cortes candidatou-se a familiar em 1608. Sua pretensão de entrar na milícia inquisitorial encobria, na verdade, outro intento: tornar-se sangrador dos presos da Inquisição. O motivo seria revelado pelo próprio Salvador Dias em uma petição encaminhada ao tribunal na mesma época. Alegando estar "muito doente e não poder servir" a "esta santa casa", havia por bem renunciar

---

de medicina portuguesa, p. 5-74.

ao privilégio e cargo em favor de seu filho Manoel Cortes, homem do mesmo mester.[6]

Os autos do processo de habilitação de Manoel Cortes não explicitam se ele foi ou não admitido como barbeiro dos cárceres. Mas revelam, antes de tudo, que pai e filho tentaram utilizar o vínculo com a milícia inquisitorial como um meio para azeitar as negociações na transmissão do cargo de barbeiro de um para outro. É certo que, à altura de sua petição, Manoel Cortes já estava casado e, segundo as normas que regiam o tribunal, sua consorte deveria ser submetida a uma sindicância para provar que não tinha entre seus antepassados qualquer membro de "raça infecta". Mas se a preocupação de Manoel fosse realmente averiguar o passado do grupo de origem de sua mulher, a solicitação para a devassa teria sido feita antes da união, já que Salvador e Margarida eram reconhecidamente cristãos-velhos. Sua ambição era, de fato, servir nos cárceres, acumulando a remuneração das eventuais prisões à das sangrias, exatamente como fizera seu genitor em duas décadas.

Provavelmente instruído pelo pai, o barbeiro Manoel recorreu à familiatura para facilitar sua inclusão no corpo de oficiais que servia aos presos, fosse a médio ou longo prazo. Mas aqueles que não tinham em seu horizonte uma possibilidade de admissão tão concreta também não custaram a entender que a adesão de apenas alguns oficiais à milícia inquisitorial implicaria a formação de uma oligarquia no interior da própria categoria dos barbeiros. Motivado por essa ou por aquela razão, em 1619 era Manoel Cosmo quem se candidatava a familiar.[7]

Nascido e criado em Lisboa, mestre Manoel morava na rua das Flores, na freguesia do Loreto, na ocasião em que encaminhou sua petição. Seu pai nascera em Boselar, termo da capital, atendia pelo nome de António Cosmo e fora o primeiro de sua parentela a residir em solo lisboeta. Além de ensinar o ofício de barbeiro ao filho, transmitiu-lhe também o sobrenome e o sangue de cristão-velho. As diligências realiza-

---

[6] Arquivo Nacional da Torre do Tombo (ANTT), Manoel Cortes, Habilitações do Santo Ofício (HSO), maço 4, doc. n° 140.
[7] *Idem*, Manoel Cosmo, HSO, maço 8, doc. n° 5.

das pelo Santo Ofício ratificaram esses dados, pois Manoel Cosmo foi considerado apto para ingressar na milícia inquisitorial.

O barbeiro da rua das Flores teria de esperar ainda uns 20 anos para atuar como sangrador nos cárceres do Santo Ofício.[8] Entretanto, suas despesas com os custos do processo não foram em vão. No ano seguinte, o Hospital de Todos os Santos redefinia o perfil requisitado àqueles que desejassem ocupar o cargo de sangrador. Se nos tempos de D. Manuel as únicas exigências eram a competência e a assiduidade, em 1620, quase um século após a instauração da Santa Inquisição, as habilidades do barbeiro eram qualidades secundárias. "Primeiramente", o sangrador deveria ser "cristão velho de boa fama e caridoso".[9]

Em 1655, sabendo-se puro de sangue e confiante no que aprendera com o genitor, Manoel Cosmo candidatou-se ao cargo de "barbeiro e sangrador" do Santo Ofício. Sabe-se que a lista de pretendentes era extensa e, uma vez submetida aos médicos da Inquisição, vários candidatos pareceram suficientes. Mas três barbeiros foram considerados especialmente capacitados para a tarefa: "Manoel Lopes, morador em Santa Justa, Diogo Rodrigues, assistente em N.ª Sr.ª do Loreto, e António Cosmo, filho de Manoel Cosmo, que teve este off° e era familiar".[10]

O tribunal manteve realmente em segredo a tal lista de candidatos, inviabilizando uma comparação entre os currículos dos barbeiros. Mas percebe-se que, mesmo depois de morto, eram o *ofício* e o *sangue* do barbeiro Manoel Cosmo que o identificavam publicamente. Fora efetivamente esse dote, além de alguma lanceta ou navalha e talvez a sua tenda, que António Cosmo recebera como herança. Enquanto os outros postulantes eram distinguidos pela freguesia onde residiam, António Cosmo era diferenciado pelo vínculo declarado entre seu genitor e o Santo Ofício. A informação decerto deu peso à sua candidatura, fortale-

---

[8] Manoel Cosmo passou a dividir a função de barbeiro e sangrador dos cárceres com Valentim Ferreira em 19 de abril de 1639. Pertencia a esse último o título de barbeiro e sangrador da Inquisição. *Idem*, Inquisição de Lisboa, livro 2, fl. 40.
[9] Regimento do barbeiro do Hospital de Todos os Santos, *op. cit.*
[10] ANTT, Manoel Lopes, HSO, maço 12, doc. n° 334.

cendo-o frente aos outros concorrentes a ponto de garantir-lhe um lugar entre os três primeiros colocados durante a seleção.

O veredicto, entretanto, favoreceu Manoel Lopes, natural da vila de Alemquer, morador no adro de Santa Justa, que foi provido como "barbeiro & sangrador" do Santo Ofício em 11 de janeiro de 1656. Pode-se assegurar que os critérios utilizados para a escolha não foram exclusivamente técnicos. As diligências que apuraram a vida pregressa da mulher de Manoel Lopes apontaram que seu avô paterno "era omem muito de bem", servira como juiz de órfãos em Vila Flor e também como juiz ordinário. Além do mais, tinha outros parentes que eram "gente honrada" e "estavam servindo os officios nobres". Em poucas palavras, o barbeiro tinha um bom costado, que mesmo a distância, sem requisitar uma intervenção direta em seu processo, interferiu em seu destino e no de duas outras pessoas, entre as quais António Cosmo, que, mesmo sendo filho de um familiar, foi preterido.

O critério para o desempate entre os barbeiros foi, ao que tudo indica, a teia de relações sociais na qual Manoel Lopes estava indiretamente inserido. O barbeiro, no entanto, era cristão-velho. As sindicâncias comprovaram sua pureza de sangue. Mestre Lopes se dispôs a ter sua vida, passada e presente, devassada pela Inquisição porque concorria ao cargo de barbeiro e sangrador. Tanto que só solicitou sua carta de familiar em 1659, após três anos de lida nos cárceres. O que motivara sua ligação com o Santo Ofício fora, na verdade, a possibilidade de integrar seus quadros funcionais.

Ligada a um movimento maior de organização do aparelho administrativo do Estado, a pureza de sangue imposta pelas instituições régias ao seu oficialato acabou fomentando a solicitação dos inquéritos inquisitoriais entre os oficiais mecânicos para que pudessem simplesmente comprová-la. O drama vivido por um boticário do Hospital Real entre 1672 e 1673 ajuda a entender por que muitos barbeiros residentes em Lisboa transformaram a pureza de sangue na sua cédula de identidade.

Natural de Coimbra e residente em uma das casas do Hospital de Todos os Santos, Manoel da Cruz de Carvalho encaminhou seu pedido de habilitação para o cargo de familiar em 1672.[11] Como de praxe, o suplicante declarou o nome e o sobrenome dos pais, dos avós maternos e paternos, mas ao fazê-lo, por um lapso de memória ou desconhecimento, equivocou-se com o prenome do avô paterno. Sua solicitação não foi negada por isso. Na verdade, o Santo Ofício retificou a informação prestada, fornecendo ao boticário um dado de sua história familiar que ele mesmo ignorava. Entretanto, o oficial mecânico não foi chamado para prestar juramento no palácio dos Estaus de imediato, como acontecia com os aprovados nas averiguações. O silêncio do tribunal fez da vida de Manoel um inferno. Todas as testemunhas de seu processo eram funcionários do Hospital de Todos os Santos e, embora tivessem jurado diante do promotor guardar segredo sobre sua participação nos autos do processo, nenhuma o fez. O boticário tornou-se alvo de hostilidade no estabelecimento porque Manoel da Costa (cura), Manoel de Carvalho (cirurgião), Manoel de Souza (trinchante) e João Manoel Chaves (porteiro) encarregaram-se de propagar a notícia de que não haviam recebido sua carta de familiar, insinuando, portanto, que poderia ser de "gente de nação" ou de outra "raça infecta".

Farto do disse que disse, Manoel da Cruz enviou uma missiva ao Santo Ofício relatando o ocorrido. Alegando que padecia "de hua grande afronta entre as pessoas q' não conhec[iam] por cristão velho e muito mais em particular entre os officiaes e ministros do ditto Hospital que [tinham] notícia de seu requerimento", o boticário cobrou a emissão da carta de familiar, porque corria "perigo de perder o ditto officio" e o documento era o único meio de que dispunha "para poder evitar a ditta murmuração". O tribunal expediu em três dias a carta de habilitação de Manoel da Cruz e em 6 de dezembro de 1673 o boticário pôde exibi-la no Hospital Real para garantir seu emprego e calar as vozes dos desafetos.

O falatório não conseguiu eliminar Manoel da Cruz do elenco de funcionários da casa hospitalar. Mas o registro da ocorrência demonstra que a pureza de sangue requisitada aos oficiais para ingressar na instituição havia, de fato, se sobreposto à idoneidade de qualquer mesteiral, a

---

[11] *Idem*, Manoel da Cruz de Carvalho, HSO, maço 21, doc. nº 517.

ponto de poder privá-lo de seus meios de subsistência, e que a difamação tornara-se um instrumento eficaz e legítimo de desqualificação de outro profissional entre os oficiais mecânicos.

A ambição de ligar-se à milícia inquisitorial e auferir desse modo uma certidão de limpeza de sangue atraía, outrossim, aqueles que exerciam ofícios considerados nobres.

A LIMPEZA DE SANGUE E "O ESTADO DO MEIO"

A proximidade e a comunicação com doutores, filósofos, príncipes e monarcas amigos das letras promoveu um elenco de profissionais liberais: impressores, pintores, boticários, médicos e cirurgiões. Mas as artes mais estimadas, mesmo aquelas provenientes do grau acadêmico, "não bastavam para privilegiá-los". Esses profissionais estavam situados no chamado "estado do meio", definido pelo magistrado Vilas-Boas e Sampayo como

> ... uma classe de gente [entre os mechanicos & os nobres] que não pod[ia] chamar-se verdadeiramente nobre, por não haver nela a nobreza Politica ou Civil, nem a hereditária, nem pod[ia] chamar-se rigorosamente mechanicos, por se diferenciar dos que o sam ou pelo trato da pessoa, andando a cavallo & sevindose com criados.[12]

A limpeza de sangue por si mesma não era um salvo-conduto para ingressar na nobreza, nem mesmo no "estado do meio", no qual se situavam aqueles que reuniam as condições citadas acima, e não apenas uma delas. Mas não tê-la era, em tese, um impedimento para aqueles que aspiravam a ascender socialmente mediante títulos e cargos a serviço do Estado português. Nesse sentido, os custos da carta de familiar podem ser entendidos como um investimento pessoal e profissional.

---

[12] Antonio de Vilas Boas y Sampaio, *Nobiliarchia portuguesa: tratado da nobreza hereditária e política*, p. 179.

Licenciado em medicina pela Universidade de Coimbra, João Curvo Semedo tornou-se familiar do Santo Ofício em 1672, aos 37 anos, isto é, dois anos após completar a idade mínima permitida para o cargo, segundo o regimento do tribunal. Em 1699, já era médico da câmara real, e afamado por "curar as caras mais ilustres da corte", quando venceu a disputa com João Bernardes de Morais, também médico da "Câmara de Sua Magestade", para ocupar o posto de médico dos presos da Inquisição de Lisboa.[13] Com currículos semelhantes, o Conselho Geral, árbitro da decisão, justificou a nomeação declarando que Curvo Semedo era familiar havia mais tempo do que o concorrente.

Sinal de ascensão social e de reconhecimento profissional, a clientela nobre certamente valorizou o perfil de Curvo Semedo junto ao Conselho Geral. Mas no limite, a antiguidade de sua familiatura garantiu-lhe o posto. Seu exemplo aponta, na verdade, para uma estratégia bastante eficaz para ingressar em outra ocupação no quadro de funcionários do Santo Ofício.

João Antunes, nascido em São Pedro da Murta, no bispado de Coimbra, e morador nas Portas de Santo Antão, junto ao Rossio, adotou o procedimento.[14] O oficial candidatou-se ao cargo de familiar em 1693 e recebeu sua carta de habilitação em 1º de maio de 1694. Cinco anos depois, quando seu sobrinho requisitou sua entrada no corpo de familiares, estava atuando como "sangrador" nos cárceres do Santo Ofício. Tal e qual o tio, Manoel dos Santos, seu conterrâneo e também residente nas Portas de Santo Antão, só requisitou sua provisão como barbeiro dos cárceres em 1703, quatro anos após dar entrada em sua familiatura.[15]

Muito embora fossem parentes próximos, residentes no mesmo local e sangradores dos cárceres da Inquisição de Lisboa, João Antunes e Manoel dos Santos identificavam-se de modo distinto. Enquanto o primeiro requereu sua entrada na milícia inquisitorial apresentando-se como "cirurgião sangrador", o segundo fê-lo dizendo-se "barbeiro sangrador".[16] As discre-

---

[13] ANTT, Inquisição de Lisboa, livro 154, fl. 50.
[14] *Idem*, João Antunes, HSO, maço 25, doc. nº 608.
[15] *Idem*, Manoel dos Santos, HSO, maço 54, doc. nº 1143.
[16] "Diz João Antunes surgião, e sangrador natural do lugar do Outeyro freguizia de S. Pº do Rego da Murta (...) que elle deseja muito servir o Santo Offº no lugar de familiar"; "Diz Manoel dos Santos solteiro *Barbeiro e Sangrador* aprovado morador nesta cidade

pâncias na denominação, se tomadas ao pé da letra, poderiam indicar que se tratava de homens com profissões distintas. Mas nos autos do processo de João Antunes inexiste qualquer dado que autorize uma aproximação entre suas habilidades e a dos moços que aprendiam as lições de Guido e frequentavam as aulas de anatomia no Hospital Real. Durante as diligências para sua habilitação como familiar do Santo Ofício, algumas das vozes que prestaram testemunho sobre sua pureza de sangue e a de seus ancestrais, em São Pedro do Rego da Murta, admitiram que o filho do almocreve João Antunes e neto do lavrador António Fernandez era "cirurgião" e que se fora dali para assistir em Lisboa. Mas Manoel Simões, homem de seus 85 anos, que vivia de sua fazenda e era casado com a prima de João Antunes, identificou-o como "barbeiro e cirurgião".

Tal como os barbeiros no passado, os cirurgiões também ligavam-se ao Santo Ofício, de início, como familiares e solicitavam, na primeira oportunidade, o cargo de sangrador. Mas seu horizonte era inegavelmente maior. Tão logo fosse possível, requisitavam a função de cirurgião da Inquisição, porque era esse o posto que almejavam de fato.

Manoel Gomes da Paz[17] recebeu sua carta de familiar em 1721. Na altura contava 13 anos como cirurgião aprovado. Vinte anos depois, já atuava como "cyrurgiaõ do Hospital dos Remédios" e somava três anos como sangrador dos cárceres do Santo Ofício. Ciente de que António Soares, então cirurgião dos cárceres, tinha "impedimentos" para o exercício da função, encaminhou ao tribunal uma petição para substituí-lo. Argumentando que tinha "notoria acceytação nesta corte, e nella [tinha] visto, e ffeito operaçoens das melhores" e era "cyrurgiaõ da Caza do Ilmº e Exmº Marg. Mordomo Mor", o postulante teve sua solicitação deferida.

António Francisco Claro também iniciou suas relações com o Santo Ofício solicitando o ingresso em sua legião de familiares. Nascido e crescido na freguesia de São Julião e morador na paróquia de Santa Justa,

---

as portas de Santo Antão freguezia de Santa Justa que elle deseja muito servir ao Santo Officio em o cargo de familiar, e por que concorrem nelle os requizitos necessarios." *Idem*, João Antunes, HSO, maço 25, doc. nº 608; *idem*, Manoel dos Santos, HSO, maço 54, doc. nº 1143, respectivamente.

[17] *Idem*, Inquisição de Lisboa, NT 2131, ano de 1744.

António Francisco Claro apresentou-se como cirurgião ao tribunal e recebeu sua carta de familiar em 7 de agosto de 1747.[18] Quatro anos transcorridos, requereu ao tribunal sua admissão como "sangrador supranumerario dos cárceres". Alegando que era "benemerito", "apto e capaz" para a função e que o cirurgião provido para o cargo se achava impedido, por conta de "uma queixa crônica sem esperanças de se restituir com desembaraço", o familiar encaminhou sua solicitação, destacando que não tinha o intuito de prejudicar o oficial, mas sublinhando que o ordenado que lhe era pago não tinha, na ocasião, qualquer serventia.

Apesar da perícia da argumentação, o Santo Ofício escusou "por hora" o pedido, desconsiderando o relato, ou melhor, a denúncia. Embora declarasse que estava longe de seus objetivos comprometer o outro cirurgião, António Francisco Claro estava determinado a conquistar o posto de "sangrador dos cárceres". Assim, em dezembro do ano seguinte, encaminhou uma nova petição, dessa vez pormenorizada, dando o nome do oficial e atualizando, ou agravando, seu estado de saúde.

Segundo o suplicante, "no prezente tempo", João Alves Chaves se encontrava "sem nenhuma esperança de milhoras" porque tinha uma persistente queixa nos olhos e já estava, inclusive, "apozentado de huma das visitas da Misericordia de que se achava provido". Clamando ao Santo Ofício que considerasse o estado físico e a incapacidade do dito cirurgião, António Francisco Claro requisitou novamente sua admissão como "sangrador supranumerario".

Como o anterior, esse pedido também foi indeferido. Mas o familiar era incansável. Já que não tinha o currículo de Manoel Gomes da Paz, cuja clientela servia em ofícios nobres, suas únicas armas eram sua persistência e os supostos achaques de João Alves Chaves. Por isso, em 1753, remeteu ao tribunal uma terceira petição, arrolando praticamente as mesmas alegações, acrescentando apenas que a moléstia de João Alves Chaves não lhe permitia sair de casa havia dois anos. Vencido pelo cansaço, o Conselho Geral ordenou que se averiguasse o ocorrido e o informante confirmou o relato de António Francisco Claro. De fato, o

---

[18] *Idem*, Antonio Francisco Claro, HSO, maço 209, doc. nº 3119.

cirurgião do partido da Santa Casa, que fora batizado na freguesia de São Julião, filho de um alfaiate, morador na rua dos Odreiros, na freguesia de São Nicolau,[19] padecia de um contínuo defluxo nos olhos, que o privava de exercitar a ocupação de cirurgia e sangria. Realmente estava aposentado pela Misericórdia. Todavia, os amigos que frequentavam sua casa e testemunharam a seu favor no inquérito disseram "que não era velho, nem tinha nevoas nos olhos, so sim continuos defluxos", mas que apresentava melhoras e tornaria a exercer sua arte.[20]

O relatório do funcionário enviado pelo tribunal para espreitar confirmara: João Alves Chaves apresentava alguma inflamação na retina, que muito provavelmente lhe turvava a visão, mas não estava cego. Tinha àquela altura 42 anos e, embora seu problema de saúde fosse um argumento tecnicamente plausível, já que exercia a função de sangrador, o tribunal não o dispensou. Como de praxe, não ignorou o depoimento dos vizinhos. Mas António Francisco Claro finalmente triunfou: foi nomeado como sangrador extranumerário dos cárceres em 28 de janeiro de 1753 e sua atuação ficou condicionada à situação de impossibilidade do titular.

António Francisco Claro dizia-se um cirurgião e sangrador aprovado. Contudo, ao contrário dos demais cirurgiões, seu círculo de relações não incluía nenhum outro homem do mesmo mester ou freguês que assegurasse sua competência. Seu pai era um homem de ofício errante, um algibebe, fabricava ou vendia tecidos rudes e nascera em Alcobaça, enquanto sua mãe era de São Miguel de Alvarães, em Viana do Castelo. Era, portanto, o primeiro lisboeta de seu núcleo familiar. A considerar o perfil das testemunhas de sua habilitação para o cargo de familiar, um sineiro e dois esteireiros, António Francisco Claro não tinha, a princípio, qualquer vínculo com a corporação de ofícios da cidade. Mas Francisco de Oliveira, que o conhecia desde seu nascimento, portanto havia 24 anos, identificou-o como um barbeiro. Considerando o depoimento de outros vizinhos de Lisboa nessa altura, é difícil crer que o esteireiro

---

[19] *Idem*, João Alves Chaves, HSO, maço 82, doc. nº 1467.
[20] *Idem*, Conselho Geral do Santo Ofício, caixa 32, maço 58.

de Sua Majestade não soubesse distinguir os ofícios de cirurgião e barbeiro. Ao que tudo indica, António Francisco Claro tentou compensar a pouca qualidade de sua clientela promovendo-se ao "estado do meio".

Em certas circunstâncias, as restrições impostas pelo exercício das artes mecânicas eram mais difíceis de transpor do que aquelas condicionadas pela limpeza de sangue. Enquanto a distinção entre nobres e mecânicos constituía uma lei geral, referendada pelas ordenações do reino,[21] e o desrespeito a ela implicava sanções aos infratores, o princípio da limpeza de sangue, de cariz religioso e ideológico, foi sendo assimilado, paulatinamente, pelas ordens religiosas, ordens militares, confrarias, universidades e corporações de ofício. Em outras palavras, a introdução da legislação de limpeza de sangue em Portugal foi tardia se comparada à Espanha. As disposições régias coibindo o acesso de cristãos-novos aos cargos públicos, benefícios eclesiásticos, às atribuições de tenças e ao casamento com cristãos-velhos concentram-se entre as duas últimas décadas do século XVI e a primeira década do século XVII.[22] Ainda assim, como destacou António José Saraiva, foram significativos os casos de nomeação de cristãos-novos para cargos administrativos e até inquisitoriais.[23] Mas a dispensa das provas de limpeza de sangue considerou sempre a imagem pública do tribunal e a necessidade imposta pelas conjunturas.

GENTE DE BOA FAMA E COSTUMES

Em janeiro de 1736, Manoel Alves da Silveira, morador na cidade de Évora, cirurgião aprovado havia 40 anos, encaminhou uma petição ao tribunal da cidade para ocupar o posto de cirurgião dos cárceres.[24] Ale-

---

[21] "Dos que tomam insígnias de armas e dom ou apelidos que lhes não pertencem", in Silvia Hunold Lara (org.), *Ordenações filipinas: livro V*, p. 293-299.
[22] Francisco Bethencourt, "Rejeições e polêmicas", in João Francisco Marques e António Camões Gouveia (orgs.), Carlos Moreira Azevedo (dir.), *História religiosa de Portugal: humanismos e reformas*, vol. 2, p. 53-54.
[23] Cf. António José Saraiva, *Inquisição e cristãos-novos*, p. 117.
[24] ANTT, Conselho Geral do Santo Ofício, caixa 32, maço 30.

gou que o titular estava gravemente enfermo e pela demasiada idade de 90 anos não dispunha de forças para recuperar-se. Declarando que tinha os requisitos necessários tanto pela "sanguinidade" como por ter exercido a ocupação de cirurgião-mor na Catalunha, dispunha-se a assumir o cargo durante o impedimento do referido cirurgião ou em caso da morte deste. Em agosto, os inquisidores acataram a oferta e solicitaram-lhe a quantia para proceder às diligências.

Sem recursos para custear as provas porque sua mulher era natural da Catalunha, Manoel Alves da Silveira retrucou, afirmando que ele e sua mulher eram tidos e havidos por legítimos cristãos-velhos com tanta inteireza que um de seus filhos, morador do concelho da vila de Arraiolos, era religioso da Ordem Terceira de São Francisco. Como testemunha citou o reverendo padre Diogo da Conceição, meirinho provincial da ordem no tempo da admissão de seu filho e na ocasião assistente no convento de Lisboa. Por fim, alegou que tinha notícia de que o defunto Miguel Pereira, último cirurgião do cárcere a ser provido, fora admitido sem diligências e que o tribunal não usava desse costume para similares ofícios e ocupações.

Dias depois o tribunal emitiu juízo. Ao consultar os livros em que se registravam as provisões dos ministros e oficiais da Inquisição, não achou qualquer documento comprobatório da nomeação do cirurgião falecido. Seu nome não constava sequer no livro no qual se conservavam os juramentos de segredo dos oficiais que eram admitidos apenas com a investigação extrajudicial. Nesse rol estavam padeiros, carpinteiros, barbeiros e outros de mesma condição. A mesa concluiu que o tal Miguel, cirurgião dos cárceres havia 40 anos, decerto fizera o juramento fora do horário de funcionamento do tribunal, na casa de algum inquisidor, por força de alguma necessidade precisa, e que depois, por esquecimento, não se fizera o registro do termo como era o costume. Considerando a reputação de cristão-velho do suplicante e de sua mulher, sua fama de excelente cirurgião e o fato de seu filho pertencer a uma ordem que passou a exigir a limpeza de sangue de seus postulantes ainda em 1558, o Santo Ofício de Évora encaminhou favoravelmente o pedido de Manoel Alves da Silveira ao Conselho Geral, dispensando-o do procedimento ordinário.

A decisão tomada pelo Santo Ofício no caso de Manoel Alves da Silveira demonstra como a Inquisição estava sujeita, tal e qual as demais instituições portuguesas, às suas conveniências. Em alguns casos, o rigor na aferição das provas de limpeza de sangue era dispensado desde que não houvesse rumores comprometedores.

Manoel Mendes Duarte, cirurgião natural de Filhós, na freguesia de Nossa Senhora da Graça, no termo de Torres Vedras, não teve a mesma sorte. Morador na rua dos Carapuceiros, na freguesia de São Julião, em Lisboa, casado com a cristã-velha Josepha Maria, amargou maus bocados ao candidatar-se a familiar do Santo Ofício. Embora o casal gozasse de boa fama na cidade e vivesse abastadamente, a primeira sindicância para apurar a limpeza de sangue de Manoel trouxe à tona um episódio já esquecido pelo cirurgião. Certa vez, por razões que se desconhece, o cirurgião teve um entrevero com uma tal Maria Ribeira em Torres Vedras. A troca de insultos foi presenciada por seus vizinhos e cabia na memória dos mais antigos do lugar quando se realizou a diligência. No calor da discussão, Manoel chamou Maria de rameira e para revidar ela respondeu: "Rameira sim, mas mulata não". Segundo quatro testemunhas, a avó materna do habilitando fora negra; segundo outros cinco depoentes, sua avó fora parda.

O processo de Manoel Duarte se arrastou por anos. Iniciado em 1713, ainda andava nas mãos dos comissários do Santo Ofício uma década depois. Em 1723, o parecer de frei Rodrigo de Lencastro foi favorável à solicitação de Manoel Duarte, alegando que os sinais externos de mulatice se extinguiam com o tempo. O Conselho Geral não chegou a emitir um parecer final. Manoel faleceu nesse mesmo ano. A *causa mortis* se desconhece, mas é muito provável que seus últimos dez anos tenham sido, no mínimo, angustiantes, já que vários de seus vizinhos em Lisboa responderam à sindicância e souberam de suas pretensões de tornar-se familiar.

A rigor o conceito de cristão-velho se balizava na origem da parentela do sujeito. O tribunal procedia à averiguação de sua rede de parentesco até a terceira geração, pois a sindicância fatalmente atingia aos antepassados mais remotos e poderia revelar ou não algum "defeito". Mas o exame do caso de Manoel Duarte demonstra que não era exatamente a origem do sujeito a única medida de todas as coisas. O grau de miscigenação poderia ou não redundar em traços físicos que atestassem o vínculo com um membro de "raça infecta". Ao fim e ao cabo, era o sinal de mulatice o que colocava em causa a inclusão ou exclusão do cirurgião na comunidade de cristãos-velhos. Uma vez imperceptível, o habilitando poderia ser assimilado pela instituição.

A nódoa de sangue só constituía efetivamente um impedimento para a habilitação ao posto de familiar quando originava provas visíveis, documentais ou biológicas. Manuel Álvares Cardilho concorreu ao cargo de cirurgião dos cárceres da Inquisição de Évora nos idos de 1665. Limpo de raça reprovada pelo regimento do Santo Ofício, o oficial era casado com uma mulher cujo pai fora enjeitado pelos genitores. Embora não tivesse sido possível investigar os ancestrais paternos de sua cônjuge, o cirurgião foi provido na função. Os doutores do Conselho Geral que examinaram a matéria consideravam que se havia de presumir aos expostos a pureza de sangue. O tribunal religioso considerou Brites Nobre cristã-velha por um ato de caridade e admitiu seu marido no quadro de funcionários. Decerto a mulher do cirurgião não tinha qualquer traço que evidenciasse sua ascendência negra; se assim o fosse, seu processo duraria o mesmo tempo que o do cirurgião de Torres Vedras.

A alegação de frei Rodrigo de Lencastro aponta para uma convergência entre o princípio da limpeza de sangue e o preconceito de marca sobre determinadas etnias que integravam o império português. Se o objetivo primeiro e último das diligências inquisitoriais era o de revelar a procedência genealógica do sujeito, aferrar-se no estereótipo contrariava o sentido original da própria habilitação. Num tempo em que a febre dos livros genealógicos procurava refletir a virtude, a pureza e a antiguidade das linhagens, ou, ao contrário, a mácula no sangue de determinadas famílias,[25] a fala do qualificador do Santo Ofício parece eliminar o fosso entre a mesa do Santo Ofício e a rua. Não era incomum que populares associassem a cor da pele à

---

[25] João Figueirôa Rêgo, *Reflexos de um poder discreto*, p. 15-27 e 119-217.

procedência geográfica e étnica do sujeito, confundindo negros, pardos, mouros e indianos.[26]

A superposição desses termos revela antes uma imprecisão conceitual ou vocabular do que propriamente o desconhecimento do procedimento utilizado pelo Santo Ofício em suas diligências. O inquérito para familiar do Santo Ofício envolvia testemunhas que, mesmo jurando sobre as escrituras guardar segredo sobre as informações prestadas, respondiam a um questionário padrão. O procedimento utilizado para a sindicância no bairro da Alfama e na ferraria de São Julião era igualmente aplicado em Torres Vedras, ou em Viseu, e inquiria diretamente o vizinho ou companheiro de ofício sobre a conduta e a parentela do habilitando. Abrangendo áreas díspares e atravessando os dois gêneros em segmentos sociais distintos, a sindicância acabou por contribuir para perenizar o conteúdo sobre o qual o conceito de cristão-velho se erguera: a pureza de sangue. O processo gradativo de assimilação e introjeção desses valores ficou patenteado nos textos das petições encaminhadas ao Santo Ofício pelos postulantes ao cargo de familiar.

Em 1608, quando o barbeiro Manoel Cortes, morador defronte da Santa Casa da Misericórdia de Lisboa, candidatou-se a familiar, declarou, em sua solicitação, que costumava acompanhar seu pai, familiar do Santo Ofício havia 20 anos, nas prisões que executava na cidade. Julgando-se idôneo para ocupar o cargo, tanto pela experiência quanto pelo parentesco que o unia ao barbeiro Salvador Dias, o oficial mecânico requereu ao tribunal que lhe tirassem as informações, visto que tinha as "partes necessárias" para a função.[27] A fórmula utilizada pelo mestre barbeiro mantinha implícito o conceito de pureza de sangue e era um dos modelos das petições enviadas ao Santo Ofício pelos pretendentes ao cargo de familiar no início do século XVII. Mas, gradativamente, a expressão "partes necessárias" passaria a concorrer com outras variantes.

Em 1693, quando o dourador Manoel de Oliveira, natural da vila de Cadaval e morador na correaria da freguesia de Nossa Senhora da Vitó-

---

[26] Isabel Drumond Braga, "A mulatice como impedimento ao Estado do Meio", *Espaço Atlântico de Antigo Regime: poderes e sociedades*.
[27] ANTT, Manoel Cortes, HSO, maço 4, doc. n° 140.

ria, encaminhou sua solicitação ao tribunal para habilitar-se como familiar, utilizou, como aquele barbeiro, a mesma sentença, limitando-se a informar os dados de seus antepassados e a solicitar que lhe fizessem as "diligências de estilo".[28] No entanto, o ferreiro Manoel Ferreira, nascido e crescido na ferraria de São Julião, quando dirigiu seu pedido ao tribunal no mesmo ano, foi mais explícito. Em sua petição, declarou que "tinha grandes desejos de servir ao Santo Officio" e como tinha "todos os requizitos" e era "inteiro christão velho per sy" e por sua mulher, solicitava que lhe fizessem as diligências necessárias para admiti-lo no cargo.[29]

Apartadas uma da outra por quase 100 anos, as petições do barbeiro Manoel e de seu homônimo ferreiro refletiam a progressiva difusão das normas que orientavam as ações do tribunal no tocante à admissão de seus quadros funcionais e salientavam a repercussão dessas regras entre os oficiais mecânicos. O primeiro requerimento é anterior a 1613 e data do primeiro regimento impresso pelo tribunal, no qual foi definido claramente o perfil exigido a cada funcionário da Inquisição; e o segundo é posterior ao regimento de 1640, em que a associação entre cristão-velho, raça e limpeza de sangue foi formalizada textualmente pela instituição. A fórmula utilizada na petição do ferreiro Manoel era, com efeito, uma evidência do nível de introjeção da ideologia inquisitorial, que orientava as práticas de intolerância religiosa e as ações persecutórias do Santo Ofício.

O comprometimento com os valores defendidos pela Inquisição atravessava toda a sociedade portuguesa e, portanto, outras categorias profissionais, visto que o oficialato do tribunal se compunha de religiosos e leigos e o título de familiar era concedido a sujeitos de segmentos sociais distintos. Destarte, a progressiva inserção social dos critérios usados pela Inquisição para o recrutamento de seus funcionários acabou por facultar o abandono das formas elípticas utilizadas nas petições para o cargo de familiar no início do Setecentos.

Ao remeter seu pedido de habilitação ao Santo Ofício em 1704, o mercador Manoel Ramos Aires, morador da rua Nova da freguesia de São

---

[28] *Idem*, Manoel de Oliveira, HSO, maço 48, doc. nº 1072.
[29] *Idem*, Manoel Ferreira, HSO, maço 47, doc. nº 1044.

Julião, abandonou a fórmula consagrada até então. Demonstrando "vontade de servir a esta santa caza" e julgando-se adequado para o cargo, requereu sua admissão argumentando simplesmente que não tinha "rassa alguma de mullato, mouro, ou judeo",[30] em vez de dizer-se cristão-velho.

CONSIDERAÇÕES FINAIS

Eco do discurso disseminado pelo Santo Ofício, a voz de Manoel Aires sinalizava o alcance dos parâmetros utilizados pela Inquisição para demarcar os limites da comunidade cristã sujeita às leis do Estado luso. Antítese da prédica que alimentou o cristianismo primitivo, assentada na conversão e na aceitação da Boa Nova, a afirmação do mercador demonstrava que a identidade cristã portuguesa forjada à Época Moderna definia-se, antes, pela ausência de laços de sangue com quaisquer daquelas minorias do que, simplesmente, pela observância dos ditames do catolicismo, pela obediência ao catecismo ou pela disposição de carregar o andor de um santo à vista de todos nas cerimônias religiosas. Construído em oposição a culturas antigas em solo lusitano, mas também em contraste com aquelas integradas ao espaço político e geográfico do império ultramarino, o conceito de identidade cristã tecido pelo Santo Ofício e reproduzido pelos aspirantes ao cargo de familiar baseava-se na criação de estereótipos capazes de sublinhar a diferença entre um Estado colonizador e os povos conquistados.

Os privilégios concedidos à milícia inquisitorial haviam sido no passado um atrativo usado pela Inquisição para ampliar o número de seus agentes, tornando-se para os beneficiados um meio de ascender socialmente e ultrapassar a linha divisória imposta pelas artes mecânicas. A restrição ao usufruto dessas prerrogativas especiais aos "familiares do número", em fins do século XVII, revelava, por um lado, a consolidação da rede de familiares, iniciada um século antes, mas também a vitória do ideário inquisitorial.

---

[30] *Idem*, Manoel de Ramos Aires, HSO, maço 58, doc. nº 1214.

REFERÊNCIAS DOCUMENTAIS E BIBLIOGRÁFICAS

"Dos que tomam insígnias de armas e dom ou apelidos que lhes não pertencem". In LARA, Silvia Hunold (org.). *Ordenações filipinas: livro V.* São Paulo: Companhia das Letras, 1999, título 92, p. 293-299.

BETHENCOURT, Francisco. "Rejeições e polêmicas". In MARQUES, João Francisco e GOUVEIA, António Camões (orgs.). AZEVEDO, Carlos Moreira (dir.). *História religiosa de Portugal: humanismos e reformas.* Lisboa: Círculo de Leitores, 2000-2002, vol. 2, p. 53-54.

BRAGA, Isabel Drumond. "A mulatice como impedimento ao 'Estado do Meio'". In *Actas do congresso internacional Espaço Atlântico de Antigo Regime: poderes e sociedades.* Lisboa: CHAM, 2005. Disponível em: http://cvc.instituto-camoes.pt/eaar/coloquio/comunicacoes/isabel_drumond_braga.pdf, acessado em 18 de junho de 2009.

FIGUEIRÔA-RÊGO, João de. *Reflexos de um poder discreto.* Lisboa: Centro de História de Além-Mar, 2008.

SAMPAIO, Antonio de Vilas Boas y. *Nobiliarchia portuguesa: tratado da nobreza hereditária e política.* Lisboa: Officina de Francisco Villela, 1676.

SANTOS, Costa. *Sobre barbeiros sangradores do Hospital de Lisboa.* Porto: Tipografia da Enciclopédia Portuguesa, 1921.

SANTOS, Georgina Silva dos. *Ofício e sangue: a irmandade de São Jorge e a Inquisição na Lisboa moderna.* Lisboa: ICIA/Colibri, 2005.

SARAIVA, António José. *Inquisição e cristãos-novos.* Lisboa: Estampa, 1985.

WADSWORTH, James E. "Os familiares do número e o problema dos privilégios". In VAINFAS, Ronaldo; FEITLER Bruno; LAGE, Lana (orgs.). *A Inquisição em xeque: temas, controvérsias, estudos de caso.* Rio de Janeiro: Eduerj, 2006, p. 98-99.

CAPÍTULO 4 Ascensão e queda dos Lopes de Lavre: secretários do Conselho Ultramarino*

*Maria Fernanda Bicalho**

---

*Este artigo é fruto do trabalho desenvolvido e financiado, desde 2008, por bolsa de produtividade em pesquisa do CNPq no âmbito do projeto "Governo e administração no império português: conselheiros, secretários, juntas e 'validos' na tessitura da política ultramarina portuguesa (1643-1750)". Ele se valeu também de uma bolsa luso-afro-brasileira, concedida pelo Instituto de Ciências Sociais da Universidade de Lisboa, nos meses de dezembro de 2008 a fevereiro de 2009. Agradeço especialmente ao historiador e amigo Nuno Gonçalo Monteiro, que me recebeu em Lisboa e cujos conhecimento e interlocução foram fundamentais para que me aventurasse no tema aqui discutido.
**Professora associada de História do Brasil da Universidade Federal Fluminense, membro do conselho científico de Red Columnaria, pesquisadora do CNPq e do Núcleo de Pesquisas em História Cultural. É autora do livro *A cidade e o império: o Rio de Janeiro no século XVIII*, Rio de Janeiro, Civilização Brasileira, 2003.

Depois de tantos reis e rainhas biografados,[1] de tantos homens importantes nos reinados dos Avis, dos Áustrias e dos Braganças que receberam estudos aprofundados, como os mais destacados *validos* e alguns secretários de Estado, entre eles o duque de Lerma,[2] o conde-duque de Olivares,[3] D. Luís da Cunha,[4] o marquês de Pombal[5] e D. Rodrigo de Sousa Coutinho,[6] depois ainda de valiosas contribuições para o conhecimento de instituições e tribunais régios em Portugal e em seus territórios ultramarinos, como as ordens militares,[7] o Desembargo do Paço,[8] o tribunal da Relação,[9] o Santo Ofício da Inquisição,[10] a Mesa da Consciência e Ordens,[11] o Conselho

---

[1] Refiro-me especificamente à recente publicação da coleção *Reis de Portugal*, entre 2005 e 2007, pelo Círculo de Leitores e Centro de Estudos dos Povos e Culturas de Expressão Portuguesa, sob a direção de Roberto Carneiro e a coordenação científica de Artur Teodoro de Matos e de João Paulo Oliveira e Costa.
[2] Antonio Feros, *El duque de Lerma: realeza y privanza en la España de Felipe III*.
[3] John H. Elliott, *El conde-duque de Olivares y la herencia de Felipe II*, com várias reedições e traduções.
[4] Cf. a introdução de Abílio Diniz Silva, *D. Luís da Cunha: instruções políticas*; e o livro de Isabel Cluny, *D. Luís da Cunha e a ideia de diplomacia em Portugal*.
[5] João Lúcio de Azevedo, *O marquês de Pombal e sua época*.
[6] Andrée Mansuy-Diniz Silva, *Portrait d'un homme d'État: D. Rodrigo de Sousa Coutinho, 1755-1812*.
[7] Fernanda Olival, *As ordens militares e o Estado moderno: honra, mercê e venalidade em Portugal (1641-1789)*.
[8] José M. L. Subtil, *O Desembargo do Paço (1750-1833)*.
[9] Stuart B. Schwartz, *Burocracia e sociedade no Brasil colonial*.
[10] Francisco Bethencourt, *História das inquisições: Portugal, Espanha e Itália*. Ver ainda, sobre o perfil dos inquisidores, o capítulo de Bruno Feitler publicado neste livro.
[11] Guilherme Pereira das Neves, *E receberá mercê: a Mesa da Consciência e Ordens e o clero secular no Brasil, 1808-1828*.

Ultramarino,[12] uma recente leva de historiadores vem se debruçando sobre cargos, ofícios e personagens que até hoje pouca atenção haviam chamado sobre si. É o caso dos secretários de Estado anteriores à *reforma* e à criação de secretarias em 1736 por D. João V.[13] Esses foram recentemente contemplados pelo minucioso estudo realizado por André da Silva Costa.[14] Ou ainda as secretarias e os secretários de governos ultramarinos, como os estudados por Josemar Henrique de Mello,[15] Pedro Puntoni,[16] Maria de Fátima Gouvêa[17] e Caio Boschi.[18]

Em *Os secretários e o Estado do rei: luta de corte e poder político, séculos XVI-XVIII*, Costa afirma que, para entendermos a figura dos secretários na monarquia portuguesa de Antigo Regime, é necessário termos em conta certas dinâmicas tanto político-burocráticas quanto cortesãs. Entre elas, o controle cada vez maior do secretário sobre o registro e a circulação de papéis e documentos, seu poder de influência e mediação não só em assuntos de governo, mas também no interior da corte, e, por fim, a concessão de privilégios aos que ocupam esse cargo, o que resultou numa crescente dignidade cortesã do mesmo ofício.

A fim de discutir o papel de secretário de Estado, o autor analisa o regimento de 1569 do Conselho de Estado. Esse órgão destacava-se por ser, até o reinado de D. João V, uma das principais instituições com funções

---

[12] Edval de Souza Barros, "*Negócios de tanta importância*": *o Conselho Ultramarino e a disputa pela condução da guerra no Atlântico e no Índico (1643-1661)*.

[13] Em 1736, após a morte do secretário de Estado Diogo de Mendonça Corte Real, D. João V criou três secretarias de Estado: a do Reino, a dos Negócios Estrangeiros e Guerra e a da Marinha e Negócios Ultramarinos, que viriam a concentrar, mais eficazmente, as diferentes matérias até então consultadas nos conselhos.

[14] André da Silva Costa, *Os secretários de Estado do Rei: Luta de corte e poder político, séculos XVI-XVII*.

[15] Josemar Henrique de Mello, *A ideia de arquivo: a secretaria do Governo em Pernambuco (1687-1809)*.

[16] Pedro Puntoni, "Bernardo Vieira Ravasco, secretário do Estado do Brasil: poder e elites na Bahia do século XVII", in Maria Fernanda Bicalho e Vera Lucia do Amaral Ferlini (orgs.), *Modos de governar: ideias e práticas políticas no império português. Séculos XVI a XIX*, p. 157-178.

[17] Maria de Fátima Gouvêa, "Redes governativas portuguesas e centralidades régias no mundo português", in João Fragoso e Maria de Fátima Gouvêa (orgs.), *Na trama das redes: política e negócios no império português, séculos XVI-XVIII*, p. 155-202.

[18] Caio Boschi, "Nas origens da Seção Colonial", *Arquivo Público Mineiro*, vol. 43, fasc. 1, jan-jun 2007, p. 42-48.

consultivas que atuavam junto ao monarca. Durante muito tempo conhecido como "Conselho do rei", a denominação "Conselho de Estado" é fruto do referido regimento. Nele tinha assento um número restrito de dignitários, todos fidalgos, que representavam os mais altos escalões da aristocracia e do clero em Portugal.[19] Segundo o mesmo regimento, as atribuições do secretário eram assistir às reuniões do conselho, sem direito a voto, e anotar as resoluções tomadas, assim como os principais fundamentos dos votos e pareceres dos conselheiros. Feitos e assinados os assentos, cabia-lhe levá-los pessoalmente ao rei, responsabilizando-se pelas provisões decorrentes da decisão tomada pelo monarca sobre o negócio em questão. Elaborar e redigir esse tipo de documentação significava não apenas aceder à forma e aos meandros do despacho régio, mas, em determinadas conjunturas, ter maior ou menor controle sobre o próprio processo decisório. Esse relativo protagonismo do secretário de Estado requeria também, e cada vez mais, um saber especializado desses oficiais da escrita.

André Costa afirma ainda que os secretários dos conselhos — não só o de Estado, mas os dos demais tribunais do reino — faziam um trabalho de arqueologia jurídica, devido ao seu domínio dos arquivos e à sua capacidade de sistematização de conteúdos, assim como à agilidade na produção de votos e pareceres. Embora seu campo de atuação fosse um organismo sinodal, não se pode esquecer de que no seu interior se processavam não somente arbítrios e decisões, mas também a disputa entre magistrados e cortesãos que o compunham. A seu ver, os secretários vincaram progressivamente sua posição ao mediar esse complexo processo de negociação que resultava nas consultas e nos pareceres dos conselhos e que se desdobrava na ação política do monarca.

Porém, o que interessa aqui, no âmbito deste trabalho, não é propriamente a figura dos secretários de Estado ou do Conselho de Estado, e sim o secretário do Conselho Ultramarino, órgão criado em 1642, no início do governo dos Braganças, voltado para a discussão e a elaboração da política imperial portuguesa. Seu regimento, também de 1642,

---

[19] Cf. Pedro Cardim, "A casa real e os órgãos centrais de governo no Portugal da segunda metade de Seiscentos", *Tempo*, vol. 7, nº 13, julho de 2002, p. 29.

baseou-se no do anterior Conselho da Índia, tribunal de existência efêmera, instituído em 1604 e extinto em 1614, quando Portugal achava-se agregado à monarquia hispânica. De acordo com André Costa,

> a criação do Conselho [da Índia] tem sido vista como parte de um movimento mais vasto de recrudescimento dos conselhos, mas também como resposta à necessidade de voltar a criar correspondências entre os órgãos da monarquia em Valhadolid e o "despacho" em Lisboa. É nesse sentido que deve ser lida a vontade de clarificar as "matérias de estado" no contexto do "império".[20]

O regimento do Conselho da Índia, no qual o do Conselho Ultramarino se baseou com pouquíssimas modificações, justifica sua criação devido aos muitos inconvenientes que se seguiam ao serviço de Deus, do rei e ao bom governo do Estado da Índia e demais domínios ultramarinos, o "não haver no reino de Portugal um tribunal separado para se tratarem neles os negócios daquelas partes (sendo tantos e de tanta importância como são)".[21] O conselho deveria ser formado por um presidente, dois conselheiros de capa e espada (provenientes da nobreza) e dois letrados, sendo um deles eclesiástico, para se ocupar das matérias de sua jurisdição. Compunham-no também dois secretários e dois porteiros.[22] As atribuições dos secretários assim se dividiam: um era responsável pelo des-

---

[20] Costa, op. cit., p. 116. É preciso não confundir o Conselho da Índia de Portugal com seu congênere espanhol. No que diz respeito ao governo da América hispânica, e de acordo com a incorporação dos territórios descobertos à coroa de Castela, a gestão dos negócios ultramarinos ficou inicialmente a cargo do Conselho de Castela. Em 1523-1524 foi criado o Conselho de Indias com ampla jurisdição. Já no início dos Seiscentos um novo órgão, o Conselho de Câmara de Indias, encarregava-se da proposta de nomeações, graças e mercês dirigidas ao ultramar. Ainda sob os Áustrias, uma série de juntas relacionadas a assuntos circunstanciais partilhou com os conselhos as decisões sobre a política ultramarina. O sistema polissinodal espanhol sofreu transformações no século XVIII, passando a conviver com a Secretaria do Despacho de Indias, que também foi alvo de constantes reformulações. Cf. José Antonio Escudero, "El gobierno central de las Indias: el Consejo y la Secretaria de Despacho", *El gobierno de un mundo: virreinatos y audiencias en la América hispánica*, p. 95-118.
[21] Marcello Caetano, "Regimento do novo tribunal da Índia e mais estados ultramarinos", in *O Conselho Ultramarino: esboço de sua história*, p. 59-64.
[22] O regimento estipulava seus respectivos salários: o presidente, 400 mil réis ao ano, os conselheiros, 300 mil réis cada um e os secretários, 200 mil réis.

pacho das mercês, cartas, patentes, provisões e dos negócios de justiça, guerra e governo das partes do Brasil, da Guiné, das ilhas de São Tomé e de Cabo Verde; e o outro se dedicava às mesmas matérias relativas exclusivamente ao Estado da Índia. Tanto o presidente quanto os conselheiros, assim como os secretários, eram investidos dos mesmos privilégios que gozavam o regedor e os desembargadores da Casa de Suplicação e ministros dos demais tribunais do reino.

Ainda de acordo com o mesmo regimento, o conselho deveria se reunir no paço de Lisboa nos dias feriados, durante três horas de manhã, no verão a partir das 7 e no inverno a partir das 8 horas. O presidente e os conselheiros deveriam sentar-se em bancos de espaldar forrados de couro, o presidente na cabeceira com uma almofada de veludo carmesim e os conselheiros em bancos colaterais. O conselheiro de capa e espada mais antigo deveria ocupar o lugar à mão direita do presidente e o mais novo, à esquerda. Os secretários se sentavam no topo da mesa, em um banco também forrado de couro, embora com o espaldar mais baixo do que o dos conselheiros.

Ao Conselho da Índia — e, posteriormente, ao Ultramarino — pertenciam todas as matérias e todos os negócios relativos aos Estados da Índia, do Brasil, da Guiné, das ilhas de São Tomé e Cabo Verde, e às demais partes do ultramar, com exceção das ilhas dos Açores, da Madeira e lugares da África. Possuía jurisdição para consultar a provisão dos bispados e ofícios de justiça, guerra e fazenda das conquistas portuguesas. Por ele passavam as cartas e provisões dos referidos ofícios, além das patentes e dos despachos dos vice-reis, governadores e capitães providos pelo rei. Ao conselho deviam ser enviadas, diretamente dos navios que chegassem a Lisboa, as cartas e os despachos dirigidos ao monarca por quaisquer ministros, prelados e demais pessoas dos domínios ultramarinos.

As matérias discutidas no conselho eram resolvidas por meio de votos, começando-se a votação pelo conselheiro mais novo e terminando pelo presidente. Os secretários, sem direito a voto, deveriam "tomar em lembrança o que se assentar em livros que para isso terão", redigir as consultas — rubricadas pelo presidente e pelos conselheiros — as cartas, provisões e outros despachos a serem remetidos ao rei para que os assinasse. O regimento dispunha ainda que

> os ditos dois secretários não tratarão nem proporão outro algum negócio mais que os que o presidente lhes ordenar. E terão muito cuidado dos negócios e despachos que estiverem a seu cargo, lendo os papéis e fazendo relação deles no conselho, sem poderem falar mais se não perguntados.[23]

Cabia aos secretários a elaboração de um inventário anual de todos os papéis consultados no conselho. Esses livros eram numerados, assinados por um dos conselheiros letrados e recolhidos "em uma casa que o conselho para isso terá". Dispostos em caixas e armários, esses deveriam ser fechados pelos secretários, de cujas chaves eram os guardiões.[24] Embora em princípio não despachassem diretamente com as diversas autoridades no ultramar, não resta dúvida de que os secretários do Conselho da Índia — assim como, mais tarde, os do Ultramarino — detinham grande conhecimento e controle do processo burocrático de comunicação política entre o reino e seu império. Ao analisar o desempenho de seu papel, André Costa afirma que "esta nova forma do 'despacho' procurava remediar as necessidades das conquistas, centralizar os avisos e informações do império, de forma a saber se aquilo que o rei mandara prover fora efetivamente cumprido".[25]

No entanto, a tentativa de sistematização dos circuitos da comunicação política e do despacho régio não deixou de criar conflitos e curtos-circuitos, quer entre o Conselho da Índia, o vice-rei em Lisboa e o rei em Castela, quer entre o primeiro e os demais órgãos corporativos do reino de Portugal, sempre ciosos de salvaguardar suas antigas e mais amplas jurisdições, em parte subtraídas pela criação de um novo tribunal. Ao comentar o *Projeto de novo regimento do Conselho da Índia*, elaborado, em 1613, pelo secretário de Estado Cristóvão Soares, André Costa afirma:

---

[23] Caetano, *op. cit.*, p. 60.
[24] *Idem*, p. 61.
[25] Costa, *op. cit.*, p. 117.

Quanto aos processos de circulação documental, o "Projeto" era muito minucioso, respondendo à crescente formalização de um trabalho de "secretaria", integrando a preocupação com a rapidez e autonomia do processo e cortando, em parte, com o conceito de "Repartição". O conjunto de "cartas" e "despachos", enviados ao Conselho, seria controlado pelos "secretários", devendo este — em caso de notificação — dar seguimento de forma pronta às "Consultas" urgentes. Os "secretários" deviam ainda gerir a recepção e arquivo das diferentes vias desta correspondência, bem como zelar pelo envio de contínua informação do Conselho para as "conquistas", além de redigir as "Consultas" onde figurariam os resultados das atribuições de "mercês", cabendo ao rei sanciona-las de forma definitiva. É fácil depreender que os "secretários" adquiriam capacidade para influenciar decisões, controlando o circuito das "Consultas" entre Presidente [do Conselho], conselheiros e rei.[26]

Com a extinção do Conselho da Índia, em 1614, as atribuições que havia concentrado foram novamente distribuídas e partilhadas entre os demais conselhos e secretarias especializadas do reino. Só após a Restauração, mais precisamente em 1642, um novo órgão — o Conselho Ultramarino — seria criado para centralizar as matérias e os negócios das conquistas. Seu regimento, em grande parte baseado no do extinto Conselho da Índia, adaptado, porém, à nova conjuntura imperial herdada pela dinastia dos Braganças, data de 1642 e sua instituição, assim como sua primeira reunião, ocorreu 18 meses mais tarde, a 3 de dezembro de 1643.

Entre as funções do secretário do Conselho Ultramarino sobressaíam a elaboração de listas de matérias assentes no respectivo livro, a redação de consultas, rubricadas pelo presidente e por todos os conselheiros, a obrigação de guardar os papéis em lugar seguro, em caixões e escrivaninhas fechados a chave, guardada por ele. Elaborava despachos para que a Torre de Belém permitisse a saída dos navios, tratava dos assuntos concernentes à armada do Rio de Janeiro, executava o pagamento de contratos por meio de seus oficiais, recebia e cuidava dos papéis compro-

---
[26] *Idem*, p. 120.

vativos de serviços em caso de disputa por ofícios. Comunicava-se quer com o Conselho de Estado quer com a Secretaria de Estado. Ao comparar os regimentos do Conselho de Estado, de 1569, e do Conselho Ultramarino, André Costa observa que o secretário desse último já não possuía uma posição tão subalterna em relação aos conselheiros. Sua relevância confirmava-se, entre outras coisas, na maior dignidade de sua presença no conselho. Embora não votasse, sentava-se no topo da mesa em uma "cadeira rasa", e não mais de joelhos.[27]

Porém, não são as funções e a posição dos secretários do Conselho Ultramarino que pretendo esmiuçar aqui, e sim o perfil deles, ou melhor, o perfil e a trajetória de três homens pertencentes a uma mesma família, os Lopes de Lavre, que estiveram à frente da secretaria desse órgão por mais de um século, de 1678 a 1796.

MANUEL

Os Lavres, Lopes ou Lubeiras eram uma família natural do Alentejo, em Portugal. A ascendência paterna de Manuel Lopes de Lavre, que comprou o ofício de secretário do Conselho Ultramarino, é oriunda da freguesia de Santo Aleixo, concelho de Monte-Mor o Novo. Seu avô, André Fernandes Lubeira, exercia o ofício de alfaiate quando se mudou com a mulher e o filho, Diogo Fernandes Lubeira, para a vila de Lavre. Do casamento de Diogo com Catarina Pegas nasceu Manuel Lopes, que incorporou ao seu o nome da vila onde nascera, sendo conhecido como Manuel Lopes de Lavre.

Manuel começou a vida a comprar gado para os marchantes da corte, tornando-se ele próprio marchante e mudando-se para Lisboa, onde foi morar à entrada da Carreira dos Cavalos (atual rua Gomes Freire), a dois passos do Campo do Curral (hoje Campo de Santa Ana ou Campo dos Mártires da Pátria). Ali, casou-se com Maria Francisca, filha de

---

[27] *Idem*, p. 197. Cf. também Ana Rita Amaro Monteiro, *Legislação e actos de posse do Conselho Ultramarino, 1642-1830*.

Francisco Álvares, cortador de carnes no açougue. Maria Francisca, assim como sua mãe, era forçureira, ou seja, vivia de vender tripas pelas ruas da capital, além de se ocupar de um negócio, em larga escala, de secagem de tripas para cordas de viola.

Nesse negócio de carnes, Manuel Lopes de Lavre enriqueceu e logo adquiriu umas "casas nobres" por detrás do convento da Anunciada, situadas na rua Direita de São José, esquina da calçada de Damião Aguiar, que mais tarde se chamaria calçada do Lavre (como se chama até hoje). Comprou-as em 1672 ao 2º conde da Ponte, por um padrão de juro de cem mil réis no estanco do tabaco. Dessa propriedade, fez cabeça do vínculo de sucessão regular, ou seja, instituiu morgado por escritura de 14 de junho de 1683, nomeando como primeiro administrador, no caso de sua morte, seu filho primogênito, André Lopes de Lavre. Além dessas casas, possuía pelo menos uma outra propriedade na rua São José, pois em 1696 figurava no "rol das pessoas poderosas que no bairro da Mouraria estavam devendo dinheiro à contribuição da limpeza: 600 réis de dívida como habitante de uma casa na referida rua, e mais 3.600 réis por outra no mesmo local".[28]

Com os muitos cabedais que amealhou em diversos investimentos, comprou, segundo alguns genealogistas, grossa fazenda, pagando pelo ofício de secretário do Conselho Ultramarino 35 mil cruzados.[29] A rápida ascensão desse simples mercador na segunda metade do século XVII é realmente impressionante. Tornou-se, além de proprietário do ofício de secretário do Conselho Ultramarino e de vários padrões de juros da coroa, cavaleiro da Ordem de Cristo, deputado da Junta do Tabaco, irmão da Santa Casa de Misericórdia de Lisboa, familiar do Santo Ofício e tesoureiro da rainha D. Maria Francisca Isabel de Saboia, esposa de D. Afonso VI, que, depois da anulação de seu casamento, contraiu segundas núpcias com D. Pedro, futuro D. Pedro II. À rainha, Manuel adiantou, mais de uma vez, grandes somas de dinheiro sem cobrar juros, razão pela qual a mesma soberana o mencionou e o recomendou em seu testamento.[30]

---

[28] Godofredo Ferreira, "Três palácios dos correios na rua de São José", p. 155-157.
[29] Segundo Ferreira, o ofício foi comprado por 21.500 cruzados, *op. cit.*, p. 157.
[30] Essa última informação é de *idem*, p. 157. Cf. também Jacinto Leitão Manso de Lima,

Embora a maior parte dos documentos que comprovam sua ascensão encontre-se guardada nos principais arquivos de Lisboa, talvez os mais interessantes sejam as duas tentativas de habilitação de Manuel Lopes de Lavre à familiatura do Santo Ofício. Essa documentação, responsável pelas informações descritas acima, será o fio condutor para o traçado da trajetória e da mobilidade social dos Lopes de Lavre.[31]

Ao solicitar pela primeira vez a mercê de familiar, em julho de 1659, nosso personagem ainda se identificava como "contratador de gado, e morador nesta cidade de Lisboa na entrada da Carreira dos Cavalos, casado com Maria Francisca natural da mesma cidade". Afirmava ser "homem honrado, bem aparentado, e limpo de toda raça de judeu, mouro, mulato, ou qualquer outra raça infecta" e, como tal, desejava servir ao Santo Ofício.[32]

As diligências necessárias para se averiguar sua limpeza de sangue e geração foram feitas, em março de 1660, na vila de Lavre, no Alentejo. O encarregado era um funcionário da Inquisição de Évora que, durante as provanças, recebeu ajuda do padre Bento de Faria, prior da igreja matriz da vila de Lavre. Ao fim das inquirições, o capelão Bento Faria escreveria aos inquisidores de Lisboa afirmando que, "por via materna são tidos todos seus parentes por legítimos cristãos velhos sem raça nehuma das reprovadas (...). Mas por via paterna tem muito má fama porque antes de eu vir para este povo já ouvia dizer [que] tinham raça de cristãos novos".[33]

Diante dessa suspeita, a concessão da familiatura do Santo Ofício foi indeferida. Porém, Manuel não era homem de desistir fácil. Em julho de 1675, fez novo requerimento visando às mesmas mercê e distinção. Afirmava, então, ser ele suplicante, "homem honrado, e já com lugar em

---

Famílias de Portugal: cópia fiel do manuscrito original existente na Biblioteca Nacional de Lisboa (Jacomes — Lobos), vol. XIII; Cristóvão Alão de Morais, *Pedatura lusitana (nobiliário de famílias de Portugal)* tomo 5, vol. 2; Pedro José da França Pinto dos Reis, *Conselheiros e secretários de Estado de Portugal de D. João V a D. José I (subisídios para o seu estudo sociojurídico)*.
[31] Arquivo Nacional da Torre do Tombo (ANTT), Tribunal do Santo Ofício, Conselho Geral, Habilitações, maço 15, doc. 395.
[32] *Idem*, fl. 3.
[33] *Idem*, fl. 32-32 v.

tribunal, e com grande estimação na República, e muito amante do Santo Ofício, e servidor dele como mostrou em todas as ocasiões que se ofereceram".[34] Anexou à sua petição uma carta de desagravo, argumentando que houve erro em se fazerem as anteriores inquirições na vila de Lavre, uma vez que seus avós e seu pai eram naturais da freguesia de Santo Aleixo, termo de Monte-Mor o Novo. Afirmava que um irmão de seu bisavô, Adão Lopes, fora familiar do Santo Ofício e que seu próprio avô havia sido irmão e escrivão da Santa Casa de Misericórdia, e seu pai, além de irmão, serviu de provedor, juiz e vereador da vila de Lavre. Dizia ser notório, em sua argumentação, que nem a câmara nem a Misericórdia "admite[m] pessoa alguma, que não seja limpa de sangue". Afirmava ainda que, àquela altura, já havia se submetido a provanças realizadas pela Mesa da Consciência e Ordens, da qual obtivera o hábito da Ordem de Cristo. Ao contrário das do Santo Ofício, aquelas inquirições haviam sido feitas não na vila de Lavre, mas sim na freguesia de Santo Aleixo.[35]

A seu ver, o fato de sua primeira solicitação à familiatura do Santo Ofício não ter sido deferida pelo tribunal da Inquisição deveu-se a que pessoas suas inimigas imputaram-lhe fama de cristão-novo, o que decorria do fato de um meio-irmão de seu pai, Miguel Fernandes Lubeira, ter tido, havia muitos anos, uma pendência com um sujeito chamado Manuel da Gama Vequo. Numa discussão em local público da vila de Lavre, o tal Vequo chamou seu tio, na frente de todos, "de fraco, e de judeu, e seu tio lhe chamou o mesmo, e sobre as ditas palavras correram demandas e tiveram sentenças um contra o outro por serem ambos limpos de sangue". Dizia que o tal Manuel da Gama Vequo já havia, por conselho de seus confessores, retirado publicamente aquela acusação e ofensa, tendo, inclusive, pedido perdão a ele, Manuel Lopes de Lavre. Insistia, portanto, que as novas inquirições fossem feitas na freguesia de Santo

---

[34] *Idem*, fl. 55.
[35] Um detalhe que Manuel deixa claro em seu desagravo é que àquela altura seu filho, André Lopes de Lavre, já então encartado como secretário do Conselho Ultramarino, havia recebido o hábito da Ordem de Cristo. Afirmava ainda que ele próprio era irmão da Santa Casa de Misericórdia de Lisboa, para o que foram feitas diligências na mesma vila de Lavre, não resultando dessas inquirições nenhuma imputação de cristão-novo.

Aleixo, "aonde se conheceu toda sua geração ser limpa e por tal tida". Enumerava vários de seus parentes maternos e paternos que possuíam hábitos das ordens de Avis e de Santiago, além dos que eram clérigos e religiosos da Companhia de Jesus.[36]

O curioso é que a 25 de maio de 1675 apresentou-se ao Estaus (palácio da Inquisição), em Lisboa, um homem a pedir audiência. Após jurar sobre os Santos Evangelhos, disse chamar-se Manuel da Gama Veco, ter 70 anos, viver de sua fazenda e ser juiz ordinário da vila de Canhaçonde, onde era morador, embora tivesse nascido na vila de Lavre. Narrou o desentendimento ocorrido, havia mais de 40 anos, entre ele e Miguel Fernandes Lubeira. Dizia que por ter chamado Miguel Fernandes de judeu foi processado "por lhe não provar, (...) porquanto ele [Miguel Fernandes] era limpo de sangue, (...) e legítimo cristão velho". Afirmou que não viera anteriormente fazer essa declaração "por lhe durar ainda algum rancor com as ditas pessoas; e agora, vendo ser velho e às portas da morte, trata[va] de salvar sua alma, e de não prejudicar a limpeza das sobreditas pessoas". Assim, como na vila de Lavre corria rumor em contrário, e para não prejudicar os descendentes dos Fernandes Lubeira, entre eles Manuel Lopes de Lavre, e também "por descargo de sua consciência", viera fazer essa declaração diante da mesa inquisitorial.[37]

Novas inquirições relativas à segunda solicitação da familiatura do Santo Ofício por parte de Manuel Lopes de Lavre foram feitas na igreja de Santo Aleixo, em outubro de 1675, por Simão Alves Pereira, notário do Santo Ofício. Diferentemente do que haviam afirmado havia 15 anos, na matriz de Lavre, a grande maioria das testemunhas respondeu saber por que havia sido chamada. Era o caso, entre outros, de António Fernandes, lavrador, natural e morador na quinta da Terrinha, de 70 anos, que disse suspeitar ter sido chamado "para jurar em diligências de Manuel Lopes de Lavre, porquanto esse lhe disse haverá um ano que havia de ver se podia ser familiar". Ou ainda Pedro Martins, fidalgo, lavrador, com 60 anos, que afirmou suspeitar do mesmo, "porquanto o

---

[36] ANTT, Tribunal do Santo Ofício, Conselho Geral, Habilitações, maço 15, doc. 395, fl. 56-57.
[37] *Idem*, fl. 59-60.

cura desta igreja, o padre mestre Bartolomeu Dias, lhe perguntou se conhecia os descendentes do dito Manuel Lopes, e lhe disse se havia aqui vir fazer diligência por ele".[38] As diligências em Santo Aleixo duraram quatro dias e várias outras pessoas foram interrogadas no Estaus, em Lisboa, em novembro de 1675.

Foram anexados ao processo, a pedido dos inquisidores, a cópia dos autos de injúria entre Miguel Fernandes Lubeira, injuriado, e Manuel da Gama Vequo, injuriante, e o traslado da sentença passada em câmara, a 9 de novembro de 1632, documentos depositados no cartório da vila de Lavre, que inocentavam o primeiro da suspeita de cristão-novo e atribuíam ao segundo as custas do processo. O capelão Bento de Faria, o mesmo que protagonizara as primeiras inquirições em 1660, afirmou ter procurado em todos os livros da câmara algum registro sobre a finta, tributo que recaía sobre os cristãos-novos, não o encontrando em nenhuma parte.[39] Padre Bento não deixava de colocar em dúvida, na carta que remetia em dezembro de 1675 à Inquisição de Lisboa, a suposição de que tivesse havido, em tempos remotos, uma finta sobre judeus na vila de Lavre, pois "nem por fama nunca tal ouvi falar de 26 anos a esta parte que tantos há que estou nesta terra, suposto que algumas vezes se falava que Manuel da Gama lhe chamara de judeu ao dito Miguel Lubeira, foi a pessoas poucas e estas de má consciência, e conhecidos por terem má língua". Relatava ainda que havia

> cousa de um ano que a estava *(sic)* veio o dito Manuel da Gama Vequo, e me pediu lhe ouvisse a sua idade por ser daqui natural, (...) 66 anos a três dias de setembro passado. E vendo ele a idade em que estava me disse o seguinte, pois senhor prior eu chego-me velho e no cabo da jornada, e não sei se nos tornaremos a ver, trago comigo um grande escrúpulo, é que na minha mocidade tive uma pendência nesta vila com Miguel Fernandes Lubeira, e por me fugir lhe chamei de judeu publicamente não pelo ser, mas por ser ação de covarde e próprio dos judeus fugirem, e suposto que correu causa e houve sentença contra mim e paguei

---

[38] *Idem*, fl. 71-72.
[39] *Idem*, fl. 114-115.

as custas, razão por onde me dizem os meus confessores que estou desencarregado, contudo pegou esta minha palavra tanto entre alguns bárbaros e de má fama que ainda não sei se esqueceu, e para que não pene no outro mundo encarrego aqui que ouvindo falar neste particular de que eu tive a culpa em falar apaixonado que Vm diga, que eu lhe dissera por descargo de minha consciência que suposto lho chamei que tal não era, nem nunca tal ouvi a meu padrasto Fernandes Migueis que me criou, nem a minha mãe que morreram velhos, e se necessário for o jure Vm assim na minha alma.[40]

A 27 de outubro do mesmo ano, o comissário e padre Gregório Esteves enviou de Monte-Mor uma carta aos inquisidores, na qual dizia que

> é notório que Manoel Lopes de Lavre, morador na cidade de Lisboa é poderoso em toda a parte, e muito mais na sua pátria, há notícia tem abalroado algumas pessoas com dinheiro para conseguir seu intento. E a mim me falaram que fariam, e aconteceriam se eu fizesse diligência a seu contento.

Afirmava ainda que "o padre Bento de Faria prior na igreja de Lavre, o padre mestre Bartolomeu Dias, cura na igreja de Santo Aleixo, Antônio Fernandes, familiar do Santo Ofício, morador na Terrinha, freguesia de Santo Aleixo fomentam este negócio".[41]

O processo inclui também as inquirições sobre Maria Francisca, mãe de Manuel, além de seu pai e seus avós maternos, realizadas pelos inquisidores de Coimbra no lugar de Codoçoso, freguesia de Santa Maria de Meixedo, termo de Monte Alegre.

Por fim, em janeiro de 1676, os inquisidores de Lisboa mandaram vir ao Estaus o doutor Miguel Casado Peçanha, conservador das Ordens Militares, que confirmou que a Mesa da Consciência e Ordens havia igualmente feito duas diferentes diligências e inquirições devido ao mesmo rumor de ascendência judaica, até que Manuel Lopes de Lavre recebesse, enfim, o hábito da Ordem de Cristo.

---

[40] *Idem*, fl. 114-114 v.
[41] *Idem*, fl. 86.

De acordo com os registros da chancelaria da Ordem de Cristo, guardados no Arquivo Nacional da Torre do Tombo, em Lisboa, as primeiras provanças realizadas pela Mesa da Consciência e Ordens para habilitar Manuel à Ordem de Cristo foram feitas em meados de 1665, sendo o mesmo reprovado. Devido à sua segunda solicitação, a mesa acedeu, em setembro de 1665, ao seu pedido para que fosse enviado um juiz e conservador das Ordens para realizar novas diligências. Foi aí que entrou em cena o doutor Miguel Casado Peçanha. Em abril de 1666, apesar de dirimida a acusação de sangue infecto — desvendando-se o imbróglio pelo testemunho do próprio Manuel da Gama Veco — o parecer da mesa foi o de que, mesmo que estivesse provado que Manuel Lopes de Lavre não possuía qualquer estigma de raça, "seu pai, e o avô paterno foram marchantes e o mesmo avô, comprador de azeites, e outras cousas que tornava a vender, e o avô materno [havia sido] carreteiro de trigo", o que consistia em graves defeitos a demonstrar sua falta de qualidade para ter acesso ao hábito das ordens militares. No entanto, à margem do mesmo parecer, podemos ler a dispensa régia "por justas causas que para isso há". A 18 de abril de 1666, Manuel tomava o hábito.[42] Quais eram as justas causas aludidas por D. Afonso VI, não sabemos, mas bem podemos imaginar.[43]

Voltando à familiatura do Santo Ofício, a 14 de fevereiro de 1676, tanto o anterior, de 1659-60, quanto o processo que corria em 1675 foram analisados pela Mesa do Conselho Geral da Inquisição, que entendeu que Manuel Lopes de Lavre, assim como sua mulher, Maria Francisca, eram cristãos-velhos e limpos de toda raça de nação infecta.

---

[42] ANTT, Chancelaria da Ordem de Cristo, livro 45, fl. 170 v. Carta de hábito a Manuel Lopes de Lavre; *idem*, fl. 171. Alvará de profissão de Manuel Lopes de Lavre na Ordem de Cristo; *idem*, fl. 171. Alvará de cavaleiro de Manuel Lopes de Lavre na Ordem de Cristo; *idem*, fl. 408 v. Carta de padrão de 20 mil réis de tença, com o hábito, de 1º de dezembro de 1666 para Manuel Lopes de Lavre (filho); *idem*, fl. 408 v. Padrão de mercê de 20 mil réis a Manuel Lopes de Lavre.

[43] ANTT, Processo de habilitação para a Ordem de Cristo de Manoel Lopes de Lavre. A única outra mercê que encontrei até agora nos livros de Registro Geral de Mercês de D. Afonso VI, concedida em 1658 a Manoel Lopes de Lavre, é a da escrivania da câmara, almotaçaria, órfãos, notas e do judicial da vila de Lavre, o que já não era pouca coisa, mercê solicitada por apresentação do conde D. João Mas, donatário da mesma vila. Cf. ANTT, Registro Geral de Mercês, D. Afonso VI, livro 3, fl. 273.

Por essas razões, nosso personagem foi finalmente habilitado familiar do Santo Ofício.

Em junho de 1688, Manuel Lopes de Lavre foi encartado fidalgo da casa real, com direito a 1.600 réis de moradia por mês e um alqueire de cevada por dia. Na carta de concessão dessa mercê, D. Pedro II afirmava tê-la feito a pedido da rainha, D. Maria Francisca Isabel de Saboia, em consideração ao serviço que Manuel sempre lhe fizera na sua tesouraria.[44]

Em seu testamento, feito em dezembro de 1696, Manuel declarava possuir "várias pretensões, e negócios com diversas pessoas", alguns ajustados, outros pendentes. Ordenava que todas as suas dívidas fossem pagas, instituindo por universais herdeiros seus três filhos, André Lopes de Lavre, Manuel Lopes de Lavre (seu homônimo) e D. Luisa Maria Francisca. A André legou o ofício de secretário do Conselho Ultramarino, "por ser mais velho e o estar servindo". Pedia à filha que tomasse o estado de religiosa no convento que lhe parecesse. Declarava, por fim, que haviam, ele e sua mulher, D. Maria Francisca, instituído morgado em junho de 1683, desejando que se mantivesse essa instituição tal como prevista na sua escritura. A seu segundo filho, Manuel Lopes de Lavre, deixava todos os seus serviços, para os poder requerer ao rei, a quem pedia que os despachasse com a grandeza esperada de seu real ânimo pelos muitos serviços que ele, testador, havia feito à rainha.[45]

Como não nos deteremos na trajetória do doutor Manuel Lopes de Lavre, filho homônimo do nosso personagem, talvez seja interessante apenas registrar que ele fora, ao longo de sua vida, e como queria seu pai, fidalgo da casa *del Rei*, deputado da Junta do Tabaco, tesoureiro da casa da Rainha, superintendente da casa de Aveiro, a qual administrou por muitos anos. Morreu em 1726, muito rico, solteiro e sem filhos, fazendo universal herdeiro seu sobrinho, Manuel Caetano Lopes de Lavre, filho de seu irmão André.

---

[44] *Idem*, D. Pedro II, livro 4, fl. 201.
[45] ANTT, Registro Geral de Testamentos, livro 85, nº 4, fl. 5. Testamento de Manoel Lopes de Lavre para seu filho André Lopes de Lavre.

ANDRÉ

André Lopes de Lavre, para quem Manuel comprara o ofício de secretário do Conselho Ultramarino, recebeu confirmação régia da propriedade do cargo em 1696,[46] ano em que receberia outras duas mercês: a de fidalgo da casa real[47] e a alcaidaria mor da vila de Celourico da Beira. Essa última distinguia ainda mais a "casa" dos Lavres, incrementando sua espiral ascendente na corte e no governo do reino. Logo depois, em abril de 1697, André receberia os privilégios, as honras e liberdades concedidos aos desembargadores.[48] Tratava-se dos mesmos privilégios concedidos ao regedor da Casa da Suplicação, governador da Casa do Porto, escrivão da puridade, presidente do Desembargo do Paço, chanceler-mor e aos desembargadores do paço, vedores da fazenda e seus desembargadores, secretários do rei e às pessoas que com ele despachavam as "petições do Estado", ao presidente e aos deputados da Mesa da Consciência e Ordens, ao almotacel-mor, escrivão da chancelaria da corte e aos escrivães da fazenda.[49]

Vale lembrar que André já era familiar do Santo Ofício desde 1676, mesmo ano em que a familiatura fora concedida a seu pai.[50] Em outubro de 1696, por seus préstimos à secretaria do Conselho Ultramarino e pelos serviços prestados por seu pai à rainha, D. Pedro II lhe fez mercê da comenda de Santa Margarida da Mata da Ordem de Cristo.[51] Entre

---

[46] ANTT, Chancelaria de D. Pedro II, livro 23, fl. 252-252 v. Carta de propriedade do ofício de secretário do Conselho Ultramarino para André Lopes de Lavre, com o ordenado anual de 200 mil réis pagos pela Fazenda Real. Cf. Chancelaria de D. Pedro II, livro 23, fl. 377. Ordenado de secretário do Conselho Ultramarino, André Lopes de Lavre.
[47] ANTT, Registro Geral de Mercês, D. Pedro II, livro 4, fl. 335. André Lopes de Lavre filho de Manoel Lopes de Lavre fidalgo da casa de S. M.
[48] ANTT, Chancelaria de D. Pedro II, livro 23, fl. 259 v-260. Cf. também Registro Geral das Mercês, D. Pedro II, livro 4, fl. 335.
[49] ANTT, Chancelaria de D. Pedro II, livro 24, fl. 15 v-18. Privilégio de desembargadores a André Lopes de Lavre.
[50] ANTT, Processo de familiar do Santo Ofício de André Lopes de Lavre, Ms 3, doc. 63.
[51] *Idem*. Lê-se, ainda, à margem do mesmo registro: "Pedindo a Sua Majestade o dito Frei André Lopes de Lavre, fidalgo de sua casa e cavaleiro professo da Ordem de Cristo que em cumprimento do alvará acima incorporado lhe fizesse mercê mandar passar carta da Comenda de Santa Margarida da Mata e visto seu requerimento e breve do Núncio Apostólico que apresentou no Tribunal da Mesa da Consciência e Ordens por que dispensou com ele na falta dos serviços de Africa para a poder possuir: Há Sua Majestade

maio e junho de 1700, André comprara, por 300 mil réis de juros assentados no almoxarifado dos azeites, o reguengo da Carvoeira, no termo de Sintra, que rendia cerca de 160 mil réis.[52] Adquiriu também o senhorio dos lugares de Valbom, Baleia e Fonteboa.

Porém, talvez seja hora de deslindar um pouco da vida "pessoal" de André Lopes de Lavre. Como já sabemos, era o filho mais velho de Manuel Lopes de Lavre e de D. Maria Francisca. Formou-se na Universidade de Coimbra. De acordo com Ferreira — uma espécie de biógrafo da família Lavre, embora fosse um historiador dos Correios de Lisboa, transferidos mais tarde para o palácio da Anunciada — André era

> riquíssimo e com todos estes títulos e mercês, fácil lhe seria escolher noiva em casa nobre, e foi o que fez; mas a verdade é que para se consorciar com D. Briolanja Luísa Henriques da Costa, filha de Simão da Costa Freire, senhor de Pancas, e já viúva de João da Costa Cogominho, teve que o fazer a furto.[53]

Isso quer dizer que André raptou sua futura esposa. O porquê não sabemos.

Faleceu em 28 de novembro de 1730, com 73 anos, e 53 dos quais devotados ao serviço régio como secretário do Conselho Ultramarino. Já viúvo, foi enterrado junto a seu pai, no convento de Santo Antônio dos Capuchos, depois de seu corpo ficar exposto na ermida do Bom Sucesso, onde lhe fizeram ofícios de corpo presente, com assistência de "toda a nobreza e prelados das diferentes ordens religiosas".[54]

---

por bem fazer-lhe mercê da dita comenda de Santa Margarida da Mata, que é da mesma Ordem e do Bispado da Guarda que vagou por Manoel Lobato Pinto, último comendador que dela foi em dª Sua Majestade ao contador do mestrado da dita Ordem dê a posse da dita Comenda de Santa Margarida da Mata ao dito Frei André Lopes da Lavra e de todos os frutos rendimentos e cahidos dela vencidos de 9 de outubro próximo passado este presente ano em diante e o Alvará acima incorporado foi roto e em seus registros se porão as verbas necessárias do conteúdo nesta carta a qual foi feita a 10 de dezembro de 1696."
[52] ANTT, Chancelaria de D. Pedro II, livro 26, fl. 131 v.
[53] Ferreira, *op. cit.*, p. 160-161.
[54] *Idem*, p. 161.

Os bons serviços prestados ao rei no Conselho Ultramarino são referidos nas primeiras mercês que lhe fizera D. Pedro II, ainda em 1696, quando oficialmente recebeu a propriedade do mesmo ofício e, ao mesmo tempo, a alcaidaria mor da vila de Celourico da Beira. De acordo com as cartas de mercês, D. Pedro afirmava que nos negócios da secretaria do Conselho, André procedia

> com grande opinião, zelo, verdade, limpeza e satisfação (...), com grande aceitação e acolhimento das partes, sem nunca se ter a menor queixa do seu procedimento, dando pela sua ciência, capacidade e suficiência grande expedição aos negócios, fiando-se dele, encarregando-se-lhe as consultas todas de maior porte até aquelas que eram propriamente dos ministros, em que mostrou sempre grande inteligência, trabalhando no dito ofício nas monções das frotas do Brasil e naus da Índia muitas vezes de dia e de noite, assim no Conselho como na Secretaria de Estado, sendo infinitos os papéis que naquelas ocasiões sobem a assinar, assim de consultas como também dos que se obram por expediente do Conselho, devendo-se à sua diligência o vencerem-se e porem-se correntes, sendo singular o seu préstimo, verdade e desinteresse, tendo muita notícia dos negócios, e dando-lhes grande expedição, não se poupando para isso a nenhum trabalho por que fosse em satisfação destes serviços e dos mais que obrou até o presente, como também em satisfação dos serviços de seu pai, Manuel Lopes de Lavre, e particularmente a intervenção e instância que o seu favor fez a Rainha minha sobretodas muito amada e prezada mulher.[55]

De seu casamento com D. Briolanja Luísa Henriques da Costa, André teve três filhos: Manuel Caetano Lopes de Lavre; Joaquim Lopes de Lavre, que nasceu em outubro de 1694 e morreu menino; e D. Maria Henriques, que casou pela primeira vez, em 1730, com o morgado de Oliveira, João Pedro de Oliveira Saldanha, e a segunda, com D. Manuel Rolim de Moura. Sobre os dois últimos, não falaremos aqui. O filho que nos interessa, por ter herdado do pai e do tio, além de inúmeros bens e

---

[55] *Idem.*

serviços, o ofício de secretário do Conselho Ultramarino, é Manuel Caetano Lopes de Lavre.

MANUEL CAETANO

Manuel Caetano foi batizado em 24 de janeiro de 1693, tendo como padrinho ninguém menos do que o duque de Cadaval, D. Nuno Álvares Pereira, e como madrinha sua avó, D. Maria Francisca, que viveu seus primeiros anos a vender linguiças pelas ruas de Lisboa. Sucedeu o pai em todos os bens, comendas e alcaidarias, além de ter sido herdeiro do tio, o doutor Manuel Lopes de Lavre. Recebeu ainda como mercê de D. João V a alcaidaria mor de Torres Novas. No cargo de secretário do Conselho Ultramarino,[56] gozando, como seu pai, dos privilégios de desembargador,[57] tudo indica que se distinguiu de forma notável, a ponto de se fazer recomendado para postos de maior responsabilidade e distinção.

Em março de 1738, foi nomeado conselheiro do Conselho Ultramarino, passando a receber 300 mil réis de ordenado e podendo acumular o ofício de secretário com a posição de conselheiro.[58] Porém, o mais

---

[56] A carta de propriedade do ofício de secretário do Conselho Ultramarino data de 24 de abril de 1743. Cf. ANTT, Chancelaria de D. João V, livro 106, fl. 151. Cf. também Arquivo Histórico Ultramarino: AHU_ACL_CU_035, Cx. 9, D. 742. Atestado (minuta) passada pelo oficial maior da secretaria do Conselho Ultramarino [João Carlos Finali], sobre constar dos livros daquela secretaria a nomeação de Manuel Caetano Lopes de Lavre, para servir de secretário do Conselho Ultramarino no impedimento de seu pai [André Lopes de Lavre] em 1729, seguindo-se a sua designação para conselheiro em 1738 e o decreto de 1748, que nomeava seu filho, Joaquim Miguel Lopes de Lavre, para secretário do mesmo Conselho. Lisboa, 15 de dezembro de 1792.
[57] ANTT, Chancelaria D. João V, livro 128, fl. 18 v, 14 de dezembro de 1730.
[58] Idem, livro 129, fl. 303 v. Manoel Lopes de Lavre de Conselheiro do Conselho Ultramarino; e, sobre o ordenado, cf. Chancelaria D. João V, livro 129, fl. 376. Cf. ainda ANTT, Registro Geral de Mercês, D. João V, livro 16, fl. 141 v: "Houve VM por bem tendo respeito a haver feito mercê por carta de 18 de março do ano presente de 1738 ao dito Manoel Caetano Lopes de Lavre de o nomear Conselheiro do conselho Ultramarino e que possa juntamente servir o lugar de Secretário. Há SM por bem que ele tenha e haja com o dito lugar de Conselheiro do Conselho Ultramarino 300$ de ordenado em cada um ano e é o mesmo que tem os mais Conselheiros e lhe serão assentados e pagos na Alfândega desta Cidade onde os principiarão a vencer de 22 de março do dito ano em diante, dia em que tomou posse do referido lugar de que lhe foi passado Alvará a 18 de abril de 1738."

curioso é que, resolvendo D. João V desdobrar as duas secretarias então existentes, a do Estado e a das Mercês, e consultando o cardeal D. João da Mota, esse opinou pela criação de três secretarias: a dos Negócios Estrangeiros e da Guerra, a da Marinha e Negócios Ultramarinos e a dos Negócios do Reino. E, sugerindo alguns nomes, mencionou o de Gonçalo Manuel Galvão de Lacerda[59] para a primeira, Manuel Caetano Lopes de Lavre para a segunda e Sebastião José de Carvalho e Melo, futuro marquês de Pombal, para a terceira.

Mas talvez seja interessante reproduzirmos aqui, embora a citação seja longa, os argumentos do cardeal da Mota, não apenas quanto à indicação dos referidos nomes, mas, sobretudo, quanto à nova divisão das secretarias e à posição dos respectivos secretários de Estado. Referindo-se a um "papel" escrito pelo cardeal da Cunha,[60] afirmava que:

> O que a mim me tem ocorrido, e em que assento por melhor é que as Secretarias, e Secretários sejam todos, e todas com o nome de Estado, e que não passem das três, porque para mais temos pequeno mapa, parecerá mal tantos cortadores a esfolar um pequeno carneiro (perdoa VM a expressão porque me não ocorreu outra mais polida) (...)
>
> E quanto a estas, depois reflectir sobre a qualidade diferente dos negócios que vão ao despacho de VM, me persuado ser o melhor modo de divisão a dos Lugares, isto é, uma Secretaria dos Negócios Estrangeiros, e porque estes por si só não ocupam entre nós uma Secretaria, e a eles pertencem os Tratados de paz e guerra, e comércio exterior, lhe uno o expediente da guerra, ou da milícia, que ainda em tempo de paz só que fazer a dois Tribunais, a saber, o Conselho de Guerra, e Junta dos Três

---

[59] Gonçalo Manoel Galvão de Lacerda fora instituído como conselheiro do Conselho Ultramarino em 1724. Cf. "Lista dos presidentes e conselheiros do Conselho Ultramarino até 1833", Caetano, *op. cit.*, p. 135.

[60] Segundo Nuno Monteiro, "até 1747 o rei [D. João V] despachou frequentemente com o cardeal D. João da Mota, que não estava investido de nenhuma função formal (...). Sem que nenhuma delas tivesse o título de ministro assistente ao despacho, outras personagens, como o cardeal e inquisidor-mor D. Nuno da Cunha, frei Gaspar da Encarnação ou o simples secretário particular Alexandre de Gusmão, podiam assistir o monarca nas suas decisões". Nuno Gonçalo Monteiro, "A monarquia barroca", in Rui Ramos (org.), Bernardo Vasconcelos e Sousa e Gonçalo Monteiro, *História de Portugal*, p. 351.

Estados, e assim as Consultas de ambos, Despachos de mercês de militares, e os mais Requerimentos desta qualidade, e da Administração das Vedorias, Hospitais, Fortificações, etc. devem correr pela primeira dita Secretaria. A segunda deve ser da Marinha, e Ultramar, porque a primeira por si só também não é tal que mereça ter um Secretário chamado só da Marinha, e unida ao Ultramar tem bastante em que trabalhar nas correspondências dos Vice-Reis, Governadores, e Ministros de todas as Conquistas, nas Consultas do Conselho Ultramarino, e nas do Conselho da Fazenda, que respeitam à Índia, Ilhas e Mazagão, e aos Armazéns, e da Mesa da Consciência quanto às Igrejas do Ultramar, e do Conselho de Guerra dos Postos da Marinha, ofícios da mesma Marinha, e despachos de mercês de toda a dita Repartição. A terceira Secretaria deve ser chamada da Repartição do Reino, ou Reinos metendo o Algarve, e o seu expediente deve reduzir-se à toda a qualidade de negócios, exceto os da guerra, que ainda separados estes lhe fica bem em que cuidar, no despacho de todos os Tribunais, à reserva do de Guerra, e Ultramar, ainda para esta deve despachar os Ministros de letras, pela razão que já disse; e no Conselho de Guerra também poderá ter que fazer.

Isto é quanto às Secretarias, quanto aos Secretários no parecer do Cardeal vêm dois novos, e outro já disputado; porém eu insisto no que já disse de que Gonçalo Manoel pode por ora ir ver as Cortes estrangeiras, e servir em algumas delas; e para o mesmo emprego é excelente, e creio que em nada inferior Manoel Caetano de Lavre, se tiver quem deixe na Secretaria: De Sebastião de Carvalho não tenho bastante conhecimento, como de seu tio, que é certo está achacado; o sobrinho é erudito, mas é necessário examinar-lhe o gênio, e o talento, e prudência, e se nestas qualidades for igual à primeira, pode também depois dos primeiros ir para fora.[61]

As três secretarias de Estado foram de fato criadas em 1736 e algum tempo depois Galvão de Lacerda seguiu para a França, como enviado extraordinário, e Sebastião José de Carvalho ocupou o mesmo posto junto à corte de Londres. Não sabemos por que Manuel Caetano Lopes de Lavre não foi nomeado pelo rei para a Secretaria de Estado da Mari-

---

[61] Biblioteca Nacional de Portugal, Reservados, códice 8058, microfilme 2870, fl. 240-243.

nha e Negócios Ultramarinos. Talvez devido a outras pressões políticas ou, como adivinhava o cardeal, por não ter quem deixasse na Secretaria do Conselho Ultramarino tão digno, capaz e conhecedor dos trâmites políticos e burocráticos como ele.

Em termos familiares, Manuel Caetano desposou, em 1729, D. Antônia Joaquina de Meneses, filha de João Jacques de Magalhães, governador de Mazagão, e de sua mulher, D. Mariana Ignácia de Meneses. Tiveram dois filhos, Joaquim Miguel Lopes de Lavre e D. Ana Joaquina Policena de Meneses. Essa nasceu em 1731 e se casou em 1755 com D. António de Meneses, já viúvo, filho de D. Jorge de Meneses e de D. Luisa Clara de Portugal, mais conhecida como "Flor de Murta", celebrada por seus amores com D. João V, de quem teve uma filha; e depois com o duque de Lafões, D. Pedro, de quem teve outra filha. Do casamento de D. Ana Policena e D. António de Meneses nasceram quatro filhos, sendo o primogênito D. Jorge de Meneses, que se tornaria herdeiro universal de seu tio, Joaquim Miguel Lopes de Lavre.

Ao morrer, em 1750, Manuel Caetano deixou uma grande fortuna,[62] propriedades em Lavre, Carcavelos, Chamusca e outros lugares. A seu filho, Joaquim Miguel, legou todos os prazos que possuía, assim como os seus serviços, "para poder por eles pedir a Sua Majestade a remuneração e prêmio que o mesmo Senhor foi servido dar-me".[63]

JOAQUIM MIGUEL

Joaquim Miguel Lopes de Lavre, quem mais nos interessa aqui, nasceu a 29 de dezembro de 1730 e não havia ainda atingido a maioridade quando faleceu seu pai, motivo pelo qual ficou sob a tutela da mãe.

---

[62] Seu inventário, segundo Ferreira, só em joias registrou mais de nove contos. Entre as peças relacionadas figuravam uma cruz com diamantes e brilhantes avaliada em um milhão de réis, brincos em 2.800 mil réis e uma *laçada grande*, ou seja, uma espécie de broche, em 3.600 mil réis. Ferreira, *op. cit.*, p. 165.
[63] ANTT, Registo Geral de Testamentos, livro 248, fl. 78 v. Testamento de Manoel Caetano Lopes de Lavre, testamenteiros sua mulher, a Srª Dª Antônia Joaquina de Meneses, e o Exmo. Rmo Sr. Principal D. Pedro de Meneses (27 de outubro de 1750).

Quando Manuel Caetano ainda vivia, embora já estivesse bastante doente, Joaquim Miguel começou a substituí-lo, com apenas 17 anos, nas funções de secretário do Conselho Ultramarino, ofício no qual foi encartado definitivamente em 1750,[64] ocupando-o até a data do seu falecimento, em junho de 1796.

Tem-se a impressão, através de alguns documentos, principalmente os relativos ao funcionamento da secretaria do Conselho Ultramarino em sua casa, no palácio da Anunciada, que Joaquim não herdou a mesma ambição política e a sagacidade do pai e dos avós, dando indícios, também no plano privado, de ter sido mau administrador dos seus bens.[65] No entanto, em seu testamento dizia que as casas dos excelentíssimos marqueses de Valença e viscondes de Asseca lhe eram devedoras de muitos mil cruzados de juros vencidos, sendo também credor da casa do excelentíssimo morgado de Oliveira.[66] Não se casou, mas teve uma filha natural, D. Antónia Joaquina de Meneses, em nome da qual renunciou, com autorização régia de 1790, a duas tenças: uma de 400 mil réis na alfândega de Lisboa e outra de 80 mil réis nos portos secos.

O declínio dos Lavres, que se deu na época de Joaquim Miguel, será aqui analisado a partir da deteriorização de sua morada, o palácio da Anunciada, prédio que também abrigava o arquivo e a secretaria do Conselho Ultramarino na segunda metade do século XVIII. Como vi-

---

[64] Cf. AHU_ACL_CU_035, Cx. 3, D. 246. Decreto (cópia) do rei [D. João V] sobre a substituição do secretário do Conselho Ultramarino. Lisboa, 23 de fevereiro de 1748. Minuta rabiscada: livro 3º, fl. 125: "Tendo consideração ao que o suplicante representa hei por bem que seu filho Joaquim [Miguel Lopes de Lavre] assista com ele no Conselho para se instruir nos negócios que nele se tratarem, e nos seus impedimentos sirva de Secretário do mesmo Conselho. Lisboa, 23 de fevereiro de 1748. Com a rubrica de SM"; e AHU_ACL_CU_089, Cx. 4, D. 408. Decreto do rei D. José nomeando Joaquim Miguel Lopes de Lavre, filho de Manuel Caetano Lopes de Lavre para o ofício de secretário do Conselho Ultramarino. Lisboa, 24 de outubro de 1750.

[65] De 1796 a 1802 encontram-se vários requerimentos de seu sobrinho e único herdeiro, em que pede aos tribunais competentes a prorrogação do prazo para organização do inventário da herança, alegando "ser difícil o exame de bens e imensidade de dívidas, pela falta de papéis e clarezas no arquivo do morgado, o que obriga a fazer indagações em diversos juízos e cartórios, assim de Lisboa como de Santarém, Golegã, Chamusca e Torres Novas". Ferreira, op. cit., p. 165.

[66] ANTT, Registro Geral de Testamentos, livro 339, fl. 189. Testamento do Ilmº Joaquim Miguel Lopes de Lavre, testamenteiro D. Jorge de Meneses, morador ao Poiais de São Bento.

mos no início deste artigo, em 1672, Manuel Lopes de Lavre, o patriarca, comprara ao conde da Ponte umas casas nobres na rua São José, por detrás do convento da Anunciada. Dessas casas constavam "sobrados, loja, pátio, quintais com seus poços e, pela parte da rua que vai para Santana, uma ermida".[67]

Manuel Lopes de Lavre adquiriu ainda outros prédios no sítio da Anunciada, como, em 1695, uma propriedade comprada de D. Isabel Maria de Gamboa, composta de "casas nobres de um só sobrado, com estrebaria, palheiro, casa de moços, quintalão com parreiras e um poço de nora com água nativa e algumas árvores". Em 1715, André adquiriu, de Francisco Quaresma, uma outra casa grande, "com lojas e quintal". Eram todas contíguas umas às outras.

Em 1740, incendiou-se uma das casas que compunham o "palácio" dos Lavres, pois era assim que aquele conjunto era chamado. Novo incêndio em 1749, pouco antes da morte de Manuel Caetano, destruiu outras partes daquele grande complexo.

Em 1762, portanto, já na época de Joaquim Miguel Lopes de Lavre, encontram-se, nos livros da intendência da décima (urbana), novas referências ao palácio da Anunciada. Neles figuram "as casas de Joaquim Miguel Lopes de Lavre, constando de duas lojas e um andar, que é palácio do dito senhorio", e cujo rendimento, para efeitos do fisco, é avaliado em 650 mil réis por ano. Tinha ali instalada a sua secretaria do Conselho Ultramarino com o respectivo pessoal e a sua residência particular, com 11 criados, entre os quais uma inglesa.

De 1765 em diante começam, porém, a aparecer outros inquilinos no palácio: um correeiro e uma fábrica de pão, depois um barbeiro e um armazém de trigo e, em 1776, transformara-se numa verdadeira

> arca de Noé: uma loja alugada a Francisco Manuel, correeiro; outra a Nicolau Foque; outra a Dionísio José, funileiro; outra a Estêvão de Sequeira, barbeiro; outra a Pedro José, remendão; um andar alugado a Diogo Manuel, negociante; uma loja e várias acomodações a Nicolau

---

[67] Ferreira, *op. cit.*, p. 170-174. As informações e transcrições seguintes foram retiradas do trabalho do mesmo autor.

Foque, fabricante de chapéus, e Joaquim Baptista seu companheiro; outra loja a D. José de Noronha; mais quartos e lojas na frente a João Alberto; jardim a João Gonçalves, com fábrica de oleados; outra loja a Joaquim Alberto Reis.[68]

O resto do prédio era ocupado pelo senhorio e pelos oficiais da secretaria do Conselho Ultramarino.

Em 1800, o sobrinho herdeiro de Joaquim Miguel, D. Jorge de Meneses, requeria ao príncipe regente, D. João, permissão para vender o que restava do antigo palácio da Anunciada, cabeça do vínculo dos Lavres. Transcrevemos aqui a petição:

> Senhor: Diz D. Jorge de Meneses, que succedendo nos morgados da Casa de seu tio Joaquim Miguel Lopes de Lavre, por cujas desordens, estragos, alienações e empenhos foi V.A.R servido mandar pô-la em administração, cometida ao Desembargador Antônio Benevenuto Jorge, sendo huma das principais propriedades cabeça dos mesmos Morgados, o Palácio sito na rua direita de São José, o deixou inteiramente arruinado, a Ermida caída por terra, vendidos e alienados todos os seus ornamentos e tapeçarias de modo que para se repor no antigo estado somente quanto ao edifício é preciso o capital de mais de 80 mil cruzados, que a casa não tem, nem pode ter, e quando o tivesse não seria de interesse e utilidade ao Morgado semelhante avultadíssima despesa na reedificação do dito Palácio que pela sua grandeza, e situação nunca podia achar-se inquilino que pudesse ocupá-lo, e dar rendimento, nem ainda correspondente ao dito capital da obra, considerando-se por isso muito mais interessante vender-se o mesmo Palácio no estado em que se acha, e antes que se [ar]ruine de todo, valendo pelo menos 70 ou 80 mil cruzados, os quais empregados em bens de raiz e já rendosos fica o Morgado interessado muito mais, evitando por uma parte aquela importantíssima despesa, ou empenho, e por outra parte a perda total de todo o Palácio (...). D. Jorge de Meneses.[69]

---

[68] *Idem*, p. 172.
[69] *Idem*, p. 167-168.

O desembargador responsável por instruir a petição afirmava estar aquela propriedade "reduzida a um pardieiro", habitada por "famílias pobres, o que ainda mais adiantou a ruína". Foi talvez por isso autorizada a sua venda em hasta pública, sendo o prédio adquirido, em 1800, por Manuel da Silva Franco. Além da informação do desembargador Benevenuto Jorge relativa à intenção do herdeiro do morgado de vender o palácio, o relatório de vistoria do edifício feito por peritos no mesmo ano assim descreve o prédio:

> O edifício compõe-se em todo o plano baixo de 19 casas, em que há cocheiras, cavalariças e acomodações do mesmo alojamento, e por cima das lojas, por baixo do quarto nobre, tem 22 casas em frente da rua; do lado norte há um pátio fechado em roda, que dá serventia ao quarto nobre independente da escada nobre, aonde há algumas barracas. O pavimento nobre é dividido em 22 casas em que entram grandes e pequenas coisinhas, casa da copa e uma ermida, com paredes e pedraria, porém sem madeiramento que a cubra, e tem 24 janelas de sacada pela frente da rua, e pela calçada sete, e por cima de parte das ditas, no seu interior, para o pátio 13 das águas furtadas. Místico ao palácio, à frente da calçada há uma entrada que dá serventia ao jardim fechado em roda com uma escada de pedra para o pátio, e no dito jardim um poço de água que n'algum tempo teve engenho de nora, com seu tanque, e no dito uma casa e dois grandes palheiros. Em plano mais alto para o lado nascente há uma terra de semeadura com árvores de fruto de pevide e caroço. E todo o referido, que se acha muito arruinado, avaliam em 12.000.000 reis.[70]

Dois anos antes, em 1798, o requerimento de um tal João Gonçalves à rainha D. Maria I solicitava que ele fosse incluído na folha de despesas miúdas do Conselho Ultramarino a fim de receber o pagamento pelo transporte que fizera dos papéis, livros e trastes pertencentes à secretaria do conselho, que se mudara do sítio da Anunciada para o palácio do terreiro do paço.[71]

---

[70] *Idem*, p. 175-176.
[71] AHU_ACL_CU_089, Cx. 11, D. 995. Lisboa, anterior a 18 de setembro de 1798.

Apesar de se supor que a fortuna dos Lavres sobreviveu por muito tempo na família Meneses — por intermédio de D. Jorge de Meneses, que a herdara do tio Joaquim Miguel — ia longe, no crepúsculo do século XVIII, o esplendor de seu principal vínculo, representado pelo palácio da Anunciada. Talvez porque estivesse longe também o esplendor da corte e do governo dos primeiros monarcas da dinastia dos Braganças, como atesta o relato de um cortejo prelatício que deslumbrou os moradores da rua São José no início do reinado de D. João V:

> Na tarde de 13 de fevereiro de 1717, o primeiro patriarca de Lisboa, recentemente nomeado, D. Tomás de Almeida, fez a entrada pública e solene na sua Sé, com aquele aparato tanto do agrado do magnificente soberano. Junto da igreja de São Sebastião da Pedreira, onde o esperavam, a cavalo, todos os grandes senhores da Corte, D. Tomás de Almeida tomou lugar em luxuoso coche que, acompanhado pela brilhante cavalgada da nobreza do Reino, caminhou lentamente até à igreja do Convento de Santa Marta. Aí deixou o coche e, envergando a capa consistorial, montou a cavalo e veio, na rua de São José abaixo, até às portas de Santo Antão, onde, junto dum altar, armado para o efeito, se revestiu de pontifical com a capa e mitra, e assim entrou a cidade, numa mula ruça, levada à rédea pelo irmão do prelado, D. Luís de Almeida, conde de Avintes.[72]

O cortejo dessa entrada "pública e solene" do primeiro patriarca de Lisboa no reinado de D. João V passou defronte ao palácio da Anunciada, residência e morgado dos Lavres. Naquela época, tanto André quanto Manuel Caetano, pai e filho que se sucederam na secretaria do Conselho Ultramarino, ainda viviam e muito provavelmente, se não seguiram a pé o cortejo, o acompanharam de uma das janelas de sua *casa nobre*, que, como é possível imaginar, deveria estar coberta por panos e colchas dos mais finos tecidos e brocados, pois esse era o costume na época. Porém, aqueles anos faustosos e afortunados ficaram para trás, pelo menos no que diz respeito ao brilho ascendente da "casa" dos Lavres. Nos últimos anos do século XVIII e primeiros do XIX, por ocasião da morte

---
[72] Ferreira, *op. cit.*, p. 53-54.

de seu último herdeiro direto, Joaquim Miguel, os tempos eram outros, não mais de ascensão, e sim de queda de uma série de sucessos e valores que marcaram o Antigo Regime em Portugal, suas instituições e os homens que as serviram, como os três varões da família Lavre, secretários do Conselho Ultramarino por mais de um século.

REFERÊNCIAS DOCUMENTAIS E BIBLIOGRÁFICAS

AZEVEDO, João Lúcio de. *O marquês de Pombal e sua época*. São Paulo: Alameda, 2004 [1ª ed.: Lisboa, 1909].

BARROS, Edval de Souza. *"Negócios de tanta importância": o Conselho Ultramarino e a disputa pela condução da guerra no Atlântico e no Índico (1643-1661)*. Lisboa: Centro de História de Além Mar, Faculdade de Ciências Sociais e Humanas, Universidade Nova de Lisboa, 2008.

BETHENCOURT, Francisco. *História das inquisições: Portugal, Espanha e Itália*. Lisboa: Círculo de Leitores, 1994.

BOSCHI, Caio. "Nas origens da Seção Colonial". *Arquivo Público Mineiro*, vol. 43, fasc. 1, jan-jun 2007, p. 42-48.

CAETANO, Marcello. "Regimento do novo tribunal da Índia e mais estados ultramarinos". In *O Conselho Ultramarino: esboço de sua história*. Lisboa: Agência Geral do Ultramar, 1967, p. 59-64.

CARDIM, Pedro. "A casa real e os órgãos centrais de governo no Portugal da segunda metade de Seiscentos". *Tempo*, vol. 7, nº 13, jul. 2002, p. 13-57.

CLUNY, Isabel. *D. Luís da Cunha e a idéia de diplomacia em Portugal*. Lisboa: Livros Horizonte, 1999.

COSTA, André da Silva. *Os secretários de Estado do Rei: Luta de corte e poder político, séculos XVI-XVII*. Dissertação de mestrado em História, Faculdade de Ciências Sociais e Humanas, Universidade Nova de Lisboa, 2008.

ELLIOTT, John H. *El conde-duque de Olivares y la herencia de Felipe II*. Valhadoli: Universidade de Valhadoli, 1977.

ESCUDERO, José Antonio. "El gobierno central de las Indias: El Consejo y la Secretaria de Despacho". In BARRIOS, Feliciano (org.). *El gobierno de un mundo: virreinatos y audiencias en la América hispánica*. Cuenca: Ediciones de la Universidad de Castilla-La Mancha, 2004, p. 95-118.

FEROS, Antonio. *El duque de Lerma: realeza y privanza en la España de Filipe III*. Madri: Marcial Pons, 2002 [ed. original em inglês: Cambridge University Press, 2000].

FERREIRA, Godofredo. "Três palácios dos correios na rua de São José". *Separata do Guia oficial dos C. T. T.* Lisboa, 1952, p. 155-157.

GOUVÊA, Maria de Fátima. "Redes governativas portuguesas e centralidades régias no mundo português". In FRAGOSO, João e GOUVÊA, Maria de Fátima (orgs.). *Na trama das redes: política e negócios no império português, séculos XVI-XVIII*. Rio de Janeiro: Civilização Brasileira, 2010, p. 155-202.

LIMA, Jacinto Leitão Manso de. *Famílias de Portugal: cópia fiel do manuscrito original existente na Biblioteca Nacional de Lisboa (Jacomes — Lobos)*. Lisboa, 1931, vol. XIII.

MELLO, Josemar Henrique de. *A ideia de arquivo: a secretaria do governo em Pernambuco (1687-1809)*. Dissertação de mestrado em História, Faculdade de Letras da Universidade do Porto, 2006.

MONTEIRO, Ana Rita Amaro. *Legislação e actos de posse do Conselho Ultramarino, 1642-1830*. Dissertação de mestrado em História, Universidade Portucalense, Porto, 1997.

MONTEIRO, Nuno Gonçalo. "A monarquia barroca". In SOUSA, Bernardo Vasconcelos e; MONTEIRO, Gonçalo; RAMOS, Rui (dir.). *História de Portugal*. 2ª ed. Lisboa: A Esfera dos Livros, 2010, p. 331-356.

MORAIS, Cristóvão Alão de. *Pedatura lusitana (nobiliário de famílias de Portugal)*. Porto: Livraria Fernando Machado, s. d., t. 5, vol. 2.

NEVES, Guilherme Pereira das. *E receberá mercê: a Mesa da Consciência e Ordens e o clero secular no Brasil, 1808-1828*. Rio de Janeiro: Arquivo Nacional, 1997.

OLIVAL, Fernanda. *As ordens militares e o Estado moderno: honra, mercê e venalidade em Portugal (1641-1789)*. Lisboa: Estar Editora, 2001.

PUNTONI, Pedro. "Bernardo Vieira Ravasco, secretário do Estado do Brasil: poder e elites na Bahia do século XVII". In BICALHO, Maria Fernanda e FERLINI, Vera Lúcia do Amaral (orgs.). *Modos de governar: idéias e práticas políticas no império português. Séculos XVI a XIX*. São Paulo: Alameda, 2005, p. 157-178.

REIS, Pedro José da França Pinto dos. *Conselheiros e secretários de Estado de Portugal de D. João V a D. José I (subsídios para o seu estudo sócio-jurídico)*. Dissertação de mestrado em História Cultural e Política, Faculdade de Letras da Universidade de Coimbra, 1987.

SCHWARTZ, Stuart B. *Burocracia e sociedade no Brasil colonial*. São Paulo: Perspectiva, 1979.
SILVA, Abílio Diniz. Introdução. *D. Luís da Cunha: Instruções políticas*. Lisboa: Comissão Nacional para as Comemorações dos Descobrimentos Portugueses, 2001.
SILVA, Andrée Mansuy-Diniz. *Portrait d'un homme d'État: D. Rodrigo de Sousa Coutinho, 1755-1812*. Lisboa/Paris: Fundação Calouste Gulbenkian/Centre Culturel Calouste Gulbenkian, 2002-2006, 2 vols.
SUBTIL, José M. L. *O Desembargo do Paço (1750-1833)*. Lisboa: Universidade Autónoma de Lisboa, 1996.

CAPÍTULO 5 # O vício dos nobres: sodomia e privilégios da elite na Inquisição portuguesa

*Luiz Mott**

---

*Professor aposentado do Departamento de Antropologia da Universidade Federal da Bahia, pesquisador do CNPq e pesquisador associado da Companhia das Índias. É autor de *Bahia: Inquisição e sociedade*, Salvador, EdUFBA, 2010.

Cópula com rapazes é cousa de cavaleiros e de fidalgos. Não há nenhum homem de bem em Lisboa que não cometa o pecado de sodomia.

PIETRO GABRIELI, CAPITÃO DA INFANTARIA EM LISBOA, 1651

Durante o Antigo Regime, "vício dos nobres" foi um dos muitos eufemismos usados para se referir à homossexualidade, "o amor que não ousava dizer o nome". Por ser a sodomia um dos delitos mais gravemente punidos pelos tribunais civis e religiosos, encontramos diversos sodomitas fidalgos que, ao ser julgados pela Inquisição portuguesa, apelaram para seus tradicionais privilégios de nobreza, como estratégia para não ser castigados conforme o previsto pelos regimentos do Santo Ofício. Entre os nobres sodomitas, constam nos *Cadernos* e *Repertórios do nefando* dezenas de barões, duques, viscondes, marqueses, além de muitos fidalgos da casa real e cavaleiros da Ordem de Cristo e demais sodalícios de capa e espada. Neste ensaio resgatamos a presença e o perfil dos nobres lusitanos entre os sodomitas perseguidos pelo *tribunal da fé*, os principais aspectos da subcultura sodomítica, sua relação estamental com pajens e criados, a argumentação dessa elite e as ponderações dos inquisidores para poupar ou não a nobreza da pena vil dos açoites, da infâmia da leitura pública da sentença no auto de fé, concluindo com a análise de alguns casos nos quais se evidencia tratamento privilegiado dado pelos inquisidores aos réus da elite.

NOBRES SODOMITAS DENUNCIADOS E/OU PROCESSADOS PELA INQUISIÇÃO PORTUGUESA

> *O vício de sodomia é mais comum entre pessoas de alta posição do que entre pessoas humildes.*
>
> Santo Alberto Magno, 1280

O doutor Magnus Hirschfeld, um dos mais destacados estudiosos da homossexualidade nos inícios do século XX, incluía na sua lista de celebridades amantes do mesmo sexo, "dois príncipes de Bragança", sem citar-lhes o nome.[1] Arlindo Camilo Monteiro[2] e Antonio Asdrúbal de Aguiar,[3] autores dos principais estudos sobre a homossexualidade em Portugal, *O amor sáfico e socrático* (1922) e *Evolução da pederastia e do lesbismo na Europa* (1926), respectivamente, apontam três monarcas como praticantes do amor sodômico: Pedro I, *O cruel* (1320-1367), que nutria paixão pelo sensual escudeiro Afonso Madeira, ao qual o fidedigno Fernão Lopes dizia que "el Rei queria lhe grande bem... e muito amasse, mais que se deve aqui de dizer"; D. João II (1481-1495), neto de D. Pedro I, que, apesar do cognome *Príncipe perfeito*, foi tão infamado de praticar o mesmo vício homoerótico do avô que chegou a dizer: "Por menos mal haveria a um Rei ser puto... que ser mandado," contribuindo para a desconstrução do estereótipo que associa o *gay* à efeminação; o terceiro soberano identificado igualmente como sodomita, D. Afonso VI (1656-1683), o qual teve vida sexual muito anômala, conforme testemunharam algumas de suas parceiras eventuais no processo de anulação de seu casamento, enquadrando-se melhormente na categoria freudiana de "perverso polimorfo" do que "predominantemente homossexual", de acordo com a *Escala de Kinsey*. Foi reputado como "incapaz para as lutas amorosas [com mulheres], prestou culto à Vênus

---

[1] Magnus Hirscheld, *The homosexuality of men and women*.
[2] Arlindo Camilo Monteiro, *Amor sáfico e socrático: estudo médico-forense*.
[3] Antonio Asdrúbal Aguiar, "Evolução da pederastia e do lesbismo na Europa", Separata do Arquivo da Universidade de Lisboa, vol. XI, 1920, p. 377-620.

Urânia e teve tão escandalosa relação com os irmãos Conti que sua mulher, a duquesa Isabel de Saboia, conseguiu divórcio de Roma por falta de consumação do ato matrimonial".[4] Mais recentemente, o historiador Harold Johnson, em criteriosa interpretação histórico-psicanalítica, *tirou do armário* mais dois grandes vultos da realeza que "Ramalho Ortigão não ousou dizer o nome": o infante D. Henrique, *O navegador* (1394-1460), solteirão empedernido e misógino extremado, concluindo com argumentos bastante convincentes que "se o Infante possuía algum tipo de libido ou sexualidade, terá sido de natureza homoerótica".[5] Outra retumbante revelação desse mesmo escorreito historiador luso-brasilianista refere-se a D. Sebastião (1574-1578): em seu livro *Um pedófilo no palácio*, atribui ao jesuíta Luís Gonçalves da Câmara a iniciação homoerótica do rei adolescente, a quem teria transmitido gonorreia: seus contemporâneos retratam *O desejado* como extremamente misógino, referindo-se a encontros misteriosos com homens à noite nos bosques de Sintra e nas margens do Tejo, e tendo sido flagrado abraçado a um negro, alegando o rei tê-lo confundido com um urso...[6] O derradeiro monarca lusitano a carregar a fama de também praticar o "nobre vício" foi nosso bonachão D. João VI, rei de Portugal e príncipe do Brasil (1767-1826), que, apesar de ter nove herdeiros, cinco dos quais identificados como frutos do adultério da insaciável Carlota Joaquina, consta que, quando no Rio de Janeiro, "era masturbado por seu favorito, Francisco Rufino de Sousa Lobato" (1773-1830) que, graças à prestação de serviços tão satisfatórios, foi regiamente galardoado, tornando-se tenente-general, governador da fortaleza de Santa Cruz, membro do con-

---

[4] Monteiro, *op. cit.*, p. 159.
[5] Harold B. Johnson, "Um pedófilo no palácio: ou o abuso sexual de El-rei D. Sebastião de Portugal (1554-1578)", in *Dois estudos polêmicos*.
[6] Também o escorreito D. Francisco Manuel de Melo refere-se à efeminação de D. Sebastião e dos jovens de sua *entourage*: "Naquelle reinado de ElRei D. Sebastião, em que os homēs se fingião de ferro, por contemplação dos excessos de ElRei, era costume andarē os fidalgos mancebos encostados em seus pajens, como oje as damas. E chegava a tanto aquelle mao costume, que quando os que jugavão a pella, passavão de hūa casa para outra, o não fazião sem que se lhe chegassem os pajens, e nelles se encostassem. Dizião haā, fazendoo muito comprido, e os mais fallavão afeminado, por uso daquelle tempo." Francisco Manuel de Melo, *Carta de guia de casados* [1650], p. 142.

selho, guarda-roupa e porteiro da câmara real, manteiro, tesoureiro do bolsinho, guarda joias e tapeçarias etc.[7]

Assim sendo, ao menos seis foram os monarcas lusitanos infamados de praticar o "uranismo", malgrado a virtuosa preocupação de D. Sebastião de evitar que a Lisboa-Babel, devido às grandes navegações, não se tornasse uma Lisboa-Sodoma, promulgando em 1571 a "Lei sobre o pecado nefando de sodomia", indicando candidamente que esses maus costumes que então vicejavam pelo reino teriam vindo do estrangeiro:

> Vendo eu como de algum tempo a esta parte foram algumas pessoas de meus reinos e senhorios culpadas no pecado nefando, de que eu recebi grande sentimento pela graveza de pecado tão abominável e de que meus reinos pela bondade de Deus tanto tempo estiveram limpos...[8]

O piedoso padre Manuel Bernardes (1644-1710), inconformado com o alastramento da efeminação na velha Lusitânia, assim descreve sua época, tão marcada pelo relaxamento dos costumes varonis:

> As espadas largas degeneraram em cotós, os capacetes se trocaram em perucas; já o pente em vez de se fincar na barba ensanguentada, se finca publicamente na cabeleira, alvejando com polvilhos. Cheiram os homens a mulheres; não a Marte, mas a Vênus...[9]

A sofisticação da nobreza passava a incluir cada vez mais vistosas manifestações de frivolidade, vulgarização do efeminamento pela criadagem e demais estamentos sociais.

Se os amores proibidos vicejavam mesmo entre reis, que deviam dar bom exemplo de virtude e eram rigorosamente vigiados pelo alto clero e pela elite, entre os nobres portugueses, como ocorria nas demais cortes europeias,[10] a sodomia alastrou-se ainda mais sôfrega e desbragada.

---

[7] Tobias Monteiro, *História do império*, tomo I, p. 97.
[8] Arquivo Nacional da Torre do Tombo [doravante ANTT], livro 2º da chancelaria [1571].
[9] Manuel Bernardes, *Nova floresta*, vol. II, p. 161.
[10] Wayne Dynes (org.), *Encyclopedia of homosexuality*; idem, *Homolexis: a historical and cultural lexicon of homosexuality*.

Mais de uma dezena de *vips* lusitanos do Antigo Regime ficou nos anais da história infamada de praticar o "nefando", o pecado cujo nome era proibido mencionar, destacando-se o chanceler de D. Afonso III, Estêvão Anes (+1279), citado como amante do mesmo sexo pelo trovador João Soares Coelho;[11] o conquistador de Ormuz, Goa e Malaca, Afonso de Albuquerque (1462-1515), o qual teria dito: "Na Índia me puseram que era puto e provaram-no";[12] o quinto governador-geral do Brasil, Diogo Botelho (1602-1608), acusado de devasso sodomita por seu ex-amante na segunda visitação à Bahia;[13] o governador de Cabo Verde, Cristóvão Cabral (1630), denunciado à Inquisição pela prática de cópula anal e anilíngua;[14] o governador-geral do Brasil, Luís da Câmara Coutinho (1690-1694), referido por Gregório de Matos como tendo "cu açoitado pelo nefando", o qual mantinha pública amancebia com o capitão da guarda, Luís Ferreira de Noronha.[15]

O VÍCIO DOS NOBRES

Instalada a Inquisição em Portugal em 1536, foi somente em 1555 que o cardeal D. Henrique, inquisidor-geral, promulga provisão outorgando ao Santo Ofício a competência de processar e queimar os *somítigos*, autorização referendada em 1562 por breve apostólico do papa Pio IV, ratificado em 1574 por Gregório XIII.[16] A partir de então, apesar de o crime de sodomia ser de *mixti fori*, por também constar nas ordenações do reino e nas constituições episcopais, coube com exclusividade ao tribunal do Santo Ofício processar os praticantes do mau

---

[11] António Resende Oliveira, *Afinidades regionais: a casa e o mundo na canção trovadoresca portuguesa*, 1990.
[12] João de Barros, *Décadas da Ásia*, década 4, livro 6, cap. VII, ed. 1778, Biblioteca Nacional de Portugal, p. 66, *apud* Monteiro, *op.cit.*, p. 136: "infamado de ter mantido relações suspeitas com um clérigo".
[13] "Segunda visitação do Santo Ofício às partes do Brasil, pelo inquisidor e visitador o licenciado Marcos Teixeira, Livro das confissões e ratificações da Bahia: 1618-1620", *Anais do Museu Paulista*, São Paulo, 1963, t. XVII, p. 123-547.
[14] ANTT, Inquisição de Lisboa, Processo 12248 [IL, Proc.].
[15] Gregório de Matos, *Obra completa*, p. 150-217.
[16] ANTT, IL, Index dos Repertórios do nefando [143-7-44].

pecado, tornando-se a documentação inquisitorial a principal fonte, não só local como mundial, para se reconstruir a história da homossexualidade entre 1536-1821, quando é extinto o *monstrum horribilem*. A Torre do Tombo abriga fabuloso e vastíssimo acervo documental concentrado notadamente em mais de seiscentos processos relativos aos tribunais das inquisições de Lisboa, Coimbra, Évora e alguns avulsos de Goa; três volumosos livros do *Repertório do nefando*, com o nome e a identificação de mais de quatro mil denunciados, além de 24 *Cadernos do nefando* com milhares de denúncias e confissões atinentes ao homoerotismo.[17]

Até o presente, particularmente dois importantes membros da elite lusitana, ambos "sodomitas devassos" processados pela Inquisição, mereceram atenção dos estudiosos: o 3º conde de Vila Franca, D. Rodrigo da Câmara (1594-1662),[18] e D. Vicente de Nogueira (1568-1654).[19] Mesmos nesses casos, em suas biografias, prevaleceu o complô do silêncio em relação ao lado sombrio de réus confessos do abominável crime de sodomia. Não obstante, lá estão seus processos na Torre do Tombo, com dezenas e dezenas de denúncias e confissões de inegáveis atos homoeróticos. A mesma censura ocorre com outras celebridades da nobiliarquia lusitana e cabe-nos o privilégio de libertá-los do sufocante "armário" em que até agora muitos estavam trancados, cuja homossexualidade está devidamente registrada nos implacáveis *Cadernos* e *Repertório do nefando* da Inquisição de Lisboa. Entre esses, destacaram-se a partir dos inícios do século XVII: D. Fernando de Faro (1585-1641), 5º senhor de Vimieiro, natural de Lisboa, "morador à São Francisco, atrás da Inquisição", que em 1611, aos 23 anos, se apresenta no Estaus do tribunal do Santo Ofício de Lisboa confessando ter mantido cópulas sodomíticas com 13 cúmplices, incluindo o pajem do arcebispo de Lis-

---

[17] Quando realizamos nossas pesquisas na Torre do Tombo a partir de 1982, localizamos manualmente 430 processos de sodomia: recentemente foram identificados mais 213 documentos, perfazendo 643, embora nem todos sejam processos completos, mas denúncias ou apresentações sem conclusão processual.
[18] Anselmo Braamcamp Freire, *O conde de Vila Franca e a Inquisição*.
[19] Martim Albuquerque, *"Biblos" e "polis", bibliografia e ciência política em D. Vicente Nogueira*.

boa, quase sempre como agente, mas também paciente, tendo iniciado suas relações homoeróticas aos 13 anos. Ele próprio declarou, anos mais tarde (1630): "Sou oficial deste ofício", no mesmo ato de poluição entre as pernas de um moço. "Era tão má a fama de D. Fernando Faro que um moço que uma vez o serve, se não quer servir outro fidalgo."[20] Também o 3º conde da Castanheira, D. Manuel de Ataíde, assumiu perante a Mesa do Santo Ofício (1616) quando menos quatro cópulas sodomíticas, como agente, com Manuel de Almeida da Cunha, moço da câmara de Sua Majestade.[21] O 5º barão de Alvito, D. Rodrigo Lobo da Silveira, conselheiro de Estado, governador de Tânger, que tomou parte na expedição à Bahia em 1625 para reconquistá-la aos holandeses, presidiu o senado de Lisboa e foi capitão do Ceilão e vice-rei da Índia, manteve contatos íntimos com o carmelita frei Antônio Soares em 1631;[22] o 1º conde de Pombeiro e visconde de Castelo Branco, D. Pedro de Castelo Branco (c.1620-1675), capitão da guarda real de D. João IV, do príncipe D. Teodósio e por fim do rei D. Afonso VI, comendador da Ordem de Cristo e participante da restauração da Bahia, manteve diversas relações homoeróticas com seu pajem, Tomás Leal de Sousa, possivelmente quando de sua viagem aos Brasis;[23] o 1º conde de São Miguel, Francisco Nuno Álvares Botelho (1627-1687), era infamado de sodomita segundo denúncia do estudante Antônio Saldanha (1648).[24] O já citado 3º conde de Vila Franca, D. Rodrigo da Câmara (1594-1662), capitão donatário da ilha de São Miguel nos Açores, gentil-homem da câmara de Filipe IV da Espanha, foi condenado à prisão perpétua num convento remoto nos Algarves como sodomita devasso e incorrigível; seu filho, D. Manuel Luís Baltazar da Câmara (1630-1673), 4º conde de Vila Franca, capitão-general da ilha de São Miguel e de Ponta Delgada, após a escandalosa prisão e desonra do pai, para evitar a infâmia que ficou associada ao condado de Vila Franca, por generosidade de D. Afonso

---

[20] ANTT, IL, 2º Caderno do nefando, 143-5-24; Proc. 919.
[21] ANTT, IL, Proc. 3144.
[22] *Idem*, Proc. 178.
[23] *Idem*, Proc. 13144.
[24] ANTT, IL, 9º Caderno do nefando, 143-6-35, fl. 288.

VI, além da devolução dos bens sequestrados, teve seu título mudado para conde da Ribeira Grande: no 9º *Caderno do nefando*, confessa em 1651 que sete anos antes mantivera diversos atos homoeróticos com dois pajens e também "fez coxetas *ad invicem*, com seu pai, por ser de pouca idade e por o respeito de filho consentiu, metendo-lhe no vaso traseiro mas não está certo se derramou semente".[25] Em sua confissão, o pai confirmou o incesto: além de diversas molices recíprocas entre as pernas, "tratando o Conde de persuadir a ele quisesse consentir no pecado nefando de sodomia e por ele ser de pouca idade e pelo respeito de filho, consentiu e logo o dito seu pai meteu seu membro viril no vaso traseiro dele e derramou semente", repetindo essa mesma relação várias outras vezes.[26] Também o conde do Rio Grande, Lopo Furtado de Mendonça (1651), é acusado à Inquisição pela prática de atos homoeróticos com um parceiro.[27]

Certamente dentre os nobres sodomitas citados nos livros e processos de sodomia, o mais intelectual foi o 3º conde de Ericeira, D. Luís de Menezes (1632-1690), cavaleiro da Ordem de Cristo nas comendas de São Cipriano de Angueira, São Martinho de Frazão e São Bartolomeu da Covilhã, general de artilharia. Tão excelente foi como vedor da Fazenda no reinado de D. Pedro II que mereceu o título de "Colbert português".[28] De temperamento melancólico, terminou por suicidar-se, quem sabe para evitar a desonra devido à sua orientação sexual. Entre seus livros destacam-se: *Compendio panegyrico da vida e acções do Excellentissimo Senhor Luís Alvares de Tavora, conde de São João, marquez de Távora* (1674); *História de Portugal restaurado* (1679); *Exemplos de virtudes morales en la vida de Jorge Castrioto, llamado Scanderbeg, principe de los Epirotas y Albanezes* (1688); e *Relação do felice successo que conseguiram as armas do serenissimo principe D. Pedro, nosso senhor, governadas por Francisco de Tavora, governador e capitão general do reino de Angola, contra a rebellião de D. João, rei das Pedras e Dongo,*

---

[25] *Idem*, fl. 227.
[26] ANTT, IL, Apartados nº 3529.
[27] *Idem*, 16º Caderno do Nefando, 143-6-41, fl. 30.
[28] Carl Hanson, *Economia e sociedade no Portugal Barroco: 1668-1703*, p. 182.

no mez de dezembro de 1671. Consta no 12º *Caderno do nefando* a denúncia de Diogo de Pinho, pintor de 25 anos que já havia praticado *somitigarias* com João Roquette "na ante-camara do Conde de Ericeria", e que posteriormente "D. Luís Menezes, Vedor da Fazenda de S. M. o importunou muito para que praticassem o mau pecado, marcando encontro no adro da igreja de São Roque, na véspera da festa das Onze Mil Virgens, à noite", onde se masturbaram reciprocamente, enquanto o conde o beijava e abraçava muito, e então o jovem pintor o sodomizou, tendo outras vezes várias "poluções recíprocas".[29]

Dezenas de filhos de condes, duques e de destacados nobres tiveram igualmente seus nomes registrados nos aviltantes *Cadernos* e *Repertórios do nefando*, como o filho do conde de Santa Cruz, D. Fernão Martins Mascarenhas, 49 anos, comendador de Mestola na Ordem de Santiago, alcaide-mor de Monte Mor o Novo e do Alcácer do Sal, casado com D. Maria de Lencastre, pai do D. João Mascarenhas Lencastre, 3º conde de Santa Cruz, descendente direto de D. Francisco Mascarenhas, 13º vice-rei da Índia. Confessou atos sodomíticos com nove jovens, sendo voz pública em Lisboa "que D. Fernão Martins Mascarenhas está infamado entre grandes e pequenos de ser somítigo e frequentava ao meio dia e à noite a casa de Carvalho e Silveirinhas, no Campo do Curral, grandes somítigos, "suas donzelas".[30] Também são citados como praticantes do vício dos nobres o filho do duque de Aveiro, frei Jacinto de Lencastre, dominicano do convento de Benfica (1630);[31] o filho do conde de Vila Nova, frei Martinho dos Anjos, que em 1632 declarou o nome de 17 cúmplices perante os inquisidores;[32] o filho do 4º conde de Atalaia, D. Álvaro de Noronha, 23 anos, confessou-se em 1644 ter copulado ativa e passivamente com seis sodomitas, incluindo um pajem do rei.[33] Citem-se ainda o filho do 5º conde de Atalaia, D. Luís Manuel de Távora (1651); o filho do conde de Vila Flor, D. Sancho (1707); o filho

---

[29] ANTT, IL, 12º Caderno do nefando, 143-6-37, fl. 417, 18-2-1682.
[30] ANTT, IL, Proc. 2480, 5º Caderno do nefando, 143-6-32, fl. 49.
[31] ANTT, IL, Proc. 12703.
[32] *Idem*, Proc. 12525.
[33] ANTT, IL, 5º Caderno do nefando, 143-6-32, fl. 260; Proc. 7535.

do 2º conde das Galveas, Antonio de Melo (1707),[34] assim como o irmão do 4º conde de Atalaia, D. Álvaro Manuel (1642);[35] o irmão do conde-barão, D. Luís Lobo (1651); o sobrinho do conde da Torre, D. Pedro de Almeida (1644), todos referidos na citada documentação inquisitorial relativa ao pecado nefando.[36]

Diversos são os cavaleiros de ordens militares igualmente denunciados à Inquisição portuguesa pelo crime de sodomia: entre os galardoados com o hábito de Cristo, citem-se Baltasar Fernandes Cunha, capitão da cavalaria (1654);[37] Vicente Borges de Sousa (1655), que declarou "o ser fanchono não pertencia à Santa Inquisição e que se não podia provar ser ele somítigo sem o cúmplice o confessar pois não havia testemunha de vista, e que era verdade que era fanchono";[38] Afonso Castelhano (1653), com diversos cúmplices quando alistado na armada em Angola;[39] Martim Leite Pereira, morador no Porto, 50 anos, confessou centenas de cópulas sodomíticas com 21 pessoas, das quais 12 do sexo feminino, dos poucos membros da elite a ser queimado na fogueira em Coimbra em 1662.[40] Ainda cavaleiros do hábito de Cristo: o padre Francisco Henriques, capelão em São Nicolau (1654); D. Felipe de Moura, do Conselho Ultramarino, que também "já teve o hábito de Santiago" (1644); Antônio Heitor de Figueiredo Falcão, "fidalgo nos livros del Rei", filho do escrivão da fazenda (1630); Simão de Olivença, capitão do rei (1611). Registre-se igualmente a presença de sodomitas em outros sodalícios: Cristóvão Cabral, governador de Cabo Verde (1630), era cavaleiro de São João da Malta, e o já citado bibliófilo D. Vicente de Nogueira (1613), cônego da Sé de Lisboa, membro do Conselho de Estado e cavaleiro do hábito de Santiago.[41]

---

[34] Monteiro, *op. cit.*, p. 161; ANTT, IL, Caderno do nefando, nº 821, [14-12-1707].
[35] ANTT, IL, Proc. 806; Aguiar, *op. cit.*, p. 504.
[36] ANTT, IL, 9º Caderno do nefando, 143-6-35, fl. 62; Proc. 789.
[37] ANTT, IL, 1º Caderno do nefando Évora, 145-5-23, fl. 215.
[38] ANTT, IL, 10º Caderno do nefando, 143-6-36, fl. 254.
[39] *Idem*, fl. 9.
[40] ANTT, Inquisição Coimbra, Proc. 2775.
[41] ANTT, IL, Proc. 12248.

SUBCULTURA SODOMÍTICA: NOBRES E PAJENS

> *Não há galinhas que não põem ovos, nem criados que não sejam para cometer com ele o pecado de sodomia, pois este é o serviço que deles se quer.*
>
> Pietro Gabrieli, capitão da infantaria em Lisboa, 1651

O homoerotismo se fez presente em todas as camadas da sociedade portuguesa do Antigo Regime, de mendigos a ricos proprietários urbanos e rurais, de estudantes e oficiais mecânicos a ilustres mestres universitários. Também em Portugal vamos encontrar o maior número de sodomitas dentro do clero, representando mais de 1/4 das denúncias e também das execuções da pena capital da fogueira, incluindo tanto membros das ordens religiosas quanto seculares do hábito de São Pedro.[42] É com razão que também na Península Ibérica, desde a Idade Média, identificavam a homossexualidade como "vício dos clérigos".

Perscrutando cuidadosamente os registros do Santo Ofício, encontramos o seguinte quantitativo dos nobres e serviçais denunciados, processados e queimados pelo crime de sodomia no período 1547-1768.

DENUNCIADOS NO *REPERTÓRIO DO NEFANDO* (TOTAL 4.419)

Nobres e "dons"	106 (2%)
Criados e pajens	596 (13%)

---

[42] Mott, "Pagode português: a subcultura gay em Portugal nos tempos inquisitoriais", *Ciência e Cultura*, vol. 40, fev. 1980, p. 120-139, e *idem*, "Justitia et misericordia: a Inquisição portuguesa e a repressão ao abominável pecado de sodomia", in Anita Novinsky e Maria Luiza Tucci Carneiro (orgs.), *Inquisição: ensaios sobre mentalidade, heresias e arte*, p. 703-739.

PROCESSADOS E QUEIMADOS (TOTAL 430)

Qualidade	Processados	Queimados
Nobres e fidalgos	14 (13%)	1
Criados	44 (41%)	2
Pajens	18 (17%)	-
Moços da câmara real	4 (0,8)	-
Escravos, cativos	25 (23%)	4
Subtotais	105	7

A presença de 2% de nobres denunciados e de 13% que foram efetivamente presos e processados revela que apesar de seus enormes privilégios e mandonismo, também a elite lusitana teve seus desvios sexuais denunciados e castigados pelo santo tribunal. Proporcionalmente, os fidalgos foram até um pouco mais sentenciados do que as categorias inferiores: 13% dos sodomitas da elite denunciados chegaram a ser efetivamente presos, enquanto 12% dos criados e pajens tiveram idêntica má sorte. Desses sete sodomitas que terminaram seus dias queimados na fogueira, temos um nobre, dois criados e quatro escravos. Tais dados ratificam que, proporcionalmente, os sodomitas aristocratas foram mais severamente castigados do que os serviçais, sendo, contudo, os escravos, enquanto categoria social mais abjeta do Antigo Regime, as vítimas preferenciais da homofobia inquisitorial: quatro condenados à pena máxima num total de 25 réus (16%).

É, portanto, com base na farta documentação inquisitorial que reconstruímos aqui a presença dos amores unissexuais dentro da elite portuguesa, abordando inicialmente a questão: *com quem os nobres fornicavam?* Embora os parceiros sexuais mais frequentes da elite homoerótica lusitana fossem seus próprios serviçais ou pajens e criados de outros fidalgos,[43]

---

[43] "Pajem", segundo o Dicionário Moraes, "é o moço de acompanhar pessoa nobre que ia à guerra, levando-lhe a lança, espada, escudo, o que quase sempre faziam moços pobres, ou filhos de gente honrada e difere dos moços de espora, de estribeira, dos valetes, etc.". Antonio Moraes Silva, *Dicionário da língua portuguesa*, p. 463. Alguns poucos pajens são referidos nos processos com cognomes identificadores de sua gradação dentro

muitos são os que mantinham relações intraclasse, seja com outros nobres, seja com agregados: clérigos, religiosos e estudantes.[44] O fidalgo D. Vicente Nogueira, *verbi gratia*, cavaleiro de Santiago, membro do Conselho de Estado, camarista da chave dourada do arquiduque Leopoldo d'Áustria, cônego da Sé de Lisboa, confessou-se duas vezes perante o Santo Ofício em 1614 e 1630, quando tinha, respectivamente, 28 e 44 anos, citando o nome de 62 parceiros sexuais com os quais assumiu ter mantido mais de 451 atos homoeróticos, dos quais 90% como "agente", perfazendo uma média de um orgasmo a cada 18 dias — números certamente subnotificados — e que demonstram a frenética rotatividade dos *gays* endinheirados mesmo numa época em que o sexo anal poderia levar à morte na fogueira.[45] Entre seus parceiros, constavam jovens de 13 a 25 anos, dos quais 3/4 maiores de 18 anos, distribuídos em dez categorias socioprofissionais, predominando os pajens (43%) e criados (11%), mas incluindo também fidalgos e estudantes, frades, moços do coro, parentes de religiosos, além de um soldado, um músico e um tratante. Entre os cúmplices nobres, alguns estrangeiros, lembrando que na juventude esse gentilhomem poliglota vivera na corte espanhola; D. Bartolomeu de La Peña, fidalgo da corte de Madri; João Aster, fidalgo de Flandres; D. Cristóvão, fidalgo da *entourage* do conde de Miranda; D. Jerônimo de Azevedo, sobrinho do vice-rei da Índia. Contudo, como a maioria dos nobres, era entre seus pajens e serviçais de outros nobres, com quem D. Vicente Nogueira mais praticou nefandices, incluindo os pajens do duque de Feira, do secretário Pedralvares Pereira em Valhadoli, do bispo de Miranda, "com o pajem Belchior Barbosa hoje criado do Conde Tarouca, Capitão de Tanger", com o pajem do desembargador Fernão Cabral, do regedor

---

deste sodalício: pajem de espada, moço de esporas, moço de cavalo. Na citada *Carta de guia dos casados*, D. Francisco Manuel de Melo acrescenta a estes: pajem de tocha ou de estrado. Manuel de Melo, *op. cit*. Entre os portugueses notáveis que foram pajens na juventude, destacaram-se o humanista Damião de Góis [1502-1574] e o jesuíta São João de Brito [1647-1693].

[44] Também os monarcas portugueses infamados de sodomitas encontraram seus amantes nos estratos mais baixos da sociedade: o preferido de D. Pedro I, o Cruel, era um reles escudeiro, Afonso Madeira. Também D. Afonso VI teve particular atração por gente plebeia, notadamente pelo genovês Antonio Conti, vendedor de bugigangas, identificado como favorito do rei. Cf. Monteiro, *op. cit.*, p. 211.

[45] ANTT, IL, Proc. 4241.

Manuel de Vasconcelos, com os respectivos moços dos cônegos João de Montesivos e Manuel da Silva, com o pajem do conde de Vila Tonso, do governador e também com um moço de seu irmão. Oito desses jovens eram pajens do próprio fidalgo D. Vicente Nogueira.

Por seu turno, o célebre conde de Vila Franca, donatário da ilha de São Miguel, de um total de 36 parceiros sexuais confessados, 22 eram seus próprios pajens e cinco criados, conquistas certamente mais fáceis seja em Lisboa, dentro das dependências do solar senhorial,[46] sito defronte do adro da igreja de Nossa Senhora dos Mártires, seja em seu soberbo palácio nos Açores. Os demais parceiros sexuais do conde foram dois fidalgos, dois frades e dois estudantes. Como D. Vicente Nogueira, o conde de Vila Franca também confessou-se quase exclusivamente "agente" — embora sua contabilidade dos atos homoeróticos tenha sido muito mais vaga e incompleta: durante os últimos 37 anos de sua vida, teria consumado mais de 105 cópulas sodomíticas, já que com alguns rapazes declarou terem sido "várias", sem especificar o quantitativo exato.

Para alguns jovens fidalgos, entrar para as ordens religiosas representava grandes oportunidades de viver "à moda de Sodoma". Frei Martinho dos Anjos, filho do conde de Vila Nova, preso em 1630 quando tinha 31 anos, professo no convento carmelitano de Lisboa, durante três anos, manteve uma centena de cópulas com 17 cúmplices, incluindo diversos frades, fidalgos e pajens.[47] Outro jovem carmelita também da elite endinheirada, frei António Soares, 21 anos, morador no convento de Coimbra (1630), citou 33 cúmplices em cópulas sodomíticas, incluindo diversos fidalgos: D. António de Figueiredo Falcão, cavaleiro do hábito de Cristo; D. Lopo de Almeida; D. António de Meneses, comendador de Castelo Branco; D. João de Ataíde, conde da Castanheira;

---

[46] "A casa e o estado do conde de Vila Franca em Lisboa eram de um fidalgo rico e de alta hierarquia, porém na ilha era principesco; e a maior ofensa que se lhe poderia fazer seria não o tratarem como a pessoa real. Na sua casa havia veador, secretário, camareiro, escudeiros, pajens, copeiro, criados, cocheiro, lacaios, cantor, etc. Note-se que muitos destes seus serviçais eram das principais famílias de São Miguel. Encontravam-se Botelhos de Arrudas, Frias Coutinhos, Pachecos, Meirelles, Novaes, e outros, todos nobres e bem aparentados." Braamcamp Freire, *op. cit.*, p. 25.
[47] ANTT, IL, Proc. 12525.

o barão de Alvito, D. Fernando de Faro; o conde de Vila Franca, além do sobrinho do bispo de Angra, Pantalião da Costa.[48]

Através das confissões e denúncias desses nobres sodomitas, conseguimos resgatar certos aspectos constitutivos de sua subcultura, notando inicialmente grande variedade de locais por eles utilizados para esses perigosos encontros homoeróticos. Os mais poderosos, sobretudo vivendo em mansões distantes da corte ou das grandes cidades lusitanas, fornicavam livremente dentro dos próprios feudos. O caso mais notório é o já citado conde de Vila Franca (1651), que confessou ter copulado com 22 de seus pajens e criados. Eis o relato de dois deles: Alexandre Sequeira, então com 17 anos, viajando de Lisboa para a ilha de São Miguel com seu patrão, durante os 20 dias de navegação "a cada noite um pajem ficava de guarda" e no seu primeiro plantão recusou o assédio do conde, mas na semana seguinte, após "grandes promessas", consentiu e a partir daí, num período de quatro meses, foi passivo 15 vezes. Nicolau Borges de Albuquerque, também com 17 anos, disse que no solar na ilha S. Miguel "costumavam os pajens, aos dias, fazer-lhe guarda, que era dormirem perto da cama do dito Conde para lhe acudirem se chamasse de noite e numa noite lhe mandou o Conde que se deitasse na sua cama e pondo-se de bruços..." praticou, durante três anos, 60 sodomias como agente e 15 vezes como paciente e, retornando juntos a Lisboa, "muitas punhetas (...) mas enfadando-se da continuação deste pecado, assentou praça de alferes".[49] Embora fosse na própria alcova de sua mansão que o conde de Vila Franca, assim como outros nobres, mantinha relações íntimas com seus serviçais, constam ainda em seu processo outros espaços, alguns insólitos, como denunciou Francisco Serrão de Almeida, filho de comendador da Ordem de Cristo: "Na Quaresma indo à disciplina na igreja de São Roque numa sexta feira, estando sentado no degrau da capela, meteu-lhe o Conde a mão pela braguilha, metendo o dedo no seu vaso traseiro dizendo que queria que fizessem por ali que era bom". Nessa ocasião, o ousado D. Rodrigo tinha 21 anos, "derra-

---

[48] *Idem*, Proc. 6919.
[49] ANTT, IL, Apartados 3529.

mando sua semente" ao pé do altar: repetiu o mesmo ato na sexta-feira seguinte. Consta ainda ter copulado em diversas celas de frades, na hospedaria de Belém e outras estalagens. No mais das vezes na cama, mas também no chão, sobre alcatifas ou esteiras, em bancos, cadeiras, bofetes etc. Em sua confissão, frei António Soares relata que indo à casa do dito conde, esse "disse que queria lhe dar uma palavra, saíram no coche e mandou guiar para Campo Lide, Serrou as cortinas e lhe pegou a mão, e quis levar a sua à braguilha dele, como levou, e foi apontando com ela para a parte traseira e lhe disse que aquilo era melhor que a condessa...", tentando penetrá-lo por detrás, mas como não consentiu, o sedutor teve polução *extra vas*.

O moço da câmara de Filipe III, D. Vicente Nogueira, reflete em sua biografia homoerótica um estilo de vida típico de fidalgo urbanita, com grande mobilidade espacial: manteve cópulas sodomíticas quando hóspede no mosteiro da Trindade; na corte em Valhadoli; no colégio da Companhia de Jesus de Coimbra; na casa do bispo D. Diogo de Sousa, eleito arcebispo de Évora, e também na casa episcopal de Miranda; em estalagens e hospedarias no caminho entre Miranda e Évora e entre Madri e Móstoles; em Lisboa, em sua própria residência em Santana e na histórica "casa de bicos" ao pé da Alfama; no coro, na sacristia e no cartório da Sé de Lisboa; em casa do capelão Antônio Furtado; em sua casa na *Calle Mayor* de Madri etc etc. Também D. Felipe de Moura,[50] fidalgo membro do Conselho Ultramarino, cavaleiro de Cristo e de Santiago, em suas duas confissões no tribunal de Lisboa (1644-1653) revela o mesmo perfil de sodomita assaz viajado, tendo numerosos amantes em Palermo, Nápoles, Lombardia, Sicília, Gênova; na corte de Madri na *Puerta del Sol*, na *calle del Gordo* e na de *la Ballesta*, em Móstoles, inclusive diversas relações na armada que em 1640 foi para a Bahia, e no retorno, em Cabo Verde.

Com alguns criados ou pajens, os fidalgos mantinham apenas uma ou poucas relações sexuais; com outros, inumeráveis: durante quatro anos, o senhor de Vila Franca copulou uma centena de vezes com seu

---

[50] ANTT, IL, Proc. 789.

pajem André Botelho, embora fosse André Castilho, 21 anos, quem "em Elvas tinha fama de estar amancebado com o Conde".[51] Também D. Felipe de Moura, quando residia na corte de Madri, num período de quatro anos, assumiu ter sodomizado mais de 500 vezes seu criado João de Lobão, 15 anos, de "meã estatura, cabelo louro, rosto delgado e alvo, as barbas começam agora a apontar," uma média de mais de duas cópulas por semana.

Tais relações interestamentais provocavam sentimentos díspares entre os envolvidos: da paixão erótico-sentimental ao ódio mortal. As preciosas cartas de amor trocadas entre sodomitas conservadas em alguns processos inquisitoriais[52] comprovam o equívoco de Michel Foucault ao negar a existência de uma subcultura *gay* ainda no Antigo Regime, comportando já o embrião de uma sociabilidade identitária e a cristalização de sentimentos altruísticos, além da mera satisfação de desejos venéreos. Eis a fina e respeitosa carta, escrita pelo padre Antônio Barreto, 44 anos, vigário de São Mamede de Sezures (Barcelos, 1652), ao pajem Francisco Teixeira, entre as missivas que foram interceptadas por um frade e enviadas ao Santo Ofício:

> Amigo... as amizades suposto que nasçam de leves princípios, quando se estimam na boa correspondência, só no fim das vidas dos amigos tem o seu [fim] e assim espero em que será esta nossa, não faltando em tempo algum da minha parte a tudo o que vossa mercê me ordenar. E se este desidério merece a sua satisfação, só em ver a vossa mercê o espero nesta casa aonde estarei até às nove horas e assim estimarei muito que venha a me ver com a maior brevidade que lhe for possível...

E noutra carta: "Se como está esculpido o peregrino retrato desse rosto em minha alma, estivera Vossa Mercê em nossa memória, bem creio que

---

[51] *Idem*, Proc. 1469.
[52] Mott, "Love's labors lost: five letters from a Seventeenth-century Portuguese sodomite", in K. Gerard e G. Herkma (orgs.), *The pursuit of sodomy*, p. 91-101; *idem*, "Meu menino lindo: cartas de amor de um frade sodomita, Lisboa, 1690", *Luso-Brazilian Review*, 2001, vol. 38, p. 97-115.

igualmente andareis como eu ando, flutuando em um furioso mar de saudades [pois] tendes minha alma cativa."[53]

Como prudentemente advertia o moralista D. Francisco Manuel de Melo, na sua *Carta de guia de casados*: "Costumavam dizer os Grandes: tantos criados, tantos inimigos, sentença de que foi autor não menos que o Espírito Santo."[54] A despeito do autoritarismo senhorial fazer parte integrante dessa sociedade marcadamente estamental, encontramos diversos serviçais citados nos manuscritos inquisitoriais que recusaram o assédio sexual de seus patrões, ora afastando-lhes as mãos impudicas de suas partes íntimas, virando o rosto aos beijos indesejados, ora escapando das salas, bibliotecas ou das câmaras quando acurralados, alguns fugindo da moradia senhorial. Há os que gritam ou ameaçam gritar, alguns chegando a denunciar seus libidinosos patrões no temido tribunal do Santo Ofício. Antônio Moreira, "que fará 13 anos no dia de São Bartolomeu que vem", cabendo-lhe a guarda, depois de quatro meses de serviço, o conde lhe perguntou se queria pecar com ele, ao que o rapaz

> respondeu que não sabia o que aquilo era e que não queria e o Conde disse que bem podia consentir, que aquilo não era coisa que fizesse mal e o Conde descobrindo-lhe as roupas e por diante derramou semente e quatro dias depois, cabendo-lhe a guarda, o Conde tentou mas ele ameaçou de gritar.

Alguns jovens foram intimidados, outros, engabelados com promessas ou silenciados com presentes e regalias. Henriques Tavares, pajem, 19 anos, "estando já deitado, o Conde de Vila Franca veio buscá-lo e levou para sua cama, obrigou-o que se pusesse de costas, prometendo dar-lhe o Hábito de Cristo e fazer-lhe outras mercês", cometendo 78 sodomias como paciente em quatro meses. Ao pajem José Pacheco "prometeu-lhe bens e que se não consentisse no pecado, lhe faria males: após "sete sodomias *ad invicem*, abandonou a casa do Conde por não querer mais consentir".

---

[53] ANTT, Inquisição de Coimbra, Proc. 4061.
[54] Manuel de Melo, *op. cit.*, p. 34.

Tais relações homoeróticas interclasses eram permeadas pelo consentimento de favores sexuais por parte dos subalternos em troca de diferentes benesses oferecidas pelos ricaços. Enquanto nos matrimônios heterossexuais abençoados pela Igreja a troca do patrimônio — através do dote ou comunhão de bens — era institucionalmente preestabelecida e acertada entre as partes contratantes, no caso das relações homossexuais, dada sua condição marginal e clandestina, ficava ao alvitre dos amantes o acordo da retribuição material pela prestação dos serviços sexuais. No processo de D. Vicente Nogueira, constam alguns detalhes sobre a remuneração de seus amantes: a Vicente Ferreira, 21 anos, que ao ser assediado "não gritou para não ficar infamado", o cônego Nogueira prometeu que "lhe daria uma pataca cada vez que pecasse com ele"; a Manuel Pereira, 17 anos, filho de um familiar do Santo Ofício, "em sua casa, após beijá-lo e abraçar, deu-lhe um tostão e na Sé, ao pé de um confessionário, prometeu-lhe dar umas calças se fosse pessoa de sua palavra"; a Antônio Pereira, que segundo D. Vicente Nogueira "tinha os olhos como umas tochas... lhe dava dinheiro"; a um moço cristão-novo, compositor de canto que tangia tecla, "deu uma bolsa de âmbar e 500 réis"; a Sebastião Vaz, 20 anos, "alvo, de meã estatura, sem barba, pelo embaraço das vestes não chegou a penetrar, derramando semente fora do vaso traseiro, e não mais pecou por querer dele mais dinheiro do que lhe podia dar". Com seu pajem Francisco Correa, 19 anos, após três meses dormindo numa retrete junto aos aposentos de seu amo, preso pela Inquisição em 1630, D. Vicente teve grande prejuízo: o moço fugiu de sua casa roubando-lhe do escritório, com chave furtada de sua algibeira, 56 mil réis, uma colher e garfo de prata e uma roupeta.[55] Por sua vez o 5º barão de Alvito, D.

---

[55] ANTT, IL, Proc. 1943. Na obra *Arte de furtar* [1652], seu autor faz curiosa descrição de um pajem suspeito de ter enriquecido ilicitamente: "Entrei hoje em casa de um homem que conheci ontem, pajem safado de um ministro opulento. Vejo-lhe colgaduras e quadros, escritórios e cadeiras, bugios nas janelas e papagaios em gaiolas de marfim, espelhos de cristal na sala, relógios de madrepérola e outras alfaias que as não tem mais o rei da China, e fico pasmado sem saber quem me diga a isto! E digo cá comigo: quien cabras no tiene y cabritos viende, donde le viene? Este homem não foi a Índia nem achou tesouro..." *Arte de furtar*, p. 321.

Rodrigo Lobo da Silveira, conselheiro de Estado, governador de Tânger, foi mais sutil ao tentar seduzir o carmelita frei Antonio Soares: "Pegou na sua mão e disse que se ele consentisse lhe daria 'umas imagens mais fermosas para a sua cela', ao que o frade respondeu 'que não era aquilo já para as cãs que tinha e que ele não era o que ele cuidava...'" Sobre o nobre abade de Pêra, João Salgado de Araújo, autor do *Sumário da família ilustríssima de Vasconcellos*,[56] denunciado em 1644 por cometer fanchonices com seu criado Antônio Marques, 14 anos, comentava-se que "trata muito bem ao seu moço, dando-lhe de sua própria comida pão alvo e mimoso de manteiga".[57]

É notadamente através do processo do mais infamado nobre sodomita lusitano, o conde de Vila Franca, que se constata que alguns serviçais alcançaram destacada ascensão social, certamente em retribuição pelos deliciosos momentos de prazer concedidos aos patrões. Eis a lista dos ex-amantes desse nobre, quando adultos, que foram beneficiados com empregos públicos na mesma ilha onde D. Rodrigo era o capitão-mor plenipotenciário: João Serrão, ex-criado, contador e inquiridor do judicial em São Miguel; José Marcos, ex-pajem, vigário em Ponta Delgada; Jorge Palha de Macedo, ex-pajem, escrivão do judicial; Bartolomeu de Farias, ex-pajem, inquiridor em São Miguel; Duarte Borges da Câmara, 26 anos, juiz da alfândega de Ponta Delgada; Nicolau Borges, ex-criado, tornou-se alferes na fronteira.

Embora muitos serviçais tenham sido iniciados no homoerotismo pelos patrões, exatamente como ocorria nas relações heterossexuais desde toda a Antiguidade e a Idade Média, e mais ainda nas sociedades escravistas, há inúmeros registros de criados e pajens que já tinham prévia experiência sodomítica com parceiros de sua igualha e ou mantiveram relações dentro do próprio estamento concomitantemente ou após relacionarem-se com a fidalguia. Por exemplo: Antônio de Santarém, 13 anos, criado do fidalgo Cristóvão Bobadilha, "casado clandestinamente com Catarina Figueiredo, criada de Dona Garcia de Sá", preso em 1550,

---

[56] João Salgado de Araújo, Abade de Pêra, *Sumário da família ilustríssima de Vasconcellos*. ANTT, IL, Proc. 8234.
[57] *Idem*, Proc. 6919.

teve sua primeira experiência homoerótica, referida pelo escriba inquisitorial como "odiosa conversação", com um mulato criado do governador.[58] O pajem João Leite Ferreira, 19 anos, "trigueiro, com marcas de bexigas, cabelo comprido, guedelhas, que vive pobremente", preso em 1657, somitigou primeiramente com um pajem de D. Lopo Cisneros, em seguida com Daniel Almeida, escravo mulato.[59] Manuel de Sousa, 25 anos, foi o pajem que incluiu na lista de seus amantes o maior número de serviçais: 13 num total de 36 cúmplices, em cinco anos de somitigaria.[60]

Alguns serviçais costumavam encontrar-se em certas "casas de tolerância", às vezes participando de bacanais entre si ou com sodomitas mais velhos e endinheirados. A residência do padre Santos Almeida, 66 anos, capelão real de São Miguel dos Passos do Castelo, queimado na fogueira em 1645, funcionava como verdadeiro lupanar de fanchonos e sodomitas, onde os jovens se desenfadavam jogando tômbolas e merendando antes ou após terem praticado felação com o devasso sacerdote, variante erótica qualificada pelos inquisidores de "sodomia *per os*". Foram citados como frequentadores desse quase bordel homoerótico: Manuel Gomes, criado, filho de um tendeiro; Manuel Moreira, casado, criado de um almotacé; João Correia de Lacerda, estudante, pajem de um inquisidor de Lisboa e de outro de Évora, ex-criado de D. Pedro de Menezes; Manuel de Sousa, estudante, pajem do desembargador da Relação do arcebispado; João Botelho, que "serve ao Conde de Penaguião"; Manuel Coelho, criado do rico proprietário setubalense Luís de Almeida; Manuel de Sousa, pajem de um desembargador da Relação; Antônio Monteiro, criado, "cheio de rosto, sem barba, loiro"; Abreu, pajem do conde da Torre; Francisco Tavares, pajem do procurador da Casa da Índia etc.[61]

O moço da câmara de Sua Majestade, Manuel de Figueredo, 24 anos, denunciado em 1618, "amigo do rabo e por este respeito D. Garcia de Noronha, lhe fazia bens e era seu mimoso". Residente em Lisboa à Cruz-de-cata-que-farás, esse talvez tenha sido nesses inícios do século

---

[58] *Idem*, Proc. 6097.
[59] *Idem*, Proc. 10643.
[60] *Idem*, Proc. 7535.
[61] *Idem*, Proc. 6587.

XVII um dos principais locais de socialização e encontros íntimos de fanchonos, notadamente "criados de fidalgos, toda sorte de moços de bom rosto e homens com guedelhas, desbarbados, estudantes vestidos de comprido e de mantel de abanos enroscados, mulatos e brancos, frades e clérigos".[62] Mas também fidalgos, como D. Fernando de Faro, D. Diogo de Menezes e o proprietário do imóvel, D. Garcia Noronha. O criado Manuel Soares, 18 anos, denunciou que o citado moço da câmara real, Manuel de Figueredo, convidou-o a ser seu criado e que "se quisesse dormir detrás com ele, lhe vestiria de veludo e porque não quis, lhe dera uma pancada e que tentara seduzi-lo num porão escuro". É nessa residência, na baixa lisboeta, onde a subcultura *gay* lusitana desabrochou de forma mais frenética:

> muitos fanchonos faziam traquinadas e fanchonices, chamando-se uns aos outros de manas, de putas, de más mulheres e como que andavam em chapins e se destrancavam e caiam como mulher, cobertos com saios, saias e capas, fazendo delas mantas e assentados cruzados como as mulheres (...) Também iam com seus amigos fanchões merendar às Lapas de Alcântara e lá representavam mulheres: uma como que paria e outra era a parteira e diziam e faziam seus folgares ou cousas de fanchonices, bailavam e cantavam, traziam posturas no rosto corado como mulher. Este aposento parecia uma putaria aonde davam uns a beber e a levantar-se outros, e alguns dos sobreditos quando saiam do dito aposento saiam vermelhos e suados (...) À noite iam alguns mascarados a falar com Manuel Figueredo, um deles com um criado que na frente perguntava se ele estava e se fechavam e apagavam a candeia!

Ainda mais: havia um frade de óculos frequentador dessa casa que "vendo um criado de Dom Garcia disse: aí trazeis uma criada tão formosa e o criado respondeu que não sabia com quem falava", ao que Figueredo comentou: "Esta é feia, não é da nossa jurisdição". Tão solta rolava a somitigaria nesse lupanar *gay* que um dos denunciantes fez esta observação tão curiosa: "Cometiam o nefando com a facilidade que um menino pede pão".

---

[62] *Idem*, Proc. 10093.

Alguns pajens, além de acompanhar seus amos em diferentes cidades, inclusive em outros países, tinham em seu *curriculum* o ter servido a diferentes fidalgos: Antônio Salgado, 26 anos, casado, primeiro acompanhou o bispo D. Teixeira na ilha Terceira (1641), onde residiu por três anos; em seguida viveu na Holanda, em companhia do embaixador Tristão de Mendonça, e finalmente serviu ao marquês de Vila Real.[63]

A maioria dos pajens amantes dos nobres, e em menor número também alguns criados, mesmo os de extração social mais humilde, sabia ler e escrever, deixando suas assinaturas nos respectivos processos inquisitoriais. Outros possuíam escolaridade mais elevada, como Antônio Ferreira, 18 anos, criado de D. Filipe de Moura e o pajem Antônio Salgado, 26 anos, "lê, escreve e sabe um pouco de latim", e o serviçal Luís de Abreu, 19 anos, "começou latim".[64]

NOBRES SODOMITAS PERANTE A INQUISIÇÃO

Aqui no Santo Ofício não há Rei nem Rainha, nem Papa nem papinha!

INQUISIDOR D. MIGUEL DE CASTRO, 1630

Em Portugal e suas conquistas, nos tempos inquisitoriais, os súditos eram subdivididos em diferentes qualidades socioeconômicas, *grosso modo* repartidos em três estamentos: nobreza, clero e povo. A elite desfrutava de grandes isenções e privilégios e a própria nobreza se diferenciava em quatro categorias: de toga, provincial, da corte e administrativa e de espada.[65] Os sodomitas da elite citados neste ensaio, conforme vimos, pertenciam a todos esses segmentos e diversos deles, quando caíram nas garras do Santo Ofício, acusados de um dos delitos mais hediondos da criminologia cristã — já que a cópula anal era punida com o mesmo ri-

---

[63] *Idem*, Proc. 8236.
[64] *Idem*, Proc. 3925.
[65] Joaquim Veríssimo Serrão, *Historia de Portugal*, vol. III, p. 154.

gor da heresia formal, do regicídio e da traição nacional — escoravam-se nos seus privilégios estamentais na expectativa de receber tratamento privilegiado. Com vistas a evitar tais distinções, já na segunda década de funcionamento do tribunal inquisitorial, em 1562, D. Sebastião promulga uma comissão "como Governador e perpétuo administrador das ordens de Cristo, Santiago e Avis, autorizando os inquisidores a proceder contra todas as pessoas culpadas no nefando de qualquer Ordem".[66]

Não obstante decisão tão draconiana, diversas são as apelações de sodomitas cavaleiros de capa, cruz e espada, tentando beneficiar-se de seu distinto *status*. Às vezes, são os próprios deputados do Santo Ofício que tentam ignorar essa ordem real, alegando supostas imunidades na defesa de seus apaniguados: em 1611, Simão de Olivença, 45 anos, cavaleiro do hábito de Cristo, ao ser sentenciado à pena da fogueira, alegou: "Por respeito de sua honra e da infâmia que ficava a toda sua geração, disse que se o Santo Tribunal dava misericórdia a um turco e judeu, parecia razão que se lhe desse a ele, que era cristão e nobre". Apesar da proteção de um dos juízes inquisitoriais, aliás seu parente, que propôs sua absolvição, pontuando ser o réu "cavaleiro da Ordem de Cristo e, portanto, isento desta jurisdição", prevaleceu a justiça e não a misericórdia: o nobre foi queimado como qualquer reles plebeu.[67]

Como esse cavaleiro, muitos fidalgos citam o temor da *infâmia* como argumento para ser poupados da prisão e das demais penas degradantes: açoites públicos, galés, humilhação da leitura de sua sentença no auto de fé, mas, sobretudo, da pena capital na fogueira. *Infâmia*, segundo o dicionarista Rafael Bluteau, tem como sinônimos "má fama, ignomínia, grande vergonha, desonra, descrédito, perda da reputação". Por sua vez, *vergonha* é definida como "pejo, pudor, paixão da alma causada pelo sentimento ou receio de coisa que desonra, infama, desautoriza, com desprezo do decoro ou por ideias desonestas e lascivas; de ordinário é acompanhada de rubor no semblante."[68]

---

[66] ANTT, IL, Proc. 12323.
[67] *Idem*, Proc. 3610.
[68] Rafael Bluteau, *Vocabulário português & latino*, filme 2, p. 120 e filme 4, p. 439-440.

D. Felipe de Moura, já nosso conhecido, pede em 1651 que os juízes do *tribunal da fé* levem em consideração "meus achaques, idade, o lugar que ocupo no Conselho Ultramarino e tenham misericórdia da honra de um homem de sua qualidade para que não tenha pública infâmia". Neste outro caso, é o pai do jovem sodomita Bartolomeu de Tovar (1632) que ressalta seu *status* familiar: "Com os papéis inclusos prova ser fidalgo e pede que seu filho seja poupado dos açoites públicos e relaxado da pena e inrâmia para consolação alguma de sua velhice tão honrada e justificada."[69] Por seu turno, o vereador Estevam Netto Sardinha, 38 anos, bacharel em cânones em Coimbra, preso em 1644, diz ser "aparentado da principal gente de Setúbal e dos melhores da terra", o que é ratificado pelo advogado de defesa: "Pela sua nobreza padeceu com a prisão grande opróbrio em sua pessoa e detrimento de sua fazenda". Cautelosos, os inquisidores convocam quatro nobres do mesmo distrito, que atestam sua fidalguia e a infâmia sofrida pelo réu com a prisão, razão pela qual teve pena reduzida somente para o degredo para fora do reino, apesar do comprometedor número de 15 cúmplices no abominável pecado. Também o morgado de Oliveira, Luís Francisco Oliveira, genro do visconde de Ponte Lima, ao ser desterrado em 1653 para o couto de Castro Marim, enviou requerimento à mesa inquisitorial demandando maior tempo para cumprir seu degredo, justificando que sua filha, casada com D. Diogo de Menezes, estava grávida,

> de cujo parto depende a sucessão de sua casa, e ele anda doente lançando sangue pela boca e indo para os Algarves, onde não tem comenda nem fazenda, se poderá divulgar a causa de seu desterro, com descrédito e infâmia de seus parentes, solicita dilatar sua partida por alguns meses e que seja para a Beira ou Minho, ficando seu desterro mais disfarçado.[70]

Misericordiosos, os inquisidores determinam sua ida para Salvaterra de Galiza.[71]

---

[69] *Idem*, Proc. 8857.
[70] *Idem*, Proc. 2125.
[71] *Idem*, Proc. 993.

Outro cavaleiro do hábito de Cristo, o bissexual Martim Leite Pereira, 50 anos, morador no Porto, teve menor sorte: réu confesso de 21 sodomias com diferentes pessoas, das quais 12 do sexo feminino, incluindo estupros com muito derramamento de sangue, teve primeiramente uma sentença branda, poupado do auto público e degredado dez anos para Angola, "visto ter-se confessado antes de estar delatado, ser cavaleiro, fidalgo de geração, parente de filhados nos livros *del Rei* e por ter uma filha religiosa, a quem poderá tocar infâmia se divulgar os pecados no auto." Não obstante tais isenções, o parecer final do conselho geral do Santo Ofício, datado de 1661, foi implacável: entregou-o ao braço secular para ser queimado como sodomita convicto, confesso, devasso e incorrigível.[72]

Há fanchonos de "qualidade" que, na tentativa de receber tratamento preferencial por parte do *tribunal da fé*, debulham portentosa folha de serviços de sua estirpe: Gaspar Lopes de Oliveira, 34 anos, escrivão dos Direitos Reais da Casa da Postagem, moço da câmara de Sua Majestade, informa que seu pai teve o dito ofício por mais de 40 anos. Tendo sido criado do cardeal D. Henrique, tinha duas irmãs casadas com escrivãos da Correição do Crime e seus avós eram cavaleiros fidalgos do hábito de Cristo, com brasões de nobres, com vários antepassados que ostentavam o hábito de Malta. Assim sendo, "para conservação da nobreza de suas gerações", pede misericórdia livrando-o da sentença em auto público, pois "seus filhos por serem inocentes não merecem falta tamanha em suas gerações".[73] Também Antônio de la Torre, 26 anos, casado, escrivão das Apelações das Ilhas, através de requerimento de seu pai (1653), pede comutação da pena vil dos açoites *citra sanguinis effusionem*, justificando que, além de ser membro da nobreza, despendeu muitos cruzados pelo resgate de portugueses presos no Marrocos, tendo atuação importante na guerra contra os holandeses, e que em Gênova "é de família nobre, descendente dos Condes de Lavagunha e dos Ranaschera, amigo pessoal do Cardeal Pamphili [então papa Inocêncio X],

---

[72] ANTT, Inquisição Coimbra, Proc. 2775.
[73] ANTT, IL, Proc. 10212.

com o qual trocou correspondência." Malgrado tanta garbosidade, a Mesa do Santo Ofício não acatou tais embargos, revogando contudo seu degredo de Angola para o Brasil.

Outros nobres recorreram a Roma na tentativa de driblar a desconsideração inquisitorial: D. Álvaro Manuel, filho do conde de Atalaia, onerado com uma lista de quase duas dezenas de parceiros no pecado nefando, mereceu tratamento *vip* por parte do *tribunal da fé*: em 1651, antes de outro despacho, deliberaram os inquisidores que devia ser ouvido em casa de algum inquisidor, "em razão do segredo com que o regimento quer que sejam castigadas as pessoas de qualidade".[74] Alegando o pio desidério de visitar a Terra Santa, parte secretamente para a Itália e de lá envia ao tribunal lisboeta um breve assinado por Alexandre VII e uma carta do cardeal Albigi, prefeito da *Suprema* e geral da Inquisição de Roma, na qual o papa declara-o como seu *diletíssimo filho*, absolvendo-o de qualquer pecado e crime, declarando que nem as justiças seculares nem religiosas possam-no "molestar, perturbar, inquietar minimamente sob nenhum pretexto".

Apesar de o tribunal do Santo Ofício ter como cláusula pétrea o "reto proceder", propalando a mística de sempre agir e julgar em estrita observância dos regimentos inquisitoriais, a leitura atenta dos processos dos sodomitas nobres comprova que, muitas vezes, o corporativismo estamental e as inter-relações familiares dos próprios inquisidores com a aristocracia levavam-nos a beneficiar seus protegidos. Já em 1560, o fidalgo Luís Leite Vasconcelos, cavaleiro do hábito de Cristo, condenado por "cometer por muitas vezes o pecado da extraordinária polução com moços", foi degredado para Ceuta "secretamente", com certeza, para evitar manchar sua fidalguia com a exposição pública.[75]

O episódio que melhor ilustra o parcialismo inquisitorial remete-nos outra vez ao processo do conde de Vila Franca. Sua segunda esposa, D.

---

[74] *Idem*, Proc. 806. "Os inquisidores não mandarão prender nenhuma pessoa de qualidade que na mesa se deva dar cadeira de espaldas sem primeiro enviar as culpas ao conselho geral." D. Francisco Castro, "Regimento do Santo Oficio dos Reinos de Portugal [1640]", *Revista do Instituto Histórico e Geográfico Brasileiro*, nº 392, 1996, p. 772.
[75] ANTT, IL, Proc. 12323.

Maria Coutinho, além de ser filha do conde de Vidigueira e dama da rainha, era parente do inquisidor,[76] levando o Conselho Geral a determinar que, em vez de o réu ser queimado como sodomita devasso e incorrigível, fosse beneficiado com o confinamento num convento remoto. Esse processo é o no qual mais nitidamente transparecem os conflitos, verdadeiro jogo de braço dentro do próprio tribunal do Santo Ofício, e desse com a realeza, considerando a importância histórica e política dessa que foi a principal família dos Açores, cujo prestígio acresceu notadamente depois que D. Rodrigo Câmara aclamou D. Joao IV como rei de Portugal (1641). Chegando aos reais ouvidos, através do inquisidor-mor D. Francisco de Castro, que as culpas eram suficientes para a detenção do conde, prontamente o monarca chamou ao paço o 3º conde de Cantanhede, D. Antonio Luís de Menezes, primo do acusado, mandando o rei recado ao conde de Vila Franca que se ausentasse prontamente do reino "mas não podia dizer-lhe o motivo". Nessa mesma noite, o nobre emissário foi à casa de D. Rodrigo Câmara, o qual declara estar decidido a confessar-se com o bispo eleito de Coimbra, D. Sebastião Cesar, deputado do conselho geral do Santo Ofício. Após obsequiosa protelação da prisão do conde, ultrajados com essa grave inconfidência, os inquisidores submetem o próprio rei à inquirição formal, indagando-lhe se havia sugerido ao conde sodomita para se ausentar do reino, respondendo D. João IV afirmativamente, "mas não se lembra se disse por qual causa." Imediatamente após a prisão, Sua Majestade, levando em vista "a reputação do Reino e a nobreza do Conde, pediu que ele fosse preso numa torre, e o podendo ser, levará Sua Majestade gosto nisto", ao que respondeu o inquisidor-geral que tal pedido contristava o regimento geral e as leis do reino, asseverando, contudo, que "o Conde será tratado com a decência que convém a sua qualidade", ao que conclui laconicamente o rei: "Está bem".[77]

---

[76] Também Simão de Olivença, 45 anos, cavaleiro do hábito de Cristo, era sobrinho de um inquisidor, não obstante, "dada a devassidão que havia neste crime e que convinha castigar-se com todo o rigor para exemplo", foi queimado num auto de fé em 1613. ANTT, IL, Proc. 3610.
[77] Braamcamp Freire, *op. cit.*

De fato, a Inquisição cumpriu o prometido e no cárcere D. Rodrigo Câmara foi tratado nababescamente como nenhum outro réu da Casa Negra do Rossio, beneficiando-se de dispendiosa mordomia. Apesar do protesto do inquisidor D. Pedro de Castilho, que disse "ser inconveniente tratar a um preso com tanto regalo fora do estilo, pois sentenciado, ficou nos termos ordinários dos presos do Santo Ofício", em 1652 o conselho geral autoriza gastar-se 40 mil réis por ano com sua manutenção, soma que foi de muito ultrapassada, pois no primeiro triênio despenderam-se 621.988 réis, incluindo pagamento de cozinheira e barbeiro, além de roupa e mantimentos, perfazendo 434 réis em suas refeições diárias. O cardápio do conde era variado: no jantar, um vintém de pão, meia galinha cozida, meio frango assado, um pastel de galinha, um quartilho de vinho e o açúcar, um prato de fruta, queijo. À noite: cidrão e frutas. Nos dias de peixe, uns assados, outros escaldados ou em tortilha, um prato de linguado frito ou assado, outro de peixe cozido, marmelada e outros doces, "tudo conforme informação que deu o alcaide."

Interessante nesse dramático episódio foi acompanhar a indignação moral de alguns inquisidores: sendo devasso notório e tendo várias testemunhas de sodomia completa, seria suficiente para ser preso, sequestrado e

> prestando muito serviço a Deus pondo terror às pessoas de sua qualidade com as quais se persuadem se não atreveria o Santo Ofício e não lhe deve valer o ser titulado, pois não fica isento, antes dera mau exemplo e seria muito mau ao Santo Ofício dissimular este crime, pois deve proceder contra quaisquer pessoas sem exceção de algumas, pois a justiça há de ser igual e atender ao delito e não ao delinquente para emenda e remédio.

Após muitas contendas, finalmente a mesa inquisitorial atende a solicitação da condessa, atenuando sua pena para prisão perpétua no longínquo convento de São Vicente do Cabo, no reino dos Algarves, "recluso no convento debaixo de chave".

Alguns nobres usavam de finórios artifícios na tentativa de beneficiar-se de sua fidalguia: Fernão Martins Cortes Real,[78] com duas passa-

---

[78] ANTT, Inquisição Évora, Proc. 11404.

gens pelos cárceres da Inquisição (1619-1635) e muitos serviços prestados como capitão-geral em Nápoles, neto de Fernão de Carvalhal Pereira, capitão de Ceuta, enfatizou ser "descendente dos Cortes Real, Pereiras e Marinhos, casas principais deste Reino"; não obstante, foi sentenciado aos tormentos: deitado no potro, foram dadas duas voltas na barriga das pernas e no alto das pernas e mais duas voltas no alto dos braços e por o médico e cirurgião dizerem que "estava muito fraco, muito doente de boubas", os inquisidores mandaram dar mais meia volta, sendo levado para curar-se. Aí então o nobre réu descontrolou-se e "olhando para os Inquisidores disse que nessa mesa não se fazia justiça, que a homens fidalgos como ele não se dava tormento; porque tirante el Rei enquanto Rei, não havia ninguém melhor fidalgo do que ele e que havia de matar os Inquisidores quando saísse do cárcere". Tais descomposturas redundaram em aumento de sua pena: degredo para sempre para a ilha do Príncipe, sentença no auto de fé e multa de 300 cruzados para a Inquisição. Pelo visto castigos tão severos não foram cumpridos, pois 15 anos após essa sua primeira prisão, Fernão Martins Cortes Real é novamente preso pela mesma infâmia, levando seu irmão João Pereira Cortes Real a escrever aos inquisidores dizendo que sendo encarregado de reprimir exemplarmente os cristãos novos que viviam no Recife, seguindo a lei de Moisés com sinagoga, lhes deu grande castigo "abrasando-lhe o povo, fazendas e sinagoga" e por isso queriam vingar-se de si através de seu irmão, arranjando testemunhas falsas e imbecis, e que tendo em vista sua folha de serviço tão exemplar e nobreza — é descendente do marquês de Castel Rodrigo, servindo havia 33 anos à coroa — seria uma afronta pública ao rei e que "se for castigado o réu, que seja em segredo." Nessa última detenção, o boquirroto sodomita novamente descompõe o oficialato inquisitorial: diz que "estava preso por sodomita e que Deus sabia [que] o eram muitas pessoas graves que governavam a Inquisição e que até do Papa se murmurava". Também com o conselheiro ultramarino D. Felipe de Moura, os juízes inquisitoriais discutem entre si sobre os inconvenientes de poupá-lo de maiores castigos: o promotor considera que sendo "infamado, reincidente, devasso e escandaloso, sem esperança de emenda, é notório que haverá escândalo se contra ele se não usar de alguma demonstração de castigo". A mesa inquisitorial delibera então que o réu devia ser castigado em segredo, e somente um ano depois (1652) é convocado por ordem verbal do inquisidor-geral, informando o réu "ter pedido a Sua Majestade que o liberasse do Conselho Ultramarino, mas que *el Rei* não o quis, portanto, como o Santo Ofício não quer a morte do pecador, mas sua conversão e vida, pede clemência". Passa-se mais um ano até que o tribunal da fé emite seu veredicto:

> Foram vistos os Autos e sendo o réu devasso e exercente no pecado nefando, praticando com muitas pessoas do sexo masculino e feminino, no Reino, em Castela, Itália e outros lugares, agente e paciente, que ouça a sentença na Mesa em presença dos Inquisidores e seus oficiais, que seja degredado por toda a vida para fora do Reino e suas conquistas, dada sua incorrigibilidade, e mesmo alegando pela sua muita idade e achaques, sua impossibilidade para ser agente, não deixaria de como paciente exercitar o dito pecado como tantas vezes lhe sucedeu.

No último instante prevaleceu, todavia, o corporativismo, capitaneado pelo inquisidor Pedro de Castilho: pondera que "com a idade avançada se mortificam os espíritos da carne", propondo que fosse degredado para a vila de Bragança "por toda a vida". Apesar de ter sido privilegiado com tratamento *vip*, D. Felipe de Moura continuou a reivindicar benesses. Dizendo-se doente, pediu mais seis meses para tratar de negócios de um inventário de seus sobrinhos, argumentando que "sendo pessoa conhecida neste Reino, e sendo Ministro, sair-se logo desta cidade [após ter ido diversas vezes ao Santo Ofício] e ao Tribunal em que serve [é o mesmo], que ser exposto num cadafalso público". Mais uma vez, se curvam os inquisidores aos ditames do *noblesse oblige*: consideram "que não seria nem justo nem seguro para a consciência arriscar-lhe a vida", outorgando-lhe mais dois meses para tratar do dito inventário e atenuando seu degredo para a vila de Pera Cova, situada a três léguas de Coimbra. Novamente, prevaleceu o *jeitinho à portuguesa...*

À GUISA DE CONCLUSÃO

A análise aqui apresentada dos processos inquisitoriais e outros documentos referentes à interação sodomítica entre nobres e serviçais permite-nos avançar algumas proposições na tentativa de melhor entender a subcultura sodomítica em Portugal como parte crucial da ideologia e da estrutura estamental do Antigo Regime:

- A elite portuguesa, como em outras cortes europeias e orientais, entrega-se mais à prática do homoerotismo e outros "vícios dos nobres", pois dispõe de mais tempo ocioso, espaço livre para intimidades sensuais, maior mobilidade geográfica e, sobretudo, poder e autoridade para impor ou comprar cumplicidades e submissões também no tocante aos "brincos desonestos";
- Por ocupar o ápice da pirâmide social, os nobres e fidalgos são alvo de maior atenção por parte dos demais estamentos, daí serem bastantemente controlados socialmente, sendo obrigados a diferentes estratégias de camuflagem na prática do crime nefando, evitando assim danosa murmuração, escândalo e denúncia ao tribunal da Inquisição;
- A cultura erótica e a práxis sexual no Antigo Regime são fortemente marcadas pela iniciação sexual precoce, sendo autorizado o casamento, pelo direito canônico, a partir dos 12 anos para as meninas e 14 para os meninos, prevalecendo, via de regra, a vontade dos mais poderosos — do sexo forte, dos mais velhos e dos ricos — refletindo também na subcultura sodomítica os mesmos abusos observados nas relações heteronormativas;
- A passividade e consentimento sociossexual por parte de criados e pajens *vis à vis* seus nobres senhores funcionou, muitas vezes, como estratégia de obtenção de vantagens materiais e ascensão socioeconômica, semelhante ao observado nos matrimônios hipergâmicos e abusos heterossexuais frequentes nas sociedades escravistas;
- As relações homoeróticas, inclusive envolvendo membros da elite com serviçais, prenunciam a mudança do modelo sexual e afetivo

antigo para a modernidade: o predomínio da paixão erótico-afetiva em vez das alianças matrimoniais familiares; a quebra dos tabus baseados na diferença de cor e raça, já que nas cópulas unissexuais não há risco de mestiçagem e bastardia; a superação das barreiras de idade e *status*, facilitadas pela clandestinidade e pelo segredo inerentes à prática do amor que não ousava dizer o nome.

REFERÊNCIAS DOCUMENTAIS E BIBLIOGRÁFICAS

ABADE DE PÊRA, João Salgado de Araújo. *Sumário da família ilustríssima de Vasconcellos*. Madri: Real Biblioteca, 1638.

AGUIAR, Antonio Asdrúbal. "Evolução da pederastia e do lesbismo na Europa". *Separata do Arquivo da Universidade de Lisboa*, 1926, vol. XI, p. 377-620.

ALBUQUERQUE, Martim. *"Biblos" e "polis", bibliografia e ciência política em D. Vicente Nogueira* [Lisboa, 1586-Roma, 1654]. Lisboa: Nova Vega, 2004.

ANÔNIMO. *Arte de furtar*. Lisboa: Livraria Peninsular Editora, 1937.

BERNARDES, Manuel. *Nova floresta*. Lisboa: Officina de Valentim da Costa Deslandes, 1706.

BLUTEAU, Rafael. *Vocabulário português & latino*. Rio de Janeiro: Uerj, 2000 [versão em CD-Rom].

CASTRO, D. Francisco. "Regimento do Santo Oficio dos Reinos de Portugal [1640]". *Revista do Instituto Histórico e Geográfico Brasileiro*, nº 392, 1996, p. 772.

DYNES, Wayne (org.). *Encyclopedia of homosexuality*. Nova York: Garland, 1990.

_____. *Homolexis: a historical and cultural lexicon of homosexuality*. Nova York: Gai Saber Monograph, 1985.

FREIRE, Anselmo Braamcamp. *O conde de Vila Franca e a Inquisição*. Lisboa: Imprensa Nacional, 1899.

HANSON, Carl. *Economia e sociedade no Portugal Barroco: 1668-1703*. Lisboa: Publicações Dom Quixote, 1986.

HIRSCHELD, Magnus. *The homosexuality of men and women*. Nova York: Prometheus Books, 2000.

JOHNSON, Harold B. "Um pedófilo no palácio: ou o abuso sexual de El-rei D. Sebastião de Portugal (1554-1578)". In *Dois estudos polêmicos*. Tucson: University of Virginia/Fenestra Books, 2004.

MATOS, Gregório de. *Obra completa*. Salvador: Janaína, 1969.

MELO, Francisco Manuel de. *Carta de guia de casados* [1650]. Porto: Renascença Portuguesa, 1916.

MONTEIRO, Arlindo Camilo. *Amor sáfico e socrático:* estudo médico-forense. Lisboa: Instituto de Medicina Legal de Lisboa, 1922.

MONTEIRO, Tobias. *História do império*. Belo Horizonte: Itatiaia, 1981.

MOTT, Luiz. "Justitia et misericordia: a Inquisição portuguesa e a repressão ao abominável pecado de sodomia". In NOVINSKY, Anita e CARNEIRO, Maria Luiza Tucci (orgs.). *Inquisição: ensaios sobre mentalidade, heresias e arte*. São Paulo: Edusp, 1992, p. 703-739.

_____. "Love's labors lost: five letters from a Seventeenth-century Portuguese sodomite". In GERARD, K. e HERKMA, G. (orgs.). *The pursuit of sodomy*. Nova York: The Haworth Press, 1988, p. 91-101.

_____. "Meu menino lindo: cartas de amor de um frade sodomita, Lisboa, 1690". *Luso-Brazilian Review*, vol. 38, p. 97-115, 2001.

_____. "Pagode português: a subcultura gay em Portugal nos tempos inquisitoriais". *Ciência e Cultura*, vol. 40, fev. 1980, p. 120-139.

OLIVEIRA, António Resende. *Afinidades regionais: a casa e o mundo na canção trovadoresca portuguesa*. Coimbra: Via Latina, 1990. Disponível em: http://www1.ci.uc.pt/bahp/bahp90.ft1679.html.

"Segunda visitação do Santo Ofício às partes do Brasil, pelo inquisidor e visitador o licenciado Marcos Teixeira, Livro das confissões e ratificações da Bahia: 1618-1620". *Anais do Museu Paulista*, São Paulo, 1963, t. XVII, p. 123-547.

SERRÃO, Joaquim Veríssimo. *Historia de Portugal*. Lisboa: Verbo, 1978.

SILVA, Antonio Moraes. *Dicionário da língua portuguesa*. Lisboa: Typographia Lacerdina, 1813.

PARTE III   Etnias, ascensão social e carreiras

CAPÍTULO 1 # Mulatismo, mobilidade e hierarquia nas Minas Gerais: os casos de Simão e Cipriano Pires Sardinha*

*Júnia Ferreira Furtado***

---

*Agradeço à Bolsa Luso-Afro-Brasileira, concedida pelo Instituto de Ciências Sociais da Universidade de Lisboa em 2009, que permitiu a realização de pesquisas recentes.
**Professora titular de História do Brasil da Universidade Federal de Minas Gerais, pesquisadora associada da Companhia das Índias e do CNPq. É autora do livro *Chica da Silva e o contratador dos diamantes: o outro lado do mito*, São Paulo, Companhia das Letras, 2003.

A partir do caso paradigmático de Chica da Silva,[1] tenho até este momento centrado o foco de minhas análises nas trajetórias de mulheres alforriadas, negras ou mulatas, que habitaram o distrito dos diamantes no século XVIII.[2] Neste artigo, no entanto, interessa-me lançar luz sobre seus descendentes homens, mulatos, libertos e, na medida do possível, reconstruir as formas como esses se inseriam na sociedade local, investigar algumas das suas possibilidades de ascensão social num mundo hierárquico onde o homem branco ocupava o topo da pirâmide social e inquirir como interagiam com a dupla herança cultural que herdavam — a africana e a portuguesa, sendo a primeira mais comumente de origem materna e a segunda paterna. Já é antiga a afirmação de que clivagens se estabeleciam mesmo entre os escravos, diferenciando os africanos dos crioulos — tomando aqui esse último termo na sua acepção genérica, que designa todos aqueles descendentes de africanos nascidos na América, independentemente da tonalidade da cor da pele, a qual será a utilizada neste artigo —[3] esses últimos considerados mais identificados com seus senhores e mesmo com o estatuto da escravidão.[4]

---

[1] Júnia Ferreira Furtado, *Chica da Silva e o contratador dos diamantes: o outro lado do mito*.
[2] *Idem*, "Pérolas negras: mulheres livres de cor no Distrito Diamantino", in Ferreira Furtado (org.), *Diálogos oceânicos: Minas Gerais e as novas abordagens para uma história do império ultramarino português*, p. 81-121.
[3] Em seu dicionário, Raphael Bluteau designa que crioulo é todo "escravo que nasceu na casa de seu senhor". Rafael Bluteau, *Dicionário da língua portuguesa*, p. 613. Sobre as designações de cor e seus significados, ver Silvia Hunold Lara, "A cor da maior parte da gente: negros e mulatos na América portuguesa setecentista", in Ferreira Furtado (org.), *Diálogos oceânicos*, p. 361-374.
[4] João José Reis, *Rebelião escrava no Brasil: a história do levante dos malês em 1835*.

Os dados para o arraial do Tejuco indicam não só maiores possibilidades de alforria para as mulheres adultas,[5] como essas rapidamente se afastavam do universo do trabalho, enquanto os homens libertos continuavam, em grande parte, nele inseridos.[6] A partir dessa constatação, interessa-me investigar quais oportunidades se abriam para essa geração de meninos crioulos mestiços quando esses, uma vez libertos, adentravam o mundo dos livres, numa sociedade que se pretendia hierárquica e excludente, assentada nos privilégios de nascimento.

Neste artigo procuro esboçar algumas pistas para responder a essas questões a partir do estudo de dois casos: o primeiro o do crioulo/mulato Cipriano Pires Sardinha, nascido no Tejuco, filho de um homem branco, português, Manoel Pires Sardinha, com sua escrava, a crioula Francisca Pires. Cipriano ordenou-se padre em Mariana. Mais tarde foi ao Daomé, com o padre Vicente Ferreira Pires, em missão oficial como embaixador de Portugal junto ao rei nativo.[7] O segundo o de seu meio-irmão Simão Pires Sardinha, filho de mesmo pai e de Francisca da Silva de Oliveira, a famosa Chica da Silva. Simão foi correspondente da Real Academia das Ciências e chegou a ser distinguido com a Ordem de Cristo, vivendo grande parte da vida adulta em Portugal, desfrutando dos círculos intelectuais iluministas reunidos em torno da Academia Real das Ciências. Por meio de suas trajetórias de vida podemos levantar interessantes considerações sobre algumas das formas de ascensão dos mulatos no império português e suas paradoxais relações com o mundo de seus antepassados africanos e portugueses.

---

[5] Eduardo França Paiva, *Escravidão e universo cultural na colônia — Minas Gerais, 1716-1789*.
[6] Ferreira Furtado, "Entre becos e vielas: o arraial do Tejuco e a sociedade diamantífera setecentista", in Carla Maria J. Anastasia e Eduardo França Paiva (orgs.), *O trabalho mestiço: maneiras de pensar e formas de viver — séculos XVI a XIX*, p. 497-511.
[7] Clado Ribeiro da Lessa, *Viagem de África em o reino de Dahomé, escrita pelo padre Vicente Ferreira Pires no ano de 1800*.

O TEJUCO — UMA PEQUENA ÁFRICA

Ao observar o *Mapa dos moradores do arraial do Tejuco, conforme cada uma das ruas e becos, de que consta o mesmo arraial*,[8] evidencia-se uma configuração social urbana muito distinta da impressão que nos deixou Saint-Hilaire. Esse censo nos revela que "o número total de pessoas de cor[9] que chefiavam domicílios no Tejuco era assombrante: somados os negros, crioulos,[10] mulatos, pardos e cabras, chegavam a 286 indivíduos, representando 56% do total" dos chefes de domicílio,[11] apontando uma ascensão social inequívoca de parte da enorme massa de cativos — a que conseguira alcançar a liberdade. Em todas as ruas do arraial habitavam, lado a lado, livres e libertos, brancos e de cor, diluindo as fronteiras hierárquicas pelas quais a sociedade deveria e tentava se regrar.

Significativo, no entanto, no perfil populacional do Tejuco era o fato de que do total de chefes de domicílio 197 eram mulheres de cor, sendo 110 negras africanas, 33 crioulas[12] e 54 de sangue mestiço. Como venho apontando em outros estudos, no caso do Tejuco, ao contrário de outras

---

[8] Arquivo Histórico Ultramarino de Lisboa (AHU), Manuscritos Avulsos de Minas Gerais (MAMG), caixa 108, doc. 9, f. 1-9.

[9] Os designativos para cor, etnia e origem da população escrava e liberta na América portuguesa apresentam na documentação de época diversas variações regionais e/ou temporais. Silvia Hunold Lara, *op. cit.*, p. 361-374. Para o arraial do Tejuco, o usual foi atribuir aos africanos o designativo negro ou preto, bem como um local de origem na África que, segundo uma terminologia criada pelos portugueses, era variável e podia se referir a um local de embarque, a uma tribo, etnia, religião etc. Aos nascidos no Brasil atribuía-se, geralmente, um designativo de cor. O termo crioulo, que na sua acepção original designava todos os descendentes de africanos nascidos no Brasil, era mais geralmente empregado nos registros aos descendentes de dois negros, aplicando-se assim apenas aos de pele mais escura, já os termos mulato, mestiço, pardo e cabra eram usados para os nascidos de uniões inter-raciais, sendo os pardos os de pele mais clara e os cabras os de sangue índio.

[10] Enquanto o censo emprega o termo crioulo apenas aos descendentes de dois negros africanos nascidos no Brasil, neste artigo, por opção metodológica, para fins analíticos, utilizo o termo crioulo na acepção genérica que se refere aos descendentes de africanos nascidos no Brasil na casa do senhor de sua mãe, independentemente da cor da pele ou do grau de mestiçagem. Muitas dessas crianças foram alforriadas na pia batismal.

[11] Júnia Ferreira Furtado, *Chica da Silva e o contratador diamantes: o outro lado do mito*, p. 481.

[12] Como já foi dito, o termo crioulo adotado pelo censo se refere somente aos descendentes negros de dois africanos nascidos no Brasil.

regiões,[13] o mulatismo não facilitou o acesso à alforria entre os libertos adultos, especialmente entre as mulheres, como se pode observar pela predominância de africanas e crioulas (143 negras contra 33 mestiças), mas já o sexo influenciou de forma marcante as condições de acesso à liberdade. Nesse aspecto as relações de gênero foram diferenciadoras das formas de acesso ao mundo da liberdade. Enquanto a maioria dos escravos alforriados quando adultos era mulher, o inverso acontecia quando se tratava de crianças, sendo o sexo masculino majoritário. No caso das crianças, ao contrário dos adultos, a raça cumpriu importante papel, pois mais comumente alforriavam-se os mestiços, nascidos de relações mistas, cujos pais eram em sua grande maioria brancos livres. Eis o porquê de me interessar neste momento por essa geração de meninos crioulos, particularmente os mestiços.

No Tejuco, o caso do médico português Manoel Pires Sardinha, o pai de Simão e Cipriano, que são objetos desse estudo, merece ser mencionado, por apontar para o mesmo tipo de prática em relação às mães, mas um pouco diferente em se tratando dos filhos. Em 1755, Manoel redigiu seu testamento, deixando como herdeiros "três mulatinhos forros que me nasceram em casa, pelo amor que lhes tenho, e os criar como filhos", não assumindo publicamente a paternidade de nenhum deles. Observa-se que, a despeito da preocupação de legar-lhes um patrimônio, não os legitimou, o que muitas vezes ocorria na hora da morte, para desagravo da consciência e proteção da prole ilegítima.[14] Também no registro do batismo de cada um deles consta serem filhos de pai desconhecido. Apesar da legislação canônica determinar que, no ato do batismo, a mãe deveria informar o nome do pai da criança, mesmo tratando-se de filhos naturais,[15] e que o capelão deveria registrar o nome

---

[13] Para Sabará, por exemplo, Eduardo França Paiva, *op. cit.*, e Kathleen J. Higgins, *Licentious liberty in a Brazilian gold-mining region*, encontraram indícios de que o mulatismo foi fator importante de acesso à alforria.
[14] Ana Luiza de Castro Pereira, *O sangue, a palavra e a lei: faces da ilegitimidade em Sabará, 1712-1770*.
[15] No império português a legislação previa diferentes tipos de ilegitimidade, dependendo da situação dos pais. Assim, os filhos naturais eram aqueles em que ambos os progenitores não apresentassem nenhum tipo de impedimento (como consanguinidade, sacerdócio, outro casamento) para que legalizassem perante a igreja sua união.

do pai, o que se observa é que, em Minas, foi mais comum o assento de filhos ilegítimos ter sido realizado constando apenas o nome da mãe. Eram as crianças a que Manoel Pires Sardinha se referia "um por nome Plácido, filho de Antônia Xavier, mulher forra; outro por nome Cipriano, filho de Francisca, crioula forra; outro por nome Simão, filho de Francisca da Silva, parda forra".[16] Observe-se que nesse momento, 1755, as três mulheres já ostentam a condição de forras, mas tal não era exatamente a situação delas no momento do batismo das três crianças, quando duas delas — Antônia e Francisca parda — ainda eram escravas. Já a mãe de Cipriano, Francisca crioula, já estava alforriada por ocasião do seu nascimento. Manoel se refere aos três meninos sem distinção como sendo mulatinhos forros, pois o mundo da escravidão, de onde eles e suas mães eram originários, marcara-lhes a sua condição. Como de costume, Manoel não alforriou nenhuma das mães de seus filhos, todas escravas suas, e apenas os dois meninos nascidos escravos foram alforriados na pia batismal. Apesar de não ter oficialmente reconhecido as crianças, elas não tiveram dúvidas de que eram seus filhos: ostentaram por toda a vida o sobrenome do pai, tratavam-se como meios-irmãos e, como se discutirá adiante, invocaram sua paternidade quando lhes foi de interesse, para com isso angariar mercês ou ofícios.

CRIOULOS FORROS

Em 1720, D. Lourenço de Almeida, governador da capitania das Minas, escreveu ao rei queixando-se de que "uma das maiores ruínas que está ameaçando estas Minas é a má qualidade de gente de que essas se vão enchendo porque como todos estes povos vivem lá (sic) muito sem a obrigação de casados, vi havendo nelas tão grande quantidade de mulatos". Previa "que dentro, em breve, (sic) será sem comparação muito

---

Em se casando os pais, o filho natural não encontrava impedimento para ser legitimado. *Idem*.

[16] Arquivo Eclesiástico da Arquidiocese de Diamantina (AEAD), Livro de óbitos do arraial do Tejuco, 1752-1895, caixa 350, f. 27.

maior o seu número", o que podia trazer consequências funestas, pois "que será esta gente a mais perniciosa que pode haver nestes povos, quer pela distância e largueza destes sertões". Informava que "a razão porque nestas Minas há e vai havendo tanta quantidade de mulatos é porque nelas não há outra casta de mulheres senão negras". Para piorar o cenário, D. Lourenço chamava a atenção para o fato de que "tais mulatos, assim pelas conveniências (...) por serem herdeiros de seus pais (sic), muitos hão de possuir cabedais" e insistia que, em sendo "todos os mulatos de todo o Brasil muito prejudiciais por serem muito inquietos e revoltosos, estes das Minas hão de ser muito piores, por terem circunstância de ricos e mostra a experiência que a riqueza nesta gente lhe faz cometer tal a torpeza de insultos". Por fim, propunha como um dos remédios para erradicar tal mal que os crioulinhos mulatos não pudessem herdar, o que "nesta forma e com esta lei, ficavam mais abatidos os mulatos e pode ser muito bem que haja muitos homens que se abstenham de terem semelhantes filhos por não experimentarem a ignorância de não poderem ser herdeiros seus".[17]

Por toda a capitania, com o passar do tempo, as hierarquias de sangue, de raça e de cor tornavam-se cada vez mais fluidas e, como previra D. Lourenço de Almeida, os mulatos buscavam diversas formas de ascensão social, penetrando dessa forma no universo de cargos e mercês, que deveria ser privilégio apenas dos brancos.[18] As Minas pareciam ser uma verdadeira "fábrica" de mulatos. No Tejuco, o perfil dos que cometiam concubinato, apanhados em duas visitas eclesiásticas realizadas no arraial em 1750 e 1753, respectivamente, condizia com o que já diagnosticara o governador desde o começo do século.[19] Tratava-se majoritariamente de homens brancos estabelecendo relações com mulheres de cor. Haviam se passado cerca de 30 anos desde as advertências do governador e os mulatos, frutos dessas relações pecaminosas, "in-

---

[17] Arquivo Nacional da Torre do Tombo (ANTT), Manuscritos do Brasil, n. 29, f. 98 v-99.
[18] Marco Antonio Silveira, *O universo do indistinto: Estado e sociedade nas Minas setecentistas (1735-1808)*.
[19] AEAD, Livro de Termos do Serro do Frio, 1750-1753, caixa 557, *apud* Júnia Ferreira Furtado, *Chica da Silva...*, op. cit., p. 40.

festavam" a capitania, resultantes em grande parte dessas relações não sagradas pelos laços oficiais do matrimônio católico entre homens brancos e mulheres de cor.[20]

Foi buscando reprimir essas relações pecaminosas que, em julho de 1753, chegou para uma segunda visita ao arraial o reverendo vigário Manuel Ribeiro Taborda. Vinha devassar a moralidade, os costumes e a observância dos preceitos religiosos por parte dos moradores locais. Denunciado por vários deles, Manoel Pires Sardinha foi chamado a confessar-se perante o visitador. Seu caso se diferenciava dos 57 casos de concubinato condenados na mesma devassa, pois vivia com duas mulheres e possuía dois filhos nascidos desses relacionamentos tidos com duas escravas, ambas de sua propriedade e de nome Francisca. Observa-se, no entanto, que, por essa época, como revela o assento de batismo de Cipriano, que será examinado a seguir, Francisca crioula já era alforriada e ostentava o seu nome de liberta, cujo sobrenome, Pires, com que passou a ser tratada, parece efetivamente uma referência ao seu ex-senhor e companheiro. Tudo indica também não ser mero acaso que, ao se referir a Francisca crioula, em seu testamento de 1755, Manoel não faça referência a esse sobrenome Pires, quando citou os sobrenomes de Francisca da Silva e Antônia Xavier. Tal estratégia parece remeter ao fato de que, a despeito de deixar seu patrimônio para as crianças, não se interessou em legitimá-las, evitando qualquer referência que o ligasse a suas mães. A denúncia ainda revela que o tempo do pecado transcendia os atos cotidianos da vida e, por isso, não havia contradição de apontar nessa ocasião a condição de Francisca Pires como sendo escrava, quando ela de fato não mais o era: o fato de ter ostentado algum dia a condição de escravo mantinha os ex-cativos permanentemente circunscritos ao mundo da escravidão, por isso o estatuto que adquiriam após a alforria era o de

---

[20] Para Sabará, por exemplo, enquanto o índice de ilegitimidade entre brancos era de cerca de 11%, entre os escravos atingia 57,08% e para os forros apresenta um pico de 74,7%. Não se pode esquecer que, em sua grande maioria, os registros se davam apenas no nome das mães, o que corrobora o perfil de que, em sua maioria, os ilegítimos eram fruto da relação entre homens brancos e mulheres forras ou escravas. Dados em Ana Luiza de Castro Pereira, *Unidos pelo sangue, separados pela lei: família e ilegitimidade no império português 1700-1799*, tabela 5, p. 47.

libertos, e não o de livres. Um dos meninos a que se refere a denúncia era o pequeno Cipriano, o outro era Simão, filho de Chica da Silva, nascido em 1751. Manoel e suas escravas, Francisca crioula e Francisca parda, foram considerados culpados pelo crime de concubinato em primeiro lapso. Isto é, haviam incorrido nesse crime pela primeira vez.[21]

Mas o mais comum, com vistas a preservar essas relações consensuais e, por isso mesmo, pecaminosas aos olhos vigilantes da Igreja Católica, era que os laços de afeto fossem fracionados em diferentes casas. Por isso separavam-se os corpos dos casais em lares distintos, o que Luciano Figueiredo denominou "família fracionada".[22] Eis porque muitas das mulheres de cor libertas aparecem, no censo de 1774 do Tejuco, registradas em seus domicílios acompanhadas apenas de seus filhos, quase sempre mestiços, em geral menores de idade, sendo que companheiros ou pais quase nunca estão presentes no mesmo lar.[23] Tal é o caso da Chica da Silva, mãe de Simão, que nessa ocasião habitava a rua da Ópera apenas com seu filho mais novo, de nome José.[24] Ou de Maria parda, outra antiga escrava de Manoel Pires Sardinha e, por isso, companheira de cativeiro das mães de Simão e Cipriano, por essa época já forra, sob o nome de Maria Gomes, que vivia em uma casa alugada no arraial, na rua Padre Manoel da Costa. Seu companheiro de longa data, o cirurgião José Gomes Ferreira, por sua vez, habitava uma casa de sua propriedade na rua de Luís Gomes, acompanhado apenas do filho menor do casal, que, apesar do mulatismo, se tornará também padre.[25]

A despeito do baixo nascimento de muitas dessas crianças mestiças, devido ao sangue negro que herdavam, geralmente de origem materna, na sociedade fluida que surgia na capitania das Minas Gerais,[26] muitas

---

[21] AEAD, Livro de termos do Serro do Frio, 1750, caixa 557, f. 102 v.
[22] Luciano Raposo de Almeida Figueiredo, *Barrocas famílias: vida familiar em Minas Gerais no século XVIII*.
[23] AHU, MAMG, caixa 108, doc. 9.
[24] Júnia Ferreira Furtado, *op. cit.*, p. 91. Seu companheiro, o desembargador João Fernandes de Oliveira, havia retornado ao reino com os quatro filhos homens do casal, além do enteado Simão. Já as nove filhas dos dois se encontravam recolhidas em Macaúbas.
[25] AEAD, Livro de batizados do arraial do Tejuco, 1745-1765, caixa 297, fls. 49, 76 v e 96 v. Do relacionamento dos dois, ainda nasceram Rosa, Matilde, Francisca, das quais não se tem notícia nessa ocasião.
[26] Marco Antonio Silveira, *op. cit.*

das seguidas gerações de crioulos, já nesse caso mais comumente os mulatos, puderam alcançar — por meio do acesso a ofícios, patentes e mercês — certa promoção social. A ascensão social desses mulatos não ficou restrita às Minas Gerais, mas atingiu até mesmo o reino, para onde muitos deles acabaram por emigrar. Aproveitando-se dos recursos financeiros paternos e dos laços de sangue que os uniam, muitos mulatos, como se verá nos casos de Simão e Cipriano Pires Sardinha, tiveram acesso a patentes militares, a diversas mercês, às ordens militares, à carreira eclesiástica, aos bancos da Universidade de Coimbra, a cargos na estrutura judiciária ou à participação na Real Academia das Ciências.

CIPRIANO PIRES SARDINHA

Cipriano Francisco foi batizado na igreja matriz de Santo Antônio no arraial do Tejuco em 10 de outubro de 1749, sendo provável que tenha nascido não muito tempo antes.[27] O registro o apresenta como filho de pai incógnito, sendo sua mãe citada como Francisca Pires, negra forra. Foi seu padrinho o licenciado José Gomes Ferreira. Na escolha do padrinho observa-se que as relações de amizade tecidas em vida da mãe eram invocadas para o estabelecimento do compadrio, cujos laços eram profundos e estáveis. José Gomes Ferreira era companheiro de Maria Gomes. Francisca Pires, Maria Gomes e Francisca da Silva, todas três oriundas do mesmo plantel de Manoel Pires Sardinha, ao longo de suas vidas estabeleceram um relacionamento que frequentemente misturou amizade e compadrio.[28]

O pai de Cipriano, Manoel Pires Sardinha, era português, tendo nascido na vila de Estremoz, próximo a Évora, no Alentejo. Era filho de Dionísio Lopes Sardinha e Paula do Espírito Santo Sardinha, considerados "pessoas bem reputadas nos sangues e costumes, vivendo com distinção e gravidade, sem crimes de infâmia" — isto é, não tinham sangue

---

[27] Esse segundo nome Francisco parece ter caído em desuso, pois essa fórmula não aparece em nenhum outro documento ao longo de sua vida.
[28] AEAD, Livro de batizados do arraial do Tejuco, 1745-1765, caixa 297, f. 21.

mouro ou cristão-novo.[29] Depois de concluir os estudos de medicina em Portugal, emigrou para as Minas Gerais e estabeleceu-se permanentemente no Tejuco. Vivia do rendimento de suas lavras de ouro, bem como do aluguel de escravos para o contrato que explorava os diamantes e do exercício da medicina. Em 1750, ocupava o importante cargo de juiz na câmara da Vila do Príncipe, reservado à elite dos *homens bons* da região.[30] Por essa época já tinha cerca de 60 anos e permanecia solteiro.[31] Morreu em 1760, cinco anos depois de redigir seu testamento, tendo sido enterrado na matriz de Santo Antônio do Tejuco.[32]

Já sobre Francisca Pires, as informações nos diversos documentos são contraditórias e tais incongruências se explicam pela necessidade de diminuir o sangue africano que corria nas veias de Cipriano, para que assim pudesse ter acesso a determinados postos que pleiteou. Dessa maneira, em seu processo *de genere* para habilitação às ordens sacras, declarou que sua mãe, Francisca Pires, era "crioula forra, natural da Vila da Cachoeira, arcebispado da Bahia". O capitão Custódio Vieira, que conhecia Cipriano desde a infância passada no Tejuco, confirmou sua informação, dizendo que ela era crioula — isso significava na terminologia da documentação ser filha de africanos nascida no Brasil. Cipriano ainda informou que "era neto materno de Luísa Pires, natural e batizada no Reino de Angola", mas em outro momento do mesmo processo afirmou que era "descendente do gentio da Guiné".[33] A expressão "gentio da Guiné" denominava mais comumente e de forma genérica os negros do noroeste da África ocidental, região que se estendia da Guiné Bissau, passando pela chamada Costa da Mina, até a Guiné Equatorial, combinando a toponímia portuguesa e a geografia africana.[34] Mas a amplitude do termo era tal que podia abarcar negros oriundos de qualquer parte

---

[29] ANTT, Habilitações da Ordem de Cristo, letra s, maço 5, doc. 5, f. 4 v.
[30] Arquivo da Casa dos Ottoni, Livro de registro de patentes da câmara da Vila do Príncipe, fls. 6 v-9.
[31] AHU, MAMG, caixa 60, doc. 29.
[32] AEAD, Livro de óbitos do arraial do Tejuco, 1752-1895, caixa 350, fls. 70 v-71 v.
[33] Arquivo Eclesiástico da Arquidiocese de Mariana (AEAM), *Auto de genere et moribus de Cipriano Pires Sardinha*, 1785, gaveta 34.
[34] Mariza de Carvalho Soares, *Devotos da cor: identidade étnica, religiosidade e escravidão no Rio de Janeiro, século XVIII*, p. 58-60.

das costas africanas.[35] Mesmo com essa abrangência do termo, o mais provável é que sua avó tivesse vindo mesmo da região da Guiné, pois no início do século XVIII, quando ela teria aportado na Bahia como escrava, o grosso do tráfico na região era feito com a Costa da Mina. É muito provável que a referência a essa avó originária de Angola tivesse como objetivo recuar a conversão de seus antepassados ao próprio continente africano, pois era comum que os escravos vindos dessa região viessem de lá cristianizados, pois era onde mais comumente havia missionários ocupados nesse fim e o processo de conversão desses reinos tivera início no século XVI.[36] O sobrenome Pires, incorporado ao seu nome e ao de sua mãe, de fato parece remontar a Manoel Pires Sardinha, e não a essa pretensa avó, Luísa Pires, o que sugere efetivamente a construção, nessa parte do processo, de uma linhagem materna fictícia.[37]

Pouco antes dos 20 anos, Cipriano foi ordenado diácono no bispado do Rio de Janeiro, tendo, inicialmente, sido habilitado a exercer o cargo no arraial do Tejuco.[38] Na hierarquia da igreja e segundo a legislação eclesiástica, os diáconos pertenciam às ordens menores, eram auxiliares dos párocos. Em seguida, em 1769, Cipriano, nessa ocasião residente há cerca de um mês e meio no Seminário de Mariana, única instituição na capitania preparatória para a vida eclesiástica, deu início ao processo para que fosse ordenado presbítero secular. No império português, para o acesso a qualquer cargo ou honraria, fosse civil ou eclesiástico, o candidato era submetido a um processo *de genere*, isto é, investigava-se sua origem e as de seus antepassados. O lugar que cada indivíduo ocupava

---

[35] Agradeço a observação a Alberto da Costa e Silva, que gentilmente leu minhas primeiras considerações sobre o tema e, com perspicácia, teceu algumas considerações a respeito. Fruto da leitura de seu vibrante *Xaxá*, a ele dedico esta pesquisa, pois, sem o saber, foi quem a instigou. Alberto da Costa e Silva, *Francisco Félix de Souza, mercador de escravos*.

[36] Marina de Mello e Souza, *Reis negros no Brasil escravista: história da festa de coroação de rei Congo*.

[37] Observa-se o mesmo comportamento nas outras ex-escravas, suas companheiras de cativeiro. O Oliveira, de Chica da Silva de Oliveira, faz referência a seu companheiro, João Fernandes de *Oliveira*, e o Gomes, de Maria Gomes, faz referência a José *Gomes* Ferreira.

[38] Todas as informações a seguir são retiradas de AEAM, Auto *de genere et moribus* de Cipriano Pires Sardinha, 1785, armário 3, pasta 408.

na sociedade se baseava na linhagem, sendo que honras ou mazelas derivadas do nascimento eram transmitidas de geração para geração.[39]

Apesar de o pedido ter sido protocolado em 1769, apenas dez anos depois, em 1779, foram feitas as inquirições para sua ordenação, cujos termos, além de averiguar sua ascendência, deveriam comprovar seus conhecimentos de latim, necessários ao cumprimento das funções de eclesiástico secular. Os testemunhos apresentam versões bastante semelhantes de seu perfil: era filho de Francisca Pires, crioula, por essa época já falecida, e de pai incógnito, sendo filho natural, isto é, ilegítimo, batizado na capela de Santo Antônio do Tejuco. Sobre seus conhecimentos de latim, Antônio Fernandes de Oliveira afirmou que "desde menino, sempre versou o estudo da língua latina"; Manoel Pinto Machado acrescentou que o fizera "com louvável procedimento".[40]

Interessante notar que, em todos os testemunhos, é informado que Cipriano era filho de pai incógnito, confirmando as informações sobre seus antepassados que ele mesmo tinha dado. Observa-se, nesse caso, a estratégia por ele adotada de apagar a ascendência paterna e, por essa razão, a criação de uma Luísa Pires que justificaria seu primeiro sobrenome. Por que não invocar essa linhagem, já que todos os seus ascendentes paternos eram, segundo os visitadores apuraram, "pessoas bem reputadas nos sangues e costumes, vivendo com distinção e gravidade, sem crimes de infâmia"? Certamente a resposta para isso residia no fato de que Manoel nunca reconhecera sua filiação ilegítima, o que seria facilmente apurado pelos padres visitadores no Tejuco.

Em 1770, em vez de estar exercendo o posto eclesiástico no Tejuco, Cipriano aparece matriculado como estudante na Universidade de Coimbra.[41] Sua inscrição, que ocorre em outubro, coincide com o retorno ao reino do contratador dos diamantes, o desembargador João Fer-

---

[39] Evaldo Cabral de Mello, *O nome e o sangue: uma fraude genealógica no Pernambuco colonial*. Ferreira Furtado, "O cristão e o converso: ou uma parábola genealógica no sertão de Pernambuco", in Lilia Moritz Schwarcz (org.), *Leituras críticas sobre Evaldo Cabral de Mello*, p. 57-85.
[40] AEAM, armário 3, pasta 408.
[41] "Estudantes da Universidade de Coimbra nascidos no Brasil", Brasília, Coimbra, suplemento ao volume 4, 1949, p. 277.

nandes de Oliveira, que para ali se dirigira com vistas a resolver questões da herança de seu pai.[42] Além de seus quatro filhos com Chica da Silva, João Fernandes levou consigo Simão e, ao que tudo indica, também protegeu Cipriano. Observa-se mais uma vez os reflexos da sociabilidade que as mães das crianças, as duas Franciscas, desenvolveram nos anos de cativeiro, prolongando-se na proteção aos filhos. Em Coimbra, Cipriano frequentou o curso de *Instituta*, como se chamavam os dois primeiros anos do direito canônico.

O grau alcançado em Coimbra não só lhe deu acesso à educação esmerada como permitiu que estabelecesse laços de afinidade com outros estudantes oriundos de Minas Gerais que foram seus colegas e contemporâneos na instituição,[43] laços que parecem ter sido determinantes mais tarde. Um deles foi o padre Joaquim Veloso de Miranda, que se matriculou em cânones na mesma ocasião. Outro que ali já se encontrava era Antônio Pires da Silva Pontes, que chegara no ano anterior.[44] Uma vez em Coimbra, o mulato tejucano, filho de uma ex-escrava, entrava em contato e estabelecia amizade com jovens oriundos do Brasil que viriam a constituir a elite intelectual reformista do período mariano e joanino.

Sua passagem pela universidade permitiu que, na década seguinte, conseguisse se habilitar à condição de presbítero secular, cargo que pedira desde 1769, antes de partir do Brasil. Em 1785, Cipriano, padre recém-ordenado, requisitou que fosse habilitado para uma igreja no Tejuco, de onde era natural. No caso da América portuguesa, a legislação previa que, para as nomeações de párocos, os naturais do lugar tinham privilégios em relação aos demais[45] e foi essa norma que Cipriano invocou para ser nomeado para uma capela de sua pátria natal. Desde janeiro, estabe-

---

[42] Júnia Ferreira Furtado, *op. cit.*, p. 161-163.
[43] Em 1770 matricularam-se em Coimbra 53 estudantes oriundos do Brasil, sendo 20 da Bahia, 19 do Rio de Janeiro, sete de Minas Gerais, três de Pernambuco, dois da Colônia do Sacramento, um de Goiás e um de São Paulo. Dados retirados de *Estudantes da Universidade de Coimbra nascidos no Brasil, op. cit.*, p. 272-280.
[44] *Idem*, p. 275, 269.
[45] ANTT, Mesa da Consciência e Ordens, Padroado do Brasil, Minas Gerais, caixa 5.

lecera-se no Seminário de Mariana e ali aguardava por suas provanças.[46] Não é improvável que ministrou aulas na instituição durante essa estada.

A inquirição então realizada no arraial conclui que o habilitando era mulato e filho ilegítimo, ou seja, existiam dois impedimentos para a habilitação: o mulatismo e a ilegitimidade.[47] No Brasil comumente fechavam-se os olhos para o mulatismo como obstáculo para o acesso à carreira eclesiástica, já a ilegitimidade era menos tolerada. Mas, mesmo sem poder contar com a linhagem paterna, que poderia ter lhe sido vantajosa, Cipriano conseguiu dispensa para os "defeitos" de mulatismo e de ilegitimidade que lhe manchavam o sangue. Sua ordenação aponta para a flexibilização das hierarquias sociais que abriam possibilidades para a inserção desses crioulos mulatos às instituições na administração portuguesa e na Igreja Católica, mesmo sem a ingerência de seus antepassados brancos, pois Manoel Pires Sardinha inclusive já estava morto por essa época.

Certamente, em muito contou sua passagem pelos bancos de Coimbra, pois só isso em si nobilitava o agraciado. A conclusão de um curso universitário — principalmente o de leis canônicas — conferia honra e prestígio. Segundo os juristas portugueses do século XVIII, o estudo do direito enobrecia o indivíduo[48] e, não por acaso, por essa razão atraía os que, por não serem nobres de nascimento, buscavam canais burocráticos de ascensão.[49] O curso de cânones, escolhido por Cipriano, ainda que só cursado nos dois primeiros anos, era importante para quem, como ele, de baixo nascimento, aspirava a candidatar-se à carreira eclesiástica.[50]

Note-se ainda que, no caso de Cipriano, não havia um vasto patrimônio para alicerçar sua promoção social. Apesar de ter sido beneficiado no testamento do pai, parece que não chegou a possuir muitos bens. No Tejuco, encontram-se referências ao enterro de apenas três escravos seus, um deles de nome João Mina, no adro da igreja matriz

---

[46] AEAM, armário 3, pasta 408, f. 2.
[47] Idem, f. 3.
[48] Stuart B. Schwartz, "Magistracy and society in colonial Brazil", *Hispanic American Historical Review*, nº 50, 1970, p. 724.
[49] Idem.
[50] A. J. R. Russell-Wood, "Relato de um caso luso-brasileiro do século XVII", *Stvdia*, nº 36, jun. 1973, p. 21.

do Tejuco.⁵¹ No momento de sua habilitação, ofereceu como patrimônio a propriedade de umas casas térreas e minerais, no distrito das Bicas, nos arredores do Tejuco, além de seis escravos. Porém, como se observa na documentação, esse patrimônio não lhe pertencia de fato, as casas foram doadas por João Dias Correa e os escravos recebeu, na ocasião, em escritura passada por seu meio-irmão Plácido Pires Sardinha, também mulato, e pela esposa desse, Potenciana de Figueiredo.

No arraial, onde voltou a se estabelecer depois de concluir o curso de *Instituta*, Cipriano fazia parte das irmandades das Almas e do Santíssimo, que, segundo seus estatutos, deveriam congregar apenas a elite branca local, mas que acabavam dando espaço à camada de negros e mulatos em ascensão. Ali, ao contrário do que aconteceu no Rio de Janeiro, em Salvador e em Sabará, os forros e seus descendentes se filiaram às não tão exclusivas irmandades de brancos, o que nos permite concluir mais uma vez que, no Distrito Diamantino, a população de cor encontrava oportunidades mais efetivas de ascensão social no mundo dos livres. Também foi irmão do Rosário, tendo pertencido à Mesa Diretora da Irmandade entre 1787 e 1788.⁵² Nesse caso, não era o elo de identificação de cor que certamente o atraíra à irmandade, mas sim o prestígio que os agraciados de pertencerem à mesa diretora adquiriam. Pessoas importantes na comunidade eram convidadas a ocupar esses cargos de direção porque acreditava-se que assim as irmandades estariam protegidas, pois, entre outras formas de proteção e distinção, os irmãos mais ricos emprestavam dinheiro para a realização de obras e festividades.

Em 5 de fevereiro de 1791, ainda sem ter conseguido a nomeação para uma igreja no Tejuco, retornou a Lisboa, mesmo sem autorização dos superiores. Lá foi se abrigar com o meio-irmão, Simão Pires Sardinha, que se envolvera nos planos da Inconfidência Mineira e, desde o início da repressão que se abatera sobre a capitania, buscara proteção na corte. Outro que embarcou em direção a Lisboa por essa mesma

---

⁵¹ Em 24/7/1982 morre seu escravo João Mina. AEAD, caixa 351, f. 129. Em 1784-1785, paga à irmandade do Santíssimo por dois escravos seus enterrados no adro. AEAD, caixa 509, f. 10.
⁵² Em 31/8/62 deu entrada na irmandade das Almas. AEAD, caixa 519, Livro de entradas na Irmandade das Almas, f. 48 v. Para sua participação na Mesa da Irmandade do Rosário, ver AEAD, caixa 514.

época foi frei Joaquim Veloso de Miranda, seu antigo colega em Coimbra. Não é improvável que a viagem de Cipriano também estivesse ligada ao temor em relação à repressão ao levante, cujos planos da revolta se estenderam em direção ao Tejuco. Pode ser que Cipriano também tivesse tido algum grau de envolvimento na sedição e repetia a estratégia do meio-irmão, abrigando-se junto aos protetores na corte portuguesa. Como se verá, por essa época Simão era um homem influente e culto, com bons laços de amizade e interesse em Lisboa, e Cipriano irá usufruir de sua proteção para também promover sua ascensão social.

A MISSÃO AO DAOMÉ

Apesar da ordem para retornar ao Tejuco, Cipriano permaneceu no reino até 1795, quando então partiu como embaixador português em direção ao Daomé. A missão à África foi organizada a partir da chegada à Bahia, em 26 de maio de 1795, de dois embaixadores do rei do Daomé, Agonglo, acompanhados de um secretário-intérprete.[53] Vinham com o objetivo de propor que o comércio português de escravos no Golfo de Benin se desse exclusivamente pelo porto de Ajudá (fortaleza portuguesa localizada no litoral desse reino) e reclamar da progressiva diminuição do peso dos rolos de tabaco que recebiam como pagamento nesse negócio.[54] Essa proposta era reflexo das disputas intra-africanas sobre o rendoso mercado de escravo transoceânico, que permitia, por sua vez, o acesso, principalmente aos chefes tribais, às mercadorias brasileiras e europeias, especialmente o fumo da Bahia e a cachaça, que tinham caído no gosto da nobreza local.[55] Essa era uma segunda embaixada enviada a Salvador pelo Daomé com o mesmo fim, tendo sido precedida por uma

---

[53] Ribeiro da Lessa, *op. cit.*, p. XXV. Sobre a embaixada, ver AHU, Manuscritos Avulsos da Bahia (MAB), caixa 100, docs. 19.560-19.572; caixa 107, docs. 20.931-20936 e caixa 147, docs. 29.494-29.499.
[54] Ribeiro da Lessa, *op. cit.*, p. XXVIII-XXIX.
[55] Costa e Silva, *Um rio chamado Atlântico: a África no Brasil e o Brasil na África*, p. 66-67.

outra que ali aportara em 1750.[56] Porém, diferentemente do que ocorrera em 1750, desta feita, em 1795, os dois embaixadores insistiram para que fossem entregar suas reivindicações diretamente à rainha D. Maria I e ao príncipe regente, D. João, em Portugal. Seguiram então para o reino, por volta de 21 de outubro do mesmo ano, na mesma corveta que os trouxera da África.[57]

Não havia interesse nem das autoridades em Portugal nem dos comerciantes estabelecidos na Bahia em que o tráfico negreiro se desse exclusivamente com o Daomé, como recomendara em carta o governador da Bahia, D. Fernando José de Portugal. De fato, a concessão desse monopólio a qualquer dos portos de embarque na África poderia ter efeitos danosos não só nos preços como nas condições em que esse comércio era realizado. Assim, não restou outra alternativa ao príncipe regente D. João do que negar a pretensão dos embaixadores. No entanto, achou que a oportunidade era adequada para que se enviasse uma embaixada de estudo e catequese ao Daomé.[58]

Foram escolhidos os padres Cipriano Pires Sardinha e Vicente Ferreira Pires, ambos oriundos da América, sendo o segundo natural da Bahia, que por essa ocasião se encontravam em Lisboa. Foram revestidos do título de Enviados Apostólicos por Sua Alteza Real D. João, com o objetivo de converter o rei do Daomé e seus súditos ao catolicismo.[59] A nomeação de Cipriano certamente devia-se à influência e aos círculos sociais que ele e Simão angariaram no reino, onde conviviam intensamente com a elite ilustrada reunida em torno de D. Rodrigo de Souza Coutinho.[60] Desde 1794, Cipriano, que havia se retirado sem autoriza-

---

[56] J. F. de Almeida Prado, "A Bahia e suas relações com o Daomé", in *O Brasil e o colonialismo europeu*, p. 122-123; Pierre Verger, *Fluxo e refluxo: do tráfico de escravos entre o golfo do Benin e a Bahia de Todos os Santos*, p. 257-263; Hunold Lara, "Uma embaixada africana na América portuguesa", in István Jancsó e Íris Kantor (orgs.), *Festa: cultura e sociabilidade na América portuguesa*, v. 1, p. 131-165, e "Significados cruzados: um reinado de congos na Bahia setecentista", in Maria Clementina P. Cunha (org.), *Carnavais e outras f(r)estas*, p. 71-100.
[57] Ribeiro da Lessa, *op. cit.*, p. XXX.
[58] *Idem*, p. XXX-XXXI.
[59] AHU, MAB, doc. 16.780.
[60] Simão era também amigo do abade Correa da Serra, um dos fundadores da Academia Real das Ciências e distinto botânico, além de desfrutar do convívio com D. Rodrigo de

ção para Portugal, tinha se comprometido com seus superiores a voltar para o Tejuco, onde estava para ser nomeado para uma paróquia. Mas, apesar de oficialmente reconhecer seu erro, protelava o retorno.[61] A embaixada ao Daomé era a forma de adiar ainda mais a volta a Minas, mas acobertada sob a forma de uma missão oficial, que inclusive lhe permitia realizar algum serviço, o qual posteriormente poderia ser barganhado em troca de mercês e distinções.

Em Lisboa, Cipriano foi responsável pelo batismo de um dos embaixadores africanos, tio do rei do Daomé, que recebeu o nome de D. Manuel Constantino Carlos Luiz.[62] Não tendo se aclimatado ao clima europeu, o mesmo veio a falecer antes de seu regresso. O outro embaixador foi batizado com o nome de D. João Carlos de Bragança, homônimo do então príncipe herdeiro. Clado Ribeiro de Lessa sugere que o nome desse último foi escolhido em virtude de ter sido seu padrinho o segundo duque de Lafões, D. Carlos de Bragança de Sousa e Ligne, fundador e presidente da Real Academia das Ciências de Lisboa.[63] Essa sugestão é plausível, visto que Cipriano estava encarregado pelo próprio príncipe regente de realizar observações "científicas" durante a viagem. Daí, é bastante presumível o envolvimento de membros da Academia, da qual Simão e Veloso eram sócios correspondentes, no batismo dos embaixadores, na decisão de aproveitar a embaixada ao Daomé como forma de recolher informações *in locu* sobre a região e na própria escolha de Cipriano para a tarefa, pois esse reunia os dois tipos de formação necessários aos objetivos de que a missão se revestia: a religiosa e a científica, angariadas no seminário marianense, na Universidade de Coimbra e no convívio com os membros da Real Academia das Ciências.

A comitiva composta do embaixador sobrevivente, do secretário-intérprete e dos dois padres deixou Lisboa em abril de 1796, tendo aportado em Salvador em maio, exatamente um ano após a partida dos

---

Souza Coutinho. AHU, Reino, maço 26, cartas de 8/11/1797 e 6/4/1798.
[61] AEAM, Auto *de genere et moribus* de Cipriano Pires Sardinha, 1785, gaveta 34.
[62] Ribeiro da Lessa, *op. cit.*, p. XXXI.
[63] *Idem*.

embaixadores daquela cidade. Dali, a 29 de dezembro do mesmo ano, o embaixador e os dois padres seguiram para o Daomé.[64] Cipriano embarcava apenas com um baú, com seus poucos trastes e instrumentos de observação e anotação, além de 50 mil réis de ajuda de custo, concedidos por D. João, que lhe incumbira da missão de relatar por escrito suas observações.[65] Da África jamais voltará, abatido por violenta malária.[66]

SIMÃO PIRES SARDINHA

Seu meio-irmão, Simão, era filho de Francisca da Silva de Oliveira e, inicialmente, desfrutou das benesses do relacionamento da mãe com o então poderoso contratador dos diamantes, o desembargador João Fernandes de Oliveira. Em 1768, quando estava com 17 anos e ainda vivia no Tejuco sob a proteção da mãe e do desembargador, habilitou-se à carreira eclesiástica. Não é improvável que as habilitações dos dois meios-irmãos, ocorridas praticamente na mesma época, fizessem parte de uma única estratégia comum para permitir a ascensão dos dois meninos mulatos. Simão também recebeu as quatro ordens menores, que permitiam que ajudasse nos ofícios religiosos, e comprometeu-se a viver em estado clerical.[67] Argumentou que havia falta de párocos na região, razão pela qual, logo em seguida, requereu o grau eclesiástico. Entretanto, diferentemente de Cipriano, Simão não chegou a se ordenar presbítero, desistindo da carreira clerical após acompanhar o padrasto a Portugal. Em 1779, ainda no reino, apesar do mulatismo, da ilegitimidade e da ascendência escrava da mãe, recebeu o hábito da Ordem de Cristo com direito a diversas tenças anuais. Posteriormente chegou inclusive a ser juiz comissário dessa ordem.[68] Também recebeu várias tenças como almoxarife do reino, que permitiram que vivesse folgadamente de rendas e na nobreza.

---

[64] AHU, MAB, caixa 100, docs. 19.563-19.565.
[65] *Idem*, doc. 19.562.
[66] Em 22/9/1799 o padre Antônio Pimenta rezou três missas por sua alma na Irmandade das Mercês no Tejuco. AEAD, caixa 520, f. 14 v.
[67] AEAM, Auto *de genere et moribus* de Simão Pires Sardinha, 1768, armário 10, pasta 1782.
[68] AHU, MAMG, caixa 125, doc. 7.

É interessante notar que no processo *de genere* de Simão para a Ordem de Cristo, diferentemente de Cipriano, a ascendência paterna de Manoel Pires Sardinha é constantemente invocada e a de Chica da Silva dissimulada.[69] Simão Pires Sardinha não tinha como cumprir os requisitos para ingresso: não era nobre e era filho ilegítimo de uma escrava com seu senhor, que não o tinha legitimado. Portanto, só lhe restava manipular o processo, aproveitando-se da elasticidade que o conceito de nobreza vinha adquirindo de modo a permitir a ascensão da burguesia: ao lado de possuir linhagem, "viver na nobreza" também significava um estilo de vida, isto é, segundo a concepção da época, servir-se de bestas, criados ou escravos. No processo anterior, datado de 1768, em que pleiteava admissão nas ordens menores,[70] Simão construíra uma história e uma genealogia diferentes, mais próximas da verdade, revelando as possibilidades de manipulação desses processos.[71] O obstáculo quase intransponível para a concessão do hábito era a sua ascendência escrava, já que ilegitimidade e mulatismo eram "defeitos" passíveis de dispensa real. No processo, Simão lançou mão de uma meia verdade que lhe permitiu ser consagrado cavaleiro, mas que obscureceu informações sobre sua linhagem materna. Vejamos seu estratagema.

Como sua mãe ainda vivia no Tejuco e uma simples inquirição no arraial rapidamente traria à luz sua prévia condição de escrava, o primeiro passo para diminuir os estigmas da cor e da ilegitimidade, bem como esconder a mancha da escravidão, foi recrutar testemunhas que deporiam sobre sua ascendência materna em Lisboa, e não no Tejuco, seu local de nascimento, contrariamente ao que era habitual. Em meados de 1779, a rainha D. Maria I o dispensou do impedimento de ilegitimidade, perdoou a "falta de folhas corridas da terra da sua naturalidade" e per-

---

[69] Ver Júnia Ferreira Furtado, *op. cit.*, p. 45-47.
[70] Os graus das ordens sacramentais dividiam-se em sete, das quais quatro eram ordens menores e três, sacras. As ordens menores eram *ostiário, leitor, exorcista* e *acólito*. E as sacras, *subdiácono, diácono* e *presbítero*. Todas eram consagradas e dedicadas a Deus pelo voto de castidade que faziam seus membros e pela impossibilidade de tomar outro estado secular. *Constituições primeiras do arcebispado da Bahia*, livro primeiro, 1853, capítulo 209, p. 86.
[71] AEAM, Auto *de genere et moribus* de Simão Pires Sardinha, 1768, armário 10, pasta 1782.

mitiu que as inquirições fossem realizadas apenas em Lisboa.[72] Era o sinal que Simão esperava para reelaborar a história de sua ascendência, diminuindo os "defeitos" que lhe eram inerentes.

Foram recrutadas 14 testemunhas, duas sobre Simão Pires Sardinha, seis sobre sua ascendência paterna e seis sobre a materna. Manuel Luís Esteves, seu vizinho em Lisboa, confirmou que ele vivia na corte com muito luzimento e que, apesar de não ter conhecido seus pais, "sempre ouvira dizer" que eram reputados.[73] Como seu pai Manoel Pires Sardinha nascera na vila de Estremoz, o comissário procurou em Lisboa quem tivesse a mesma procedência e que o conhecesse, assim como a seus antepassados. Encontrou seis testemunhas, as quais confirmaram que tanto Manoel como seus pais, Dionísio Lopes Sardinha e Paula do Espírito Santo Sardinha, eram "pessoas bem reputadas nos sangues e costumes, vivendo com distinção e gravidade, sem crimes de infâmia".[74] Manoel se formara em medicina em Coimbra e depois fora para o Brasil.[75] Na verdade, a ascendência paterna não lhe trazia maiores problemas, apenas ameaçava-lhe a lembrança de sua ilegitimidade.

O comissário passou em seguida à inquirição da ascendência materna, sobre a qual recolheu mais seis depoimentos. O primeiro depoente descortinava pela primeira vez a história que Simão construíra sobre seu passado e o de sua família. Borges de Freitas afirmou que era filho natural,[76] mas que, não obstante, o pai o "perfilhara e o fizera herdeiro dos bens que diretamente lhe pertenciam", o que diminuía o efeito negativo da ilegitimidade. Manoel Pires Sardinha teria reconhecido o filho no momento da morte, legando-lhe um patrimônio, o que o tornava "quase" legítimo.[77] O fato de o pai de Chica da Silva ter sido capitão dos auxiliares em Minas

---

[72] ANTT, Ministério do Reino, livro 215, fls. 207 e 208.
[73] Idem, fls. 3-3 v.
[74] Idem, f. 4 v.
[75] Idem, f. 6.
[76] Há vários tipos de ilegitimidade e o filho natural — que significa ser filho ilegítimo de pais solteiros — é um deles. Os filhos ilegítimos podiam ser adulterinos, incestuosos, espúrios, sacrílegos, dependendo da condição dos pais.
[77] Há aqui outra manipulação da documentação, pois como já se sabe Manoel Pires Sardinha não chegou a reconhecer oficialmente os filhos, apesar de ter lhes legado de fato seu patrimônio em testamento. AEAD, Livro de óbitos do Arraial do Tejuco, caixa 350, 1752-1895, f. 27.

Gerais também colaborou para o bom desfecho, pois indicava nobreza. Simão declarou ainda que todos os ascendentes maternos já estavam mortos, mas que haviam vivido "sempre à luz da nobreza, em uma casa grossa e visitada pelas primeiras pessoas daquele continente".[78]

Francisco Xavier de Oliveira, que fora fiscal dos diamantes e vivera no Tejuco durante três anos, contou que Simão era filho de "Francisca da Silva, que vive e viveu com a maior ostentação, e senhora de uma grossa casa".[79] Observe-se que, no depoimento dessa testemunha — assim como no das demais —, o sobrenome Oliveira que Chica ostentava na época foi omitido. Dessa forma apagava-se sua ligação com João Fernandes de Oliveira e obscurecia-se seu passado.[80] Havia duas razões para esconder o relacionamento de sua mãe com o desembargador. A primeira era que os inquisidores descobririam com facilidade que se tratava de um relacionamento consensual, e não legítimo. A segunda era que, com esse concubinato, dificilmente a relação mantida com Manoel Pires Sardinha teria a aparência de um envolvimento estável, acrescentando mais duas mazelas ao passado de Chica.

As testemunhas do processo omitiram a condição de escravas de sua mãe e avó e ocultaram a ilegitimidade de Chica da Silva, com o propósito de diminuir a porcentagem de sangue negro que corria nas veias de Simão Pires Sardinha. Apenas duas testemunhas afirmaram que ela ainda estava viva, mas ocultaram sua condição de ex-escrava. Sobre sua casa, afirmaram ser a melhor daquele continente, visitada "pelas primeiras pessoas assim do governo, como das justiças da terra".[81] Apoiado por Chica, dona de vasta fortuna, Simão recebia "na Corte atualmente

---

[78] ANTT, Habilitações da Ordem de Cristo, letra s, maço 5, doc. 5, f. 3 v.
[79] Idem, f. 10.
[80] Esse estratagema está ligado à forma distinta com que se comportou em relação à ascendência paterna nos dois momentos. No primeiro processo, vivendo no Tejuco sob a proteção de Chica e do desembargador, insistiu em que "ninguém sabe quem é o pai" e que era filho ilegítimo "sem que se saiba na cidade quem seja o pai". No segundo momento, invocou a paternidade de Manoel Pires Sardinha, artifício indispensável para a obtenção do acesso à ordem, e apagou o relacionamento da mãe com João Fernandes de Oliveira.
[81] Idem, f. 9.

de sua mãe uns avultados alimentos", que lhe permitiam viver com ostentação e "como pessoa nobre, vivendo de suas fazendas e rendas".[82]

Simão concluiu seus estudos em Lisboa, graduando-se no Colégio das Artes, e, diferentemente de Cipriano, não seguiu para os bancos da Universidade de Coimbra.[83] De Portugal, ainda tornou-se sargento-mor das ordenanças das Minas Novas, chegando a alcançar a patente de tenente-coronel da tropa auxiliar de Minas Gerais.[84] A morte do contratador João Fernandes de Oliveira, em 1774, não interferiu negativamente no processo de ascensão encetado por Simão, ocorrida posteriormente, e que parece estar associada ao seu envolvimento com a elite intelectual do reino,[85] a qual procurava promover reformas a partir da prática da Ilustração, com destaque para as ciências naturais. Simão teve acesso a esse grupo de ilustrados graças à educação que recebera e aos contatos que fizera no reino, passando a se dedicar às ciências naturais. Como outros intelectuais nascidos no Brasil, tornou-se sócio correspondente da Real Academia das Ciências de Lisboa.[86] Em 1782, apresentou à Academia um texto intitulado *Experiências feitas com hum termonmetro n'huma viagem para o Brasil*.[87]

Por essa época, Simão retornou ao Brasil na comitiva que acompanhava o recém-empossado governador das Minas, Luís da Cunha Meneses, por quem tinha grande admiração.[88] Esse lhe confiou o estudo do primeiro achado fóssil na região, descoberto na fazenda do padre José Lopes, em Prados, por ser, nas palavras do próprio governador, o sargento-mor "um dos mais hábeis naturalistas e mineralógicos que, presentemente, há nesta capitania". Em agosto de 1785, Simão escreveu

---

[82] *Idem*, fls. 9 e 11.
[83] AHU, MAMG, caixa 140, doc. 49.
[84] APM, Seção colonial, 238, f. 179 v.
[85] Entre eles destaca-se o abade Correa da Serra e o próprio D. Rodrigo de Sousa Coutinho. AHU, Reino, maço 26, doc. 2722. Despachos de D. Rodrigo de Sousa Coutinho.
[86] AHU, MAMG, caixa 140, doc. 49.
[87] *Colleção de memórias físicas e econòmicas offerecidas a Academia Real das Sciencias de Lisboa que não poderão entrar nas collecções impressas*, t. I, 31 de julho de 1782. Academia das Ciências de Lisboa, ms. 373, série azul.
[88] São palavras de Simão: "Como este Senhor [Luís da Cunha Meneses] é dotado de uma vasta erudição, e cheio do mais ardente zelo pelas ciências, o que se prova pelas rigorosas ordens que ele tem dado na sua capitania para que se lhe apresentem diariamente notícias de tudo quanto sucede, e aprece de raro na sua capitania; para fazer a mais perfeita geografia e verídica história de um país ainda não conhecido." AHU, MAMG, caixa 140, doc. 49.

em relatório sobre "a análise ou relação que fez do estado e circunstâncias físicas em que achou os referidos ossos do dito esqueleto". Luís Cunha Meneses juntou o texto a alguns ossos e os enviou para o reino.[89]

Em 1788, quando Luís da Cunha Meneses voltou para o reino, Simão estabeleceu-se no Rio de Janeiro, onde ficou por um ano e um mês. Na cidade, passou a frequentar a Sociedade Literária, que reunia ilustrados inconformistas, alguns deles insatisfeitos com a situação de dependência do Brasil em relação a Portugal.[90] Envolveu-se, então, na Inconfidência Mineira, mas sua participação não foi de todo esclarecida. Sabe-se que foi procurado por Tiradentes em sua casa no Rio de Janeiro para traduzir a *Compilação das leis constitutivas das colônias inglesas, confederadas sob a denominação de Estados Unidos da América Setentrional*. Foi Simão que mandou avisar o alferes de que estava sob vigia e que sua prisão era iminente.[91]

Sob o abrigo do vice-rei do Rio de Janeiro, Luís de Vasconcelos, Simão retirou-se novamente para Portugal em agosto de 1789. Sábio e ilustrado, continuou no reino a usufruir de cargos e vantagens. Ainda foi nomeado tesoureiro da Bula da Santa Cruzada para o Brasil. Em 1803, coberto de nobreza, com pouco mais de 50 anos, ainda se encontrava no reino.[92] A seu respeito, disse que "tratou-se sempre a lei da nobreza (...) e sempre se comunicou com as pessoas principais de Minas, do Rio de Janeiro e até da Corte".[93] Gozava de prestígio inclusive junto ao príncipe regente D. João e dele fez uso para conseguir cargos administrativos para os meios-irmãos. A petição em que seus dois meios-irmãos, filhos de Chica, pedem postos militares em Minas é interessante, pois, nesse momento, os serviços que os rapazes apresentam para alcançar tal mercê não são os de seu pai — o outrora poderoso contratador dos diamantes — mas os de Simão, revelando a promoção que esse criqulo/mulato alcançara no reino. De fato, a proteção dele é decisiva para que os rapa-

---

[89] *Idem*, caixa 123, doc. 89.
[90] Autos da devassa da Inconfidência Mineira, v. 2, p. 75.
[91] *Idem*, v. 3, p. 462.
[92] ANTT, Chancelaria de D. Maria i, livro 23, f. 124 v.
[93] AHU, MAMG, caixa 125, doc. 7.

zes alcancem as patentes solicitadas,[94] concedidas por decisão do próprio príncipe e oferecidas em troca dos serviços prestados por Simão.

Por essa breve referência percebe-se o tipo de proteção e de círculo social que Cipriano e Simão puderam desfrutar, a partir dos estudos em Coimbra, no Colégio das Artes, nos contatos com D. Rodrigo de Souza Coutinho e com o círculo de ilustrados que se reunia em torno da Academia das Ciências, sob os auspícios do príncipe regente.[95] De fato, quando Cipriano foi nomeado para a missão no Daomé, alegou que fora encarregado de fazer observações durante a viagem, "recomendadas de viva voz por Sua Alteza Real o Príncipe Nosso Senhor [D. João]".[96]

CONCLUSÕES

No processo de habilitação de Cipriano ao cargo de presbítero secular, ocorrido em 1785, uma das testemunhas afirmou que "sabe por conhecer o habilitado e sua mãe (...) que sempre foi tido e havido por forro". O capitão Custódio Vieira Costa reafirma essa condição e diz não ter dúvidas "porque o conhece e sua mãe era crioula".[97] O ventre forro da mãe determinara sua condição por toda a vida, mas, afinal, o mesmo não foi impedimento para que alcançasse significativas promoções sociais. Como ele, seu meio-irmão Simão e muitos outros mulatos nasci-

---

[94] "Para se lavrar um aviso ao governador general da Capitania das Minas Gerais que SAR lhe manda recomendar os dois capitães [José Agostinho Fernandes de Oliveira e Antônio Caetano Fernandes de Oliveira] de milícias que vão aqui anotados inferiormente para que os atenda e promova quanto possa permitir o seu merecimento e lugar que SAR considera grande pelo que conhece em seu irmão Simão Pires Sardinha" (29 de janeiro de 1800). AHU, Reino, caixa 417. Despachos de D. Rodrigo de Sousa Coutinho.

[95] Outro que parece ter usufruído do convívio com Cipriano e Simão foi Basílio da Gama. No *Relato de viagem ao Daomé* (Biblioteca d'Ajuda, códice 54-V-10) que Vicente Ferreira Pires entregou ao príncipe regente, após o retorno, há uma referência ao poema *O Uraguai*, de sua autoria, publicado em 1769. Não era uma referência qualquer, mas mostrava a leitura de uma obra monumental, inserida na propaganda antijesuítica, afeita à nova elite aberta às luzes e à ciência. No início da década de 1790, os três viviam na corte (Basílio morreu ali em 1795) e certamente os intelectuais oriundos de Minas Gerais desfrutavam dos mesmos círculos de sociabilidade.

[96] AHU, MAB, caixa 100, doc. 19.562.

[97] AEAM, armário 3, pasta 408, f. 13 v-14 e 15-15 v.

dos na capitania alcançaram cargos, patentes e promoções que por princípio eram privilégios da elite branca, sem manchas de nascimento. O acesso aos cargos eclesiásticos foi uma porta aberta a essa inserção social dos mulatos no mundo dos brancos.

No entanto, a despeito de esforços pessoais de promoção social, o mundo da escravidão estava permanentemente presente no sangue desses mestiços. No império português como um todo, mas mais particularmente no arraial do Tejuco, devido à presença maciça de africanos não só entre os escravos, mas também entre os libertos, reminiscências de suas culturas de origem faziam parte do cotidiano. É claro que essa cultura estava em permanente transformação, plasmada não só pela convivência no cativeiro entre indivíduos provenientes de diferentes regiões da África, mas também moldadas e limitadas pela imposição da cultura portuguesa, essa marcada pela religião católica.[98] Mas são inúmeros os registros de compartilhamento na urbe de costumes e tradições de origem africana, ainda que diversas clivagens culturais tivessem como resultado que essas não fossem um simples reflexo dos costumes que lhes deram origem. Todos os anos, por exemplo, para os festejos do Rosário no Tejuco, eram escolhidos um rei congo e uma rainha ginga, que remontavam à organização política das tribos e dos reinos africanos, mais particularmente de Angola e do Congo. Em tais festas "havia sempre danças, música, cortejos, teatralizações, [farta] ingestão de comida e bebida".[99] Outra característica dessas festas era a utilização de instrumentos, como tambores, que traziam para perto a musicalidade africana. Mas essa sonoridade não se fazia ouvir apenas nos dias de festa. Por toda a capitania das Minas e também na Bahia, "durante a noite, os negros dançavam batendo as mãos e socando a terra com os pés",[100] acompanhados do "estrondo dos tabaques, pandeiros, canzás, botijas e castanhetas".[101] Presenças da cultura africana estavam por toda a parte.

---

[98] Mello e Souza, *op. cit.*
[99] *Idem*, p. 257.
[100] Auguste de Saint-Hilaire, *Viagem pelas províncias de Rio de Janeiro e Minas Gerais*, p. 138.
[101] Nuno Marques Pereira, *Compêndio narrativo do peregrino da América*, vol. 2, p. 123.

No entanto, a retórica do relato de *Viagem de África em o reino de Daomé*,[102] que relata a embaixada/missão empreendida por Cipriano e Vicente Ferreira Pires, está marcada pela noção de alteridade em relação ao mundo africano que vai se revelando ao autor ao longo da expedição. Se as vidas de Cipriano e Simão Pires Sardinha apontam para as formas positivas de inserção social que os descendentes de africanos — os crioulos — muitos deles mulatos, alcançavam no império português, o relato pode nos servir como uma pista que nos ajuda a compreender, pelo menos em parte, as complexas relações que se estabeleceram entre os afro-descendentes e o mundo de seus antepassados.

Não podemos deixar de inserir o relato, para melhor compreendermos o texto do autor, no interior de sua tópica discursiva. Essa é a do relato religioso de cunho moralizador e edificante, mesclada com as observações objetivas saídas da pena de um naturalista. Assim, o relato se insere tanto na tópica do sermão quanto na da ciência. Desde o período colonial havia por parte da Igreja um modelo, no qual "senhores e escravos, brancos e negros deviam ser antes de tudo cristãos (...). Nesse modelo, não havia tolerância com as práticas de origem africana, vistas como demonizadoras".[103] É o compartilhamento dessa visão que faz com que o autor, apesar de deixar ver a realidade objetiva que se abria frente aos seus olhos, tanto no que diz respeito aos costumes e à sociabilidade dos povos com que entrou em contato quanto em relação à natureza, aos animais e à vegetação, não se farte em condenar e associar ao demônio tudo o que ali observou. No seu texto observa-se a luta entre o paganismo dos nativos e a religião católica da qual os missionários estavam a serviço.

A experiência africana, quando transformada em narrativa dirigida ao leitor português, da qual o príncipe regente D. João era o principal espectador, pretendia reificar a vitória do catolicismo sobre a idolatria pagã. Na perspectiva científica, observa-se a já nascente visão hierárquica do mundo, na qual a uma Europa civilizada se contrapõem os outros continentes, especialmente a África, como redutos da selvageria e da bar-

---

[102] Biblioteca da Ajuda, códice 54-V-10.
[103] Marina de Mello e Souza, *op. cit.*, p. 229.

bárie. Assim, da pena do missionário/naturalista/europeu só podia nascer um discurso de estranhamento e condenação aos costumes dos nativos africanos. Num jogo do bem e do mal, o texto reflete o embate em que as gerações de crioulos, como Cipriano e Simão Pires Sardinha, se viam imersas. De um lado a herança cultural africana, frequentemente negada, e de outro a tradição ocidental-cristã, que, como vimos, era ponto de partida para sua inserção e promoção social no mundo luso-brasileiro.

REFERÊNCIAS DOCUMENTAIS E BIBLIOGRÁFICAS

Autos da devassa da Inconfidência Mineira. Belo Horizonte: Imprensa Oficial, 1978.

BLUTEAU, Rafael. *Dicionário da língua portuguesa.* Ampliado por Antônio de Morais. Lisboa: Oficina de Simão Thadeo Ferreira, 1739.

Colleção de memórias físicas e econòmicas offerecidas a Academia Real das Sciencias de Lisboa que não poderão entrar nas collecções impressas, t. I, 31 de julho de 1782. Academia das Ciências de Lisboa, ms. 373, série azul.

Constituições primeiras do arcebispado da Bahia, livro primeiro, 1853, capítulo 209.

COSTA E SILVA, Alberto da. *Francisco Félix de Souza, mercador de escravos.* Rio de Janeiro: Nova Fronteira/EdUerj, 2004.

_____. *Um rio chamado Atlântico: a África no Brasil e o Brasil na África.* Rio de Janeiro: Nova Fronteira/EdUerj, 2003.

FIGUEIREDO, Luciano Raposo de Almeida. *Barrocas famílias: vida familiar em Minas Gerais no século XVIII.* São Paulo: Hucitec, 1997.

FURTADO, Júnia Ferreira. "Entre becos e vielas: o arraial do Tejuco e a sociedade diamantífera setecentista". In ANASTASIA, Carla Maria Junho e PAIVA, Eduardo França (orgs.). *O trabalho mestiço:* maneiras de pensar e formas de viver — séculos XVI a XIX. São Paulo: Annablume, 2002, p. 497-511.

_____. "O cristão e o converso: ou uma parábola genealógica no sertão de Pernambuco". In SCHWARCZ, Lilia Moritz (org.). *Leituras críticas sobre Evaldo Cabral de Mello.* São Paulo/Belo Horizonte: Ed. Fundação Perseu Abramo/Ed. UFMG, 2008, p. 57-85.

_____. "Pérolas negras: mulheres livres de cor no Distrito Diamantino". In: FURTADO, Júnia Ferreira (org.). *Diálogos oceânicos: Minas Gerais e as novas abor-*

dagens para uma história do império ultramarino português. Belo Horizonte: Editora da UFMG, 2001, p. 81-121.

_____. *Chica da Silva e o contratador dos diamantes: o outro lado do mito*. 1ª ed. São Paulo: Companhia das Letras, 2003.

HIGGINS, Kathleen J. *Licentious liberty in a Brazilian gold-mining region*. Pensilvânia: Pennsylvania State University Press, 1999.

LARA, Silvia Hunold. "A cor da maior parte da gente: negros e mulatos na América portuguesa setecentista". In FURTADO, Ferreira (org.). *Diálogos oceânicos: Minas Gerais e as novas abordagens para uma história do império ultramarino português*. Belo Horizonte: Editora da UFMG, 2001, p. 361-374.

_____. "Significados cruzados: as embaixadas de congos na Bahia setecentista". CUNHA, Maria Clementina P. (org.). *Carnavais e outras f(r)estas*. Campinas: Ed. Unicamp, 2001, p. 71-100.

_____. "Uma embaixada africana na América portuguesa". In JANCSÓ, István e KANTOR, Íris (orgs.). *Festa: cultura e sociabilidade na América portuguesa*. São Paulo: Hucitec/Edusp, 2001, vol. 1, p. 131-165.

LESSA, Clado Ribeiro da. *Viagem de África em o reino de Dahomé, escrita pelo padre Vicente Ferreira Pires no ano de 1800*. São Paulo: Companhia Editora Nacional, 1957 (Coleção Brasiliana).

MELLO E SOUZA, Marina de. *Reis negros no Brasil escravista: história da festa de coroação de rei Congo*. Belo Horizonte: Ed. UFMG, 2002.

MELLO, Evaldo Cabral de. *O nome e o sangue: uma fraude genealógica no Pernambuco colonial*. São Paulo: Companhia das Letras, 1989.

PAIVA, Eduardo França. *Escravidão e universo cultural na colônia — Minas Gerais, 1716-1789*. Belo Horizonte: Editora da UFMG, 2001.

PEREIRA, Ana Luiza de Castro. *O sangue, a palavra e a lei: faces da ilegitimidade em Sabará, 1712-1770*. Dissertação de mestrado em História, Universidade Federal de Minas Gerais, Belo Horizonte, 2004.

_____. *Unidos pelo sangue, separados pela lei: família e ilegitimidade no império português 1700-1799*. Tese de doutorado em História, Universidade do Minho, Braga, 2010.

PEREIRA, Nuno Marques. *Compêndio narrativo do peregrino da América*. Rio de Janeiro: Academia Brasileira de Letras, 1939.

PRADO, J. F. de Almeida. "A Bahia e suas relações com o Daomé". In *O Brasil e o colonialismo europeu*. São Paulo: Companhia Editora Nacional, 1956, p. 122-123 (Coleção Brasiliana).

REIS, João José. *Rebelião escrava no Brasil: a história do levante dos malês em 1835*. São Paulo: Companhia das Letras, 2003.

RUSSELL-WOOD, A. J. R. "Relato de um caso luso-brasileiro do século dezessete". *Stvdia*, Lisboa, n° 36, jun. 1973, p. 21.

SAINT-HILAIRE, Auguste de. *Viagem pelas províncias de Rio de Janeiro e Minas Gerais*. Belo Horizonte: Itatiaia, 1975.

SCHWARTZ, Stuart B. "Magistracy and society in colonial Brazil". *Hispanic American Historical Review*, n° 50, 1970, p. 724.

SILVEIRA, Marco Antonio. *O universo do indistinto: Estado e sociedade nas Minas setecentistas (1735-1808)*. São Paulo: Hucitec, 1997.

SOARES, Mariza de Carvalho. *Devotos da cor: identidade étnica, religiosidade e escravidão no Rio de Janeiro, século XVIII*. Rio de Janeiro: Civilização Brasileira, 2000.

VERGER, Pierre. *Fluxo e refluxo: do tráfico de escravos entre o golfo do Benin e a Bahia de Todos os Santos*. 4ª ed. Salvador: Corrupio, 2002.

CAPÍTULO 2 **Fradaria dos Henriques. Conflitos e mobilidade social de pretos no Recife c. 1654-1744***

Ronald Raminelli**

---

*Agradeço a Evaldo Cabral de Mello, Ronaldo Vainfas, Bruno Feitler, João Fragoso, Mariza Soares, Anderson de Oliveira, Francisco Cosentino, Thiago Krause, Gabriel Aladrén, Denise Vieira e Daniel Precioso pelas críticas e sugestões.
**Professor associado de História da América da Universidade Federal Fluminense, pesquisador do CNPq, pesquisador associado da Companhia das Índias, integrante de Red Columnaria e autor do livro *Viagens ultramarinas: monarcas, vassalos e governo a distância*, São Paulo, Alameda, 2008.

Em meados do século XVIII, um ex-militar preto criou no Recife uma fradaria,[1] na qual reunia jovens crioulos forros e escravos. Essa organização guardava características das irmandades leigas, mas também das ordens religiosas: promovia rezas, cultos marianos, festas e ainda formava noviços e mantinha hierarquia imprópria às confrarias setecentistas. O comportamento pouco ortodoxo dos irmãos provocou murmurações e despertou a reação do bispo de Pernambuco, que logo mandou investigar o caso. Depois de instalada a devassa, dois oficiais do terço dos Henriques tornaram-se os principais suspeitos de heresia e foram enviados aos cárceres do Santo Ofício em Lisboa. Em confissão, demonstraram suas incipientes atuações na fradaria, inocência reconhecida pelos inquisidores. Eram protagonistas da devassa devido à aleivosia de seus inimigos, que bem souberam urdir falsos testemunhos. Por intermédio do processo inquisitorial, vislumbra-se como os mecanismos de exclusão social afetavam os militares pretos. Embora fossem fiéis servidores da monarquia, prestigiados e participantes de uma elite preta aos moldes do Antigo Regime, dois militares da ativa foram rapidamente considerados culpados, confundidos com bêbados e vadios. Este artigo analisa as denúncias contra a fradaria, mas presta-se, particularmente, para identificar os entraves à ascensão social de pretos forros e livres.

---

[1] Segundo Rafael Bluteau, fradaria era "muito frade junto, ou Religião de Frades ou Ação de Frades, quando se toma em má parte". Ver na versão digital do *Vocabulário portuguez & latino* disponibilizada na internet pelo Instituto de Estudos Brasileiros da Universidade de São Paulo.

"FRADES" E MILICIANOS

Joaquim de Almeida Pereira era "preto tinto e forro", oficial barbeiro e ajudante do terço dos Henriques. Nascido por volta de 1709, era morador na vila do Recife de Pernambuco, onde fora batizado na igreja de Nossa Senhora da Madre de Deus da congregação de São Felipe Neri. O falecido seu pai, Feliciano Pereira, exerceu o ofício de sapateiro; sua mãe chamava-se Andrea de Almeida, ambos pretos forros. Por gozar de prestígio entre os homens de cor da vila, Joaquim recebera uma homenagem, a "patente de geral" de uma congregação, ora também denominada de fradaria, ordem ou irmandade. No final da década de 1730, contava com mais de 20 anos quando passaram-lhe a patente, segundo o definitório da mesma ordem. Nas ruas da vila, era fama pública que também a frequentava Vitorino Pereira da Silva, homem de 30 e tantos anos, capitão do terço dos Henriques da guarnição da praça do Recife. Tal congregação fora fundada por Pedro Basílio, preto forro solteiro, oficial palmilhador e ex-sargento dos Henriques, também natural e morador da mesma vila. Além dos três principais, envolveram-se com a confraria outros militares pretos, oficiais mecânicos, homens e mulheres escravos, mulatos, pretos, crioulos, cabras e pardos, "entre todos haviam de fazer número de 40 ou mais", todos muito jovens, com exceção dos ditos oficiais.[2]

Surgiu a congregação nos idos de 1737, por indústria e diligência de Pedro Basílio, que organizou encontros na própria casa. Em frente a um oratório com imagens de santos, reuniu muitos rapazes pretos, escravos e livres para participar de cultos que instituíra, principalmente, aos domingos e dias santos. Os postos distribuídos pelo fundador assemelhavam-se aos existentes na ordem de São Francisco e os discípulos, nos encontros, "se tratavam uns aos outros com o mesmo tratamento dos religiosos chamando-se uns aos outros por vossas paternidades, e caridades, fazendo a uns Prelados Superiores, e a outros lhe davam o título de noviços". O dito Pedro guardava, porém, as

---

[2] Arquivo Nacional da Torre do Tombo (ANTT), Inquisição de Lisboa, (IL) processo 132 (1741-1743) f. 4, 36, 38, 42, 45 v, 48 v, 107 v.

normas cristãs, pois nos dias de descanso e santos também ia à igreja de Nossa Senhora do Rosário no Recife. Lá, cantava com os demais o ofício de Nossa Senhora em português. Cantavam e rezavam com muita devoção, segundo a confissão de Joaquim de Almeida Pereira aos inquisidores.[3]

A fradaria originou-se na igreja de Nossa Senhora do Rosário e na antiga irmandade dos homens pretos, com o mesmo nome. Assim, a congregação de Pedro Basílio passou dois anos a reunir pessoas

> ociosas, de menor idade e menos ajustado procedimento e pelos tais se instituiu, e formou uma nova espécie de congregação na qual uns eram chamados Provinciais, outros definidores, e outros ministros, e assim mais semelhantes cargos, de que se passavam patentes por escrito com sua forma de selo e diferentes firmas.[4]

Enfim, segundo depoimento de Vitorino Pereira da Silva, a nova confraria atuava na igreja de Nossa Senhora do Rosário, talvez dispondo de um altar lateral para as rezas e os cultos, procedimento muito comum às novas irmandades que ainda não dispunham de patrimônio para construir uma capela.[5]

Com a intenção de reunir em banquetes e promover cerimônias, alugaram uma casa na rua da Praia, na vila do Recife. Instituíram ainda o mestre da congregação, José da Silveira, que se assentava em uma cadeira no altar da congregação, e um "padre-geral", o mencionado Joaquim de Almeida Pereira. O último recebera a patente e o definitório, escrito na letra de José Gomes, preto forro, estudante de filosofia e filho de Luís Gomes, capitão que fora da ordenança dos Henriques. Esse tornava nítido o compromisso do padre-geral de guardar e cumprir as regras da congregação: "Patente que passo o definitório ao nosso Padre Geral Joaquim, para que se cumpra e guarde o que ele lhe ordenar sob pena de obediência..."

---

[3] *Idem*, f. 89 e 40-41.
[4] *Idem*, f. 6-6 v.
[5] Julita Scarano, *Devoção e escravidão*, p. 30-31.

Inicialmente, Joaquim Pereira prometera ao mestre Paulo, oficial sapateiro da rua do Rosário, aceitar o compromisso e assumir o cargo de padre-geral, vago com a morte de um "tambor-mor chamado de Gaspar ou Pascoal, escravo do Sargento-mor Luís Nunes".[6] Recebeu também o posto de geral depois que seu amigo Salvador dos Santos lhe pedira que aceitasse o cargo de seu secretário. Segundo o mesmo Joaquim, entre os congregados, a pessoa de "maior distinção e estimação" era ele mesmo, pois seu posto militar facilitava o trato e a comunicação com as pessoas principais da vila. Os demais não teriam as mesmas condições de proteger os interesses do grupo e lutar por eles, pois eram, em grande maioria, rapazes de 15 a 20 anos, moleques e escravos, como o tambor acima mencionado. Compunham-no ainda homens mais velhos, mas "eram pessoas de baixa esfera, e sem estimação alguma, posto que alguns deles eram forros".[7]

Nas cerimônias, os homens tomavam uns hábitos de religiosos da Ordem de São Francisco e outros da Ordem do Carmo, cantavam e faziam autos. O dito Joaquim recebera convite de Pedro Basílio para participar, como "padre geral", de uma cerimônia de iniciação. A profissão se fizera na vila do Recife, em moradia estabelecida na rua do Sarapatel. O confitente dirigiu-se ao local e deparou-se com a casa, "composta com santos nas ilhargas e no topo dela um altar com duas velas acesas e um crucifixo no meio dele e nos bancos", onde estavam Pedro Basílio e os demais convidados. Sob comando do mestre da congregação, os noviços participaram de uma cerimônia de iniciação. Junto ao altar, em uma cadeira, assentava-se José da Silveira, mestre da dita congregação. Segundo palavras de Joaquim, os jovens deveriam participar dos encontros e ser pontuais; do contrário, como penitência, rezariam primeiramente quatro ofícios de Nossa Senhora. Se persistissem no descumprimento, rezariam mais oito, mas se se ausentassem pela terceira vez, seriam expulsos. Depois que instruíram e admoestaram os noviços a cumprir os preceitos do grupo, alguns congregados levantaram-se dos bancos e derramaram flores sobre suas cabeças. Essa

---

[6] ANTT, IL, proc. 132, f. 38-38 v.
[7] *Idem*, f. 52-52 v.

cerimônia foi finalizada com um banquete realizado no mesmo local do culto, na rua do Sarapatel.[8]

Tal fradaria, em princípio, não se organizava segundo os grupos étnicos de origem. De fato, nos depoimentos recolhidos pelos inquisidores, no Recife e em Lisboa, encontram-se raras indicações sobre a África. No entanto, se eram ou não africanos, jamais saberemos com certeza. Sendo Pernambuco um destino importante de escravos oriundos de Angola e da Costa da Mina, conforme estudos sobre o tráfico,[9] não deveriam ser desprezíveis as levas de minas e angolas que aportavam na capitania. Esse contingente neófito, alvo de tantas irmandades,[10] não teve apoio da congregação fundada por Pedro Basílio. Talvez a identidade crioula impedisse a participação de africanos no grupo. Tal hipótese, porém, não pode ser comprovada recorrendo ao processo inquisitorial. Em seus inúmeros depoimentos não se encontram rastros da mencionada exclusão nem da formação de uma identidade crioula. Os inquisidores registraram particularmente conflitos entre a fradaria e os religiosos, mas não mencionam rusgas entre africanos e crioulos.

No processo encontra-se toda sorte de gente, mas quase todos nascidos no Recife e redondezas. Eram pretos, crioulos, mulatos, pardos, livres e escravos, enquanto os mais prestigiados eram militares e oficiais mecânicos.[11] Todos eram moradores do Recife, "uns da parte de aquém e outros de além, e todos os pardos são pertencentes à Ordem e Fradaria do Carmo, e os mais à Fradaria de São Francisco de que foi o fundador o dito Pedro Basílio".[12] De modo geral, as irmandades de homens pretos na colônia reuniam população muito heterogênea.

---

[8] *Idem*, f. 21-21 v, 36-37 v.
[9] Daniel B. D. da Silva e David Eltis, "The slave trade to Pernambuco — 1561-1851", in *Extending the frontiers*, p. 100.
[10] A. J. R. Russell-Wood, *Escravos e libertos no Brasil colonial*, p. 191-202.
[11] No século XIX, verifica-se que os Henriques ainda atuavam como oficiais mecânicos. Cf. Hendrik Kraay, *Race, state, and armed forces in Independence-era Brazil*, p. 90-91.
[12] ANTT, IL, proc. 132, f. 42 v. O trecho citado apresenta redação um tanto confusa. Ao lê-lo temos as seguintes indagações: a fradaria fundada por Pedro Basílio era denominada de São Francisco? Há também menção ao vínculo entre ordem e fradaria, como ordem do Carmo e fradaria do Carmo. Seria então a fradaria fundada por Pedro Basílio ligada à ordem de São Francisco? A fradaria copiava as ordens terceiras?

De acordo com Russell-Wood, as únicas condições impostas aos candidatos eram temer a Deus, ter bom caráter e pagar regularmente a contribuição anual.[13] Se os marcadores étnicos ou sociais não constituíam o filtro para selecionar os congregados, talvez a idade fosse uma preocupação do fundador da fradaria. De fato, nota-se que os jovens forros e escravos eram o principal contingente do grupo. Desde a origem, eram os frequentadores das reuniões em casa de Pedro Basílio. Foram os rumores de desvios morais, ocorridos em uma cerimônia de iniciação de noviços, que provocaram a desconfiança e ira do bispo de Pernambuco. No império colonial, as irmandades cuidavam dos doentes, enterravam os defuntos, organizavam procissões, missas e festas, mas atentavam, particularmente, à formação religiosa e espiritual dos confrades. Segundo as confissões de Joaquim de Almeida Pereira e Vitorino Pereira da Silva, a fradaria de Pedro Basílio guardava elementos das irmandades e das ordens religiosas, motivo suficiente para o bispo abrir uma devassa. Ao organizar rezas, festas, cultuar Nossa Senhora e doutrinar seus discípulos, a fradaria atuava como uma irmandade. Mas em vez de irmãos, formava noviços e, assim, arremedava as ordens religiosas, nas quais existia uma rígida hierarquia entre prelados e noviços, razão suficiente para acionar o Santo Ofício.

A atuação de Pedro Basílio mais parecia a de um padre superior, de um guardião, responsável pela formação dos jovens.[14] Joaquim de Almeida Pereira, o ajudante do terço dos Henriques e réu da Inquisição de Lisboa, desempenhava igualmente o papel de pai protetor, pois era o intermediário entre a fradaria e os principais da vila do Recife. Recebera a patente de "padre geral" por ter uma atuação destacada entre os pretos da vila. Conhecia pessoas de prestígio, como o governador,[15] e, por certo, poderia amparar o grupo de jovens, forros e escravos, que eram pessoas sem qualidade, sem estimação, pois muitos eram forros.[16]

---

[13] Russell-Wood, *op. cit.*, p. 202.
[14] Russell-Wood menciona o costume de formar clientelas, recorrente nas sociedades africanas. Talvez Pedro Basílio encarne a figura do protetor, do "grande homem", para os moleques da fradaria. Russell-Wood, "Através de um prisma africano", *Tempo*, nº 12, 2001, p. 29.
[15] ANTT, IL, proc. 132, f. 39 v-40.
[16] *Idem*, f. 52 v.

O pertencimento às ordens terceiras era, como bem asseverou Caio Boschi, "sinônimo de status e privilégio das classes dominantes".[17] Recorrendo à mesma estratégia, os pretos inseriam-se nas irmandades de cor à procura de proteção contra a sociedade escravista. Para tanto, criavam lá circuitos baseados na fé e na camaradagem. Nas irmandades encontrariam esmolas, assistência durante a vida e depois da morte. Os pretos estavam irreversivelmente impedidos de participar dos circuitos privilegiados, dominados pelos brancos, pois a cor negra remetia-se ao cativeiro e à gentilidade. Se as "pessoas de baixa esfera" abrigavam-se nas irmandades em busca de apoio material e espiritual, homens pretos como Pedro Basílio e Joaquim de Almeida Pereira, militares do terço dos Henriques, procuravam criar nas confrarias uma clientela para lá atuar como líderes.

Entre os envolvidos diretamente no processo inquisitorial encontram-se Joaquim de Almeida Pereira, ajudante dos Henriques, e Vitorino Pereira da Silva, capitão do terço dos Henriques da guarnição da praça do Recife. Ambos estavam sob a custódia do Santo Ofício e prestaram depoimento no palácio dos Estaus, em Lisboa. Mas no processo encontram-se referidos e envolvidos outros militares do terço de Henrique Dias. O fundador da fradaria, Pedro Basílio, era ex-sargento dos Henriques. De fato, não se encontra no processo razão para não prendê-lo e levá-lo aos cárceres do Santo Ofício, como acontecera aos seus dois companheiros militares. Não obstante houvesse um pedido de prisão em seu nome, Basílio não foi agarrado, inicialmente, pelos inquisidores; talvez tivesse fugido. O mestre da congregação, José da Silveira, teve seu nome incluído em poucas denúncias, embora ocupasse um posto destacado na congregação. Em uma irmandade setecentista, por certo, o mestre e o fundador constituíam os dirigentes do grupo, mas nem por isso os denunciadores e os inquisidores indicaram-nos como responsáveis pelos desvios perpetrados.

Estranhamente a culpa de criar uma "religião" sem a permissão formal da Santa Madre Igreja recaía sobre os ombros de Vitorino e Joaquim,

---

[17] Caio Cesar Boschi, *Os leigos e o poder*, p. 162.

dois milicianos do terço dos Henriques ainda na ativa no momento da prisão pelo Santo Ofício. Com veemência, o primeiro negou sua participação, mas o segundo reconheceu seu envolvimento ao aceitar a patente de geral da fradaria. Ao findar as confissões, os inquisidores consideraram os ditos depoimentos como sinceros.

Além de ambos, encontram-se referências nos autos inquisitoriais aos seguintes militares: Gonçalo Dias, homem preto, capitão de infantaria do terço dos Henriques;[18] Luís Gomes, capitão das ordenanças dos Henriques; José dos Prazeres, preto forro, alferes dos granadeiros dos Henriques; e Manuel de Jesus, preto forro, ajudante do terço dos Henriques; e o tambor-mor escravo do sargento-mor Luís Nunes. Percebe-se então uma grande aproximação entre a nova confraria e o terço de homens de cor. Coincidentemente, as irmandades e as milícias eram instituições que abrigavam os pretos escravos, libertos e livres na colônia.

Nesse sentido, em confissão, Vitorino Pereira da Silva mencionou que Pedro Basílio, fundador da nova confraria, era preto forro, solteiro, oficial palmilhador, contava com 23 ou 24 anos e fora sargento, mas perdera o posto, deram-lhe baixa, deixando de servir ao rei "por suas inquietações, e maus procedimentos..."[19] Perdera então a honra e os privilégios de ser militar de patente, de participar do prestigiado terço dos Henriques. Seria essa a razão para os inquisidores não o prenderem? De fato, sem patente, perdera a capacidade de arregimentar soldados, ao contrário de Joaquim e Vitorino. Em uma sociedade escravista, o posto de sargento era vital para os descendentes de cativos. Destituído, Pedro Basílio perdera ainda o controle sobre uma clientela composta de jovens soldados e a sustentação concedida pelos demais oficiais do terço. Não seria absurdo, portanto, conjecturar que sem a patente ele podia lançar mão de outra estratégia para manter a clientela. Talvez fundando a confraria pudesse dispor de honra semelhante à desfrutada nas tropas.

---

[18] Gonçalo Dias ocupava o posto de capitão de infantaria do terço da gente preta do mestre de campo Domingos Rodrigues Carneiro: ANTT, Registro Geral das Mercês (RGM), D. João V, liv. 11, f. 228.
[19] ANTT, IL, proc. 132, f. 6 v.

FRADARIA DOS HENRIQUES

Comumente na sociedade colonial os pretos livres e forros não dispunham de muitas alternativas para promover sua ascensão social.[20] O terço dos Henriques e as irmandades eram, de fato, canais seguros para que os pretos criassem laços corporativos e enfrentassem as adversidades da sociedade escravista. Desde as guerras de Pernambuco, o valor dos soldados de cor ficou evidente para as autoridades coloniais e metropolitanas. Da luta contra os holandeses, originaram-se o regimento dos Henriques e a constituição de uma elite preta e livre. Assim, tanto as milícias quanto as irmandades "serviram de porta-vozes das aspirações e reivindicações dos negros e mulatos livres". Em suma, as irmandades e as milícias eram "a única forma de atividade comunal permitida às pessoas de cor na América portuguesa".[21]

A elite preta de Pernambuco forjou-se com as mercês recebidas pelos serviços militares. Além do foro de fidalgo e de patente de mestre de campo, os militares pretos obtiveram alforria e terras, cedidas pela coroa portuguesa logo após a restauração de Pernambuco. A tímida ascensão social dos pretos militares não se deu sem conflitos. Na devassa contra os oficiais do terço encontram-se nítidos mecanismos de exclusão: se as mercês régias eram promotoras de inclusão social, as denúncias eram detratoras e capazes de aniquilar a tímida honra conquistada pelos Henriques. A princípio, os padres seculares do Recife denunciaram fartamente a fradaria e pouco diferenciavam os milicianos dos escravos e moleques vadios. O bispo e o vigário-geral investiram apenas nos militares ativos, prenderam-nos e remeteram a Lisboa. As autoridades eclesiásticas, porém, deixaram livres indivíduos envolvidos diretamente com a criação da fradaria. Se os últimos atuavam somente em nome da pureza religiosa, por que não processaram Pedro Basílio e seus principais colaboradores? Verdadeiros ou não, os rumores tornaram viável o apelo ao Santo Ofício, instituição

---

[20] Sobre as estratégias de ascensão social de pretos, ver Kalina Vanderlei Silva, "Os Henriques nas vilas açucareiras do Estado do Brasil", *Estudos de História*, n° 9, 2002, p. 145-163, e *idem*, *O miserável soldo e a boa ordem da sociedade colonial*.
[21] Russell-Wood, *Escravos e libertos no Brasil colonial*, op. cit., p. 42. Ver também *idem*, "Ambivalent authorities: the Africans and Afro-Brazilian contribution to local governance in colonial Brazil", *The Americas*, n° 57, 2000, p. 13-36.

capaz de aniquilar o prestígio alçado pelos oficiais pretos. Para tanto, os denunciadores, os religiosos e os próprios inquisidores estigmatizaram-nos como desviantes de vários mandamentos.

GÊNESE DA ELITE PRETA

Ao receber liberdade, patentes e terras, alguns pretos se afastaram do cativeiro. Obtiveram essas mercês graças aos seus serviços nos campos de batalha, nas pelejas contra holandeses, índios tapuias do sertão e escravos aquilombados em Palmares; graças, enfim, aos feitos militares prestados por Henrique Dias e seus seguidores.[22] Os pedidos de mercê iniciam-se em março de 1656, quando o herói preto rumou a Lisboa junto a dois soldados de seu terço, Pedro Lourenço e João Rodrigues.[23] Na corte, requereu as dádivas prometidas pela coroa no calor dos embates. As mercês eram promessas para animar seus vassalos a enfrentar as hostes inimigas. Assim, desde os idos de 1630, muitas benesses foram oferecidas, mas poucos alcançaram-nas, sobretudo os pretos e os mulatos. Anos depois, finda a guerra, a morte de D. João IV provocou, por certo, atraso dos despachos. Nessa conjuntura, o trâmite dos papéis para remunerar os pretos não se finalizava, o que impedia o desfrute dos benefícios. Somente depois de um ano da sua chegada a Lisboa Henrique Dias recebeu da rainha D. Luísa Gusmão o alvará de mercê de foro de fidalgo.[24] Mas não se concretizou parte substancial das promessas de D. Filipe III e de D. João IV. A cor preta e a origem cativa impediam a

---

[22] J. A. Gonsalves de Mello, "Henrique Dias", in *Restauradores de Pernambuco*, p. 17-18 e 43; Hebe Mattos, "Henrique Dias: expansão e limites da justiça distributiva no império português", in Ronaldo Vainfas, Georgina Silva dos Santos e Guilherme Pereira das Neves (orgs.), *Retratos do império: trajetórias individuais no mundo português nos séculos XVI a XIX*, p. 29-45; Mattos, "Black troops and hierarchies of color in the Portuguese Atlantic World: the case of Henrique Dias and his black regiment", *Luso-Brazilian Review*, n° 48, 2008, p. 6-30.
[23] Arquivo Histórico Ultramarino (AHU), Pernambuco, doc. 591.
[24] Ver os documentos reunidos no livro José Augusto do Amaral Frazão de Vasconcelos (org.), *Henrique Dias: herói da Restauração de Pernambuco*.

distribuição das mercês,[25] mesmo sendo esses guerreiros leais e defensores das conquistas de Sua Majestade.

O alvará da rainha concedia a Henrique Dias o foro de fidalgo e comprovava a possibilidade de remunerar os serviços de súditos de sangue impuro e de origem cativa. O prêmio concedido por D. Luísa era, porém, apenas uma das dádivas prometidas ao preto desde o reinado de D. Filipe III. Em 1638, o monarca castelhano prometera a Dias um hábito de uma das três ordens militares, uma comenda, escudos de arma e o foro de fidalgo.[26] De fato, não se pode atribuir apenas à Restauração ou à morte do monarca o entrave para a concessão das mercês. A princípio, a Mesa da Consciência e Ordens não se entusiasmou com a dádiva do monarca Habsburgo e solicitou do preto benemérito o pedido formal de mercê. Os deputados da mesa ainda requeriam os trâmites normais para concessão de títulos de cavaleiro, exigindo as provanças, pois do contrário o súdito de Pernambuco seria habilitado somente mediante o breve apostólico de dispensa.[27] Vale, porém, mencionar que o mesmo rigor não valeu para o guerreiro indígena Felipe Camarão, que, pouco antes, recebera o título de comendador da Ordem de Cristo.[28]

Quando esteve em Lisboa, Henrique Dias, mais uma vez, lembrou ao monarca o quanto era valoroso, pois, como escreveu frei Calado, era "negro na cor, porém branco nas obras, e no esforço".[29] Embora merecedor, considerou mais prudente transferir a comenda dos moinhos de Soure, cedida por D. João IV, ao genro Pedro Valdeveço, pessoa muito nobre, segundo o preto. A outra comenda, prometida na época dos Áustrias, seria concedida ao varão que se casasse com sua filha, D. Guiomar. Para as demais filhas, solicitava ao monarca a mercê de dois hábitos das ordens militares. Com os títulos, as comendas e as respectivas tenças,

---

[25] Para os impedimentos da remuneração dos pretos, ver Francis Dutra, "A hard-fought for recognition", *The Americas*, nº 56, 1999, p. 91-113, e *idem*, "Africans heritage and the Portuguese Military Orders in seventeenth and early eighteenth century Brazil", *Colonial Latin American Historical Review*, nº 15, 2000, p. 113-141.
[26] J. P. Salvado e S. M. Miranda (org.), *Cartas do Iº conde da Torre*, vol. 1, p. 59.
[27] ANTT, Mesa da Consciência e Ordens, códice 35, f. 99-100.
[28] ANTT, Chancelaria da Ordem de Cristo (COC), liv. 24, f. 447-447 v.
[29] Frei Manuel Calado, *O valeroso Lucideno*, vol. 1, p. 81-83.

Henrique Dias tencionava casar as quatro filhas com soldados honrados.[30] Por não ter filhos homens, pedia ao monarca para os futuros genros não somente os hábitos de cavaleiro, mas também foros de fidalgos, precisamente o título de cavalheiro-fidalgo. Recorrendo à qualidade de guerreiro, Dias, um preto forro, seguia a tradição do Antigo Regime e assegurava às filhas a honra desconhecida pelos antepassados. Segundo seu desejo, elas se uniriam a fidalgos, comendadores e cavaleiros das ordens militares e, por certo, se livrariam da origem cativa. Assim casando-as, os Henriques davam origem a uma prole enobrecida. Entretanto, apesar das promessas, seus descendentes jamais foram habilitados pela Mesa da Consciência e Ordens ou honrados com a dispensa régia.

Entre os pedidos, o herói preto de Pernambuco rogava ainda para si 200 mil réis de renda "em sua vida pagos na mesma capitania de Pernambuco para memória de seus serviços e remédio para sua velhice..." O pedido não sensibilizou a coroa e Dias não obteve tal "aposentadoria", mas alcançou o foro de fidalgo e a patente de mestre de campo do terço da gente preta de Pernambuco. Assim consta na carta: "Hei por bem e me praz nomear (como pela presente o nomeio) no posto de mestre de Campo *ad honorem* do dito Terço para que goze de todas as honras privilégios, isenções franquezas e liberdades..."[31] Ficava ainda estabelecida como soldo a mesma remuneração recebida antes de alcançar a prestigiosa patente, razão para ser honorífica. Embora as mercês recebidas ficassem muito aquém dos pedidos, Dias obteve três importantes dádivas, responsáveis, em grande parte, pela formação da elite preta da capitania: a permanência do terço, a liberdade dos soldados escravos e a doação de terras.

Em Lisboa, ainda pleiteou junto à rainha a confirmação do seu terço. Para tanto, os soldados tinham de receber a liberdade, condição essencial para permanecer militares. Durante a guerra, lembrava ele, Sua Majestade prometera "serem forros e libertos, e com a tal promessa serviram sempre com tão grande ânimo e vontade..."[32] Assim, Henrique Dias

---

[30] "Henrique Dias pede satisfação de seus serviços...", Vasconcelos (org.), *Henrique Dias* (...), p. 22-23.
[31] "Henrique Dias mestre de campo...", *idem*, p. 23 e 35.
[32] "O governador Henrique Dias pede se lhe confirme o terço", Vasconcelos (org.), *Hen-*

não tencionava apenas receber benefícios para manter a honra e a prosperidade de filhas e genros, mas pedir a liberdade e o sustento de seus soldados. Depois de Pernambuco restaurado, muitos pretos permaneceram cativos, condição que dificultava a manutenção da tropa sob seu comando. No calor dos combates, os senhores de escravaria ofereceram homens para lutar em nome do rei. Finda a guerra, certamente queriam reaver suas propriedades e reconstruir as lavouras e os engenhos, enquanto os escravos contavam com a alforria para continuar a servir com ânimo e vontade ao soberano.

Os soldados do terço viviam uma grande contradição, pois atuavam como homens armados em favor da coroa, embora fossem escravos.[33] Dias suplicava, então, recompensa pela vitória, pois seus soldados se tornaram "beneméritos da liberdade, os que serviram com valor e satisfação". O Conselho Ultramarino concordou com a súplica e asseverou a importância da tropa para afugentar do Brasil as ameaças flamengas. Os pretos eram "muitos sofredores dos trabalhos da Campanha, que enquanto não houver paz firme com a Holanda, convém muito conservar este seu terço". Por não ser dificultoso, os senhores ricos concederam liberdade a seus escravos sem indenização, mas os pobres abriram mão dos seus mediante ressarcimento, pagos com "um preço moderado, com que uns ficam satisfeitos, e outros sem queixas".[34] Sem a disposição da coroa de libertar os pretos, os Henriques não mais atuaram. Em suma, sem homens livres, não haveria terço dos pretos; a liderança de Henrique Dias estava comprometida com o retorno ao eito de seus soldados.

Não era apenas o líder o único interessado na liberdade. Para o Conselho Ultramarino, os Henriques guardavam as terras contra as possíveis ameaças neerlandesas, atuariam ainda na captura de escravos fugidos e no combate aos mocambos, "tão prejudiciais para tudo; e para não fu-

---

rique Dias (...), p. 26. Ver também AHU, códice Luiza da Fonseca, Bahia, doc. 1722.
[33] Esse dilema era recorrente em várias áreas escravistas, sobretudo no século XIX. Ver C. L. Brown e P. Morgan (orgs.), *Arming slaves*, p. 1-13, 120-145 e 146-179; Jerome S. Handler, "Freedmen and slaves in the Barbados militia", *The Journal of Caribbean History*, nº 19, 1984, p. 1-25.
[34] "O governador Henrique Dias pede...", Vasconcelos (org.), *Henrique Dias* (...), *op. cit.*, p. 29.

girem outros escravos para eles, o faltar-lhe no sertão este abrigo, e amparo, que ali acham os fugidos, do que também resulta manifesta utilidade aos senhores dos engenhos, e a suas lavouras, e aos mais moradores que tem escravos".[35] Além da defesa, a liberdade dos pretos era concedida como prêmio, com a condição de permanecerem obedientes e cristãos. Os líderes pretos receberam postos de honra no terço e serviriam a Deus e a Sua Majestade.

Mas aos pretos não bastava a liberdade. Sem terras não havia alternativa senão o trabalho quase escravo sob a tutela dos senhores, visto que nos terços nem sempre contariam com soldo. O fim da escravidão somente se viabilizaria caso os pretos, soldados do terço, pudessem contar com rendimentos e terras. Para Dias e seus herdeiros, a rainha doou as casas do flamengo Giles van Ufel (ou Uffelen), as glebas do cemitério judeu, as olarias de Gaspar Coque e todas as terras anexas às margens do rio Capibaribe até a ilha Santo Antônio, área que parcialmente, anos depois, seria denominada de estância de Henrique Dias. No tempo da guerra, das terras doadas pela rainha, os pretos provocaram grandes baixas nos exércitos holandeses, além de provocar danos materiais, pois de lá interceptavam as comunicações do Recife com o interior e impediam o deslocamento de víveres para o abastecimento da praça. A doação, portanto, era uma homenagem aos valentes soldados do terço. Em abril de 1654, esse patrimônio pertencia a Dias, como donatário da coroa, e seria repartido entre os milicianos pretos devido à "constância e igualdade de ânimo" com que enfrentaram as pelejas durante a guerra. As posses foram repartidas pelo mestre de campo general Francisco Barreto e pelos mestres de campo dos terços da infantaria, obedecendo "a justa distribuição proporcionadamente ao merecimento de cada um".[36]

No calor dos combates, em janeiro de 1646, Henrique Dias destelhou "uma casa da olaria junto ao cemitério dos judeus para cobrir com ela uma igreja de Nossa Senhora, a qual tinha feito de madeira, e barro,

---

[35] *Idem*, p. 31.
[36] F. A. Pereira da Costa, *Anais pernambucanos*, p. 316. Sobre a doação, ver AHU, Pernambuco, doc. 3041.

para se dizer missa em sua estância".[37] Depois de estabelecidos, os milicianos pretos dinamizaram-na, onde sepultavam os corpos dos valorosos soldados. Lá, todos os anos, celebraram a Assunção de Nossa Senhora no dia 15 de agosto. Na estância, em suma, construíram uma igreja e casas, formando um arraial, onde residiam os aliados de Henrique Dias, pois ao atuar no terço sem soldo, os soldados deveriam se sustentar, pagar o fardamento e as armas.

Com as terras asseguradas, a liberdade dependia da comprovação dos feitos realizados durante a guerra de restauração. O único testemunho do mencionado encaminhamento burocrático encontra-se na carta, endereçada ao rei, do soldado Gonçalo Rebello. O último esteve em Lisboa, em 1659, para suplicar por sua liberdade, pois suas certidões tinham sido criminosamente queimadas. Embora servisse lealmente como cabo de esquadra da companhia do capitão Domingos Grace, durante 13 anos, não dispunha dos papéis, a prova material de seus serviços. Nessas condições, o preto arriscava-se a retornar ao cativeiro. O Conselho Ultramarino o declarou livre, conforme a resolução de conservar o terço de Henrique Dias e libertar os soldados.[38] De fato, ao atuar no terço, escravos e forros tinham a possibilidade de ascender socialmente, pois, além da liberdade, contavam com terras, cedidas pelo rei como prêmio pelos feitos militares.

Comumente as milícias e as ordenanças não eram remuneradas, diferentemente das tropas de linha. Porém, ao institucionalizar as milícias de cor, o soberano concedia aos oficiais a possibilidade de ascender socialmente, sem contar com os mesmos privilégios e as mesmas honras das tropas regulares portuguesas. Contrariando a administração militar, segundo Kalina V. Silva, encontram-se "registros de que a Coroa por vezes ordena o pagamento de meio soldo aos Henriques mesmo em tempo de paz".[39] O terço certamente não era tropa de linha, atuava como auxiliar, embora, não raro, fosse denominado de "ordenança de homens pretos".

---

[37] Manuel Calado, *op. cit.*, vol. 2, p. 161.
[38] AHU, Pernambuco, doc. 609.
[39] Vanderlei Silva, "Os Henriques nas vilas açucareiras do Estado do Brasil", *op. cit.*, p. 150-151.

Os principais aliados de Dias receberam patentes e remuneração pelos serviços, mesmo depois da morte. Antônio Gonçalves Caldeira alcançou, em 1665, o posto de capitão de uma companhia de homens pretos do terço do mestre de campo Henrique Dias. Ali, durante 18 anos, comandou tropas, enfrentou os maiores perigos e procedeu com lealdade "nas pelejas, assaltos, emboscadas, defesas de estâncias, rendimentos de casas fortes, e fazendo muitas jornadas avarias pela campanha do inimigo, matando muitos com suas próprias mãos".[40] Depois de Caldeira, receberam a patente de mestre de campo Jorge Luís Soares (1686), Domingos Rodrigues Carneiro (1694) e Manuel Barbalho de Lira (1726).[41] Os pretos ainda ocuparam os postos de sargento-mor e de capitão da infantaria do terço. Assim, à época do processo inquisitorial contra os oficiais do terço, depois de mais de 80 anos, estava consolidada a elite militar preta de Pernambuco.

De todo modo, contando com soldo ou não, os descendentes de Henrique Dias, os oficiais e os soldados do terço residiam, em grande parte, na estância doada pela rainha. Tempos depois, por volta de 1688, José Luís Soares, o mestre de campo do terço, solicitou ao soberano auxílio para restaurar a igreja que, aos poucos, se deteriorara. Da velha construção da época da guerra restavam apenas as ruínas, onde não se podiam ouvir missas. Além de precárias instalações, a capela carecia de ornamentos.[42] Ao suplicar pela restauração da igreja, os oficiais pretos escreveram a Lisboa. Nas cartas dirigidas ao Conselho Ultramarino e aos reis, registraram-se o enorme fervor religioso, a necessidade de cultuar Nossa Senhora, particularmente de festejar o dia da Assunção, além de expressar, como era o costume, a lealdade aos soberanos portugueses.[43] No entanto, somente em 1748, na comemoração de cem anos da batalha de Guararapes, os pretos tiveram novamente a sua capela, que permaneceu como centro de seus festejos até a extinção do terço de Henrique Dias, logo após a independência.[44]

---

[40] ANTT, RGM, D. Afonso VI, liv. 19, f. 216.
[41] ANTT, RGM, D. Pedro II, liv. 1, f. 282 v; *Idem*, D. João V, liv. 5, f. 145 v; *Idem*, D. João V, liv. 68, f. 269 v-270 v.
[42] F.A. Pereira da Costa, *Anais pernambucanos*, p. 320.
[43] AHU, Pernambuco, doc. 3143.
[44] F.A. Pereira da Costa, *Anais pernambucanos*, p. 315-324.

Nas primeiras décadas do século XVIII, os pretos do terço enfrentaram adversidades para além da lenta reconstrução da igreja de Nossa Senhora da Assunção. Enquanto viveu, Henrique Dias comandava as terras e casas como um donatário da coroa, mas depois de sua morte suas propriedades foram invadidas por moradores do Recife e os pretos perderam paulatinamente a posse sobre a herança do herói preto. Contrariando, em princípio, a mercê régia, "começaram algumas pessoas a fazer aos suplicantes [aos oficiais do terço] perturbação na sua estância sem recorrerem aos meios ordinários de direito, mas só com o pretexto do domínio". Para tanto, alegavam possuir as terras antes da invasão holandesa.[45] O processo contra os invasores durou décadas e em 1726 os pretos ainda não tinham obtido o ganho de causa. Nessa conjuntura, vale ainda mencionar que os oficiais do terço enfrentaram outras adversidades para além da invasão da estância.

Na ocasião, o governador da capitania, Duarte Sodré Pereira Tibau (1727-1737), escreveu ao rei para pedir-lhe a extinção dos postos de governador dos índios, mestre de campo e sargento-mor dos terços de pretos e mulatos. Com a morte do mestre Manuel Barbalho de Lima, o governador mandou edital para preencher o posto, "por os que quisessem ser opositores, o irem fazer na forma do uso e costume". À época, o titular da patente recebia, por mês, o soldo de 8 mil réis, valor que deveria ser poupado, razão para o governador solicitar a extinção. Em janeiro de 1731, Duarte Sodré voltou a solicitar o fim das altas patentes, pois considerava os terços separados entre índios, pretos e mulatos prejudiciais ao serviço da coroa.

Além de extinguir os postos de mestre, governador e sargento-mor, Duarte Sodré tencionava dissolver os soldados pretos e pardos nas companhias de brancos, pois considerava injurioso que um preto, sem qualidade, recebesse uma patente de mestre de campo ou de sargento-mor. Para contornar o problema, os soldados libertos seriam alistados em companhias sujeitas aos capitães-mores das freguesias ou aos coronéis das ordenanças. A meta, portanto, era reduzir o número de cargos militares nas armas e nos

---

[45] AHU, Pernambuco, doc. 3041.

terços sob o controle de não brancos e subordinar os soldados indígenas, pretos e mulatos aos oficiais. Em suma, a erradicação dos postos e a prudente mistura dos soldados seriam ainda mais benéficas aos serviços do soberano por poupar recursos antes investidos nos líderes indígenas e pretos: "Há ocasião que V. M. haver por extinto este lugar que tem de soldo da fazenda real perto de cem mil réis".[46] Com essa informação, mais uma vez, fica evidente que esses oficiais eram remunerados.

De todo modo, na mesma conjuntura, o controle sobre a concessão de patentes militares não era apenas estratégia para reduzir os gastos da coroa, como se lê na carta do governador de Pernambuco mencionada acima. A tendência a regular as patentes era prática destinada a coibir as elites senhoriais, a "nobreza da terra", tanto no reino como no ultramar, de nomear oficiais sem o consentimento régio. Em 1739, na *Regulação dos oficiais de ordenança*, a coroa tencionava reduzir a multiplicidade de postos militares, controlar os soldos e oficiais subalternos.[47] Não raro as cartas-patentes resultavam dos serviços prestados pelos valorosos militares, da concordância do governador e do Conselho Ultramarino e, por fim, da concessão efetiva emitida pelas chancelarias dos monarcas. Esse trâmite comprova, em suma, a importância da negociação entre os poderes locais, o governador e a administração metropolitana. De todo modo, em 1732, o Conselho Ultramarino concordou com o governador de Pernambuco e aprovou o aniquilamento paulatino dos terços. Nessa conjuntura pouco favorável se insere a denúncia contra o ajudante Joaquim de Almeida Pereira e o capitão do terço dos Henriques Vitorino Pereira da Silva.

POMO DA DISCÓRDIA

A fradaria de Pedro Basílio não tinha santo de devoção, nem compromisso, nem capela, nem cargos semelhantes às irmandades setecentistas. Em

---

[46] AHU, Pernambuco, doc. 3513 e 3797.
[47] André Alexandre da Silva Costa, "La milicia, el rey y la guerra: la corona de Portugal y el caso del Brasil meridional (siglos XVI-XVIII)", in José Javier Ruiz Ibáñez (org.), *Las milicias del rei de España: sociedad, política e identidad en las monarquías ibéricas*, p. 183.

parte, a incipiente organização da fradaria não contrariava o costumeiro, pois não raro, ao criar uma corporação, os irmãos enfrentavam dificuldades para cumprir as normas impostas pela Igreja e pela monarquia. No entanto, os irmãos cumprimentavam-se, vestiam hábitos e iniciavam noviços como os padres regulares, razão para o bispo de Pernambuco, D. frei Luís de Santa Teresa,[48] instalar uma devassa. Para além da suposta heresia, era fama pública que os confrades perpetravam transgressões morais, invenções "de moços rapazes, mal doutrinados e ociosos, pois era só casta de gente de que a tal congregação se compunha..."[49] Para devassar tais desvios, o bispo designou um tal "provisor", religioso do Carmo calçado, que logo concluiu a investigação sem formar culpas nem prender pessoa alguma.

Os rumores fervilhavam e censuravam a ousada hierarquia, entre noviços e prelados, e o uso de hábitos das ordens do Carmo e de São Francisco. Os pretos nomearam o geral enquanto todos os demais prestavam-lhe obediência, "passando para este efeito patentes e tratando-se entre si como o mesmo tratamento dos religiosos".[50] Indignas de homens católicos, as ações contra o sexto mandamento provocaram escândalo, pois os irmãos desonestavam uns aos outros, praticavam cópulas com mulheres e molícies com os rapazes: "Do que tudo resultou logo mandar o dito Bispo devassar segunda vez pelo seu vigário geral chamado Francisco Antunes Moreira."[51] Depois de ouvir dezenas de testemunhas, o bispo mandou para a cadeia cerca de dez suspeitos, mas somente dois seriam enviados, posteriormente, ao palácio do Santo Ofício em Lisboa, justamente os militares ativos do terço dos Henriques.

---

[48] Sobre a relação entre Inquisição e bispado, ver Bruno Feitler, *Nas malhas da consciência: Igreja e Inquisição no Brasil*, p. 19-65 e 178. Em artigo sobre o bispo D. frei Luís de Santa Teresa, José Pedro Paiva asseverou que o mencionado bispo era inspirado nos ideais da jacobeia: "Eram vetores dessa corrente o propósito de fazer observar escrupulosamente os preceitos religiosos, tanto no nível do clero como entre os seculares, adequar os costumes das populações à ética cristã, aprofundar uma piedade mais espiritual e interior que ritualista". José Pedro Paiva, "Reforma religiosa, conflito, mudança política e cisão", in Ronaldo Vainfas e Rodrigo Bentes Monteiro (orgs.), *Império de várias faces: relações de poder no mundo ibérico da Época Moderna*, p. 317.
[49] ANTT, IL, proc. 132, f. 7.
[50] ANTT, IL, proc. 132, f. 68.
[51] *Idem*, f. 8 v.

Os depoimentos reunidos pelo vigário-geral primam por repetir as mesmas histórias, na mesma sequência e empregando, por vezes, as mesmas palavras. Aliás, nenhum denunciador presenciou as ditas torpezas sexuais perpetradas pelos pretos da fradaria.

Entre 4 de junho e 27 de julho de 1740, o vigário-geral ouviu 17 testemunhos, sendo sete religiosos, particularmente os padres do hábito de São Pedro, mas ainda encontravam-se dois ourives, dois alfaiates, dois estudantes, um escrevente, um ajudante, um alfaiate e uma preta forra, Luísa Pereira, moradora "atrás do muro de São Francisco na Vila do Recife, idade de 50 anos pouco mais ou menos", que quase nada acrescentou ao processo. O capitão Vitorino, em confissão, alertou os inquisidores para a aleivosia de seus declarados inimigos e apontou seis religiosos, entre padres e noviços, como potenciais difamadores de sua pessoa. O capitão do terço não estava enganado sobre a intriga armada pelos religiosos, embora não soubesse indicar os delatores de fato.

O padre Manoel Pereira da Costa, clérigo *inminoribus*, era considerado o principal inimigo pelo capitão Vitorino, sobretudo depois de um conflito envolvendo os limites de suas propriedades. O dito religioso denunciou a fradaria, mas não indicou o capitão como culpado. Interrogado pelo vigário-geral sobre os pretos, narrou a estranha cerimônia em que uma fêmea era posta nua em um trono, deitando-lhe flores para em seguida "coabitar" com os negros que lá estivessem. Entre tantos denunciadores, vale mencionar o testemunho do padre João de Martins Bezerra, sacerdote do hábito de São Pedro e morador da vila do Recife. Contou ao vigário-geral sobre o uso de hábitos da Ordem do Carmo e São Francisco: "E fazendo a seu tempo suas profissões com voto de obediência aos seus maiores e prelados de tal congregação e ajuntamento dando na ocasião seu banquete e fazendo seus jantares o que sabe pelo ver e presenciar no dito lugar..." Mas o sacerdote confessou que não vira com seus olhos as cópulas, nem o pecado de molície perpetrado pelos noviços.

Na seção de genealogia, Joaquim de Almeida Pereira tentou convencer os inquisidores da aleivosia dos religiosos, em particular dos clérigos da irmandade dos pretos do Rosário. Os últimos ficaram ofendidos e ordenaram ao sacristão de sua igreja para não dar "vestimenta ao clérigo algum para que dissesse missa como costumava sem que primeiro a dissesse o seu capelão".[52] A disputa entre a irmandade e a fradaria talvez fosse motivo de preocupação, pois os irmãos recorriam à mesma capela para promover seus cultos. De todo modo, não foram os irmãos da mencionada irmandade os denunciadores, mas os padres do hábito de São Pedro que se destacaram, ao longo do processo, como principais responsáveis por difundir na vila os rumores de desvios morais e heréticos ocorridos em cerimônias secretas ou em atos conhecidos de fama pública.

Nessa fase do processo os testemunhos eram unânimes em atacar os desregramentos dos pretos. Como resultado da devassa, o reverendíssimo vigário-geral ordenou, em nome do bispo, a prisão do ex-sargento Pedro Basílio, do alferes dos granadeiros José dos Prazeres, já falecido, do ajudante Joaquim de Almeida Pereira, do capitão Vitorino Pereira da Silva, todos do terço dos Henriques. Entre os procurados, estavam ainda três forros, nove escravos, homens e mulheres, todos pretos.[53] Como se percebe ao longo do processo, os principais implicados no caso eram os militares do terço dos Henriques e os escravos. De todo modo, somente Vitorino e Joaquim chegaram ao final do processo e enfrentaram os inquisidores. Depois de dois anos de muito confessar, os réus aguardaram nos cárceres do Santo Ofício mais informações provenientes do ultramar. Para tanto os inquisidores retomaram, em 8 de janeiro de 1743, as investigações no Recife, agora comandadas pelo comissário do Santo Ofício, o reverendo Antônio Alves Guerra.[54]

O comissário pouco alterou a lista dos interrogados pelo vigário-geral. Entre 18 testemunhos, sete eram padres do hábito de São Pedro, um clérigo, um licenciado, um alferes, um ajudante, quatro ourives, dois alfaiates pardos e um pardo "que vive de escrever, e fazer contas". Todos repetiram as mesmas denúncias: as torpezas no sexto mandamento, os cumprimentos e os hábitos ao modo das ordens religiosas. Disseram ain-

---

[52] *Idem*, f. 25 v, 9 v, 23 v-24, 26 e 45 v.
[53] *Idem*, f. 28 v-30. No rol de presos, encontra-se uma africana, única mencionada no processo: "Joana courena ou do gentio da Mina escrava do ferreiro do Livramento."
[54] Segundo Feitler, Antônio Alves Guerra era um doutor em teologia natural e padre que, à época, servia ao comissário extraordinário. Somente em 27 de abril de 1745 fora nomeado comissário. Feitler, *Nas malhas da consciência*, p. 88-89 e 135.

da que a confraria não tinha outro propósito que promover banquetes "para comerem e beberem e cometerem algumas torpezas com as ditas pretas..."[55] Para tanto, roubavam nas vizinhanças porcos, cabritos e se fartaram do furto nas festas. O comissário, entretanto, não se contentou com os relatos e admoestou seus interrogados a fornecer a origem das informações. Em suma, se não presenciaram os desvios, como sabiam dos fatos? Esse cuidado fez a diferença, pois ficou evidente que muitas denúncias não passavam de rumores. Em geral, ninguém testemunhou os desvios sexuais, mas em contato direto com os irmãos da fradaria viam que se comportavam como se fossem das ordens religiosas.

O padre Manuel Bernardes da Câmara, sacerdote do hábito de São Pedro, denunciou a fradaria por ouvir as histórias de Augustinho de Melo e de João Rodrigues Ferreira.[56] Em seus depoimentos, porém, ambos declararam conhecer os fatos "por ouvir dizer vulgarmente e ser fama pública nesta Vila".[57] O padre Câmara, porém, garantia que Pedro Basílio reunia vários moleques em casa. Como eram vizinhos, alertou ao fundador da fradaria que os moços poderiam praticar furtos e provocar enfados. Ele, portanto, não foi capaz de sustentar as graves acusações por não presenciar os fatos. Os demais denunciadores repetiram a mesma tática, pois relataram as "torpezas" e depois confessavam que ouviram dizer, que era fama pública. Depois de interrogar 18 testemunhas e mapear as origens dos rumores, pouco restou das delações referentes ao sexto mandamento. Ninguém confessou ter presenciado cópulas e molícies.

Quando perguntados sobre a razão para Pedro Basílio fundar a fradaria, muitos indicavam os banquetes e as orgias como principais motivos. O padre João Martins Bezerra, sacerdote do hábito de São Pedro, no entanto, mostrou-se muito ponderado e reconheceu sua incapacidade de comprovar os desvios sexuais. No entanto, segundo as notícias, ele estava certo de que a congregação fora criada para "adquirirem pretos e pretas para irem à Igreja de Nossa Senhora do Rosário dos pretos

---

[55] ANTT, IL, proc. 132, f. 83-109 e 96 v.
[56] Idem, f. 90 v.
[57] Idem, f. 24 v e 87.

aos Domingos e dias santos rezarem o ofício de Nossa Senhora". Pretendiam ainda assegurar a boa morte e a caridade aos necessitados. O alfaiate pardo, Pedro Coutinho de Carvalho, destacou a devoção da fradaria e relatou que via os pretos, inclusive as mulheres, rezar e cantar os ofícios de Nossa Senhora, mas sempre na igreja.[58]

Como os pretos da fradaria eram vistos em rezas, louvores e cânticos, não surpreende o número tão representativo de religiosos entre os interrogados. De fato, para além da credibilidade, o comissário chamou a prestar depoimento indivíduos que circulavam nas igrejas, conheciam os irmãos e poderiam presenciar os possíveis desvios da fé. Entretanto, na lista de testemunhas, destacam-se quatro ourives, particularmente Augustinho de Mello, citado em diversos momentos como origem dos rumores. Por que existiam tantos ourives implicados no caso? Aliás, logo depois da prisão, o capitão Vitorino alertou os inquisidores para a inimizade do dito oficial ourives.[59] Quando perguntados pelo comissário do Santo Ofício, os padres Ignácio dos Santos, Antônio das Virgens e Manuel Bernardes Câmara indicaram Augustinho como responsável por difundir os rumores. Os demais ourives informaram que suas denúncias se originaram de conversas com os padres do hábito de São Pedro. Em suma, percebe-se como o caso se tornou de fama pública a partir de murmurações difundidas nas conversas entre religiosos e ourives. Dos 18 interrogados, 12 faziam parte de um dos dois grupos.

Embora o processo inquisitorial envolvesse dois oficiais do terço, a sociabilidade militar não teve o devido destaque nos interrogatórios levados a efeito pelo vigário-geral e pelo comissário do Santo Ofício. Sobre a atuação dos pretos no terço de Henrique Dias não há menção relevante. Aliás, não estava incluído na devassa nenhum dos Henriques, mas o alferes Manuel Rodrigues da Costa e dois ajudantes, José Gouveia Ferreira e o pardo Manuel Mello de Sousa. Em depoimento, o último julgou os rumores pouco fiáveis, pois proviam de pessoas de "menos suposição, e crédito e a maior parte deles cativos". Na lista dos interro-

---

[58] *Idem*, f. 92-93 v e 96-96 v.
[59] *Idem*, f. 10 v.

gados não foi incluído nenhum membro da fradaria, nem os oficiais mecânicos, nem os escravos, nem mesmo Pedro Basílio. Para esclarecer essas escolhas, o comissário escreveu a seguinte justificativa: "... não me informei com nenhum dos chamados congregados por serem negros cativos, bêbados e incapazes de crédito..."[60]

Enfim, os inquisidores não tencionavam perseguir, punir escravos e pessoas sem qualidade. Embora denunciados fartamente ao longo do processo, os cativos nem sempre recebiam nomes, por vezes eram apenas descritos. Quando citados, ora os testemunhos recorriam aos codinomes, ora ao nome de seus senhores; em suma, era irrelevante identificá-los. Interessava-lhes, no entanto, desmantelar a clientela criada por oficiais do terço, desbaratar a sociabilidade criada no seio da igreja de Nossa Senhora do Rosário. Composta por moleques vadios, tal congregação não tinha outro intuito que comer e beber, de acordo com conclusão final do comissário.[61] No entanto, esse veredicto não se coaduna com as rezas, os cantos, a devoção mariana fartamente mencionados ao longo do processo. Se buscavam apenas beber aguardente e comer animais furtados na vizinhança, por que se vestiam e se tratavam como religiosos de ordens regulares? Por que criaram uma hierarquia, regras para os noviços e cerimônias de iniciação confessadas por Joaquim de Almeida Pereira e denunciadas pelos interrogados?

O comissário qualificou a fradaria como reunião de bêbados e vadios, sem o conteúdo herético mencionado na maioria dos interrogatórios. Os inquisidores ordenaram, então, que o bispo de Pernambuco livrasse da prisão os envolvidos no caso, inclusive o fundador e ex-sargento Pedro Basílio. Nesse rol ainda estavam o estudante José Gomes, o oficial sapateiro e secretário da confraria Salvador dos Santos e mais três escravos, Antônio Gomes, Antônio Luis da Serra e José de Oliveira.[62]

A lista dos presos só reforça o interesse eclesiástico de punir os oficiais ativos no terço dos Henriques. O ex-sargento, o estudante e o secretário da fradaria não teriam informações relevantes para os inquisidores?

---

[60] *Idem*, f. 94 v.
[61] *Idem*, f. 109 v e 109.
[62] *Idem*, f. 115.

FRADARIA DOS HENRIQUES

Seriam eles bêbados e vadios? Em nome da defesa da ortodoxia, esses pretos não deviam participar da devassa? Ao prender e responsabilizar os Henriques pelos desvios da fradaria, o bispo e o comissário corroíam rapidamente o prestígio social duramente alcançado pelos militares. De homens valorosos, tornaram-se repentinamente bêbados e vadios. Em Lisboa, a escolha dos dois militares como cabeças da fradaria não foi contestada. Sinal de anuência?

Muito antes do estabelecimento do processo inquisitorial, vários oficiais do terço dos Henriques tiveram também o prestígio corroído pelos poderes militares e eclesiásticos. Em carta ao rei, Henrique Dias denunciava o tratamento desrespeitoso que o mestre de campo, Francisco Barreto destinava a ele e a seus aliados. O preto era abordado com pouca reverência, com palavras indecentes, pois o mestre esbravejava que "nem me conheceu por soldado, e que não sou nada nem venço soldo..."[63] O herói preto das guerras de Pernambuco era, assim, destratado pelo seu superior militar. A falta de prestígio dos pretos, mesmo ao ocupar postos de destaque e apresentar extensa folha de serviços, foi registrada, repetidas vezes, na Mesa da Consciência e Ordens e nas habilitações a familiares do Santo Ofício.

Os conselheiros da Mesa da Consciência e Ordens consideravam-nos destituídos de qualidade e não os habilitavam a receber título de cavaleiro das ordens militares. Vale mencionar que o alferes, capitão de infantaria e tenente Amaro Cardigo serviu ao rei durante 30 anos, sete meses e 20 dias e solicitou ao monarca o hábito de uma das ordens. A partir de seus prestimosos serviços, o soberano lhe concedeu a mercê, com a condição de ser habilitado pela Mesa. Além dos serviços militares, Cardigo era legalmente casado com D. Benta Henriques, filha do governador Henrique Dias, e pleiteava o hábito concedido ao herói por D. João IV, nos idos de 1650. Seus planos de ascensão social não deram bons resultados, pois pareceu à Mesa "que o requerimento do suplicante é intempestivo", que o preto não apresentava as qualidades necessárias para tornar-se cavaleiro. D. João V insistiu em premiar o militar

---

[63] AHU, Pernambuco, doc. 406.

com o hábito da ordem de Santiago, com 20 mil réis de pensão efetiva por estar casado com a filha de Henrique Dias. Insistiu ainda que as provanças, investigações sobre os pais e avós de Cardigo, fossem feitas em "pátria comum", em Lisboa. A ponderação régia não alterou o parecer dos religiosos da Mesa que negaram a súplica do oficial.[64]

Com 17 anos de serviço à monarquia, o mestre de campo Domingos Rodrigues Carneiro recebeu do rei, em abril de 1688, o hábito da Ordem de São Bento de Avis com 12 mil réis de tença. Durante esse tempo, participou de entradas em Palmares para combater negros rebeldes, sobretudo na investida à Serra da Barriga, onde os negros se colocaram em fuga. Antes, porém, o terço comandado por Carneiro fez muitos mortos e feridos, entre eles o líder Zumbi. Mesmo com o aval do Conselho Ultramarino e a promessa régia, a Mesa negou a súplica e não o habilitou para receber o hábito, pois não era justo "que em pessoa tão indigna na estimação das gentes como a de um negro se veja o hábito de São Bento de Avis". Se concedessem a mercê, os conselheiros acreditavam que estariam em "falta a estimação e decoro com que se devem trazer os hábitos das ordens, que nunca viram em homem de semelhante nascimento".[65]

Em princípio, a origem cativa dos suplicantes não estava vinculada aos impedimentos nas *Definições e estatutos* da Ordem de Cristo, livro datado de 1628. À época, os interrogatórios estavam inclinados a verificar notadamente os vínculos com a raça de mouro, de judeu e a antecedência gentia.[66] A menção à origem cativa e à raça de mulatos como impedimentos aparece bem mais tarde, particularmente nas habilitações de mulatos às ordens militares e à familiatura do Santo Ofício, datadas entre 1680 e 1730. Sem recorrer à investigação exaustiva, menciono o caso de Bernardo Vieira Ravasco, a quem, em 1673, fora negado o hábito da Ordem de Cristo por ser sua avó paterna de "cor

---

[64] Amaro Cardigo, ANTT, Habilitações da Ordem de Santiago (HOS), letra A, maço 6, doc. 10.
[65] Domingos Rodrigues Carneiro, ANTT, Habilitações da Ordem de Avis (HOA), letra D, maço 1, doc. 1.
[66] *Definições e estatutos dos cavaleiros & freires da Ordem de Christo*, p. 89.

parda": "A saber com certeza de suas qualidades e limpeza, se sentenciou que por hora não está capaz de entrar mercê do hábito". No reino, a origem cativa era também responsável por condutas desviantes, pois Luis de Cabedo de Vasconcelos teve sua súplica ao Santo Ofício negada pela "vileza da sua pessoa, como pelo pouco assento com que vive, apontando se estes defeitos a opinião de que tem raça de mulato". Os mulatos não poderiam, portanto, representar nem o Santo Ofício nem as ordens militares, pois sua ascendência servil estava marcada na cor, por suas características físicas, e não mais pelo credo, como ocorria com os cristãos-novos e mouriscos. Nesse sentido, António Malho dos Rios não obteve a habilitação à Ordem de Cristo por ter "alguma coisa de mulato e que na cor o mostrava e ele testemunha o tinha nesta conta, mas que sua mulher Francisca Pires era mulher branca sem raça alguma de mulata..."[67]

Embora fossem instituições distintas, as ordens militares e a Inquisição se pautavam pelo mesmo princípio de exclusão. Desde fins do século XVI recorriam à pureza de sangue e à nobreza da descendência como parâmetros para aceitar novos quadros. A preocupação com os mulatos era crescente nas primeiras décadas do Setecentos,[68] coincidindo com a expansão ultramarina, com o aumento do tráfico e a consolidação da sociedade escravista. Para Schaub, a "ideologia racista" se forjou com a expansão colonial e não pode estar atrelada exclusivamente à noção de hereditariedade e aos avanços da ciência oitocentista.[69]

Na Mesa do Santo Ofício, Vitorino Pereira da Silva e Joaquim de Almeida Pereira foram, enfim, absolvidos por falta de provas e admoestados a não "tornar a cometer as culpas de que se apresentou, nem outras semelhantes, porque se assim o fizessem, seriam castigados com

---

[67] ANTT, Habilitações da Ordem de Cristo (HOC), letra B, maço 12, doc. 149; ANTT, Tribunal do Santo Ofício, Habilitações incompletas, doc. 1400; HOC, letra A, maço 42, doc. 12.
[68] Para um balanço mais geral sobre a questão, ver Isabel Drumond Braga, "A mulatice como impedimento de acesso ao 'Estado do Meio'", p. 1-12.
[69] Jean-Frédéric Schaub, "La catégorie 'études coloniales' est-elle indispensable?", *Annales*, nº 3, 2008, p. 640-645.

todo o rigor".⁷⁰ Tal veredicto se impôs mesmo depois que os inquisidores reconheceram a dificuldade de comprovar as denúncias. A persistência da culpa talvez estivesse vinculada à origem cativa dos réus, à falta de crédito, à desonra facilmente obtida por seus inimigos ao espalhar notícias sobre as torpezas perpetradas pela fradaria.

Em diferentes circunstâncias, os poderes eclesiásticos impediram a ascensão social do grupo a cargos e títulos, fosse no âmbito metropolitano, na Mesa da Consciência e Ordens, ao negar a habilitação aos negros, fosse no âmbito local, nas inúmeras denúncias do clero secular contra os Henriques. Se antes não se cogitava a possibilidade de ascensão social de pretos e mulatos, a restauração de Pernambuco permitiu aos egressos do cativeiro a possibilidade de se distanciar de sua origem. Essa brecha criou expectativas e gerou, por certo, conflitos.

Em relação aos pedidos de Cardigo e Carneiro, tornou-se evidente o interesse do monarca em condecorá-los pela bravura, mas a Mesa da Consciência e Ordens não os via como habilitados para o título devido à origem cativa.⁷¹ Na negativa não se mencionou o sangue impuro, mas a falta de qualidade e estimação. De fato, com o título de cavaleiro, os oficiais pretos teriam, entre outros privilégios, pensões e foro privativo, caso se envolvessem em causas criminais e cíveis, por ser pessoas religiosas. Contando com o foro eclesiástico, seriam julgados somente pelos juízes dos cavaleiros e, mesmo assim, ainda podiam apelar à corte de terceira instância. Depois de condecorados, seriam considerados puros de sangue, não seriam punidos em público, teriam, em tese, privilégios semelhantes à baixa nobreza.⁷²

A Mesa não concordava com a concessão de tamanha honra a oficiais pretos. Para tanto, os conselheiros recorreram ao mesmo recurso do comissário ao determinar que os pretos eram destituídos de crédito e qualidade, embora jamais afirmassem que fossem impuros. Se os ecle-

---

[70] ANTT, IL, proc. 132, f. 117 e 120.
[71] Nos 15 itens do interrogatório realizado pela mesa, não existe referência a impedimento relacionado aos pretos ou cativos. Ver o processo de habilitação de Domingos Rodrigues Carneiro, ANTT, HOA, letra D, maço 1, doc. 1.
[72] Francis Dutra, "Membership in the Order of Christ in the seventeenth century...", *The Americas*, nº 27, 1970, p. 18-19.

siásticos assim os consideravam, o monarca e o Conselho Ultramarino reconheciam seus méritos e procuravam promover suas carreiras militares. O réu Joaquim de Almeida Pereira não deixou rastros de sua existência após receber a liberdade dos inquisidores. O capitão Vitorino, porém, escreveu ao Conselho Ultramarino e solicitou ajuda para retornar a Pernambuco. Antes de perseguir a trajetória do militar absolvido pela Inquisição, seria fundamental reunir algumas evidências.

A fradaria de Pedro Basílio intentava reunir moços forros e escravos para cultuar Nossa Senhora e criar laços entre os religiosos da igreja de Nossa Senhora do Rosário e os irmãos desamparados. Os oficiais do terço de Henrique Dias dela participavam como intermediários, promotores da irmandade e principais líderes. A participação do capitão Vitorino na confraria é controvertida, pois esse negou sua filiação, mas teve seu nome incluído nos depoimentos de vários interrogados. Sem admitir sua participação, Vitorino talvez incorresse em perjúrio, mas os inquisidores não se convenceram de sua culpa e consideraram-no inocente. Se os moleques viam a fradaria como estratégia de proteção frente à sociedade escravista, qual seria o interesse dos militares pretos quando criaram a congregação, ampararam e doutrinaram forros e escravos? Não seria, como concluiu o comissário, para comer e beber à farta nos banquetes?

Nas entrelinhas do processo percebe-se o intuito do vigário-geral, do comissário e da maioria dos interrogados de incriminar os Henriques, torná-los líderes de cativos e forros heréticos, de falsos irmãos de ordens regulares. Aliás, conclui-se que os líderes, ocupantes de postos de confiança na hierarquia militar, eram mais perigosos do que os cativos e forros vadios, bêbados, heréticos e desviantes no sexto mandamento. Embora presos em Olinda, um estudante, um ex-sargento e um oficial mecânico, sem contar os escravos, foram considerados, pelo comissário, como pessoas destituídas de crédito, como irrelevantes para elucidar o processo. A lista de encarcerados ainda demonstra a nítida estratégia de perseguir os Henriques que ainda permaneciam na ativa; do contrário, por que não remeteram a Lisboa o fundador da fradaria, Pedro Basílio, ex-sargento do terço?

Ao enumerar seus inimigos, o ajudante Joaquim e o capitão Vitorino nos permitem visualizar as rivalidades que os oficiais pretos mantinham com religiosos, ourives e militares. As murmurações, a fama pública que rapidamente percorreu as ruas da vila, demonstram os interesses conflitantes, a discórdia provocada pela ascensão social dos pretos. De origem cativa, tornavam-se militares, recebiam altas patentes, soldo e dispunham de terras e casas. Em 17 de outubro de 1743, Vitorino Pereira da Silva deixou os cárceres do Santo Ofício. Pouco mais de dois meses após a libertação, recebeu do monarca D. João V a patente de capitão de uma companhia do terço dos Henriques. Datada de 24 de dezembro do mesmo ano, a carta-patente era, certamente, o reconhecimento dos serviços prestados por Vitorino antes de ser envolvido na devassa. Era então provido pelo governador da capitania de Pernambuco ao posto de capitão de uma das companhias do terço de gente preta, sem contar com o pagamento de soldo pela fazenda real. O terço era comandado pelo mestre de campo Brás de Brito Souto, oficial ausente da devassa comandada pelo vigário-geral e pelo comissário do Santo Ofício. De acordo com a patente régia, concorriam "na pessoa do dito Vitorino Pereira da Silva as circunstâncias necessárias por S. M. esperar dele que em tudo o de que for encarregado do seu serviço e haverá com satisfação".[73]

Em requerimento ao Conselho Ultramarino, o capitão Vitorino Pereira da Silva aproveita a oportunidade para esclarecer como se envolveu com a fradaria. Vitorino atuara durante 25 anos em praça de soldado, obedecendo aos oficiais superiores. Incentivava também os soldados da sua companhia a dominar "o exercício e manejo das armas em que ele mesmo instruía". Era, portanto, considerado humilde, de bom procedimento, sempre pronto para servir ao monarca. Sucedeu então um episódio que o envolveu com Manuel Pereira Barreto, ourives, e com seu filho, Manuel Pereira da Costa Barreto, clérigo *inminoribus*, responsáveis por enredá-lo nos cárceres do Santo Ofício.

---

[73] ANTT, RGM, liv. 34, f. 367; ver também ANTT, Chancelaria de D. João V, liv. 111, f. 252-252 v.

Antes, no Recife, Vitorino convencera "judicialmente a algumas pessoas daquela praça sobre a servidão de um poço e terra que lhe pertencia...". A disputa com o mencionado clérigo resultou na vingança de pai e filho: "Lhe originou concorrerem caluniosamente para ser culpado em uma devassa que tirou o vigário geral daquele bispado contra alguns pretos e rapazes que se dizia delinquiram em matérias pertencentes ao Santo Ofício".[74] Rapidamente, o capitão perdera a sua reputação de bom servidor e tornou-se réu da Inquisição.

O pomo da discórdia não eram a terra e o poço, mas o prestígio social alcançado pelo forro. Mesmo reputado como excelente oficial, conforme suas certidões atestam, o capitão Vitorino viu-se enredado em rumores de heresia e de desvios do sexto mandamento. Como as autoridades eclesiásticas não deram ouvidos a seus pares, nem mesmo ao mestre de campo Brás de Brito Souto,[75] logo recebeu a pecha de pecador e partícipe de orgias envolvendo moços e mulheres. De fato, nas entrelinhas do processo se percebe como as trajetórias de Vitorino e de Joaquim eram instáveis e suscetíveis a rumores, pois em pouco tempo passaram de militares do terço a vadios e bêbados, tornando-se indivíduos sem nenhuma qualidade.

Conhecedores dos méritos do capitão Vitorino, o Conselho Ultramarino e a Secretaria de Estado da Marinha e Ultramar rapidamente tentaram compensar o dano causado pela devassa e prisão, concedendo-lhe a carta patente de capitão de uma companhia e mil réis de ajuda de custo para refazer sua vida em Pernambuco.

Enfim, o processo inquisitorial contra a fradaria do Recife e a trajetória do capitão Vitorino Pereira da Silva revelam os mecanismos sociais responsáveis por manter a ordem estabelecida e impedir a discreta ascensão social de indivíduos oriundos do cativeiro. Embora seja tema controverso, percebe-se aí a gênese de práticas excludentes, da ideologia racista, conforme defendeu Schaub,[76] tornando particularmente instável a ascensão social alcançada pela elite preta de Pernambuco.

---

[74] AHU, Pernambuco, doc. 5115.
[75] ANTT, IL, proc. 132, f. 11 v.
[76] Jean-Frédéric Schaub, "La catégorie 'études coloniales' est-elle indispensable?", *Annales*, nº 3, 2008, p. 640-645.

REFERÊNCIAS DOCUMENTAIS E BIBLIOGRÁFICAS

BOSCHI, Caio Cesar. *Os leigos e o poder*. São Paulo: Ática, 1986.

BRAGA, Isabel Drumond. "A mulatice como impedimento de acesso ao 'Estado do Meio'". Disponível em: http://cvc.instituto-camoes.pt/eaar/coloquio/comunicacoes/isabel_drumond_braga.pdf.

BROWN, C. L. e MORGAN, P. (orgs.). *Arming Slaves*. New Haven: Yale University Press, 2006.

CALADO, Frei Manuel. *O valeroso Lucideno*. São Paulo/Belo Horizonte: Edusp/Itatiaia, 1987.

COSTA, André Alexandre da Silva. "La milicia, el rey y la guerra: la corona de Portugal y el caso del Brasil meridional (siglos XVI-XVIII)". In IBÁÑEZ, José Javier Ruiz (org.). *Las milicias del rei de España: sociedad, política e identidad en las monarquías ibéricas*. Madri: Fondo de Cultura Económica/Red Columnaria, 2009, p. 162-191.

COSTA, F. A. Pereira da. *Anais pernambucanos*. Recife: Governo de Pernambuco, 1983.

Definições e estatutos dos cavaleiros & freires da Ordem de Christo. Lisboa: Pedro Craesbeeck, 1628.

DUTRA, Francis. "A hard-fought for recognition". *The Americas*, Filadélfia, n° 56, p. 91-113, 1999.

_____. "Africans heritage and the Portuguese Military Orders in seventeenth and early eighteenth century Brazil". *Colonial Latin American Historical Review*, Albuquerque, n° 15, p. 113-141, 2006.

_____. "Membership in the Order of Christ in the seventeenth century...". *The Americas*, Philadelphia, n° 27, p. 18-19, 1970.

FEITLER, Bruno. *Nas malhas da consciência: Igreja e Inquisição no Brasil*. São Paulo: Phoebus/Alameda, 2007.

HANDLER, Jerome S. "Freedmen and slaves in the Barbados militia". *The Journal of Caribbean History*, Cave Hill, n° 19, p. 1-25, 1984.

KRAAY, Hendrik. *Race, state, and armed forces in Independence-era Brazil*. Stanford: Stanford University Press, 2001.

MATTOS, Hebe. "Black troops and hierarchies of color in the Portuguese Atlantic World: the case of Henrique Dias and his black regiment". *Luso-Brazilian Review*, Madison, n° 48, p. 6-30, 2008.

_____. "Henrique Dias: expansão e limites da justiça distributiva no império português". VAINFAS, Ronaldo; SANTOS, Georgina Silva dos; NEVES, Guilherme Pereira das (orgs.). *Retratos do império: trajetórias individuais no mundo português nos séculos XVI a XIX*. Niterói: EdUFF, 2006, p. 29-45.

MELLO, J. A. Gonsalves de. "Henrique Dias". In *Restauradores de Pernambuco*. Recife: Imprensa Universitária, 1967, p. 17-18 e 43.

PAIVA, José Pedro. "Reforma religiosa, conflito, mudança política e cisão". In VAINFAS, Ronaldo e MONTEIRO, Rodrigo Bentes (orgs.). *Império de várias faces: relações de poder no mundo ibérico da Época Moderna*. São Paulo: Alameda, 2009, p. 307-349.

RUSSELL-WOOD, A. J. R. "Através de um prisma africano". *Tempo*, Niterói, nº 12, p. 11-50, 2001.

_____. *Escravos e libertos no Brasil colonial*. Rio de Janeiro: Civilização Brasileira, 2005.

_____. "Ambivalent authorities: the Africans and Afro-Brazilian contribution to local governance in colonial Brazil". *The Americas*, Philadelphia, nº 57, p. 13-36, 2000.

SALVADO, J. P. e MIRANDA, S. M. (org.). *Cartas do Iº conde da Torre*. Lisboa: CNPCDP/MRE, 2001.

SCARANO, Julita. *Devoção e escravidão*. São Paulo: Companhia Editora Nacional, 1975.

SCHAUB, Jean-Frédéric. "La catégorie 'études coloniales' est-elle indispensable?". *Annales*, Paris, nº 3, p. 640-645, 2008.

SILVA, Daniel B. D. da e ELTIS, David. "The slave trade to Pernambuco — 1561-1851". In RICHARDSON, David e ELTIS, David. *Extending the frontiers*. New Haven: Yale University Press, 2008, p. 100.

SILVA, Kalina Vanderlei. "Os Henriques nas vilas açucareiras do Estado do Brasil". *Estudos de História*, Franca, nº 9, p. 145-163, 2002.

_____. *O miserável soldo e a boa ordem da sociedade colonial*. Recife: Fundação de Cultura Cidade do Recife, 2001.

VASCONCELOS, José Augusto do Amaral Frazão de (org.). *Henrique Dias: herói da Restauração de Pernambuco*. Lisboa: Agência Geral das Colônias, 1940.

Vocabulário portuguez & latino. Instituto de Estudos Brasileiros — Universidade de São Paulo. Disponível em: http://www.ieb.usp.br/online/dicionarios/Bluteau/imgDicionario.asp?arqImg=2926&vol=9&vvcont=20237&vtabela=tab BluteauF.

CAPÍTULO 3 A fortuna da diáspora: judeus portugueses no Brasil holandês*

*Ronaldo Vainfas***

O presente texto integra pesquisa que realizo desde 2004 intitulada "Jerusalém colonial: conflitos religiosos e mestiçagens culturais no Brasil holandês". Sou grato ao CNPq e à Faperj, apoios que tornam viável a pesquisa em curso, incluindo os arquivos de Lisboa e Amsterdã.
**Professor titular de História Moderna na Universidade Federal Fluminense, pesquisador do CNPq, Cientista Nosso Estado pela Faperj, coordenador do Pronex *Raízes do privilégio* e líder do grupo de pesquisa Companhia das Índias. É autor do livro *Traição: um jesuíta a serviço do Brasil holandês processado pela Inquisição*, São Paulo, Companhia das Letras, 2008.

JUDEUS NOVOS NO BRASIL

A conquista holandesa de Pernambuco e das demais capitanias do nordeste, com exceção da Bahia, na década de 1630, não só rompeu o monopólio comercial ibérico sobre a principal região açucareira das Américas como pôs em xeque alguns padrões tradicionais da colonização portuguesa (ou hispano-portuguesa) no plano institucional e cultural.

Para citar apenas dois aspectos ligados diretamente ao objeto deste artigo, menciono o fato de a conquista holandesa ter sido realizada e administrada por uma companhia de comércio por ações — a *West Indische Compagnie* (WIC) — e não pelo Estado, apesar das relações que havia entre a companhia comercial, os Estados Gerais e a própria casa de Orange. Isso teve seu peso na medida em que a lógica do capital comercial tendeu a prevalecer com mais nitidez nos negócios do açúcar, escravos e outras mercadorias, sendo a Holanda, de onde partiu a maior parte dos capitais investidos no Brasil, a região europeia mais dinâmica do chamado capitalismo comercial durante o século XVII. A busca do lucro mercantil, antes de tudo, foi o que desde o início prevaleceu na aventura holandesa, superando quaisquer projetos colonizadores. A colonização holandesa, se é que houve alguma, foi antes de tudo um negócio.

Em grande parte por causa disso, a administração da WIC autorizou o estabelecimento de judeus portugueses em Pernambuco, concedendo-lhes o direito de professarem sua religião sem constrangimentos, desde que o fizessem com discrição. Somente isso já constitui fato inédito de grande alcance histórico, uma vez que o Brasil, como parte do império colonial ibérico, era terra onde só se poderia professar o catolicismo. Os que saíssem da linha, sobretudo se cristãos-novos, ficavam na alça da mira do Santo Ofício, suspeitos de heresia e passíveis de penas seculares — no limite, o confisco de bens e a morte na fogueira.

A dominação holandesa no Brasil rompeu radicalmente com a unidade da fé que caracterizava as monarquias ibéricas, instituindo, em seu lugar, políticas de tolerância religiosa que beneficiavam não apenas os judeus como os próprios católicos, apesar da inimizade figadal existente entre calvinistas e católicos desde o século XVI.

Os judeus portugueses puderam, assim, praticar livremente a sua "lei de Moisés", como então se dizia, e serviram, de várias maneiras, aos propósitos da WIC nas capitanias açucareiras, como veremos a seu tempo. E quando digo judeus-portugueses, refiro-me aos cristãos-novos que haviam deixado a Espanha e, sobretudo, Portugal, no início do século XVII, para refugiar-se na Holanda, onde foram autorizados a se estabelecer. Ali se tornaram judeus públicos, fundaram sinagoga e participaram da economia holandesa, ainda que com algumas restrições.

Os judeus em causa são os que Yosef Kaplan denominou de *judeus novos*, buscando conceituar os cristãos-novos que, embora nascidos em meio cristão e batizados no catolicismo, buscaram reconstruir, na diáspora holandesa, a identidade de seus antepassados.[1] Eram judeus que conheciam pouco ou mal o judaísmo que professavam, ao menos nas primeiras décadas do século XVII, mas eram judeus assumidos. Conseguiram, aos poucos, estruturar uma sólida comunidade sefardita na Holanda, contando com a orientação de rabinos espanhóis ou portugueses contratados junto aos centros sefarditas mais importantes da Europa, mormente os da Itália, como Livorno, Ferrara e Veneza.

Foram esses judeus novos que passaram ao Brasil a partir de 1635, uma vez consolidada a vitória militar da WIC sobre a resistência pernambucana chefiada por Matias de Albuquerque. Foram eles que funda-

---

[1] Yosef Kaplan, *Judíos nuevos en Amsterdam: estudio sobre la historia social e intelectual del judaísmo sefardí en el siglo XVII*.

ram a primeira sinagoga das Américas, a *Kahal Kadosh Zur Israel*, no Recife, estabelecendo-se também na Paraíba e em Penedo, atual Alagoas, na embocadura do rio São Francisco. Os judeus novos eram muito diferentes dos cristãos-novos, exceto pela origem comum, apesar de muitos cristãos-novos judaizarem em casa, às escondidas, nos lugares onde atuava a Inquisição ibérica. Tratava-se, porém, de um judaísmo mitigado e fragmentado, restrito, quando muito, a certos ritos domésticos, à observância de tabus alimentares, algumas festas do calendário judaico, aos costumes funerários e à guarda do sábado. Os judeus novos, por sua vez, eram frequentadores da sinagoga, aprenderam as orações judaicas mais usuais, esmeravam-se em seguir, em casa, os preceitos da tradição judaica. Alguns mais jovens até sabiam hebraico.

Houve cristãos-novos residentes no Brasil que, a partir de 1635, aderiram ao judaísmo dos recém-chegados de Amsterdã, tornando-se, também eles, *judeus novos* que participaram ativamente dos negócios da WIC nas capitanias açucareiras. É nesse grupo que reside o foco deste artigo, em particular na sua inserção nos negócios coloniais durante o período holandês.

HISTORIOGRAFIA, O ESTADO DA ARTE

A bibliografia sobre a comunidade judaica no Brasil holandês é escassa, em contraste com os estudos sobre os sefarditas na própria Holanda, particularmente em Amsterdã. Mas, apesar de escassa, essa bibliografia é valiosa.

Publicada em sua primeira versão nos anos 1940, *Gente da nação*, de José Antônio Gonsalves de Mello, ainda hoje é referência fundamental para os estudiosos do tema, em especial a segunda parte, exclusivamente dedicada aos judeus-portugueses nos domínios holandeses do nordeste açucareiro.[2] Arnold Wiznitzer é outro historiador clássico, au-

---

[2] José Antônio Gonsalves de Mello, *Gente da nação: cristãos-novos e judeus em Pernambuco, 1542-1654*.

tor de *Os judeus no Brasil colonial*,[3] publicado em 1960, livro que rivaliza com o de Gonsalves de Mello enquanto obra de síntese sobre o tema, seja pela riqueza de informações, seja pela acuidade das análises. A *odisseia dos judeus de Recife*, publicado em 1979, é um dos trabalhos preciosos do casal Egon e Frieda Wolff, que se dedicaram por toda a vida a rastrear as famílias de origem judaica na história do Brasil, sobretudo no período colonial.[4]

Merece especial destaque, nesse campo dos clássicos, os trabalhos de Isaac Emmanuel publicados na *American Jewish Archives*. Em primeiro lugar, o texto "New light on Early American Jewry",[5] publicado em 1955. Entre outras qualidades, o artigo apresenta na íntegra diversos textos da própria comunidade do Recife, incluindo cartas do rabino Isaque Aboab da Fonseca e dos *parnassim* (os membros do conselho da congregação, o *Mahamad*). Em segundo lugar, o texto "Seventeenth-Century Brazilian Jewry: a critical review",[6] publicado em 1962. Trata-se de uma resenha crítica do livro citado de Arnold Wiznitzer, na qual sustenta, com brilho, a importância da conexão entre os judeus portugueses do Pernambuco holandês e os residentes em Amsterdã — relação pouco contemplada na escassa bibliografia de meados do século XX e ainda hoje descurada. Além disso, as tabelas e listas apresentadas por Emmanuel nesse artigo são um verdadeiro tesouro para uma história social do grupo.

Mais recentemente, Elias Lipiner produziu o que talvez seja o principal trabalho monográfico sobre o tema com seu *Isaque de Castro: o mancebo que veio preso do Brasil*,[7] publicado em 1992, biografia do audacioso rapaz que desafiou a Inquisição, sendo condenado à fogueira. No mesmo ano, o historiador alemão Gunther Böhm publicou *Los sefardíes en los domínios holandeses de América*

---

[3] Arnold Wiznitzer, *Judeus no Brasil colonial*.
[4] Egon Wolff e Frieda Wolff, *A odisseia dos judeus de Recife*.
[5] Isaac S. Emmanuel, "New light on Early American Jewry", *American Jewish Archives*, nº 7, 1955, p. 3-64.
[6] Isaac S. Emmanuel, "Seventeenth-Century Brazilian Jewry: a critical review", *American Jewish Archives*, nº 14, 1962, p. 32-73.
[7] Elias Lipiner, *Isaque de Castro: o mancebo que veio preso do Brasil*.

del Sur y del Caribe,[8] livro importante por relacionar o deslocamento para as Antilhas holandesas e inglesas de famílias judaicas saídas do Brasil durante a insurreição pernambucana (1645), sobretudo após a reconquista luso-brasileira do Recife (1654). Em 1999, Leonardo Dantas Silva publicou "Zur Israel: uma comunidade judaica no Brasil holandês",[9] incluso no livro organizado por Paulo Herkenhoff, *O Brasil e os holandeses*, texto que, entre outras novidades, apresenta na íntegra um poema de Isaque Aboab da Fonseca, rabino da *Kahal Kadosh Zur Israel* erigida no Recife.

Entre as teses universitárias, a principal contribuição até hoje veio de Bruno Feitler, *Inquisition, juifs et nouveaux-chrétiens au Brésil*,[10] baseado em tese defendida em 2001, parte dela dedicada à comunidade luso-sefardita do Pernambuco holandês. Mas vale citar, ainda, o trabalho inédito de Marco Antônio Nunes da Silva, *O Brasil holandês nos cadernos do promotor*,[11] datado de 2003, estudo sobre os judeus e cristãos-novos estabelecidos no nordeste registrados naquele códice inquisitorial. Outras teses estão em curso sobre tema, que, enfim, entra de vez na pauta de pesquisas sobre a história do período holandês.

Numa visão de conjunto, vale mencionar duas lacunas importantes nessa historiografia dedicada aos judeus-portugueses no Brasil holandês, uma de ordem conceitual, outra de ordem, por assim dizer, metodológica. Da primeira não vou tratar aqui por escapar aos objetivos deste artigo, mas tão somente enunciá-la. Trata-se da imprecisão com que a grande maioria dos autores citados se refere aos judeus portugueses. A maioria os concebe como judeus, pressupondo um conceito de *judeu* abstrato, idealizado, por vezes associado ao conceito de cristão-novo, como se ambos fossem sinônimos, ou quase, simplesmente porque descendiam todos dos judeus convertidos à força por

---

[8] Günter Böhm, *Los Sefardíes en los dominios holandeses de América del Sur y del Caribe: 1630-1750*.
[9] Leonardo Dantas Silva, "Zur Israel: uma comunidade judaica no Brasil holandês", in Paulo Herkenhoff (org.), *O Brasil e os holandeses*, p. 176-191.
[10] Bruno Feitler, *Inquisition, juifs et nouveaux-chrétiens au Brésil*.
[11] Marco Antônio Nunes Silva, *O Brasil holandês nos cadernos do promotor: Inquisição de Lisboa, século XVII*.

D. Manuel em 1496. Outros particularizam a definição mencionando a sua condição de *sefarditas*, o ramo judeu da Península Ibérica que se converteu ao cristianismo e/ou buscou refúgio nas regiões onde o judaísmo não era perseguido, a exemplo das cidades italianas, no século XVI, ou da Holanda, no século XVII. Em ambas as definições, a dinâmica das metamorfoses culturais, os dilemas identitários e as relações entre judeus reconvertidos (novos) e cristãos-novos leais à Igreja ficam à margem das reflexões. A problemática inerente ao conceito de *judeus novos,* mencionado no início deste artigo, por exemplo, passa ao largo das reflexões de quase todos, se não da totalidade, dos autores mencionados.

Para os objetivos deste artigo, vale sublinhar a lacuna, por assim dizer, metodológica que caracteriza a bibliografia sobre o tema. Refiro-me à falta de dados sistematizados acerca da comunidade, em especial os relacionados a seu papel econômico nos domínios holandeses. Há, sem dúvida, muitas informações qualitativas sobre a riqueza de certos indivíduos ou certas famílias em diversos trabalhos; há considerações importantes sobre a inserção de vários deles nas redes de comércio exportador e importador do Recife holandês; há, também, preciosas listas nominativas sobre os membros da comunidade, autoridades sinagogais, devedores ou credores de holandeses ou portugueses. Mas a informação encontra-se dispersa, sem classificação e quantificação de dados agregados. Essa é tarefa essencial para o esboço de uma sociologia histórica do grupo em questão.

BASE DE DADOS E PERFIL DEMOGRÁFICO

A base de dados que tenho construído para esse fim se apoia, em boa medida, nas informações contidas em parte da bibliografia, em particular nas listas nominativas organizadas pelo casal Wolff, por Wiznitzer, por Emmanuel e, sobretudo, na personália de mais de 150 páginas, com cerca de 360 nomes, que integra a terceira parte do *Gente da nação.* Nunca será demasiado louvar esse trabalho demiúrgico realizado por

José Antônio Gonsalves de Mello, que praticamente prepara uma base de dados razoavelmente confiável — procedimento inusual, entre os historiadores, ao tempo em que Gonsalves de Mello publicou a primeira versão do trabalho: década de 1940.

No decurso da pesquisa, minha base de dados vem sendo alimentada e complementada por dados extraídos dos processos inquisitoriais movidos contra judeus-portugueses processados pela Inquisição na segunda metade do século XVII. Saiba o leitor que também eles faziam listas, por vezes extensas, de homens e mulheres nascidos em Portugal que se haviam convertido formalmente ao judaísmo, sobretudo na Holanda (mas não somente nela) — pressionados, é claro, pelos inquisidores. Nem por isso tais listas deixam de ser preciosas, em especial no caso de réus empenhados em colaborar com o Santo Ofício para se livrar dos piores castigos reservados a hereges convictos.

Até mesmo a aparência física dos nomes citados não raro merece registro nessa documentação, e não por causa de algum preciocismo obsessivo dos inquisidores. Numa época em que não havia documentos com retrato, a única saída para identificar pessoas, relacionando nome e indivíduo, era descrevê-los: velho ou moço; alto, baixo ou mediano; moreno ou alvo; ruivo, louro ou calvo; com bigodes, barba ou sem eles; gordo ou magro; com ou sem cicatrizes e defeitos físicos. Os passaportes ou salvo-condutos da época adotavam os mesmos procedimentos descritivos.

O esboço de uma sociologia histórica do grupo deve partir de uma pergunta preliminar. Quantos judeus estiveram no Brasil holandês? Um historiador holandês da época, Augustus van Quelen, escreveu que o número de judeus do Recife chegou a ser o dobro do número de cristãos.[12] Van Quelen exagerou, sem dúvida, assim como exagerada foi a estimativa posterior de D. Luis de Meneses, para quem havia cinco mil judeus em Pernambuco em 1654. No polo oposto, Egon e Frieda Wolff fizeram uma lista cautelosa ao extremo, concluindo que em nenhum ano da ocupação holandesa a população judaica ultrapas-

---

[12] Charles Boxer, *Os holandeses no Brasil: 1624-1654*, p. 187.

sou a casa dos 300 indivíduos.[13] Wiznitzer avançou no assunto e indicou que o número de judeus residentes em todas as capitanias dominadas pelos holandeses girava em torno de 1.450 pessoas, em 1644, caindo para 650 em 1654, ano da rendição holandesa.[14] Os dados apresentados por Wiznitzer me parecem mais confiáveis, na verdade, simplesmente porque ele se baseou num recenseamento realizado pela Companhia das Índias Ocidentais, a WIC, em 1645.

Em 1644, 1.450 indivíduos: isso é muita ou pouca *gente da nação* no Brasil holandês? É um índice considerável, cerca de 12% da população total de Pernambuco (somente de Pernambuco) no início da década de 1640, estimada em 120 mil pessoas. Mas em relação à população livre, restrita no censo da WIC a portugueses, luso-brasileiros, holandeses e outros europeus, o índice de judeus alcançou cerca de 40% do total em 1644. Longe de constituir maioria ou alcançar o dobro da população cristã no Brasil holandês, o número de judeus-portugueses estantes no Brasil holandês era, no entanto, formidável.

JUDEUS PORTUGUESES E CAPITALISMO COMERCIAL

É possível dizer que judeus portugueses dominaram o comércio no Brasil holandês, conforme sugerem alguns documentos da época?

Antes de tudo, vale dizer que a emigração de judeus portugueses da Holanda para o Brasil só se tornou significativa a partir de 1635. Mas a segunda onda emigratória, essa, sim, mais expressiva, ocorreu a partir de 1640-1641, auge do período nassoviano, dos preços do açúcar e da própria estruturação da congregação Zur Israel.

Gonsalves de Mello transcreveu a lista de judeus portugueses que pediram permissão à WIC para viajar para o Brasil entre 1/1/1635 e 31/12/1636.[15] Nela podemos constatar largo predomínio de homens

---

[13] Egon Wolf e Frieda Wolf, *Quantos judeus estiveram no Brasil holandês e outros ensaios*.
[14] Arnold Wiznitzer, *op. cit.*, p. 113-115.
[15] José Antônio Gonsalves de Mello, *op. cit.*, p. 219-221.

que declararam intenção de embarcar "com suas mercadorias" ou juntar-se a sócios e parentes já estabelecidos com negócios em Pernambuco ou na Paraíba. Moisés Neto e Isaac Navarro, mercadores, e Matias Cohen, ourives, pediram licença para passar ao Brasil em 24 de setembro de 1635 "como burgueses, nos termos do regulamento, para ali viverem de seus ofícios". Em 24 de dezembro do mesmo ano, Daniel Gabilho solicitou passar para o Brasil como particular, a serviço de um dos maiores mercadores judeus do grupo, David Senior Coronel. Salvador de Andrade e Davi Gabai também pediram para viajar para o Brasil como particulares, em 28 de julho de 1636, levando mercadorias e pagando diárias durante a viagem. David Atias, Jacob e Moisés Nunes, comerciantes portugueses residentes em Amsterdã, pediram o mesmo em 2 de outubro. A WIC decidiu favoravelmente em todos esses casos e outros similares.

Por outro lado, cerca de 40% dos postulantes pediram à WIC para viajar de graça, alegando falta de dinheiro para pagar a passagem e/ou alimentação a bordo. A *Ordem e regulamento para o povoamento do Brasil*, aprovada em 1634 pelos Estados Gerais, previa o pagamento das passagens, mas não da alimentação, para os colonos voluntários. Dentre os que fizeram a postulação na forma do regulamento, mais da metade pretendeu viajar ou viajou com a família (mulher, filhos, sobrinhos). Um deles prometeu, em troca do favor, pegar em armas contra o inimigo espanhol, se necessário. Teve o pedido aceito...

Uma boa parte desses primeiros judeus do Brasil holandês longe estava, portanto, de pertencer ao grupo de "homens de negócios" da *nação*. Havia ourives, barbeiros, cirurgiões e, não raro, homens sem ofício declarado. Aliás, foi nessa época que a comunidade judaica de Amsterdã adotou o procedimento de "despachar" (o verbo é esse mesmo) judeus pobres que chegavam cada vez mais à cidade. Ao ser "despachados", recebiam passagem e pequena soma para deixar Amsterdã. Entre os primeiros judeus portugueses do Brasil holandês havia, sem dúvida, alguns "despachados".

De todo modo, num balanço de conjunto, a atividade comercial predominou largamente nesse grupo.

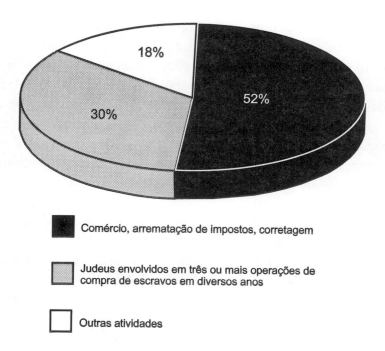

Gráfico I
Atividades exercidas pelos judeus portugueses no Brasil holandês

Comércio, arrematação de impostos, corretagem

Judeus envolvidos em três ou mais operações de compra de escravos em diversos anos

Outras atividades

Fonte: José Antônio Gonsalves de Mello, "Gente da nação judaica no Brasil holandês: um dicionário dos judeus residentes no nordeste, 1630-1654", *Gente da nação*, p. 369-522.

O primeiro gráfico mostra o registro de atividades de cerca de 360 indivíduos arrolados na personália de Gonsalves de Mello. Estão quantificadas as atividades (não os indivíduos), considerando que muitos deles faziam vários tipos de negócios, sobretudo os grandes comerciantes.

Havia, porém, muitas gradações no exercício do comércio e diferenças consideráveis de recursos entre os negociantes. No topo da hierarquia dos "homens de negócio" destacavam-se os arrematantes do direito de cobrar impostos sobre o açúcar devidos à WIC, por exemplo, ou alguns corretores com autorização oficial para exercer essa atividade. Eram eles, em geral, comerciantes de *grosso trato*: carregavam navios para a Holanda com mercadorias da colônia, compravam e vendiam escravos em grande escala, por vezes também possuíam engenhos.

Dentre os negociantes que arrematavam direitos fiscais, havia alguns que, curiosamente, pediam empréstimo à WIC para arrendar o direito de cobrar impostos devidos à própria WIC e outros que emprestavam dinheiro à WIC a juros de 12%. Os principais negociantes judeus eram também prestamistas que organizaram uma "rede bancária" informal no Brasil holandês, dinamizando a circulação monetária, fosse em moeda metálica (mais rara), fosse em cartas promissórias.

A atividade de compra e venda de escravos também era um negócio bem difundido entre os judeus portugueses. Mas isso não quer dizer que traficassem escravos diretamente com os reinos africanos, pois o tráfico africano se manteve como monopólio da WIC mesmo após a instituição do "livre comércio", em 1638. Por outro lado, os registros indicam que alguns negociantes eram grandes distribuidores de escravos: compravam regularmente carregamentos no Recife e vendiam cativos para os engenhos e lavouras. Alguns deles só faziam isso, outros combinavam a distribuição de escravos com outros negócios.

Mas o elevado índice de 52% de atividades comerciais realizadas pelos judeus comerciantes deve ser relativizado, evitando-se o risco de imaginar que a grande maioria dos comerciantes judeus era composta por mercadores de *grosso trato*.

O gráfico seguinte permite visualizar a distribuição dos judeus portugueses nas atividades comerciais, afinando um pouco mais o perfil socioeconômico dos *homens de negócio*.

A imensa maioria dos comerciantes judeus no Brasil holandês estava dedicada, na verdade, ao comércio interno, embora alguns combinassem negócios de exportação e importação com abastecimento de farinha ou revenda de mercadorias vindas da Holanda, como vinho, bacalhau e certos tecidos.

Gráfico II
**Negociantes judeus portugueses
no Brasil holandês**

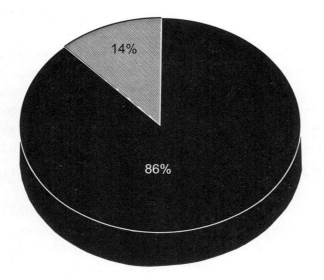

■ Negociantes de farinha, bacalhau, vinho, aguardente tecidos, cavalos, vacas, carros-de-boi e outras mercadorias envolvendo quantias inferiores a 20 mil florins

▓ Grandes negociantes com múltiplos negócios, incluindo comércio exterior e tráfico regular de escravos, envolvendo quantias entre 20 mil e 300 mil florins

Fonte: Gonsalves de Mello, *op. cit.*

Nesse comércio interno, uma atividade, em particular, chama a atenção de quem examina os dados: o fornecimento de uniformes para os soldados holandeses. Até grandes negociantes se envolveram no negócio dos uniformes e pelo menos duas mulheres atuaram nesse ramo. Em dois ou três casos, além do fornecimento de uniformes, há registro de confecção de camisas ou casacos. É provável que tais roupas fossem confeccionadas na própria colônia, ao menos as roupas mais grosseiras, ainda que os tecidos fossem comprados dos holandeses — no caso dos casacos, por exemplo. Predominavam, porém, as camisas, confeccionadas sob encomenda que variava de 60 a 200 ou mais peças, todas muito baratas.

A FORTUNA DA DIÁSPORA

Os grandes comerciantes não passavam de 14% dos negociantes e isso faz ruir de vez o estereótipo de que os judeus portugueses do tempo de Nassau eram todos grandes mercadores.

Na quantificação dessa variável, utilizei como critério, de um lado, o tipo de negócio e a multiplicidade de negócios de um mesmo indivíduo para diferenciar os grandes dos pequenos comerciantes. De outro lado, estabeleci a quantia de 20 mil florins como medida de corte. Isso porque tal quantia era suficiente para comprar uns 15 escravos angolanos, aos preços de 1643. Meu estudo sobre o padre Manoel de Moraes foi a referência para tal procedimento, tendo ele se tornado negociante de pau-brasil com capital inicial e número e escravos daquela monta, aproximadamente.[16] Na época, tal quantia era considerada medíocre e os negociantes desse calibre estavam muito abaixo dos mercadores de *grosso trato*.

A concentração de capital comercial nas mãos de poucos, dentre os judeus-portugueses, também se pode perceber nos negócios escravistas, não obstante os dados dificultem cálculos mais precisos. A ausência de informações sobre a carga de escravos comprados por navio, por exemplo, é lacuna lastimável. Para contornar os vazios de informação, verifiquei a regularidade com que alguns indivíduos compravam escravos ao longo dos anos, para depois revendê-los nos engenhos ou no Recife, cruzando esses dados com informações acerca de outros negócios praticados pelos mesmos indivíduos.

O gráfico a seguir permite afinar o perfil socioeconômico dos comerciantes judeus, em particular o contraste entre os grandes e pequenos negociantes.

Utilizei, aqui, números absolutos em vez de índices, por razões gráficas e por conta das dificuldades de informação apontadas acima. Mas se fosse o caso de transformar esses números em percentuais, por mero exercício quantitativo, teríamos cerca de 14% dos indivíduos envolvidos em grandes negócios escravistas contra 86% compradores eventuais de escravos. Coincidência extraordinária de índices em relação ao dos

---

[16] Ronaldo Vainfas, *Traição: um jesuíta a serviço do Brasil holandês*, p. 223-230.

negociantes de *grosso trato* apontados no gráfico anterior, homens que mobilizavam quantias de até 300 mil florins — verdadeiras fortunas. Com efeito, uma recensão nominativa dos indivíduos comprovaria a coincidência empírica entre os *homens da nação* envolvidos no grande comércio e os revendedores de escravos nos engenhos pernambucanos.

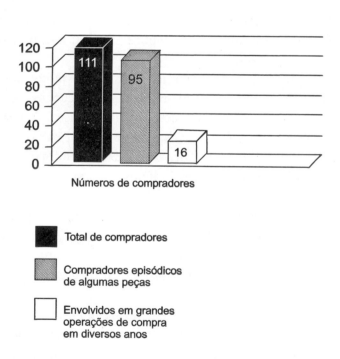

Gráfico III
Judeus portugueses que compraram escravos no Brasil holandês (1639-1654)

Fonte: Gonsalves de Mello, *op. cit.*

Vale aprofundar o tema da participação dos judeus portugueses nos negócios escravistas, examinando o ritmo de seus investimentos ao longo do período holandês.

A FORTUNA DA DIÁSPORA

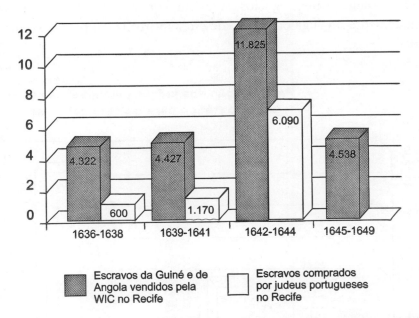

Gráfico IV
Participação dos judeus portugueses no tráfico africano

Escravos da Guiné e de Angola vendidos pela WIC no Recife

Escravos comprados por judeus portugueses no Recife

Fontes: Hermann Wätchen, *O domínio holandês no Brasil*, p. 487; Gonsalves de Mello, *op. cit.*, p. 233; Pedro Puntoni, *A mísera sorte: a escravidão africana no Brasil holandês e as guerras do Atlântico Sul*, p. 152.

Percebe-se claramente que os judeus portugueses investiram com determinação na distribuição de escravos após a conquista de São Paulo de Luanda pelos holandeses, em 1641. No período 1642-1644, auge do Brasil holandês sob o governo de Maurício de Nassau, cerca de 50% dos escravos desembarcados no Recife pelos navios holandeses foram comprados pelos judeus portugueses, sobretudo pelos revendedores de escravos nas capitanias da WIC. Antes disso, a participação dos judeus portugueses no negócio escravista foi modestíssima. E com o início da insurreição pernambucana, após a demissão de Maurício de Nassau, a participação deles foi nula. Não por acaso cresceu, na mesma fase, o retorno dos judeus portugueses para Amsterdã, sobretudo após a segunda batalha dos Guararapes, em 1649.

O gráfico V complementa o anterior ao comparar a participação dos judeus portugueses nos negócios escravistas com a de outros comerciantes exatamente no auge do tráfico de escravos realizado pela WIC para o Brasil.

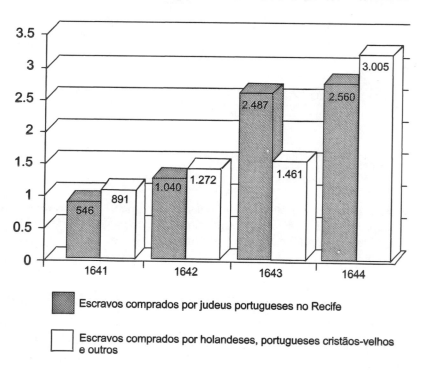

Gráfico V
Participação dos judeus portugueses no auge do tráfico para o Brasil holandês

Escravos comprados por judeus portugueses no Recife

Escravos comprados por holandeses, portugueses cristãos-velhos e outros

Fontes: Wätchen, *op. cit.*, p. 487; Gonsalves de Mello, *op. cit.*, p. 233

Tem-se aí um dado formidável para 1643, ano em que os judeus portugueses compraram mais escravos do que os demais comerciantes ou senhores de engenho cristãos-velhos ou protestantes. Chegaram a comprar, nesse ano, mais de 60% dos escravos vendidos no Recife. Em 1644, pico do tráfico africano da WIC para o Brasil, compraram ainda mais escravos, em números absolutos, embora o índice tenha caído para cerca de 45% em relação aos compradores não judeus.

A grande maioria dos judeus portugueses compradores de escravos não pertencia, porém, como se pode facilmente presumir, ao grupo dos grandes negociantes. A maioria comprou um, dois ou três escravos em uma única ocasião ou duas. Como já se disse antes, eram poucos os judeus portugueses que concentravam o negócio de distribuição de escravos nos domínios da WIC no Brasil. Por outro lado, vale sublinhar que os judeus portugueses estavam tremendamente envolvidos com a escravidão. No mínimo 30% deles possuíam escravos, nem que fosse um só.

Se a participação dos judeus portugueses no comércio externo e interno, bem como nos negócios escravistas, foi bastante notável, o mesmo não se pode dizer dos investimentos na agricultura. Há poucos registros deles como lavradores de mantimentos ou roças, raros lavradores de cana ou senhores de engenho, embora dentre esses últimos houvesse mercadores graúdos que diversificaram seus investimentos na colônia.

O gráfico seguinte dá uma ideia dessa participação dos judeus portugueses na agromanufatura do açúcar, embora seja informação incipiente, restrita aos engenhos leiloados pela WIC em 1637, depois de confiscados dos luso-brasileiros que fugiram para a Bahia — os *exilados*.

Nessa operação, os judeus portugueses arremataram seguramente seis engenhos, ou 14% deles. É possível que os cristãos-novos que também arremataram engenhos nesse leilão pertencessem ao grupo que tenho examinado, caso tenham aderido ao judaísmo, como fizeram muitos cristãos-novos no Brasil holandês. É possível, mas não provável, uma vez que a comunidade judaica em Pernambuco dava apenas os primeiros passos em 1637. O próprio rabino Isaque Aboab da Fonseca ainda não havia assumido a direção da congregação — ele que foi um prosélito da conversão de cristãos-novos de Pernambuco ao judaísmo. Por outro lado, vale fazer um registro paralelo: os holandeses, sim, ao contrário do que se imagina, investiram pesadamente na agromanufatura do açúcar — não se limitando ao comércio e aos serviços prestados à WIC. Arremataram cerca de 50% dos engenhos confiscados aos *exilados,* imprimindo um tom ligeiramente *flamengo* à açucarocracia pernambucana.

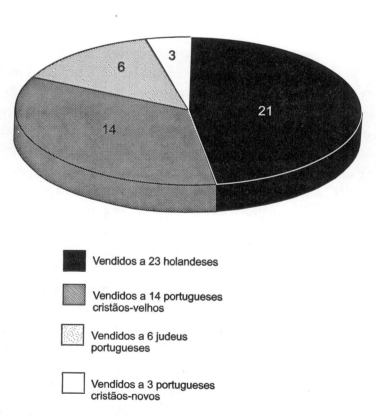

Gráfico VI
Distribuição dos engenhos confiscados pela WIC vendidos em 1637

- Vendidos a 23 holandeses
- Vendidos a 14 portugueses cristãos-velhos
- Vendidos a 6 judeus portugueses
- Vendidos a 3 portugueses cristãos-novos

Fonte: Gonsalves de Mello, *op. cit.*, p. 225.

De todo modo, o típico senhor de engenho judeu no Brasil holandês era *também* um grande comerciante, um negociante de *grosso trato*, e nisso não se distinguia de alguns cristãos-velhos que compraram engenhos na época, os *nouveaux riches* do período nassoviano — a exemplo de João Fernandes Vieira, futuro líder da insurreição pernambucana.

Duarte Saraiva, cujo nome judeu era David Senior Coronel, talvez seja o melhor exemplo de fortuna entre os mercadores de *grosso trato* do Brasil holandês. Nascido em Amarante, Portugal, em 1572, foi um dos primeiros cristãos-novos que emigraram para Amsterdã ainda no final do século XVI — um pioneiro de primeira hora na chamada "Jerusalém do Norte". Antes mesmo de fugir para a Holanda, onde adotou o judaísmo, sua família possuía bens em Pernambuco, havendo registro de visitas dele e do irmão, Antônio Saraiva, à casa de um certo Manuel Cardoso Milão, em Olinda. Duarte Saraiva foi também um dos primeiros judeus portugueses a passar de Amsterdã para o Recife quando da conquista holandesa, em 1630. Sua casa na cidade abrigou a primeira sinagoga informal, em 1635, antes da fundação da *Zur Israel* no ano seguinte.

Duarte só fez aumentar sua fortuna no período holandês, como atestam documentos da WIC depositados no Arquivo Nacional de Haia. Arrematou, em 1635, o direito de cobrar impostos sobre o açúcar no passo de Barreta e obteve da WIC terras de cultivo em Beberibe. Arrematou a cobrança do dízimo do açúcar, em 1639, por 128 mil florins, e renovou o contrato, em 1644, por 105 mil florins. Tornou-se o chefe de extensa rede de comerciantes ligados ao comércio exterior e de abastecimento interno, incluindo a distribuição de escravos pelos engenhos pernambucanos, sobretudo após 1643. Comprou regularmente escravos no Recife, por meio de seu filho Isaque Saraiva, aliás Isaque Senior Coronel, durante cinco anos.

Seu patrimônio rural era um colosso. Arrendou o engenho de Santa Madalena, em 1635, assumindo a dívida de seu proprietário — e parente — Manuel Saraiva. Em 1637, comprou por 10 mil florins o pequeno Engenho Velho, em Beberibe, onde já possuía partidos de cana. No mesmo ano, comprou por 60 mil florins o Engenho do Bom Jesus, no cabo de Santo Agostinho, e o Engenho Novo, no mesmo sítio, por 40 mil florins. Pouco depois, comprou parte do Engenho da Torre, na várzea do Capibaribe, e finalmente se apossou do Engenho São João Salgado, do cristão-novo Mateus da Costa, de quem Duarte era credor. Seu plantel de escravos alcançava cerca de 200 cativos, distribuídos pelos seis engenhos que possuía como proprietário ou arrendatário.

A portentosa fortuna de Duarte Saraiva ou David Senior Coronel era superior à de João Fernandes Vieira, o segundo maior devedor da WIC em 1645. A natureza diversificada de seus negócios, como a de João Fernandes e muitos outros, fossem judeus novos, cristãos-velhos ou cristãos-novos, relativiza o modelo que pressupõe uma dicotomia rígida entre grandes comerciantes e senhores de engenho. Modelo segundo o qual os grandes comerciantes, ao enriquecer, costumavam investir na lavoura de cana e nos engenhos em busca de *status* superior.

Há incontáveis exemplos de senhores de engenho no Brasil holandês — não somente judeus, vale sublinhar — que exerciam simultaneamente o papel de arrendatários de impostos, negociantes de escravos africanos, prestamistas e comerciantes envolvidos tanto no comércio de importação quanto no abastecimento de farinha. Só não exportavam pau-brasil porque o comércio desses produtos era monopólio exclusivo da WIC. E, pela mesma razão, não armavam navios para comprar escravos diretamente em São Jorge da Mina ou Luanda, conquistadas pelos holandeses em 1637 e 1641, respectivamente.

A subordinação da economia colonial ao capital comercial era efetiva, na teoria, mas não resiste à prova dos fatos miúdos. Não a ponto de afirmar-se que os senhores de engenho eram devedores crônicos no sistema do capitalismo comercial. Os grandes negociantes eram simultaneamente grandes devedores e grandes credores — alguns até emprestavam dinheiro à WIC. A favor do modelo, no entanto, há uma evidência considerável: a WIC era, de fato, a maior credora do Brasil holandês.

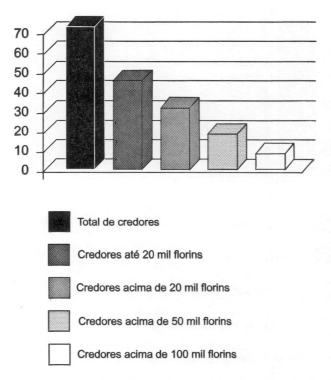

Gráfico VII
Judeus portugueses residentes no Brasil holandês credores da coroa portuguesa em 1672

- Total de credores
- Credores até 20 mil florins
- Credores acima de 20 mil florins
- Credores acima de 50 mil florins
- Credores acima de 100 mil florins

Fonte: Isaac S. Emmanuel, "Seventeenth-Century jewry: a critical review", *American Jewish Archives*, nº 14, 1962, p. 51-55.

Se fosse necessária uma prova definitiva do peso econômico dos judeus na economia do Brasil holandês, bastaria examinar as listas dos credores da coroa portuguesa, após a rendição dos holandeses, em 1654. Já nessa ocasião, e nos acordos diplomáticos subsequentes entre os delegados dos Estados Gerais e os diplomatas de D. João IV, ficou estabelecido que Portugal faria o ressarcimento dos bens deixados no Brasil pelos súditos da casa de Orange, incluindo os judeus.[17]

---

[17] Boxer, *op. cit.*, p. 345-362.

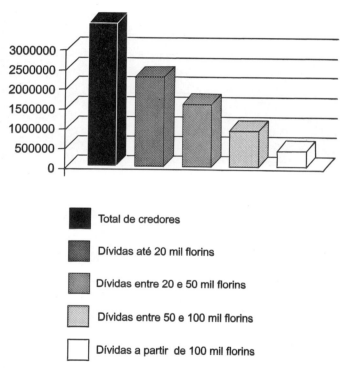

Gráfico VIII
Quantias devidas pela coroa portuguesa aos judeus residentes no Brasil durante o período holandês

- Total de credores
- Dívidas até 20 mil florins
- Dívidas entre 20 e 50 mil florins
- Dívidas entre 50 e 100 mil florins
- Dívidas a partir de 100 mil florins

Fonte: S. Emmanuel, *op. cit.*

Uma lista de credores datada de 1672 — que atualizava outra, firmada nos anos 1660, sinal de que a coroa portuguesa atropelava os acordos diplomáticos com os holandeses — não deixa dúvida a respeito. O gráfico VII oferece uma hierarquia dos credores — e das fortunas — deixados pelos judeus portugueses no Brasil após a expulsão dos holandeses, em 1654.

É mais do que evidente que a maioria dos judeus portugueses credores de Portugal era composta de pequenos negociantes que possuíam alguns escravos, casas de aluguel nas vilas, alguma tenda e mercadorias em estoque abandonadas às pressas. Cerca de 50% dos credores faziam jus, em tese, a ressarcimentos de até 20 mil florins. No polo oposto, cerca de 8% dos credores — na verdade, seis indivíduos — eram credores de fortunas superiores a 100 mil florins. Não é dado surpreendente, se consideramos que os comerciantes de *grosso trato*, entre os judeus portugueses, giravam em torno de 14% dos negociantes.

O gráfico VIII reforça a evidência anterior pelo caminho inverso, pois registra as quantias devidas pela coroa portuguesa aos judeus — e não o número de indivíduos credores.

As quantias pequenas registradas na segunda coluna correspondem às fortunas da maioria dos credores. Pequenas fortunas, como já disse antes. As grandes fortunas, indicadas na última coluna, estavam nas mãos de meia dúzia de grandes homens de negócio. Enquanto credores deixaram no Brasil fortuna de quase 1,5 milhão de florins, se acrescentássemos os 16 judeus da segunda faixa mais alta de credores, o resultado seria espantoso: mais de 2 milhões de florins nas mãos de apenas dois indivíduos. Noutras palavras: 70% do capital dos judeus portugueses no Brasil holandês eram detidos por 27% deles. A *fortuna da diáspora* não destoava, portanto, no caso dos judeus portugueses, da lógica do capitalismo comercial: concentração de capitais, formação de uma poderosa burguesia mercantil com negócios diversificados, incluindo investimentos agrários.

A ESPECIFICIDADE DOS JUDEUS PORTUGUESES

Um traço muito específico do dinamismo mercantil dos judeus-portugueses, e dos cristãos-novos também, no Brasil holandês reside no fato de que eles jamais foram beneficiários de monopólios comerciais. É certo que muitos arrendaram direitos de cobrar impostos devidos à WIC, como, aliás, faziam os cristãos-novos em relação à coroa portuguesa desde o reinado de D. Manuel. É também certo que o estabelecimento dos judeus portugueses no Brasil dependeu da autorização do *board* da Companhia das Índias Ocidentais — o conselho dos Dezenove Senhores (*Heeren XIX*) — sem contar a liberalidade do governo holandês para com eles em matéria religiosa, sobretudo no período nassoviano. Mas os judeus portugueses não usufruíram nenhum monopólio especial.

O desempenho mercantil dos judeus-portugueses derivou, antes de tudo, da vitalidade de suas redes comerciais, que não se restringiam aos domínios holandeses, mas se espalhavam pelo mundo desde o século XV. Redes que conectavam as cidades italianas, o norte da África, partes do Mediterrâneo sob domínio otomano, partes da Índia e, depois da União Ibérica, pontos nevrálgicos do império colonial hispano-americano, como Vera Cruz, no México; Lima, no Peru; e Cartagena de Índias, em Nova Granada.

Antônio Marques de Almeida foi um dos que apontaram o principal trunfo das redes sefarditas no comércio mundial da época, sublinhando que "a esta mobilidade dos metais e da moeda, os judeus aditam uma estrutura familiar *sui generis*, que se traduz pela *partição* de membros da família pelas várias praças de uma Europa que desperta para os novos produtos que todos os dias chegam aos mercados".[18]

Na mesma linha, Daviken Studnicki-Gizbert sugere que as redes mercantis sefarditas na Época Moderna não podem ser explicadas somente no campo da economia ou por meio de conceitos econômicos. A *gente da nação* portuguesa — ou seja, os sefarditas, fossem judeus assumidos ou cristãos-novos — foi gerada e reproduzida por laços de interdependência que estreitavam o vínculo entre seus membros, não obstante as distâncias continentais ou oceânicas que separavam os agentes. Uma interdependência assentada em práticas como reconhecimento mútuo, laços de parentesco de toda sorte, valorização de uma origem comum e, no limite, a própria "lei de Moisés".[19]

Na dinâmica dessas redes, apesar da concentração de capital, os recursos podiam se espalhar, em alguma medida, entre amigos e parentes de condição modesta, em geral jovens. No caso da diáspora

---
[18] Antônio Marques de Almeida, "Mercadores cristãos-novos no negócio da especiaria", p. 2.
[19] Daviken Studnicki-Gizbert, "La nation portugaise: réseaux marchands dans l'espace atlantique à l'époque moderne", *Annales*, n° 58, 3, maio-jun. 2003, p. 627-648.

holandesa e pernambucana isso foi bastante frequente, em especial entre rapazes de família pobre, órfãos ou meninos chegados a Amsterdã adotados por mercadores de *grosso trato*. Percebe-se claramente a ascensão social de alguns jovens que chegaram ao Brasil pobres e, num período de dois ou três anos, já possuíam alguns escravos, casas de aluguel, pequenas lavouras. Amealhavam fortuna própria após iniciar carreira como representantes comerciais de negociantes graúdos. Integravam, pois, as redes sefarditas enquanto membros da *gente da nação*.

A tudo isso se somou uma peculiaridade essencial: os judeus vindos de Amsterdã, sobretudo os mais jovens, os criados na Holanda, eram falantes de português e holandês. Dominavam a língua dos luso-brasileiros, sua língua materna — que os funcionários e mercadores da WIC desconheciam. E dominavam, bem ou mal, o holandês, língua em tudo estranha para os naturais do Brasil e de Portugal. Estavam, pois, vocacionados para trabalhar como corretores ou agentes de corretores, intermediando a mais variada sorte de negócios. Os inventários dos que, por azar, acabaram presos pelo Santo Ofício confirmam esse tipo de inserção dos *judeus novos* na economia colonial. As queixas do sínodo calvinista do Recife, em 1640, para o qual os judeus estavam dominando todo o comércio na região, embora exageradas, são outro indicador importante dessa inserção.

Situação extraordinária a dos judeus-portugueses no Brasil holandês. Alguns deles multiplicaram — e muito — as suas fortunas; outros alcançaram bens que dificilmente alcançariam, em tão pouco tempo, no mundo ibérico. Isso se explica, de um lado, pela dinâmica do capitalismo comercial — embora, no caso dos judeus portugueses, à margem do monopólio mercantilista da WIC; de outro lado, tratou-se de fenômeno cultural inscrito na própria comunidade. Redes comerciais, parentelas, solidariedades entre os "da nação", tudo isso tinha grande força entre os judeus portugueses. O adágio "amigos, amigos, negócios à parte"[20] não valia para eles.

---

[20] Versão portuguesa do provérbio latino *Usque ad aras amicus*.

REFERÊNCIAS DOCUMENTAIS E BIBLIOGRÁFICAS

ALMEIDA, Antônio Marques de. "Mercadores cristãos-novos no negócio da especiaria". Disponível em: http://www.fl.ul.pt/unidades/sefarditas/textos/textos_6.htm, p. 2.

BÖHM, Günter. *Los Sefardíes en los dominios holandeses de América del Sur y del Caribe:* 1630-1750. Frankfurt: Vervuert, 1992.

BOXER, Charles. *Os holandeses no Brasil: 1624-1654.* São Paulo: Companhia Editora Nacional, 1961.

EMMANUEL, Isaac S. "Seventeenth-Century jewry: a critical review". *American Jewish Archives*, n° 14, 1962.

_____. "New light on Early American Jewry". *American Jewish Archives*, n° 7, p. 3-64, 1955.

FEITLER, Bruno. *Inquisition, juifs et nouveaux-chrétiens au Brésil.* Leuven: Leuven University Press, 2003.

KAPLAN, Yosef. *Judíos nuevos en Amsterdam: estudio sobre la historia social e intelectual del judaísmo sefardí en el siglo XVII.* Barcelona: Gedisa Editorial, 1996.

LIPINER, Elias. *Isaque de Castro: o mancebo que veio preso do Brasil.* Recife: Massangana, 1992.

MELLO, José Antônio Gonsalves de. "Gente da nação judaica no Brasil holandês: um dicionário dos judeus residentes no nordeste, 1630-1654". In *Gente da nação: cristãos-novos e judeus em Pernambuco, 1542-1654.* Recife: Fundação Joaquim Nabuco/Massangana, 1996, p. 369-522.

_____. *Gente da nação: cristãos-novos e judeus em Pernambuco, 1542-1654.* 2ª ed. Recife: Fundaj/Massangana, 1996.

PUNTONI, Pedro. *A mísera sorte: a escravidão africana no Brasil holandês e as guerras do Atlântico Sul.* São Paulo: Hucitec, 1999.

SILVA, Leonardo Dantas. "Zur Israel: uma comunidade judaica no Brasil holandês". In HERKENHOOF, Paulo (org). *O Brasil e os holandeses.* Rio de Janeiro: Sextante, 1999, p. 176-191.

SILVA, Marco Antônio Nunes. *O Brasil holandês nos cadernos do promotor: Inquisição de Lisboa, século XVII.* Tese de doutorado em História Social, Universidade de São Paulo, São Paulo, 2003.

STUDNICKI-GIZBERT, Daviken. "La *nation* portugaise: réseaux marchands dans l'espace atlantique à l'époque moderne". *Annales*, n° 58, p. 627-648, 3, maio-jun. 2003.

VAINFAS, Ronaldo. *Traição: um jesuíta a serviço do Brasil holandês*. São Paulo: Companhia das Letras, 2008.
WÄTCHEN, Hermann. *O domínio holandês no Brasil*. Recife: Cepe, 2004.
WIZNITZER, Arnold. *Judeus no Brasil colonial*. São Paulo: Pioneira, 1966.
WOLFF, Egon e WOLLF, Frieda. *A odisséia dos judeus de Recife*. São Paulo: Centro de Estudos Judaicos/USP, 1979.
_____. *Quantos judeus estiveram no Brasil holandês e outros ensaios*. Rio de Janeiro: Edição dos Autores, 1991.

CAPÍTULO 4 # De infâmia e honra: a trajetória de José Francisco de Paula Cavalcante de Albuquerque (c. 1773-1818)*

*Guilherme Pereira das Neves***

---

*Agradeço a Jorge Flores, Bruno Feitler, Rodrigo Bentes Monteiro e Daniela Calainho, responsáveis pela organização do colóquio, e à equipe de apoio. Afinal, se, para a nobreza, o que contava era a honra, na academia, a forma mais importante de capital simbólico, como explicitou Bourdieu, é o *reconhecimento*, que, por isso, não podemos deixar de manifestar sempre que possível.
**Professor associado do Departamento de História da Universidade Federal Fluminense, pesquisador do CNPq e líder do grupo de pesquisa Companhia das Índias. É autor do livro *E receberá mercê: a Mesa de Consciência e Ordens e o clero secular no Brasil (1808-1820)*, Rio de Janeiro, Arquivo Nacional/Ministério da Justiça, 1997.

Se é sabido em Hermenêutica que os lugares duvidosos de um escritor se entendem por outros antecedentes e consequentes, que são claros, o mesmo é na conduta humana.

Antônio Luís de Brito Aragão e Vasconcelos[1]

Em *As fadigas da guerra*, Arlette Farge aborda a vida dos militares no Antigo Regime e, com a habilidade literária de sempre, entretece a análise com o exame de quatro gravuras, obtidas a partir de pinturas, algumas hoje perdidas, de Antoine Watteau, realizadas por volta de 1709, em plena Guerra de Sucessão da Espanha.[2] Ao fazê-lo, realça em particular a maneira enviesada pela qual o artista lida com o assunto, ao retratar um grupo de recrutas; uma tropa batendo em retirada; um soldado acompanhando a mulher e o filho sobre uma mula de ar sorumbático; e também um acampamento, onde encontra, na figura do cozinheiro, a mesma postura imóvel e o olhar perplexo de sua personagem mais famosa, o *Gilles*.[3] Para falar da guerra, Watteau não escolhe nem cenas de batalhas nem de violência. Como resultado, uma das frases que a pequena obra destaca provém de Jean-Luc Godard: "Uma imagem

---

[1] Defesa de Francisco de Paula Cavalcante de Albuquerque, *Documentos Históricos* [Revolução de 1817], vol. 108, p. 5-28, 24.
[2] Arlette Farge, *Les fatigues de la guerre: XVIIIe siècle, Watteau*, p. 15-17.
[3] *Idem*, p. 20, 66, 84 e 40-41, respectivamente.

não é forte porque ela é brutal, mas porque a associação entre as ideias é longínqua e justa."[4] De uma certa forma, com Watteau e a guerra, é por conseguinte igualmente da história que Arlette Farge nos fala.

O artigo que se segue gostaria de ter-se inspirado nessa perspectiva. Não o conseguirá, mas fica o alerta desde já de que aquilo que se busca não se desvela imediatamente. A trajetória de José Francisco de Paula Cavalcante de Albuquerque serve apenas de pretexto para insinuar uma questão muito mais abrangente. Como, aliás, retrospectivamente, fui levado a perceber que tinha tentado fazer em apresentações que realizei no I e no II colóquios da Companhia das Índias — Núcleo de História Ibérica e Colonial na Época Moderna, realizados respectivamente em 2005 e 2007.

Em 2005, ao estudar o universo mental de Mariano José da Fonseca, o marquês de Maricá, implicado na devassa de 1794 e autor das tão célebres quanto ridículas *Máximas*, me dei conta de que o que estava em jogo não era apenas o suposto envolvimento da personagem com ideias de liberdade e rebeldia, e sim a passagem de um mundo regido pela *moral*, sempre heteronômica, para um outro, em que prevalece o *contrato*, como expressão da autonomia adquirida pelo indivíduo.[5]

Dois anos depois, o segundo colóquio me ofereceu a oportunidade de emprestar alguma consistência à figura de Miguel Antônio de Melo, primeiro conde de Murça em 1826, cuja maior notoriedade continua a decorrer de uma nota de pé de página de Laura de Mello e Souza, de modo a discutir as Luzes e o reformismo ilustrado presentes nos círculos palacianos de D. João VI.[6]

---

[4] *Idem*, p. 17-18 e 61.
[5] Ver Pereira das Neves, "As máximas do marquês: moral e política na trajetória de Mariano José da Fonseca", in Ronaldo Vainfas, Georgina Silva dos Santos e Guilherme Pereira das Neves (orgs.), *Retratos do império: trajetórias individuais no mundo português nos séculos XVI a XIX*, p. 297-321.
[6] Ver a nota 101 de Laura de Mello e Souza, *O sol e a sombra: política e administração na América portuguesa do século XVIII*, p. 396, e também Pereira das Neves, "Miguel Antônio de Melo, agente do império ou das Luzes? Dilemas da geração de 1790", in Vainfas e Bentes Monteiro (orgs.), *Império de várias faces: relações de poder no mundo ibérico da época moderna*, p. 369-392; trabalho precedido e seguido de alguns outros, como Pereira das Neves, "Em busca de um ilustrado: Miguel Antônio de Melo (1766-1836)", *Convergência Lusíada*, 2007, vol. 24, p. 25-41, e "Um personagem em meio ao

A FAMÍLIA

Desta feita, por força das inevitáveis limitações, começo por onde se espera: a família Cavalcante de Albuquerque. Basta uma rápida consulta ao índice onomástico de *O nome e o sangue* para verificar o lugar que ocupam os Albuquerques e os Cavalcantes na genealogia das principais famílias pernambucanas dos tempos coloniais.[7] Evaldo Cabral de Mello chega a dizer que ela "cavalg[ou] a capitania e depois província de Pernambuco ao longo de 250 anos".[8] No início do século XIX, estava representada em especial por três irmãos, conhecidos como *Suassunas*, cujos nomes são quase anagramas uns dos outros; e que, para maior clareza, passo a designar simplesmente por *Francisco*, o mais velho; por *Luís*, o do meio; e o mais novo, justamente aquele que consta do título desta comunicação, por *José* ou, mais adiante, por *José Francisco*.[9]

Na órbita do Antigo Regime em que se moviam, não era *honra*, pois, o que lhes faltava. Francisco, o cabeça da casa, foi eleito em 1804 para capitão-mor de Olinda e contribuiu para um donativo solicitado pela coroa com a quantia nada desprezível de cinco contos de réis, recebendo pouco depois o hábito de Cristo. Em 1808, ainda se viu distinguido com um dos 32 foros de fidalgo cavalheiro concedidos pela casa real instalada no Rio de Janeiro.[10] Nos anexos à *História da revolução de 1817*, de Fran-

---

Atlântico: Miguel Antônio de Melo, governador dos Açores, 1806-1810", apresentado no colóquio internacional Portugal, Brasil, Europa napoleônica, realizado no Instituto de Ciências Sociais, Lisboa, 2008, e aprovado para publicação.

[7] Cf. Evaldo Cabral de Mello, *O nome e o sangue: uma fraude genealógica no Pernambuco colonial*, p. 345-347 e 351.

[8] *Idem*, p. 296-297.

[9] Os respectivos nomes completos são: Francisco de Paula Cavalcante de Albuquerque (1768/1769-1821); Luís Francisco de Paula Cavalcante de Albuquerque (1771/1772-?) e José Francisco de Paula Cavalcante de Albuquerque (c. 1773-1818). O primeiro teve por filhos: Francisco de Paula Cavalcante de Albuquerque (1793-1880), barão e visconde de Suassuna; José Francisco de Paula Cavalcante de Albuquerque (1795?-1817) e Antônio Francisco de Paula e Holanda Cavalcante de Albuquerque (1797-1863). Para maiores dados, cf. Roderick J. Barman, *Brazil: the forging of a nation, 1798-1852*, p. 181 e 198; Francisco Augusto Pereira da Costa, *Dicionário biográfico de pernambucanos célebres*, p. 93-98 e 364-372 e demais referências fornecidas a seguir.

[10] *Idem*, p. 364-372, mais as notas de Manuel de Oliveira Lima a Francisco Muniz Tavares, *História da Revolução de Pernambuco em 1817*, p. 74. A última informação encontra-se confirmada por Maria Beatriz Nizza da Silva, *Ser nobre na colônia*, p. 283-284.

cisco Muniz Tavares, Oliveira Lima reproduz um depoimento sobre a vida dos revoltosos na prisão da Bahia, atribuído a Basílio Quaresma Torreão, aluno de fora de gramática latina da primeira turma do seminário de Olinda em 1800, escrivão do ouvidor Antônio Carlos Ribeiro de Andrade e, mais tarde, juiz de direito, presidente das províncias do Rio Grande do Norte e da Paraíba (1833-1838) e deputado na legislatura de 1838-1841. Lá pelas tantas, o autor narra um caso muito curioso. Tendo assumido o capitão Boaventura Ferraz a comissão de distribuir a comida entre os presos, o militar, levado pela simpatia e com a melhor das intenções, escreveu aos prisioneiros solicitando-lhes que se dividissem em *classes*, a fim de melhor cumprir sua obrigação. O resultado foi passar esse bilhete

> de mão em mão até que chegou ao domínio dos Srs. Cavalcantis, que não sabendo dar o verdadeiro valor à palavra — classes — que vinha no papel, convocaram, em conselho, o morgado do Cabo, o vigário Jácome, parentes ou afins dos mesmos, presidido pelo desembargador Antônio Carlos. Neste Areópago, depois de recolhidos os votos sobre a matéria, que foi renhidamente discutida, resolveu-se que a palavra — classe — equivalia a Hierarquia.[11]

Se tal decisão surpreendeu os demais companheiros de cárcere, que penavam em igualdade de condições, e até o próprio capitão Boaventura, ela empresta, por outro lado, uma certa verossimilhança ao que diz o advogado Aragão e Vasconcelos na defesa que fez de Francisco:

> o Réu foi educado na disciplina das diferenças das classes e ordens da sociedade, e da sua necessidade para manutenção do bem geral; (...) tinha um aferro, talvez excessivo, às vantagens do nascimento, como base da organização social [... e] se mostrou sempre inimigo das inovações, que tratavam de quimera a nobreza e se esforçavam a exterminar do mundo *as distinções de fidalgo e peão*.[12]

---

[11] Cf. Muniz Tavares, *op. cit.*, p. 315-329, citação na p. 325. Ver também as notas 17-19 e a p. 326 para o desdobramento do episódio. A origem do documento encontra-se indicada na seção CXIX, p. 264 (Divisão de Manuscritos da Biblioteca Nacional).
[12] Cf. Defesa de Francisco de Paula Cavalcante de Albuquerque, *op. cit.*, vol. 108, p. 7, grifo meu.

Tamanha prosápia, de longa data, porém, correu o risco de ver-se transformada na mais vil *infâmia* em 1801, quando o juiz da cidade de Olinda recebeu uma denúncia contra os irmãos. A razão prendia-se a umas cartas enviadas por José, então em Lisboa, para Francisco e Luís, que conteriam *ideias e projetos revolucionários*. Pouco estudado, o episódio serviu a José Honório Rodrigues, em 1955, quando publicou a respectiva devassa, para apontá-lo como "mais um elo na cadeia da conspiração nacional contra o domínio colonial".[13] Apesar disso, mesmo os sindicantes, após ouvir mais de oitenta testemunhas, acabaram concluindo que das "perguntas e acareações (...) não resultou prova alguma". De moto próprio, um deles, o ouvidor da Paraíba Gregório José da Silva Coutinho, sentiu-se obrigado a acrescentar minuciosas considerações, que enviou ao príncipe regente em 20 de julho de 1801, nas quais julgava incompatível a denúncia com o fato de "que estes Irmãos, desde dois anos, (...) meditem em revolução e Liberdade e que, ao mesmo tempo, este (...) primeiro denunciado [isto é, José] vá para [Lisboa] requerer despachos [...]"[14] Tanto quanto pude estudar o processo, só posso concordar com ele.[15]

Na historiografia pernambucana tradicional, o resultado negativo da devassa explica-se por que "molas reais e secretas fizeram correr sobre [esses mistérios] cortinas impenetráveis", graças a "rios de dinheiro" que teriam passado pelas mãos de um religioso, como afirmou aquele *manual por excelência do Pernambuco revolucionário*, a obra do padre Dias Martins, na expressão de Oliveira Lima.[16] Não

---

[13] Ver "Devassa de 1801", *Documentos Históricos*, Rio de Janeiro, Biblioteca Nacional, 1955, vol. 110, p. 14.
[14] Para a primeira citação, cf. *idem*, p. 23. Para a segunda, Lisboa, Arquivo Histórico Ultramarino (doravante AHU), Conselho Ultramarino, Brasil, Paraíba, caixa 37, doc. 2692 (Projeto Resgate). Não disponho da informação do número do rolo do microfilme correspondente, mas a carta compreende os fotogramas 0287-0301, encontrando-se a citação no de nº 0296. O conhecimento desse documento, agradeço a gentileza de Carolina Lucena Rosa, graduanda da UFPB entre 2000 e 2005, então em processo de elaboração de sua monografia sobre 1801. Nessa e nas demais citações de documentos da época, atualizei a grafia e, com frequência, alterei a pontuação para realçar o sentido que identificava.
[15] Ver Pereira das Neves, "A suposta conspiração de 1801 em Pernambuco: ideias ilustradas ou conflitos tradicionais?", *Revista Portuguesa de História*, 1999, vol. 33, p. 439-481.
[16] Dias Martins, *Os mártires pernambucanos vítimas da liberdade nas duas revoluções*

obstante, embora pareça difícil explicar o episódio por conta do precoce e absconso *patriotismo* cultivado pela *nobre* família Cavalcante de Albuquerque, mais tarde, como mencionado, o clã esteve envolvido no movimento muito mais grave de 1817, no qual morreu um dos filhos de Francisco, ao mesmo tempo em que esse, mais outro filho e o irmão Luís foram acusados de traição e amargaram quatro anos de calabouço na Bahia.[17] De qualquer modo, dessa feita, sem dúvida, diante do rei e do complexo mecanismo da *economia da graça*, a *honra* se desfez então em *infâmia*.[18]

Seria uma temeridade irresponsável pretender discutir aqui a Revolução de 1817 e a participação que nela tiveram os Cavalcantes de Albuquerque. Nem preciso insistir, ainda que muito falte esclarecer, quanto à situação social de Pernambuco na conjuntura de finais do século XVIII e XIX, marcada por sucessivas secas graves; pela interminável pendenga em torno da liquidação da Companhia de Comércio de Pernambuco e Paraíba; pelas tensões geradas com o *boom* do algodão junto à insuspeitada multidão de cultivadores livres no campo, bem como, por conta do abastecimento deficiente, junto à população mais pobre do Recife; e, ainda, pelas divisões entre a açucarocracia da mata úmida, ao sul, e os proprietários ao norte, como quer Evaldo Cabal de Mello.[19] No

ensaiadas em 1710 e 1817, p. 12. Ver ainda F. A. Pereira da Costa, *Anais pernambucanos (1795-1817)*, vol. 7, p. 80-87 e, para uma visão crítica dessa tradição, Gonsalves de Mello, "Manuel Arruda da Câmara: estudo biográfico", in Gonsalves de Mello (org.), *Manuel Arruda da Câmara: obras reunidas*. A tirada de Oliveira Lima está na p. 73 de suas notas à obra de Muniz Tavares, *op. cit*.

[17] Para as culpas atribuídas aos 317 réus, veja-se "Devassa de 1817", *Documentos Históricos, op. cit.*, 1954, vol. 106, p. 133-245, p. 140 (Francisco, pai), 143 (Francisco, filho), 164 (Luís) e 225 (José Francisco, filho).

[18] Em vez de "economia das mercês", prefiro referir-me ao termo escolhido por António Manuel Hespanha, "economia da graça", porque despe o comportamento régio de um caráter quase *burocrático*, do qual não está distante a concepção de um Estado já constituído, pressuposta, em decorrência, no primeiro. Para argumentação diversa, cf. Fernanda Olival, *As ordens militares e o Estado moderno: honra, mercê e venalidade em Portugal (1641-1789)*, máxime p. 22-32, que remete para Hespanha, "La economia de la graça", *La gracia del derecho: economia de la cultura en la Edad Moderna*, p. 151-176. Cf. ainda James Van Horn Melton, "Otto Brunner e as origens ideológicas da Begriffsgeschichte", in Marcelo Gantus Jasmin e João Feres Júnior (orgs.), *História dos conceitos: debates e perspectivas*, p. 55-69.

[19] Para citar os mais importantes: José Ribeiro Jr., *Colonização e monopólio no nordeste brasileiro: a Companhia Geral de Pernambuco e Paraíba (1769-1780)*; Glacyra Lazzari

entanto, não posso deixar de chamar a atenção para dois outros aspectos, relegados a plano inferior com demasiada frequência, quando não ignorados: a natureza de uma devassa no Antigo Regime e os efeitos das políticas da coroa portuguesa nesse período.

Uma devassa como a de 1801 ou a de 1817 no mundo português não corresponde nem a um inquérito militar da época da ditadura nem a um processo conduzido pela preocupação da justiça; ainda que, com o primeiro, partilhe pelo menos a pressuposição da culpa de todos e, com o segundo, a exigência de formalidades destinadas a emprestar idoneidade à sentença. Para um poder cujo exercício não se funda em algum consenso da maioria da sociedade, mas numa composição de facções das elites, ou com interesses diversos ou preocupadas em competir entre si em busca de maior distinção, o risco da rebelião não podia deixar de constituir uma preocupação constante, assim como as formalidades deviam apresentar-se tão mais elaboradas e explícitas quanto maior fosse o intuito de manipulá-las. Em especial, por meio daquelas que decorriam da intriga e da calúnia, sob a forma de *murmurações*, que acabavam por assumir o caráter de uma *voz geral*, mas que pouco mantêm em comum com a moderna noção de opinião pública. Sob esse ângulo, para o caso que interessa, os historiadores talvez tenham tido a tendência excessiva, quando lhes convém, de acreditar mais nos acusadores do que nos acusados.

Afinal, não estão ausentes da devassa de 1817, mesmo a partir de um exame superficial, algumas das contradições e os absurdos que assaltaram de dúvidas o ouvidor da Paraíba naquela de 1801. Acredito que não seja de todo despropositado afirmar que, no caso da família Cavalcante de Albuquerque, como igualmente no de vários outros implicados, a defesa de Aragão e Vasconcelos mostrou-se perfeitamente capaz de indicar não só diversos motivos para os comportamentos que manifestaram entre março e maio de 1817, em particular a coação experimentada em situação de insurreição generalizada como aquela, mas também certas atitudes

---

Leite, *Pernambuco 1817: estruturas e comportamentos sociais*; Guillermo Palacios, *Cultivadores libres: Estado y crisis de la esclavitud en Brasil en la época de la Revolución Industrial*; Cabral de Mello, *A outra independência: o federalismo pernambucano de 1817 a 1824*.

que, pelo menos, sugeriam também a conveniência, de que tinham consciência, de conservarem a fidelidade ao monarca. Como exemplo, podem ser lembradas sucessivas hesitações e opções infelizes de Francisco como comandante militar e ainda o seu papel dúbio enquanto governador da praça do Recife no último dia antes da entrada das tropas reais.[20]

Em segundo lugar, os efeitos das políticas da coroa portuguesa. Como se bateu Evaldo Cabral de Mello nas comemorações do bicentenário da transferência da família real em 2008, não se podem esquecer as repercussões negativas que a presença da corte no Rio de Janeiro teve em relação às demais províncias. De um lado, se as medidas esclarecidas promovidas por Rodrigo de Sousa Coutinho ao final do século XVIII, difundidas pela elite intelectual que passou pelo Seminário de Olinda, inaugurado em 1800, contribuíram para criar a expectativa de mudanças para alguns grupos, composto sobretudo de letrados e clérigos, e se a presença de um prelado ilustrado, ainda que autoritário e conservador como o bispo Azeredo Coutinho, na junta governativa da capitania, muito provavelmente tenha contribuído para perturbar acordos e práticas há muito consolidadas, de outro, a presença do soberano na América a partir de 1808 não pôde deixar de descortinar inauditas promessas de promoção e de distinção social para diferentes grupos, como o dos Cavalcantes de Albuquerque. À medida que tais esperanças se desvaneceram nos anos seguintes, assumindo o Rio de Janeiro cada vez mais o papel de uma nova Lisboa, parece natural que a insatisfação crescesse, mais entre aqueles com acesso às novas ideias dos tempos, e, portanto, com os instrumentos para reelaborar suas referências, do que entre os demais, cuja concepção de mundo permanecia espantosamente aferrada à ordem do Antigo Regime, como foi possível constatar em um Miguel Antônio de Melo. Nesse sentido, mostra-se bastante esclarecedora uma carta de Antônio Gonçalves da Cruz, o célebre *Cabugá*, enquanto representante enviado pelos revoltosos, datada de Washington, 16 de junho de 1817, ao presidente dos Estados Unidos. Segundo ela, que parafra-

---

[20] Ver a defesa de Francisco de Paula Cavalcante de Albuquerque na Devassa de 1817, *op. cit.*, vol. 108, p. 5-28.

seio, para resumir, a fuga do príncipe regente persuadira uma parte dos habitantes dos Estados do Brasil de que D. João "adotaria um melhor e mais moderado sistema de governo e uma administração liberal", mas "esta esperança só existiu por mui pequeno espaço de tempo". Nos dois anos anteriores, tais tendências somente se tinham acentuado e, embora esse descontentamento fosse conhecido pelo governo, bem longe encontrava-se esse "de mostrar-se justo, fazendo em sua administração uma moderada reforma, como lhe requeriam pessoas que zelavam [pelos] interesses dos povos do Brasil". Ao contrário, "só tratava cada vez mais de conter a vontade geral por meio da força e da extorsão, persuadindo-se que o melhor meio de imperar e de subjugar povos era reduzindo-os ao ínfimo estado de pobreza e ignorância".[21]

Seria diversa a prática de governar dos Cavalcantes de Albuquerque caso assumissem as rédeas do governo? Não parece o caso da segunda geração da família, que, após livrar-se do cativeiro na Bahia graças ao movimento liberal português de 1820, voltou a *cavalgar* a província logo depois da independência, quando, ao aderir à causa brasileira do filho de D. João VI, se viu transformada em vítima do despotismo lusitano do pai de Pedro I e reconquistou a *honra* perdida. Francisco, o primogênito do genitor de mesmo nome, promovido a tenente-coronel de segunda linha em 1827, foi o primeiro a assumir por essa época o cargo de vice-presidente da província, da qual se tornou presidente em 1835, contribuindo para a repressão ao movimento dos cabanos. Deputado à Assembleia Provincial e à Geral, tornou-se, adiante, senador (1839), ministro da Guerra, barão e visconde de Suassuna. Já Antônio, o mais novo, seguira, aos 19 anos, para Moçambique, como ajudante de ordens do tio José. De volta ao Brasil em 1819 — com o pai, o outro tio e o irmão na cadeia — preferiu, como bom servidor do império, o lugar de lente na distante Escola de Pilotos de Macau. Não obstante, em 1824, estava de retorno a Pernambuco para combater a Confederação do Equador e ingressar na política, chegando a disputar com o padre Feijó a eleição para regente daquele outro império, o do Brasil, e a apresentar,

---

[21] Ver *idem*, vol. 109, p. 262-265. Citações na p. 263.

no senado, o projeto da maioridade de Pedro II.[22] Graças a mais essa *honra*, a família passou a servir, então, para atestar o espírito revolucionário de que as elites brasileiras se fizeram revestir, em seus sonhos de construir a nação.

NO RIO GRANDE DO NORTE

Um contraste curioso em relação a tantas vicissitudes oferece, no entanto, a trajetória de José Francisco de Paula Cavalcante de Albuquerque, a personagem do título. Como visto, viajou com destino a Portugal com cerca de 26 anos e, em dezembro de 1800, enviava a primeira carta para Pernambuco.[23] Chegara a Lisboa após "59 dias de muito má viagem [...], tendo padecido temporais fortíssimos e ultimamente um combate com uma fragata francesa, *em cuja ação brilhei*". Disso resultou ter-se feito conhecido e louvado, "não só pelo povo, como de D. Rodrigo, a quem já falei, como também a todos os grandes e pequenos que me podem ser necessários nas minhas pretensões".[24] Sem poder entrar em detalhes, essas duas frases já assinalam os traços mais salientes da personagem. Em primeiro lugar, a formação de militar; em segundo, a preocupação de aproximar-se da corte para conseguir mercês que o distinguissem e honrassem sua casa, como outras cartas não deixam dúvida a respeito; por fim, uma personalidade algo imatura, otimista, preocupada com as aparências e conveniências.

Os resultados de sua presença em Portugal, porém, não vieram imediatamente. Enquanto seus irmãos na América passavam pelos dissabores da devassa de 1801, José, em Lisboa, ao que tudo indica, multiplicava requerimentos para alcançar algum cargo, como continuaria fazendo ao longo da vida. Em 1802, obteve o posto de sar-

---

[22] Ver Pereira da Costa, *op. cit.*, p. 93-98 e Barman, *op. cit.*, p. 181 e 198.
[23] Duas certidões negativas passadas a José em 10 de junho de 1802 e 30 de outubro de 1815, nas quais se diz, respectivamente, com 29 e 41 anos, sugerem que nasceu entre 1772 e 1774. Cf. Lisboa, Arquivos Nacionais/Torre do Tombo (doravante ANTT), Registro de Certidões, livro 1, f. 306 v e 365.
[24] Devassa de 1801, *op. cit.*, vol. 110, p. 165-166.

gento-mor de um regimento de artilharia e, no ano seguinte, um hábito da Ordem de Cristo.²⁵ Finalmente, em novembro de 1805, José viu seus esforços coroarem-se de êxito com a nomeação como capitão-mor governador da capitania do Rio Grande do Norte — "subordinada ao Governo Geral de Pernambuco" no decreto assinado pelo príncipe regente, ainda que dela estivesse supostamente desvinculada desde 1799.²⁶

Apesar de diminuto, o conjunto de documentos referentes ao governo de José Francisco não deixa de dar uma ideia das limitações com que se defrontou e também do estilo de cortesão, a que sabia recorrer.²⁷ Ao chegar à América, encontrou seu antecessor preso em Pernambuco por conta de diversas acusações. Por isso, assumiu o governo em 30 de março de 1806 e exigiu que o governo interino lhe passasse um termo de posse.²⁸ No ato, recebeu "um sinete de prata com a sua competente prensa e dois bancos de madeira bruta", mais a "secretaria", que constava "de um armário com vinte-três livros de registro de Ordens Régias, do Governo Geral, Patentes, Cartas de Datas e Sesmarias", além de "trinta maços de papéis avulsos". De tudo fez inventário, "por nunca [existir] (...) e por não ter sido costume tomar-se entrega por ele".²⁹ Tais

---

[25] Cf. Lisboa, ANTT, Chancelaria de D. Maria I, livro 24, f. 269 v e livro 31, f. 61 v; Chancelaria de D. João VI, livro 3, f. 74.

[26] Lisboa, ANTT, Chancelaria de D. João VI, livro 8, f. 368. O decreto de nomeação, com data de 4 de novembro de 1805, corresponde aos fotogramas 0028 e 0029 do rolo 11/01 do CD do Projeto Resgate mencionado a seguir e ao nº 591 do *Catálogo de documentos manuscritos avulsos da capitania do Rio Grande do Norte (1623-1823)*. Doravante, as referências a esse conjunto serão indicadas da seguinte forma: "AHU, rolo/seção/fotograma(s)/nº no *Catálogo*/data". Nesse decreto, José também aparece ocupando o posto de sargento-mor, mas, ao contrário da indicação anterior, da arma de *infantaria*.

[27] A documentação avulsa da capitania do Rio Grande do Norte digitalizada pelo Projeto Resgate é tão pequena que cabe integralmente em um único CD, contendo apenas 61 documentos do período em tela. Foi o colega Rubenílson Teixeira (UFRN) quem me alertou para essa documentação ao me transmitir, durante congresso em Salvador, o comentário de José Francisco sobre o bispo Azeredo Coutinho, citado adiante. Agradeço também a Lúcia Thomé, auxiliar da Biblioteca da Pós-Graduação em História da UFF, pelos esforços para conseguir uma cópia do CD para mim. O primeiro documento que trata de José Francisco é AHU, 11/01/0114-0116/599/s.d., e traz sua queixa de que está para ser despejado das casas em que residia em Lisboa, na rua do Loreto, próximo ao alto de Santa Catarina, alguns dias antes de embarcar para o Brasil.

[28] AHU, 11/01/0123-0126/602/17 abr. 1806.

[29] *Idem*, 11/01/0117-0119/600/31 mar. 1806.

detalhes dão uma ideia das limitações que teve de enfrentar, embora cerca de uma quinzena depois já informasse ao secretário da Marinha e Ultramar sobre as condições em que encontrara a capitania e pedisse que José Rabelo de Sousa, que trouxera como seu amanuense, fosse provido como secretário. O estilo mostra-se bem cortesão, quer dizer, ao mesmo tempo em que se colocava humildemente diante da autoridade superior de quem dependia, procurava diminuir o quanto fosse possível os trabalhos de seus antecessores, respectivos colaboradores e outros concorrentes, de modo a realçar as próprias iniciativas e o zelo pelo real serviço. De todo modo, não deixa de ser notável que reconheça sua "pouca inteligência em finanças" e, em tão curto período, a capacidade que demonstra para reunir diversas informações sobre a população e rendimentos da capitania. Apesar disso, conclui com a lembrança da promessa do secretário de tirá-lo dali ao fim dos três anos regulamentares, após observar que "um Governador aqui (...) é considerado como Comandante de um Presídio" e "nada pode fazer para remediar" os males que identifica.[30]

Com seis meses de governo, já tendo feito um giro pela capitania para conhecer o território, inspecionar as tropas e assegurar a cobrança de um donativo real, voltava a informar ao secretário, referindo-se às desordens do tempo de seu antecessor, que,

> tomando posse do governo, tratei de desterrar a intriga por todos os modos, já fazendo falas diante de alguns que eu sabia eram motores delas e já tratando-os com um total desprezo (método que em tal caso me pareceu melhor); porém, Exmo S^{or}, enquanto aqui existir um Sargento Mor xamado *(sic)* João Rebello de Siqueira e Aragão, cujo péssimo gênio e orgulho é inenarrável, e alguns párocos, cuja materialidade e gênio só propende *(sic)* a fazer o mal, é impossível haver paz nesta terra e poder-se desvanecer a intriga: qualquer deles me obsequiam extremosamente e até o presente vou vivendo bem com eles, na certeza de que brevemente haverá rompimento, pois talvez pensem

---

[30] *Idem*, 11/01/0123-0126/602/17 abr. 1806.

que, captando-me assim a benevolência, serei capaz de algum dia entortar a justiça.[31]

De um dos párocos, Feliciano José Dorneles — ou *Dornelas*, como aparecerá mais tarde entre os réus de 1817 — observava ser "só movido por uma família, onde dizem ter tratos ilícitos, e por ela só é encaminhado para o mal, para o que tem a já dita propenção." Apesar dessa situação e dos agrados que recebia, acrescentava, no registro de cortesão, que era "o amor da verdade" que o fazia "falar desta sorte", de modo a "não dar atenção à podre lisonja".[32] Ao mesmo tempo, revelava-se um regalista convicto, afinado com a política implementada pela coroa desde o marquês de Pombal, quando julgava que uma

> das razões que tenho descoberto por que eles se intrigam com os governadores é por que (como todos os demais Clérigos) se julgam desligados da sociedade, e pertencentes a outra muito diversa, que os livra de ter a menor Subordinação às Autoridades constituídas, Civis ou Militares; e, enquanto não perderem este prejuízo, há de haver des Ordem [sic]; e a outra é não haver a melhor escolha na eleição deles, pois, em respondendo a alguns casos de Moral, à maneira de adivinhação, já os julgam capazes de curar Almas e dirigir povos, no que foi bem infeliz *o ex bispo de Pernambuco D. José Joaquim de Azeredo (cuja prática era sempre diversa da teoria)*, pois os vigários por ele propostos são quase todos da Classe dos que aqui aponto.[33]

---

[31] Provavelmente, resultam em grande parte desse giro pela capitania os complexos mapas que envia ao secretário da Marinha e Ultramar com dados sobre a capitania. Ver *idem*, 11/02/0226-0242 e 0316-0327/623 e 629/31 dez. 1806 e 15 abr. 1807.

[32] Para essa questão, são muito curiosos os ofícios 611, 618, 620 e 622, os três primeiros dos quais enviados por câmaras da capitania com elogios ao governador, enquanto o último, do governador ao secretário da Marinha e Ultramar, comunica que ele escrevera às câmaras participando-lhes ser proibido agirem dessa forma por portaria de 1720, que enviava em anexo.

[33] *Idem*, 11/01/0158-0161/610/5 set. 1806. Para o giro que deu na capitania e as providências que tomou, ver, além do já citado *idem*, 11/01/0123-0126/602/17 abr. 1806, em que anuncia a intenção de iniciá-lo em princípios de junho, os ofícios *idem*, 11/01/0183-0194/613-616/15 set., 18 set. e 20 set. 1806. Grifo meu.

Pouco mais de um ano após sua chegada a Natal, outro ofício de José mencionava o receio que tinha de ficar esquecido diante das muitas ocupações do secretário da Marinha e Ultramar. Por isso, "xeio *(sic)* da maior submissão", expunha que pretendera "ficar agregado ao Regimento em que servia em Lisboa" e assim o requerera à repartição competente, mas o secretário estranhara seu pedido e, sendo o seu desejo somente "fazer a vontade e em tudo agradar a V. Exª", nada indagara da tramitação, achando-se "até o presente (...) sem estar agregado a algum Regimento". Assim, "em voltando para a Corte, irei outra vez ser pretendente, de cujo mal peço a V. Exª haja de me livrar". Em seguida, recorda uma entrevista que tivera em Mafra com o secretário antes de partir, quando ele próprio se incriminara de "impertinente". O visconde de Anadia lhe fizera então "a honra de dizer que impertinente não era eu, mas que sabia muito bem promover os meus negócios". E emenda, então, que sua "atividade não [era] só para coisas que me dizem respeito e que também sei interessar-me pela causa pública". Portanto, parecia-lhe "que (falando com o devido respeito) já pode V. Exª fazer-me mais feliz, tirando-me deste lugar e dando-me outro emprego, onde melhor mostre que mereço os benefícios com que V. Exª se digna honrar-me".[34]

Em setembro de 1808, esmera-se como cortesão em um ofício a João de Almeida de Melo e Castro, conde das Galveas, no Rio de Janeiro, no qual explicava que o episódio de 1801, "catástrofe terrível", fruto de "perseguição cruel [e da] negra calúnia e sórdido inte[resse]", tinha fulminado a sua "Casa em Pernambuco" e arruinado o seu patrimônio, reduzindo-o "à maior decadência". Por isso, pedira um governo, mas "a experiência" lhe tinha "mostrado que o pequeno soldo não [era] bastante para a minha sustentação e decência do Cargo". Na realidade, encontrara

> uma Capitania tão devastada, tão pobre e combatida de Secas e Esterilidades dos tempos, achei os rendimentos do Estado de Soma tão enfraquecida que, havendo precisão urgentíssima de aplicar o meu cuidado a

---

[34] *Idem*, 11/02/0342-0344/633/4 maio 1807.

diferentes obras públicas, como foram quatro Fortes de defesa em vários Portos e Barras desta Capitania; duas Cadeias nos Sertões, na Vila do Príncipe e da Princesa; um Aterro de 800 passos de longitude sobre a Maré de perigoso e difícil trân[sito]; algumas Fontes e Aquedutos em benefício público; reedificação de todas as Vilas de Índios; e finalmente uma Casa que não havia suficiente para acolhimento da Guarda principal; tudo ou quase tudo foi feito a expensas minhas e, em vez de economizar, como pretendia, me vi na obrigação forçosa de empenhar muito mais a minha desolada Casa, até o ponto de vender, depois que aqui cheguei, o último Engenho de fabricar açúcar que me restava, pois, ou por gênio ou por natureza e amor da Pátria, não posso escusar-me às precisões públicas. E se isto assim procede em menos de três anos, que será de mim se me não valer a comiseração e amparo de V. Exª com qualquer outro despacho que me utilize?

Solicitava então que fosse "ocupado no Real Serviço em qualquer outro emprego, no qual, sendo sempre, como desejo, útil aos meus semelhantes, não seja contudo prejudicial a mim próprio".[35] Sem data, pede apoio ainda a D. Fernando José de Portugal e Castro, marquês de Aguiar, para o pedido que fizera do governo do Piauí.[36] E também sem data, volta a dirigir-se ao conde das Galveas para que intercedesse junto a D. Rodrigo, conde de Linhares, a fim de que fosse despachada favoravelmente a súplica que dirigira a Sua Alteza Real para que fosse promovido ao posto imediato de tenente-coronel agregado a qualquer dos regimentos de linha da corte.[37]

AÇORES E MOÇAMBIQUE

Em vez, foi despachado para os Açores, como governador militar da ilha de São Miguel.[38] Nessa posição, entre o início de 1811, quando

---

[35] *Idem*, 11/03/0437-0440/648/26 set. 1808.
[36] *Idem*, 11/02/0441-0443/649/s. d.
[37] *Idem*, 11/02/0444-0445/650/s. d.
[38] Cf. Ricardo Manuel Madruga da Costa, *Os Açores em finais do regime de capitania-geral, 1800-1820*, vol. 1, p. 543. Agradeço ao autor e ao colega José Damião Rodrigues o acesso a essa tese.

deixou o Rio Grande do Norte, até 1815 ou 1816, quando saiu provavelmente nomeado para o último posto de sua carreira, José Francisco tinha sido promovido, em datas ainda ignoradas, não só a tenente-coronel, como pedira, mas também a coronel, a brigadeiro e a marechal de campo.[39] Em janeiro de 1814, correspondência sobre um conflito local de jurisdição do então capitão-general dos Açores, Aires Pinto de Sousa, para o conde de Aguiar registrava o comentário de que o governador militar de São Miguel mostrava-se "honrado, inteligente, capaz de fazer respeitar a Autoridade que lhe for confiada e que, no caso particular de que se trata, o mais que se pode notar-se-lhe é uma falta de formalidade".[40]

Para alcançar Moçambique, José Francisco talvez tenha viajado para o Recife, a fim de visitar a família, e certamente, como era costume, fez escala no Rio de Janeiro, onde, cortesão que era, não pode ter deixado de ir beijar as mãos de Sua Alteza Real. Reunido ao sobrinho Antônio, filho mais novo do irmão mais velho, que passou a servir-lhe de ajudante de ordens, como mencionado acima, após uma viagem de 29 ou 39 dias, chegou a Moçambique em 29 de janeiro de 1817, antes da eclosão, por conseguinte, da revolução de Pernambuco, que se deu em 6 de março de 1817.[41]

Capitania ingrata pelas condições locais insalubres e caracterizada pela ocupação dispersa em pequenos núcleos, com forte contribuição de elementos naturais de Goa, estivera subordinada ao vice-reinado da Índia até 1752, inserindo-se nos circuitos comerciais do Índico como for-

---

[39] Para a gradação dos postos no exército português da época, estou valendo-me da tabela anexa a Adriana Barreto de Souza, *Duque de Caxias: o homem por trás do monumento*, p. 573. Para a patente de marechal de campo, ver AHU, Conselho Ultramarino, Moçambique, caixa 159, doc. 1. Infelizmente, ainda não foi possível buscar a folha corrida da personagem no Arquivo Histórico Militar, como me sugeriu Tiago dos Reis Miranda, com a generosidade de sempre.

[40] Madruga da Costa, *op. cit.*, p. 543. Para os demais ofícios de José Francisco, cf. *idem*, p. 524-525, 539 e 576-583.

[41] Para a data da chegada, ver http://www.worldstatesmen.org/, confirmada por Luís Frederico Dias Antunes e Manuel Lobato, "Moçambique", in Maria de Jesus Mártires Lopes (org.), *Nova história da expansão portuguesa: o império oriental, 1660-1820*, vol. 5, p. 265-332, p. 332. O cálculo da duração da viagem baseia-se em AHU, caixa 159, docs. 25, 27 e 59. No entanto, o doc. 60, de 29 de setembro de 1818, na mesma caixa, revela que a participação do casamento de D. Pedro e D. Leopoldina levou quase um ano para alcançar Moçambique.

necedora de marfim, ouro e escravos, tendo os últimos, no início do século XIX, passado a afluir também ao Brasil. A sede do governo ficava na ilha de Moçambique, bem ao norte, a mais de dois mil quilômetros de Maputo, a atual capital, situada na então baía de Lourenço Marques, na época tenuamente ocupada, enquanto a presença portuguesa no interior se concentrava ao longo do vale do Zambeze, do litoral até a vila de Tete, sobretudo. Não obstante, diante da enorme complexidade cultural e social com que tinha de lidar, a posição oferecia a José Francisco um desafio bem maior do que o pequeno e subalterno Rio Grande do Norte ou a ilha de São Miguel.[42] Como as promoções militares que obtivera, sua nomeação evidenciava, assim, a *honra* que conseguira acumular junto às instâncias superiores da coroa.

Na pequena documentação consultada sobre seu curto governo, continuam presentes os traços predominantes da administração que conduzira em Natal, como o comportamento cortesão em relação aos superiores — dessa feita, o conde dos Arcos — a quem escreve que, achando-se em grande atraso nos seus particulares rendimentos,

> por uma infinidade de circunstâncias, que, por não ser fastidioso, não as refiro a V. Exª, e conhecendo que não se pode fazer interesses nos governos por meios lícitos, porque desde que principiei nesta carreira em Março de 1806 tomei logo por modelo a V. Exª (como muitas vezes o disse a amigos de V. Exª, com quem tratava, antes de estar dependente de V. Exª, o que tira toda a suspeita de lisonja) escrevi daqui ao Exmo. Sr. Marquês de Aguiar, pedindo-lhe obtivesse de Sua Majestade em meu benefício uma Comenda, que ajudasse à minha decente subsistência, visto que as rendas desta Capitania não estavam no estado de se me aumentar o Ordenado [...].[43]

---

[42] Ainda não foi possível aprofundar o conhecimento da região por meio da bibliografia, que se limitou a Dias Antunes e Manuel Lobato, *op. cit.*; a Malyn Newitt, "Moçambique", in Valentim Alexander e Jill Dias (orgs.), *O império africano, 1825-1890*, p. 557-589; e a Malyn Newitt, "Mozambique island: the rise and decline of a colonial port city", in Liam Matthew Brockey (org.), *Portuguese colonial cities in the Early Modern World*, p. 105-127.
[3] AHU, caixa 159, doc. 1, 1º set. 1818.

Paralelamente, às vezes de maneira contundente, criticava seus concorrentes. Sobre queixas contra o anterior governador, por exemplo, escreve que só lhe restava

> dizer a V. Ex.ª que este pecado do amor tão somente do ouro parece-me ser influência da Atmosfera desta parte do Mundo do Cabo de Boa Esperança para dentro, porque é moléstia geral de quantos por ali passam de certo tempo para cá; eu ainda me não acho inficcionado deste mal; porém receio, se me demorar mais tempo, talvez o venha a padecer.[44]

Ao mesmo tempo, embora seja difícil julgar somente através de suas próprias informações, parece predominar, dada sua formação, a natural preocupação com as questões militares, em particular a construção do forte do Mossuril, no continente, ao norte da ilha de Moçambique, e as tensões em Rios de Sena, no vale do Zambeze, para onde despacha o sobrinho Antônio.[45] Contudo, não estão ausentes um certo impulso para ordenar e aprimorar o ambiente que encontrava; a obsessão de destacar suas realizações; e a habilidade para lidar com os governados, afinal, "os negócios deste País devem ser tratados mais por jeito do que pela força".[46]

Surpreende, porém, a ausência na documentação consultada de qualquer referência ao movimento de Pernambuco, que voltou a trazer *infâmia* para a casa que José Francisco tanto prezava.[47] Soa, porém, como um desabafo de alívio o ofício que dirige ao soberano em setembro de 1818, mais de um ano após a revolta ter sido debelada, agrade-

---

[44] *Idem*, caixa 159, doc. 24, 20 set. 1818.

[45] Cf., por exemplo, *idem*, caixa 159, doc. 41, 23 set. 1818 e doc. 44, 23 set. 1818 (Mossuril e Rios de Sena); *idem*, caixa 159, doc. 25, 21 set. 1818; doc. 28, 21 set. 1818; doc. 35, 22 set. 1818; doc. 37, 22 set. 1818 e *idem*, caixa 160, doc. 87, 31 dez. 1818 (*sic*) (diversos).

[46] *Idem*, caixa 159, doc. 74, 30 set. 1818, para a citação. Ver também, para os demais aspectos, à guisa de amostra, *idem*, caixa 159, doc. 29, 21 set. 1818 (povoamento da baía de Lourenço Marques) e doc. 57, 29 set. 1818 (para suas realizações).

[47] Da "Devassa de 1817", *op. cit.*, v. 102, p. 36 (com menções também ao fato, pelo menos, nos v. 101, p. 179; v. 102, p. 72; v. 108, p. 27; e v. 109, p. 70), consta documento do governo provisório de Pernambuco autorizando a contratação de navio que fosse a Moçambique levar uma carta a José Francisco.

cendo a aprovação do "procedimento que tenho tido no Governo desta Capitania" e em que, ao final, *silenciosa e humildemente*, beija "mil vezes a Real Mão de Vossa Majestade por este benefício que me confere", com protestos de "que todos os meus esforços desde que principiei a servir nesta honrosa Carreira foram, são e serão para merecer sempre de Vossa Majestade tais distinções".[48]

Menos de dois meses depois, no entanto, é o secretário do governo quem dirige ao Rio de Janeiro um outro ofício, para afirmar que passava "pelo desgosto de participar (...) a funesta notícia que no dia 12 (...) [de novembro de 1818] faleceu pelas cinco horas da tarde o meu General e desta Capitania (...) de um ataque de Dyspepsia crônica acompanhada de febres do País." Continuava lamentando essa falta "não só porque perdi um amigo, mas muito especialmente porque o Nosso Augusto Soberano perdeu um bom Vassalo e a Nação um verdadeiro Patriota", fazendo com que ficassem "estes povos à direção de um Governo Anárquico". Este assumiu em 13 de novembro, composto pelo "Religioso da Ordem de S. Domingos Fr. José Niculao *(sic)* de Jesus Maria Pegado e o novo Ouvidor Amaro Guedes da Silva e Sousa", aguardando que fosse completado, na parte militar, pelo brigadeiro graduado Francisco Carlos da Costa Lacé, governador de Rios de Sena e objeto de diversas representações desfavoráveis, junta que o secretário julgava formada por "um Asiático Religioso, maxavel *(sic)* e ambicioso; um Ministro natural do País vicioso, pouco inteligente e ocioso; e um Militar urgulhoso *(sic)* e impurdente *(sic)* e todos de má fé com a opinião Pública". Com isso,

> é indubitável o ficarem suspensos todos os recursos que o meu General tão Sábia e incansavelmente tinha sugerido para a boa ordem dos Negócios da Capitania. As Obras Reais, logo que ele perigou na sua enfermidade, ficaram suspensas por faltarem aqueles que se comprometeram a contribuir com o necessário, [...]; e igualmente todos os ramos da Administração mudaram de figura.[49]

---

[48] *Idem*, caixa 159, doc. 36.
[49] *Idem*, caixa 160, doc. 46, 13 nov. 1818. José Francisco Alves Barboza foi governador

José Francisco conservara intacta, portanto, apesar da derrocada de sua casa em Pernambuco, a *honra* que tinha construído como bom e fiel vassalo de D. João VI.[50]

TIRANDO A LIMPO

Das questões de fundo que se escondem por trás dessa história em três tempos, ainda mal alinhavada, a primeira refere-se à própria trajetória de José Francisco no império português. Sem dúvida, nas últimas décadas, desde pelo menos a pioneira obra de Charles R. Boxer (1969), acumulou-se uma ampla bibliografia sobre o império português dos tempos modernos. Tais estudos destacaram não só a articulação entre as distintas regiões que o compunham como uma série de comportamentos e atitudes frequentemente compartilhados por agentes da coroa e também por seus súditos. Para o período de que estou tratando, o final do século XVIII e início do XIX, José Murilo de Carvalho, há muitos anos, com *A construção da ordem*, realçou, a meu ver pleno de razão, o papel exercido pela Universidade de Coimbra no processo de homogeneização das elites letradas que serviram ao soberano.[51] Contudo, não foi esse o caminho trilhado por José Francisco, que, saído da nobreza da terra de Pernambuco — cuja distinção foi Evaldo Cabral de Mello quem ressaltou — escolheu a carreira das armas, ainda que não lhe faltasse, como revela sua correspondência, o *polimento* que se esperava, nessa

---

de Rios de Sena, região sobre a qual, em 1821, escreveu um e studo estatístico e, em 1831, era partidário de uma incorporação ao Brasil. Ver http://www.ippar.pt/sites_externos/bajuda/htm/catalg/india/indfr.htm e http://memoria-africa.ua.pt/library/searchRecords/TabId/166/language/pt-PT/Default.aspx?q=AU%20Arquivo%20Histórico%20de%20Moçambique. O Ofício nº 71, de 7 de novembro de 1818, já vem assinado pelo secretário do governo "Por impedimento do Excelentíssimo General". Cf. AHU, caixa 160, doc. 38. Na segunda via da carta do secretário de 13 nov., frei Nicolau aparece classificado como "Religioso Xina [sic]".

[50] Ver AHU, caixa 159, doc. 59, 29 set. 1818, para suas expressões de júbilo quando da aclamação de D. João VI em 6 de fevereiro de 1818.

[51] Ver José Murilo de Carvalho, *A construção da ordem: a elite política imperial* [1980] e *Teatro de sombras: a política imperial* [1988], p. 55-82, sobretudo.

época, de sua *classe*.[52] Decerto, o exército nos tempos modernos constituiu um instrumento poderoso para disciplinar corpos e almas, processo a cujos efeitos José Francisco não ficou certamente imune.[53] O surpreendente, no entanto, é a capacidade demonstrada por esse natural da América de assimilar os códigos que estavam em vigor no império, fazendo-o galgar posições e alcançar, apesar dos infortúnios que atingiram sua casa, a projeção a que chegou. Sob esse ângulo, parece-me plausível insistir na hipótese de que a própria experiência do império, a essa altura, estava sendo capaz de gerar uma certa homogeneização das elites, a qual, em oposição às tendências centrífugas inevitavelmente presentes, acabava por concorrer para alguma forma de identidade do conjunto. Para gente como José Francisco, tenho muita dificuldade de imaginar que a independência se anunciasse como um sonho ou um projeto, posto que vislumbravam, no interior dos quadros que conheciam, a conservação do poder de mando, o poder de *cavalgar*, que sempre tinham detido localmente e que, agora, parecia-se-lhes desdobrar em novas possibilidades, relativas ao império como um todo. Desse ângulo, talvez a ideia de uma *geração de 1790*, proposta por Kenneth Maxwell há tantos anos, não se limite aos letrados e naturalistas em geral nela incluídos e mereça compreender indivíduos de outras qualidades.[54] A questão, sob essa ótica, passa a ser a identificação de tais categorias e as formas pelas quais apreenderam esse horizonte alargado.

---

[52] A referência é obviamente a Cabral de Mello, *Rubro veio: o imaginário da restauração pernambucana*.
[53] Embora o assunto não integre meus interesses imediatos, o exército tem sido objeto de diversos estudos importantes, dentre os quais, além do muito peculiar Farge, *Les fatigues de la guerre...*, *op. cit.*, recorri com proveito a David D. Bien, "The army in the French Enlightenment", *Past & Present*, nov. 1979, vol. 85, p. 68-98; Fernando Dores Costa, "O bom uso das paixões: caminhos militares na mudança do modo de governar", *Análise Social*, 1995, vol.30, nº 130, p. 969-1017; *idem*, "Os problemas do recrutamento militar no final do século XVIII e as questões da construção do Estado e da nação", *Análise Social*, 1995, vol. 30, nº 130, p. 121-155; John Keegan, *Uma história da guerra*; e também ao excelente primeiro capítulo de Barreto de Souza, *op. cit.*, p. 45-104. Infelizmente, ainda não foi possível consultar os famosos estudos de André Corvisier. De Moçambique, ao tratar da falta de oficiais na capitania, o próprio José Francisco escrevia ao conde dos Arcos solicitando que não lhe mandasse novos, "pois antes desejo formados a meu modo, do que já daí tragam outra disciplina" (AHU, caixa 159, doc. 68, 29 set. 1818).
[54] Cf. Kenneth Maxwell, "A geração de 1790 e a ideia do império luso-brasileiro", in *Chocolate, piratas e outros malandros: ensaios tropicais*, p. 157-207.

A segunda observação remete diretamente à questão das hierarquias sociais e à noção de Antigo Regime, sem que seja preciso, aqui, mapear posições a respeito.[55] A esse propósito, em introdução a obra recente, Fanny Cosandey passou em revista o debate, desde os pressupostos de Max Weber e a famosa oposição classes/ordens de Labrousse e Mousnier até abordagens mais recentes, como a da micro-história, a teoria das redes, a ideia de corpos, a atenção voltada para os discursos, a conflitualidade inerente aos campos de Bourdieu, a concepção de hierarquia para Louis Dumont e o lugar ocupado pela teologia nos processos de classificação das sociedades daquele mundo que perdemos. Ao final, talvez conclua menos do que promete, mas não deixa de realçar, por um lado, o caráter essencialista das investigações que julgavam possível a classificação das sociedades dos tempos modernos com régua e compasso, a partir de categorias abstratas, desenvolvidas pelo pesquisador; por outro, destaca o quanto a lógica hierárquica é local, ou seja, pressupõe o contexto em que se exerce.[56] Ora, não é isso que, em 1966, Franco Venturi queria dizer quando, num colóquio da Escola Normal Superior de Paris, assinalava a importância de buscar "uma história semântica das palavras", posto que, afinal, as "ideias novas, no século XVIII, não são burguesas nem feudais; elas tornam-se burguesas porque, em certa altura, servem de instrumento para resolver certos problemas de ordem social ou de grupos sociais a que podemos chamar as burguesias"?[57] De maneira semelhante, cinco anos mais tarde, David Bien, em diálogo com Norman Cantor e numa linguagem bem da época, salientava que

> A questão a propor é: o que significou ser um aristocrata em qualquer um dos diversos contextos nacionais? Se V. fizer essa pergunta, as respos-

---

[55] Embora a ocasião se preste para lembrar a colega Maria de Fátima Gouvêa, em memória de quem Ronaldo Vainfas dedicou, na abertura, o III Colóquio Internacional Raízes do Privilégio, organizado pela Companhia das Índias em 2009, ocasião em que este trabalho originalmente foi apresentado.
[56] Fanny Cosandey, "À propos des catégories sociales de l'Ancien Régime", in *Dire et vivre l'ordre social en France sous l'Ancien Régime*, p. 9-43.
[57] Cf. a intervenção de Franco Venturi ao final da comunicação de Jean Ehrard em Louis Bergeron (org.), *Níveis de cultura e grupos sociais: colóquio da Escola Normal Superior de Paris*, p. 230.

tas serão diferentes em todos os lugares para os quais vier a olhar. E é sobretudo quando perguntamos o que significou ser um aristocrata em relação ao estado que as diferenças aparecem.[58]

Já com um sotaque ao qual estamos mais habituados, foi João Adolfo Hansen quem observou que se conserva "a honra produzindo-se a aparência de dignidade acima das contingências da ocasião para impedir que a reputação seja abalada". Nesse sentido, não são as pessoas de prestígio "que têm honra por si mesmos", mas são, sim, "aqueles que não a têm, os grupos e indivíduos do 'povo' (...) que podem deixar de atribuí-la aos que *devem tê-la*".[59] Nessa ótica, é da percepção que os homens de uma época têm de si mesmos, de acordo com valores e preconceitos que lhes são próprios, que depende fundamentalmente a questão das hierarquias sociais. E, se assim for, ela só pode ser examinada caso a caso, enquanto um conhecimento sempre local, como não sou o único, certamente, a tentar fazer com o caso do irmão Suassuna mais novo.

Por fim, a última questão de fundo, a mais importante. Trata-se da própria *história*. Afinal de contas, se o que importa é como os homens veem a si mesmos no passado, por coerência também é a nossa maneira de ver o passado que faz a história. Não aquela história com um H maiúsculo, conduzida por forças anônimas, inventada pelos ilustrados e românticos para substituir o *fado* incontornável, no qual os antigos enxergavam o fio que nascia do tear das Parcas e que os cristãos fizeram depender de insondáveis desígnios divinos; mas, sim, aquela história em minúscula, quase um *sexto sentido*, como diz Hans-Georg Gadamer, que o homem moderno teve de adquirir para não se perder na caixa de ecos

---

[58] Resposta de David Bien a uma pergunta sobre semelhanças e diferenças quanto ao governo e à sociedade na França e no restante da Europa em "The Ancien Regime in France", in Norman F. Cantor (org.), *Perspectives on the European past: conversations with historians*, p. 3-26, p. 17.

[59] Ver João Adolfo Hansen, "Representações da cidade de São Salvador de Todos os Santos em atas e cartas do senado da câmara — Bahia, século XVII", p. 22. Grifo no original. Texto apresentado em conferência no Simpósio Regional da ANPUH, em Seropédica (RJ), em 2008, que o autor generosamente tornou disponível graças à iniciativa de Thiago Rodrigues da Silva, então graduando em história da UFF.

que constitui o mundo desencantado em que passamos a viver.[60] Ainda que não tenha desaparecido, como debatem Luc Ferry e Marcel Gauchet, o lugar ocupado pela religião na atualidade, nela, enfim, o indivíduo, como queria Kant, tende a sair de sua menoridade e a fazer uso público de sua razão.[61] Assim, embora desde Gibbon e Ranke, e, mais ainda, do marxismo e dos *Annales* no século XX, a história com H maiúsculo tenha buscado revestir-se com os lauréis da ciência, são narrativas que a outra história busca, para dar sentido à existência, narrativas cujo potencial talvez tenha sido Bernard Groethuysen quem melhor evidenciou.[62] Como a retórica, essa história não lida com a *verdade*, mas com o *verossímil*, sob a forma de argumentos, assentados sobre os ombros infinitos das tradições que nos formam. Contudo — em oposição aos empiristas empedernidos, como aos pós-modernistas convictos — se ela não pode viver sem o poder de evocação da escrita, nem despida de problemas e concepções do presente, é no uso e no rigor da erudição, que se consolidou por meio de iniciativas como a dos *linajudos*, de que nos falou Richard Kagan, que encontra a sua especificidade.[63]

Como o pequeno Marcel dividido entre o *lado de Swann* e o *lado de Guermantes*, nós, historiadores, hesitamos hoje, o tempo todo, entre a ideia de um conhecimento "mais real que o real", como disse certa vez Francisco Falcon, num momento de Fernando Pessoa, e o fascínio que nos chega da singularidade de cada evento ou personagem do passado.[64] Diante dessa encruzilhada, já deve ter ficado claro qual é a minha op-

---

[60] Cf. Hans-Georg Gadamer, "Os limites da razão histórica (1949)", in *Hermenêutica em retrospectiva: a virada hermenêutica*, p. 139-144.
[61] Cf. Luc Ferri e Marcel Gauchet, *Depois da religião: o que será do homem depois que a religião deixar de ditar a lei?*, e Immanuel Kant, "Resposta à pergunta: que é 'Esclarecimento'?", in *Textos seletos*, p. 100-116.
[62] Ver Bernard Groethuysen, "De quelques aspects du temps. Notes pour une phénoménologie du récit", in B. Dandois (org.), *Philosophie et histoire*, p. 217-269.
[63] A título apenas ilustrativo, vejam-se Olivier Reboul, *Introdução à retórica*; Anthony Grafton, *As origens trágicas da erudição: pequeno tratado sobre a nota de rodapé*; Arnaldo Momigliano, *Problèmes d'historiographie ancienne et moderne*; e Carlo Ginzburg, *Relações de força: história, retórica, prova*. Quanto ao prof. Kagan, da Johns Hopkins University, refiro-me à conferência de abertura do colóquio em que este texto também foi apresentado.
[64] Tanto quanto me lembro, a expressão surgiu em uma aula inaugural na UFF, que deu origem ao texto posteriormente publicado como Francisco José Calazans Falcon, 'Historicismo': a atualidade de uma questão aparentemente inatual", *Tempo*, nº 4, dez. 1997, p. 5-26.

ção; opção, porém, que não pode desqualificar a sua alternativa, porque a reconhece também como um argumento. Sob tal ponto de vista, o tema deste artigo, muito mais do que a trajetória de José Francisco de Paula Cavalcante de Albuquerque, consistiu na *história*, com minúscula, que teve o poder de narrar a *honra* e a *infâmia* de sua casa, conforme as circunstâncias. Se tais considerações pareceram *longínquas*, porque talvez guardem aquele olhar perplexo com que Watteau soube dotar o *Gilles*, espero que também se mostrem *justas* o suficiente para soar *fortes* e, portanto, dignas de aqui figurar.

REFERÊNCIAS DOCUMENTAIS E BIBLIOGRÁFICAS

"Devassa de 1801". *Documentos Históricos*. Rio de Janeiro: Biblioteca Nacional, 1955.

ALBUQUERQUE, Francisco de Paula Cavalcante de. *Documentos Históricos [Revolução de 1817]*. Rio de Janeiro: Biblioteca Nacional, 1955.

ANTUNES, Luís Frederico Dias e LOBATO, Manuel. "Moçambique". In LOPES, Maria de Jesus dos Mártires (org.). *Nova história da expansão portuguesa: o império oriental, 1660-1820*. Dirigido por Joel Serrão & A. H. de Oliveira Marques. Lisboa: Estampa, 2006, vol. 5, p. 265-332.

BARMAN, Roderick J. *Brazil: the forging of a nation, 1798-1852*. Stanford: Stanford University Press, 1988.

BERGERON, Louis (org.). *Níveis de cultura e grupos sociais: colóquio da Escola Normal Superior de Paris*. Lisboa/Santos: Cosmos/Martins Fontes, 1974.

BIEN, David D. "The army in the French Enlightenment". *Past & Present*, vol. 85, p. 68-98, nov. 1979.

_____. "The Ancien Regime in France". In CANTOR, Norman F. (org.). *Perspectives on the European Past: conversations with historians*. Nova York: Macmillan, 1971, vol. 2, p. 3-26.

CARVALHO, José Murilo de. *A construção da ordem: a elite política imperial [1980] e Teatro de sombras: a política imperial [1988]*. 2ª ed. Rio de Janeiro: Ed. UFRJ/Relume Dumará, 1996.

Catálogo de documentos manuscritos avulsos da capitania do Rio Grande do Norte (1623-1823). Organização de Fátima Martins Lopes. Natal: EdUFRN, 2000.

COSANDEY, Fanny. "À propos des catégories sociales de l'Ancien Régime". In *Dire et vivre l'ordre social en France sous l'Ancien Régime*. Paris: Éditions de l'École des Hautes Études en Sciences Sociales, 2005, p. 9-43.

COSTA, Fernando Dores. "O bom uso das paixões: caminhos militares na mudança do modo de governar". *Análise Social*, vol. 33, nº 149, p. 969-1017, 1998.

_____. "Os problemas do recrutamento militar no final do século XVIII e as questões da construção do Estado e da nação". *Análise Social*, vol. 30, nº 130, p. 121-155, 1995.

COSTA, Francisco Augusto Pereira da. *Anais pernambucanos (1795-1817)*. Recife: Arquivo Público Estadual, 1958.

_____. *Dicionário biográfico de pernambucanos célebres*. Prefácio de José Antônio Gonsalves de Mello. Recife: Fundação de Cultura Cidade do Recife, 1981.

COSTA, Ricardo Manuel Madruga da. *Os Açores em finais do regime de capitania-geral, 1800-1820*. Horta (Ilha do Faial, Açores): Núcleo Cultural da Horta/ Câmara Municipal da Horta, 2005.

FALCON, Francisco José Calazans. "'Historicismo': a atualidade de uma questão aparentemente inatual". *Tempo*, nº 4, p. 5-26, dez. 1997.

FARGE, Arlette. *Les fatigues de la guerre: XVIIIᵉ siècle, Watteau*. Paris: Gallimard, 1996.

FERRI, Luc e GAUCHET, Marcel. *Depois da religião: o que será do homem depois que a religião deixar de ditar a lei?*. Rio de Janeiro: Difel, 2008.

GADAMER, Hans-Georg. "Os limites da razão histórica (1949)". In *Hermenêutica em retrospectiva: a virada hermenêutica*. Tradução de M. A. Casanova. Petrópolis: Vozes, 2007, p. 139-144.

GINZBURG, Carlo. *Relações de força: história, retórica, prova*. Tradução de J. Batista. São Paulo: Companhia das Letras, 2002.

GRAFTON, Anthony. *As origens trágicas da erudição: pequeno tratado sobre a nota de rodapé*. Tradução de E. A. Dobránszky. Campinas: Papirus, 1998.

GROETHUYSEN, Bernard. "De quelques aspects du temps. Notes pour une phénoménologie du récit". In DANDOIS, B. (org.). *Philosophie et histoire*. Paris: Albin Michel, 1995, p. 217-269.

HANSEN, João Adolfo. "Representações da cidade de São Salvador de Todos os Santos em atas e cartas do senado da câmara — Bahia, século XVII". Conferência no Simpósio Regional da ANPUH, Seropédica (RJ), 2008.

HESPANHA, António Manuel. "La economia de la graça". In *La gracia del derecho: economia de la cultura en la Edad Moderna*. Madri: Centro de Estudios Constitucionales, 1993, p. 151-176.

KANT, Immanuel. "Resposta à pergunta: que é 'Esclarecimento'?". In *Textos seletos*. Tradução de F. S. Fernandes. Petrópolis: Vozes, 1984, p. 100-116.

KEEGAN, John. *Uma história da guerra*. Tradução de P. M. Soares. São Paulo: Companhia das Letras, 1995.

LEITE, Glacyra Lazzari. *Pernambuco 1817: estruturas e comportamentos sociais*. Recife: Massangana, 1988.

MARTINS, Dias. *Os mártires pernambucanos vítimas da liberdade nas duas revoluções ensaiadas em 1710 e 1817*. Pernambuco: Typ. de F. C. de Lemos e Silva, 1856, ed. fac-similar.

MAXWELL, Kenneth. "A geração de 1790 e a idéia do império luso-brasileiro". In *Chocolate, piratas e outros malandros: ensaios tropicais*. Rio de Janeiro: Paz e Terra, 1999, p. 157-207.

MELLO, Evaldo Cabral de. *Rubro veio: o imaginário da restauração pernambucana*. 2ª ed. Rio de Janeiro: Topbooks, 1997.

_____. *A outra independência: o federalismo pernambucano de 1817 a 1824*. São Paulo: Editora 34, 2004.

_____. *O nome e o sangue: uma fraude genealógica no Pernambuco colonial*. São Paulo: Companhia das Letras, 1989.

MELLO, Gonsalves de. "Manuel Arruda da Câmara: estudo biográfico". In MELLO, Gonsalves de (org.). *Manuel Arruda da Câmara: obras reunidas*. Recife, Fundação de Cultura Cidade do Recife, 1982.

MELTON, James van Horn. "Otto Brunner e as origens ideológicas da *Begriffsgeschichte*". In JASMIN, Marcelo Gantus e FERES Jr., João (orgs.). *História dos conceitos: debates e perspectivas*. Rio de Janeiro: Ed. PUC-Rio/Loyola/Iuperj, 2006, p. 55-69.

MOMIGLIANO, Arnaldo. *Problèmes d'historiographie ancienne et moderne*. Paris: Gallimard, 1983.

NEVES, Guilherme Pereira das. "A suposta conspiração de 1801 em Pernambuco: idéias ilustradas ou conflitos tradicionais?". *Revista Portuguesa de História*, Coimbra, vol. 33, p. 439-481, 1999. Disponível em: http://www. historia.uff. br/ artigos/neves_suposta.pdf.

_____. "As máximas do marquês: moral e política na trajetória de Mariano José da Fonseca". In VAINFAS, Ronaldo; SANTOS, Georgina Silva dos; NEVES, Guilherme Pereira das (orgs.). *Retratos do império: trajetórias individuais no mundo português nos séculos XVI a XIX*. Niterói: Eduff, 2006, p. 297-321.

_____. "Em busca de um ilustrado: Miguel Antônio de Melo (1766-1836)". *Convergência Lusíada*, Rio de Janeiro, vol. 24, p. 25-41, 2007.

_____. "Miguel Antônio de Melo, agente do império ou das Luzes? Dilemas da geração de 1790". In VAINFAS, Ronaldo e MONTEIRO, Rodrigo Bentes (orgs.). *Império de várias faces: relações de poder no mundo ibérico da época moderna*. São Paulo: Alameda, 2009.

_____. "Um personagem em meio ao Atlântico: Miguel Antônio de Melo, governador dos Açores, 1806-1810". Apresentado ao colóquio internacional Portugal, Brasil e a Europa napoleônica, realizado no Instituto de Ciências Sociais, Lisboa, 2008.

NEWITT, Malyn. "Moçambique". In ALEXANDRE, Valentim e DIAS, Jill (orgs.). *O império africano, 1825-1890* (*Nova história da expansão portuguesa*, direção de Joel Serrão e A. H. de Oliveria Marques, 12 vols.). Lisboa: Estampa, 1998, vol. 10, p. 557-589.

_____. "Mozambique island: the rise and decline of a colonial port city". In BROCKEY, Liam Matthew (org.). *Portuguese colonial cities in the Early Modern World*. Farnham (Surrey): Ashgate, 2008, p. 105-127.

OLIVAL, Fernanda. *As ordens militares e o Estado moderno: honra, mercê e venalidade em Portugal (1641-1789)*. Lisboa: Estar, 2001.

PALACIOS, Guillermo. *Cultivadores libres: Estado y crisis de la esclavitud en Brasil en la época de la Revolución Industrial*. México: El Colegio de México/Fondo de Cultura Econômica, 1998.

REBOUL, Olivier. *Introdução à retórica*. Tradução de I. C. Benedetti. São Paulo: Martins Fontes, 2004.

RIBEIRO JR., José. *Colonização e monopólio no nordeste brasileiro: a Companhia Geral de Pernambuco e Paraíba (1769-1780)*. São Paulo: Hucitec, 1976.

SILVA, Maria Beatriz Nizza da. *Ser nobre na colônia*. São Paulo: Ed. da Unesp, 2005.

SOUZA, Adriana Barreto de. *Duque de Caxias: o homem por trás do monumento*. Rio de Janeiro: Civilização Brasileira, 2008.

SOUZA, Laura de Mello e. *O sol e a sombra: política e administração na América portuguesa do século XVIII*. São Paulo: Companhia das Letras, 2006.

TAVARES, Francisco Muniz. *História da Revolução de Pernambuco em 1817*. 3ª ed. Recife: Imprensa Industrial, 1917.

World Statesmen. Disponível em: http://www.worldstatesmen.org/, acessado em 20/6/2009.

CAPÍTULO 5 Curas e hierarquias sociais no mundo luso-brasileiro do século XVIII*

Daniela Buono Calainho**

---

*O presente artigo é um dos resultados do projeto que desenvolvemos com apoio do CNPq (bolsa de produtividade em pesquisa), ao qual agradecemos, intitulado "Circulação de drogas, farmacopeia e saber médico no mundo luso-brasileiro setecentista."
**Professora da Faculdade de Formação de Professores da Universidade do Estado do Rio de Janeiro, Jovem Cientista Nosso Estado pela Faperj, pesquisadora do CNPq, do Núcleo de Estudos Inquisitoriais e da Companhia das Índias. É autora do livro *Metrópole das mandingas: religiosidade negra e Inquisição portuguesa no Antigo Regime*, Rio de Janeiro, Garamond, 2008.

Procuraremos neste artigo discutir a questão das hierarquias e da mobilidade social no universo dos profissionais que tratavam da saúde no mundo luso-brasileiro do Antigo Regime setecentista. A história da atuação desses indivíduos foi ambígua, demonstrando o caráter da medicina em Portugal e no Brasil nesse período. A ação de cirurgiões de origem portuguesa na colônia foi múltipla, atuando inclusive como médicos, de *status* social bem diferenciado, cuja nobreza de ofício era reconhecida na colônia. Assim, procuraremos demonstrar, através de alguns estudos de caso, que no Brasil os cirurgiões portugueses atuaram muito mais amplamente do que permitia sua formação, adquirindo, assim, uma posição socioeconômica que não teriam no reino.

Outro aspecto relacionado a esse tema que pretendemos trabalhar refere-se à própria atitude do tribunal inquisitorial português frente aos médicos, cirurgiões e curandeiros, que no dia a dia de suas funções utilizavam-se por vezes dos mesmos procedimentos e das mesmas crenças, mas eram vistos pelo Santo Ofício de maneira totalmente distinta.

Inicialmente, nosso propósito aqui será analisar particularmente duas categorias profissionais: os *médicos* ou *físicos*, formados em Coimbra ou em outras universidades europeias, habilitados ao diagnóstico e à cura das chamadas moléstias internas, e os *cirurgiões*, de estatuto social inferior, com um aprendizado mais prático, manual, adquirido no Hospital Real de Todos os Santos, em Lisboa, podendo assim, depois de aprovados, realizar sangrias, cirurgias de um modo geral e curar ferimentos.

Essas hierarquias relacionadas aos profissionais da saúde em Portugal nada mais foram, evidentemente, do que a expressão do papel desses indivíduos no restante da Europa. O que marcou a figura do médico no Antigo Regime foi sua formação erudita, acadêmica, instrumentalizando-o na sua prática clínica e terapêutica, distinguindo-se de outras categorias: os médicos usavam as suas credenciais de cavalheiros eruditos para se separar e distinguir dos que estavam mais abaixo na hierarquia social, como os cirurgiões, barbeiros, boticários ou as parteiras.[1]

De um modo geral, eram oriundos de famílias abastadas, de famílias de clérigos, de advogados e de médicos, sendo raros os que vieram da nobreza e dos estratos mais baixos da sociedade, dados os consideráveis custos que envolviam sua formação, sobretudo para aqueles últimos. Algumas importantes universidades europeias lideraram um ensino de ponta, como Pádua, na Itália, no século XV; Paris, nos séculos XVI e XVII; Leiden, na Holanda, em inícios do século XVIII, e depois Edimburgo, na Escócia, congregando alunos de várias nacionalidades. Também no século XVIII, Londres e Paris foram importantíssimas, formando profissionais que futuramente teriam renome na Europa, dentre os quais alguns portugueses e brasileiros.[2]

Já a categoria dos cirurgiões, a partir do século XVI até finais do século XVII, se enquadrava no sistema das corporações de ofício, ou seja, eram formados e instruídos como se fossem artesãos, nos moldes das corporações medievais, compostas, enquanto tal, por professores, mestres, assalariados e aprendizes.[3] Sua profissão integrava as "artes

---

[1] Mary Lindeman, *Medicina e sociedade no início da Europa moderna*, p. 103. Diz-nos François Lebrun que data do final do século XIII a dissociação entre a medicina e a cirurgia. Cf. François Lebrun, "Os cirurgiões-barbeiros", in Jacques Le Goff (org.), *As doenças têm história*, p. 299.
[2] Lindeman, *op. cit.*, p. 104.
[3] *Idem*, p. 111.

mecânicas", ao contrário dos médicos, categoria que fazia parte das "artes liberais". Além dos cirurgiões, essas instituições corporativas de ensino cirúrgico instruíam os barbeiros e ainda os mestres de banho, que por vezes, internamente, viviam sob a tensão relativa ao *status* de cada uma dessas categorias, especialmente no caso dos cirurgiões, que menosprezavam seus colegas barbeiros, por exemplo, pela natureza de suas atividades. François Lebrun nos mostra que na Paris do século XVII os cirurgiões do colégio de Saint-Côme, em 1656, foram proibidos de ascender ao título de doutor e de ter instrução em instituição separada dos barbeiros. A tensão era grande a ponto, por exemplo, de o decano da Faculdade de Medicina de Paris, Guy Patin, comentar em carta a um amigo, em 7 de fevereiro de 1660, que

> todos os cirurgiões-barbeiros irão para Saint-Côme e serão misturados com os outros (...) a união das duas comunidades de cirurgiões está confirmada, sujeita à autoridade e à jurisdição dos médicos da Faculdade (...) Ficam assim derrotados os cirurgiões-barbeiros que nos são sujeitos (...). O senhor Talon, advogado, fez tudo que estava a seu alcance para colocar essa gente no seu devido lugar. Foi-lhes proibido usar o título de bacharel, licenciado, doutor ou professor em Cirurgia.[4]

Mas apesar da euforia desse médico, anos depois, em 1691, separava-se o ensino da cirurgia e da barbearia e já no século XVIII, em 1723, Luís XIV exigia dos cirurgiões de Paris, para conseguirem sua habilitação, o grau em Artes, condição fundamental e básica para o prosseguimento dos estudos em outras faculdades, como direito, teologia e medicina. Assim, era exigência que os cirurgiões não exercessem sua profissão misturada "a nenhuma arte liberal, comércio ou profissão estranha à sua" e o "exercício da barbearia" fosse "exclusivamente da competência das comunidades dos barbeiros fabricantes de perucas (...) os quais não poderão exercer nenhuma parte da cirurgia sob pena de privação dos seus direitos e de pagamento de uma multa".[5]

---

[4] Lebrun, *op. cit.*, p. 300.
[5] Le Blond d'Olben, *Status et règlement pour les maîtres en chirurgie. Apud idem*, p. 303.

Novo avanço que marcou a vida profissional dos cirurgiões franceses foi conquistado em 1756, com o aprimoramento dessa regulamentação, reconhecendo seu exercício como "uma arte liberal e científica gozando nesta qualidade das honras, distinções e privilégios de que gozam os que exercem as artes liberais".[6]

MÉDICOS E CIRURGIÕES NO MUNDO LUSO-BRASILEIRO

Em Portugal, do mesmo modo que no restante da Europa, a distinção de *status* social que marcou os profissionais da saúde, como médicos, cirurgiões, barbeiros e boticários, foi evidente. Não foi nos bancos universitários, como já o dissemos, que os três últimos formaram-se em sua arte, e no caso dos cirurgiões e barbeiros, os limites entre suas atuações eram tênues, a ponto de os barbeiros serem também denominados de cirurgiões-barbeiros ou barbeiros sangradores.[7]

Foi em 1559, através de um alvará, que o ofício de cirurgião foi regulamentado mediante uma preparação de dois anos no Hospital Real de Todos os Santos, em Lisboa. O coroamento de sua formação se dava a partir da concessão de uma carta, espécie de licença, expedida pelo cirurgião-mor do reino, depois de avaliado por um mestre no ofício. Ao longo do tempo, o curso de cirurgia foi se sofisticando para melhor selecionar os futuros cirurgiões, como, por exemplo, a exigência, em 1693, de que soubessem ler e escrever para frequentar o curso e, ainda no ano seguinte, o internato de cinco anos de preparação.[8]

---

[6] *Idem*, p. 304.
[7] A sangria ou flebotomia, tradicional procedimento curativo desde a Idade Média, ancorada nos preceitos de Hipócrates, foi proibida de ser realizada por qualquer religioso no século XII, passando aos barbeiros essa prática, para além de suas atividades tradicionais, como o uso da navalha para cortes de cabelo e barba, amolação de facas, fabricação de lancetas. Superpunham-se a essas atividades as cirúrgicas, como tratamento de abcessos, fraturas e feridas. Georgina Silva dos Santos, *Ofício de sangue: a irmandade de São Jorge e a Inquisição na Lisboa moderna*, p. 231.
[8] Maximiano Lemos, *História da medicina em Portugal: instituições e doutrinas*, vol. II, p. 170 e seguintes.

Por ser uma arte manual, prática, diferentemente da formação teórica dos médicos, era considerada próxima às profissões mecânicas, nivelando o cirurgião num *status* social bem inferior ao dos médicos.[9] Ele se encaixava no que Raphael Bluteau, em seu *Vocabulário português e latino*, de 1713, considerou como o "estado do meio", nível intermediário entre os nobres e plebeus. Eram uma "quase nobreza para certas isenções", pois não eram verdadeiramente nobres, fosse de uma nobreza "política ou civil", ou hereditária, mas também não eram rigorosamente mecânicos, dada a importância da arte e dos serviços a que se dedicavam, a exemplo também dos pintores, escultores, ourives e impressores.[10]

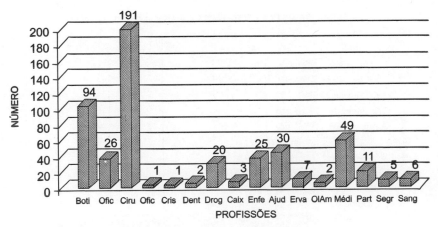

Gráfico I
Profissões do sistema de saúde (Lisboa, 1763-1768)

Número de profissionais de saúde em Lisboa (1763-1768)
Fonte: AHTC, *Décimas da Cidade*.

Fonte: José Pedro de Souza Dias, *Droguistas, boticários e segredistas: ciência e sociedade na produção de medicamentos na Lisboa dos setecentos*, p. 235.

---

[9] Maria Beatriz Nizza da Silva, *Ser nobre na colônia*, p. 23.
[10] *Idem*, p. 2.

De acordo com as pesquisas do historiador da farmácia portuguesa José Pedro Sousa Dias, o grupo mais numeroso dos profissionais da saúde na Lisboa setecentista, no período entre 1763 e 1768, foi o dos cirurgiões, com 191 indivíduos, seguidos de 94 boticários e 49 médicos. A formação profissional dos médicos, tanto na Universidade de Coimbra, como, sobretudo, em universidades europeias, era bastante onerosa e exigente comparativamente à formação dos cirurgiões. Essa diferença expressiva não foi privilégio português, marcando também a cidade de Sevilha, que contou com um número de cirurgiões bem maior do que o de médicos e boticários.[11]

No entanto, em relação aos rendimentos, os médicos ultrapassavam de longe o restante das outras categorias, ficando os cirurgiões em quinto lugar no rol dos mais bem remunerados.[12]

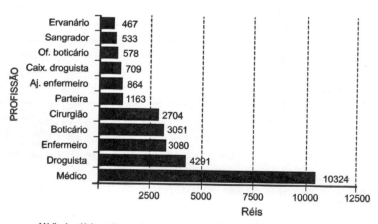

Fonte: Souza Dias, *op. cit.*, p. 239.

---

[11] José Pedro de Souza Dias, *Droguistas, boticários e segredistas: ciência e sociedade na produção de medicamentos na Lisboa dos setecentos*, p. 236.
[12] *Idem*, p. 239.

Diferentemente dos médicos consagrados, já bem estabelecidos em Portugal, alguns cirurgiões viram na América portuguesa sólidas oportunidades de ascensão social que no reino não poderiam almejar, muitos deles preferindo atuar na colônia lusitana. Dadas as características de sua formação e condição social, como vimos, em Portugal seu número era elevado, gerando um quadro de grande concorrência entre eles para se firmarem, e num contexto de baixa remuneração.

O sucesso da atuação desses profissionais no Brasil se deu por conta de algumas condições que caracterizaram também a própria América portuguesa nesse particular. Primeiramente, em função do número reduzido de médicos formados e até mesmo de cirurgiões, pelo menos até finais do século XVIII, ainda que desde os primeiros tempos coloniais os jesuítas suprissem essa lacuna exercendo o papel de médicos e de boticários em seus colégios.[13] O acesso a esses profissionais qualificados era privilégio de poucos, sem contar o fato de que se concentravam principalmente nas cidades e vilas mais populosas, e dadas as grandes dimensões do território e o seu desbravamento contínuo, o enfrentamento de doenças — algumas delas até então desconhecidas na Europa — foi permanente, deixando a imensa maioria da população com um precaríssimo atendimento.[14] Para os séculos XVII e XVIII, a documentação demonstra alguns indicativos localizados. No Recife de inícios do século XVIII, não mais de três médicos para cerca de 30 mil pessoas, e na Belém de 1783, apenas dois médicos e sete cirurgiões para uma população de 11 mil indivíduos, de acordo com as observações do afamado naturalista Alexandre Rodrigues Ferrreira.[15]

Vale lembrar que foi nesse contexto que o crescimento de curandeiros, práticos, benzedeiros, feiticeiros, enfim, indivíduos sem qualquer formação seja acadêmica ou técnica, foi significativo, tentando minorar as condições de saúde da população colonial.

---

[13] Serafim Leite, *Artes e ofícios dos jesuítas no Brasil (1549-1760)*.
[14] Márcia Moisés Ribeiro, *A ciência dos trópicos: a arte médica no Brasil do século XVIII*, p. 33.
[15] Maria Cristina Cortez Wissenbach, "Gomes Ferreira e os símplices da terra: experiências sociais dos cirurgiões no Brasil colônia", in Júnia Ferreira Furtado (org.), *Erário mineral. Luís Gomes Ferreira*, p. 111.

O *status* social a que foi elevado o cirurgião no mundo colonial esteve, assim, relacionado a essas condições. Versáteis, flexíveis, atuando em vários campos, os cirurgiões na colônia eram boticários, médicos, autores de tratados de medicina e, ao longo do tempo, foram aperfeiçoando seus conhecimentos mediante contatos com colonos, índios e africanos no aprendizado de suas práticas curativas e na feitura de remédios.[16] Consideremos a grande dificuldade da importação de drogas e medicamentos oriundos da Europa por seu alto custo e a frequente deterioração desses produtos na travessia atlântica, levando ao uso frequente das "boticas da natureza", da flora e da fauna locais, tão bem descritas por Sérgio Buarque de Holanda no seu *Caminhos e fronteiras*.[17]

As hierarquias reinóis nos ofícios das artes de curar no Brasil foram, desse modo, bem mais fluidas, incomodando a muitos médicos, como no caso de Brás Luiz de Abreu, sempre enfático em criticar os praticantes da "medicina ministrante", ramo das ciências mecânicas, mundo dos cirurgiões, barbeiros e boticários, em contraponto ao seu próprio mundo, o da "medicina dogmática".

> O cirurgião aspira o caráter de Doutor, o sangrador reveste-se de licenciado, o boticário presume de cidadão, o cristaleiro mete-se a condiscípulo, e ultimamente a parteira é oráculo das gestantes, e mezinheira Circe de todo gênero feminino.[18]

A atuação dos cirurgiões foi, portanto, múltipla, incluindo ainda as preparações de remédios, em tese exclusiva dos boticários, mas aqui prática corrente, criticada também pelo médico Simão Pinheiro Mourão, em 1677, inconformado com o fato de que os cirurgiões, mesmo sem conhecer os medicamentos, preparavam-nos:

---

[16] Wissenbach, *op. cit.*, p. 110.
[17] Sérgio Buarque de Holanda, *Caminhos e fronteiras*.
[18] Brás Luís de Abreu, *Portugal médico ou monarquia médico-lusitana histórica, prática, simbólica, ética e política*, p. 163.

Não há cirurgião algum no recôncavo delas que a não professe, fazendo-se cirurgiões, médicos e boticários juntamente, valendo-se dos medicamentos purgativos mais baratos para purgarem sem eleição alguma os miseráveis doentes que padecem.[19]

A ascensão social de alguns desses cirurgiões foi expressiva, muitos vindos com poucos recursos e na colônia enriquecendo como mercadores, senhores de engenho, donos de lavras, comerciantes de escravos e assim adquirindo notável *status* social.

Alguns vieram, inclusive, degredados ou fugidos do tribunal da Inquisição, acusados de judaizarem, dada a sua condição de cristãos-novos, e a documentação do Santo Ofício é pródiga em demonstrar, através dos inventários de bens deles confiscados, suas condições socioeconômicas.[20] Mas ainda houve vários judeus que, vindos para o Brasil, dedicaram-se também a grandes negócios para além de suas atividades clínicas. Foi o caso de Abraão de Mercado, que, vindo para Pernambuco, ingressou no rendoso comércio de remédios, importando carregamentos da Holanda e vendendo à Companhia das Índias Ocidentais desde 1638. Casado, pai de vários filhos, só conseguiu atuar no Brasil até a expulsão dos holandeses, em 1654, indo depois para as Antilhas, onde continuou com seus negócios e com suas atividades de médico.[21]

Na primeira metade do século XVIII, alguns desses indivíduos mantinham transações comerciais relativas a carregamentos de escravos entre as Minas e os portos do Rio de Janeiro, de Salvador, Angola e São

---

[19] Simão Pinheiro Mourão, *Queixas repetidas em ecos dos arrecifes de Pernambuco contra os abusos médicos que nas suas capitanias se observam tanto em dado das vidas de seus habitantes*, p. 11.
[20] Bella Herson, *Cristãos-novos e seus descendentes na medicina brasileira (1500-1850)*, p. 101 e seguintes.
[21] José Antônio Gonsalves de Mello, *Gente da nação: cristãos-novos e judeus em Pernambuco 1542-1654*, p. 378-379. A fama dos médicos judeus no Brasil era grande, segundo o relato de Manoel Gomes Chacão, lavrador de cana e comerciante no Recife holandês. Pego pelo Santo Ofício, acusou os irmãos de judaísmo, um dos quais médico, a quem escrevera em certa ocasião, incitando-o a mudar-se de Veneza para o Brasil, alegando que a população pernambucana preferia de longe os médicos judeus que aos cristãos. Cf. Arquivo Nacional da Torre do Tombo (ANTT), Inquisição de Lisboa (IL), 7533, microfilme 4902, processo gentilmente cedido por Ronaldo Vainfas.

Tomé, como João Nunes Vizeu, Francisco Nunes Miranda e Antônio Ribeiro Sanches.[22]

Exemplo clássico de enriquecimento no mundo colonial foi o do cirurgião Luis Gomes Ferreira, português de origem, que desembarcou na Bahia em 1707, indo depois para a região das Minas Gerais, onde permaneceu por 20 anos. Em 1733, retornou ao reino e dois anos depois, em 1735, publicou o famoso *Erário mineral*, importante guia para a prática médica, considerado como um dos melhores documentos sobre a patologia e a terapêutica no Brasil colonial. Foi farto em suas observações a respeito das doenças reinantes na capitania de Minas Gerais na época do ouro, fazendo também considerações sobre o clima e os habitantes, e foi singular em relação às inovações terapêuticas que introduziu, apelando com frequência para as plantas e ervas locais e até possuindo uma botica própria.[23] No prólogo ao leitor, Gomes Ferreira, enfatizando o papel que tinham os cirurgiões no contexto colonial de falta de médicos formados, justificava a publicação do *Erário*, dizendo que:

> Se for censurado por escrever da medicina, sendo professor da cirurgia, respondo que a cirurgia é parte inseparável da medicina, e demais, *que nas necessidades da saúde os cirurgiões, suprem em falta dos senhores médicos*, e com muita razão em tantas, e tão remotas partes, que hoje estão povoadas nestas Minas, aonde não chegam médicos, nem ainda cirurgiões, que professem cirurgia, por cuja causa padecem os povos grandes necessidades. Para remediar estas, e dar luz aos principiantes nesta região, vai aí a público este Erário Mineral.[24]

Valorizando a experiência e a observação, Gomes Ferreira, inclusive, chegou a criar desavenças com médicos locais na prescrição de medicamentos e curas, disputando sucesso nas artes curativas, no que em inúmeras vezes foi bem-sucedido.[25]

---

[22] Wissenbach, *op. cit.*, p. 122-123.
[23] Lourival Ribeiro, *Medicina no Brasil colonial*, p. 157.
[24] Wissenbach, *op. cit.*, p. 122 (grifo nosso).
[25] Furtado, "Arte e segredo: o Licenciado Luis Gomes Ferreira e seu caleidoscópio de imagens", in Furtado (org.), *Erário mineral...*, *op. cit.*, p. 7.

Os contatos com os poderosos locais, com os grandes proprietários, a publicidade que fez de suas curas, o número de clientes que conseguiu, fizeram-lhe amealhar bens e escravos. Instalado em Sabará em 1711, foi aos poucos angariando fama e paralelamente se imiscuindo nos negócios do ouro, inicialmente explorando as lavras com as próprias mãos, quando ainda era pobre e não tinha escravos. Em 1716, mudou-se para a região de Vila Rica, centro das descobertas auríferas, e transitou por várias outras regiões, enriquecendo, adquirindo terras e prestígio, estabelecendo relações com os proprietários da região, curando os próprios e seus escravos. No *Erário mineral* identifica várias doenças que acometeram os cativos, em número de dez — plantel que o colocava no patamar de um proprietário médio —, que trabalhavam em suas lavras de ouro.[26]

Outro exemplo de um cirurgião bem-sucedido na colônia foi o de José Antônio Mendes, que rumou para a Bahia e depois para a região das Minas logo após ter recebido sua carta de cirurgião em 1739, atraído pelas riquezas e pela ascensão social que a economia aurífera poderia proporcionar. Trabalhou anos nos hospitais do Contrato Diamantino e no do Regimento dos Dragões, no Serro Frio. Publicou, em 1770, o *Governo de mineiros mui necessário aos que vivem distante de professores, seis, oito, dez e mais léguas padecendo por esta causa os seus domésticos e escravos queixas que pela dilação dos remédios se fazem incuráveis e as mais vezes mortais*. Esse guia prático, discorrendo sobre doenças e remédios, destinava-se à falta de assistência a que estavam sujeitos os escravos, preocupação constante do autor, procurando, com sua obra, subsidiar senhores que viviam longe das regiões onde a assistência médica era mais constante. Márcia Moisés Ribeiro, em interessante artigo sobre sua trajetória, afirma que

> Na América portuguesa, a erudição e bagagem teórica dos profissionais de medicina tinham peso muito menor do que na metrópole. Frente à realidade tão distinta da do Velho Mundo, mais valia a prática, própria ao ofício dos cirurgiões, do que o domínio profundo de conceitos e teo-

---

[26] *Idem*, p. 21.

rias. O clima diferente, as doenças, muitas vezes desconhecidas dos europeus, acabaram deixando as velhas lições aprendidas na Universidade de Coimbra em segundo plano.[27]

Caso também interessante foi o do cirurgião Florêncio Francisco dos Santos Franco, que chegou a Minas Gerais em fins do século XVIII e logo iniciou negócios com o comércio de remédios importados revendendo-os a particulares. Foi eleito cirurgião-mor do Regimento de Cavalaria de Vila Rica e comissário e delegado da Repartição de Cirurgia da capitania. Foi ainda, alguns anos depois, em 1808, nomeado cavaleiro da Ordem de Cristo.[28]

O último exemplo que gostaríamos de discutir é o de Miguel Dias Pimenta, que mesmo não sendo médico nem cirurgião, atuou como tal. Português, nascido em Landim, arcebispado de Braga, aos 15 anos foi para Pernambuco em companhia de um irmão. Em 1693, já adulto, solicitou ingresso nos quadros administrativos do Santo Ofício como o oficial leigo denominado de *familiar*, obtendo sua carta dois anos depois, em 1695.[29] A essa altura, era mercador abastado e cumpriu todas as exigências requeridas pelo cargo dispostas nos regimentos inquisitoriais. Cristão-velho, dotado de recursos suficientes para viver abastadamente, de conduta irrepreensível e responsabilidade para com os negócios e segredos do Santo Ofício, não tinha contra si nenhuma infâmia pública, pré-requisitos fundamentais para o ingresso no corpo de funcionários inquisitoriais. A solicitação da familiatura demandava recursos, implicando inicialmente um depósito em dinheiro e depois o pagamento de todas as custas das provas de sangue, que por vezes duravam alguns anos.[30] Comprovou total limpeza de sangue, passando facilmente pelas diligên-

---

[27] Moisés Ribeiro, "Nem nobre nem mecânico. A trajetória social de um cirurgião na América portuguesa do século XVIII", *Almanack Braziliense*, nº 2, nov. 2005, p. 68.
[28] Biblioteca Nacional, Casa dos Contos, Avulsos, MS: I-10, 29,004; I-10,29, 008; I-10,27,009. Ver Danielle Sanches de Almeida, *Entre lojas e boticas: o comércio de remédios entre o Rio de Janeiro e Minas Gerais (1750-1808)*.
[29] Gilberto Osório de Andrade, *Rosa, Pimenta e Mourão: notícia dos três primeiros livros em vernáculo sobre a medicina no Brasil*, p. 376.
[30] Daniela Buono Calainho, *Agentes da fé: familiares da Inquisição portuguesa no Brasil colonial*, p. 39 e seguintes.

cias de averiguações sobre suas origens étnicas e religiosas. Branco e cristão-velho, comprovou seu "sangue puro". Judeus, cristãos-novos, negros, índios, mouros e ciganos, os integrantes das chamadas "raças infectas", passaram ao largo da ascendência de Miguel Dias Pimenta. Ao receber sua carta de familiar, passou a integrar, portanto, o percentual de 23,7% do total desses agentes no século XVIII atuantes em Pernambuco.

Sobre sua atuação propriamente dita como agente da Inquisição, pouco se sabe. Se prendeu judaizantes e outros hereges, vigiou réus nos cárceres ou acompanhou presos nos autos de fé, obrigações que o cargo de familiar requeria. Não temos informações precisas a esse respeito.

A atividade de comerciante exercida por Miguel Dias Pimenta expressou a condição profissional da maioria dos familiares nos séculos de existência do tribunal do Santo Ofício, sendo o percentual para o século XVIII de 60,7% do total.

Mas além da vontade de combater os inimigos heréticos da Igreja, foram também os vários significados sociais e privilégios concedidos a esses agentes que animaram a muitos a servir ao Santo Ofício. Tinham o direito de porte de armas, uma justiça especial, a isenção de impostos e ainda gozavam do grande *status* e da honra que o cargo conferia. Comprovadamente "limpos de sangue", o enobrecimento adquirido por ser um agente da fé católica, servidor da Inquisição, minorou em muito o estigma inerente à atividade comercial. Assim, o ingresso no aparelho burocrático inquisitorial, particularmente no caso dos familiares, foi uma das vias pelas quais o comerciante cristão-velho, estabelecido na colônia, procurou o *status* de nobreza tão caro ao Antigo Regime.[31]

Dias Pimenta ascendeu economicamente em Pernambuco como mercador, amparado pelos privilégios de sua familiatura, e ganhava a vida viajando pela capitania em caravanas de tropeiros, a negociar mercadorias, dentre as quais escravos, certamente obtendo lucros acima do esperado por conta de sua inserção nos quadros de agentes do Santo Ofício. Mas o que também nos chamou atenção em relação a sua trajetória foi o fato de

---

[31] *Idem*, p. 104. Cf. ainda José Veiga Torres, "Da repressão religiosa para a promoção social: a Inquisição como instância legitimadora da promoção social da burguesia mercantil", *Revista Crítica de Ciências Sociais*, nº 40, out. 1994, p. 103.

Tabela III
Atividades profissionais dos familiares habilitados no século XVIII no Brasil

	BA	RJ	PE	MG	PA	SP	MA	MT	PB	Col. Sacr.	AL	SE	ES	CE	GO	PR	Total	%
Comércio	284	262	173	152	20	18	7	6	8	4	1	1	1	1	1	-	939	60,7
Magistratura e empregos civis	20	5	5	1	3	3	-	-	-	-	-	-	-	-	-	-	37	2,4
Profissionais liberais	13	14	12	7	3	-	1	-	-	-	-	-	-	-	-	-	50	3,2
Corpo militar	22	8	26	8	3	3	-	1	-	1	-	1	-	-	-	-	73	4,7
Igreja	6	-	4	3	-	1	-	-	-	-	1	-	-	-	-	-	1,5	1
Rentistas	-	4	-	2	-	-	-	-	-	-	-	-	-	-	-	-	6	0,4
Artesanato	11	21	9	5	1	-	-	-	-	-	-	-	-	1	-	-	48	3,1
Agricultura e manufaturas agrícolas	8	3	5	2	1	-	-	-	-	-	-	1	-	-	-	-	20	1,3
Mineração	1	-	-	20	-	1	-	-	-	-	-	-	-	-	-	-	22	1,4
Transporte	3	2	1	-	-	-	-	-	-	-	-	-	-	-	-	-	6	0,3
Estudantes	1	4	33	-	1	-	-	-	-	-	-	-	-	-	-	-	39	2,5
Sem informação	82	59	99	29	3	6	3	3	-	2	-	-	1	-	3	1	291	18,8
Total	451	382	367	229	35	32	11	10	8	7	2	3	2	2	4	1	1546	100

Fonte: Arquivo Nacional da Torre do Tombo, Livro das habilitações do Santo Ofício, vs. 1-25.

ter sido autor de obra importante sobre uma doença que assolou a colônia desde o século XVI sem ter qualquer formação de médico ou cirurgião.

Escreveu e publicou em 1707 um livro intitulado *Notícias do que é o achaque do bicho*, motivado pelas péssimas condições em que chegou o primeiro juiz de fora do Recife, falecido logo depois dessa moléstia em 1701. Chamada de *achaque do bicho, doença do bicho, corrompimento do sesso* ou *maculo*, caracterizava-se por uma grave inflamação no reto, podendo evoluir para uma gangrena, seguida de sintomas como febre, cefaleia, dores no corpo, mal-estar generalizado e levando por fim à morte, se não cuidada a tempo. Acometeu principalmente a população pobre, sendo muito comum entre escravos africanos e índios, e foi objeto de narrativa de cronistas, como Gabriel Soares de Souza, Fernão Cardim e médicos consagrados, como Guilherme de Piso, no século XVII.[32] Mas foi com Miguel Dias Pimenta que ganhou uma sistematização de seus sintomas e seu tratamento, em meio a alguns trabalhos publicados nesse período, em língua vernácula, sobre outras doenças, a exemplo de João Cardoso de Miranda e sua obra sobre o mal de Luanda, ou escorbuto.

Estimulado pela eficácia do tratamento que dominava, decidiu-se por escrever suas *Notícias...* divulgando um conhecimento que foi adquirindo na prática de seus negócios. Em sua lida na compra e venda de escravos, familiarizou-se com a doença, supostamente por conta de informações e leituras sobre o tema. Dias Pimenta chegou mesmo a arrematar escravos doentes, nos mercados e nos engenhos, para curá-los e revendê-los. Conhecia também várias moléstias na capitania, como a sífilis, propondo tratamentos curativos, e era ainda grande conhecedor de ervas medicinais.

Compostas por seis partes, as *Notícias...* trataram detalhadamente da evolução e do tratamento da doença, suas causas e possíveis prevenções, demonstrando efetivamente que seu autor teve de lidar com vários casos. Modesto, não se propôs a redigir um tratado, mas tão somente notas sobre sua experiência, explicitando logo de início que não tem

---

[32] Osório de Andrade, *op. cit.*, p. 380.

"aqueles ditames escolásticos de que todos não podem ser dotados".[33] Filho de lavradores, sem nenhuma formação, era um empírico, dentre os vários que o Brasil colonial conheceu, carente de médicos profissionalizados, como já anteriormente mencionamos. Supomos que sua carta de familiar certamente valeu-lhe a publicação do livro, na oficina de Miguel Manescal, impressor do Santo Ofício.

HIERARQUIAS INQUISITORIAIS

O tribunal do Santo Ofício foi uma das instituições que mais marcaram e valorizaram as hierarquias típicas do Antigo Regime. Tribunal de fé, tanto na sua versão portuguesa como espanhola, atuou na busca incessante de hereges, contextualizado num mundo disciplinador da moral e dos costumes, arquitetado pela Igreja tridentina. Para além da perseguição aos cristãos-novos judaizantes, foco primordial do santo tribunal, outros tantos hereges foram duramente condenados, dentre os quais os supostos feiticeiros. O delito da feitiçaria, se observarmos toda a legislação inquisitorial organizada sistematicamente através de regimentos, ganhou um amplo espectro, sendo visto pelo Santo Ofício como um crime que poderia ser cometido por indivíduos que adorassem e evocassem o Diabo para os mais variados fins; portassem amuletos protetores, fizessem adivinhações, poções amorosas e toda a sorte de práticas para atrair amantes, vinganças etc. e curassem doenças, fossem físicas ou oriundas de "feitiços".[34] Considerados como feiticeiros pela suposição de terem sido auxiliados pelo Diabo em suas curas, esses réus corresponderam a mais da metade de todos aqueles penitenciados por práticas mágicas.[35] O apelo às ervas, plantas e raízes que a experiência empírica, disseminada por várias gerações, lhes

---

[33] Miguel Dias Pimenta, *Notícias do que é o achaque do bicho*, apud idem, p. 379.
[34] Os regimentos inquisitoriais de 1552, 1613, 1640 e 1774 estão transcritos na *Revista do Instituto Histórico e Geográfico Brasileiro*, Rio de Janeiro, nº 392, jul/set. 1996.
[35] José Pedro Paiva, *Bruxaria e superstição num país sem "caça às bruxas" 1600/1774*, p. 103.

mostrava no preparo de bebidas, emplastros e medicamentos compensava em parte os obstáculos à manutenção da saúde feita por profissionais, carentes na América portuguesa.

Em 1726, o já mencionado Brás de Abreu, em seu livro *Portugal médico*, comentava:

> vi cirurgiões romancistas, vi boticários, vi barbeiros, vi sangradores, vi algebristas, vi alveitares, vi soldados, vi ciganos, vi judeus, vi idiotas, vi ladrões, vi estrangeiros, vi alquimistas, vi mezinheiros, vi benzedores, vi beatas, vi parteiras, vi feiticeiros e feiticeiras, e todos, revestidos de médicos e enfronhados em doutores vendendo medicinas a meio mundo, ou vendendo o mundo todo com suas medicinas.[36]

O desabafo desse importante médico português expressou bem o teor da medicina luso-brasileira no século XVIII, influenciada não apenas pelos saberes eruditos dos médicos formados nas universidades e cirurgiões, mas ainda por indivíduos sem qualquer formação teórica, exercendo uma medicina empírica e repleta de crenças mágico-religiosas.

Os cárceres inquisitoriais encheram-se de curandeiros ao longo da existência do tribunal inquisitorial português e a documentação relativa a esses processados nos mostrou uma série de procedimentos de cura e uso de ingredientes que também constaram do rol de diversos tratados de médicos e de cirurgiões que atuaram tanto em Portugal como no Brasil, o que demonstra a enorme diversidade cultural que marcou a medicina luso-brasileira, mesclada de influências europeias tradicionais, crenças mágico-religiosas e influências dos grupos étnicos e sociais que aqui se estabeleceram.

Nosso já citado cirurgião Luís Gomes Ferreira é excelente exemplo para entendermos esse quadro. Para além das numerosas moléstias que tratou na região das Minas, preocupou-se também com os "enfeitiçados", homens e mulheres possivelmente ligados ou separados por "arte mágica".[37] Tal qual seu mentor, o importante médico português sete-

---
[36] Abreu, *op. cit.*, p. 104.
[37] Furtado (org.), *Erário mineral...*, *op. cit.*, p. 421.

centista Curvo Semedo, Ferreira receitou para aqueles que se considerassem incapazes de consumar o matrimônio defumar suas "partes vergonhosas" com dentes de caveira em brasa. E para aqueles que, sendo bem casados, subitamente passassem a repudiar seu/sua companheira por causa de um/uma amante, que untassem com esterco a palmilha dos respectivos sapatos, e assim "se converterá o amor lascivo em tal desagrado e aborrecimento que nem a manceba poderá mais ver o amante nem o amante a manceba".[38]

Gomes Ferreira indicava que a mão de qualquer defunto, posta em cima de sinais indesejados, que por vezes nasciam em crianças, era o procedimento ideal para fazê-los sumir, terapêutica consagrada em seu *Erário mineral*.... Estava em consonância com a terapia à base de cadáveres que ganhou espaço importante na literatura médica europeia entre os séculos XVI e XVIII, sobretudo o uso do crânio humano, do pó de múmias, do óleo de sangue e de elementos liberados pelos corpos em decomposição.[39] Mas também foram matérias bastante usadas pelos feiticeiros réus da Inquisição, a exemplo da escrava Francisca, no Maranhão de 1730, que foi processada por manter uma mão de defunto debaixo da cabeceira de sua senhora para fazê-la dormir e acalmá-la.[40]

O sangue menstrual, matéria cara às feiticeiras para atrair amantes e realizar curas, foi condenadíssimo por Ferreira para esse fim, advertindo o cirurgião que, muito pelo contrário, faria "os homens tontos, loucos, furiosos, e os mataria, porque tal é o veneno e maldade do dito sangue que seca árvores e plantas, azeda o leite e o vinho, e até nas coisas mais insensíveis faz estragos e efeitos lamentáveis".[41] Ainda que para efeitos opostos, o sangue menstrual, tanto para o médico como para as feiticeiras, tinha um poder inquestionável para a época em Portugal, comungando ambos de um determinado universo de crenças supersticiosas.

Simão Pinheiro Mourão, o médico inconformado com a atuação dos empíricos e cirurgiões sem formação, revoltado com as curandeiras que

---

[38] *Idem*, p. 422.
[39] *Idem*, p. 415.
[40] ANTT, IL, Cadernos do Promotor 109, livro 301.
[41] Furtado (org.), *Erário mineral*..., op. cit., p. 423.

receitavam de tudo, vai receitar, no seu *Queixas repetidas em ecos dos arrecifes de Pernambuco*, amuletos protetores feitos de "unha da grãbesta e peônia trazido ao pescoço" para a cura da epilepsia.[42] Lembremos, porém, dos numerosos escravos que, por usarem amuletos sob a forma de bolsas para proteção, fins curativos e outros, foram condenados a penas inquisitoriais.[43]

Esses exemplos demonstram, assim, que alguns dos conhecimentos e procedimentos dos curandeiros, pelo menos até o século XVIII, eram análogos aos dos médicos, mas com tratamentos completamente diferenciados pela Inquisição. Uns punidos por feitiçaria, amargando as duras penas inquisitoriais, e outros, médicos e cirurgiões, alçados muitas vezes à fama pública, tendo seus tratados aprovados pelo Santo Ofício, endinheirando-se e angariando mais e mais clientes.[44] O que estava em jogo, na verdade, era a legitimidade do agente da cura: os médicos e cirurgiões, lastreados numa formação acadêmica e técnica, com todo o respaldo da Igreja, contrapunham-se aos feiticeiros, em regra oriundos das camadas empobrecidas da população, escravos, iletrados, mestiços, enfim, indivíduos que socialmente estavam na base da sociedade portuguesa.

Situação singular se deu no México colonial no século XVII, em que, atendendo à solicitação dos médicos de Puebla de Los Angeles, o tribunal do Santo Ofício espanhol autorizou o uso dos crânios dos enforcados, lastreados no parecer do médico Juan José de Brizuela, que reafirmou as virtudes de certos elementos, como umbigos de recém-nascidos, saliva, urina, sebo de crianças etc.[45] No entanto, a própria Inquisição considerou tais tipos de tratamento como supersticiosos, punindo por feitiçaria inúmeros indivíduos que, pela mão do Diabo,

---

[42] Pinheiro Mourão, *op. cit.*, p. 159.
[43] Calainho, *Metrópole das mandingas: religiosidade africana e Inquisição portuguesa no Antigo Regime*, cap. IV, p. 158-188.
[44] A partir de 1570, o Conselho Geral do Santo Ofício determinou visitas às livrarias e bibliotecas, elaborou listas de livros proibidos e passou a conceder licenças de impressão, mediante leitura pelos qualificadores inquisitoriais, constando o parecer positivo nas páginas iniciais das obras. Livros como o do cirurgião Luís Gomes Ferreira, ou de Curvo Semedo, receberam pareceres positivos e elogiosos dos qualificadores do Santo Ofício, que não viram lá nenhum procedimento e remédio que fossem avessos à Santa Fé Católica. Francisco Bethencourt, *História das inquisições: Portugal, Espanha e Itália*, p. 177.
[45] Henrique Soares Carneiro, *Filtros, mezinhas e triacas: as drogas no mundo moderno*, p. 279.

também utilizaram tais elementos. Eis aí mais uma faceta das hierarquias sociais no Antigo Regime, dessa vez fomentada pela Inquisição.

Concluindo, o que pudemos perceber, a partir dessa documentação de tratados e guias práticos produzidos pelos cirurgiões, foi uma flexibilização na América portuguesa das hierarquias que marcaram o reino nessa matéria. Maior *status* e maior enriquecimento foi o que resultou da presença da Inquisição no universo dos cirurgiões, como foi o caso de Miguel Dias Pimenta. A tradição do tribunal de legitimar, valorizar e estimular a honra e a limpeza de sangue vai colorir ainda mais essas hierarquias inerentes aos que se dedicaram à assistência médica na América portuguesa. E se ainda olharmos para o modo como o Santo Ofício português tratou curandeiros, médicos e cirurgiões que usavam os mesmos procedimentos, fica ainda mais nítida a distinção social e religiosa que marcou em diversos planos a sociedade luso-brasileira no Antigo Regime.

REFERÊNCIAS DOCUMENTAIS E BIBLIOGRÁFICAS

ABREU, Brás Luís de. *Portugal médico ou monarquia medico-lusitana histórica, prática, simbólica, ética e política.* Coimbra: Oficina João Antunes, 1726.

ALMEIDA, Danielle Sanches de. *Entre lojas e boticas: o comércio de remédios entre o Rio de Janeiro e Minas Gerais (1750-1808).* Dissertação de mestrado em História Social, Universidade de São Paulo, São Paulo, 2008.

ANDRADE, Gilberto Osório de. *Rosa, Pimenta e Mourão: notícia dos três primeiros livros em vernáculo sobre a medicina no Brasil.* Recife: Arquivo Público do Estado, 1956.

BETHENCOURT, Francisco. *História das inquisições: Portugal, Espanha e Itália.* Lisboa: Círculo de Leitores, 1994.

CALAINHO, Daniela Buono. *Agentes da fé: familiares da Inquisição portuguesa no Brasil colonial.* São Paulo: Edusc, 2006.

_____. *Metrópole das mandingas: religiosidade africana e Inquisição portuguesa no Antigo Regime.* Rio de Janeiro: Garamond, 2008.

CARNEIRO, Henrique Soares. *Filtros, mezinhas e triacas: as drogas no mundo moderno.* São Paulo: Xamã, 1994.

D'OLBEN, Le Blond. *Status et règlement pour les maîtres en chirurgie*. Paris: Didot, 1772.

DIAS, José Pedro de Souza. *Droguistas, boticários e segredistas: ciência e sociedade na produção de medicamentos na Lisboa dos setecentos*. Lisboa: Fundação Calouste Gulbenkian, 2007.

FURTADO, Júnia Ferreira. "Arte e segredo: o licenciado Luis Gomes Ferreira e seu caleidoscópio de imagens". In FURTADO, Júnia Ferreira (org.). *Erário mineral. Luís Gomes Ferreira*. Belo Horizonte/Rio de Janeiro: Fundação João Pinheiro/Fundação Oswaldo Cruz, 2002.

HERSON, Bella. *Cristãos-novos e seus descendentes na medicina brasileira (1500-1850)*. São Paulo: Edusp, 1996.

HOLANDA, Sérgio Buarque de. *Caminhos e fronteiras*. São Paulo: Companhia das Letras, 1994.

LEBRUN, François. "Os cirurgiões-barbeiros". In LE GOFF, Jacques (org.). *As doenças têm história*. Lisboa: Terramar, 1992, p. 299.

LEITE, Serafim. *Artes e ofícios dos jesuítas no Brasil (1549-1760)*. Lisboa/Rio de Janeiro: Livros de Portugal/Edições Brotéria, 1953.

LEMOS, Maximiano. *História da medicina em Portugal: instituições e doutrinas*. Lisboa: D. Quixote, 1991 (1ª ed.: 1899).

LINDEMAN, Mary. *Medicina e sociedade no início da Europa moderna*. Lisboa: Editora Replicação, 2002.

MELLO, José Antônio Gonsalves de. *Gente da nação: cristãos-novos e judeus em Pernambuco 1542-1654*. 2ª ed. Recife: Fundaj/Massangana, 1996.

MOURÃO, Simão Pinheiro. *Queixas repetidas em ecos dos arrecifes de Pernambuco contra os abusos médicos que nas suas capitanias se observam tanto em dado das vidas de seus habitantes*. Lisboa: Junta de Investigações do Ultramar, 1965.

PAIVA, José Pedro. *Bruxaria e superstição num país sem "caça às bruxas" 1600/1774*. Lisboa: Notícias Editorial, 1998.

PIMENTA, Miguel Dias. *Notícias do que é o achaque do bicho*. In ANDRADE, Gilberto Osório de. *Rosa, Pimenta e Mourão: notícia dos três primeiros livros em vernáculo sobre a medicina no Brasil*. Recife: Arquivo Público do Estado, 1956.

RIBEIRO, Lourival. *Medicina no Brasil colonial*. Rio de Janeiro: Editorial Sul Americana, 1971.

RIBEIRO, Márcia Moisés. *A ciência dos trópicos: a arte médica no Brasil do século XVIII*. São Paulo: Hucitec, 1997.

_____. "Nem nobre nem mecânico. A trajetória social de um cirurgião na América portuguesa do século XVIII". *Almanack Braziliense*, nº 2, novembro de 2005, p.

68. Disponível em: http://www.almanack.usp.br/PDFS/2/almanack.pdf, acessado em 1º/6/2010.

SANTOS, Georgina Silva dos. *Ofício e sangue: a irmandade de São Jorge e a Inquisição na Lisboa moderna*. Lisboa: Colibri, 2005.

SILVA, Maria Beatriz Nizza da. *Ser nobre na colônia*. São Paulo: Editora Unesp, 2005.

TORRES, José Veiga. "Da repressão religiosa para a promoção social: a Inquisição como instância legitimadora da promoção social da burguesia mercantil". *Revista Crítica de Ciências Sociais*, nº 40, out. 1994, p. 103.

WISSENBACH, Maria Cristina Cortez. "Gomes Ferreira e os símplices da terra: experiências sociais dos cirurgiões no Brasil colônia". In FURTADO, Júnia Ferreira (org.). *Erário mineral. Luís Gomes Ferreira*. Belo Horizonte/Rio de Janeiro: Fundação João Pinheiro/Fundação Oswaldo Cruz, 2002.

PARTE IV Casa(s), fronteira(s) e engenharia social

CAPÍTULO 1 Os *casados* na Índia portuguesa: a mobilidade social de homens úteis

*Andréa Doré**

---

*Professora adjunta do Departamento de História da Universidade Federal do Paraná e pesquisadora associada da Companhia das Índias. É co-organizadora do livro *Facetas do império na história: conceitos e métodos*, São Paulo, Hucitec, 2008 e autora do livro *Sitiados: os cercos às fortalezas portuguesas na índia 1498-1622*, São Paulo, Alameda, 2010.

No âmbito dos estudos que visam a trazer para a frente da cena a complexidade das sociedades coloniais ibéricas, indivíduos e coletividades ganham interesse pelas relações que foram capazes de estabelecer e pelas soluções que puderam adotar a fim de satisfazerem necessidades materiais e simbólicas, atendendo ou não aos planos traçados pelas políticas metropolitanas. O presente texto se destina a discutir a formação e os papéis sociais ocupados nos espaços portugueses na Índia por um grupo de indivíduos denominados de *casados*. Mesmo que sua denominação seja específica dos enclaves portugueses na Ásia, a origem dessa categoria social, o uso que dela fizeram as autoridades régias, os conflitos e alianças que forjou e os desafios identitários que enfrentou ao longo do tempo não são estranhos a outras realidades coloniais e pós-coloniais. A origem dos homens *casados* no Estado da Índia está vinculada ao exercício da vitória por parte dos portugueses sobre a população muçulmana de Goa, exercício em que se verificam elementos aparentemente contraditórios de punição e de incorporação do grupo derrotado. Sua existência inicia-se, assim, com a partilha dos despojos de guerra.[1]

Os *casados* surgem na documentação portuguesa em carta de 22 de dezembro de 1510, enviada pelo governador Afonso de Albuquerque ao

---

[1] Alguns primeiros apontamentos de uma pesquisa sobre as práticas da vitória nos espaços coloniais, visando a punir e incorporar os grupos derrotados — europeus ou asiáticos — foram apresentados em Doré, "Charles Boxer, novas perguntas e os butins de guerra nos espaços portugueses", in Ronaldo Vainfas e Rodrigo Bentes Monteiro (orgs.), *Império de várias faces: relações de poder no mundo ibérico da Época Moderna*, São Paulo, Alameda, 2009, p. 195-216.

rei D. Manuel I, relatando a tomada da cidade de Goa aos muçulmanos. Ainda que dando notícia de uma solução circunstancial — ou seja, não há indicação de que as atitudes do governador tenham sido longamente planejadas — apresentava aspectos de uma articulação entre os portugueses e as populações locais em que já se verificam os procedimentos e as vantagens das práticas futuras:

> Aqui se tomaram algumas mouras, mulheres alvas e de bom parecer, e alguns homens limpos e de bem quiseram casar com elas e ficar aqui nesta terra, e me pediram fazenda, e eu os casei com elas e lhes dei o casamento ordenado [uma tença especial para ajuda dos casados] de Vossa Alteza, e a cada um seu cavalo e casas e terra e gado, (...) estas cativas e estas mulheres que se casam, tornam a suas casas e desenterram suas joias e suas fazendas e suas arrecadas de ouro e aljôfar e rubis, e colares e manilhas, contas, e tudo lhes deixo a elas e a seus maridos.[2]

Por meio do relato do governador identificam-se alguns elementos: o casamento visava a fixar os homens na terra, que assim se tornariam "lavradores"; já se tinha prevista uma tença para esses casamentos; os casados recebiam cavalo, casa, terra e gado; as mulheres casadas, muitas feitas cativas após a conquista da cidade, traziam seus bens para o casamento, seu dote.

A constituição dessa categoria levou à diferenciação dos indivíduos da expansão portuguesa na Índia e a sua divisão em dois grupos, apontados por Charles Boxer e claramente comprovados pela documentação; levou, segundo o autor, ao "peculiar sistema social português de *soldados* e *casados*, soldados solteiros e colonos casados".[3] Os homens que iam para a Índia estavam a serviço da coroa, podendo atuar como missionários sob o padroado, ou leigos, como soldados do rei. Os últimos, uma vez na Índia, podiam se casar e deixar o serviço militar. Caso contrário, mantinham-se soldados e estavam sujeitos a "prestar o servi-

---

[2] António Baião (org.), *Afonso de Albuquerque, Cartas para el-Rei D. Manuel I*, p. 10.
[3] Charles Boxer, "Soldados, colonos e vagabundos", in *O império marítimo português 1415-1825*, p. 309.

ço militar até morrerem, casarem, desertarem ou ficarem incapacitados por feridas ou doenças".[4] A composição dos espaços portugueses na Índia fez com que esses indivíduos — soldados, casados e missionários — integrassem grupos definidos por suas origens, que viveram conflitos entre si, sobre os quais o próprio Boxer se debruçou a fim de analisar e compreender suas diferentes articulações.[5] Poderiam ser *reinóis*, designação dada aos portugueses vindos de Portugal. Do interior desse grupo, além da massa de soldados que apenas excepcionalmente não encontrava a miséria ao desembarcar na Índia, saíam também as nomeações para as posições mais elevadas da administração. Muito comumente permaneciam na Índia apenas para o cumprimento de suas missões de serviço. Os mandatos eram de três anos para as funções de governador, feitor, capitão de armada ou de fortaleza.

Outra categoria era a dos *castiços*, filhos de reinóis nascidos na Índia. Segundo Maria de Jesus dos Mártires Lopes, as "órfãs *d'el Rei*", enviadas por D. João III entre 1543 e 1545, contribuíram para o adensamento desse grupo. Reinóis e castiços, sendo mais numerosos em Goa, encontravam-se também, em menor escala, nas cidades-fortaleza às margens do Oceano Índico, onde, assim como na capital do Estado da Índia, dividiam o espaço com judeus, cristãos-novos fugidos do reino e habitantes naturais da terra — hindus, muçulmanos e cristãos —, esses últimos fruto de conversões ocorridas após a chegada dos portugueses. Quando de origem hindu, esses conversos mantinham diferenças de castas, podendo-se agrupá-los em quatro principais: brâmanes, chardós, sudras e castas inferiores. A eles cabiam as funções subalternas na administração.[6]

---

[4] *Idem.*
[5] Ver especialmente Boxer, *A Igreja militante e a expansão ibérica 1440-1770*, e *idem*, *Race relations in the Portuguese Empire 1415-1825*.
[6] Vários historiadores apresentam elementos para a conformação desses grupos. Baseou-se aqui especialmente em Sanjay Subrahmanyam, "O mundo dos casados", in *O império asiático português, 1500-1700*, p. 316-325; Teotónio de Souza, *Goa medieval: a cidade e o interior no século XVII*, p. 125-142; Maria de Jesus dos Mártires Lopes, "D. João III e a gênese da sociedade indo-portuguesa", in *D. João III e o império*, p. 424-432. Para os desdobramentos vividos por essa sociedade no tempo, ver Luís Filipe F. R. Thomaz, "Goa: uma sociedade luso-indiana", in *De Ceuta a Timor*, p. 245-290. Há trabalhos bastante recentes sobre essas sociedades coloniais que serão citados ao longo do texto.

A população livre atraída pela cadeia de fortalezas ao longo da costa, portos cristãos em uma geografia antes conhecida como um "lago muçulmano", integrava ainda estrangeiros europeus que, ao se casar em Goa e se estabelecer, gozavam os mesmos privilégios de seus moradores. A situação se alteraria durante a União Ibérica, quando ordens régias impuseram restrições à presença de estrangeiros: "(...) prohibo o commercio dos estrangeiros e viverem n'essas partes da India e nas mais ultramarinas", escreveu Filipe III de Espanha em carta ao vice-rei D. Martim Affonso de Castro, de 1606.[7] Do momento em que eram convidados, ou convocados, como ocorreu nas primeiras viagens à Índia, com ênfase na participação de italianos, os estrangeiros passaram a ser tolerados para, no início do século XVII, ser perseguidos.[8] Em carta que acompanha essa ordem, o rei informava ter notícias de que moravam naquelas partes muitos estrangeiros, italianos, franceses, alemães, flamengos, que para lá passaram por terras da Pérsia e da Turquia. A preocupação das autoridades com a presença de estrangeiros confirma a importância atribuída ao casamento, entendido como uma união estável cuja consequência, desejável em alguns casos e perniciosa em outros, era a fixação no território. O caso de Joseph e Jacques do Couto aponta a atenção das autoridades para determinados tipos de casamento em detrimento de outros. Esses dois estrangeiros surgem na correspondência um ano depois de uma recomendação régia de 1610, de que não fosse permitida a presença de nenhum estrangeiro no Estado da Índia sem licença do rei.[9] Sanjay Subrahmanyam recupera a história desses dois irmãos flamengos como um exemplo de mercadores privados estrangeiros nas praças portuguesas. Jacques e Joseph van de Coutre, naturais de

---

[7] Ver "Carta régia ao vice-rei D. Martim Affonso de Castro, 28.11.1606", in Raymundo Antonio de Bulhão Pato (org.), *Documentos remettidos da Índia ou livro das monções*, vol. I, p. 47.
[8] Ver a esse respeito o trabalho de Carmem Radulet e Luís Filipe Thomaz, *Viagens portuguesas à Índia (1497-1513): fontes italianas para a sua história*. Para uma contribuição sobre a percepção que esses estrangeiros tiveram da presença portuguesa, Doré, "Cristãos na Índia no século XVI: a presença portuguesa e os viajantes italianos", *Revista Brasileira de História*, vol. 22, nº 44, dez. 2002, p. 311-340.
[9] Ver "Carta régia a Ruy Lourenço de Tavora, 21.02.1610", in Pato (org.), *Documentos remettidos da Índia, op. cit.*, vol. I, p. 360.

Bruges, chegaram à Índia como soldados em 1592. Joseph era então casado com Maria Gomes e seu irmão Jacques viria a se casar com a irmã de Maria, Catarina do Couto, dez anos mais tarde. Nos anos 1590, Joseph permaneceu em Goa e Jacques partiu para negociar no sudeste da Ásia, retornando em 1603 envolvido no comércio de diamantes em Bijapur e em negócios na corte mogol em Agra.[10] Os dois irmãos haviam escrito ao rei pedindo-lhe que fossem dispensados da lei que os obrigava a deixar a Índia, por residirem havia 15 anos em Goa, casados com mulheres portuguesas, "de que teem muitos filhos, vivendo do Officio de lapidarios e de suas fazendas de raiz".[11] Além de pedir informações, o rei alertava o vice-rei para que "não se case n'esse Estado nenhuns estrangeiros".[12] Na correspondência régia que chegou à Índia na monção de 1613, o rei, considerando que em matéria tão importante não convinha exceções, ordenou a saída de Joseph e Jacques do Estado da Índia.[13] Finalmente, em 1615, reiterando sua decisão, o rei pediu uma relação de todos os estrangeiros casados existentes naquele Estado, especificando como cada um procedia e o que se deveria fazer com eles.[14] Os cuidados em relação aos riscos que os estrangeiros representavam se intensificavam à medida que se tornavam mais frequentes os ataques holandeses e as perdas do Estado da Índia.

Ultrapassando esse sistema de classificação ocupado por soldados, *casados* e missionários, reinóis ou castiços, encontrava-se um número bastante elevado de indivíduos: aventureiros, degredados, renegados, rebeldes. Foram trajetórias irregulares e que oscilaram entre o pertencimento aos quadros coloniais e a autonomia.[15]

---

[10] Ver Subrahmanyam, *op. cit.*, p. 338.
[11] "Carta régia ao vice-rei Ruy Lourenço de Tavora, 08.02.1611", *Documentos remettidos da Índia*, *op. cit.*, II-16.
[12] *Idem*, II-17.
[13] Ver "Carta régia a D. Jeronymo de Azevedo, 28.03.1613", *ibidem*, vol. II, p. 441.
[14] Ver "Carta régia a D. Jeronymo de Azevedo, 18.03.1615", *ibidem*, vol. III, p. 318s. Ver também "Carta régia ao vice-rei Fernão de Albuquerque, 22.03.1620", em que se trata de um mouro de Espanha e de um judeu denunciados pelo bispo de Cochim, *ibidem*, vol. VI, p. 318.
[15] São vários os estudos a respeito desses indivíduos marginais aos enquadramentos oficiais portugueses. Algumas indicações importantes são: Maria Augusta Lima Cruz, "As andanças de um degredado em terras perdidas: João Machado", *Mare Liberum*, nº 5,

A categoria dos *casados*, fruto de um incentivo inicial da administração de Afonso de Albuquerque que adquiriu maior complexidade nas décadas seguintes, pode ser descrita, segundo Sanjay Subrahmanyam, como o "português asiático equivalente ao burguês, um homem de mentalidade mercantil e urbana".[16] Eles seriam o que na Península Ibérica equivaleria aos *homens-bons*, às vezes designados por *cidadãos honrados*. Os *casados* se aproximariam, num extremo, da baixa nobreza e, no outro, da *gente miúda*.

Em uma proposta de compreensão dessa sociedade, Dejanirah Couto identifica os *casados* — seguidos dos soldados — como grandes responsáveis pela geração de uma "sociedade espontânea", entendida como a sociedade à margem dos quadros estabelecidos da sociedade importada. As carências e deficiências a enfrentar "facilitaram o despontar de diferentes marginalidades e a criação de uma sociedade, crioula na sua essência, detentora de códigos e valores diferentes dos da sociedade europeia importada".[17] Dessa análise interessa principalmente, para a discussão que este ensaio propõe, a condição de marginalidade vivenciada pelos *casados* e identificada pela autora, mesmo havendo muito o que discutir a respeito das diferenças entre os códigos e valores europeus e os dessa sociedade.

Ângela Barreto Xavier, por sua vez, analisa a constituição desse grupo e as oscilações nas relações que a coroa se dispõe a estabelecer com seus integrantes como aspectos da política imperial de Portugal — ou dos Filipes, no contexto de união dinástica. O incentivo aos casamentos mistos encarnou uma política clara de ocupação das possessões portuguesas na Índia, notadamente Goa. Medidas subsequentes ao longo dos séculos XVI e XVII visaram a minimizar as diferenças entre os súdi-

---

1993, p. 39-46 e "Degredados e arrenegados portugueses no espaço índico", *Revista Textos de História*, vol. 6, n° 1-2, 1998, p. 169-184; Jorge Manuel Flores, "Um 'homem que tem muito crédito naquelas partes': Miguel Ferreira, os 'alevantados' do Coromandel e o Estado da Índia", *Mare Liberum*, n° 5, 1993, p. 21-32 e Subrahmanyam, "A cauda abana o cão: o subimperialismo e o Estado da Índia, 1570-1600", in *Comércio e conflito: a presença portuguesa no Golfo de Bengala* 1500-1700, op. cit., p. 151-174.
[16] Subrahmanyam, *O império asiático português, 1500-1700*, op. cit., p. 316.
[17] Ver Dejanirah Couto, "Alguns dados para um estudo ulterior sobre a 'sociedade espontânea' no Estado da Índia na primeira metade do século XVI", in Charles Borges e M. N. Pearson (orgs.), *Metahistória: história questionando história*, p. 283.

tos — portugueses e mestiços — mas representaram, ao mesmo tempo, uma subversão da relação entre colonizadores e colonizados, no momento em que esses últimos deixavam, ao menos na teoria, de ocupar uma posição inferior nessa sociedade mestiça.[18]

A análise e os ensaios de compreensão dessa categoria são incontornáveis em qualquer estudo sobre a presença portuguesa na Ásia. Propõe-se neste texto uma leitura dos diferentes papéis assumidos pelos *casados* no Estado da Índia: uma primeira linha de interpretação se refere à função do grupo defendida por Afonso de Albuquerque, a de "povoadores". A segunda implica visualizar os *casados* como um grupo homogêneo, com interesses próprios, em alguns momentos contrários, em outros coincidentes com os da coroa; e uma terceira seria o estudo dos *casados* como reserva militar, como "bons homens de armas", como os descreveu o cronista António Bocarro.

OS PRIVILÉGIOS DOS POVOADORES

O cronista João de Barros utiliza, em sua primeira menção, os termos *casados* e *povoadores* como sinônimos, quando afirma que Afonso de Albuquerque mandou repartir as terras dos mouros "entre os primeiros casados e povoadores da cidade [de Goa]".[19] Essa função e o prestígio que dela advém não diferem de outros momentos de conquista e poderíamos pensar em um paralelo com o papel desempenhado pelos *encomenderos* na conquista do México pelos espanhóis. Hernan Cortés, da mesma forma que Albuquerque, tencionava fixar os homens na terra. Como escreve J. H. Elliott: "Esperava-se que o soldado convertido em dono de casa criasse raízes".[20] Diferença importante, porém:

---

[18] Ver Ângela Barreto Xavier, "Dissolver a diferença. Mestiçagem e conversão no império português", in Manuel Villaverde Cabral *et al.*, *Itinerários: a investigação nos 25 anos do ICS*, p. 709-727.
[19] João de Barros, *Décadas da Ásia* (edição de origem Lisboa, 1777-1788), década II, livro 5, cap. II.
[20] J. H. Elliott, "A conquista espanhola e a colonização da América", in Leslie Bethell (org.), *A América Latina colonial*, vol. 1, p. 181.

no caso mexicano, a tarefa de civilizar os índios — elemento legitimador da colonização na América espanhola — passava pela conversão ao cristianismo, mas não necessariamente pelo incentivo aos casamentos mistos.

A concessão de benefícios aos primeiros *casados* foi lida em seguida como uma das medidas de primeira hora visando à fundamentação da presença portuguesa na Índia. João de Barros a inclui entre as ações de Albuquerque, precedida apenas pela construção de uma fortaleza (chamada Manuel) e pela lavragem de moeda de ouro (manuéis), prata (esferas e meias esferas) e cobre (leais). Por Barros, sabe-se que ao decidir "casar alguma gente portuguesa com estas mulheres da terra", as mulheres livres eram feitas cristãs e as cativas, se algum homem as quisesse casar, comprava-a de seu senhor. À custa da fazenda real eram dados 18 mil reais e palmares e herdades que tinham ficado devolutas com a fuga dos mouros da ilha de Goa.[21]

Escreve o cronista Gaspar Correia que o governador mandou que esses primeiros casados se fizessem padeiros e taverneiros. E assim o fizeram, "que cada um punha tenda do que sabia, que erão çapateiros, e pedreiros, carpinteiros, alfayates (...)".[22] Com algum ofício ou alguma terra para o cultivo, a política dos casamentos atendia tanto à urgência do povoamento e fixação dos homens na terra quanto à necessidade de se apaziguarem as oposições à presença dos portugueses por parte das famílias das mulheres feitas cristãs. Por meio da conversão e, assim, da sua incorporação através do casamento, as mulheres cativas tornavam-se "casadas e honradas", no dizer do cronista, o que amansaria "os corações de seus pais e parentes que viviam ao redor de Goa".[23]

A resistência a esses casamentos mistos por parte do gentio da terra foi vencida, segundo Barros, "com os mimos e favores que Afonso de Albuquerque fazia a estes desposados". E não se dispensa aqui o relato do cronista a respeito:

---

[21] Barros, *op. cit.*, década II, livro 5, cap. XI.
[22] Gaspar Correia, *Lendas da Índia*, vol. II, cap. XX, p. 160.
[23] *Idem*, vol. II, cap. XX, p. 159.

foi em tanto crescimento acerca da gente baixa este alvoroço de casar, que, acertando Afonso de Albuquerque a noite de casar uns poucos em sua casa, quando se espediram aquele auto do desposório, levando cada um sua esposa, parece que com a multidão da gente, por não haver muitas tochas que os acompanhassem, perderam as mulheres; e no buscar delas, como a luz não era muito clara, trocaram as esposas. (...) No dia seguinte, caindo no engano da troca, desfizeram este enleo, tomando cada um a que recebeu por mulher, ficando o negócio da honra tal por tal.[24]

O expediente dos casamentos mistos não foi prerrogativa de Goa, que viria a ser "a cabeça do Estado da Índia", mas se estendeu a outras praças. Na vaga dessas primeiras conquistas, em Malaca, tomada também por Afonso de Albuquerque em 1511 ao sultão, soldados portugueses desposaram mulheres da terra. Da mesma forma, a coroa concedeu dote às esposas e aos maridos, terras confiscadas aos muçulmanos.[25]

A formação do grupo social dos *casados* deu-se primeiro pelos casamentos mistos, mas, em uma sociedade característica do Antigo Regime, a constituição do grupo ocorreu, sobretudo, pela definição de certos privilégios. Em 1515, Afonso de Albuquerque escreveu uma carta contendo um foral de privilégios a ser confirmado pelo rei, entre os quais estavam aqueles que atenderiam ao grupo nascente. A organização municipal de Goa teria como modelo a cidade de Lisboa. Do conselho municipal participariam vereadores, juízes de paz, inspetores de mercado e artesãos. Enquanto estivessem nesse conselho, os colonos casados não poderiam ser aprisionados nas cadeias públicas. Todos os cargos da municipalidade, com exceção daqueles preenchidos pela coroa, estavam destinados aos colonos portugueses casados. Todos os que ocupassem cargos podiam navegar livremente e importar mantimentos e bens de consumo sem taxas. Estavam isentos de imposições fiscais ou de pedidos de empréstimos pelas autoridades. Podiam dispor de seus bens, incluindo o que tivessem obtido da coroa como dote, desde que os comprado-

---

[24] Barros, *op. cit.*, década II, livro 5, cap. XI.
[25] Ver Luís Filipe Thomaz, *De Ceuta a Timor*, *op. cit.*, p. 531s.

res não fossem hindus ou muçulmanos.[26] A coroa aprovou o foral em 2 de março de 1518, com alterações: não era concedida isenção de contribuição para as obras de utilidade pública e não era permitido aos cidadãos comerciar livremente determinados bens, como especiarias. A carta régia de 1542 definiu que a governança da cidade de Goa devia ser atribuída a portugueses casados, seus moradores:

> os ofícios de Vereadores, Juizes, procurador, escrivao da Camara, Almotacés, procuradores do povo, e os vinte e quatro dos mesteres, em que anda o regimento e governança da cidade, andem sempre naquelles casados e moradores della, que forem portugueses de nação e geração, e não em nenhuns de nenhuma outra nação, geração e callidade que sejão.[27]

Um conflito relatado por Gaspar Correia ocorrido em 1512 em Goa aponta uma outra dimensão dos privilégios que os *casados* receberam da administração do Estado da Índia, mais precisamente do idealizador desta política de casamentos, Afonso de Albuquerque. Goa era então ameaçada pelos muçulmanos e pela ação de um *casado*, "hum dom Fernando, filho bastardo do comendador de Sines", que concertava com as famílias das mulheres naturais da terra, casadas com outros portugueses.[28] A punição aplicada aos *casados* obedeceu não à gravidade da ofensa, que poderia ter resultado na entrada dos muçulmanos na cidade, mas aos interesses envolvidos. Em conselho com outras autoridades da cidade, Albuquerque decidiu que a condenação dos *casados* traria infâmia, que depois "polos tempos em diante antre os bons e máos averia contendas, dizendo que seus filhos erão da casta dos trédores [traidores]; e os casados de Goa elle tanto desejaua e trabalhaua que fossem honrados alicerces pera sempre: o que tudo ficaria danificado e mascabado o nome de casados de Goa [...]"[29] Tentava-se, dessa forma, garantir a qualidade a um grupo de indivíduos

---

[26] Cf. Teotonio de Souza, *Goa medieval, op. cit.*, p. 125s *apud* J. H. da Cunha Rivara (org.), *Archivo Portuguez-oriental*, vol. II, p. 4-5.
[27] Citado em Souza, *op. cit.*, p. 129. Ver também Lopes, *op. cit.*, p. 426 e Xavier, *op. cit.*, p. 721.
[28] Correia, *Lendas da Índia*, vol. II, cap. XXXVI, p. 294.
[29] *Idem*, cap. XXXIX, p. 319.

que já surgia com o estigma da mistura com os grupos locais e o pendor para frágeis lealdades à coroa. O êxito da política idealizada por Afonso de Albuquerque recomendava o bom tratamento aos esposos como forma de incentivo. A traição de D. Fernando e seu grupo foi acobertada a fim de não manchar o nome dos *casados*, grupo ainda incipiente mas sobre o qual se depositavam muitas expectativas.

ATIVIDADES ECONÔMICAS E OPOSIÇÃO POLÍTICA

A partir das experiências iniciais, nas cartas sucessivas de Albuquerque, assim como nos textos dos cronistas, aparecem menções aos casados como um grupo homogêneo ou facilmente identificado no conjunto da nascente sociedade indo-portuguesa. Essa seria a segunda forma de ler a sua atuação, pela qual assumem a posição de um grupo com o qual é preciso negociar, uma vez que dispõem de bens econômicos e políticos.

O comércio representava o espaço de atuação dos *casados*, envolvidos no tráfico interasiático ou na *Rota do Cabo*. Os *casados* de Goa, por razões óbvias a comunidade mais rica e numerosa, atuavam sobretudo em duas frentes. A primeira correspondia ao comércio costeiro com a região do Guzerate (onde os portugueses mantinham as fortalezas de Diu, Chaul, Damão e Baçaim) realizado em duas cáfilas anuais, ou seja, por armadas costeiras. Cada uma dessas cáfilas mobilizava até 300 embarcações de todo tipo, movimentando 30 mil quintais em mercadorias.[30] A segunda frente correspondia às cáfilas para o comércio com o Kanara, principal fonte de pimenta para a *Carreira da Índia* e o Malabar.

A comunidade de Cochim, a segunda em importância, atuava como intermediária no comércio entre a costa do Coromandel, Malaca e Macau e os portos de Bengala, em ligações que se estendiam a Pegu, Sumatra e outros portos da Ásia do sudeste, de um lado, e com o Guzerate,

---

[30] James C. Boyajian, *Portuguese trade in Asia under the Habsburgs, 1580-1640*, p. 54-55. Ver também Boxer, "Casados and cabotagem in the Estado da Índia, 16th/17th centuries", *II Seminário internacional de história indo-portuguesa*, p. 121-127.

de outro. Na costa oriental da Índia, no Coromandel, a atuação dos casados concentrava-se em São Tomé de Meliapor e Negapatão.[31]

Os casados envolviam-se ainda no comércio de longa distância. A partir de 1570, a maior parte do comércio oceânico era feita por meio de contratos de concessões, as *viagens*, sendo a do Japão a mais lucrativa. O direito às viagens era concedido invariavelmente a fidalgos, mas *casados* de Goa, Cochim e Malaca eram com frequência os reais investidores por trás dos titulares.

Um quadro diverso se desenhou a partir das primeiras décadas do século XVII, quando as perdas causadas pelos holandeses às redes portuguesas fizeram com que a renda dos *casados* passasse a vir, em boa medida, dos rendimentos fundiários da província do norte (Damão, Baçaim e Diu).

Alguns *casados*, ou grupos de *casados*, se notabilizaram pela prosperidade e pela articulação de atividades comerciais, superando os enquadramentos da coroa e estabelecendo contatos por conta própria. Nesse aspecto verifica-se um elemento essencial para a inserção na categoria de *casados*. Não bastava o casamento, mas era necessária uma relação com a administração para receber esse estatuto. Caso contrário é como particulares ou mercadores que são citados, importantes, principalmente, na porção oriental do subcontinente indiano, no Coromandel e no Golfo de Bengala, e no Extremo Oriente. O viajante italiano Cesare Fedrici identificou, nos anos 1560, a diferença entre os indivíduos vinculados ao Estado da Índia e aqueles que escapavam ao seu controle. Ao passar por Ormuz, se refere aos casados, os *"uomini maritati"*,[32] que tinham privilégios nos negócios, com impostos mais baixos. Esses homens eram diferentes daqueles que encontraria mais tarde em sua viagem, em Martavão, no reino de Pegu, em torno de 1568, quando descreve os cerca de noventa portugueses, entre *"mercadanti e uomini vagabondi"*,[33] que circulavam por regiões de fraca ou nenhuma presença oficial portuguesa.

---

[31] Ver Boyajian, *op. cit.*, p. 61.
[32] Cesare Fedrici, "Homens casados", "Il viaggio di Cesare de' Federici nelle Indie Orientali", *apud* G. B. Ramusio, *Navigazioni e viaggi*, vol. VI, p. 1021.
[33] *Idem*, p. 1056.

No comércio, os *casados* usufruíam de alguns privilégios. Dos *casados* de Cochim não eram cobrados direitos sobre duas importantes mercadorias vendidas na cidade: a seda da China e o açúcar do reino de Bengala. Quanto às outras mercadorias, pagavam 4%, enquanto os portugueses não *casados* ou os estrangeiros pagavam 8%, segundo relata Fedrici.[34] Situação diversa Luís Filipe Thomaz localizou em suas pesquisas sobre Malaca. Naquela praça, ao se envolverem em atividades comerciais, os casados pagavam 10% de direitos de alfândega, contra 6% pagos pelos muçulmanos e hindus. Thomaz atribui essa discriminação pouco motivadora ao temor da coroa de que a atividade mercantil envolvesse em demasia seus súditos.[35] Em uma região vasta, onde a presença oficial portuguesa era limitada e dispersa, a fiscalização tornava-se difícil e, ao mesmo tempo, as ameaças constantes dos reinos vizinhos exigiam a presença dos *casados* na defesa da praça.

No campo político, no qual a capacidade de articulação dos *casados* pôde em certos casos gerar conquistas como isenções de impostos ou taxas inferiores, tem-se que era do interior desse grupo que saíam as nomeações para as câmaras municipais nas cidades portuguesas na Ásia, a exemplo do que se viu em Goa. As câmaras foram, assim, "o principal centro da resistência dos *casados* ao Estado da Índia e às suas políticas".[36] Ao seu lado estavam as Santas Casas da Misericórdia, fundadas em várias cidades da Ásia pela ação dos *casados*.[37]

Categoria portadora de privilégios comerciais e atuante em espaços de exercício do poder político e prestígio social, era também como um grupo específico que os casados eram vistos e designados pelos estrangeiros. O humanista florentino Filippo Sassetti descreveu esses indivíduos de Cochim em 1585, manifestando pouco entusiasmo pela política

---

[34] *Idem*.
[35] Ver L. F. Thomaz, *De Ceuta a Timor*, op. cit., p. 531s.
[36] Subrahmanyam, *O império asiático português, 1500-1700*, op. cit., p. 317.
[37] Ver Isabel dos Guimarães Sá, "As Misericórdias do Estado da Índia (séc. XVI-XVII)", in Rosa Maria Perez (org.), *Os portugueses e o Oriente: história, itinerários, representações*, p. 85-112 e *Quando o rico se faz pobre: Misericórdias, caridade e poder no império português 1500-1800*.

de povoamento dos portugueses, relativizando, e muito, os "mimos e favores" do governador Albuquerque dos primeiros anos:

> Não sei como poderia chamar essa gente com um nome latino, sendo como se disséssemos uma colônia; nem sequer colônia, porque àqueles que andavam a povoar uma terra, era dado casa, campo, bosque, prado e qualquer outra coisa da qual, com seu engenho e trabalho, pudessem viver. Mas a estes não lhes dão nada, nem por muito que eu tenha observado, vejo poder convenientemente assemelhar o que lhes dão a outra coisa que não a migalhas que depois da refeição sobram sobre a toalha; são sacudidas pelo chão por quem a dobra, e vindo a servente as varre e joga no lixo.[38]

O holandês Linschoten, que viveu em Goa entre 1583 e 1588, descreveu os portugueses e seus descendentes e estabeleceu uma hierarquia *cromática* que pode ser associada à pigmentocracia que o historiador Magnus Morner identificou na América espanhola:[39]

> Os portugueses na Índia são amiúde casados com mulheres naturais da terra, sendo as crianças, chamados mestiços, que quer dizer meio sangue. São geralmente de cor amarelada. As crianças nascidas na Índia de homens e mulheres portugueses são chamados castiços. São quase tudo iguais aos portugueses, embora sejam um pouco diferentes na cor, porque tendem sempre para o amarelo. As crianças destes castiços são mais baças e totalmente mestiças, e as crianças dos mestiços são de cor e de feição iguais aos naturais da terra, ou decanins, pelo que os descendentes de homens e mulheres portugueses, chegando ao terceiro grau, parecem ser indianos naturais na cor e na feição.[40]

O viajante confirma os privilégios concedidos ao grupo: "Apenas os casados e os residentes gozam da cidadania e dos privilégios e liberdades

---

[38] Carta a Pier Vettori. Cochin, 27/1/1585, Adele Dei (org.), Filippo Sassetti, *Lettere dall'India (1583-1588)*, p. 78.
[39] Ver Magnus Morner, *Race mixture in the history of Latin America*, comentado também por Charles Boxer, *A igreja militante e a expansão ibérica, 1440-1770*, op. cit., p. 53.
[40] Arie Pos e Rui Manuel Loureiro (orgs.), *Itinerário, viagem ou navegação de Jan Huygen van Linschoten para as Índias Orientais ou portuguesas*, p. 148.

da cidade. Há entre eles apenas duas camadas ou tipos de gente, a saber: os casados e os soldados, pois todos os solteiros não casados são chamados de soldados".[41]

Detentores de privilégios, porém discriminados pelos fidalgos, os *casados* enfrentavam dois focos de divergência com a administração do Estado da Índia. O primeiro estava nos interesses comerciais divergentes, fosse quando a coroa participou diretamente do comércio, fosse quando criou concessões monopolistas; o segundo foco estava na reivindicação dos *casados* de que os capitães e outros cargos fossem nomeados entre membros da própria comunidade, uma vez que as nomeações de curta duração, normalmente de membros da fidalguia reinol — três anos para capitães, vedores... — não permitia que esses conhecessem as necessidades locais. Subrahmanyam propõe uma dupla interpretação desses conflitos: de um lado apontam para a formação de poderes locais que tentaram, em situações específicas, enfrentar o poder da coroa e, de outro lado, indicam a força das estratégias do poder central.[42]

TROPA DE SEGUNDA LINHA

Além da relativa coesão desse grupo ligada a interesses comuns no exercício da atividade comercial, os *casados* também se uniam ao rejeitar os conflitos armados. Primeiramente, mas não apenas, porque dificultavam as transações, tornavam inimigos os parceiros comerciais; parcerias frágeis e nas quais não raro os portugueses viviam uma relação de dependência, uma vez que a produção dos bens a serem comercializados não estava sob o seu domínio. João de Barros explica que "os moradores e casados da cidade [de Goa] eram os que mais contrariavam esta guerra, porque não tinham vida sem as terras firmes, e a eles era esta guerra muito danosa".[43] Rejeitavam os momentos de guerra também porque

---
[41] *Idem*, p. 150.
[42] Ver Subrahamanyam, *O império asiático português, 1500-1700*, op. cit., p. 320.
[43] Barros, op. cit., década IV, livro 7, cap. VII. Em relação à disposição contrária à guerra, ver também década IV, livro 8, cap. XV.

eram chamados a contribuir com recursos (por meio das câmaras municipais, ou por meio de empréstimos à coroa para obras de fortificação),[44] assim como eram convocados a pegar em armas, os próprios *casados* portugueses e seus escravos.

O contingente de homens portugueses na expansão foi sempre deficitário e os *casados* eram por isso contabilizados como reserva militar, formando uma "tropa de segunda linha", como cita Victor Rodrigues em seus estudos.[45] Eram contabilizados com seus escravos. Em Goa, no início do XVII, a estimativa era de dez escravos para cada casa de casado, o que aponta para oito mil escravos só nessa cidade, provenientes de Bengala, China e Japão e mais tarde da África Oriental.[46] A partir do levantamento de António Bocarro, produzido entre 1637-1638, haveria 4.900 *casados* brancos e 7.400 *casados* negros em todo Estado da Índia, sendo que essa última categoria não é referenciada em todas as praças pelo cronista.[47]

A formação dessas tropas de segunda linha encontrou outros paralelos em outros espaços e momentos da expansão portuguesa. Exerciam a função atribuída aos *fronteiros* no norte da África, os *casados fronteiros* da ilha de Ceilão ou os fidalgos e brâmanes de Goa que substituíram os *iqtadares* indo-muçulmanos em Diu a partir do reinado de D. João de Castro (1545-1548).[48] Esses grupos eram encarregados da defesa das fortalezas ameaçadas em troca da concessão de terras e cavalos, que deveriam manter.

Os *casados* não foram centrais na expansão na Índia, foram úteis; foram instrumentos para atender às necessidades dos fidalgos, dos ad-

---

[44] Barros relata, por exemplo, que em Cochim o dinheiro retornou aos casados, uma vez que a obra não teve efeito. *Idem*, década III, livro 10, cap. VIII.
[45] Vitor Luís Gaspar Rodrigues, "O papel das tropas locais e dos 'casados' no seio da organização militar portuguesa no Oriente (séc. XVI)", in *Futuro e história da lusofonia global*, p. 64-72, e "Da Goa de Albuquerque à Goa Seiscentista: aspectos da organização militar da capital do 'Estado da Índia'", *Revista Militar*, vol. 51 do II século, 1999, p. 59-92.
[46] Ver Subrahmanyam, *O império asiático português, 1500-1700*, op. cit., p. 322, e Souza, op. cit., p. 124s.
[47] Ver Subrahmanyam, *O império asiático português, 1500-1700*, op. cit., p. 312s.
[48] O *iqta* integra o regime senhorial indo-muçulmano e tem como elemento fundamental a retribuição do serviço militar com o encargo de sustentar um cavalo. Ver a esse respeito Thomaz, *De Ceuta a Timor*, op. cit., p. 238s.

ministradores régios, da Igreja. Ao ocuparem uma posição paralela a "dos que rezam", oscilaram entre as categorias dos que "trabalham" e dos que "guerreiam". Produziam, no entanto, o rebanho que dava sentido à existência "dos que rezam". Entende-se que não foram centrais porque não integravam os grupos responsáveis por estabelecer as políticas oficiais da coroa portuguesa nem eram dos que delas se beneficiavam, mesmo que, em várias situações tenham exercido oposição e forçado alterações dessas mesmas políticas.

Resulta, assim, bastante operacional a hipótese de trabalho proposta por Jean-Claude Schmitt ao estudar os grupos marginais na Europa. A marginalidade que ele identificou, e que pode igualmente ser visualizada na posição ocupada pelos *casados*,

> implica um estatuto mais ou menos formal *no seio* da sociedade e traduz uma situação que, pelo menos teoricamente, pode ser transitória; aquém da marginalidade, a noção de integração (ou reintegração) que indica a ausência (ou perda) de um estatuto marginal no seio da sociedade; e, ao contrário, além, a noção de exclusão, que assinala uma ruptura — às vezes ritualizada — em relação ao corpo social.[49]

A posição dos marginais oscila ao longo do tempo entre integração e exclusão, em dois planos de realidades sociais que não coincidem necessariamente, como lembra Bronislaw Geremek: o plano dos valores socioculturais e o das relações socioeconômicas.[50] Essa oscilação, essa mobilidade do grupo marginal responderia, pela proposta de Schmitt e que aqui se quer associar à trajetória dos *casados* e seus descendentes, ao critério de "utilidade social".[51]

Os *casados*, mesmo ocupando posições de destaque nas câmaras, nas mesas da Santa Casa e no comércio, mantinham uma posição marginal, porém integrados porque úteis. Desde o início a fidalguia os discriminou. Segundo Barros, a estratégia de Albuquerque, que chamava os re-

---

[49] Jean-Claude Schmitt, "L'histoire de marginaux", in Jacques Le Goff (org.), *La nouvelle histoire*, p. 264.
[50] Ver B. Geremek, *Les marginaux parisiens aux XIV e XV siècles*.
[51] Schmitt, *op. cit.*, p. 286.

cém-casados de genros e as esposas de filhas, despertava a zombaria de alguns fidalgos. O governador esperava "arrancar as cepas da má casta que havia naquela cidade, que eram os mouros, e plantar cepas católicas". Diziam os fidalgos, "estes mofadores", que não seria assim, por ser a gente mestiça filha "da mais baixa planta do reino (...) porque de gente tam vil como era aquela, que aceitava casar per aquele modo, não se podia esperar fructo que tivesse honra, nem as calidades pera aquelas grandes esperanças de Afonso de Albuquerque.[52]

Os filhos desses casamentos viveram francas situações de exclusão. Não eram confiáveis como soldados, considerados "demasiado brandos e efeminados". Chegaram a ser proibidos de se alistar, por determinação da coroa em 1545 e novamente em 1561. Decisão difícil de ser cumprida e atenuada pelo alistamento de "euro-asiáticos que fizessem por merecer", segundo permissão do vice-rei da Índia em 1546.[53] Esses mestiços também não podiam ser membros de ordens religiosas. Frequentavam os colégios jesuítas, mas não eram ordenados: podiam ser úteis como intérpretes ou catequistas. Ambas as decisões, evidentemente, geraram descontentamento e revolta entre as populações mestiças ou *descendentes* e foram sendo paulatinamente suspensas a partir da segunda metade do século XVIII, não sem períodos de maior violência, como o verificado durante a conjuração dos Pintos, em Goa em 1787.

OS CASAMENTOS COMO REMÉDIO CONTRA A DISCRIMINAÇÃO

A sociedade mestiça, crioula, indo-portuguesa ou luso-asiática, a "sociedade espontânea" gerada pelos contatos — sacramentados ou não pelo casamento — entre os portugueses e as populações da Ásia gerou uma hierarquização dos indivíduos e dos grupos. Essa hierarquização se estabelecia em paralelo àquela já vivida no reino, pela qual os espaços no interior da sociedade eram definidos a partir da "qualidade" dos indiví-

---

[52] Barros, *op. cit.*, década II, livro 5, cap. XI.
[53] Boxer, *O império marítimo português, 1415-1825*, *op. cit.*, p. 316.

duos: a origem nobre ou fidalga, a existência de defeito de ofício, aplicada aos que exerciam atividades braçais e estendida a seus descendentes, ou portadores de sangue impuro, mácula que carregavam os homens e mulheres de origem judaica ou muçulmana, além dos indivíduos de "baixa qualidade", como servos, e ainda abaixo deles, os escravos. Esse conjunto de categorias não foi criado pela expansão marítima, mas antecedeu os contatos com outros povos e encontra suas raízes na própria constituição da sociedade portuguesa.

Nas sociedades coloniais, por seu turno, a hierarquização aguçou as diferenças já existentes e incorporou outras, fruto de categorias resultantes de casamentos mistos. Na longa duração, pode-se verificar, no entanto, que nesses espaços o casamento passou a desempenhar novas funções. Em um novo contexto, no que se refere tanto às necessidades que o império português deveria atender no ultramar quanto às mudanças políticas e ideológicas que se faziam sentir na Europa, a união entre os portugueses e as populações naturais das colônias foi considerada o meio "mais eficaz" para assegurar o fim da discriminação. Foi nesses termos que se aprovou em 1758 o *Directorio, que se deve observar nas povoações dos índios do Pará, e Maranhão*, conhecido como *Directorio dos índios*, visando a atender a região amazônica, então a fronteira do império. Recomendava-se sanar a enfermidade da "odiosa e abominável distinção" entre os indivíduos com o próprio elemento que, em outros espaços, havia sido o causador da doença: as relações entre portugueses e naturais da terra. Em seu parágrafo 88, o *Directório* definia: "Entre os meios, mais proporcionados para se conseguir tão virtuoso, *útil*, e santo fim [o fim da descriminação], nenhum he mais efficaz, que procurar por via de casamentos esta importantíssima união".[54] Além de promover essas uniões, seria preciso zelar pela sua valorização. A memória administrativa do império português poderia aqui ter sido acionada para indicar que, além de estimular os casamen-

---

[54] *Directorio dos índios*, par. 88, f. 36, *apud* Rita Heloísa de Almeida, O Diretório dos índios: *um projeto de "civilização" no Brasil do século XVIII*. Sobre as políticas envolvendo os indígenas no norte do Brasil, ver também Nadia Farage, *As muralhas dos sertões: os povos indígenas no Rio Branco e a colonização*, e Ângela Domigues, *Quando os índios eram vassalos: colonização e relações de poder no norte do Brasil na segunda metade do século XVIII*.

tos — como fizera Afonso de Albuquerque na Índia — era preciso convencer a sociedade de que seus frutos tinham o mesmo valor daqueles produzidos no reino, o que não havia sido possível realizar no Estado da Índia ao longo de 250 anos. Conforme o parágrafo 90 do *Directorio*, os casamentos deveriam ser estimulados pelos "diretores", persuadindo as "pessoas brancas" de que os índios "não são de inferior qualidade". As uniões, antes vistas como infâmia, passavam a ser acompanhadas pelos "diretores" para que não degenerassem "em desprezo e discórdia".

Talvez não seja equivocado aproximar esses dois contextos, tão distantes no tempo e no espaço, e considerar que em Goa, nos anos 1510, e no Estado do Grão-Pará e Maranhão na década de 1750, uma mesma estratégia visava a solucionar alguns problemas comuns: a carência de famílias para o povoamento e para o cultivo das terras, a incorporação de populações subjugadas e potencialmente hostis, a criação de um contingente de homens capazes de pegar em armas. Os tempos sendo outros, no entanto; a discriminação, que podemos aqui designar como um efeito colateral dessa solução, não era mais considerada salutar. Na diferença das políticas régias, em novos contornos dados a antigas estratégias, pode-se verificar a hipótese básica proposta por Schmitt, a de que "uma sociedade se revela por inteiro no tratamento de suas margens".[55]

REFERÊNCIAS DOCUMENTAIS E BIBLIOGRÁFICAS

ALMEIDA, Rita Heloísa de. *O Diretório dos índios: um projeto de "civilização" no Brasil do século XVIII*. Brasília: Editora da UnB, 1997.

BAIÃO, António (org.). *Afonso de Albuquerque, Cartas para el-Rei D. Manuel I*. Lisboa: Livraria Sá da Costa Editora, 1942.

BARROS, João de. *Décadas da Ásia (edição de origem Lisboa, 1777-1788)*. Lisboa: Livraria São Carlos, 1973-1975.

BOXER, Charles. "Casados and cabotagem in the Estado da Índia, 16th/17th centuries". *II Seminário internacional de história indo-portuguesa*. Lisboa: Instituto de Investigação Científica Tropical, 1985, p. 121-127.

---

[55] Schmitt, *op. cit.*, p. 285.

_____. "Soldados, colonos e vagabundos". In *O império marítimo português 1415-1825*. Tradução de Ana Olga de Barros Barreto. São Paulo: Companhia das Letras, 2002.

_____. *A Igreja militante e a expansão ibérica 1440-1770*. Tradução de Vera Maria Pereira. São Paulo: Companhia das Letras, 2007 (1978).

_____. *Race relations in the Portuguese Empire 1415-1825*. Londres: Clarendon Press, 1963.

BOYAJIAN, James C. *Portuguese trade in Asia under the Habsburgs, 1580-1640*. Baltimore/Londres: The Johns Hopkins University Press, 1993.

CORREIA, Gaspar. *Lendas da Índia*. Porto: Lello & Irmãos Editores, 1975.

COUTO, Dejanirah. "Alguns dados para um estudo ulterior sobre a 'sociedade espontânea' no Estado da Índia na primeira metade do século XVI". In BORGES, Charles e PEARSON, M. N. (orgs.). *Metahistória: história questionando história*. Homenagem ao Prof. Dr. Teotônio R. de Souza. Lisboa: Vega, 2007.

CRUZ, Maria Augusta Lima. "As andanças de um degredado em terras perdidas: João Machado". *Mare Liberum*, n° 5, p. 39-46, 1993.

_____. "Degredados e arrenegados portugueses no espaço índico". *Revista Textos de História*, vol. 6, n° 1-2, p. 169-184, 1998.

DOMIGUES, Ângela. *Quando os índios eram vassalos: colonização e relações de poder no norte do Brasil na segunda metade do século XVIII*. Lisboa: CNCDP, 2000.

DORÉ, Andréa. "Charles Boxer, novas perguntas e os butins de guerra nos espaços portugueses". In VAINFAS, Ronaldo e MONTEIRO, Rodrigo Bentes (orgs.). *Império de várias faces: relações de poder no mundo ibérico da Época Moderna*. São Paulo: Alameda, 2009, p. 195-216.

_____. "Cristãos na Índia no século XVI: a presença portuguesa e os viajantes italianos". *Revista Brasileira de História*, vol. 22, n° 44, p. 311-340, dez. 2002.

ELLIOTT, J. H. "A conquista espanhola e a colonização da América". In BETHELL, Leslie (org.). *A América Latina colonial*. São Paulo: Edusp, 1997, vol. 1, p. 135-194.

FARAGE, Nadia: *As muralhas dos sertões: os povos indígenas no Rio Branco e a colonização*. Rio de Janeiro: Paz e Terra/Anpocs, 1991.

FEDRICI, Cesare. "Homens casados", "Il viaggio di Cesare de' Federici nelle Indie Orientali". In RAMUSIO, G. B. *Navigazioni e viaggi*. Turim: Giulio Einaudi, 1980, vol. VI, p. 1021.

FLORES, Jorge Manuel. "Um 'homem que tem muito crédito naquelas partes': Miguel Ferreira, os 'alevantados' do Coromandel e o Estado da Índia". *Mare Liberum*, n° 5, p. 21-32, 1993.

GEREMEK, B. *Les marginaux parisiens aux XIV e XV siècles*. Paris: Flammarion, 1976.

GUIMARÃES SÁ, Isabel dos. "As Misericórdias do Estado da Índia (séc. XVI-XVII)". In PEREZ, Rosa Maria (org.). *Os portugueses e o Oriente: história, itinerários, representações*. Lisboa: Dom Quixote, 2006, p. 85-112.

_____. *Quando o rico se faz pobre: Misericórdias, caridade e poder no império português 1500-1800*. Lisboa: CNCDP, 1997.

LOPES, Maria de Jesus dos Mártires. "D. João III e a gênese da sociedade indo-portuguesa". In *D. João III e o império*. Lisboa: CHAM, 2005, p. 424-432.

MORNER, Magnus. *Race mixture in the history of Latin America*. Boston: Little, Brown, and Company, 1967.

PATO, Raymundo Antonio de Bulhão (org.). *Documentos remettidos da Índia ou livro das monções*. Lisboa: Typographia da Academia Real das Sciencias, 1880-1935.

POS, Arie e LOUREIRO, Rui Manuel (orgs.). *Itinerário, viagem ou navegação de Jan Huygen van Linschoten para as Índias Orientais ou portuguesas*. Lisboa: CNCDP, 1997.

RADULET, Carmem e THOMAZ, Luís Filipe. *Viagens portuguesas à Índia (1497-1513): fontes italianas pra a sua história*. Lisboa: CNCDP, 2002.

RIVARA, J. H. da Cunha (org.). *Archivo portuguez-oriental*. Nova Delhi: Asian Education Services, 1992.

RODRIGUES, Vitor Luís Gaspar. "O papel das tropas locais e dos 'casados' no seio da organização militar portuguesa no Oriente (séc. XVI)". In *Futuro e história da lusofonia global*. Lisboa: IICT, 2008, p. 64-72.

_____."Da Goa de Albuquerque à Goa Seiscentista: aspectos da organização militar da capital do 'Estado da Índia'". *Revista Militar*, Lisboa, vol. 51 do II século, p. 59-92, 1999.

SASSETTI, Filippo. *Lettere dall'India (1583-1588)*. Organização de Adele Dei. Roma: Salerno, 1995.

SCHMITT, Jean-Claude. "L'histoire de marginaux". In LE GOFF, Jacques (org.). *La nouvelle histoire*. Paris: Editions Complexe, 1988 (1978).

SOUZA, Teotónio de. *Goa medieval: a cidade e o interior no século XVII*. Lisboa: Estampa, 1994.

SUBRAHMANYAM, Sanjay. "A cauda abana o cão: o subimperialismo e o Estado da Índia, 1570-1600". In *Comércio e conflito: a presença portuguesa no Golfo de Bengala 1500-1700*. Lisboa: Edições 70, 1994, p. 151-174.

_____. "O mundo dos casados". In *O império asiático português, 1500-1700*. Tradução de Paulo Jorge Sousa Pinto. Lisboa: Difel, 1993, p. 316-325.

THOMAZ, Luís Filipe F. R. "Goa: uma sociedade luso-indiana". In *De Ceuta a Timor*. Lisboa: Difel, 1998, p. 245-290.

XAVIER, Ângela Barreto. "Dissolver a diferença. Mestiçagem e conversão no império português". In CABRAL, Manuel Villaverde *et al*. *Itinerários: a investigação nos 25 anos do ICS*. Lisboa: Imprensa de Ciências Sociais, 2008, p. 709-727.

CAPÍTULO 2 # Religião, "nação", estatuto: os desafios de uma "dinastia" de intérpretes hindus na Goa seiscentista

Jorge Flores*

---

*Professor do Instituto Universitário Europeu, Itália, lecionou também na Brown University, nos Estados Unidos. É investigador associado do Centro de História de Além-Mar, da Companhia das Índias, e coordenador do polo "Impérios letrados: cartografias da escrita no mundo ultramarino ibérico", em Red Columnaria. É autor de *Os olhos do rei: desenhos e descrições portuguesas da ilha de Ceilão (1624-1638)*, Lisboa, Comissão Nacional para as Comemorações dos Descobrimentos Portugueses, 2000.

INTRODUÇÃO

É seguro afirmar-se que os impérios ocidentais — nomeadamente os ibéricos, diretamente relacionados com o tema central desta obra — contribuíram sobremaneira para uma profunda transformação do perfil de muitos indivíduos e grupos oriundos das mais diversas zonas geográficas e culturais do mundo moderno. O continuado contato entre sociedades europeias e sociedades não europeias a partir dos séculos XV-XVI ajudou a consolidar um sem-número de fenômenos da maior importância, como a mestiçagem, o hibridismo, a mediação, a metamorfose identitária ou a diluição das fronteiras socioculturais. Aqueles, muitos, que passaram a viver entre sociedades de matriz cultural diversa encontravam-se numa situação privilegiada para ascender socialmente, contrariar hierarquias rígidas ou assumir identidades outras. Mas o despontar de tais oportunidades implicou também a afirmação de novos riscos, como sejam o ostracismo, a discriminação, o sentimento de inadequação ou a assunção forçada de identidades "fictícias".[1]

O propósito deste artigo é o de ponderar as relações entre religião, identidade, cidadania e posição social na cidade de Goa no século XVI e, sobretudo, no século seguinte. Tal exercício vai escorado na análise

---

[1] Ver, sobre essa problemática, Berta Aires Queija e Serge Gruzinski (orgs.), *Entre dos mundos: fronteras culturales y agentes mediadores*; Rui Loureiro e Serge Gruzinski (orgs.), *Passar as fronteiras: actas do colóquio internacional sobre mediadores culturais, séculos XV a XVIII*.

do perfil e da trajetória de alguns dos nativos que aí experimentaram viver "entre dois mundos", ocupando-se de um conjunto de ofícios no domínio da escrita e da tradução que eram cruciais ao funcionamento da cidade-capital.

Situada na divisa do subcontinente indiano entre o norte islâmico e o sul hindu, distinção que hoje sabemos estar longe de ser absoluta, Goa foi conquistada ao sultão de Bijapur pelo governador Afonso de Albuquerque (1509-1515) em 1510. Após algum debate interno relativamente a localizações alternativas para a capital do Estado da Índia, a cidade tornou-se nos anos 1530 o indisputável centro político, administrativo e religioso da Ásia portuguesa e católica. A conquista e manutenção de Goa haveria de colocar à coroa portuguesa um sem-número de novos desafios. Pela primeira vez, se excetuarmos as ilhas do Atlântico, um império marítimo por "vocação", que nos primeiros anos do século XVI ainda não adotara e desenvolvera os instrumentos necessários à administração do território, tinha de gerir uma verdadeira cidade-capital. Foi necessário imaginar e definir fronteiras, ao mesmo tempo que uma população multiétnica professando uma pluralidade de credos passou a ser administrada de acordo com a lógica demográfica de um poder imperial. Tribunais, conselhos, organismos financeiros e instituições afins foram criados e implementados. Os alicerces religiosos de uma qualquer comunidade católica da época — nomeadamente a instalação de ordens religiosas, a criação de uma diocese (1534) e o estabelecimento de um tribunal da Inquisição (1560) — foram sedimentando ao longo da centúria do Quinhentos. Lisboa, a capital do país e do império, era na medida do possível replicada a vários quilômetros de distância: instalados no chamado palácio da Fortaleza, sucessivos vice-reis e governadores tendiam a emular a distante corte régia, mimetizando cerimônias, práticas e gestos.[2]

Esse último fenômeno, a pública apresentação do vice-rei como se do próprio monarca se tratasse, era fundamental para a afirmação

---

[2] Para tudo o que precede, Catarina Madeira Santos, *"Goa é a chave de toda a Índia": perfil político da capital do Estado da Índia (1505-1570)*.

RELIGIÃO, "NAÇÃO", ESTATUTO

da importância simbólica de Goa enquanto cabeça de uma entidade política que pesava nas relações de poder do subcontinente indiano. Na verdade, a Goa portuguesa depressa se tornou um centro de informação política e de atividade diplomática do sul da Ásia e desde logo se assumiu como nervo dos conflitos e das alianças entre o Estado da Índia e os chamados "reis vizinhos". Entre esses, ressumam os sultanatos do Decão (Bijapur, Ahmadnagar e Golconda), nascidos no trânsito do século XV para o seguinte. Mais a norte, o império mogol, gigante continental fundado em 1526 que não tardou a cobiçar a Índia marítima e meridional e, assim, a conflitar com os interesses de Goa.[3]

GOA: ESCRITA E TRADUÇÃO, RELIGIÃO E HIERARQUIA SOCIAL

Para que tudo isso funcionasse, desde a gestão interna da cidade à gestão do Estado da Índia e das suas relações externas em contexto asiático, foi necessário criar uma complexa máquina política e administrativa que era alimentada por várias dezenas de funcionários. As "faces" portuguesas dessa história são mais bem conhecidas, mas a multitude de indígenas mais ou menos invisíveis que sustentaram a burocracia imperial de Goa ao longo dos séculos nunca recebeu grande atenção. Falamos de um número considerável de brâmanes recrutados pela ordem colonial para servirem como secretários, escrivães, intérpretes, espiões e, de um modo geral, em todos os domínios da comunicação escrita e oral que supunham segredo e mediação.

    A administração portuguesa, em boa verdade, dispunha de abundante oferta em termos de recrutamento local, dado que Goa parece ter constituído um importante mercado secretarial ainda antes da conquista de Albuquerque. Era o que fazia notar Aires da Gama a D. Manuel logo em 1519:

---

[3] Sobre essa conjuntura, ver Jorge Flores, *Firangistân e Hindustân: o Estado da Índia e os confins meridionais do império mogol (1572-1636)*.

sam tamtos hos ofycyaes he esprivães que à i mas hofycyaes que em duas Lyxboas he a dada delles he maior que a do voso chamceller mor do reino he todos estes hofycyaes trazem tochas e sombreiros e comem betelles a vossa custa e tem lascaryns que hos servem.[4]

Mais de um século depois, o cronista António Bocarro confirmava essa impressão:

> Não deve deixar tambem de se dizer o muito que estes naturais canarins são dados a papeis, demandas, porque, deixado o terem grande natural pera escreverem, porque os que se dão a isso o sabem fazer muy bem, por onde ha mais de mil escreventes na cidade de Goa e por toda a ilha, são tantas as demandas que trazem huns com os outros, ajudados tambem das que os portuguzes excercitão, fumentão e estendem por largos tempos, que parece a cidade de Goa mais academia de litigantes do que escola d'armas [...]. E, assy, se pode bem afirmar que ha oje em Goa mais escrivães, solicitadores, demandistas e avogados do que soldados, capitães que curcem o serviço das armadas. E, em concluzão, são mais de seis mil as demandas que andão correndo só nesta cidade de Goa.[5]

É bem conhecida a importância desse grupo especializado em tecnologias da escrita e da comunicação no Oriente Médio e no sul da Ásia, num arco que se estende do império otomano[6] aos reinos budistas da ilha de Ceilão. No mundo indo-persa, em particular, o secretário (*munshi*) ocupa um lugar nuclear na cultura política de qualquer estado, o que faz dele um "burocrata-intelectual" disputado e de enorme prestígio. Esses "inteletuais pré-coloniais", como os caracteriza P. Wagoner,[7]

---

[4] Aires da Gama a D. Manuel, Cananor, 2 de janeiro de 1519, *As gavetas da Torre do Tombo*, vol. IV, p. 214-215.
[5] António Bocarro, *Livro das plantas de todas as fortalezas, cidades e povoações do Estado da Índia Oriental* [1635], vol. I, p. 153. Cf. Isabel Cid, "O ofício de escrivão no Estado da Índia na 1ª metade do século XVII", in *Encontro sobre Portugal e a Índia*, p. 67-83.
[6] Cornell Fleischer, "Between the lines: realities of scribal life in the Sixteenth Century", in Colin Heywood e Colin Imber (orgs.), *Studies in Ottoman history in honour of Professor V. L. Menage*, p. 45-62.
[7] Phillip Wagoner, "Precolonial intellectuals and the production of colonial knowledge", *Comparative studies in society and history*, vol. 45, nº4, 2003, p. 783-814.

sabem contabilidade e gestão fiscal, ao mesmo tempo em que dominam a arte da epistolografia (*insha*) e organizam arquivos. Também produzem manuais administrativos e tratados políticos e, não menos importante, leem e escrevem poesia.[8] Goa, mesmo a Goa portuguesa, pertence indubitavelmente a esse mundo e, se acaso quisermos alargar o âmbito geográfico e cultural da comparação, há uma série de paralelos em contexto colonial americano que interessa convocar, desde os escrivães e notários de Quito e Cuzco[9] aos "homens que vivem de escrever" da Bahia setecentista.[10]

Como é que os brâmanes, que nos habituamos a caraterizar mais como homens de religião do que como peritos de conhecimento secular, se integram nesse quadro? Como é que devemos abordar as vidas e as carreiras dos secretários hindus de Goa que trabalharam no contexto da ordem imperial portuguesa, nomeadamente como intérpretes e tradutores? Como era a sua vida social, religiosa e cultural?

As nossas fontes revelam a existência de um considerável grupo de oficiais menores que, para além de servirem como secretários particulares de destacados funcionários do Estado da Índia, se dedicavam ao serviço da chancelaria e do secretário do Estado, do Conselho da Fazenda, do Conselho do Estado e até do tribunal da Inquisição. Copiavam textos, preparavam múltiplas cópias da abundante correspondência trocada entre Goa e Lisboa e entre Goa e as fortalezas portuguesas na Ásia, mantinham arquivos e organizavam livros de receita e despesa, traduziam documentos e conversas entre os responsáveis políticos portugueses de Goa e os seus homólogos dos "reinos vizinhos", espiavam e veiculavam informação política classificada.

---

[8] Muzaffar Alam, *The languages of political Islam in India, c. 1200-1800*; Alam e Sanjay Subrahmanyam, "The making of a Munshi", in *Comparative Studies of South Asia, Africa, and the Middle East*, vol. 24, nº 2, 2004, p. 61-72; C. A. Bayly, *Empire and information: intelligence gathering and social communication in India, 1780-1870*, cap I e II.
[9] Tamar Herzog, *Mediácion, archivos, ejercicio: los escribanos de Quito (siglo XVII)*; Kathryn Burns, "Notaries, truth, and consequences", *American Historical Review*, vol. 110, nº 2, abr. 2005, p. 350-379.
[10] Marcello Moreira, "*Litterae adsunt: cultura escribal e os profissionais do manuscrito sedicioso na Bahia do século XVIII (1798)*", *Politeia: história e sociedade*, vol. 4, nº 1, 2004, p. 105-133.

A maioria eram brâmanes sarasvat, convertidos ao catolicismo, que adotaram nomes portugueses e gozaram de longas carreiras secretariais a serviço do Estado da Índia. Existem vários documentos no Arquivo Histórico de Goa e no Arquivo Histórico Ultramarino em Lisboa ilustrando suas trajetórias profissionais. Falamos de homens como Aleixo de Sá, brâmane que trabalhou na secretaria do Estado entre o início dos anos 1630 e o final da década de 1650, "com muita satisfação, segredo e diligencia e assistir a alguns Domingos e dias santos nas Monções do Reino (...) e ajudar a escretura de cartas que se escrevem a V. Magestade, aos reis vizinhos, e a todas as mais fortalezas do Estado".[11] Caso paradigmático é também o do brâmane Cristóvão Meneses, que trabalhou para o vice-rei conde de Linhares (1629-1635) antes de passar mais de 20 anos na secretaria do Estado,

> trabalhando no discurso delles assy na escritura que se fazia a V. Magestade para o Reino como para as fortalezas da India e a Reis Vizinhos com muita aplicação e segredo, e fidilidade, e por [ser] melhor escrivão que os companheiros foy ocupado pelo conde de Aveiras V. Rey a escrever no Livro dos Conselhos os assentos dos Conselhos que fez no seu tempo.[12]

Apenas dois exemplos que ajudam a entender melhor o perfil deste numeroso, mas discreto grupo de nativos profissionais da escrita ao serviço da Goa imperial. Ironicamente, o que deles sabemos depende em absoluto dos registros portugueses em língua portuguesa, que naturalmente moldaram e "distorceram" a informação de acordo com padrões coloniais de administração.

O *puzzle* torna-se mais difícil, mas simultaneamente mais interessante, quando privilegiamos o topo da pirâmide. É possível identificar a elite desse grupo secretarial que trabalhava na Goa portuguesa? Como apreender o perfil e a identidade daqueles que serviram como intérpretes e tradutores na cidade-capital, sobretudo dos poucos "línguas do

---

[11] Goa, 11 dez. 1659, Historical Archives of Goa, Consultas, liv. 4, fl. 214.
[12] Goa, 6 nov. 1662, *idem*, fls. 192-193. O conde de Aveiras é D. João da Silva Telo e Meneses, vice-rei entre 1640 e 1645.

RELIGIÃO, "NAÇÃO", ESTATUTO

Estado" que contataram direta e quase cotidianamente com vice-reis e secretários do Estado? Quem eram eles e como caracterizar o seu mundo social e religioso?

O primeiro a dedicar verdadeira atenção a esse grupo foi o brâmane goês Panduronga Pissurlencar, que publicou em 1952 a obra *Agentes da diplomacia portuguesa na Índia*. Malgrado sua importância e seu pioneirismo, revelando muita documentação inédita sobre o assunto, esse trabalho está hoje claramente datado, tanto mais que foi escrito com a explícita e duplamente patriótica intenção de lançar "luz sobre a actuação pouco conhecida desses e outros obreiros não cristãos da história dos Portugueses na Índia".[13] Mais de meio século volvido, com mais fontes desbravadas e dispondo de outro aparelho teórico-conceitual, é possível enveredar por outra aproximação do assunto.

Não se acham portugueses entre os intérpretes principais de Goa, dado que, entre muitas outras línguas, era necessário dominar o persa falado e escrito (língua primeira da comunicação política no subcontinente) e, bem assim, articular esse saber com um conhecimento sólido do complexo protocolo político indo-persa. Os primeiros "línguas do Estado" razoavelmente documentados são um hindu chamado Khrisna, ativo entre os anos 1510 e 1540 e a quem voltaremos adiante, e o mercador persa Khwaja Pir Kuli, que viveu em Goa nos anos 1530 e 1540 e foi amigo próximo de Garcia da Orta.[14]

Mas a última década da carreira de Khrisna haveria de coincidir com profundas alterações no modo como, nas duas capitais (Goa e Lisboa), se passam a encarar as relações entre cristãos e hindus.[15] Enevereda-se então por uma política de sistemática conversão dos "gentios", que é não ape-

---

[13] P. Pissurlencar, *Agentes da diplomacia portuguesa na Índia* (hindus, muçulmanos, judeus e parses), p. LIX. Visão de conjunto mais recente por Dejanirah Couto, "The role of interpreters, or *línguas*, in the Portuguese Empire during the 16th century", *e-Journal of Portuguese History*, vol. 1, nº 2 (inverno 2003).
[14] Acerca de Khrisna, ver Pissurlencar, *op. cit.*, p. 1-21. Relativamente a Khwaja Pir Kuli, cf. Luís Filipe Thomaz, "Hʷaje Pir Qoli et sa *Brève relation de la Perse*", *Eurasian Studies*, vol. V, nºˢ 1-2, 2006, p. 357-369.
[15] Os dois parágrafos seguintes são substantivamente baseados na tese de Ângela Barreto Xavier, *A invenção de Goa: poder imperial e conversões culturais nos séculos XVI e XVII*, p. 81s. Ver também Délio Mendonça, *Conversions and citizenry: Goa under Portugal, 1510-1610*, Nova Déli, Concept Publishing, 2002, p. 255s.

nas expressão de um projeto de ortodoxia religiosa, mas também sustentáculo de sonhos e estratégias concretas de alargamento territorial do Estado da Índia na região. Estamos perante um fenômeno ligeiramente anterior ao concílio de Trento, específico da evolução político-ideológica do império ao tempo de D. João III e um tanto moldado pela influência do modelo da Nova Espanha, mas que logo se haveria de fundir com as diretrizes tridentinas, tal como atestam as normas saídas dos cinco concílios provinciais realizados em Goa entre 1567 e 1606.

O sucesso de uma evangelização generalizada dependia da adoção de mecanismos de efetiva distinção entre hindus e cristãos que, na prática, acentuavam a discriminação jurídica e social daqueles. Tais mecanismos, destinados a "desfazer a gentilidade", incidiam sobre a posse da terra e a transmissão da propriedade, o casamento e a estrutura da família, a vida religiosa e o exercício de cargos. Doravante, portanto, ser hindu na cidade de Goa significava viver em permanente estatuto de menoridade e lograr, ou não, contorná-lo. Os brâmanes, em particular, eram recorrentemente apontados como os primeiros e mais sérios obstáculos à expansão da cristandade, não faltando quem alinhavasse propostas no sentido da sua segregação e, até, da sua seletiva eliminação física.[16]

Nos anos 1540, consequentemente, avolumam-se as reações negativas à continuação de Khrisna como intérprete dos governadores do Estado da Índia, cargo demasiado sensível para ser exercido por um brâmane não convertido. Os reparos estendiam-se à sua substituição *de facto* pelo filho Dadaji, também ele hindu e, aos olhos das autoridades políticas e religiosas portuguesas, um hindu excessivamente convicto. Nas discussões religiosas travadas com o padre Gaspar Barzaeus, por exemplo, Dadaji ria-se abertamente do que o jesuíta dizia.[17] Mas uma das críticas mais acutilantes provém de Miguel Vaz, vigário-geral de Goa:

---

[16] A crua sugestão para o assassínio dos brâmanes mais influentes de Goa ("com discrição, abater alguns jemtios omrados") pertence a Juan de Albuquerque, "Carta a D. João III, Goa, 28 nov. 1548", *Documenta Indica*, vol. I (1540-1549), doc. 50, p. 327.
[17] Padre Gaspar Barzaeus ao Colégio de Coimbra, Goa, 13 de dezembro de 1548, *idem*, vol. I, doc. 56, p. 399-400.

RELIGIÃO, "NAÇÃO", ESTATUTO

Tambem averey por serviço de Deus e de V. A. trabalharem os governadores de ter portugues ou christão outro pera limgoa das cartas, que lhe vem e espreve, por nom passarem todolos segredos e cousas de muyta importamcia por mão dum gemtio, filho de Crisna, que se a por muyto homrrado em nam ser christão, por tudo redumdar em favor da fee e mais asynha se comverterem. E pela mesma rezam se devia escusar Crisna, seu pay, de toda a comonicação nossa, pois nam tem bastado pera o comverter criaçam desde moço amtre os portugueses, tamtos favores e proveitos; e deixa-lo qua prometido a El-Rey, seu pay, que samta gloria aja, segumdo muytos mo tem afirmado, e que esa foy a causa de levar de qua tamta homrra e merce, e he o maes imdurecido que todos os laa vy. Pelo que nam folgo ver-lhe nehuma homra nem valia, poes tudo he pera fazer mall.[18]

Quatro anos depois, o sucessor de Miguel Vaz, Pero Fernandes de Sardinha, escrevia algo muito semelhante:

O bramene mais prejudicial e contrairo hà christandade de Goa hé Dadaji, filho de Crisnaa, que quà veyo a este Reino e recebo muitas mercês e omrras d'el rey dom Manuel, voso padre, (...) e lhe prometeo de ser christão tamto que tornase hà India, como toda sua familia, por cujo respeito lhe foi feito mercê do oficio de tanadar-mor e limgoa do governador em sua vida, e elle nunqua se fez christão, antes elle e o filho sam os mores adversarios da nosa sancta fee que há em Goa.[19]

O filho de Khrisna Sinai parecia, pois, particularmente empenhado em preservar a sua religião e afirmar a sua "bramanidade". Vivendo num mundo de diversidade linguística, religiosa e étnica, Dadaji não terá provavelmente vislumbrado uma contradição, tão evidente quanto insolúvel para os que representam a Goa católica, entre ser brâmane hindu

---

[18] Padre Miguel Vaz a D. João III, Évora, nov. 1545, *Documentação para a história das missões do padroado português do Oriente: Índia*, vol. III (1543-1547), doc. 54, p. 206. As sugestões do vigário-geral foram, nesse particular, seguidas por D. João III (Almeirim, 8 de março de 1546, *idem*, p. 324).
[19] Pero Fernandes de Sardinha a D. João III, Lisboa, finais 1549, *Documenta Indica, op. cit.*, v. I, doc. 95, p. 744-745.

e ser intérprete do Estado da Índia. Não entendeu decerto que ler e possuir livros sobre a sua religião era incompatível com ler e traduzir cartas trocadas entre os vice-reis de Goa e os sultões do Decão. Por esses anos, quem frequenta "pagodes" não é suposto pisar o "paço" e Dadaji insistia em marcar presença em ambos. Daí, e perante a apreensão pelas autoridades religiosas de um conjunto de "livros da jemtilidade" em casa de um "jemtio omrado" de Divar, Dadaji ter pressionado o governador a intervir no sentido da devolução das obras. O episódio é contado por um dos protagonistas, o franciscano Juan de Albuquerque (espanhol que foi bispo de Goa entre 1537 e 1553):

> tamto amdou favorecemdo este Dadaji a este jemtio, omde se acharão os livros, que alcamsou do Governador que me mamdase pedir os livros. Veio a esta casa omde eu moro hum criado da parte do Governador, emtramdo omde eu estava com o mesmo Dadaji, que tornase a dar os livros àquele jemtio. Eu não pude soffrer demtro no coração o caso desta maneira; levamtei-me da cadeira sem falar, tomey o bordão que tinha a par de mim, corri, aimda que velho, e fuy tras ele [Dadaji] toda a camara e a sala. Como era moço correo mais que eu até à porta da rua, e cheguamdo eu à porta cuidey que lhe dava com o bordão nas costas. O portal era baixo e com o açodamento dei com o bordão no portal e ffi-lo em dous pedaços. Torney-me à camara a falar ao criado do Guovernador e dixe-lhe: "dizey a Sua Senhoria que estas diligemcias que eu faço, á jaa muitos dias e em tempo aos guovernadores pasados, pera desfazer a jemtilidade e acrecemtar a fee catholiqua de Jesu Christo; este Dadaji não avia de ser favorecido nem ouvido nem emtrar no paço, que, se Sua Senhoria não á por bem que isto faça, que eu não vim a esta terra pera outra cousa, por mamdado d'el-Rey noso senhor; que ordenar e dar bofetadas a meninos na crisma quem quer o fará"; foy-se o moço; numqua tive reposta nem me falarão niso ateguora.[20]

Na mesma carta, Juan de Albuquerque nota que "Crisnaa está derribado", tanto mais que se achava então preso em Bijapur. Sugere, por isso,

---

[20] Fr. Juan de Albuquerque a D. João III, Goa, 28 de novembro de 1548, *idem*, vol. I, p. 328-329.

que o monarca nomeie para o seu lugar o brâmane Loku — recentemente convertido ao cristianismo e batizado com o nome de Lucas de Sá — e sublinha a necessidade de "derribar" o influente Dadaji, que "amda nesta cidade muito metido no paço e ateguora á servido ho oficio de seu pay".[21]

No caso vertente, é a religião, e não a competência profissional, que traça a linha divisória entre lealdade e traição. É a religião, e não qualquer outra marca de identidade ou forma de ligação à comunidade, que impõe a distinção entre "nós" e "eles", entre pertença e exclusão. Consequentemente, os hindus foram proibidos de exercer lugares administrativos na segunda metade do século XVI, ainda que tal proibição raramente tivesse sido implementada. "Escreventes" e "línguas" eram particularmente visados, mas o fato é que as referidas restrições nem sempre se concretizaram. Todavia, o lugar de "língua do Estado", mais relevante, parece ter sido sistematicamente barrado aos brâmanes que optaram por manter sua identidade religiosa. Todos os que sabemos terem ocupado o referido cargo entre os anos 1550 e a década de 1590 — com destaque para Cristóvão Couto[22] e Baltazar Pacheco,[23] os casos mais bem documentados — eram, com toda a probabilidade, intérpretes nativos convertidos ao cristianismo.

Mas, no século XVII, a prática muda em absoluto, regressando-se a um padrão próximo do das décadas imediatamente seguintes à conquista da cidade. Na verdade, e ao longo de toda a centúria, os sucessivos vice-reis e governadores de Goa enveredaram por uma atitude bem pragmática no que respeita ao recrutamento dos intérpretes principais, numa estratégia que não quadrava de todo com o espírito da desejada evangelização em massa dos anos 1540-1550 ou, genericamente, com o ambiente da reforma católica. A regra é, agora, admitir hindus como "línguas do Estado" e não pressionar excessivamente no sentido da sua conversão. Os escolhidos eram invariavelmente shenvis (os portugueses

---

[21] *Idem*, p. 327.
[22] *Archivo Portuguez Oriental*, fasc. 5, pt. I, doc. 153, p. 275, 277; Diogo do Couto, *Ásia: dos feitos que os portugueses fizeram no descobrimento dos mares, e conquistas das terras do Oriente*, década IX, cap. 13, p. 81; cap. 19, p. 134-137; cap. 28, p. 249.
[23] *Archivo Portuguez Oriental*, fasc. 5, pt. II, doc. 786, p. 928-929; doc. 789, p. 933; fasc. 5, pt. III, doc. 914, p. 1123-1124.

chamam-lhes "sinais"), um subgrupo de brâmanes sarasvat da região do Concão que se haviam especializado em tarefas administrativas e funções político-diplomáticas e exploravam as correspondentes oportunidades de trabalho nos diversos estados do Decão.[24] Goa e a rede portuguesa não constituíam exceção.

Nos seus dois consulados, D. Francisco da Gama (bisneto de Vasco da Gama e vice-rei entre 1597-1600 e 1622-1628) encontrou num certo Ajju Nayak o apoio local de que necessitava em matéria de tradução. De acordo com o vice-rei, esse brâmane negociou habilmente com os "Reis Vesinhos e seus embaxadores e enviados" durante 26 anos e "sabe a lingoa Persiana, e do Balagate, Decam, e Guzarate, e outras da terra, e he esperto". Essa constitui a mais relevante passagem de uma carta de D. Francisco da Gama a Filipe IV em 1625, recomendando o genro do seu protegido para a posição de "língua do Estado".[25]

Ora, Ajju Nayak era sogro de Khrisna Sinai, com quem D. Francisco da Gama ainda chegou a trabalhar nos últimos anos do seu segundo vice-reinado, dado que a sua recomendação foi aceita em Lisboa. Para mais, Ajju Nayak e Khrisna Sinai, depois dele, continuaram a trocar cartas em português sobre a atualidade política do subcontinente com o antigo vice-rei quando esse regressou a Lisboa.[26] Khrisna Sinai veio também a corresponder-se com o filho de Francisco da Gama — o diplomata D. Vasco Luís da Gama (1612-1676), primeiro marquês de Nisa[27] — nos anos 1650, fornecendo-lhe informações acerca do poderio militar do império mogol, assim como cópias das (suas) traduções portuguesas de cartas enviadas pelo sultão de Bijapur ao vice-rei de Goa. A razão de ser dessa troca de correspondência, a que andavam apensos documentos reservados, é avançada pelo próprio Khrisna Sinai

---

[24] Rosalind O'Hanlon e Christopher Minkowski, "What makes people who they are? Pandit networks and the problem of livelihoods in early modern Western India", *The Indian Economic and Social History Review*, vol. 45, nº 3, 2008, p. 381-416.
[25] D. Francisco da Gama a Filipe IV, Goa, 24 fev. 1625, Biblioteca Nacional de Portugal, Reservados, cód. 1817, fl. 246 v-247; Rei ao vice-rei, Lisboa, 23 mar. 1626, Arquivo Nacional da Torre do Tombo, Lisboa (ANTT), Livros das Monções, liv. 23, fl. 546.
[26] D. Francisco da Gama a Khrisna Sinai, Lisboa, 2 de abril de 1631, ANTT, Miscelâneas Manuscritas do Convento da Graça, cx. 2, t. I C, p. 91.
[27] Sobre essa importante figura, ver José Ramos Coelho, *O primeiro Marques de Niza: notícias*.

diante do seu interlocutor: "E como V. Exª he muito coriozo senhor, que deseya como o senhor Conde seu pay de muito ouvir as novas de caa das estorias dos Reys vizinhos o faço a seu serviço esta Relação dela cõ a verdade".[28]

O que aqui temos é "informação classificada" que se transforma em mera "fonte de instrução". A correspondência entre a família Gama e Khrisna Sinai mostra como documentos confidenciais se podiam metamorfosear, ao viajarem de Goa para Lisboa, em "textos de entretenimento". Esse tipo de material, frequentemente apresentado como "curiosidade" ou "novidade", foi crucial, no caso vertente, para a estruturação de uma rede de sociabilidade entre "colonizador" e "colonizado", entre proeminentes nobres portugueses e os seus não menos proeminentes informantes indianos. Mas Khrisna, evidentemente, tem noção de que os papéis que regularmente enviava para Lisboa estavam sujeitos a segredo, tanto que solicitava ao marquês de Nisa reserva acerca da sua identidade e, bem assim, a imediata destruição dos documentos no caso de serem descobertos por outrem:

> V. Exª seya servido de não tomar meu nome que eu mandey estes treslados nem mostrara a ninguem senão em ssy mesmo veraa, e se souberem terey trabalho caa, por isso não dira nada a ninguem por a merçe de Deus e vendo mandara ronper estes treslados e botar fora.[29]

À semelhança do que sucedia noutras regiões do império, lidamos com dinastias de intérpretes e informantes a serviço da coroa portuguesa. De fato, de 1599 a 1714, a mesma família de brâmanes hindus logrou monopolizar o lugar-chave de "língua do Estado" e, na segunda metade do século XVII, chamou também a si o exercício da importante função de "trasladador da língua parsea, cargo que nas décadas anteriores (pelo menos desde 1620) era confiado a letrados muçulmanos. É um percurso de influência que se prolonga de Ajju Nayak, intérprete principal desde

---

[28] Khrisna Sinai a D. Vasco Luís da Gama, s.l., s.d. [Goa, finais 1655], ANTT, Miscelâneas Manuscritas do Convento da Graça, cx. 2, t. I C, p. 92.
[29] ANTT, Miscelâneas Manuscritas do Convento da Graça, cx. 2, t. I C, p. 90.

c. 1599, a Vitoji Sinai, cuja carreira deverá ter terminado em 1714. Senão vejamos: graças à mediação de D. Francisco da Gama, Ajju Nayak conseguiu colocar como "língua do Estado" seu genro, Khrisna Sinai. Esse, ativo de 1626 a 1658, e uma vez falecido seu filho Dadaji Sinai, logrou que D. João IV aceitasse nomear para o cargo a "peçoa que cazar cõ hûa sua filha ou em outra que for apta e sufficiente com o mesmo ordenado, comedia, proes e percalços que elle vençer".[30]

Um tal Narana Sinai viria a ser o genro de Khrisna Sinai e, consequentemente, serviu de 1659 a 1681, não apenas como intérprete mas também como tradutor de documentos persas ("trasladador da língua parsea"). Todavia, Narana Sinai terá tido de lidar com a proeminência de Ramoji Sinai Kothari, intérprete entre 1645 e 1674 e que, por sua vez, colocou no lugar Vitoji Sinai. Genro de Ramoji e sobrinho de Khrisna, Vitoji trabalhou de 1667 a 1714, simultaneamente também como "língua do Estado" e "trasladador da língua parsea".

Tal como no mundo indo-persa, na Goa hindu as adequadas competências linguísticas, literárias e culturais tendo em vista uma carreira administrativa de êxito eram adquiridas no seio da família. Se a estratégia familiar tem sucesso, como essa indiscutivelmente teve, o pai, o tio ou mais frequentemente o sogro transmite tanto o seu saber como a sua posição ao filho, sobrinho ou genro.[31] Os casamentos entre primos (tão característicos das sociedades dravídicas),[32] conjugados com a absoluta necessidade de providenciar um dote às filhas quando da negociação dos seus casamentos, conduziram provavelmente à afirmação e à consolidação dos referidos padrões de sucessão — tanto tio/sobrinho como, mais habitualmente, sogro/genro. Todos os exemplos aqui evocados demonstram que as autoridades imperiais se limitavam a ratificar as escolhas dos seus colaboradores nativos. O vice-rei, como os restantes altos funcionários do Estado da Índia, parecem não ter tido alternativas e

---

[30] Arquivo Histórico Ultramarino, Lisboa (AHU), Conselho Ultramarino, cód. 445, fl. 153 v-154; cód. 208, fl. 67.
[31] Em 1626, Filipe IV concorda com a nomeação de Khrisna Sinai para o lugar de Ajju Nayak, desde que o genro seja iniciado nas matérias pelo sogro, para verificar se era apto; rei ao vice-rei, Lisboa, 23 de março de 1626, ANTT, Livros das Monções, liv. 23, fl. 546.
[32] Thomas R. Trautmann, *Dravidian kingship*.

certamente não tinham os recursos necessários para avaliar a competência linguística dos seus intérpretes.[33]

Os documentos portugueses revelam que os "línguas do Estado" eram brâmanes poliglotas, versados numa quantidade de línguas e culturas do Sul da Ásia. Gente como Ajju Nayak, Khrisna Sinai ou Ramoji Sinai Khottari eram indivíduos multilíngues e sabiam bem como lidar com documentos em várias línguas e grafias. Eram muito provavelmente amantes de poesia e liam livros sobre administração e governança, mas os seus patronos portugueses não se interessaram de todo por essa vertente das suas vidas intelectuais. O único caso documentado de um "burocrata-poeta" a serviço dos portugueses é o de Alagiyavanna Mukaveti, singalês convertido ao cristianismo com o nome do próprio padrinho, o capitão-geral do Ceilão, D. Jerónimo de Azevedo. Jerónimo Alagiyavanna trabalhou na composição, em português, dos tombos do Ceilão no início do século XVII (tarefa em que também colaboraram brâmanes católicos de Goa, como um tal Lucas Pinto),[34] ao mesmo tempo em que se afirmava como grande poeta na sua língua vernácula (sinhala).[35]

A língua portuguesa e a cultura política ocidental constituíam apenas mais uma camada do seu vasto conhecimento. Dado que não se converteram, e por consequência não foram objeto de educação católica, não sabe-

---

[33] A nomeação de Vitoji Sinai para o lugar de "trasladador da lingua parsea" constitui exemplo sintomático. Ramoji pede o lugar para o genro e a 17 de março de 1667 o vice-rei solicita ao secretário de Estado que informe acerca da "sufficiencia da peçoa que o suplicante nomeia para o cargo de tresladador da lettra parsea cõ seu parecer". Esse, escassos cinco dias volvidos, considera "ser o dito vitogi sinai sufficiente pera o ditto officio". Fá-lo não com base em qualquer avaliação da competência, mas apenas realçando a garantia que o "notório zelo cõ que o suplicante ramaji sinay cottary serve a sua magestade em todos os negocios que lhe são encomemdados pellos senhores v reys". No mesmo dia, 22 de março de 1667, o vice-rei nomeia Vitoji Sinai para o referido cargo (Pissurlencar, *op. cit.*, p. 69-70). Em menos de uma semana, num processo inteiramente administrativo cuja única garantia era a competência de Ramoji, estava encontrado o novo tradutor de documentos persas do Estado da Índia.

[34] AHU, Índia, cx. 52, doc. 90.

[35] Aguarda-se de Stephen Berkwitz (Missouri State University) um estudo sobre essa figura. É provável, embora não inteiramente seguro, que Jerónimo Alagiyavanna seja o autor do poema *Kustantinu Hatana*, um panegírico do capitão-geral de Ceilão, D. Constantino Sá de Noronha, S. G. Perera e M. E. Fernando (orgs.), *Kustantinu Hatana: the campaign of Don Constantino — critical text*.

mos ao certo onde terão adquirido o domínio da língua portuguesa ou se liam livros em português. Talvez privassem com os missionários jesuítas de Goa e tivessem acesso à magnífica biblioteca do colégio de São Paulo. De qualquer modo, os portugueses, e o respectivo aparato político-administrativo em Goa, representavam uma excelente oportunidade de trabalho num mercado extraordinariamente competitivo, dado que os brâmanes shenvis eram tão só um dos muitos grupos que formavam as "elites políticas transculturais" caraterísticas dos estados do Decão nessa época.[36]

Para além da concessão de cargos — na prática hereditários e perpétuos — no quadro da estrutura imperial portuguesa, os burocratas hindus recebiam sinais de reconhecimento por parte da sociedade de acolhimento. Os escrivães veteranos e em fim de carreira eram por vezes agraciados com o hábito da Ordem de Santiago (e não da mais prestigiosa Ordem de Cristo), recebendo uma tença anual, magra, de 12 mil réis.[37] É o caso de Bartolomeu Lobo, que vê o seu caso despachado em 1672, quando contava 80 anos e quase 40 de carreira. Filho do brâmane Jorge Lobo e natural da freguesia de Santa Ana, começou como língua do Juízo dos Feitos e escrivão de Francisco de Sousa Falcão. Serviu na Secretaria do Estado da Índia desde 1638 até chegar a oficial maior no início dos anos 1660 e terminar a carreira dez anos depois.[38] Guilherme Pereira, um pouco mais velho do que Bartolomeu Lobo, constitui outro bom exemplo: filho de brâmanes católicos de Salcete, freguesia de Cortalim, Pereira serviu ao Estado da Índia entre 1613 e 1651. Para além de receber as mesmas mercês feitas a Bartolomeu Lobo, Guilherme Pereira foi ainda cavaleiro da casa real.[39] Mas, cerca de um século e meio antes, a "generosidade" do poder imperial parece ter sido maior em matéria de reconhecimento social

---

[36] P. Wagoner, "Fortuitous convergences and essential ambiguities: transcultural political elites in Medieval Deccan", *International Journal of Hindu Studies*, vol. 3, nº 3, dez. 1999, p. 241-264.

[37] Essa era a tença mínima, que permitia "garantir a dignidade do estatuto" de cavaleiro; vide Fernanda Olival, *As ordens militares e o Estado moderno: honra, mercê e venalidade em Portugal (1641-1789)*, p. 47.

[38] *Diário do 3º conde de Linhares, vice-rei da Índia*, t. II, p. 320-322; "Sobre a mercê que pede Bertholameu Lobo", Lisboa, 26 de fevereiro de 1672, AHU, Índia, cx. 52, doc. 21; AHU, Conselho Ultramarino, cód. 445, fl. 118-118 v.

[39] AHU, Conselho Ultramarino, cód. 436, fl. 75.

e simbólico dos seus colaboradores hindus: Khrisna — que viajou para Portugal e foi recebido em Lisboa pelo rei D. Manuel — estava autorizado a circular pelas ruas de Goa de "amdor, sombreiro, tocha, e buiços", acompanhado por uma comitiva que oscilava entre oito e vinte "peões".[40]

Como quer que fosse, estamos perante exceções, promovidas cirurgicamente pela ordem imperial com o intuito de realçar modelos exemplares de comportamento e de serviço que importava divulgar entre outros brâmanes, convertidos ou não ao cristianismo. As mercês feitas a Guilherme Pereira são-no "sem embargo de não estar em estillo dar se aos naturaes, se bem há exemplo que se deo para que a sua vista e vendo premiados os que bem servem com merçes tão aventajadas se disponhão a servir os maes cõ a fidelidade e boa vontade que devê".[41]

Na verdade, tais honras não deviam ser usualmente atribuídas a indivíduos que, malgrado terem abraçado o cristianismo, não deixavam de ser brâmanes originários da Índia. Apesar de já terem nascido católicos, dispostos a aceitar os direitos e deveres do respectivo estatuto jurídico, Lobo e Pereira não se tinham, por esse fato, tornado cidadãos portugueses de pleno direito e, consequentemente, nunca alcançaram uma completa inserção na comunidade. O princípio adotado era diverso daquele que vigorava por esses anos em Macau, onde os intérpretes e escrivães chineses, desde que cristãos e casados, eram considerados membros da cidade.[42] O mesmo se praticava na Espanha e na América espanhola, onde a adesão ao catolicismo era considerada condição primeira para a entrada na comunidade. Uma vez observado esse requisito, a distinção entre cidadãos e não cidadãos traduzia simplesmente a diferença entre os que respeitavam as normas internas da comunidade e aqueles que, revelando má-fé, não o faziam e nunca se integravam.[43]

---

[40] Pissurlencar, *op. cit.*, p. 14-15.
[41] AHU, Conselho Ultramarino, cód. 436, fl. 74-75. É idêntica a justificação avançada para as concessões feitas a Bartolomeu Lobo, AHU, Índia, cx. 52, doc. 21. Fernanda Olival e Ronald Raminelli preparam trabalhos sobre a concessão de hábitos de ordens militares a nativos.
[42] Jorge Flores, "Comunicação, informação e propaganda: Os 'jurubaças' e o uso do português em Macau na primeira metade do século XVII", *Actas do encontro português: língua de cultura*, p. 107-121.
[43] Herzog, *Defining nations: immigrants and citizens in Early Modern Spain and Spanish*

Pior, ainda assim, era a sorte de quem em Goa não se convertia, apesar de ocupar lugares de relevo na burocracia imperial. O acidentado percurso de Ramoji Sinai Kothari permite entender melhor as relações entre identidade religiosa e estatuto social na Goa seiscentista.

O CASO RAMOJI

Para aqueles que evitaram a conversão, assim mantendo sua identidade hindu, os desafios eram ainda maiores. A prudência aconselhava a que vivessem fora dos limites da cidade de Goa, dado que, em caso de morte, sua propriedade era confiscada, enquanto que seus filhos eram retirados às respectivas mães, considerados órfãos e educados como cristãos. A norma estava em vigor havia cerca de um século, consubstanciada numa lei da regente D. Catarina de 1559 que estipulava a separação de órfãos hindus de suas famílias.[44]

Ramoji Sinai Kothari, que serviu o Estado da Índia como intérprete principal entre 1645 e 1674, opôs-se a tal princípio e logrou embaraçar a coroa portuguesa com uma simples petição.[45] Nascido em Salcete, Kothari era filho de Santu Sinai e vivia em Bicholim com sua mulher e os filhos. Durante essas três décadas, Kothari demonstrou ser um mediador indispensável no que respeita à situação de Goa no contexto político-cultural do Decão. Como emissário e intérprete dos portugueses, ia regularmente a Bijapur, onde conhecia tanto os *spin doctors* do sultão como os mais influentes funcionários locais do sultanato. Estava também familiarizado com a vida política do Marahastra, tendo-se encontrado com Shivaji, e do Canará, para onde viajava com frequência. Intermediava entre os dessais do Concão e o Estado da Índia, mas também privava

---

America, p. 119, 201-202, 204.
[44] Cf. Xavier, *op. cit.*, p. 127-128.
[45] A documentação mais relevante sobre esse caso acha-se reunida em Pissurlencar, *op. cit.*, cap. II, p. 22s. A completar com documentação do Arquivo Histórico Ultramarino adiante citada e a que Pissurlencar não teve acesso em 1952. Detalhado tratamento da questão dos órfãos hindus de Goa em Nandini Chaturvedula, "Imperial excess: corruption and decadence in Portuguese Índia (1660-1706)", p. 274-282.

RELIGIÃO, "NAÇÃO", ESTATUTO

com padres católicos, como é o caso do seu amigo abexim Pero da Costa de Brito, vigário da igreja de São José de Goa. Finalmente, é importante sublinhar que Ramoji dominava uma meia dúzia de línguas: concanim, persa, marathi, kannada, sânscrito e português.[46]

Aproximadamente a meio da sua carreira, em 1658, decidiu fazer um requerimento às autoridades portuguesas em que pedia para ser autorizado a viver "nas terras sogeitas à cidade de Goa", sem que, morrendo, sua mulher fosse desapossada da sua propriedade e seus filhos tivessem de deixar de ser hindus. Fez o requerimento, quiçá, após ter assistido ao sequestro dos bens do recém-defunto Khrisna Sinai, de quem Vitoji Sinai, seu genro, era sobrinho: não obstante ser hindu, Khrisna vivia no bairro de Santa Luzia, dentro dos limites da cidade católica.[47]

Ramoji terá naturalmente avançado com a petição por forma a resolver uma situação pessoal e familiar, mas é seguro que, no plano dos princípios, estaria contra a legislação portuguesa que regulava a família e a propriedade em Goa. Não é decerto por acaso que Ramoji surge ao lado do governador António de Melo e Castro a tentar evitar que um tal Mangoji Sinai fosse degredado para Moçambique. Mangoji era um brâmane de Salcete que havia sido o principal rendeiro do tabaco nos anos 1640 e que, nessa altura, tentara debalde colocar o filho no cargo de "língua do Estado", dele procurando arredar Khrisna Sinai.[48] Agora, mais de uma década volvida, Mangoji reaparece nos registros portugueses por ter conseguido enviar para a "outra banda" três netos órfãos e assim evitar a sua conversão forçada. Ramoji revia-se certamente no gesto de Mangoji, mas quereria decerto evitar a sua sorte, já que o brâmane rendeiro fora condenado pela Inquisição de Goa em 1662 a passar seis anos nos Rios de Cuama.[49]

---

[46] As certidões de serviços relativas às duas primeiras décadas da carreira de Ramoji, coligidas como suporte a um requerimento do próprio despachado em 1665, constituem uma boa panorâmica do seu percurso até então; Goa, 12 fev. 1665, Pissurlencar, *op. cit.*, p. 32-37.
[47] *Idem*, p. 69 n.
[48] Rei ao vice-rei, Lisboa, s.d. [vice-reinado de D. Filipe de Mascarenhas, 1644-1651], ANTT, Livros das Monções, liv. 58, fl. 54.
[49] Pissurlencar, *op. cit.*, p. 64-65.

Voltemos à petição de 1658 e seus efeitos. Tendo em conta a relevância de Ramoji enquanto intérprete e intermediário de Goa, os governadores interinos Francisco de Melo e Castro e António de Sousa Coutinho (1656-1661) não demoraram a aceitar seu pedido. Para o efeito, reuniram pareceres favoráveis, consultaram o Pai dos Cristãos e escoraram-se na circunstância de Ramoji "não ser vassallo de V. Magestade". Ainda assim, o intérprete hindu resolveu pedir a confirmação da mercê. Os governadores levaram então o assunto ao Conselho do Estado, mas o promotor da Inquisição de Goa, Paulo Castelino de Freitas, decidiu não votar tal concessão porquanto contrariava o "que estava disposto por consilios e provizões reais passadas em favor da christandade".[50]

O "dossier Ramoji" segue posteriormente para o reino, a fim de ser examinado pelo Conselho Ultramarino e decidido pelo rei. Em Lisboa, o monarca português preocupa-se com o valor do compromisso assumido e, por consequência, resigna-se a aceitar que Ramoji usufrua do que lhe foi concedido. Mas recusa-se a confirmar a respectiva provisão e adverte o governador "e os mais governadores e V. Reis que vos sucederem, que não passem semelhantes provizões, pellos grandissimos inconuenientes que disso se podem seguir ao augmento da Christandade".[51] Uma vez recebida essa missiva régia em Goa, o então governador António de Melo e Castro (1662-1666) decide sugerir ao monarca que vá mais longe e que revogue mesmo a provisão em causa:

> A esta carta de V. Magestade me pareçeo conveniente replicar, porque de usar este homê da liberdade que lhe consederão os Gouernadores passados se seguem grandes e perigosas consequências, pois he certo que com este exemplo hão de trazer outros muitas cartas dos Reys Visinhos, pera que se lhes conçeda o mesmo, se lhes negar ha os de deixar sentidos, e se lhes conseder acabasse a christandade, nem hade aver gentio algû que sofra este previlegio em outrê que elles não posão alcançar, e por esta cauza se passarão todos aos Inglezes, e Olandezes, e se acabara o comer-

---

[50] Goa, 3 de janeiro de 1659, *idem*, p. 61; governadores de Goa ao rei, Goa, 18 dez. 1659, AHU, Índia, cx. 43, doc. 147.
[51] Rei a António de Melo de Castro, Lisboa, 10 abr. 1663, Pissurlencar, *op. cit.*, p. 62; AHU, Conselho Ultramarino, cód. 208, fl. 298, 315 v, 331.

ço nas terras de V. Magestade; assy me pareçe que V. Magestade mandar expressamente derrogar a dita provisão dos Governadores porão dos Governadores por ser contra as outras que aqui há de V. Magestade e tambem entendo que pode ser em Roma materia de escandalo esta liberdade que os Governadores derão a este homê que pode ser por outra via remunerado.[52]

O rei concorda com a sugestão de anulação da mercê e, a 27 de março de 1666, solicita ao conde de São Vicente (1666-1668) que "o fizesse assy executar, e a mandasse recolher logo, e por verbas em seus registos, para se não uzar della em tempo algum; porque assy o havia por meu serviço". Cauteloso, porém, o conde de São Vicente faz notar ao monarca, por carta de 4 de fevereiro de 1667,

> que a Provisão que se passou a Ramogy Sinai Cotary nao ha inconveniente algum para ter seu effeito em sua vida, e por seu falleçimento pode concorrer a mesma rasão, não deixando orfãos no cazal. E que por este homem trazer a seu cargo alguns negoçios de importançia ao serviço de VA e dar boa conta delles; e mandando se por verbas nella, e chegando a sua notiçia poderia causar tal sentimento que pelos mesmos caminhos em que obra em utlidade do serviço de VA o poderá fazer tanto ao contrario, que cause grande prejuiso nelle. E que nesta consideração suspendeo a execução referida; e VA mandaria o que mais fosse servido, ficando sempre lugar para se executar a dita ordem depois da morte de Ramojy Sinai, sem os inconvenientes que agora se considerão.

O Conselho Ultramarino, tendo em atenção as advertências do vice-rei, sugere que o assunto seja apresentado uma segunda vez à Mesa da Consciência e Ordens, mas concorda à partida com a posição do conde de São Vicente, lembrando ao monarca "que a palavra real, e as consequencias que se seguem de se revogar de presente a dita Provisão, será de grande prejuiso ao Estado da India, e ao serviço de VA". A ideia é reforçada pelo conselheiro Seco de Macedo, que não vê sequer necessi-

---

[52] Vice-rei ao rei, Goa, 12 de janeiro de 1664, *idem*, p. 62-63; AHU, Índia, cx. 46, doc. 11; AHU, Conselho Ultramarino, cód. 211, fl. 356.

dade de consultar de novo a Mesa, porquanto "está já rezoluto este negocio, a favor de Ramogy Sinay, que tem direito adquerido".[53]

É útil evocar essa longa sucessão de citações e posições, na medida em que nos permite seguir no detalhe a reação dos principais intervenientes no processo e entender melhor o que se joga na petição de Ramoji. Três observações a esse propósito. Primeiramente, registre-se a destreza com que Ramoji lida com a administração portuguesa: sabe que, à cautela, deve pedir confirmação da provisão que recebera. Depois, e seguramente através de brâmanes-escrivães ao serviço da burocracia portuguesa, tem forma de descobrir se, e quando, a provisão foi formalmente anulada. No entretanto, vai pedindo outras mercês ao Estado da Índia, aliás prontamente concedidas. Em segundo lugar, note-se o cuidado com que do lado das autoridades portuguesas, *malgré tout*, se lida com a anulação de uma mercê a um colaborador nativo, e não cristão da coroa. O rei aceita revogar a mercê, mas inicialmente resignara-se a aceitá-la. A posição do Conselho Ultramarino pauta-se por igual prudência, ao lembrar o valor da "palavra real" e considerar que Ramoji tem "direito adquirido". Finalmente, o papel do conde de São Vicente. A sua posição é também prudente, embora desloque a discussão do campo dos princípios absolutos para o domínio do realismo político. O vice-rei teme que, "sentido" com a revogação da mercê, Ramoji passe de colaborador a traidor do Estado da Índia e esse é, no seu entender, o principal motivo para que se não ratifique de modo algum a anulação. Mas tal não significa que seja favorável à concessão. A solução reside, antes, em manter tudo como está em vida de Ramoji para, logo após a sua morte, se anular a provisão e tratar sua família e seus bens de acordo com a lei.

Não sabemos, a partir das fontes portuguesas disponíveis, quando morreu Ramoji e se a maquiavélica sugestão do conde de São Vicente foi então seguida. Como quer que fosse, durante esse processo, que se prolongou por uma década (1658-1668), Ramoji Kothari é apresentado nas fontes portuguesas como alguém que sempre demonstrou "muita

---

[53] Lisboa, 17 nov. 1668, AHU, Índia, cx. 49, doc. 170.

fidelidade e amor à nação portuguesa".[54] Na ordem imperial, Ramoji comporta-se como um vassalo, mas nunca será um vassalo. Ele ama a "nação portuguesa", mas será sempre um nativo. Mesmo que se convertesse, não deixaria de ser um "brâmane de nação", mas ao menos evitaria a desestruturação da sua família e da correspondente base material. Ainda que não constituísse o único marcador de identidade da Goa imperial, não há dúvida de que a religião era seguramente um dos mais fortes. Não sendo cristão, Ramoji não é membro da comunidade e não é vassalo do rei de Portugal. Sê-lo-ia nos tempos de Khrisna, que foi recebido como tal em Lisboa por D. Manuel e que escreveu uma carta a D. João III em 1546 na qual ainda se considerava seu "amtiguo e velho vassalo e servydor".[55] Mas não agora. Na Goa portuguesa seiscentista, a religião moldava o estatuto jurídico e social de um indivíduo e, em larga medida, definia a inclusão ou a exclusão da comunidade.

Ramoji, e bem assim os seus predecessores e sucessores como "línguas gerais do Estado", tinha certamente razões muito fortes para não se converter. Para eles, Goa representava um bom mercado de trabalho, uma longa e estável carreira como intermediários políticos e, em certa medida, a integração numa nova e atrativa ordem social. Mas enquanto hindus, se realmente desejassem continuar a ser reconhecidos e aceites como brâmanes, esses homens tinham também de respeitar e seguir os requisitos da sua antiga ordem social. Essa era definida por peritos religiosos que regularmente se reuniam em assembleia a fim de avaliar as diferentes comunidades brâmanes à luz da sua linhagem, suas relações sociais, seus modos de vida e suas práticas religiosas para, finalmente, decidir se mereciam ou não continuar a ser considerados como tal. Um trabalho recente mostra como os brâmanes shenvis eram pressionados por "verdadeiros" brâmanes nos anos 1630, e sobretudo na década de 1660, para se comportar "apropriadamente".[56] Os brâmanes podiam assumir-se como membros de uma elite administrativa e secretarial, mas

---

[54] Assim o carateriza o regimento dado em 1658 a D. Pedro Henriques, embaixador de Goa a Bijapur que então levou Ramoji como intérprete; Pissurlencar, *op. cit.*, p. 43.
[55] Khrisna a D. João III, Bijapur, 5 de dezembro de 1546, *idem*, p. 21.
[56] O'Hanlon e Minkowski, *op. cit.*

não era suposto portarem-se como agricultores ou mercadores. Situação deveras difícil de contornar, dado o papel central que os brâmanes sarasvat ocupavam na economia da Goa portuguesa, controlando terras e monopolizando rendas.[57]

É bem possível que pessoas como Ramoji Sinai Kothari se encontrassem então sob vigilância, dada a sua excessiva proximidade com o mundo religioso e social da Goa portuguesa. Para mais, a sua função de primeiro intérprete da capital do Estado da Índia era indissociável da obtenção de benefícios econômicos que colocavam Ramoji muito perto da categoria "maldita" de comerciante: em 1665 é nomeado corretor-mor da alfândega de Goa por três anos.[58] Em 1674, já no ocaso da carreira, é-lhe encomendada a compra de mil quintais de salitre no Balagate, um negócio reconhecidamente arriscado mas que lhe haveria de render uma razoável comissão.[59]

Cerca de 130 antes, Khrisna achara-se envolvido numa complexa situação que encerra alguns paralelismos com a de Ramoji. A pressão exercida pela Goa católica, assim como a necessidade de afirmar o seu estatuto de brâmane dentro e fora da Goa hindu, pode ajudar a explicar o seu súbito desaparecimento em 1546 e, bem assim, a nervosa reação das autoridades portuguesas. Escreve então João de Mascarenhas a D. João de Castro:

> Eu tenho esprito a V. S. Crysna fugio e por que esperaua que ele tornase não falley nysto a V.S. mais largo; aguora estou jaa desesperado dele vir por que tenho por nova que se fez jogue e que vay asy salluar alma em serviço dos pagodes; eu mamdey logo apos ele hum bramene com hum seguro, e este nam he ajmda vimdo, mas sey jaa que chegou a ele e que lhe nom ade fazer mudar o proposyto.[60]

---

[57] Ver M. N. Pearson, "Banyas and Brahmins. Their role in the Portuguese Indian economy", in *Coastal Western India: studies from Portuguese records*, p. 93-115; Teotónio de Souza, "Glimpses of Hindu dominance of Goan economy in the 17th century", *Indica*, vol. XII, 1975, p. 27-35.
[58] Pissurlencar, *op. cit.*, p. 36-37.
[59] Goa, 14 de abril de 1674, *idem*, p. 74-75.
[60] Carta de D. João de Mascarenhas a D. João de Castro, Diu, 23 de março de 1546, Armando Cortesão e Luís de Albuquerque (orgs.), *Obras completas de D. João de Castro*, vol. III, p. 144.

Khrisna acabou por voltar, mas, ainda nesse ano de 1546, foi a Bijapur a serviço do Estado da Índia e ficou lá preso, desaparecendo pouco depois das fontes portuguesas. Não consta que Ramoji desejasse fazer-se *yogi*, ainda que os desafios identitários que decerto enfrentou ao tentar conciliar a Goa hindu com a Goa católica não tenham sido pequenos. Ramoji nunca foi tão longe como Khrisna ou seu filho Dadaji no desafio à ordem religiosa da Goa portuguesa. Não é provável que se tenha confrontado abertamente com bispos e missionários em matéria de "gentilidade", mas foi infinitamente mais hábil do que seus antecessores quinhentistas em lidar com a ordem política da Goa imperial.

CONCLUSÃO

Aqueles que serviram como "línguas do Estado" na Goa seiscentista eram verdadeiros intermediários culturais ou "anfíbios", tal como Peter Burke rotula os hábeis tradutores da Europa moderna que navegavam entre diferentes línguas e culturas.[61] Eram também intelectuais cosmopolitas do sul da Ásia, que certamente se sentiam confortáveis a comunicar em diferentes línguas e que raramente se terão sentido estranhos quando tinham de lidar com uma pluralidade de sociedades e matrizes culturais. A Goa portuguesa resolveu seu problema de subsistência e ligou-os a novas e ricas redes políticas e sociais. Mas essa era apenas uma entre muitas "filiações", já que nunca perderam de vista a sua "bramanidade" e respectiva ordem social. Aquilo que hoje nos apressamos a catalogar como "ambivalência" e "ambiguidade" era para eles um simples fato da vida. É por essa razão que se correspondiam com antigos vice-reis em Lisboa, fazendo uso de típicas convenções da cultura escrita portuguesa, ao mesmo tempo em que seguiam atentamente o que os peritos religiosos de Benares pensavam deles enquanto brâmanes.

---

[61] Peter Burke, "Lost (and found) in translation. A cultural history of translators and translating in Early Modern Europe".

Os intérpretes hindus da Goa imperial escapam, assim, aos padrões mais comuns de relação entre "colonizadores" e "colonizados". De fato, não lidamos com um exemplo clássico de violência e resistência entre uns e outros, mas também não estamos diante de um caso de plena conversão religiosa e assimilação cultural, que teoricamente lhes franqueava o acesso a um conjunto de privilégios próprios da sociedade de acolhimento, mas que, na realidade, os colocava num estado de permanente limbo social.[62] Não esperemos, por isso, que escrevam tratados sobre sua superior condição social a partir dos discursos de legitimação da nobreza portuguesa, como o fizeram António João Frias, Leonardo Paes e João da Cunha Jacques em Goa[63] ou, em certa medida, D. Filipe Botelho em Colombo.[64] Mas também não são etnógrafos indígenas convertidos, como Guaman Poma de Ayala ou Inca Garcilaso de la Vega, surpreendidos, ou até perdidos, no próprio hibridismo cultural. O mundo dos brâmanes shenvis que durante o século XVII monopolizaram a função de "língua de Estado" na capital do Estado da Índia supunha uma permanente conciliação de dois sistemas de hierarquia e mobilidade social com regras próprias e distintas. O seu maior desafio era, pois, trabalhar para a Goa católica sem desapontar a Goa hindu.

---

[62] Xavier, *op. cit.*, esp. cap. 7.
[63] António João Frias (1644-1727), *Aureola dos índios* (Lisboa, 1702); Leonardo Paes (1662-1715), *Promptuario de diffiniçoes indicas* (Lisboa, 1713), João da Cunha Jacques, *A espada de David contra o Golias do bramanismo* (Biblioteca da Ajuda, 49-II-9). Sobre esses textos, cf. Xavier, "David contra Golias na Goa seiscentista e setecentista. Escrita identitária e colonização interna", *Ler História*, vol. 49, 2005, p. 107-143.
[64] D. Filipe Botelho, *Jornada de uva ordenada à maneira de dialogo* (1633), Biblioteca Pública de Évora, coleção Manizola, cód. 366. Sobre autor e obra, ver Flores, "Um diálogo barroco em Ceilão: D. Filipe Botelho e a *Jornada de Uva* (1633)", *Prelo*, 4 (jan.-abr. 2007), p. 38-52; e Flores e Maria Augusta Lima Cruz, "A 'tale of two cities', a 'veteran soldier', or the struggle for endangered nobilities: the two *Jornadas de Huva* (1633, 1635) revisited", in Flores (org.), *Re-exploring the links: history and constructed histories between Portugal and Sri Lanka*, p. 95-124. Preparo, em colaboração com Lima Cruz, uma edição crítica desse texto.

REFERÊNCIAS DOCUMENTAIS E BIBLIOGRÁFICAS

As gavetas da Torre do Tombo. Lisboa: Centro de Estudo Históricos Ultramarinos, 1964.

ALAM, Muzaffar. *The languages of political Islam in India, c. 1200-1800*. Nova Delhi: Permanent Black, 2004.

ALAM, Muzaffar e SUBRAHMANYAM, Sanjay. "The making of a Munshi". *Comparative Studies of South Asia, Africa and the Middle East*, v. 24, n° 2, p. 61-72, 2004.

BAYLY, C. A. *Empire and information: intelligence gathering and social communication in India, 1780-1870*. Cambridge: Cambridge University Press, 1996.

Archivo Portuguez Oriental. Editado por J. H. da Cunha Rivara. Nova Delhi: AES, 1992 [reimp.: Goa, 1857-1876].

BOCARRO, António. *Livro das plantas de todas as fortalezas, cidades e povoações do Estado da Índia Oriental* [1635]. Editado por Isabel Cid. Lisboa: Imprensa Nacional/Casa da Moeda, 1992.

BOTELHO, D. Filipe. *Jornada de uva ordenada à maneira de dialogo* (1633). Biblioteca Pública de Évora, coleção Manizola, cód. 366.

BURKE, Peter. "Lost (and found) in translation. A cultural history of translators and translating in Early Modern Europe". Haia, 2005, inédito.

BURNS, Kathryn. "Notaries, truth, and consequences". *American Historical Review*, vol. 110, n° 2, p. 350-379, abr. 2005.

CHATURVEDULA, Nandini. "Imperial excess: corruption and decadence in Portuguese Índia (1660-1706)". Tese de doutorado em História, Columbia University, Nova York, 2009.

CID, Isabel. "O ofício de escrivão no Estado da Índia na 1ª metade do século XVII". *Encontro sobre Portugal e a Índia*. Lisboa: Livros Horizonte/Fundação Oriente, 2000, p. 67-83.

COELHO, José Ramos. *O primeiro marquês de Niza: notícias*. Lisboa: Tipografia Calçada do Cabra, 1903.

CORTESÃO, Armando e ALBUQUERQUE, Luís (orgs.). *Obras completas de D. João de Castro*. Coimbra: Academia Internacional da Cultura Portuguesa, 1976.

COUTO, Dejanirah. "The role of interpreters, or *línguas*, in the Portuguese Empire during the 16th century". *e-Journal of Portuguese History*, vol. 1, n° 2 (inverno 2003). Disponível em: http://www.brown.edu/Departments/Portuguese_Brazilian_Studies/ejph/html/issue2/pdf/couto.pdf.

COUTO, Diogo do. *Ásia: dos feitos que os portugueses fizeram no descobrimento dos mares, e conquistas das terras do Oriente*. Lisboa: Livraria Sam Carlos, 1978 (rep. fac-similar da ed. 1778-1781).

Diário do 3° conde de Linhares, vice-rei da Índia. Lisboa: Biblioteca Nacional, 1943.

Documenta Indica. Editado por Joseph Wicki. Roma: Monumenta Historica Societatis Iesu, 1948.

Documentação para a história das missões do padroado português do Oriente: Índia. Editado por António da Silva Rego. Lisboa: Fundação Oriente/Comissão Nacional para as Comemorações dos Descobrimentos Portugueses, 1992 (reimp.: Lisboa, 1950).

FLEISCHER, Cornell. "Between the lines: realities of scribal life in the Sixteenth Century". In HEYWOOD, Colin e IMBER, Colin (orgs.). *Studies in Ottoman history in honour of professor V. L. Menage*. Istambul: Isis Press, 1994, p. 45-62.

FLORES, Jorge. "Um diálogo barroco em Ceilão: D. Filipe Botelho e a *Jornada de Uva* (1633)". *Prelo*, 4, p. 38-52, jan.-abr. 2007.

_____. "Comunicação, informação e propaganda: os 'jurubaças' e o uso do português em Macau na primeira metade do século XVII". *Actas do encontro português: língua de cultura*. Macau: Instituto Português do Oriente, p. 107-121, 1995.

_____. *Firangistân e Hindustân: o Estado da Índia e os confins meridionais do império mogol (1572-1636)*. Tese de doutorado em História, Universidade Nova de Lisboa, Lisboa, 2004.

FLORES, Jorge e CRUZ, Maria Augusta Lima. "A 'tale of two cities', a 'veteran soldier', or the struggle for endangered nobilities: the two *Jornadas de Huva* (1633, 1635) revisited". FLORES, Jorge (org.). *Re-exploring the links: history and constructed histories between Portugal and Sri Lanka*. Wiesbaden: Harrassowitz Verlag/Fundação Calouste Gulbenkian, 2007, p. 95-124.

HERZOG, Tamar. *Defining nations: immigrants and citizens in Early Modern Spain and Spanish America*. New Haven/Londres: Yale University Press, 2003.

_____. *Mediación, archivos, ejercicio: los escribanos de Quito (siglo XVII)*. Frankfurt am Main: Vittorio Klostermann, 1996.

LOUREIRO, Rui e GRUZINSKI, Serge (orgs.). *Passar as fronteiras: actas do colóquio internacional sobre mediadores culturais, séculos XV a XVIII*. Lagos: Centro de Estudos Gil Eanes, 1999.

MENDONÇA, Délio. *Conversions and citizenry: Goa under Portugal, 1510-1610*. Nova Delhi: Concept Publishing, 2002.

MOREIRA, Marcello. "*Litterae adsunt:* cultura escribal e os profissionais do manuscrito sedicioso na Bahia do século XVIII (1798)". *Politeia: história e sociedade*, vol. 4, n° 1, p. 105-133, 2004.

PERERA, S. G. e FERNANDO, M. E. (orgs.). *Kustantinu Hatana: the campaign of Don Constantino — critical text*. Colombo: Catholic Press, 1932.

O'HANLON, Rosalind e MINKOWSKI, Christopher. "What makes people who they are? Pandit networks and the problem of livelihoods in early modern Western India". *The Indian Economic and Social History Review*, vol. 45, n° 3, 2008, p. 381-416.

OLIVAL, Fernanda. *As ordens militares e o Estado moderno: honra, mercê e venalidade em Portugal (1641-1789)*. Lisboa: Estar, 2001.

PEARSON, M. N. "Banyas and Brahmins. Their role in the Portuguese Indian economy". In *Coastal Western India: studies from Portuguese records*. Nova Delhi: Concept Publishing Company, 1981, p. 93-115.

PISSURLENCAR, P. *Agentes da diplomacia portuguesa na Índia (Hindus, muçulmanos, judeus e parses)*. Bastorá (Goa): Tipografia Rangel, 1952.

QUEIJA, Berta Aires e GRUZINSKI, Serge (orgs.). *Entre dos mundos: fronteras culturales y agentes mediadores*. Sevilha: Escuela de Estudios Hispano-Americanos, 1997.

SANTOS, Catarina Madeira. *"Goa é a chave de toda a Índia": perfil político da capital do Estado da Índia (1505-1570)*. Lisboa: Comissão Nacional para as Comemorações dos Descobrimentos Portugueses, 1999.

SOUZA, Teotónio de. "Glimpses of Hindu dominance of Goan economy in the 17th century". *Indica*, vol. XII, 1975, p. 27-35.

THOMAZ, Luís Filipe. "H^{w}aje Pir Qoli et sa *Brève relation de la Perse*". *Eurasian Studies*, vol. V, n°s 1-2, p. 357-369, 2006.

TRAUTMANN, Thomas R. *Dravidian Kingship*. Cambridge: Cambridge University Press, 1981.

WAGONER, Phillip. "Fortuitous convergences and essential ambiguities: transcultural political elites in Medieval Deccan". *International Journal of Hindu Studies*, vol. 3, n° 3, p. 241-264, dez. 1999.

_____. "Precolonial intellectuals and the production of colonial knowledge". *Comparative Studies in Society and History*, vol. 45, n° 4, p. 783-814, 2003.

XAVIER, Ângela Barreto. "David contra Golias na Goa seiscentista e setecentista. Escrita identitária e colonização interna". *Ler História*, vol. 49, p. 107-143, 2005.

_____. *A invenção de Goa: poder imperial e conversões culturais nos séculos XVI e XVII*. Lisboa: Instituto de Ciências Sociais, 2008.

CAPÍTULO 3   Clérigos e castas: o clero nativo de Goa e a disputa por cargos eclesiásticos no Estado da Índia — séculos XVII e XVIII

Célia Cristina da Silva Tavares*

*Professora da Faculdade de Formação de Professores da Universidade do Estado do Rio de Janeiro, pesquisadora do Núcleo de Estudos Inquisitoriais e coordenadora executiva da Companhia das Índias desde 2009. É autora do livro *Jesuítas e inquisidores em Goa*, Lisboa, Roma Editora, 2004.

INTRODUÇÃO

A ação evangelizadora ocorrida em Goa desde a primeira metade do século XVI não se limitava apenas à conversão, mas também fomentava a formação de um clero arregimentado entre os convertidos da sociedade local. A formação do clero nativo[1] de Goa foi resultado do enorme esforço de cristianização desenvolvido pela coroa portuguesa e pela Igreja católica, especialmente por suas ordens religiosas, com o reconhecido destaque para a ação da Companhia de Jesus. No entanto, é importante perceber que esse processo guardou uma significativa contradição: ao mesmo tempo em que promovia a conversão de um número cada vez maior de adeptos, permitia que a lógica de divisão social existente em Goa permanecesse presente. Ou seja, mesmo cristianizados, os hindus convertidos continuavam divididos pelas características das castas de origem, formando o que se costuma chamar de castas cristãs: brâmanes, chardós e sudras (não há a casta dos váixias entre os goeses cristianizados). Associado a isso, em finais do século XVI enraizaram-se os critérios de segregação por parte da legislação portuguesa sobre a pureza de sangue, aumentando muito as tensões sociais na capital do Estado da Índia.

---

[1] As primeiras ordenações de clérigos nativos de Goa remontam a 1532 e 1533. Ver Antônio Lourenço Farinha, *A expansão da fé no Oriente: subsídios para a história colonial*, p. 20.

O presente trabalho pretende investigar os problemas gerais da inserção desse clero nativo de Goa em cargos eclesiásticos seculares — explicitando os conflitos com o clero de origem europeia — além das tentativas de entrada nas ordens religiosas. Destacam-se as rivalidades entre duas castas, brâmanes e chardós, que chegaram ao auge de criar ordens religiosas diferentes para receber clérigos hindus: o *Oratório de Goa*, fundado em fins do século XVII para receber brâmanes, e os *Carmelitas Claustrais*, de meados do século XVIII, formado exclusivamente por chardós.

GOA: CABEÇA DA CRISTANDADE DO ORIENTE

Desde meados do século XVI, quando recrudesceu a ação evangelizadora na Índia portuguesa, nota-se uma série de iniciativas por parte das autoridades civis e eclesiásticas para a cristianização das populações hindus desses territórios. A prática dos batismos em massa, a fundação de seminários, a legislação restritiva às práticas religiosas hindus, o aparato visual dos edifícios religiosos, as confrarias e as procissões, de afirmação da civilização europeia que, em contato com as arraigadas tradições das culturas locais, lançou mão desses inúmeros instrumentos.

Em Goa, cabeça da cristandade no Oriente devido ao seu papel de centro administrativo eclesiástico, havia a presença de uma grande massa de religiosos vindos da Europa. Na verdade, era ali que se concentravam, pois o número dos que eram "lançados" em ação missionária era sempre inferior ao dos que povoavam as várias instituições clericais da cidade.

A integração do clero nativo de Goa na estrutura eclesiástica definida para o Oriente constituía um ponto sensível nas relações entre o clero europeu e o *canarin*, resultado da contradição do processo de cristianização promovido pelos portugueses na Índia. Nesse processo, o âmbito da ação evangelizadora não se limitava à conversão dos locais, já que fomentava com igual empenho a formação de um clero arregimentado entre os convertidos daquela sociedade. Opção que resultava num crescente número de religiosos seculares não europeus, que depois se viam confrontados com a extrema dificuldade de exercer a sua vocação devido à exiguidade de cargos eclesiásticos que lhes era permitido ocupar. A formação de um clero nativo constituía-se algo fundamental para a obra de conversão, e também era útil do ponto de vista prático, uma vez que, devido ao domínio das línguas locais, os clérigos naturais da terra tinham maior acesso aos recém-convertidos.

Cabe aqui uma importante reflexão. O esforço de expansão e da decorrente colonização por parte de Portugal nos séculos XVI e XVII só havia sido possível graças ao processo de miscigenação que os portugueses promoveram nas regiões que ocuparam. Por tratar-se de um "ambiente fronteiriço, de guerras contínuas, que permanecem até ao fim do século XVIII, muito poucas mulheres foram para a Índia, em comparação com os homens".[2] Sendo assim, os filhos dos casamentos de portugueses com mulheres indianas constituíam um grupo de número significativo e fundamental para a afirmação da presença lusitana no Oriente. Por outro lado, nesse mesmo período percebe-se no reino um processo de valorização dos critérios de "pureza de sangue", que impregnou toda a lógica da sociedade portuguesa, desde colocações nos cargos da administração do rei até a instalação do tribunal do Santo Ofício.

No Oriente, Boxer diz que:

> a política da Coroa portuguesa relativamente à barreira de cor no Estado da Índia nem sempre foi clara e consistente, mas, no conjunto os reis portugueses seguiram o princípio de que a religião e não a cor deveria ser o critério para a cidadania portuguesa, e que todos os convertidos asiáticos ao cristianismo deveriam ser tratados como iguais dos seus correligionários portugueses. Leis neste sentido foram promulgadas, em 1562 e 1572, mas (...) nunca foram totalmente cumpridas.[3]

Inês Zupanov acrescenta dados interessantes à reflexão de Boxer, como se pode ver no trecho a seguir:

---

[2] Charles R. Boxer, *As relações raciais no império colonial português — 1415-1825*, p. 61.
[3] *Idem*, p. 70-71.

Dos quinze arcebispos de Goa desde 1560 até ao fim do século XVII, nem todos estiveram liminarmente contra o clero indígena. Um famoso arcebispo agostinho, D. Aleixo de Menezes (1596-1609) nomeou padres indianos em várias paróquias de Goa, e na costa de Canará e Baçaim. O mesmo prelado designou como vigário geral para a Etiópia frei Melchior da Silva, que era também goês, e, durante o Sínodo de Udayamperur (Diamper) presidiu às ordenações "emmassa" dos cristãos de São Tomé, o que diz bem da sua política de "indigenação" dos cargos eclesiásticos, estimulada pelas histórias do sucesso dos jesuítas junto da população japonesa. Notemos ainda que o arcebispo agostinho viu com bons olhos as experiências "adaptacionistas" de Roberto Nobili na Missão de Madurai (a partir de 1606), as quais acabaram por provocar um grande conflito no seio da hierarquia eclesiástica na Índia. Não havia, no entanto, uma política consistente relativa ao recrutamento de clero indígena, e o prelado que substituiu Menezes, Cristóvão de Sá e Lisboa (1610-22), da ordem jeronimita, jurou sobre o missal que jamais iria ordenar um único padre indígena e denunciou veementemente o método de Roberto Nobili.[4]

A formação do clero nativo, portanto, também deve ser analisada sob esse ângulo contraditório. Não havia restrição a serem formados clérigos de origem indiana ou mestiça, mas as restrições de carreira existiam. Novamente Boxer indica:

> ...os portugueses na Índia estavam preparados para educar candidatos indianos e mestiços ao sacerdócio secular, mas mantiveram-nos em posições estritamente subordinadas como sistema de política eclesiástica e colonial, e recusaram sem apelo deixá-los tornarem-se jesuítas, dominicanos, franciscanos ou agostinhos inteiramente responsáveis.[5]

Em geral, as ordens religiosas hesitaram inicialmente em obstar a entrada de indianos e de mestiços, mas com o tempo acabaram por recusar qualquer admissão desse tipo.

---

[4] Inês Zupanov, "A religião e as religiões".
[5] Boxer, *op. cit.*, p. 67.

No caso dos jesuítas, a recomendação para a proibição da entrada de nativos na ordem foi feita por Valignano, com a notável exceção dos japoneses — os "brancos do Oriente" — segundo suas próprias palavras. O geral da Companhia adotou a posição de Valignano, que passou a ser a da própria Companhia de Jesus, que permitiu apenas a entrada de japoneses, a princípio, e depois a de chineses e coreanos.[6]

Somente na segunda metade do século XVIII as ordens religiosas estabelecidas no Oriente adotariam uma postura mais flexível em relação à admissão de indianos. Entretanto, o século XVII foi muito marcado por essa intransigência, o que inviabilizava aos clérigos locais o caminho da carreira regular. Restava, então, a carreira secular, mas nela também os postos mais altos da hierarquia estavam interditados.

PADROADO X *PROPAGANDA FIDE*: O CASO DE MATEUS DE CASTRO

Outro aspecto da disputa por cargos religiosos em Goa deve ser explorado na questão do conflito entre o padroado português e a *Propaganda Fide*. Todo o fluxo de religiosos que chegava ao Oriente por intermédio de Portugal no século XVI e no início do XVII estava submetido à lógica do padroado português que, submetendo a Igreja ao Estado, associava estreitamente a expansão militar e comercial portuguesa — na Ásia, na África ou na América — à propagação da fé católica.

De uma maneira geral, toda a região oriental estaria sob a jurisdição do padroado português, mas essa era uma suposição mais fictícia do que real, uma vez que o domínio lusitano estava restrito a determinados pontos-chave das principais rotas comerciais no Índico e no Pacífico. É verdade que a ação missionária dos jesuítas rompeu muitas vezes esse limite geopolítico do império português, do que não faltam inúmeros exemplos: a missão do padre António de Andrade no Tibete entre 1624 e 1635 e mesmo as experiências no império mogol, no Ceilão, no Japão

---

[6] Boxer, *The Christian century in Japan: 1549-1650*, p. 81.

e na China, especificamente nas regiões fora dos limites das cidades e fortalezas com presença portuguesa.[7]

Portugal não fazia restrições à nacionalidade dos clérigos que se dirigiam ao Oriente, como prova a variedade de procedências dos jesuítas enviados à Ásia: além dos portugueses, para ali foram espanhóis, ingleses, franceses, belgas, holandeses, irlandeses, alemães, suíços, italianos e poloneses.[8] Mas havia a obrigatoriedade de todos — religiosos seculares ou regulares de qualquer nação — viajarem em embarcações portuguesas e o destino principal era quase sempre Goa.[9]

No entanto, desde fins do século XVI surgiram críticas a essa hegemonia lusitana no Oriente proporcionada pelo padroado, tanto por parte do mundo católico quanto de países protestantes.[10] Boxer destacou que "os portugueses tinham em grande parte abandonado as atitudes e a mentalidade de conquistadores que os haviam inspirado nas primeiras décadas da sua expansão na Ásia e encontravam-se fundamentalmente interessados no comércio pacífico e em conservarem o que já tinham conseguido", o que alimentava a suspeita de que não estavam a serviço da propagação da fé.[11]

Os ataques iniciais partiram dos frades espanhóis missionários das ordens mendicantes nas Filipinas, que contestaram o monopólio jesuítico e o próprio padroado no Oriente, alegando que nem o reino de Portugal nem a Companhia de Jesus tinham homens suficientes para

---

[7] Para aprofundamento dessa missão, ver Hugues Didier (org.), *Les portugais au Tibet: les premières relations jésuites (1624-1635)*.
[8] José Wicki, "Liste der Jesuiten-Indienfaher 1541-1758". *Portugiesische forschungen der gorresgesellschaft: Erste Reihe, Aufsatze zur portugiesischen kulturgeschichte*, p. 252-334.
[9] Essa obrigatoriedade tinha sido decisão do rei, mas chegou a ser referendada pelo papado em 1600 pelo breve *Onerosa pastoralis*, que obrigava todos os missionários que fossem para China e Índia a saírem de Lisboa em navios portugueses. No entanto, pouco tempo depois em 1608, houve uma alteração em relação à exclusividade do porto e dos navios portugueses feita pelo breve *Sedis apostolicae* do papa Paulo V para as ordens mendicantes. Urbano VIII ampliou esse direito às outras ordens religiosas em 1633 e, por fim, Clemente X estendeu-o aos clérigos seculares. Ver Antônio da Silva Rego, *O padroado português do Oriente: esboço histórico*, p. 67, e Miguel de Oliveira, *História eclesiástica de Portugal*, p. 141.
[10] Alguns pensadores, como Hugo Grotius, contestaram a pretensão de hegemonia nos mares dos portugueses usando como justificativa o fato de não terem obtido sucesso na tarefa de alargamento da fé. Ver Boxer, *O império colonial português*, 1977, p. 93.
[11] *Idem*, p. 92-93.

levarem a cabo a evangelização da Ásia.[12] As queixas foram encaminhadas a Roma e lá encontraram eco, pois o papado começava a rever sua antiga posição de privilegiar as coroas ibéricas em detrimento da autoridade papal.

Segundo Boxer, a supressão do *patronazgo* de Espanha e do padroado de Portugal nas Américas não seria possível, uma vez que nessa região os reis ibéricos desempenhavam todos os deveres e direitos que implicavam tais privilégios concedidos pela Santa Sé. Mas no Oriente o caso era muito diferente, não apenas pelas críticas aos portugueses que chegavam a Roma, mas principalmente porque não havia uma efetiva dominação territorial das conquistas lusitanas na Ásia e, ainda mais, uma fraca rede episcopal fora montada na região.[13] Essa brecha foi aproveitada por um novo órgão criado pelo papado, o qual traria mais elementos de tensão para o Oriente: a *Sagrada Congregação de Propaganda Fide*.

Existem dois momentos na formação da *Sagrada Congregação da Fé*: um entre 1572 e 1621, a comissão cardinalícia da *Propaganda Fide*; e o outro, a partir de 1622, quando o papa Gregório XV instituiu a *Sagrada Congregação de Propaganda Fide* (composta por 13 cardeais e dois prelados, ajudados por um secretário e um consultor). O papa Gregório XIII formou a primeira comissão com o objetivo de promover a união entre Roma e os cristãos orientais (eslavos, gregos, sírios, egípcios, armênios e abissínios). Esses primeiros esforços foram bem-sucedidos principalmente entre os cristãos sírios, tanto os do Líbano quanto os do Malabar. Mas a morte de Gregório XIII em 1585 e um conturbado período de sete anos com a seguida sucessão de quatro papas fizeram com que a comissão cardinalícia se enfraquecesse.

No entanto, em 1622 o papa Gregório XV revitalizou a instituição dando-lhe nova estrutura, novo nome — *Sagrada Congregação de Pro-*

---

[12] Ver Angel Santos Hernández, "Los patronatos español y portugués: conflictos em zonas fronterizas", *Congresso internacional de história: missionação portuguesa e encontros de culturas*, actas, África Oriental, Oriente e Brasil, vol. III, p. 511-537.

[13] Boxer, *o império colonial português*, op. cit., p. 228-229. A observação sobre a fragilidade da rede episcopal é de João Paulo Oliveira e Costa, "A diáspora missionária", in João Francisco Marques e Antônio Camões Gouveia (orgs.), *História religiosa de Portugal: humanismos e reformas*, vol. 2, p. 293.

paganda Fide — e novos objetivos: a conversão dos hereges e incrédulos; a preservação da fé católica nas regiões ainda não totalmente influenciadas pelo protestantismo; a criação de obstáculos para o avanço de novas contestações à igreja de Roma; a difusão do cristianismo nas regiões não católicas de todo o mundo, sendo o globo dividido em 13 regiões, das quais oito eram europeias.[14] Mas, no conjunto, a intervenção da *Propaganda Fide* estimulou sérios atritos e conflitos entre a Santa Sé e a coroa portuguesa em um contexto extremamente delicado, marcado pelo não reconhecimento da independência portuguesa por parte do papado — o que só ocorreria em 1669.

O cerne da discussão repousava na seguinte questão: para a *Propaganda*, o padroado português era um privilégio e se porventura o rei não conseguisse cumprir com os deveres que lhe eram inerentes, a Sé poderia revogá-lo. Já para Portugal, o padroado era um direito concedido por diversas bulas papais e estava diretamente associado à soberania do rei. Assim, o ponto central do problema era a possibilidade de se retirar essa prerrogativa da monarquia lusitana.[15]

Boxer resume o litígio entre a Santa Sé e a coroa portuguesa dizendo:

> o papado defendia agora que os favores e os privilégios concedidos anteriormente à Coroa de Portugal não podiam ser interpretados como um contrato estritamente bilateral, e que o *jus patronatum* não era de modo nenhum uma total alienação do direito superior e essencial da Igreja. A Santa Sé, sob a pressão das circunstâncias, podia modificar, retirar ou revogar os antigos privilégios do padroado, se interesses mais elevados e o maior bem das almas postulassem uma tal ação.[16]

Ainda segundo Boxer, o primeiro secretário da *Propaganda Fide*, o prelado italiano Francesco Ingoli, era antiportuguês e grande opositor dos jesuítas e dedicou-se à tarefa de reunir o máximo de acusações contra o padroado português, chegando a enumerá-las da seguinte maneira:

---

[14] U. Benigni, "Sacred congregation of Propaganda", *New advent Catholic encyclopedia*; Oliveira e Costa, *op. cit.*, p. 293.
[15] Silva Rego, *op. cit.*, p. 24.
[16] Boxer, *O império colonial português*, *op. cit.*, p. 232.

CLÉRIGOS E CASTAS

...a nomeação real dos funcionários eclesiásticos; a equiparação dos decretos reais aos breves pontifícios; o fornecimento de fundos insuficientes para a manutenção das igrejas; o fato de se deixarem bispados vagos; a relutância dos bispos em ordenarem os padres asiáticos, mesmo quando estes possuíam todas as qualificações necessárias, como acontecia com muitos dos brâmanes goeses; o batismo de pagãos à força; a recusa dos jesuítas em colaborarem com as outras ordens religiosas e as pressões por eles exercidas sobre os seus convertidos no mesmo sentido. Algumas das sés eram tão vastas em extensão que os bispos não podiam cumprir devidamente os seus deveres espirituais, mesmo que tentassem fazer. Finalmente, outra crítica feita vulgarmente aos portugueses era a de que eram excessivamente devotos das formas e cerimônias exteriores da Igreja mas negligenciavam o desenvolvimento espiritual de cada indivíduo.[17]

Na Ásia, o responsável pelas justificativas que embasavam os ataques do secretário da *Propaganda Fide* foi um clérigo goês, brâmane, de nome Mateus de Castro.

Nascido por volta de 1594, provavelmente ficou órfão ainda muito jovem e foi levado para o colégio franciscano dos Reis Magos em Goa. Depois de estudar na cidade por cinco anos, tivera sua ordenação impedida pela recusa do arcebispo de Goa, Cristóvão de Sá, uma vez que esse clérigo teria prometido que não ordenaria nenhum padre brâmane, segundo o próprio Mateus de Castro, como vimos em texto citado anteriormente.

Agastado por essa decisão, resolveu ir a Roma em 1621, ali chegando somente em 1625, após uma longa jornada por terra. Protegido por Ingoli, fez os estudos teológicos no *Collegium urbanum* e foi ordenado em 1630.

Enviado a Goa em 1633, suas credenciais não foram aceitas pelas autoridades eclesiásticas portuguesas, que duvidaram de sua autenticidade. Retornou então a Roma, convencido de que a presença portuguesa era um entrave ao desenvolvimento do clero nativo goês, desencadeando uma série de denúncias contra o padroado lusitano. Por iniciativa da *Propaganda Fide*, foi consagrado bispo de Crisópolis em 1637 e enviado novamente para a Índia três anos depois, como vigário apostólico no reino de Bijapur.

---

[17] *Idem*, p. 230.

Em 1653, fomentou um ataque a Goa ao incitar o sultão muçulmano de Bijapur e os holandeses, além de informar sobre as fragilidades da cidade a esses dois inimigos dos portugueses. Escreveu ainda uma carta aos brâmanes de Goa intitulada *O espelho dos brâmanes*, conclamando um levante desse grupo contra o domínio português. Seus planos falharam, uma vez que o ataque a Goa fracassou, e, pressionado mais uma vez, regressou a Roma em 1658, onde morreu em 1677. Por toda a vida, Mateus de Castro dedicou-se a criticar a política dos portugueses de discriminação do clero goês, ansiando pela expulsão dos lusitanos da região, por considerar ser essa a única maneira para a difusão do cristianismo na Índia.[18]

O eco dessas acusações e críticas, não raro exageradas ou injustas, embora muitas vezes exatas, pode ser visto no texto de um breve papal de Alexandre VII em 1658 que, para justificar suas decisões, listava minuciosamente os problemas de evangelização que ocorriam sob o padroado português no Oriente:

1º. O clero obriga os pobres a trabalhar na construção das Igrejas, sem lhes dar salário algum;
2º. Este mesmo clero, em lugar de recorrer aos meios morais e convenientes para atrair a mocidade e as crianças às instruções religiosas, emprega a este fim pancadas e pauladas;
3º. Os eclesiásticos admitem nas escolas públicas ou recusam a entrada nelas unicamente conforme o seu arbítrio e sem um motivo razoável;
4º. Não consentem que os convertidos possam abraçar a vida religiosa;
5º. A pregação, confissão e administração dos sacramentos são proibidos ao clero indígena, mesmo aqueles que apresentam as condições necessárias: sendo o resultado desta proibição, ficarem milhares de pessoas impedidas de receber os sacramentos;
6º. A comunhão é recusada aos pobres, ainda mesmo à hora da morte;
7º. Os catecúmenos são batizados sem receberem a devida instrução religiosa, e até mesmo quando eles ainda são em parte pagãos;

---

[18] *Idem*, p. 132 e 247-248. Ver também uma breve mas muito elucidativa biografia de Mateus de Castro em Pratima Kamat, "Some protesting priests of Goa", in Teotónio R. de Souza (org.), *Essays in Goan history*, p. 104-108.

8º. As conversões são a consequência, ora de promessas falazes, ora de vexames e violências;
9º. Consente-se aos pagãos que façam sacrifícios nas Igrejas dos cristãos;
10º. Recusa-se a sepultura aos pobres, a não haver quem pague o enterro;
11º. A pregação é excessivamente rara, e mesmo quando haja, é na língua portuguesa, a qual não é entendida pela maior parte do auditório;
12º. O clero intervém nos negócios políticos.[19]

Fica claro nesse trecho citado que a pressão dos clérigos de origem goesa estava aumentando e já alcançara Roma. Mas era em Goa que as dificuldades de alocação de clérigos naturais da terra formados nas próprias instituições regulares instaladas no Oriente tornavam-se ainda maiores. Os maiores cargos da hierarquia eclesiástica não estavam a seu alcance, nem mesmo a entrada nas fileiras das ordens regulares.

A CONGREGAÇÃO DO ORATÓRIO DA SANTA CRUZ DOS MILAGRES

Dessa forma entende-se que a criação de uma congregação exclusivamente goesa, especialmente formada por brâmanes, tenha sido um importante aspecto no processo de cristianização de Goa, ao evidenciar uma alternativa para resolver a pressão existente devido à constante formação de clérigos seculares na Índia e uma estratégia de manutenção dos privilégios associados ao pertencimento a castas indianas.

A formação da Congregação do Oratório da Santa Cruz dos Milagres[20] tem origem em 1682, quando quatro padres seculares — Pascoal da Costa

---

[19] Theodore Bussierres, *Historia do scisma portuguez na Índia*, p. 29-30.
[20] Para uma recuperação da história dessa congregação religiosa, ver Biblioteca Nacional de Portugal, Reservados, *Memórias para a história eclesiástica de Goa e missões da Ásia*, microfilme F. 3085; M. da Costa Nunes, *Documentação para a história da Congregação do Oratório de Santa Cruz dos Milagres do clero natural de Goa*; Sebastião do Rego, *Vida do venerável padre José Vaz: edição comemorativa do 250º aniversário da morte do venerável padre José Vaz*. Há informações isoladas em algumas publicações, tais como Fortunato de Almeida, *História da Igreja em Portugal*, vols., 2 e 3; Carlos Moreira Azevedo (org.) *Dicionário de história religiosa de Portugal*; Boxer, *As relações raciais no império colonial português*, op. cit., e Lourenço Farinha, op. cit.

Jeremias, José Cabral, Simão Vaz e José da Silva, brâmanes naturais de Margão, da região de Salcete, terra firme de Goa — recolheram-se na ermida de São João do Deserto, situada no monte da freguesia de Guadalupe das Ilhas de Goa. Note-se que a origem dos padres é Salcete, portanto a sua formação religiosa provavelmente foi da responsabilidade dos jesuítas, uma vez que essa região de Goa tinha sido atribuída aos cuidados evangélicos dos inacianos desde 1555, o que explicaria a motivação por trabalhos de característica missionária que a nova congregação pretendia desenvolver. No ano seguinte, a ermida em que se encontravam teve de ser desocupada devido à destruição que sofrera no período das chuvas e por estar numa região muito ameaçada por ataques do marata Sambagi, inimigo da presença portuguesa. Foram abrigados pela igreja de Santa Cruz dos Milagres em 1684, por iniciativa dos irmãos da confraria dessa igreja. Nessa altura, três dos padres fundadores abandonaram a iniciativa — José Cabral, Simão Vaz e José da Silva. Os lugares deixados em aberto foram preenchidos por outros clérigos seculares que se agregaram ao padre Pascoal da Costa Jeremias, também brâmanes como os primeiros: Custódio Leitão, Bernardo Coutinho e José Vaz, com destaque para esse último, que se tornará o nome mais importante da congregação.

José Vaz é um singular exemplo do que pretendemos demonstrar. Nascido em 1650 ou 1651,[21] filho de Cristóvão Vaz e Maria Miranda, brâmanes, todos naturais da aldeia de Sancoale em Salcete, estudou no colégio dos jesuítas e depois no colégio dominicano de São Tomás, onde foi ordenado padre em 1676.[22] Era considerado um clérigo competente, bom pregador e tinha sido vigário de vara na missão do Canará por três anos. Foi ele que tomou a seu cargo vincular a iniciativa dos clérigos goeses que se haviam reunido na igreja de Santa Cruz dos Milagres aos estatutos da Congregação do Oratório de Lisboa, enviando solicitação

---

[21] Para sua biografia foram usadas as informações de Ernest R. Hull, "Blessed Joseph Vaz", *New advent Catholic encyclopedia*; e da Biblioteca Nacional de Portugal, Reservados, *Memórias para a história...*, op. cit., f. 84. Hull afirma que Vaz nasceu em 21 de abril de 1651, enquanto no manuscrito há a menção a 1650.
[22] Biblioteca Nacional de Portugal, Reservados, *Memórias para a história*, op. cit., f. 79.

ao próprio padre Bartolomeu de Quental, fundador da congregação em Portugal. Importante lembrar que as principais características dessa congregação eram o ideal de difusão de uma nova vivência da espiritualidade e práticas religiosas marcadas por uma vida austera e virtuosa — com destaque para as missões — além da assistência aos necessitados. Deve-se destacar também que os oratorianos não juravam votos como geralmente acontecia com as outras instituições religiosas, cumprindo apenas os vínculos da mútua caridade e do amor em Cristo, conforme os regulamentos do oratório de Lisboa e vivendo em comunidade. Essa opção faz com que não possam ser tidos como uma ordem religiosa. No caso de Goa, essa especificidade vai ser entendida como um caminho viável para o clero secular de origem brâmane, que através dela recupera o prestígio social e a influência nos círculos de poder, numa reprodução do sistema de castas que a cristianização poderia ter comprometido.

É certo que o padre Vaz percebeu os pontos de confluência entre a iniciativa dos religiosos brâmanes goeses e as orientações gerais da congregação oratoriana, daí a solicitação encaminhada a Lisboa. Quental provavelmente viu nessa iniciativa o atendimento de sua preocupação com uma política de expansão missionária dos oratorianos, assim como reforçava sua expectativa de valorização do clero secular. Sua resposta foi enviada em março de 1687, concordando que José Vaz guardasse os estatutos da Congregação do Oratório de Lisboa. Apesar da pronta resposta, devido aos procedimentos burocráticos necessários, somente em 1691 a congregação goesa começou a ser regulada pelos estatutos do oratório de Lisboa. De 1682 até essa data regeu-se por um estatuto da comunidade religiosa que, na verdade, tratava-se mais de um horário.

Somente em 1698 o arcebispo concedeu a licença para a fundação da Congregação do Oratório em Goa, fazendo algumas alterações nos estatutos no sentido de consolidar a jurisdição do arcebispado. Em 1703 o rei de Portugal D. Pedro II enviou um alvará autorizando o funcionamento da congregação. Em 1706, o papa Clemente XI concedeu a aprovação para que os padres da Santa Cruz dos Milagres adotassem os mesmos estatutos que os oratorianos de Lisboa, sem as modificações impostas pelo arcebispo de Goa, sendo esse considerado o ano da sua fundação propriamente dita. Uma provisão de D. João V de 1709 confirmou a decisão papal, além de colocar a congregação sob proteção real.

A princípio, os padres da Santa Cruz fizeram alguns trabalhos missionários em Goa, Bardez e Salcete, e no Canará, mas o esforço maior e de verdadeira repercussão foi feito no Ceilão, atual Sri Lanka. O domínio dos holandeses tinha debilitado a missionação católica na ilha, para onde foi o próprio José Vaz — inicialmente o primeiro prepósito da congregação goesa, mas que resignou ao cargo em 1686 para ir em missão àquela ilha do Índico, onde morreu em 1711, após 24 anos de intenso trabalho evangélico. O padre Vaz disfarçou-se de mendigo e, depois de passar por grandes dificuldades, acabou por conseguir a permissão do rei de Cândia para desenvolver missão na região. Foi então nomeado vigário-geral da ilha pelo bispo de Cochim e com isso reorganizou a Igreja católica cingalesa, promovendo um número considerável de batismos. Como reconhecimento dos seus trabalhos apostólicos no Ceilão, surgiu a iniciativa de beatificação do padre Vaz. O processo foi inicialmente enviado a Roma em 1742, tendo sido anulado pelo papa Bento XIV por não ter cumprido algumas formalidades e devolvido a Goa, onde acabou por se extraviar no meio da extinção da Congregação do Oratório da Santa Cruz dos Milagres de Goa, em 1835. Uma vez que seus arquivos se perderam, só foi finalmente beatificado pelo papa João Paulo II em 1995.

Além do citado padre José Vaz, outros oratorianos goeses tiveram destaque: José Carvalho, Miguel de Melo, Jácome Gonçalves e Sebastião do Rego, conhecido como o "Vieira indiano" por causa dos seus textos, entre os quais se destacam *Cronologia da Congregação do Oratório*, de 1743, e *Vida do venerável padre José Vaz*, de 1745.

Às já citadas missões em Goa e adjacências no sul da Índia (missões em Solapor e Canará, igreja de São Salvador de Onor e bispado de Cochim, chegando a aproximadamente 40 igrejas, hospitais e ermidas) e no Ceilão, somou-se a de Timor, desenvolvida a pedido do rei D. João V em 1738. Importante ressaltar que os trabalhos missionários no Ceilão cabiam exclusivamente aos oratorianos de Goa, responsáveis por consolidar em condições muito adversas uma comunidade católica de milhares de pessoas. Atingiram várias outras regiões do Oriente, tais como Madagascar, Indonésia e África oriental.

Além dos trabalhos de missionação, os oratorianos de Goa também se destacaram na educação. Especialmente após a expulsão dos jesuítas dos domínios portugueses (1759), quando assumiram a formação do clero local como responsáveis pelos seminários de Rachol — a partir de 1762 estabelecido como seminário diocesano com o título de Bom Pastor por ordem do arcebispo de Goa, D. António Taveira de Neiva Brum — e de Chorão. Também são considerados importantes difusores de ideias liberais, tendo contribuído grandemente para a afirmação da *intelligenzia* goesa. Por isso geralmente são relacionados à fracassada *conjuração dos Pintos*, de 1787, que contou com a participação de mais de uma dúzia de clérigos predominantemente brâmanes, militares e estudantes goeses, entre outros, com o objetivo de desapossar os portugueses do governo da Índia para, a partir daí, fundar uma república. Foi denunciada na fase inicial de discussão e sofreu uma violenta repressão. Os principais líderes dessa conjura foram os padres José António Gonçalves e Caetano Francisco de Couto, brâmanes, formados no seminário de Chorão. Ou seja, tiveram sua formação ligada à pedagogia oratoriana, além de terem bons contatos com representantes do Oratório de Portugal e Itália.

A ORDEM TERCEIRA CARMELITA CLAUSTRAL

A fundação da Ordem Terceira Carmelita Claustral em 1750[23] é outro exemplo de organização religiosa goesa que integrava exclusivamente membros da casta dos chardós.

---

[23] A. J. R. Russell-Wood, "Comunidades étnicas", in Francisco Bethencourt e Kirti Chaudhuri (orgs.), *História da expansão portuguesa: o Brasil na balança do império (1697-1808)*, vol. 3, p. 214. Para mais informações sobre essa congregação religiosa, ver Moreira Azevedo, *op. cit.*, vol. 1, p. 484; Boxer, *As relações raciais no império colonial português, op. cit.*; Maria de Jesus dos Mártires Lopes, *Goa setecentista: tradição e modernidade*; Carlos Mercês de Melo, *The recruitment and formation of native clergy in India* (16th-19th century); Casimiro Cristovão Nazareth, *Mitras lusitanas no Oriente: catálogo dos prelados da igreja metropolitana e primacial de Goa e das dioceses sufragâneas com recopilação das ordenanças por eles emitidas e sumário dos fatos notáveis da história eclesiástica de Goa*;

Em 10 de dezembro de 1750, o arcebispo de Goa, D. frei Lourenço Santa Maria, depois de se ter aposentado, estabeleceu em Chimbel, Tisvadi, nos arredores de Goa, a Ordem Terceira Carmelita Claustral, reservada à casta dos chardós, dando hábito dos terceiros da Senhora do Carmo a João Baptista Falcão, José da Apresentação e Francisco Xavier dos Anjos. Esse ato foi confirmado por D. António Taveira de Neiva Brum, arcebispo que o substituía no mesmo mês. Consolidava-se, assim, uma experiência que 12 anos antes havia se iniciado na aldeia de Morombim, onde viveram em vida retirada o padre Francisco da Costa, o tonsurado Paulo Mariano Falcão e, depois, os já mencionados padres João Baptista Falcão e Francisco Xavier dos Anjos. Como surgiram outros interessados em partilhar a experiência deles, transferiram-se para Chimbel e lá obtiveram licença do ordinário para estabelecer casa em terreno doado por Salvador Xavier de Moura.

Em 1781 a rainha D. Maria confirmou essa congregação e colocou-a sob sua proteção, tendo recebido a regra definitiva em 1785. Apesar de viver de seu patrimônio e esmolas, uma vez que fundaram residência em terreno doado, a partir de 1778 passaram também a dispor de uma tença anual proveniente dos rendimentos dos bens confiscados aos jesuítas pela coroa.

É de sublinhar o fato notável de essa iniciativa se tratar de um espelho da Congregação do Oratório da Santa Cruz dos Milagres de Goa, fundada quase 70 anos antes (1682), já que ambas restringiam a participação aos membros de uma casta, reproduzindo o sistema social hindu apesar da conversão ao cristianismo. Ou seja, os oratorianos recebiam membros da casta brâmane, enquanto os terceiros claustrais, da casta chardó.

Outro aspecto que deve ser destacado é a iniciativa da arquidiocese na fundação dessa congregação. Havia uma tensão crescente no seio da sociedade goesa resultante do processo de cristianização, como já foi afirmado. Assim, a Ordem Terceira Carmelita Claustral assumia-se como mais um recurso para resolver essa demanda de alocação de religiosos nascidos na Índia portuguesa e formados nos seminários existentes em Goa, além de ser extremamente original pelo fato de receber

---

Luís Filipe F. R. Thomaz, *De Ceuta a Timor*.

elementos da casta dos chardós, uma vez que eram os brâmanes que, em geral, conseguiam algumas alternativas de carreira religiosa, mesmo que de forma restrita. Dessa forma, o ato de fundação da nova congregação por parte do arcebispo D. frei Lourenço Santa Maria demonstra, mais uma vez, a intenção de contornar esse problema. Deve-se ressaltar ainda a utilidade desses religiosos goeses para a ação evangelizadora, pois dominavam as línguas locais e por isso podiam ter um alcance maior no trabalho com as populações da região.

Para evitar conflitos jurisdicionais, o arcebispo D. António Taveira de Neiva Brum pretendia que eles fossem clérigos claustrais sujeitos ao ordinário, e não dependentes do superior da Ordem do Carmo, a não ser para gozar dos seus privilégios. Assim, na Ordem Terceira Carmelita Claustral, apesar de seus membros levarem vida austera, não cumpriam perpétua e rigorosa observância regular e também exerciam apostolado.

Em 1758 foi prescrito o regimento do hospício dos Terceiros do Carmo em Chimbel e na década de 1770 os carmelitas claustrais fundaram o seminário de Soledade, onde se ministravam latim, filosofia e teologia. Depois da expulsão dos jesuítas (1759), ficaram encarregados de algumas missões antes geridas por essa ordem.

CONSIDERAÇÕES FINAIS

Deve-se destacar que essas congregações fundadas em Goa por clérigos nativos formam um fenômeno de extrema originalidade. Até onde foi possível observar no âmbito desta pesquisa, em todas as diversas obras que analisam a missionação no Oriente, nada semelhante foi encontrado, seja na China, no Japão ou em outra região da Ásia que tivesse entrado em contato com a evangelização desenvolvida com o apoio do padroado português, pelo menos para os séculos XVII e XVIII.

Portanto, a discussão essencial aqui é o significado do processo de cristianização realizado na Índia, nomeadamente a contradição fundamental que resultou da preocupação de formar clérigos capazes de auxiliar nas práticas de evangelização. Mesmo aproximando-se dos valores cristãos e europeus, a lógica da formação cultural desses homens fomentava expectativas de distinção em relação aos outros grupos sociais hindus cristianizados, especialmente os brâmanes, que tentavam, assim, manter sua posição privilegiada na sociedade indiana, mesmo redefinida como indo-portuguesa.

Em um interessante ensaio, Charles Borges propõe o questionamento sobre a atitude do clero nativo de Goa, discutindo se era uma reação à dominação colonial ou resultado de frustrações pessoais. Sua conclusão é a de que aqueles que aceitaram o cristianismo não ficaram isentos de uma experiência de discriminação e adquiriram mais rapidamente a consciência dessa segregação.[24] Certamente o aspecto da decepção encontrado pela maior parte do clero nativo goês era um fator que alimentava insatisfação e atitudes de resistência ou de insubordinação.

A discussão essencial aqui é o significado do processo de cristianização realizado na Índia, nomeadamente a contradição fundamental que resultou da preocupação de formar clérigos capazes de auxiliar nas práticas de evangelização. Cabe ressaltar que o ideal das autoridades eclesiásticas portuguesas nesse caso era a atribuição de uma participação subalterna ao clero nativo, uma função de intermediação. Mas essa condição subalterna que se pretendia impor ao clero goês atingiu em cheio a própria dignidade do grupo no qual mais se investiu na formação eclesiástica: os brâmanes. Mesmo aproximando-se dos valores cristãos e europeus, a lógica da formação cultural desses homens fomentava expectativas de distinção em relação aos outros grupos sociais hindus cristianizados. Deu-se uma transposição da lógica das castas mesmo após a efetiva conversão de vários grupos hindus. Dessa forma, havia um constante fator de tensão criado pelas políticas discriminatórias colocadas em prática aberta ou veladamente por ordens religiosas e autoridades eclesiásticas. A fórmula para solucionar esse impasse podia variar entre a postura agressiva de um Mateus de Castro, que hostilizou o padroado português, ou a mais sutil de um José Vaz, que liderou os oratorianos goeses. Mas ambas sinalizaram claramente que a cristianização de Goa "insularizada" e carregada de tensões teria de mudar seus rumos.

---

[24] Charles Borges, "Foreign jesuits and native resistance in Goa", in *Essays in Goan history*, p. 69.

REFERÊNCIAS DOCUMENTAIS E BIBLIOGRÁFICAS

ALMEIDA, Fortunato de. *História da Igreja em Portugal*. Porto: Portucalense, 1967.

AZEVEDO, Carlos Moreira (org.). *Dicionário de história religiosa de Portugal*. Lisboa: Círculo de Leitores, 2000, 4 vols.

BENIGNI, U. "Sacred congregation of Propaganda". *New advent Catholic encyclopedia*. Disponível em: www.newadvent. org/cathen/12456a.htm, acessado em 12/2/2010.

BIBLIOTECA NACIONAL DE PORTUGAL. Reservados. *Memórias para a história eclesiástica de Goa e missões da Ásia*, microfilme F. 3085.

BORGES, Charles. "Foreign jesuits and native resistance in Goa". In SOUZA, Teotônio R. de. *Essays in Goan history*. Nova Delhi: Concept Publishing Company, 1989.

BOXER, Charles R. *As relações raciais no império colonial português — 1415-1825*. Porto: Afrontamento, 1988.

_____. *O império colonial português*. Tradução de Inês Silva Duarte. Lisboa: Edições 70, 1977.

_____. *The Christian century in Japan: 1549-1650*. Los Angeles/Londres: University of California Press/Cambridge University Press, 1951.

BUSSIERRES, Theodore. *Historia do scisma portuguez na Índia*. Lisboa: Tipografia de L. C. da Cunha, 1854.

COSTA, João Paulo Oliveira e. "A diáspora missionária". In MARQUES, João Francisco e GOUVEIA, Antônio Camões (orgs.). *História religiosa de Portugal: humanismos e reformas*. Lisboa: Círculo de Leitores, vol. 2, 2000.

DIDIER, Hugues (org.). *Les portugais au Tibet: les premières relations jésuites (1624-1635)*. Paris: Chandeigne, 1996.

FARINHA, Antônio Lourenço. *A expansão da fé no Oriente: subsídios para a história colonial*. Lisboa: Agência Geral das Colônias, 1943.

HERNÁNDEZ, Angel Santos. "Los patronatos español y português: conflictos em zonas fronterizas". Congresso internacional de história: Missionação portuguesa e encontros de culturas. Actas. África Oriental; Oriente; Brasil. Lisboa: Universidade Católica Portuguesa/Comissão Nacional para as Comemorações dos Descobrimentos Portugueses/Fundação Evangelização e Culturas, 1993, vol. III, p. 511-537.

HULL, Ernest R. "Blessed Joseph Vaz". *New advent Catholic encyclopedia*. Disponível em www.newadvent.org/cathen/15317b.htm, acessado em 21/2/2010.

KAMAT, Pratima. "Some protesting priests of Goa". In SOUZA, Teotônio R. de (org.). *Essays in Goan history*. Nova Delhi: Concept Publishing Company, 1989, p. 104-108.

LOPES, Maria de Jesus dos Mártires. *Goa setecentista: tradição e modernidade*. Lisboa: Centro de Estudos dos Povos e Culturas de Expressão Portuguesa/Universidade Católica Portuguesa, 1996.

MELO, Carlos Mercês de. *The recruitment and formation of native clergy in India (16th-19th century)*. Lisboa: Agência Geral do Ultramar, 1955.

NAZARETH, Casimiro Cristovão. *Mitras lusitanas no Oriente: catálogo dos prelados da igreja metropolitana e primacial de Goa e das dioceses sufragâneas com recopilação das ordenanças por eles emitidas e sumário dos fatos notáveis da história eclesiástica de Goa*. Lisboa: Imprensa Nacional, 1897.

NUNES, M. da Costa. *Documentação para a história da Congregação do Oratório de Santa Cruz dos Milagres do clero natural de Goa*. Lisboa: Centro de Estudos Históricos Ultramarinos, 1966.

OLIVEIRA, Miguel de. *História eclesiástica de Portugal*. Lisboa: Europa-América, 1994.

REGO, Antônio da Silva. *O padroado português do Oriente: esboço histórico*. Lisboa: Agência Geral das Colônias, 1940.

REGO, Sebastião do. *Vida do venerável padre José Vaz: edição comemorativa do 250º aniversário da morte do venerável padre José Vaz*. Goa: Imprensa Nacional, 1962.

RUSSELL-WOOD, A. J. R.. "Comunidades étnicas". In BETHENCOURT, Francisco e CHAUDHURI, Kirti (orgs.). *História da expansão portuguesa: o Brasil na balança do império (1697-1808)*. Lisboa: Círculo de Leitores, 1998.

THOMAZ, Luís Filipe F. R. *De Ceuta a Timor*. Lisboa: Difel, 1998.

WICKI; José. "Liste der Jesuiten-Indienfaher 1541-1758". *Portugiesische forschungen der gorresgesellschaft: Erste Reihe, Aufsatze zur portugiesischen kulturgeschichte*. Munster, nº 7, p. 252-334, Band 1967, 1969, p. 252-334.

ZUPANOV, Inês. "A religião e as religiões". Disponível em www.ineszupanov.com/.../ HIST%D3RIA%20DA%20EXPANS%C3O%20PORTUGUESA%2.pdf, acessado em 20/02/2010.

CAPÍTULO 4 Áreas proibidas e hierarquias contestadas: resistência indígena à incorporação colonial na mata atlântica setecentista

*Hal Langfur**
Tradução de Adelaine La Guardia
Revisão de Ana Letícia Fauri

*Professor associado da State University of New York em Buffalo, nos Estados Unidos, onde ensina História do Brasil colonial e do mundo atlântico. É autor do livro *The forbidden lands: colonial identity, frontier violence, and the persistence of Brazil's eastern Indians, 1750-1830*, Stanford, Stanford University Press, 2006.

Se os vassalos do império português podem ser classificados segundo sua participação nas hierarquias coloniais, os chamados índios bravos, ou melhor, índios independentes, justamente por não ser vassalos, podem ser entendidos, inversamente, em termos da rejeição dessas mesmas hierarquias. Os limites da formação colonial do Brasil podem ser pensados através do sucesso dessa resistência. Neste capítulo, examinarei uma área fronteiriça que se expandiu não na direção oeste, rumo ao coração territorial do Brasil, mas na direção leste e sudeste, a partir de cidades e vilas de Minas Gerais, de volta à costa atlântica. Esse movimento ganhou força na medida em que os habitantes de alguns centros mineradores começaram a se dispersar após 1750. Sua migração produziu uma consequente onda de violência na fronteira, que cobriu as florestas ao leste da capitania. Gostaria de restringir esse enfoque mais amplo e explorar uma única noção, aplicável a muitas regiões que beiravam a orla oeste do mundo atlântico, onde os colonos se chocaram com índios independentes. Pretendo mostrar que o conflito violento não representou o fim da interação cultural nessa fronteira colonial, mas consistiu num meio importante pelo qual a interação aconteceu. Em relação ao tema geral do nosso livro, quero insistir que, para resistir de modo bem-sucedido à imposição das hierarquias luso-portuguesas, os índios independentes, longe de ser irracionais, como colonos e oficiais insistiam, tinham de entender bem essas mesmas hierarquias. E foi exatamente isso o que eles comprovaram nos confrontos com os colonizadores.[1]

---

[1] Para um estudo aprofundado sobre esse tema, ver Hal Langfur, *The forbidden lands: colonial identity, frontier violence, and the persistence of Brazil's eastern Indians, 1750-*

De acordo com quase todos os estudiosos da história do Brasil colonial, a segunda metade do século XVIII era muito diferente da época anterior em que os índios representavam uma ameaça concreta ao controle territorial português. Numa escala colonial, essa afirmativa pode estar correta; mas em relação ao contexto importante do controle regional e local, está longe de se sustentar. Mais do que em qualquer outra região, os ataques nativos aos colonos, escravos, soldados e à propriedade beirando o perímetro leste de Minas Gerais pareciam difíceis, se não impossíveis, de ser controlados. As autoridades da capitania estavam convencidas de que os habitantes indígenas das florestas atlânticas brasileiras representavam um risco à segurança da região.

Quando o *boom* foi sucedido pelo fracasso, a região foi severamente afetada pelos deslocamentos social e político. Em resposta, até muito após a historiografia postular o fim da busca por riquezas minerais, os habitantes da capitania continuaram o projeto de explorar terras remotas em busca de novos depósitos. Quando isso não se materializava, os colonos tornavam a esse mesmo sertão em busca de alternativas no pastoreio, na agricultura e no comércio.

A resistência indígena à dispersão demográfica dos antigos campos mineradores se acirrou na região conhecida como Sertão Leste: uma zona montanhosa e agreste, ainda coberta por florestas, que compreendia, mais ou menos, o terço leste da capitania. Após a corrida inicial por minerais no interior, a coroa, numa tentativa extraordinária e fútil de controlar as ligações entre o mundo atlântico e a zona mineradora, fez um cordão de isolamento nessa região sertaneja, que veio a ser conhecida como "as áreas proibidas". Ordens reais proibiam a exploração e a ocupação, contando explicitamente com a hostilidade dos habitantes

---

1830. Este capítulo é uma versão adaptada e reduzida do artigo "Moved by terror: frontier violence as cultural exchange in late-colonial Brazil", *Ethnohistory*, vol. 52, nº 2, 2005, p. 255-289. Sobre a história indígena dessa região, ver também B. J. Barickman, "'Tame Indians', 'wild heathens', and settlers in southern Bahia in the late eighteenth and early nineteenth centuries", *The Americas*, vol. 51, nº 3, jan. 1995, p. 325-368; Maria Hilda Baqueiro Paraiso, *O tempo da dor e do trabalho: a conquista dos territórios indígenas nos Sertões do Leste*; Maria Leônia Chaves de Resende, *Gentios brasílicos: índios coloniais em Minas Gerais setecentista*; Haruf Salmen Espindola, *Sertão do Rio Doce*.

nativos da região para impedir que os contrabandistas tirassem ouro e diamantes da região mineradora e os levassem para a costa. Em meados daquele século, entretanto, apesar das restrições da coroa, a colonização do Sertão Leste tornou-se objetivo prioritário dos oficiais de Minas Gerais, que buscavam um antídoto para o declínio da mineração. Os colonos, frequentemente auxiliados por esses oficiais, ignoravam cada vez mais a proibição de ocupar o leste e adentrar as florestas costeiras. A violência associada a essa migração foi muito maior do que os estudiosos imaginam e merece uma investigação cuidadosa.

Em meados do século XIX, quando os historiadores brasileiros começaram a codificar em narrativa a experiência colonial, explicando a emergência de uma nação recém-independente, a resistência nativa à colonização do Sertão Leste e das outras regiões do interior parecia inútil, patética, quase não merecendo atenção. Contudo, durante a maior parte do século anterior, uma insurgência indígena violenta assolara o local, persuadindo a coroa portuguesa a anular a proibição às ocupações e, em 1808, a empreender uma guerra declarada contra os ocupantes aborígines da região. Os colonos qualificaram a oposição nativa como uma selvageria indiferenciada. Nós, naturalmente, devemos olhar além dessas caracterizações.

Gostaria de esclarecer que a resistência violenta nunca foi o único mecanismo que governou as ações nativas. Casos de adaptação e cooperação, fuga e migração, oposição não violenta, rendição e incorporação pacífica ocorreram igualmente. As próprias ações dos índios guerreiros por vezes baseavam-se numa lógica interna às sociedades indígenas, da qual podemos ter apenas um raro vislumbre, uma lógica que nunca se reduz apenas à resistência ao poder colonial. A cosmologia nativa, as reivindicações de chefes rivais, a busca por alimento, as demandas entre os índios por redes de distribuição de metal e outros objetos manufaturados também explicam as ações belicosas.[2] Sem diminuir a importância

---

[2] Sobre as respostas diversas dos índios, consulte-se Langfur, *The forbidden lands...*, op. cit., Sobre análises alternativas de resistência indígena, veja-se Michael F. Brown, "On resisting resistance", *American Anthropologist*, vol. 98, nº 4, dez. 1996, p. 729-735; Neil L. Whitehead, *Dark shamans: kanaimà and the poetics of violent death*. Ver também Frank Salomon e Stuart B. Schwartz (orgs.), *The Cambridge history of the native peoples of the Americas*: South America.

dessa dinâmica variada, busco ultrapassar a abordagem enganosa do tipo de violência ocorrida no leste do distrito minerador.

A evidência dos arquivos testifica a centralidade da função guerreira na definição de todo o período, mesmo dos momentos que antecederam a declaração oficial de guerra da coroa. Nesse contexto, o confronto violento poderia sinalizar a intensificação, e não a dissolução, do comércio intercultural. O derramamento mútuo de sangue e a brutalidade constituem uma linguagem compartilhada e uma práxis ao mesmo tempo simbólica e agonizantemente concreta. Por muitas décadas, nenhum dos lados do conflito teve força suficiente para prevalecer. Mesmo assim, esse equilíbrio relativo do poder não fomentou a formação de um "território intermediário" negociado — ou, em inglês, um chamado *middle ground* — metáfora que o historiador Richard White introduziu em seu estudo dos povos francês e algonquiano e que outros historiadores, a meu ver, adotaram muito precocemente para explicar as fronteiras nas Américas. Longe de requerer uma acomodação, a ausência de força decisiva no caso do Sertão Leste prolongou a violência e elevou-a a uma função definidora.[3] Ainda assim, o conflito persistente não estancou o processo de adaptação cultural pelo qual os índios selecionavam, apropriavam-se, transformavam e exploravam os materiais e as práticas colonizadoras transmitidas a eles pelos portugueses. O fato de que os índios se adaptavam para orquestrar uma oposição de sucesso não diminui a importância de tais trocas. Ambos os lados inventavam estratégias calculadas para causar medo em seus respectivos inimigos, segundo pressupostos sobre a cultura, a economia e as hierarquias sociais do outro. Já em 1750, o resultado, de acordo com os colonos, era de uma atmosfera na qual "distúrbios, mortes e roubos" os deixavam "intimidados e receosos".[4]

---

[3] Richard White, *The middle ground: Indians, empires, and republics in the Great Lakes region, 1650-1815*, p. 52.

[4] Representação dos moradores da freguesia de Nossa Senhora da Conceição de Guarapiranga, dando conta a D. João V do estado de consternação em que se achavam, devido aos violentos ataques dos índios, que destruíam fazendas e matavam os habitantes, ant. 16 mar. 1750, Arquivo Histórico Ultramarino, Lisboa (AHU), Minas Gerais, cx. 55, doc. 25.

VIOLÊNCIA CONTRA PROPRIEDADES E POSSES

Uma vez em desvantagem demográfica e tecnológica, os índios do Sertão Leste mostraram-se hábeis no desenvolvimento de táticas compensatórias. Essas táticas respondiam não apenas a incursões do distrito minerador a oeste, mas também a uma experiência bem mais longa de combate aos colonos portugueses da costa e, antes deles, aos índios pré-coloniais tupi do leste. Mais de uma dúzia de grupos nativos diferentes manteve em xeque as ambições expansionistas da sociedade colonial. Esses grupos falavam línguas semelhantes, mas mutuamente incompreensíveis, provenientes do ramo linguístico macro-gê, e tinham em comum muitos traços culturais. Os índios coropós e coroados ocupavam o extremo sul e o sudeste da capitania, incluindo o vale do rio Pomba. Um pouco mais ao norte, os índios puris possuíam montanhas que se estendiam para cima do rio Doce. Os kamakãs, pataxós, maxakalis e outros habitavam região ainda mais longe ao norte, nos vales dos rios Doce e Pardo. Disputando o território de todos esses grupos estavam os aimorés, ou botocudos, como eram cada vez mais frequentemente chamados após meados do século XVIII. O nome botocudo derivava de "botoque", a rodela de madeira que colocavam no lábio inferior e nas orelhas, daí a etnonímia artificial. Na prática, quando os colonos usavam o termo botocudo, frequentemente juntavam todos esses grupos em um, não referindo nada mais específico do que qualquer bando resistente à conquista. As pressões externas, em outras palavras, deram início a um processo de coerção da formação tribal e étnica. O botocudo se tornou botocudo na medida em que a expansão colonial desestabilizou a região, processo por sua vez ligado à nova articulação da região ao sistema atlântico.

A escassez de etnografias sobre esses grupos nativos persistiu até o século XX, bem depois de serem dizimados. Mas sabemos que caçavam e coletavam em bandos pequenos. Esses bandos tendiam a dividir-se quando os conflitos começavam. A mobilidade e a fragmentação ajudam a explicar por que, em vez de uma guerra em larga escala, preferiam emboscadas isoladas, táticas de bater e correr e a fuga. O impulso de lutar contra os colonos, ademais, refletia uma necessidade fundamental de preservar território suficiente para a reprodução social.[5]

Podemos aprender muito mais de inúmeras fontes arquivísticas negligenciadas. Por exemplo, os índios oponentes à colonização descobriram que não precisavam atingir os próprios colonos. A expansão dos distritos mineradores poderia ser mais facilmente contida e até revertida com a destruição de propriedades e possessões. O combate face a face trazia grande perigo, pois os colonos carregavam facas, foices, espadas e armas de fogo. Focalizando então as fazendas e as atividades mineradoras, os índios puderam atear fogo às plantações, matar gado, roubar ferramentas e outros bens manufaturados deixados desprotegidos. Mais de que alvos acidentais, esses pertences constituíam a própria essência da matriz cultural que distinguia os colonos dos índios — a base material da sociedade colonial e da identidade civilizada. Quando os índios se apropriavam desses materiais ou os destruíam, seu golpe incapacitava ou desalojava seus adversários, fazendo com que abandonassem as terras reais cedidas na forma de sesmarias. Essas ações demonstram a ilusão do pressuposto colonial fundamental de que um território não ocupado estava disponível.

Os efeitos da perda de propriedade afetavam desde colonos mais vulneráveis até a própria coroa, já que os impostos perdidos sobre a produção agrícola e mineral no sertão diminuíam o tesouro real. As autoridades em Minas enfatizavam essa ligação ao pleitear assistência junto ao monarca. Após visita à paróquia do sul de Guarapiranga em 1750, o bispo de Mariana exortou D. José I a "tomar rápidas providências para evitar a perda total daquele distrito extremamente abundante em fazendas, gêneros alimentícios e operações de mineração de ouro". Uma vez que os índios fossem "afugentados ou apaziguados, o grande

---

[5] Ver Paraiso, *op. cit.*, p. 3-5; Robin M. Wright e Manuela Carneiro da Cunha, "Destruction, resistance, and transformation — southern, coastal, and northern Brazil (1580-1890)", in Solomon e Schwartz, *The Cambridge history of the native...*, *op. cit.*, vol. 3, parte 2, p. 340-345; Langfur, "Uncertain refuge: frontier formation and the origins of the Botocudo war in late-colonial Brazil", *Hispanic American Historical Review*, vol. 82, nº 2, maio 2002, p. 215-256.

sertão se tornaria extremamente fértil em todos os sentidos".[6] O bispo solicitou que o rei respondesse pela força, suprindo os colonos de pólvora e bala. Nas décadas seguintes, pedidos desse tipo chegaram ao trono, provenientes de cada setor do Sertão Leste. Para os que se preocupavam com a expansão dos lucros em Minas Gerais com o comércio, a agricultura e a mineração, os ataques dos nativos às propriedades passaram a ser considerados um fator primordial que impedia a produção e a receita no leste do distrito minerador. Articulando tal percepção junto ao príncipe regente D. João, em 1801, os oficiais da câmara de Mariana relatam que não queriam nada além de contribuir para o quinto real coletado sobre os ganhos da mineração e para o dízimo taxado sobre a produção agrícola. Esse objetivo fiscal havia sido bloqueado, entretanto, pelas "nações antropófagas dos puris e botocudos", cujos ataques ameaçavam esvaziar a população de uma extensa região. Pouco antes, esses nativos haviam forçado o abandono de 80 fazendas produtoras de alimentos. Uma resposta militar da coroa seria necessária. Os oficiais calculavam que a contribuição anual de Mariana aos cofres reais aumentaria imediatamente em 50% ou mais.[7] Cinco anos depois, o conselho fiscal superior da capitania, presidido pelo governador Pedro Maria Xavier Ataíde e Mello, submeteu um relatório a Lisboa criticando os ataques desimpedidos dos índios. Os índios hostis continuavam a forçar os colonos a abandonar suas propriedades. A junta da fazenda da capitania havia recebido inúmeras queixas testemunhando o "grave prejuízo" da coroa com a perda dos dízimos reais. Esse argumento entrou no texto da própria declaração de guerra.[8] A perda de pro-

---

[6] AHU, Minas Gerais, cx. 55, doc. 25.
[7] Representação dos oficiais da cidade de Mariana, pedindo providências para o favorecimento da sua indústria e do seu comércio, atendendo à defesa dos colonos fronteiros ao sertão, a fim de prevenir as hostilidades dos puris e botocudos. Mariana, 30 de dezembro de 1801, *idem*, cx. 160, doc. 82.
[8] Carta de Pedro Maria Xavier de Ataíde e Melo, governador de Minas Gerais, para o visconde de Anadia, informando ter enviado uma cópia do termo da Junta da Real Fazenda de Minas, no qual se dava conta dos meios propostos para se pôr cobro ao canibalismo dos índios botocudos, com grave prejuízo das populações e dos dízimos reais, Vila Rica, 1º de fevereiro de 1806, *idem*, cx. 179, doc. 36; Carta régia, 13 maio 1808, *apud* Carneiro da Cunha (org.), *Legislação indigenista no século XIX: uma compilação (1808-1889)*, p. 57-60.

priedade, real e percebida, havia se tornado fator decisivo ao bloqueio da expansão colonial.

Mesmo que não resultassem em mortos, os ataques dos nativos eram um recado poderoso. As fontes manuscritas, especialmente as cartas de sesmaria e os inventários *post-mortem*, elucidam os significados transmitidos aos colonos nesses ataques. Ao levar mais coisas com eles para a fronteira, ao considerarem essencial à sobrevivência um número cada vez maior de artigos, ao buscarem reproduzir as configurações materiais de vida nas zonas assentadas, os colonos tornavam-se mais suscetíveis a esse tipo de assalto. Os índios eram capazes de destruir a vida dos fazendeiros e dos mineiros ao romper as ligações que esses pareciam ter com uma profusão aparentemente infinita de coisas.

O acúmulo característico de bens materiais de um casal fornece uma boa ideia do que poderia ser perdido pelos colonos e ganho pelos índios num desses ataques. Carlos e Maria Leite de Araújo viviam de uma modesta produção de açúcar e farinha de milho numa área sujeita a repetidos ataques de nativos. Chegaram a possuir 18 escravos, pastos extensos, uma plantação de banana, um celeiro e um engenho de açúcar. O regime de trabalho no plantio exigia que tivessem as próprias foices, machadinhas, enxadas, um malho e uma balança. Sua criação incluía cavalos, bois, vacas e porcos. Possuíam fogão, talheres e pratos. Finalmente, seus pertences mais preciosos: uma pequena coleção de joias, pó de ouro em quantidade suficiente para comprar um bom cavalo e três imagens de santos. Muitos colonos também possuíam armas; esse casal defendia-se com um florete de punho de prata.[9]

A questão é que, ao desenvolverem uma economia fronteiriça de ataque e roubo, os índios penetraram num mercado altamente diversificado de bens e itens manufaturados. A posse de todos os tipos de artigos implicou adaptações de que só podemos ter uma vaga ideia. Sabemos que lâmi-

---

[9] Sesmaria de Carlos Leite de Araujo, 1754, Arquivo da Câmara Municipal de Mariana (ACSM), 1º ofício, cód. 7, auto 307; Processo matrimonial, Carlos Leite de Araujo e Maria Joanna de São Joze, 1762, Arquivo Eclesiástico da Arquidiocese de Mariana (AEAM), armário 2, pasta 156, processo 1558; Inventário de Carlos Leite de Araujo, 1779, ACSM, 1º ofício, cód. 95, auto 1975.

nas utilitárias de aço e outros instrumentos de metal animaram as redes de comércio indígena, mesmo onde o contato europeu permanecia indireto e em estágios iniciais.[10] A evidência do sertão mineiro indica que raridades como fivelas de prata, prataria e pó de ouro também tiveram esse papel.

Enquanto isso, os ataques dos nativos provocavam enormes consequências materiais e profundos significados simbólicos nos colonos, cujas fronteiras identitárias e sociais eram expostas nos pertences que se esforçavam por acumular em suas fazendas distantes. Frequentemente importados de locais além do Atlântico, os bens manufaturados eram, a um grau incalculável, precisamente os objetivos em vista nos conflitos das fronteiras. Eram um componente-chave daquilo que distinguia os colonos dos índios. Não era simplesmente uma diferença material, mas também cultural.[11] É incontestável que se reconheça a ocorrência da pilhagem em diversos tipos de guerra. No entanto, entre brancos e índios, a pilhagem adquiriu distintos significados, forjados na batalha e assegurados através da experiência, porque envolvia adversários que se definiam diferentemente em relação às suas posses e propriedades.

Enfrentando crescente agressão durante a segunda metade do século XVIII, os índios aperfeiçoaram suas habilidades. Ao estabelecer como alvo os bens materiais, aprenderam a dar um recado poderoso comunicado numa língua diferente da cultura material da fronteira: ao matar algumas cabeças de gado, roubar ferramentas de um celeiro ou atear fogo a um campo, tinham consciência de que podiam espantar os colonos da floresta.

VIOLÊNCIA CONTRA COLONOS E ESCRAVOS

Entre as inúmeras mulheres que receberam doações de terra no Sertão Leste, Ignácia Cordeyra obteve sua propriedade com base no fato de que possuía "vinte e cinco escravos que os ocupava em minerar", mas

---

[10] R. Brian Ferguson e Whitehead, "The violent edge of empire", in *War in the tribal zone: expanding states and indigenous warfare*, p. 10-11.
[11] Vide Jill Lepore, *The name of war: king Philip's war and the origins of American identity*, cap. 3.

sem terra "em que plantasse mantimentos para o sustento dos mesmos".[12] O fato de que a alimentação de escravos nessa conjuntura econômica fosse um fator primordial para a migração ao Sertão Leste aponta outro componente importante do conflito. Os ataques a escravos poderiam ser devastadores, resultando não apenas na perda de vida e da mão de obra, mas também no custo adicional da proteção. As fontes sugerem que os índios tinham percepção das variações de cor da pele, de trabalho e casta que estruturavam a sociedade colonial, sendo capazes de identificar escravos, um recurso dos mais valorosos e vulneráveis, cujo número sobrepujava o dos brancos a que se juntavam no sertão. O príncipe alemão e naturalista Maximiliano von Wied relatou o caso, por exemplo, de uma propriedade dentro da floresta onde um escravo havia baleado um índio pataxó, o que provocou os "selvagens, que se vingaram, atacaram os 'negros' em uma das plantações e mataram três deles com suas zagaias". Posteriormente, o valor da propriedade declinou.[13]

O valor das propriedades no sertão declinava cada vez que escravos eram mortos ou feridos. Uma vez que constituíam um investimento fundamental de capital de seus donos, os escravos eram computados na equação que decidia a respeito do estabelecimento ou não no sertão. A viabilidade de povoações inteiras dependia dessa estimativa financeira básica. O acampamento minerador, remoto de Cuieté, foi um exemplo disso. Sua vulnerabilidade significou que a quantia modesta de ouro extraída de lá não compensava o esforço dos mineradores, que, como nota um observador, consumiam uma "grande parte" de seus ganhos "no pagamento e compra de guardas" para a proteção das plantações e lavras trabalhadas pelos escravos.[14] Obtinha-se proteção por meios extraordinários, ou seja, armando-se os outros escravos.

Tudo indica que os escravos que portavam armas tornaram-se um acessório da vida no Sertão Leste. Eles eram mandados em marcha para

---

[12] Sesmaria de Inácia Cordeira, 1768, ACSM, 1º ofício, cód. 3, auto 91.
[13] Prinz von Wied Maximilian, *Travels in Brazil in the years 1815, 1816, 1817*, p. 210.
[14] Carta de Manoel Vieira Nunes ao governador de Minas Gerais, [Cuieté?], [1769], Biblioteca Nacional do Brasil, Rio de Janeiro (BNRJ), Seção de Manuscritos (SM), Arquivo Conde de Valadares (CV), cód. 18, 2, 6, doc. 321.

dentro da floresta a fim de combater os índios. Serviam, dessa maneira, ao lado de recrutas da fronteira lotados em guarnições no sertão.[15] A disposição dos colonos individuais, comandantes das fronteiras e do governo da capitania de armar homens escravizados revelava seu grande desespero. Para esse mesmo fim havia a disposição de colocar escravos, armados ou não, no caminho do mal. A habilidade de perturbar o funcionamento tranquilo do regime escravista, de ameaçar os escravos ou forçá-los a desempenhar funções não convencionais ou não rentáveis contribuiu significativamente para o sucesso obtido pelos índios na oposição à colonização nessa fronteira.

Como no caso dos pertences, os índios adquiriram, através de longa experiência, uma noção do valor e da vulnerabilidade desses cativos tão precariamente protegidos, cujo trabalho sustentava um sistema que nas zonas sertanejas transformava-os em alvos móveis. Um grande investimento era colocado em risco quando os escravos trabalhavam ou lutavam em locais sujeitos à hostilidade indígena. Além de tirar a vida dos próprios proprietários, essa ameaça constituía a arma mais efetiva dos nativos. A imposição do regime escravocrata representava o sinal mais claro de uma incorporação territorial de sucesso e da cultura de dominação cultural e racial que a acompanhava. Atos de resistência que imobilizavam, impediam ou simplesmente aumentavam o preço dessa transformação tiveram consequências tanto simbólicas quanto materiais, além do custo habitual da vida humana.

Na perspectiva dos portugueses, o pior dano, é claro, seria a morte de um deles. O maior, mais duradouro e mais terrível ataque indígena registrado na documentação aconteceu durante um confronto de cinco dias em 1794. Dois mil botocudos destruíram casas, fazendas e a capela principal no arraial de Ferros, matando 48 colonos.[16] Como foi o caso

---

[15] Ver, por exemplo, Requerimento de João Damaceno dos Reis Vidal, Vila Rica, 1º de novembro de 1794, Arquivo Público Mineiro (APM), Seção Colonial (SC), cód. 260, fl. 42 v-43; Carta de Elesbão Lopes Duro ao governador de Minas Gerais, Antônio Dias Abaixo, 15 de julho de 1802, *idem*, cód. 277, fl. 111 v-112 v; Carta do governador de Minas Gerais a Elesbão Lopes Duro, Vila Rica, 13 de agosto de 1802, *idem*, cód. 277, fl. 112 v-113.

[16] *Idem*, cód. 260, fl. 42 v-43.

em tais circunstâncias desde o início da colonização das Américas, as perdas levavam a denúncias de canibalismo. Essa expressão última de vulnerabilidade corporal entrou na declaração de guerra oficial de 1808, uma acusação essencial para que a guerra fosse considerada justa. Os índios tinham não somente destruído terras, afugentado colonos e diminuído as receitas dos impostos, mas também ousado perpetrar, como afirma a declaração de guerra, "as mais horríveis e atrozes cenas da mais bárbara antropofagia". Haviam aberto feridas em suas vítimas e bebido seu sangue; desmembrado seus corpos e consumido seus "tristes restos".[17] Dada a quase ausência de evidência direta nos arquivos sobre antropofagia pelos botocudos, a linguagem provavelmente revelava mais sobre a imaginação europeia do que sobre a prática indígena. Algumas evidências sugerem que se e quando os botocudos praticaram o canibalismo, buscavam dar forma aos fantasmas europeus e assim explorá-los, em vez de se engajar num ritual de pré-contato, culturalmente intacto.[18] Nesse caso, haviam descoberto uma outra forma de se comunicar através da violência. Aparente em qualquer evento era o poder corrosivo exercido sobre os colonos pelos nativos quando esses atacavam propriedades, posses e pessoas.

A habilidade de colocar em risco todos os componentes da sociedade colonial mudou radicalmente o curso da conquista. Baseando-se na experiência de mais de dois séculos de contato com colonos da costa ao leste, ocupantes indígenas seminômades do Sertão Leste tiveram êxito ao orquestrar sua resistência à conquista após 1750, quando colonos do interior começaram a invadir a partir do oeste. Com o tempo, aprenderam que ataques corporais diretos aos colonizadores não eram a única forma de perturbar as invasões. As posses eram muito prezadas, o controle sobre as terras era muito tênue; sendo assim, o roubo, o incêndio, o vandalismo e o assassinato de um único escravo podiam forçar o abandono de povoações inteiras. As peculiaridades e hierarquias da sociedade luso-brasileira, particularmente sua dependência de bens importados

---

[17] Carta régia, 13 de maio de 1808, *op. cit.*
[18] Langfur, *The forbidden lands...*, *op. cit.*, cap. 7.

e do trabalho cativo, davam aos índios diversas oportunidades para impedir a expansão. Eles o fizeram ao compreender a cultura dos adversários, traduzindo esse conhecimento em atos planejados para alcançar os maiores efeitos possíveis.

A VIOLÊNCIA CONTRA OS SOLDADOS

A conquista dessa fronteira poderia ter avançado mais rápido se os colonos ameaçados pudessem contar com um apoio militar efetivo. Quando os comandantes do campo reagiam mandando tropas para as florestas, os botocudos, os puris, os pataxós e outros descobriam que conseguiam desmantelar os procedimentos militares, postergando o sucesso dos objetivos das expedições. O destino das expedições militares e paramilitares despachadas para a imensidão a leste torna isso evidente. Quase esquecidas pela historiografia, mais de 70 dessas incursões foram iniciadas entre 1765 e 1804, muitas delas sendo uma efetiva contravenção das restrições reais às atividades na área. Poucos conseguiam cumprir seus objetivos, que quase sempre incluíam a pacificação dos índios hostis. A persistência do nomadismo nativo, os incontidos ataques durante o período e o recurso à guerra declarada ao final comprovam as limitações dessas expedições armadas, bem como o fato de que apenas seis dos 85 confrontos entre indígenas e portugueses entre 1760 e 1808 envolveram ataques de nativos a expedições no campo. A grande maioria envolvia colonos, não soldados. Mas com as dezenas de expedições que percorriam o sertão, os índios aprenderam a responder à força militar organizada bem antes de a corte régia declarar guerra aberta. Acima de tudo, aprenderam a evitar confrontos diretos com soldados. Esse período prolongado de treinamento de tática ajuda a explicar por que a guerra de 1808 produziu inúmeros confrontos em pequena escala, mas poucos grandes triunfos para os portugueses em campo de batalha.[19]

[19] Sobre essas expedições, frequentemente chamadas de bandeiras, veja Langfur, "Uncertain refuge", *op. cit.*, e "The return of the Bandeira: economic calamity, historical memory, and armed expeditions to the sertão in Minas Gerais, Brazil, 1750-1808", *The*

As táticas dos nativos progrediram com o passar do tempo em resposta aos inimigos europeus. As descrições de qualquer número de ataques de botocudos tornam isso evidente, inclusive as narradas ao viajante britânico John Mawe, que percorreu o distrito em 1808 e 1809. Com o aumento da migração na direção leste para a região em torno de Barra Longa, escreveu ele, os botocudos aprenderam a aplicar em combate "requisitos de arte para capturar animais selvagens dos quais podiam subsistir". Seus métodos eram inúmeros:

> Algumas vezes eles se faziam invisíveis amarrando galhos e árvores novas em torno de si, e preparavam suas flechas de forma imperceptível, de maneira que, quando um pobre negro ou branco passasse por perto, dificilmente eles errariam o alvo. Em outras ocasiões, esfregavam cinzas pelo corpo e deitavam no chão, ou faziam armadilhas nas quais colocavam estacas pontiagudas, cobrindo-as com ramos e folhas.[20]

Os confrontos entre soldados e índios nas florestas comumente caracterizavam-se por conflitos aleatórios cujos resultados eram ambíguos. Como no caso de sociedade do tipo iroquês e comanches, caraíbas e araucanos, vejo razão suficiente para concluir que os índios brasileiros do leste inventavam seus métodos militares não de forma independente, como uma prática cultural pura, mas como resposta à inutilidade de conduzir batalhas abertas contra europeus armados.[21] Enquanto os índios ajustavam suas táticas e as tropas portuguesas reprogramavam as

---

Americas, vol. 61, nº 3, jan. 2005, p. 429-462.
[20] John Mawe, *Travels in the interior of Brazil, particularly in the gold and diamond districts of that country*, p. 191-192.
[21] Thomas S. Abler e Michael H. Logan, "The florescence and demise of Iroquoian cannibalism: human sacrifice and Malinowski's hypothesis", *Man in the Northeast*, vol. 35, 1988, p. 1-26; Oscar Lewis, "The effects of white contact upon Blackfoot culture", *Anthropological Essays*, p. 137-212; Kristine L. Jones, "Comparative raiding economies, North and South", in Donna J. Guy e Thomas E. Sheridan (orgs.), *Contested ground: comparative frontiers on the northern and southern edges of the Spanish empire*, p. 97-114; Whitehead, "The snake warriors — sons of the tiger's teeth: a descriptive analysis of Carib warfare ca. 1500-1820", in Jonathan Haas (org.), *The anthropology of war*, p. 146-170; Ferguson e Whitehead, *op. cit.*, p. 25-27.

suas adequadamente, o processo de adaptação cultural foi acelerado, e não diminuído, no meio do confronto militar.

A incerteza da marcha pelas densas florestas tropicais, que colocava em desvantagem os que faziam uso de armas de fogo, deixava os oficiais e seus soldados em constante estado de temor. Isso aconteceu numa expedição conduzida pelo tenente João Fonseca, ordenado a descer o rio Muriaé em 1812, na esperança de abrir um corredor até o Atlântico, com o fito de facilitar o comércio de importação e exportação.[22] Enfrentando uma correnteza cada vez mais perigosa, os expedicionários despedaçaram várias canoas, perderam sua munição e afundaram seu suprimento de alimentos. Após seis semanas de viagem, os soldados avistaram os índios puris, que fugiram prontamente. Em grande agitação, a expedição continuou rio abaixo. No dia seguinte, quando uma das canoas saía de uma queda d'água, uma flecha atingiu um membro da tripulação. Os soldados mergulharam na floresta para revidar, mas os índios dispersaram-se. Fonseca mandou alguns da tropa marcharem nas margens do rio, enquanto o resto guiava as canoas. No entanto, isso não impediu que outro soldado fosse ferido por mais uma flecha. Patrulhas foram despachadas, seguiu-se um tiroteio e só um índio foi ferido. Depois vieram resultados "mais felizes", como comentou Fonseca. Ao descobrir um acampamento de puris, os soldados esperaram até o cair da noite; enquanto os índios dançavam à beira de uma fogueira, a patrulha atacou, matando sete e levando quatro prisioneiros. Todos os outros escaparam.

Descendo rio abaixo, a expedição avistou fumaça ao longe e preparou-se para outro embuste. Deixando as canoas sob guarda e seguindo por terra, encontraram outras cabanas abandonadas. A sentinela que tomava conta das canoas identificou um "bárbaro", um arqueiro pronto a atirar; o soldado, entretanto, respondeu primeiro ao ataque, forçando o índio e seus companheiros a fugirem. Os soldados mataram mais dois cachorros que pertenciam aos puris. Finalmente, quatro dias depois, a

---

[22] Sobre a expedição de Fonseca, veja-se Manoel José Pires da Silva Pontes, "Extractos das viagens feitas no deserto", s.d., BNRJ, SM, cód. 5, 3, 40, fl. 17-19 v.

expedição descobriu evidências de uma operação de corte de lenha, o primeiro sinal de povoamento avançando-se rio acima a partir da costa. Numa viagem de mais de 60 quilômetros no rio Muriaé, entre declives e sua confluência com o rio Paraíba, Fonseca contabilizou 24 ranchos, a maioria deles recém-estabelecida, incluindo 17 com engenhos de açúcar, e observou a presença de um substancial tráfego fluvial e comercial. Os índios da região disputavam a região com os colonos invasores vindos da costa, bem como do interior.

O resultado de quase dois meses de expedição na floresta não pôde ser chamado de decisivo. Como o próprio Fonseca declarou com muita reserva, a missão não demonstrara que o rio era facilmente navegável. O problema, escreveu, era que o vale estava "infestado" de índios. É importante lembrar que esses eventos ocorreram em 1812. Em outras palavras, mesmo após o estágio inicial mais violento de guerra declarada, os índios continuavam a usar técnicas cuidadosamente planejadas para alcançar o maior efeito possível com um mínimo de perda de vidas contra um inimigo que se comportava de forma previsível, criando oportunidades táticas específicas. Continuaram a impor significativas limitações a muitos objetivos militares e à ordem que a ação militar pretendia impor. Com a crescente frustração face ao insucesso da conquista, o conflito adquiriu um aspecto particularmente sombrio. O embate provocava excessos cada vez maiores, especialmente quando os soldados aplicavam contra os próprios índios os métodos de fuga copiados da guerrilha.

RETALIAÇÃO

Como sugere a terrível emboscada de Fonseca, o caráter inconcluso da maioria das ações militares oficiais no Sertão Leste não nos deve levar a ignorar seus impactos, ocasionalmente devastadores. Embora os índios conseguissem frequentemente evitar as patrulhas da floresta, por vezes infligindo danos significativos, logrando aterrorizar os colonos e fazê-los abandonar as terras ocupadas, em última instância não puderam sustentar a luta pelo controle das florestas costeiras. Em mais de 50 anos de conflito contínuo, entretanto, a persistência da oposição nativa incitava cada vez mais os determinados a controlarem as florestas. Os militares questionavam-se e depois ajustavam seus métodos malsucedidos. O resultado era a aplicação de táticas selvagens que espelhavam não apenas as práticas adotadas pelos índios, mas também a inclemência que, de acordo com os portugueses, fazia com que tais práticas dessem resultado.

Os apelos à ação militar invocavam o léxico fundacional da conquista ibérica nas Américas.[23] Em suas comunicações por escrito, os oficiais portugueses demonstravam uma transição dolorosa da relutância à decisão, ao justificar os meios violentos usados para fins benevolentes. Manobravam em terreno instável, dividindo ação defensiva e ação ofensiva. Referiam-se ao precedente legal da guerra justa e empregavam o vocabulário compassivo da bondade, da gentileza e da obediência. Palavras de paz e violência se uniam em frases conjugadas em sua pretensão de subjugar os indígenas, ao passo que as autoridades articulavam suas ambições territoriais em curso. Esse discurso da colonização, incluindo a noção de que os indígenas causavam a própria conquista, deve ser interpretado com ceticismo. Embora esses índios não pudessem produzir os próprios registros por escrito, deixaram importantes pistas sobre a influência que exerceram sobre a incorporação territorial da região. Apesar das vituperações autorreflexivas dos comandantes de campo, dos governadores e mesmo do monarca, as fontes portuguesas documentam as mudanças impostas pelos índios aos padrões de assentamento e às políticas da coroa e da capitania. Ignorar tais mudanças seria subestimar a força da resistência indígena. Nas operações militares especificamente, essa transformação ocorria em níveis estratégicos mais elevados, levando os governadores da capitania, o príncipe regente D. João e uma série de oficiais, durante décadas, a abandonar o que prefeririam denominar abordagem pacífica da coroa e, ao invés disso, optar pela ação direta e ofensiva.

---

[23] Ver José Rabasa, *Writing violence on the northern frontier: the historiography of sixteenth-century New Mexico and Florida and the legacy of conquest*, p. 6-7.

Em campo, as alterações táticas comparavam-se às estratégicas. Como os oficiais de qualquer parte, os comandantes de Minas Gerais preferiam engajar-se em batalhas cuja vitória parecia-lhes certa. As táticas indígenas do tipo classificado como guerrilha, num período subsequente, afetavam severamente a eficácia das tropas. Isso ocorria mesmo que os soldados estivessem bem armados ou supridos e frequentemente nenhuma das duas coisas acontecia. Os oficiais no campo aprenderam a praticar as próprias técnicas de emboscada, aperfeiçoadas com assiduidade, técnicas que supostamente seriam um anátema a noções europeias de combate militar honrado. Como afirmou um comandante dos anos 1770, a vitória no sertão dependia de treinamento constante das tropas em táticas de combate indígenas, "cuja fórmula consiste em embustes e cercos em determinadas horas do dia". Nos anos 1810, o príncipe Maximiliano observou essa mudança, notando que somente através da "prática frequente" os soldados haviam aprendido a enfrentar os botocudos. Mesmo assim, "todos confessam que os Botocudos são caçadores bem mais experientes e melhor familiarizados com a floresta do que eles; daí a maior precaução se torna requisito nesses engajamentos e empreendimentos nas matas".[24]

Uma ação de sucesso representativa foi registrada em 1769 para evidente satisfação do vigário de Cuieté, Manoel Vieira Nunes. Ao viajar pelas redondezas daquele posto avançado do sertão, Nunes deparou-se com uma grande quantidade de botocudos acampados ao longo de um riacho próximo. Sem revelar-se, o padre enviou mensageiros, informando a descoberta a uma vila próxima onde viviam índios "mansos" que recebiam comida, roupas e instrumentos agrícolas do governo da capitania. Uma vez informado, o capitão Alexandre da Silva Guimarães partiu levando 27 índios e explorou sua perícia em conduzir combates na floresta. O pelotão capturou 32 botocudos, entre eles homens, mulheres e crianças, deixando para trás três mortos.[25]

Podem-se compreender essas vitórias a partir dos casos nos quais os oficiais descreviam ter surpreendido os índios em seus acampamentos.

---

[24] Maximilian, *op. cit.*, p. 185.
[25] Carta de [Manoel Vieira Nunes] a Paulo Mendes Ferreira Campelo, Cuieté, [c. maio 1769], BNRJ, SM, CV, cód. 18, 2, 6, doc. 187.

Pela calma com que os governadores da capitania recebiam as notícias, fica claro que esses embustes tornaram-se uma prática militar aceita, em vez de delitos a serem encobertos ou punidos. Os oficiais não registravam qualquer sentimento de contradição, embora essas ações se distanciassem dos propósitos benevolentes afirmados pela política indigenista oficial.

Uma dessas emboscadas aconteceu em 1802, quando um comandante de guarnição chefiou uma expedição punitiva de várias dúzias de soldados. No avançado da noite, no meio da floresta, os soldados descobriram um acampamento de 60 ou 70 índios. Na alvorada seguinte, as tropas atacaram, primeiro conseguindo furtivamente quase entrar nas cabanas dos botocudos antes de abrir fogo. Tudo acontecia conforme programado: os soldados, como observou calmamente o comandante, demonstravam uma perícia superior. O que não sabiam era que os residentes de um acampamento próximo, ansiosos por vingança, tinham seguido secretamente a expedição pela floresta. Da periferia, os colonos abriram fogo sobre os índios. Isso significa que atiraram também nos próprios soldados. Seu comandante gritou para os civis pararem de atirar, mas ninguém ouviu. Se não tivesse sido pelo tiroteio descontrolado dos colonos, conforme relatou ao governador, "eu certamente teria tido o prazer de enviar a Vossa Excelência alguns prisioneiros vivos, mesmo que fossem só crianças". Em vez disso, voltou com cadáveres aos pedaços. Dentre as numerosas orelhas cortadas das vítimas carregadas pelos colonos, fez chegar apenas uma ao governador, como prova do sucesso de sua missão.[26]

As ações dos soldados em campo oferecem uma visão mais próxima do caráter incessantemente violento dos encontros com os habitantes nativos do Sertão Leste, para além dos limites do assentamento em expansão. Enquanto registram a determinação de extirpar a resistência dos nativos, esses incidentes também reenfatizam que tal comportamento, seja contra os colonos ou soldados, persistiu e permaneceu forte o suficiente a ponto de forçar mudanças nas políticas e práticas militares. Táticas convencionais pouco contavam contra um inimigo que conhecia

---

[26] Carta de Elesbão Lopes Duro ao governador Antônio Dias Abaixo, 15 de julho de 1802, APM, SC, cód. 277, fl. 111 v-112 v.

tão bem a floresta. Os únicos sucessos significativos dos portugueses em combate vieram sob a forma de emboscadas cuja execução minava todas as distinções entre o selvagem e o civilizado. Cenas de violência extrema fornecem evidências brutais de quanto os que viviam na região, tanto colonos quanto colonizados, poderiam se transformar em defesa de normas e valores que aparentemente definiam suas sociedades e que estavam em jogo na incorporação da região.

CONCLUSÃO

Ante a história de décadas de ataques, de conflitos armados esporádicos, mas prolongados, de atos hostis que jamais alcançaram os níveis das mais famosas guerras dos índios, mas certamente identificam-se com elas pela crua selvageria, os estudiosos têm empreendido inúmeros esforços na busca de um vocabulário adequado para descrever tais tipos de conflito.[27] Ao desacreditar a tradição de um modelo de história equivalente ao triunfo da civilização sobre a selvageria, ao revelar os imperativos da conquista como desejo de preservar os índios como agentes históricos, as pesquisas mais recentes têm mostrado a fronteira como uma zona de interação cultural. Muitos hoje preferem termos como "terreno intermediário" ou "intercâmbio fronteiriço", ou ainda "zona de contato", para descrever os relacionamentos sociais complexos possíveis num espaço contestado, particularmente onde a conquista foi atrasada ou permaneceu parcial por longo tempo.[28] Utilizar esses termos, no entanto, em relação à colonização da mata atlântica brasileira seria falar em eufemismos.

No contexto desse conflito prolongado, uma formulação mais adequada poderia ser "o espaço da morte", cuja centralidade ao projeto

---

[27] Ver, por exemplo, Rabasa, *op. cit.*; Gregory Evans Dowd, "'Insidious friends': gift giving and the Cherokee-British alliance in the Seven Years' War", in Andrew R. L. Cayton e Frederika Teute (orgs.), *Contact points: American frontiers from the Mowhawk valley to the Mississippi, 1750-1830*, p. 118.

[28] Mary Louise Pratt, *Imperial eyes: travel writing and transculturation*, p. 6-7; White, *op. cit.*, cap. 2.

colonial Michael Taussig teorizou.[29] Como tal, a fronteira leste de Minas Gerais constituiu um espaço geográfico no qual o caos floresceu proporcionalmente ao impulso imperial de impor a ordem. Uma cultura de terror produziu atos de brutalidade sem sentido. As ações e explicações racionais fundavam-se no temor do desmembramento e no canibalismo. A selvageria imputada aos índios, originada de um horror generalizado pela alteridade indígena, e os perigos de um ambiente estranho fizeram com que os colonos se tornassem capazes de qualquer ato. Isso, por sua vez, garantiu que os índios de fato respondessem de forma selvagem. A real ausência do Estado numa zona ainda não sujeita a seu monopólio sobre a violência forneceu o ambiente propício a atrocidades cometidas por ambos os lados. A oposição em pequena escala ou mesmo sem sucesso provocava a represália feroz.

Isso não sugere que a preocupação acadêmica com a negociação e a mediação na fronteira deva ser dispensada. Ao contrário, meu objetivo é estender essa preocupação ao âmbito dos atos violentos. A ênfase na interação cultural deve dar-se de modo cuidadoso e apropriado, de acordo com as peculiaridades da zona geográfica e do momento histórico em questão. Deve ser flexível o suficiente para interpretar o desdém, a coerção, os impulsos letais evidentes onde quer que os europeus invadissem regiões de povos indígenas ao longo da fronteira colonial. Se termos como "negociação" e "mediação" forem utilizados para esclarecer os acontecimentos em um espaço não conquistado do Sertão Leste, então devem incluir o próprio conflito armado.

Longe de agir em isolamento cultural, os adversários da fronteira apropriavam-se reciprocamente de regras de conduta violenta num domínio permeado pelo medo. Os índios descobriram o poder de machados e armas de fogo, mas também descobriram a impressionante estima que os colonos tinham por seus porcos, pratos e suas esporas de prata: artigos que se tornaram presas fáceis. Quando ocorriam perdas, a ocupação poderia ser inviabilizada, os alvos não sendo apenas os proprietá-

---

[29] Michael Taussig, *Shamanism, colonialism, and the wild man: a study in terror and healing*, cap. 1.

rios de terra, mas também os escravos — seus recursos mais valiosos e vulneráveis. Em condições favoráveis, os índios podiam manobrar melhor e ser mais espertos do que os próprios soldados. Mas esses também, bem como os colonos a quem vieram proteger, eram capazes de ajustar-se aos imperativos do conflito de fronteira na floresta densa.

Não se pode determinar ao certo a extensão com que os nativos aplicavam tal conhecimento. Os botocudos e outros grupos das florestas ao leste, entretanto, tinham enfrentado incursões dos colonos da costa por mais de dois séculos antes que os avanços oriundos da zona de mineração do interior se intensificassem. As trilhas dos nativos cortavam as florestas, permitindo a comunicação num vasto território.[30] Como seminômades, os índios estavam mais bem preparados de que a maioria dos colonos para compreender a extensão regional do risco que enfrentavam e do que propunham em resposta. Portanto, é duvidoso pressupor que os índios eram ignorantes a respeito das consequências mais amplas de suas ações. Certamente, o mais difícil para eles era avaliar as mudanças graduais na política portuguesa. A resistência dos índios como meio de controle dos colonos dispersos, uma vez esperada, ou mesmo desejada, tornou-se intolerável ao final do século XVIII.

Colonos e soldados também eram capazes de ajustar-se às demandas do conflito territorial na floresta densa. O ciclo de violência resultante persistiu até que eventualmente os colonos, em força organizada, desmantelaram a capacidade de oposição dos índios do leste do Brasil. Em bolsões remotos do Sertão Leste, a "pacificação" final, termo que os oficiais brasileiros vieram a preferir, só ocorreu no início do século XIX.[31] Entre 1750 e 1820, período no qual em sua maioria os índios desapareceram da historiografia, a violência dominou a região, ao passo que a conquista efetiva permaneceu ilusória. Nesse sentido podemos falar de uma brutalidade mútua, constituinte de um comércio cultural, na medida em que as partes em guerra encontravam no terror o instrumento essencial, pelo qual interpretavam, comunicavam e efetuavam

---

[30] Ver, por exemplo, BNRJ, SM, CV, cód. 18, 2, 6, docs. 234, 267, 299, 301.
[31] Paraíso, *op. cit.*, p. 781-811.

mudanças. As oportunidades de coexistência pacífica no sertão diminuíram, enquanto o aprendizado da violência aumentou, ao mesmo tempo em que a região era tomada por uma cultura de terror associada à sua incorporação às hierarquias imperiais.

REFERÊNCIAS DOCUMENTAIS E BIBLIOGRÁFICAS

ABLER, Thomas S. e LOGAN, Michael H.. "The florescence and demise of Iroquoian cannibalism: human sacrifice and Malinowski's hypothesis". *Man in the Northeast*, vol. 35, p. 1-26, 1988.

BARICKMAN, B. J. "'Tame Indians', 'wild heathens', and settlers in southern Bahia in the late eighteenth and early nineteenth centuries". *The Americas*, vol. 51, nº 3, p. 325-368, jan. 1995.

BROWN, Michael F. "On resisting resistance". *American Anthropologist*, v. 98, nº 4, p. 729-735, dez. 1996.

CUNHA, Manuela Carneiro da (org.). *Legislação indigenista no século XIX: uma compilação (1808-1889)*. São Paulo: Universidade de São Paulo, 1992.

DOWD, Gregory Evans. "'Insidious friends': gift giving and the Cherokee-British alliance in the Seven Years' War". In CAYTON, Andrew R. L. e TEUTE, Fredrika (orgs.). *Contact points: American frontiers from the Mowhawk valley to the Mississippi, 1750-1830*. Chapel Hill: University of North Carolina Press, 1998.

ESPINDOLA, Haruf Salmen. *Sertão do Rio Doce*. Bauru: Universidade do Sagrado Coração, 2005.

FERGUSON, R. Brian e WHITEHEAD, Neil L. "The violent edge of empire". In FERGUSON, R. Brian e WHITEHEAD, Neil L. (orgs.). *War in the tribal zone: expanding states and indigenous warfare*. Santa Fe: School of American Research Press, 1992.

JONES, Kristine L. "Comparative raiding economies, North and South". In GUY, Donna J. e SHERIDAN, Thomas E. (orgs.). *Contested ground: comparative frontiers on the northern and southern edges of the Spanish empire*. Tucson: University of Arizona Press, 1998, p. 97-114.

LANGFUR, Hal. "The return of the Bandeira: economic calamity, historical memory, and armed expeditions to the sertão in Minas Gerais, Brazil, 1750-1808". *The Americas*, vol. 61, nº 3, p. 429-462, jan. 2005.

_____. "Uncertain refuge: frontier formation and the origins of the Botocudo war in late-colonial Brazil". *Hispanic American Historical Review*, vol. 82, n° 2, p. 215-256, maio 2002.

_____. *The forbidden lands: colonial identity, frontier violence, and the persistence of Brazil's eastern Indians, 1750-1830*. Stanford: Stanford University Press, 2006.

_____. "Moved by terror: frontier violence as cultural exchange in late-colonial Brazil". *Ethnohistory*, vol. 52, n° 2, p. 255-289, 2005.

LEPORE, Jill. *The name of war: king Philip's war and the origins of American identity*. Nova York: Knopf, 1998.

LEWIS, Oscar. "The effects of white contact upon Blackfoot culture". In *Anthropological essays*. Nova York: Random House, 1970, p. 137-212.

MAWE, John. *Travels in the interior of Brazil, particularly in the gold and diamond districts of that country*. Londres: Longman, Hurst, Rees, Orme, and Brown, 1812.

MAXIMILIAN, Prinz von Wied. *Travels in Brazil in the years 1815, 1816, 1817*. Londres: Henry Colburn, 1820.

PARAISO, Maria Hilda Baqueiro. *O tempo da dor e do trabalho: a conquista dos territórios indígenas nos Sertões do Leste*. Tese de doutorado em História Social, Universidade de São Paulo, São Paulo, 1998.

PRATT, Mary Louise. *Imperial eyes: travel writing and transculturation*. Londres: Routledge, 1992.

RABASA, José. *Writing violence on the northern frontier: the historiography of sixteenth-century New Mexico and Florida and the legacy of conquest*. Durham: Duke University Press, 2000.

RESENDE, Maria Leônia Chaves de. *Gentios brasílicos: índios coloniais em Minas Gerais setecentista*. Tese de doutorado em História, Universidade de Campinas, Campinas, 2003.

SALOMON, Frank e SCHWARTZ, Stuart B. (orgs.). *The Cambridge history of the native peoples of the Americas: South America*. Cambridge: Cambridge University Press, 1999.

TAUSSIG, Michael. *Shamanism, colonialism, and the wild man: a study in terror and healing*. Chicago: University of Chicago Press, 1987.

WHITE, Richard. *The middle ground: Indians, empires, and republics in the Great Lakes region, 1650-1815*. Cambridge: Cambridge University Press, 1991.

WHITEHEAD, Neil L. "The snakewarriors — sons of the tiger's teeth: a descriptive analysis of Carib warfare ca. 1500-1820". In HAAS, Jonathan (org.). *The anthropology of war*. Cambridge: Cambridge University Press, 1990, p. 146-170.

_____. *Dark shamans: kanaimà and the poetics of violent death*. Durham: Duke University Press, 2002.

WRIGHT, Robin M. e CUNHA, Manuela Carneiro da. "Destruction, resistance, and transformation — southern, coastal, and northern Brazil (1580-1890)". In SALOMON, Frank e SCHWARTZ, Stuart B. (orgs.). *The Cambridge history of the native peoples of the Americas: South America*. Cambridge: Cambridge University Press, 1999, vol. 3, p. 340-345.

CAPÍTULO 5 # Adquirindo e defendendo os privilégios concedidos pela coroa no norte do Brasil

*Barbara A. Sommer**
Tradução de Ana Letícia Fauri

---

*Professora associada de História no Gettysburg College, nos Estados Unidos, e editora assistente em *The Americas: a Quarterly Review of Inter-American Cultural History*. É autora de "Cupid on the Amazon: sexual witchcraft and society in late-colonial Pará, Brazil", *Colonial Latin American Historical Review*, 12, n° 4, 2003, p. 415-446.

Assim como em outras regiões do império ultramarino, a coroa portuguesa oferecia subvenções e privilégios em troca de serviços e lealdade, a fim de criar e manter uma sociedade hierarquizada no norte do Brasil. O estatuto social estava enraizado no código legal, refletido em cargos militares e administrativos, perpetuado no acesso preferencial à autoridade real. A mobilidade social também derivava de alianças familiares estratégicas, da acumulação de terras e especialmente da aquisição de escravos. A dinâmica na Amazônia da segunda metade do século XVIII intensificou-se à medida que a coroa portuguesa esforçava-se para estruturar o vasto território do país e incorporava uma população nativa significativa ao seu império de além-mar.

Este trabalho enfoca três grupos para os quais a coroa ofereceu privilégios especiais em troca de cooperação: 1) os *cunhamenas*, traficantes de escravos indígenas que formaram famílias e se aliaram a autóctones independentes, os quais poderiam integrar a colônia; 2) os líderes indígenas e suas famílias, para a promoção da nobreza do povo nativo; 3) os soldados europeus que casavam com mulheres índias e estabeleciam-se na região. O verdadeiro desfrute das honras e dos privilégios garantidos pela coroa poderia ser restringido pelas autoridades regionais. Em casos nos quais os interesses de indivíduos fossem postos à frente de tudo o mais, a punição poderia ser imediata e severa.

Uma vez ganhos, os privilégios tinham de ser mantidos para evitar a desonra e o embaraço social. Indivíduos espalhados pelo longínquo império competiam por tais regalias, porque elas lhes conferiam *status*, o qual permeava todos os aspectos da vida cotidiana, permitindo-lhes acesso a postos militares e cargos no governo, à educação, a casamentos e enterros especiais, assim como a vestimentas elaboradas e outros símbolos de prestígio. O estatuto era herdado pelos membros da família; tinha importância para os vizinhos; determinava o grupo de que se fazia parte. Tais prerrogativas não eram absolutas e a sociedade local negociava o seu valor relativo. Como notam os historiadores Lyman L. Johnson e Sonya Lipsett-Rivera: "O lugar social também possuía um caráter local; cada cidade e região desenvolvia hierarquias de reputação e de prestígio distintas".[1] Indivíduos protegiam seu *status* ciosamente e queixavam-se às autoridades caso alguém lhes deixasse de mostrar respeito. As autoridades da coroa podiam reforçar e proteger a honra, a qual "...emanava do ponto mais alto da ordem imperial: uma hierarquia que começava com Deus e se estendia ao monarca e à nobreza, até chegar aos plebeus".[2]

O contexto histórico esclarece a motivação da coroa na região amazônica. D. João V (1706-1750), pouco tempo antes de sua morte, havia assinado o tratado de Madri para acabar com as disputas territoriais entre Espanha e Portugal na América do Sul. Esse estipulava o traçado das fronteiras dos dois reinos ibéricos baseado na efetiva ocupação do território.[3] Áreas remotas dos seus domínios, como o imenso interior da Amazônia, transformaram-se em arenas da diplomacia internacional. Quando D. José I (1750-1777) sucedeu D. João V, seu legislador político Sebastião José de Carvalho e Melo (futuro marquês de Pombal) introduziu profundas reformas administrativas, econômicas e defensivas nas colônias, com o propósito de tornar mais eficazes as reivindicações portuguesas e sua situação in-

---

[1] Lyman L. Johnson e Sonya Lipsett-Rivera (orgs.), *The faces of honor: sex, shame, and violence in colonial Latin America*, p. 14.
[2] *Idem*, p. 13.
[3] Sobre política portuguesa e reivindicações territoriais brasileiras, ver David M. Davidson, "How the Brazilian West was won: freelance and State on the Mato Grosso Frontier, 1737-1752", in Dauril Alden (org.), *Colonial roots of modern Brazil*, p. 61-106; Charles Ralph Boxer, *The golden age of Brazil, 1695-1750: growing pains of a colonial society*, p. 293-296.

ternacional.[4] O irmão de Pombal, Francisco Xavier de Mendonça Furtado, foi nomeado governador e capitão-general do Estado do Grão-Pará e do Maranhão, vindo a supervisionar a comissão portuguesa para a demarcação de terras na Amazônia, liderando e implementando a nova política.

Entre 1755 e 1760 os reformadores aboliram a escravidão indígena,[5] expulsaram os poderosos missionários jesuítas, nomearam diretores civis e impuseram nova legislação para o governo das antigas missões indígenas, constituídas por praticamente um terço da população da capitania do Pará.[6] Com o objetivo de estender seu controle administrativo, Mendonça Furtado dirigiu a criação da nova capitania de São José do Rio Negro, em 1755. A coroa ampliou os privilégios àqueles que pudessem promover vigorosamente a identidade cultural portuguesa, integrar a população nativa e fazer crescer a economia. Os destinatários de tais honras esforçavam-se para impor e manter seu *status* ante as mudanças políticas e o panorama social no fim do século XVIII.

---

[4] Sobre Pombal e sua política, ver Kenneth R. Maxwell, *Conflicts and conspiracies: Brazil and Portugal 1750-1808*, cap. 1 e 2; Maxwell, *Pombal, paradox of the Enlightenment*. Sobre reformas econômicas e produção, ver Manuel Nunes Dias, *A Companhia Geral do Grão-Pará e Maranhão (1755-1778)*; Ciro Flamarion Cardoso, *Economia e sociedade em áreas coloniais periféricas: Guiana Francesa e Pará, 1750-1817*. Sobre reformas administrativas, ver Andrée Mansuy-Diniz Silva, "Imperial re-organization, 1750-1808", in Leslie Bethell (org.), *Colonial Brazil*, p. 244-283.

[5] Sobre o comércio de escravos indígenas, ver David Graham Sweet, *A rich realm of nature destroyed: the middle Amazon Valley, 1640-1750*; Alden, "Indian versus black slavery in the State of Maranhão during the Seventeenth and Eighteenth Centuries", *Bibliotheca Americana*, vol. 1, nº 3, 1983, p. 91-142; John Manuel Monteiro, "Escravidão indígena e despovoamento na América portuguesa: S. Paulo e Maranhão", in *Brasil nas vésperas do mundo moderno*, p. 137-167.

[6] Sobre a expulsão jesuíta e o Diretório indígena, ver João Lúcio de Azevedo, *Os jesuítas no Grão-Pará: suas missões e a colonização*, cap. 12; Carlos de Araújo Moreira Neto, *Índios da Amazônia, de maioria a minoria, 1750-1850*, cap. 1; John Hemming, *Amazon frontier: the defeat of the Brazilian Indians*, caps. 1 e 3; Colin MacLachlan, "The Indian Directorate: forced acculturation in Portuguese America", *The Americas*, vol. 28, nº 4, 1972, p. 357-387; Ângela Domingues, *Quando os índios eram vassalos: colonização e relações de poder no norte do Brasil na segunda metade do século XVIII*; Barbara A. Sommer, *Negotiated settlements: native Amazonians and Portuguese policy in Pará, Brazil, 1758-1798*; Mauro Cezar Coelho, *Do sertão para o mar — Um estudo sobre a experiência portuguesa na América, a partir da colônia: o caso do Diretório dos Índios (1751-1798)*.

OS CUNHAMENAS: ENTRE A COROA E OS ALIADOS INDÍGENAS

Intencionando controlar o interior do oeste do Estado, Mendonça Furtado e o bispo do Pará, frei Miguel de Bulhões e Sousa, tiveram de restringir a autonomia dos *cunhamenas*, homens de muita influência local, com fortes laços com indígenas independentes. Não poderiam permitir que esses comerciantes de escravos indígenas operassem independentemente numa região tão distante e ainda em negociação com a Espanha. Caso os cunhamenas cooperassem, poderiam ser úteis; no entanto, aqueles que desafiassem a coroa poderiam sofrer punições exemplares.[7]

Dois cunhamenas particularmente poderosos, Francisco Portilho de Melo e Pedro de Braga, demonstram claramente o dilema: em 1753, Portilho de Melo, com problemas com as autoridades em função de haver renegado um acordo com um governador antecedente para estabelecer uma povoação com seus aliados, chegou com aproximadamente quatrocentos indígenas na Vila Nova de Santa Anna, próxima do forte de Macapá, que guardava a entrada ao norte do Amazonas.[8] Mendonça Furtado esperava poder utilizar-se do cunhamena para aumentar os interesses da coroa, intermediando o pedido de perdão para Portilho através do Conselho Ultramarino. De fato, não demorou muito até Portilho demonstrar sua utilidade, quando ele e seus guerreiros assumiram o controle de um *mocambo*, uma comunidade de escravos fugitivos situada a leste do for-

---

[7] Os *cunhamenas*, mencionados previamente apenas de modo resumido por historiadores, foram objeto de estudos recentes: ver Sommer, "Colony of the *Sertão*: Amazonian expeditions and the Indian slave trade", *The Americas*, vol. 61, nº 3, 2005, p. 401-428; Sommer, "Cracking down on the *Cunhamenas*: renegade Amazonian traders under Pombaline Reform", *Journal of Latin American Studies*, vol. 38, nº 4, 2006, p. 767-791; Domingues, "'Régulos e absolutos': episódios de multiculturalismo e intermediação no norte do Brasil (meados do século XVIII)", in Ronaldo Vainfas e Rodrigo Bentes Monteiro (orgs.), *Império de várias faces: relações de poder no mundo ibérico da Época Moderna*, p. 119-138.
[8] Carta de Francisco Portilho de Mello ao sargento Manoel de Moraes Castro, Rio Negro, 20 de fevereiro de 1752, Biblioteca Nacional de Portugal, Lisboa (BNP), Coleção Pombalina (PBA), cód. 625, fl. 73-73 v; Carta de Francisco Portilho e Mello ao capitão Francisco Serrão de Oliveira, Rio Negro, 17 de maio de 1752, *idem*, cód. 625, fl. 78; Carta de Francisco Portilho e Mello a [Francisco Xavier de Mendonça Furtado], Aldeia Nova da Srª S. Anna, 21 de março de 1753, *idem*, cód. 625, fl. 136-137; Carta de Manuel de Moraes Castro a [Francisco Xavier de Mendonça Furtado], Aldeia Nova da Srª S. Anna, 21 de março de 1753, *idem*, cód. 630, fl. 98.

te.[9] Seus guerreiros indígenas poderiam igualmente defender o forte, o qual, em conjunto com as missões dos remotos rios Solimões e Japurá, a oeste, poderiam fazer avançar as reivindicações territoriais portuguesas.[10]

Em troca de sua cooperação, o governador premiou Portilho e seus cinco chefes aliados com roupas finas, chapéus e todos os tipos de adereços necessários aos vassalos favorecidos da coroa.[11] Em uma época na qual leis suntuárias regulavam o que cada um poderia vestir, tecidos, adornos e trajes serviam como indicadores claros da posição social.[12] Embora a mudança de Portilho para o Macapá tenha inicialmente reforçado a esclarecida política integracionista de Pombal, a realidade diária do novo assentamento mostrou-se demasiado restrita. Em 1756, Portilho deslocou os índios de Santa Anna sem autorização devida, o que fez com que Bulhões, o governador em exercício, viesse a prendê-lo.[13]

Pedro de Braga, por sua vez, ignorou a autoridade do governador e acabou na prisão em 1752, acusado de homicídio numa disputa com um destacamento escravagista oficial.[14] Ele alegava que deveria

---

[9] Carta de Francisco Xavier de Mendonça Furtado a [D. José I], 3 de novembro de 1753, Arquivo Histórico Ultramarino, Lisboa (AHU), Pará, cx. 35, doc. 3273.

[10] Artigos nºs 19, 21, 28, "Instruções régias, públicas e secretas, para Francisco Xavier Mendonça Furtado..." Lisboa, 31 de maio de 1751, Marcos Carneiro de Mendonça (org.), *A Amazônia na era pombalina: correspondência inédita do governador e capitão-general do Estado do Grão-Pará e Maranhão, Francisco Xavier de Mendonça Furtado*, vol. I, p. 26-38.

[11] [Francisco Xavier de Mendonça Furtado] ao tesoureiro da fazenda real dos resgates, [Pará], 2 de dezembro de 1753, Arquivo Público do Estado do Pará, Belém, Pará (Apep), cód. 55, doc. 758.

[12] "Directório que se deve observar nas povoações dos índios do Pará e Maranhão enquanto Sua Magestade não mandar o contrário", *apud* Moreira Neto, *op. cit.*, p. 166-205, para essa referência art. nº 15; Pragmática, 24 de maio de 1749, *apud* Silvia Hunold Lara, "Legislação sobre escravos africanos na América portuguesa", p. 307-313, José Andrés-Gallego (org.), *Nuevas aportaciones a la história jurídica de Iberoamérica*, publicação eletrônica em CD-ROM.

[13] Carta de Fr. M. Bispo do Pará a Francisco Xavier de Mendonça Furtado, Pará, 7 de fevereiro de 1756, Carneiro de Mendonça (org.), *op. cit.*, vol. 3, p. 908-909; Carta de Fr. M. Bispo do Pará a Francisco Xavier de Mendonça Furtado, Pará, 19 de fevereiro de 1756, BNP, PBA, cód. 628, fl. 68-69, *apud* João Abel da Fonseca, "D. Frei Miguel de Bulhões, Bispo do Pará e Governador do Estado do Grão-Pará e Maranhão 1752 [sic. 1754]-1756", *Congresso internacional de história missionação portuguesa e encontro de culturas*, actas, vol. 2, p. 522-523; Consulta, Conselho Ultramarino ao rei (José I), Lisboa, 18 de junho de 1757, AHU, Pará, cx. 42, doc. 3878.

[14] Ver também Carta de Fr. M. Bispo do Pará a Francisco Xavier de Mendonça Furtado, Pará, 17 de fevereiro de 1756, BNP, PBA, cód. 628, fl. 53-53 v, *apud* Fonseca, *op. cit.*, p. 518.

poder usufruir o privilégio de ser julgado em Lisboa em razão de sua posição social. O ouvidor-geral em Belém notificou o caso a Lisboa, constatando que Braga "sem embargo de ser filho de índia que se reputava por escrava (...) por se mostrar, ainda que por bastardia, ser ser *(sic)* descendente de pessoas tratadas por nobres, e não ter ele exercido ofício algum mecânico, se lhe mandou dar livramento ordinário".[15] O debate jurisdicional finalmente chegou ao Conselho Ultramarino em Lisboa,[16] mas antes que os processos civis fossem finalizados, a Inquisição decidiu investigar os múltiplos casamentos dos cunhamenas com mulheres indígenas, exigindo que eles fossem transferidos para Lisboa. Portilho faleceu logo após sua chegada e Braga, depois de longo interrogatório, foi considerado culpado de práticas pagãs e sentenciado a servir nas galés reais.

O governador Mendonça Furtado teria de subverter os cunhamenas, a quem considerava homens rudes e renegados, mas que, ao mesmo tempo, gozavam de um estatuto relativamente elevado. A reivindicação de Braga por reconhecimento de sua nobreza demonstra que, embora apenas a coroa pudesse conferir títulos, a comunidade local designava *status* social àqueles ao seu redor, criando uma hierarquia à parte. Os antepassados de Braga não teriam chance alguma de serem tratados como nobres em Portugal; no entanto, a demonstração de respeito que conquistaram e a própria posição de Braga no Pará eram muito significativas. Enquanto os cunhamenas tinham a possibilidade de servir à coroa e ganhar recompensas em troca disso, a elite indígena podia, de forma desimpedida, reivindicar o reconhecimento de sua posição social herdada.

PRIVILEGIANDO A NOBREZA INDÍGENA

A distinção dos líderes nativos, os chamados "principais", foi aceita pela coroa com o objetivo de forjar alianças que confirmassem a au-

---

[15] Carta do ouvidor-geral João da Cruz Dinis Pinheiro a [Diogo de Mendonça Côrte Real], Belém do Pará, 10 de agosto de 1755, AHU, Pará, cx. 38, doc. 3592.
[16] Consulta, Conselho Ultramarino ao rei (José I), Lisboa, 18 de junho de 1757, *idem*, cx. 42, doc. 3878.

toridade portuguesa no Brasil.[17] Quando os franceses iniciaram uma colônia em São Luís, no Maranhão (1612), apresentaram aliados tupinambás na corte em Paris; já os portugueses concederam amplos privilégios, presentes e hábitos das ordens militares a líderes aliados que os ajudaram a expulsar os competidores holandeses em 1640. Durante a era pombalina, os reformadores confirmaram a hereditariedade de sua nobreza e suas prerrogativas legal e social especiais.[18] Em troca, assumiam o compromisso de convocar seus seguidores para servir na guerra e para trabalhos privativos e reais, além de, no decorrer do tempo, adotar o português como língua e os modos de convívio dessa sociedade como modelo. Sob o Diretório, a nobreza indígena serviria em determinados senados da câmara, juntamente a colonos brancos qualificados, e, como esperavam os reformadores, adotaria a civilidade apropriada a seu estatuto social.[19]

Assim como Mendonça Furtado premiou Portilho e seus líderes com vestimentas finas, o tesouro real costumeiramente adiantava tecidos a indígenas que concordassem em juntar-se à colônia para marcar sua transição de "selvagens" a "civilizados". Paradigma do processo civilizatório, as roupas conotavam *status* social.[20] Os principais demandavam vestidos, sapatos, perucas, espadas e bastões para marcarem sua posição. Líderes excepcionais solicitavam e recebiam o cobiçado hábito da Ordem de Cristo.[21]

---

[17] Além das fontes já citadas, ver Sommer, "Los *principais* de la Amazonia portuguesa: adaptación y sobrevivencia de la jerarquía indígena", in Tristan Platt, Isabelle Daillant, Mark Harris e Gilles Riviere (orgs.), *Andes-Amazon: conexiones, comparaciones, transformaciones*. Sobre Pernambuco, ver Ronald Raminelli, "Honras e malogros: trajetória da família Camarão 1630–1730", in Vainfas e Bentes Monteiro, *op. cit.*, p. 175-191.
[18] John Hemming, *Red gold: the conquest of the Brazilian Indians*, p. 198, 206-207; Mathias C. Kiemen, *The Indian policy of Portugal on the Amazon region, 1614-1693*, p. 5-58, 70-71; Antonio Vieira, "Visita", in Serafim Leite, *História da Companhia de Jesus no Brasil*, vol. 4, p. 120.
[19] "Directório...", *op. cit.*, art. n° 9. Sobre cartas dos senados da câmara ao governador, ver Apep, cód. 69.
[20] Ver Sommer, "Wigs, weapons, tattoos, and shoes: getting dressed in colonial Amazonia and Brazil", in Mina Roces e Louise Edwards (orgs.), *The politics of dress in Asia and the Americas*, p. 200-214.
[21] Ver, por exemplo, Requerimento, Silvestre Francisco de Mendonça Furtado a D. José I, ant. 17 jan. 1767, AHU, Pará, cx. 60, doc. 5310.

O prestígio social desfrutado pela elite indígena era ainda demonstrado por seu acesso às autoridades coloniais[22] e a prováveis futuros esposos ou esposas de estatuto elevado.[23] Os descendentes diretos da nobreza autóctone frequentavam faculdades e seus filhos, quando jovens, eram muitas vezes educados em casas de líderes portugueses.[24] Sua instrução os prepararia para futuros cargos, além de garantir o reconhecimento de sua autoridade entre europeus e indígenas. Em 1783, Rodrigues Ferreira descreveu o septuagenário sargento-mor Severino dos Santos, de Monforte, como um "civilizado já com, ao menos, a civilidade de haver aprendido a ler e escrever [...]; fala expeditamente e assim entende a língua portuguesa e, portanto, nenhum escrúpulo faço de subscrever as suas informações".[25] Inúmeros nomes de família e o termo de respeito "dona", utilizado para identificar esposas e filhas, também eram manifestações de reconhecimento da condição social.[26] Até mesmo locais de sepultamento refletiam a hierarquia social: como o padre Antônio Vieira constatou, o principal de uma missão seria enterrado dentro da grade que dividia a parte principal da igreja do coro e do altar. Outros índios das missões eram enterrados sob a nave e aos escravos restava o jardim da igreja.[27] O Diretório continuou a isentar oficiais e seus parentes do trabalho rotativo imposto aos plebeus e introduziu novas medidas para assegurar vantagens econômicas aos líderes.[28] Como resultado, os principais e os

---

[22] Requerimento, Cipriano Inácio de Mendonça, Isidoro António, Amaro Pereira da Silva e José da Costa de Sousa a D. José I, Lisboa, ant. 4 de julho de 1764, *idem*, cx. 57, doc. 5143.
[23] Director [e principal] ao governador, Oeiras, 13 de maio de 1776, Apep, cód. 298, doc. 110.
[24] João Vasco Manoel de Braun, "Roteiro corographico", *Revista do Instituto Histórico e Geográfico Brasileiro*, vol. 12, 1849, p. 313; Relação, Fragoso, 21 de agosto de 1777, Apep, cód. 312, doc. 24, nº 44; Domingues, *Quando os índios... op. cit.*, p. 120-124.
[25] Alexandre Rodrigues Ferreira, *Viagem filosófica pelas capitanias do Grão-Pará, Rio Negro, Mato Grosso e Cuiabá*, p. 99.
[26] "Directório...", *op. cit.*, art. nº 11; Relações, APEP, códs. 301 e 408. Ver, por exemplo, carta do comandante José Agostinho Dinis ao governador, Forte de N. Senhora de Nazaré, 16 de fevereiro de 1784, *idem*, cód. 408, doc. 19.
[27] Vieira, *op. cit.*, p. 118.
[28] "Directório...", *op. cit.*, arts. nºs 9, 49-58, 71; Carta régia, 3 de fevereiro de 1701, "A Junta das Missões do Estado do Maranhão", *apud* Leda Maria Cardoso Naud (org.), "Documentos sobre o índio brasileiro (1500-1822)", *Revista de Informação Legislativa*, vol. 8, nº 71, 1971, vol. 2, p. 250-252.

oficiais eram relativamente ricos.[29] A sua riqueza se traduzia por um maior poder de compra e muitos deles demonstravam propensão à ostentação de bens.

Por detrás desses símbolos de poder, oficiais indígenas tinham de negociar a sua autoridade tanto externamente, com a coroa portuguesa, como internamente, com os membros do seu grupo étnico e outros aldeões. Assim como seus homólogos hispânicos, os caciques e kurakas — que figuram proeminentemente na historiografia latino-americana —[30], os astutos líderes indígenas do Pará assumiram novas identidades e integraram-se à estrutura colonial. Oficiais de sucesso e seus descendentes mantiveram seu *status* social por gerações, podendo ser rastreados até o século XIX.[31] Alguns homens apresentavam considerável longevidade nos seus cargos. Mesmo depois que o Diretório foi abolido em 1798, líderes autóctones mantiveram-se como autoridades locais. Com as reformas administrativas, seus títulos mudaram, mas os mesmos homens ocupavam altos cargos no novo Corpo de Pedestres, ou no Corpo do Serviço Real, e serviam como juízes.[32] Todavia, enquanto a monarquia recompensava líderes cooperativos, os principais e outros membros da nobreza indígena tinham de defender seus interesses pessoais.

Quando autoridades locais e regionais ignoravam privilégios, a nobreza buscava proteção legal, protestando contra abusos ao governador e mesmo à coroa. O Diretório especificamente instruía diretores "que assim em público, como em particular, honrem, e estimem a todos aqueles Índios, que forem Juízes Ordinários, Vereadores, Principais, ou ocuparem outro qualquer posto honorífico; e também as suas famílias...".[33] Como Ângela Do-

---

[29] Alguns ganhavam um salário mensal pago pela coroa e muitos produziam mais que o habitante médio. Requerimento, AHU, Pará, cx. 57, doc. 5143; Relações, Apep, códs. 141, 312.

[30] Para um estudo recente, ver Steven W. Hackel, "The staff of leadership: Indian authority in the missions of Alta California", *The William and Mary Quarterly*, 3ª série, vol. 54, nº 2, 1997, p. 347-376.

[31] Juntamente com as esposas e os filhos, esse grupo somava 1.064 pessoas, ou 5,3 % do total da população indígena do Diretório, em 1792. Biblioteca Nacional do Brasil, Rio de Janeiro, I-17, 12, 2. A percentagem total desse setor privilegiado teria sido substancial, possivelmente alcançando 20% da população em algumas cidades.

[32] Sommer, *Negotiated settlements...*, *op. cit.*, p. 230-236.

[33] "Directório...", *op. cit.*, art. nº 9.

mingues nota, diretores violentos nas cidades de Borba e Tomar, capitania do Rio Negro, que "maltratavam a população índia eram ainda acusados de um outro tipo de delito: infringir os privilégios dos grupos favorecidos. Se o espancamento dos índios era ofensa grave, muito maior seria se estes fossem Principais".[34] Na capitania do Pará, quando um diretor nomeou os netos do poderoso sargento-mor Anacleto de Souza, da vila de Pombal, para serviços no Mazagão, aldeamento patrocinado pela coroa próximo a Macapá, na foz do Amazonas, o líder ameaçou-o de reclamar ao governador em pessoa, levando igualmente todos os seus parentes. Esses acabaram por servir como um bloco de apoio a Souza por cerca de 30 anos.[35]

O caso de D. Maria Matildes Barboza, filha legítima do falecido principal Claudio Barboza, que serviu duas vezes de juiz ordinário de Monsarás, na ilha de Marajó, é igualmente significativo. Em 1785, ela queixou-se do fato de ter sido nomeada pelo diretor civil de sua cidade para trabalhar como ama de leite na casa do mestre de campo Lourenço Furtado, em Belém, onde sofreu "inclemências". Ela arguia que não poderia ser forçada a trabalhar em razão da "nobreza que goza[va] por seu Pai". Respondendo ao questionamento do intendente-geral, o diretor escreveu-lhe dizendo que era difícil acreditar nos alegados maus-tratos e que, de qualquer maneira, o amante de D. Maria Matildes a havia levado embora da casa de Furtado.[36] De fato, D. Maria estava envolvida numa relação estável com um homem chamado Manoel José da Serra, com quem inclusive tinha filhos.[37] A família de Barboza manteve-se no poder por décadas; em 1794, o irmão de Maria Matildes, o principal Domingos Barboza, servia como diretor da cidade.[38]

---

[34] Domingues, *Quando os índios...*, op. cit., p. 267.
[35] Manoel José de Sá para o governador, Pombal, 30 jul. 1780, Apep, cód. 127, doc. 79; *idem*, cód. 58, docs. 108, 634 a.
[36] Requerimentos, D. Maria Matildes Barboza ao governador, Pará, ant. 3 fev. 1785; D. Maria Matildes Barboza ao governador, Pará, 14 mar. 1785; [diretor] Feliz da S.ª ao intendente-geral, Monsarás, 14 fev. 1785. *Idem*, cód. 325, docs. 31-33.
[37] Antonio José de Souza Magalhães ao governador, Monsarás, 13 ago. 1790; Requerimento, Thomé Domingos Barboza, ant. 22 jul. 1790; intendente-geral Faustino da Costa Valente ao governador, Pará, 23 jul. 1790. *Idem*, cód. 325, docs. 28-30.
[38] Fidelis Carvalho dos Passos ao governador D. Francisco de Souza Coutinho, Monsarás, 26 abr. 1794; Domingos Barboza para o governador, Monsarás, 5 abr. 1794. *Idem*, cód. 510, docs. 10-11.

Alguns líderes falharam ao lidar com a burocracia, outros foram diretamente ao monarca para resolver afrontas a sua honra. Na década de 1780, o chefe e o sargento-mor de Portel foram presos pelo governador e capitão-general Martinho de Sousa e Albuquerque como instigadores de inúmeras desordens e intrigas.[39] Em 1785, a rainha D. Maria I recebeu em Lisboa uma queixa formal sobre o governador, assinada por outro principal, o poderoso Manoel Pereira de Faria, da vila de Oeiras, da qual havia sido diretor entre 1767 e 1776. Faria,[40] citando a sua "honroza patente de Mestre de Campo", mencionava a "Ley do Augusto Pay de V. Magestade", que protegia sua nobreza como nativo. Ele protestou à rainha "pela vergonha de se[r] publicamente descomposto, e injuriado (...) face de uma inumerável multidão de pessoas, com as afrontosas palavras de negro e cachorro [...]".[41] A rainha rapidamente repreendeu o governador, um novo administrador que não respeitava a hierarquia social regional. Faria, sensível a sua posição, defendeu-se com sucesso. Já o sargento-mor de Portel não teve a mesma sorte — ele ficou doente e faleceu na prisão depois de o governador ser substituído. Embora fossem concedidos inúmeros privilégios por lei aos líderes, eles tinham de defender seu *status* recorrendo a autoridades superiores.

UMA SOCIEDADE UNIFICADA: CASAMENTOS ENTRE MILITARES EUROPEUS E ÍNDIAS

Os reformadores também buscaram consolidar a colônia pela promoção de casamentos entre nativos e europeus, adotando um mecanismo de integração de alianças familiares favorecido pelos cunhamenas e seus

---

[39] Requerimento, Manoel Pereira de Faria à rainha [D. Maria I], Pará, 1 mar. 1785. *Idem*, cód. 77, doc. 75.
[40] Em Oeiras, o extraordinário principal Manoel Pereira de Faria manteve-se em seu cargo por pelo menos 30 anos. Carta [do principal] ao governador, Oeiras, 28 set. 1767, *idem*, cód. 71, doc. 125; Requerimento, Principal Manuel Pereira de Faria ao rei [D. José I], ant. 17 jun. 1771, AHU, Pará, cx. 67, doc. 5752; Carta do director [e principal] ao governador, Oeiras, 26 fev. 1774, Apep, cód. 272, doc. 66; *idem*, cód. 298, doc. 110, 13 maio 1776.
[41] *Idem*, cód. 77, doc. 75.

parentes, mas repudiando os costumes indígenas. Em forte contraste com a política isolacionista do regimento de 1686, que proibia brancos de viverem nas missões, os reformadores pombalinos ofereceram incentivos econômicos e sociais para casamentos entre brancos e indígenas, com o objetivo de favorecer o aumento da população na região e apressar o processo de aculturação.[42] Um edital real de 1755 declarava que os vassalos da coroa portuguesa casados com mulheres indígenas mereciam atenção real e deveriam ter preferência no acesso a terras e profissões de acordo com sua "graduação". Seus descendentes tinham direito a todos os tipos de trabalho e honras. O edital avançava a ponto de autorizar o juiz da coroa a expulsar do distrito por um mês aqueles que chamassem os casados com indígenas, ou seus descendentes, de "caboclos" ou de qualquer outro nome injurioso.[43] As autoridades governamentais, especialmente durante as décadas de 1760 e 1770, com a influência de Pombal em Lisboa, trabalharam arduamente para que se fizessem cumprir as leis que protegiam índios e mestiços. Em 1761, por exemplo, frei João do Monte Carmelo foi sumariamente castigado "pela escandalosa escusa que pôs a José Rodrigues da Fonseca de entrar na Ordem Terceira por ser Mameluco". O governador foi instruído a "vigiar o desprezo com que algumas pessoas poderão olhar para o sangue dos Índios, privando-os daquelas honras de tratamento da Nobreza com que o mesmo Senhor os manda nobilitar, distinguir".[44]

Nos anos que se seguiram à instituição das novas medidas, os governadores enviaram com ansiedade, a Lisboa, notícias de casamentos bem-sucedidos entre soldados e índias.[45] Em 1760, o governador da

---

[42] Carta do Bispo do Pará [D. fr. Miguel de Bulhões e Sousa] ao rei D. José I, Pará, 4 ago. 1755, AHU, cx. 38, doc. 3568.
[43] "Alvará em forma de Lei, de 4 de abril de 1755...", Naud, "Documentos sobre o índio brasileiro", *op. cit.*, p. 255.
[44] Carta do [governador e capitão-general do Estado do Pará e Maranhão], Manuel Bernardo de Melo e Castro para [secretário de Estado da Marinha e Ultramar] Francisco Xavier de Mendonça Furtado, Pará, 2 out. 1761, AHU, Pará, cx. 50, doc. 4606.
[45] Coelho, *op. cit.*, p. 185. Autoridades geralmente encorajavam portugueses a se unirem a famílias autóctones através do matrimônio, vide carta do [governador e capitão-general do Estado do Pará e Maranhão] Manuel Bernardo de Melo e Castro, para o [secretário de Estado da Marinha e Ultramar] Francisco Xavier de Mendonça Furtado, Pará, 16 maio 1761, AHU, Pará, cx. 49, doc. 4462.

capitania do Rio Negro informou a ocorrência de 77 novos casamentos, num total de 188 moradores brancos na região, os quais, imaginava ele, já haviam ajudado a estabilizar colônias indígenas no rio Solimões.[46] Em apenas quatro meses, em 1759, 32 soldados casaram com mulheres indígenas na capitania do Pará, dentre os quais estavam incluídos três oficiais: o capitão José Antonio Salgado, o tenente José Correa de Lacerda e o ajudante engenheiro Henrique Wilckens.[47] Wilckens é bem conhecido por seu poema épico intitulado *Muhuraida* ou o *Triunfo da fé* e por sua participação nas demarcações,[48] embora seu casamento tenha passado despercebido. Uma rápida olhada nas carreiras desses três oficiais fornece algumas informações a respeito da natureza relativa do *status* social, do papel das autoridades na sua criação e da necessidade dos indivíduos de defendê-la.

Antes de explorar mais a fundo suas carreiras, no entanto, deveríamos fazer uma pausa para explicar que mulheres nativas poderiam concordar em casar com europeus por uma série de razões — documentos comprovam benefícios sociais e econômicos. O *status* legal das índias nascidas nas antigas missões modificou-se quando elas casaram-se com homens brancos. O pároco as realocava das listas dos índios do Diretório para os recenseamentos da população livre. Seu novo *status* legal impli-

---

[46] Carta do [governador do Rio Negro] Joaquim de Melo e Póvoas ao secretário de Estado da Marinha e Ultramar, Tomé Joaquim Corte Real, Vila de Barcelos, 20 jan. 1760, AHU, Rio Negro, cx. 1, doc. 65. Ver também Carta de Joaquim de Melo e Póvoas para o secretário de Estado da Marinha e Ultramar, Francisco Xavier Mendonça Furtado, Vila de Barcelos, 4 nov. 1760, *idem*, cx. 2, doc. 83.

[47] Carta do [governador e capitão-general do Estado de Maranhão e Grão-Pará] Manuel Bernardo de Melo de Castro para o [secretário de Estado da Marinha e Ultramar] Tomé Joaquim da Costa Corte Real, Pará, 31 jul. 1759, *idem*, Pará, cx. 45, doc. 4100. O governador relatou que 32 soldados e três oficiais haviam se casado com mulheres indígenas, embora um dos oficiais, o ajudante engenheiro "Henrique Wilckens", apareça como número 32 na relação, de modo que o total deveria ser de 34, e não 35. Wilckens assina seu próprio sobrenome, "Wilkens", numa grafia comum em inglês, assim como aparece no documento, mas neste ensaio foi mantida a forma utilizada por acadêmicos brasileiros da atualidade. Salgado mencionou seu casamento e o nascimento de um filho em Carta de José António Salgado para o [secretário de Estado da Marinha e Ultramar], Francisco Xavier de Mendonça Furtado, Pará, 6 set. 1760, *idem*, cx. 46, doc. 4244.

[48] Marta Rosa Amoroso, "Introdução", in Marta Rosa Amoroso e Nádia Farage (orgs.), *Relatos da fronteira amazônica no século XVIII: documentos de Henrique João Wilckens e Alexandre Rodrigues Ferreira*, p. 9-18.

cava que nem elas nem seus filhos seriam colocados na situação de executar trabalhos forçados: uma exceção que teria sido muito significativa para plebeus. A nobreza já estava dispensada de tais trabalhos, mas os plebeus eram forçados a servir aos colonizadores ou ao Estado por uma remuneração mínima. Além disso, a coroa proporcionava incentivos materiais para tais matrimônios. Embora a evidência seja esparsa, um bom número de soldados acabou casando-se com filhas e netas de indivíduos da elite nativa.[49] Ambos os lados podem ter-se aproveitado das novas vantagens sociais — através das ligações com a comunidade europeia, para os índios, e de uma rede familiar para os soldados distantes de casa.

Dados documentais oferecem poucas informações a respeito de mulheres nativas que se casaram com soldados. No caso de seus maridos estarem vivos, elas dificilmente apareceriam sistematicamente nos arquivos. No detalhado censo de 1778, por exemplo, apenas os nomes dos chefes de família são listados.[50] Enquanto em torno de 29 viúvas índias constam na lista, não há nenhuma indicação sobre quem eram seus maridos. Todas, com exceção de duas, são descritas como "pobres". Apenas Brigida Duttra, de Oeiras, é classificada como "abundante" — a sua família consistia num total de dez pessoas e ela ainda empregava sete adultos. Com relação às mulheres dos três oficiais, duas não tiveram tanta sorte. Quando o censo foi compilado, quase 20 anos depois dos matrimônios, tanto José Antonio Salgado como José Correa de Lacerda estavam arrolados como viúvos. A esposa de Wilckens, D. Ines Aranha, no entanto, aparentemente viveu por muitos anos e sobreviveu ao nascimento de seis filhos.[51]

---

[49] Carta do [Diretor] Jozé da Silva de Senna ao governador, Portel, 10 maio 1759, Apep, cód. 95, doc. 39; Carta do Juiz ordinário André Fernandes Gavinho ao governador e capitão-general João Pereira Caldas, Monforte, 30 jan. 1774, *idem*, cód. 276, doc. 9; Comandante João da Gama Lobo para o [governador e capitão-general] João Pereira Caldas, Santarém, 6 fev. 1778, *idem*, cód. 277, doc. 74.

[50] AHU, Rio Negro, cx. 8, doc. 355, [AHU, Pará, cx. 94, doc. 7509], "Mappas das Fam.ᵃˢ do Estado do Grão Pará, Anno de 1778", [governador e capitão-general da capitania] do Rio Negro, João Pereira Caldas, para o [secretário de Estado da Marinha e Ultramar], Martinho de Melo e Castro, Barcelos, 22 jun. 1785, ver: Brigida Duttra, p. 139, nº 2, José Antonio Salgado, p. 3, n. 55, p. 96, [sn], José Correa de Lacerda, p. 195, [sn], Henrique João Wilkens, p. 36, nº 31, p. 88 [sn].

[51] Requerimento, capitão da infantaria Henrique João Wilckens para o rei [D. José I],

É difícil saber até que ponto a concessão de terras e as promoções subordinavam-se a seus casamentos, mas, de qualquer maneira, é certo que os três oficiais foram relativamente bem-sucedidos. Salgado e Wilckens foram voluntariamente para o Pará, como membros das demarcações, em 1753, e ambos foram promovidos rapidamente.[52] Embora o bispo Caetano Brandão tenha comentado que, na década de 1780, muitos dos casamentos entre ex-soldados e índias na capitania do Rio Negro ocorreram em estado de relativa pobreza, porque lhes faltava assistência de mão de obra e contra pragas de insetos,[53] os oficiais viviam muito melhor. Quando o censo de 1778 foi compilado, todos os três oficiais tinham famílias, moradias e propriedades rurais com vários empregados e escravos. Lacerda havia recebido uma carta de doação para a fazenda São José, em Marajó, anteriormente uma propriedade jesuíta, e uma sesmaria para terras adjacentes.[54] Wilckens foi promovido a sargento-mor e segundo comissário da 4ª divisão das demarcações de limites do Rio Negro. Apesar de sua carreira bem-sucedida, tanto ele como a esposa tiveram problemas de saúde.[55] Quanto a Salgado, recebeu promoções militares e, ao fim do século, tornou-se governador interino da capitania do Rio Negro. Como observa o historiador Arthur Cézar Ferreira Reis, Salgado era protegido do governador e capitão-general do Estado, Fran-

---

ant. 27 set. 1771, AHU, Pará, cx. 67, doc. 5774. Com as fontes documentais encontradas até agora, é impossível comprovar que Wilckens tenha estado casado com a mesma mulher durante todo o período. As menções a sua esposa referem-se tanto a "Inez Aranha" como "à filha de Antônio de Figueiredo". A diferença nos sobrenomes diz-nos pouco. As pessoas utilizavam os sobrenomes dos avós, mas também, entre alguns nativos da Amazônia, pode-se perceber que meninas recebiam o sobrenome da mãe, enquanto meninos, o do pai. Capitão engenheiro Henrique João Wilckens para o [secretário de Estado da Marinha e Ultramar], Martinho de Melo e Castro, Macapá, 20 out. 1773, *idem*, cx. 71, doc. 6053.

[52] Decreto do rei D. José I, [Lisboa], 10 jun. 1761, *idem*, cx. 49, doc. 4488.

[53] A. C. do Amaral, *Memórias para a história da vida do venerável arcebispo de Braga D. Fr. Caetano Brandão*, p. 341-342, 350.

[54] Requerimento de José Correia de Lacerda ao rei [D. José I], ant. 10 dez. 1764, AHU, Pará, cx. 57, doc. 5187; Requerimento de José Correia de Lacerda para o rei [D. José I], ant. 15 abr. 1768, *idem*, cx. 61, doc. 5443.

[55] Consulta do Conselho Ultramarino para a rainha [D. Maria I], Lisboa, 14 dez. 1779, *idem*, cx. 84, doc. 6885.

cisco Maurício de Souza Coutinho, embora nunca tenha de fato conquistado a patente de governador, substituído em 1804.[56]

Wilckens, que parecia gozar da aprovação da coroa, ressentiu-se pela nomeação de Salgado, julgando-se traído. Em longa carta ao governador e capitão-general, enviada de Rio Negro, o tenente-coronel engenheiro Wilckens, com 64 anos, protesta: "Vossa Excelência prometeu-me o Governo desta Capitania". Exasperado, o oficial pergunta: "Será este excelentíssimo Senhor, o prêmio de quarenta e sete, perto de quarenta e oito anos de Serviço, o prêmio de me ver, por causa do mesmo Serviço, pobre, necessitado, falta de tudo neste Degredado...?" A humilhação pública era-lhe insuportável; Wilckens lamenta-se: "Me vejo exposto ao ludíbrio de todos." Wilckens sentia que havia acontecido uma injustiça — a hierarquia e suas qualificações superiores não haviam sido respeitadas. Ressaltando que tinha muitos filhos e netos, Wilckens requereu uma licença para viajar a Lisboa, objetivando "representar a minha Justiça e razão aos pés de Sua Alteza Real".[57] Em vez disso, relegado ao exílio no coração da floresta amazônica, acabou falecendo de "sezões e corrupções" no rio Madeira, dois anos mais tarde, em 1802, enquanto aguardava instruções do governador de Mato Grosso.[58]

Embora tenha sido desprezado no final do século, Wilckens, assim como Salgado e Lacerda, beneficiou-se de seu casamento e seus serviços à coroa no Amazonas. Salgado e Wilckens ascenderam no *ranking* militar e todos os três oficiais constituíram famílias e ganharam terras, com empregados e escravos. Seus filhos ingressaram no exército e serviram à coroa no Amazonas.[59] A política pombalina frutificou à medida que seus homens fincavam raízes na Amazônia.

---

[56] Arthur Cézar Ferreira Reis, *História do Amazonas* (1906), p. 149.
[57] Henrique João Wilckens a Dom Francisco de Souza Coutinho, Barcelos, 10 ago. 1800, Arquivo Nacional, Rio de Janeiro, cód. 807, v. 13, fl. 230-234, apud Amoroso e Farage (orgs.), *op. cit.*, p. 63-67.
[58] Carta do [governador e capitão-general do Estado do Pará e Rio Negro], D. Francisco de Sousa Coutinho, para o [secretário de Estado da Marinha e Ultramar], visconde de Anadia [D. João Rodrigues de Sá e Melo], Pará, 23 dez. 1802, AHU, Pará, cx. 123, doc. 9515.
[59] Francisco Henrique Wilckens foi enviado a Lisboa para estudar; ver carta do [governador e capitão-general do Estado do Pará e Rio Negro], José de Nápoles Telo de Meneses, para o [secretário de Estado da Marinha e Ultramar], Martinho de Melo e Castro,

CONCLUSÃO

Os esforços da monarquia para integrar esse vasto território ultramarino na segunda metade do século XVIII criaram oportunidades únicas para quem buscava avanços. A coroa concedia terras, oportunidades e prestígio, como recompensa por cooperação. A nobreza nativa regia suas comunidades e fornecia mão de obra para projetos do Estado; em troca, conquistava-se *status*. Mulheres nativas e soldados portugueses uniam-se em matrimônio estrategicamente, formando famílias e desfrutando benefícios concedidos pela coroa. Quando o cunhamena Portilho cooperou, o governador presenteou-o com vestimentas suntuosas; no entanto, décadas de independência tornaram o cumprimento das diretrizes da coroa algo muito penoso para esses homens. Braga, que descaradamente ignorou o governador, acabou sendo preso e punido nas galés reais. O chefe e sargento-mor de Portel, por não cooperar, foi também encarcerado e, assim como Portilho, morreu na prisão. Wilckens, por sua vez, serviu à coroa lealmente por décadas, mas mesmo assim sua luta por uma promoção naufragou nas conexões de seus rivais. Aqueles que desejavam subir na hierarquia competiam por um número de cargos cada vez mais limitado. Enquanto a coroa recompensava pela cooperação, indivíduos tinham de manter os privilégios alcança-

---

Pará, 21 nov. 1782, *idem*, cx. 89, doc. 7262. Anos mais tarde, ele foi condenado ao exílio em Angola por ter assassinado um soldado, ato que, segundo o próprio, foi de autodefesa. Em seu pedido de clemência, ele defendeu o direito de responder a um ataque utilizando-se da mesma força: "Este Direito ainda é mais forte em oficial Militar, cuja profissão é arrostar os perigos, não mostrar covardia, não tolerar mancha no timbre da honra, conservá-la ilesa de qualquer acometimento, [...]". Requerimento de Francisco Henrique Wilckens para a rainha [D. Maria I], ant. 20 jul. 1795, *idem*, cx. 105, doc. 8346; Aviso do [secretário de Estado dos Negócios Estrangeiros e Guerra], Luís Pinto de Sousa Coutinho, para o [secretário de Estado da Marinha e Ultramar], D. Rodrigo de Sousa Coutinho, Paço de Queluz, 21 nov. 1799, *idem*, cx. 116, doc. 8952. José Joaquim Wilckens, também alistado no exército, caiu do parapeito da muralha de Belém, quebrando ambos os ossos do braço. Requerimento do cadete José Joaquim Wilckens para a rainha [D. Maria I] ant. 30 set. 1796, *idem*, cx. 108, doc. 8493; Consulta do Conselho Ultramarino para a rainha [D. Maria I], Lisboa, 18 jan. 1799, *idem*, cx. 114, doc. 8813. Sobre José António Salgado, ver Requerimento, Cadete José António Salgado, [n. l.] post. 23 out. 1792, *idem*, cx. 102, doc. 8094; carta patente da rainha [D. Maria I], agregando o cadete José António Salgado no posto de Alferes do Regimento de Infantaria de [São José do] Macapá, Lisboa, 20 jun. 1797, *idem*, cx 109, doc. 8598.

dos — uma batalha diária, ainda que no coração da floresta amazônica. As honras possuíam valor relativo, sendo limitadas e moldadas por circunstâncias diárias nas longínquas terras do império ultramarino.

REFERÊNCIAS DOCUMENTAIS E BIBLIOGRÁFICAS

NAUD, Leda Maria Cardoso (org.). "Documentos sobre o índio brasileiro (1500-1822)". *Revista de Informação Legislativa*, vol. 8, n° 71, vol. 2, p. 250-252, 1971.

ALDEN, Dauril. "Indian versus black slavery in the State of Maranhão during the Seventeenth and Eighteenth Centuries". *Bibliotheca Americana*, vol. 1, n° 3, 1983, p. 91-142.

AMARAL, A. C. do. *Memórias para a história da vida do venerável arcebispo de Braga D. Fr. Caetano Brandão*. Lisboa: Impressão Régia, 1818.

AMOROSO, Marta Rosa. "Introdução". In AMOROSO, Marta Rosa e FARAGE, Nádia (orgs.). *Relatos da fronteira amazônica no século XVIII: documentos de Henrique João Wilckens e Alexandre Rodrigues Ferreira*. São Paulo: Núcleo de História Indígena e do Indigenismo/Fapesp, 1994, p. 9-18.

ANDRÉS-GALLEGO, José (org.). *Nuevas aportaciones a la história jurídica de Iberoamérica*. Publicação eletrônica em CD-Rom.

AZEVEDO, João Lúcio de. *Os jesuítas no Grão-Pará: suas missões e a colonização*. Coimbra: Imprensa da Universidade, 1930.

BOXER, Charles Ralph. *The golden age of Brazil, 1695-1750: growing pains of a colonial society*. Berkeley: University of California Press, 1962.

BRAUN, João Vasco Manoel de. "Roteiro corographico". *Revista do Instituto Histórico e Geográfico Brasileiro*, vol. 12, 1849, p. 313.

CARDOSO, Ciro Flamarion. *Economia e sociedade em áreas coloniais periféricas: Guiana Francesa e Pará, 1750-1817*. Rio de Janeiro: Graal, 1984.

COELHO, Mauro Cezar. *Do sertão para o mar: um estudo sobre a experiência portuguesa na América, a partir da colônia: o caso do Diretório dos Índios (1751-1798)*. Tese de doutorado em História Social, Universidade de São Paulo, São Paulo, 2005.

DAVIDSON, David M. "How the Brazilian West was won: freelance and State on the Mato Grosso Frontier, 1737-1752". In ALDEN, Dauril (org.). *Colonial roots of modern Brazil*. Berkeley: University of California Press, 1972.

DIAS, Manuel Nunes. *A Companhia Geral do Grão-Pará e Maranhão (1755-1778)*. São Paulo: Universidade de São Paulo, 1971.

DOMINGUES, Ângela. *Quando os índios eram vassalos: colonização e relações de poder no norte do Brasil na segunda metade do século XVIII*. Lisboa: Comissão Nacional para as Comemorações dos Descobrimentos Portugueses, 2000.

_____. "'Régulos e absolutos': episódios de multiculturalismo e intermediação no norte do Brasil (meados do século XVIII)". In VAINFAS, Ronaldo e MONTEIRO, Rodrigo Bentes (orgs.). *Império de várias faces: relações de poder no mundo ibérico da Época Moderna*. São Paulo: Alameda, 2009, p. 119-138.

FERREIRA, Alexandre Rodrigues. *Viagem filosófica pelas capitanias do Grão-Pará, Rio Negro, Mato Grosso e Cuiabá*. Rio de Janeiro: Conselho Federal de Cultura, 1974.

FONSECA, João Abel da. "D. Frei Miguel de Bulhões, Bispo do Pará e Governador do Estado do Grão-Pará e Maranhão 1752 [sic. 1754] –1756". *Congresso internacional de história missionação portuguesa e encontro de culturas: actas*. Braga, Universidade Católica Portuguesa/Comissão Nacional para as Comemorações dos Descobrimentos Portugueses/Fundação Evangelização e Culturas, vol. 2, 1993.

HACKEL, Steven W. "The staff of leadership: Indian authority in the missions of Alta California". *The William and Mary Quarterly*, 3ª série, vol. 54, nº 2, p. 347-376, 1997.

HEMMING, John. *Amazon frontier: the defeat of the Brazilian Indians*. Londres: MacMillan, 1987.

_____. *Red Gold: the conquest of the Brazilian Indians*. Cambridge, MA: Harvard University Press, 1978.

JOHNSON, Lyman L. e LIPSETT-RIVERA, Sonya (orgs.). *The faces of honor: sex, shame, and violence in colonial Latin America*. Albuquerque: University of New Mexico Press, 1998.

KIEMEN, Mathias C. *The Indian policy of Portugal on the Amazon region, 1614-1693*. Washington, D. C. Tese de doutorado em História, Catholic University of America, 1954.

LARA, Silvia Hunold. "Legislação sobre escravos africanos na América portuguesa". In ANDRÉS-GALLEGO, José (coord.). *Nuevas Aportaciones a la Historia Jurídica de Iberoamérica*. Madri: Fundación Histórica Tavera, 2000.

MACLACHLAN, Colin. "The Indian Directorate: forced acculturation in Portuguese America". *The Americas*, vol. 28, nº 4, p. 357-387, 1972.

MAXWELL, Kenneth R. *Conflicts and conspiracies: Brazil and Portugal 1750-1808*. Cambridge: Cambridge University Press, 1973.

_____. *Pombal, paradox of the Enlightenment*. Cambridge: Cambridge University Press, 1995.

MENDONÇA, Marcos Carneiro de (org.). *A Amazônia na era pombalina: correspondência inédita do Governador e Capitão-General do Estado do Grão-Pará e Maranhão, Francisco Xavier de Mendonça Furtado*. Rio de Janeiro: Instituto Histórico e Geográfico Brasileiro, 1963.

MONTEIRO, John Manuel. "Escravidão indígena e despovoamento na América portuguesa: S. Paulo e Maranhão". In PAULINO, Francisco Faria (org.). *Brasil nas vésperas do mundo moderno*. Lisboa: Comissão Nacional para as Comemorações dos Descobrimentos Portugueses, 1992, p. 137-167.

MOREIRA NETO, Carlos de Araújo. *Índios da Amazônia, de maioria a minoria, 1750-1850*. Petrópolis: Vozes, 1988.

RAMINELLI, Ronald. "Honras e malogros: trajetória da família Camarão 1630–1730". In VAINFAS, Ronaldo e MONTEIRO, Bentes (orgs.). *Império de várias faces: relações de poder no mundo ibérico da Época Moderna*. São Paulo: Alameda, 2009, p. 175-191.

REIS, Arthur Cézar Ferreira. *História do Amazonas (1906)*. 2ª ed. Belo Horizonte/Manaus: Itatiaia/Superintendência Cultural do Amazonas, 1989.

SILVA, Andrée Mansuy-Diniz. "Imperial re-organization, 1750-1808". In BETHELL, Leslie (org.). *Colonial Brazil*. Nova York: Cambridge University Press, 1991, p. 244-283.

SOMMER, Barbara A. "Los *principais* de la Amazonia portuguesa: adaptación y sobrevivencia de la jerarquía indígena". In PLATT, Tristan; DAILLANT, Isabelle; HARRIS, Mark; RIVIERE, Gilles (orgs.). *Andes-Amazon: conexiones, comparaciones, transformaciones*. Buenos Aires: Editorial SP (no prelo).

_____. "Wigs, weapons, tattoos, and shoes: getting dressed in colonial Amazonia and Brazil". In ROCES, Mina e EDWARDS, Louise (orgs.). *The politics of dress in Asia and the Americas*. Portland: Sussex Academic Press, 2008, p. 200-214.

_____. *Negotiated settlements: native Amazonians and Portuguese policy in Pará, Brazil, 1758-1798*. Tese de doutorado em História, University of New Mexico, 2000.

_____."Colony of the *Sertão*: Amazonian expeditions and the Indian slave trade". *The Americas*, vol. 61, n° 3, p. 401-428, 2005.

_____."Cracking down on the *Cunhamenas*: renegade Amazonian traders under Pombaline Reform". *Journal of Latin American Studies*, vol. 38, n° 4, p. 767-79, 2006.

SWEET, David Graham. *A rich realm of nature destroyed: the middle Amazon valley, 1640-1750*. Tese de doutorado em História, University of Wisconsin, 1974.

VIEIRA, Antonio. "Visita". In LEITE, Serafim. *História da Companhia de Jesus no Brasil*. Rio de Janeiro/Lisboa: Instituto Nacional do Livro/Livraria Portugália, 1943.

CAPÍTULO 6 # Minha casa, minha honra: morgadios e conflito no império português

*Márcia Maria Menendes Motta**

---

*Professora associada do Departamento de História da Universidade Federal Fluminense, Cientista Nosso Estado pela Faperj, pesquisadora do CNPq e da Companhia das Índias. É autora do livro *Direito à terra no Brasil: a gestação do conflito (1795-1824)*, São Paulo, Alameda, 2009.

HISTÓRIA DA HISTÓRIA SOBRE AS PROPRIEDADES VINCULADAS: ALGUMAS CONSIDERAÇÕES INICIAIS

São recentes no Brasil estudos sobre a construção histórica do sentido moderno de propriedade, pautados num rigoroso levantamento e cruzamento das inúmeras leis e normas que procuraram fundamentar o direito à terra de uns em detrimento de outrem. Em geral, os trabalhos existentes são marcados por uma visão teleológica do processo histórico que condena — sem refletir — as dinâmicas de ocupação de terras, diversas daquela consagrada pela ótica liberal. Por essa interpretação, é possível encontrar ainda um corolário de sensos comuns que se pautam na noção do atraso e da constituição do latifúndio nas Américas como o resultado inevitável do processo de ocupação territorial em áreas coloniais. Por essa linha de raciocínio, os morgadios (ou *mayorazgos*) são exemplos emblemáticos de uma pré-história da constituição do latifúndio latino-americano.

É fato que os trabalhos mais clássicos sobre o tema alimentam aquela visão. Em seu livro sobre a origem e o desenvolvimento dos problemas agrários no México, Enrico Florescano, por exemplo, afirmou:

> Da consolidação do latifúndio participou esse sentimento tão vivo que tinham os espanhóis dos laços de sangue e do parentesco. Qualquer que fosse a origem de suas fortunas, quase todos os proprietários de terras aspiravam a vincular suas propriedades a um nome, a

uma casa e, se possível, a um título nobiliárquico. A terra era considerada um símbolo de prestígio e uma maneira de perpetuar o nome de uma linhagem. *Assim, tudo se direcionava para criar uma grande aristocracia territorial.*[1]

Independentemente da veracidade ou não daquelas abordagens ou do peso do sistema de morgadio na consolidação de um universo agrário esterilizado por formas "arcaicas" de ocupação, com base nelas, perde-se talvez a oportunidade de compreender o que talvez seja um de seus aspectos mais instigantes: a história do morgadio é a história de um sistema calcado no passado (a honra da família, sua importância nos quadros da elite) que se projeta no futuro. É uma tentativa de controlar o destino de novas gerações, diminuir o grau de instabilidade ocasionado pela morte de seu detentor. Mas há ainda aspectos não menos importantes.

São inúmeras as possibilidades de pesquisas alimentadas pelas contribuições da historiografia britânica. Num interessante texto, escrito para a coletânea sobre famílias e sistemas de herança, Kiernam argumentou:

> Muito da história da propriedade pode ser encontrada nos registros fósseis da língua. A palavra mesma deriva do latin *proprius*, provavelmente derivado de *pro privo*, privado ou pessoal, que deu a Inglaterra do século XIII a palavra *proper.* Isso evoluiu em direção ao autocomplacente sentido moderno — o que quer que seja meu deve estar certo — e a ideia de propriedade, também em direção da palavra propriedade, significando possessão, normalmente privada, e do século XV, mas mais geralmente a partir do século XVII, coisas possuídas (pertencidas). Riqueza está relacionada a bem-*well* e no século XIII significava tanto os ricos como assistência social.[2]

---

[1] "*En la consolidación del latifundio participo ese sentimiento tan vivo que tenían los españoles de los lazos de sangre y del parentesco. Cualquiera que fuere el origen de sus fortunas, casi todos los propietarios de tierras aspiraban a vincular sus propiedades a un nombre, a una casa y, si era posible, a un título nobiliario. La tierra fue considerada como un símbolo de prestigio y como una manera de perpetuar el nombre de un linaje. Así, todo se dirigía a crear una gran aristocracia territorial.*" Enrique Florescano, *Origen y desarrollo de los problemas agrarios de México. 1500-1821*, p. 56-57 (destaque meu).

[2] "*Much of the history of property can be sought for in the fossil record of language. The word itself is from the Latin* proprius, *probably derived from* pro privo, *private*

MINHA CASA, MINHA HONRA

Ao refletir sobre os sistemas de herança, Thompson, por exemplo, apresentou as formas pelas quais diferentes grupos sociais, no século XVIII, ainda buscavam garantir e manter ocupações sociais e formas de sustento possíveis para os restantes de seus filhos, no mundo da primogenitura. Assim, é possível esquadrinhar as leis acerca da transmissão de patrimônio, os costumes locais e as diversas gradações que produziram distintos encaminhamentos no complexo processo de legar a herdeiros os bens acumulados em toda uma trajetória de vida. É instigante também refletir sobre isso numa relação não menos complexa entre as normas metropolitanas e sua instrumentalização nas experiências coloniais. Nesse último caso, os sistemas marcados pela propriedade vinculada morgadio (em Portugal e seu império), *mayorazgo* (na Espanha e particularmente na Nova Espanha) e *entail* (na Inglaterra e na Virgínia, nos atuais Estados Unidos), são particularmente interessantes por revelar um sem-número de possibilidades de operacionalização da lei de primogenitura, além de produzir interpretações marcadamente conflitantes sobre o direito do "escolhido" em relação aos outros potenciais herdeiros. Além disso, pelas portas abertas das chamadas propriedades vinculadas, pode-se flagrar as relações — não menos tensas — entre os interesses metropolitanos de preservação da noção de honra revelada na consagração da *Casa*, os interesses coloniais e o morgadio. Nesse sentido, a dinâmica de ocupação territorial dos morgadios é um elemento importante para se deslindar as concepções e os conflitos de terra nas Américas, sendo coerente ainda inferir que tais embates foram sublimados pela produção de memórias das casas.[3]

---

or personal, which gave thirteenth-century English its word 'proper'. This evolved towards its modern self-complacent meaning — whatever is ours must be right — and the idea of 'propriety'; also towards the word 'property', meaning ownership, usually private, and from the fifteenth century, but more generally from the seventeenth, things owned. 'Wealth' is related to 'well', and in the thirteenth century meant both riches and welfare. V. G. Kiernan, "Private property in history", in Joan Thirsk e E. P. Thompson (orgs.), *Family and inheritance: rural society in Western Europe 1200-1800*, p. 364-365.

[3] Sigo aqui a linha inaugurada por Cabral de Mello sobre a história da manipulação genealógica. Em seu livro, ele procura discutir tal processo com o objetivo de esconder "o costado sefaradita de uma importante família de Pernambuco". A meu ver, é possível também que os genealogistas tenham procurado esconder as invasões cometidas pelos

Enquanto uma propriedade vinculada, os morgadios expressaram os esforços de perpetuação da família e da manutenção de riqueza, a partir da institucionalização da transmissão do patrimônio via primogenitura. Segundo Clavero, o morgadio é uma forma de propriedade vinculada na qual seu titular dispõe da renda, mas não dos bens que produz. Ele se beneficia apenas do usufruto de um determinado patrimônio, sem poder dispor do valor constituído.[4] O mais importante, no entanto, era que a ele cabia a perpetuação do nome da família, um modelo que expressava sua lealdade à corte, seu sentido de honra e de valentia.[5] Além disso, o morgado era um ato de regulamentação administrativo-jurídica de um patrimônio, no qual também se transmitiam modelos de comportamento, regras de conduta social e formas de relacionamento com o mundo dos antepassados, destinados a vigorar durante gerações e condicionando tanto a posse dos bens como a chefia da linhagem.[6] Por essa razão — argumenta Rosa — "é importante ressaltar que a característica de base deste relacionamento com os antepassados é a convicção de que os presentes representantes da família não podiam desmerecer a herança recebida".[7] As invocações de prestígio tinham muitas vezes "a função estratégica de reforçar os direitos reclamados em face de outros pretendentes" e elas se dirigiam, sobretudo, "ao exterior, como elementos reconhecidos de uma aceitação do poder".[8]

No entanto, as exigências legais para a institucionalização de um morgadio nem sempre foram claras. No século XIX, os jurisconsultos inclusive discordaram sobre a origem do morgadio na Península Ibérica. Em Portugal, alguns consideraram que havia sido originário dos "fideicommissos familares dos Romanos".[9] Outros, como Lobão, asseveraram

---

instituidores de morgados e seus descendentes, alargando as terras da família no processo de territorialização de seu poder. Evaldo Cabral de Mello, *O nome e o sangue: uma fraude genealógica no Pernambuco colonial*.

[4] Bartolomé Clavero, *Mayorazgo: propriedad feudal en Castilha (1369-1836)*, p. 21.
[5] Guillermo F. Margadant S., "El mayorazgo novohispano, producto natural de un *zeitgeist*, y anatema para el siguiente", p. 10.
[6] Maria de Lurdes Rosa, *O morgadio em Portugal. Séculos XIV-XV*, p. 20.
[7] *Idem*, p. 50.
[8] *Idem*, p. 68.
[9] Manoel de Almeida e Sousa de Lobão, *Tratado prático de morgados*, p. 8.

que "seja qual for a analogia, que as Constituições de mais antigos Direitos tenham com os Morgados; eu vejo que o modelo, tipo, e origem deles, quais os admitimos, tem por base fundamental, e por seu protótipo as Leis, e Costumes da nossa Nação".[10]

Em Portugal, até a lei pombalina de 3 de agosto de 1770 que regulou a matéria,

> a faculdade de instituir Morgados era geralmente permitida a toda a pessoa, que tivesse bens, de que dispor, e que não tivesse impedimento legal, ou da natureza, que o impossibilitasse; como o pupilo, o menor de vinte e cinco anos, o demente, e insano, o pródigo, o mudo, e surdo etc.[11]

Além disso, até 1770 não se exigiu prova de nobreza para a instituição do morgadio. Logo, conforme já sinalizou Nuno Monteiro, "embora preferencialmente associadas ao mundo das elites, há boas razões para que a mesma se possa alargar a outros universos rurais".[12] Os primeiros morgadios portugueses surgiram no século XIV, mas eles só apareceram nas Ordenações em 1603. Para alguns, as normas referentes aos morgadios presentes nas Ordenações sofreram a influência da Lei de Toro, de 1505. Nas Ordenações Filipinas são expressas as normas de sucessão, quando da morte do filho mais velho do instituidor do morgado, dando preferência ao neto, e não ao irmão, ou seja, ao filho segundo daquele instituidor "de maneira que sempre o filho e seus descendentes legítimos per sua ordem representem a pessoa de seu pai".[13] Também registra a preferência da sucessão pelo varão, mesmo no caso de a filha ser mais velha, e regula a diferenciação entre as questões sucessórias dos morgados e bens vinculados, patrimoniais, objeto da norma ali escrita, e a sucessão das terras e bens da coroa, regulada por outra norma, no livro segundo, no título 35.[14]

---

[10] *Idem*, p. 9.
[11] *Idem*, p. 33.
[12] Nuno Gonçalo Monteiro, "Morgado", in Nuno Madureira (coord.), Conceição Martins e Gonçalo Monteiro (orgs.), *História do trabalho e das ocupações: a agricultura*, vol. II, p. 76.
[13] Ordenações Filipinas, livro IV, p. 990.
[14] *Idem*, p. 991.

Como já informei, não há — nas Ordenações Filipinas — nenhuma exigência para a prova de nobreza na institucionalização de um morgadio. De qualquer forma, a lei é endereçada aos nobres, pois a fundação de um morgadio tem por objetivo "a conservação e memória de seu nome e acrescentamento de seus estados, casas e nobreza, e para que em todo o tempo se saiba a antiga linhagem, donde procedem, e os bons serviços, que fizeram aos Reys nossos predecessoress".[15] Entende-se, assim, que as normas subsequentes tenham o objetivo de esquadrinhar a questão sucessória, no caso do casamento e da união de morgadios, reiterando sempre a preferência pela sucessão masculina.[16] Até 1770, no entanto, "o mais importante elemento da instituição do morgadio é a figura do instituir que manifesta a sua vontade por testamento ou por contrato".[17] Em outras palavras, a licença do monarca não era considerada necessária para instituir vínculos. Somente em dois casos era ela obrigatória; quando o bem a ser doado era propriedade da coroa ou quando se queria vincular por testamento ou contrato alguma cláusula contrária ao preceito legal. Somente com autorização régia se poderia, por exemplo, incluir — como bem vinculado — a legítima dos filhos, contra a vontade deles.[18]

Como ressalta Lurdes Rosa, havia uma relação intrínseca entre propriedade e operacionalização do passado como um elemento — diria — legitimador do direito à terra que consagra, por sua vez, a indivisibilidade da propriedade e a escolha de um sucessor, em geral o primogênito. Por essa linha de raciocínio, Rosa pôde compreender a institucionalização do morgadio em Portugal, rompendo com uma trajetória de produção acadêmica marcada por uma visão jurídica do instituto ou por resgates de experiências históricas locais.

---

[15] *Idem*.
[16] *Idem*, p. 992-993.
[17] João Luís Picão Caldeira, *O morgadio e a expansão no Brasil*, p. 24.
[18] *Idem*, p. 25.

OS MORGADIOS NA AMÉRICA PORTUGUESA E O EXEMPLO DA CASA DA TORRE

Há uma pequena, mas expressiva, literatura nacional sobre os morgadios da América portuguesa. O alerta de Maria Beatriz Nizza da Silva não produziu, porém, um renovado interesse pelo tema. Segundo a autora, "os morgados foram mais numerosos no Brasil colonial do que habitualmente os historiadores supõem".[19] Para Nizza da Silva, "a prática da vinculação de bens para um sistema de primogenitura na herança constituía uma das características do viver à lei da nobreza, conservando intacta a riqueza de uma Casa para a conservação do bom nome da família".[20] A despeito da pouca presença do tema na literatura sobre a história colonial, as raras produções sobre os morgadios inauguraram marcas interpretativas muito interessantes. Registra-se, em primeiro lugar, a dissertação de mestrado de Nanci Leonzo defendida em 1975.[21] Um ano depois, veio à luz a tese de doutorado, também defendida na Universidade de São Paulo, de Heloisa Belloto, publicada em livro três anos depois e reeditada em 2007.[22] Nesse trabalho, Belloto procurou discutir as tensas relações entre o poder local do morgado e os interesses metropolitanos. Ao partir das ilações inauguradas pelo trabalho de Maria Thereza Petrone sobre a produção de cana na capitania[23] e do estudo sobre a população paulista de Maria Luiza Marcilio,[24] Belloto apoia-se na correspondência produzida por e para o administrador do morgado, D. Luis Antonio, para investigar o "exercício da direção", desvendando a dinâmica de ocupação e as estratégias para restaurar a economia e o prestígio de São Paulo nos quadros da crise econômica de meados do Setecentos. Segundo Belloto, D. Luis Antonio

---

[19] Maria Beatriz Nizza da Silva, *Ser nobre na colônia*, p. 131.
[20] *Idem*.
[21] Nanci Leonzo, *As companhias de ordenanças na capitania de São Paulo: das origens ao governo do morgado de Matheus*.
[22] Heloísa Liberalli Belloto, *Autoridade e conflito no Brasil colonial: o governo do morgado de Matheus em São Paulo (1765-1775)*.
[23] Maria Thereza Petrone, *A lavoura canavieira em São Paulo: expansão e declínio (1765-1851)*.
[24] Maria Luiza Marcilio, *Crescimento demográfico e evolução agrária paulista, 1700-1836*.

ansiava cumprir as determinações, nas suas Instruções, que mais o fascinavam: as que lhe recomendavam procurasse por todos os meios dilatar os domínios portugueses e "usar sobre os implacáveis inimigos os mesmos ardis" dos quais tinham servido para usurpar terras no Sul do Estado do Brasil.[25]

O trabalho de Belloto é talvez o mais completo estudo sobre um morgadio no Brasil, precisamente na capitania de São Paulo. Ao investigar sua administração e vinculação aos interesses metropolitanos, a autora nos mostra como foi operada a proposta de D. Luis Antonio de Souza Botelho Mourão para restaurar a economia e o prestígio de São Paulo.

A consolidação dessa tradição *uspiana* viria à luz em 2000 precisamente com um estudo sobre a casa da Torre de Garcia d'Avila, o mais importante morgadio do nordeste. Orientado por Nanci Leonzo e em constante diálogo com a produção da Universidade de São Paulo, a tese de doutorado de Pessoa investiga a tradição que fundamenta a perenidade da casa da Torre e seu papel nos marcos do processo de expansão territorial na América portuguesa.[26]

De todo modo, o que permanece é a raridade de estudos sobre o morgadio e a ideia de sua excepcionalidade no Brasil. É possível inferir que tal ideia tenha sido construída exatamente quando se tentava expurgar da legislação do nascente império duas instituições jurídicas herdadas de Portugal: a primogenitura e o morgadio. Nesse sentido, quando da discussão no parlamento brasileiro sobre a abolição da primogenitura, o visconde de Cairu insistiu na raridade daqueles institutos no Brasil, ao mesmo tempo em que foi contra a sua abolição. Segundo José Flavio Pereira e Antonio Pereira,[27] Cairu

---

[25] Belloto, 2007, *op. cit.*, p. 103.
[26] Ângelo Emílio da Silva Pessoa, *As ruínas da tradição: a casa da Torre de Garcia d'Avila. Família e propriedade no nordeste colonial.*
[27] José Flávio Pereira e Lupércio Antônio Pereira, "Instituições jurídicas, propriedade fundiária e desenvolvimento econômico no pensamento de José da Silva Lisboa (1829)", *História*, vol. 25, n° 2, 2006, p. 192-213. Pereira e Pereira concluem que a posição de Cairu, sempre avesso ao radicalismo, expressa sua prudência marcante.

Por um lado, acreditava que a sociedade brasileira nada tinha a ganhar com a abolição destas instituições justamente pelo fato de elas não representarem nenhum sério embaraço aos melhoramentos econômicos e ao atendimento do bem comum. Por outro, considerava que o prejuízo político era quase certo, pois a abolição do direito de primogenitura e do morgadio significaria a destruição de um instrumento de elevado valor simbólico para a manutenção da monarquia ilustrada. Com base no exemplo da monarquia inglesa, a ser imitado, e no da República Revolucionária francesa, a ser evitado, Cairu considerava a permanência de um corpo de nobreza, ao estilo britânico, um elemento essencial para a estabilidade da instituição monárquica.[28]

Quaisquer que tenham sido as razões do visconde de Cairu para insistir na pouca presença dos morgadios, é possível supor que eles tenham sido mais numerosos do que aquelas ilações do visconde nos fazem supor. É provável que a institucionalização de morgadios tenha sofrido um forte abalo em razão da lei de 1770 e talvez por isso Cairu insista na sua raridade, já que a partir daquela data novas exigências foram instituídas para a fundação de um vínculo. Por aquela lei, procurou-se uniformizar a regra de sucessão nos morgadios, exigindo um inventário e a avaliação dos bens a serem vinculados e também a indicação do rendimento anual desses bens, além de informações concernentes à qualidade nobre do instituidor.

A propalada raridade das propriedades vinculadas foi também um argumento recorrente na produção historiográfica americana, em particular nas análises sobre o sistema de *entail*. Holly Brewer explica como funcionava o sistema de *entail* (morgadio) na Inglaterra e posteriormente nas colônias inglesas da América, como ele podia ser abreviado, que ideologias estavam por detrás dele e como sua abolição em 1776 redefiniu o caráter aristocrático da Virgínia colonial, promovendo uma reforma revolucionária no quadro social da colônia. Para tanto, ela confronta o texto de Ray Keim, que procurou desmitificar o caráter radical da Revolução Americana, pintando-a como uma revolu-

---

[28] *Idem*, p. 207.

ção conservadora a partir do momento em que, fazendo largo uso de dados quantitativos, destaca como a abolição dos morgadios na Virgínia não fez grande diferença para a sociedade e a configuração agrária da ex-colônia.

Através das palavras de St. George Tucker, Robert R. Howison, Thomas Jefferson e Alexis de Tocqueville, entre os séculos XVIII e XIX, a autora demonstrou como o *entail* era visto como uma relíquia do feudalismo e do barbarismo, como um dos meios mais eficientes de acumular riquezas e propriedades nas mãos de algumas famílias e de perpetuar o espírito aristocrático, herdado da metrópole, na Nova Inglaterra. Ele ajudava a preservar a estrutura social hierárquica da Virgínia e reforçava a primogenitura, sendo ainda central para os conflitos políticos e econômicos da Inglaterra moderna e de suas colônias, dado que a terra era um pré-requisito para a participação política e que o mecanismo de morgadio consequentemente retinha tais possibilidades para um grupo muito reduzido de homens.

Ao apresentar essas descrições, Brewer mostra como o trabalho de Keim veio tentar modificar a perspectiva revolucionária de 1776, ao apontar, através de tabelas e apoio matemático, que a abolição dos morgadios nessa data, por Thomas Jefferson, não fez muita diferença para o quadro social da Virgínia do século XVIII, uma vez que a primogenitura e os morgadios não existiam aí em grande número. Seu trabalho teve enorme repercussão nas interpretações da Virgínia colonial e do impacto da revolução.

Revisando os números de Keim, Brewer encontra falhas irremediáveis de análise, uma vez que ele desconsiderou primeiramente que, uma vez vinculada, a propriedade continuava vinculada indefinidamente, de modo que sua condição de morgadio não seria repetida em documentos posteriores, tanto quanto outros tipos de propriedade que deveriam ser legados a cada geração.[29]

---

[29] Holly Brewer, "Entailing aristocracy in colonial Virginia: 'ancient feudal restraints' and revolutionary reform", *The William and Mary Quarterly*, vol. 54, nº 2, abr. 1997, p. 307-346.

É possível supor que o mesmo processo tenha acontecido nas experiências ibéricas, ao menos para o Brasil, onde as pesquisas sobre os morgadios são surpreendentemente circunstanciais. Seria preciso, porém, acompanhar a transmissão de patrimônio de alguns morgados para confirmar ou não a linha de raciocínio inspirada no trabalho de Brewer.

No estado atual da pesquisa é difícil e mesmo complicado afiançar qualquer coisa relativa à institucionalização de morgadios no Brasil e ao impacto da lei pombalina de 1770. No entanto, um cuidadoso exame da literatura sobre o tema permite assegurar a existência de morgadios em várias e distintas capitanias. São até o momento 26 informações confirmadas sobre a institucionalização de morgadios no Brasil, sendo que 18 foram instituídos antes de 1770 e oito em data posterior, sendo o último solicitado em 1821, em São Paulo.[30]

A distribuição por capitania também é muito interessante. Dos 26 morgadios encontrados, quatro estavam localizados na Bahia e três em Minas Gerais; capitanias onde estiveram assentados os dois maiores morgadios do Brasil. Apenas esses dois morgadios — casa da Torre e casa da Ponte — ocuparam grande parte do território, reforçando a tese da origem do latifúndio no país. Ao se referir à casa da Ponte, Antonil informou que "os herdeiros do Mestre de Campo Antonio Guedes de Brito possuem desde o Morro do Chapéu até a nascença do Rio das Velhas, cento e sessenta léguas".[31] Ainda mais grandiosa é a casa da Torre:

> escrevendo em 1728, atribuía João da Maia da Gama à concessão de cinquenta léguas que tivera no tempo dos Filipes, o domínio da Casa da Torre sobre todo o nordeste... 'Que tendo no tempo dos Filipes uma concessão de 50 léguas de terra fazendo peão na serra de Araripe e não se assentando ainda hoje com certeza qual seja a dita serra principio

---

[30] Luiz Alberto Moniz Bandeira, *O feudo: a casa da Torre de Garcia d'Ávila. Da conquista dos sertões à independência do Brasil*; Caldeira, *op. cit.*; Angelo Alves Carrara, *Minas e currais: produção rural e mercado interno em Minas Gerais, 1674-1807*; Cabral de Mello, *op. cit.*; Simeão Ribeiro Pires, *Raízes de Minas*; Nizza da Silva, *op. cit.*; C. E. de A. Barata e A. H. da C. Bueno, *Dicionário das famílias brasileiras*, t. I; Antonio de Araujo de Aragão Bulcão Sobrinho, *Famílias bahianas: Cavalcanti e Albuquerque (ramos da Bahia)*, vol. 2; "Descobrimento de Minas-Geraes", *Revista do Instituto Histórico e Geográfico Brasileiro*, 1866, t. 29, p. 79-81.
[31] Ribeiro Pires, *op. cit.*, p. 45.

desta data, e não tendo nunca havido medição destas terras sequer, Garcia d'Avila com esta data e com outra de 20 léguas se ia senhorear de todos os sertões por mais de trezentas léguas'. ... Não estava longe da verdade.[32]

A família dos Garcias D'Avila foi uma das mais importantes do nordeste brasileiro, diretamente responsável pelo processo de conquista territorial no Brasil. Ao esquadrinhar a trajetória da casa, desde 1549 até os anos 40 do século XIX, Calmon procurou compreender a dinâmica de ocupação territorial da família, engrandecendo os feitos da casa no processo de conquista e da formação do caráter nacional do brasileiro.[33] O mesmo havia sido feito por Urbino Viana, que em 1935 afirmou que a casa da Torre e seus representantes sempre haviam lutado "contra o índio rebelado, fazendo as entradas mais gloriosas e de efeitos mais positivos. Representa, legitimamente, a conquista do sertão bruto pelo baiano, no seu esforço heróico, decidido, resoluto".[34] Nesse, como em outros trabalhos, foram quase sempre destacados aspectos enaltecedores da família Garcia d'Avila, responsável pela ocupação territorial, pela submissão do índio e pela descoberta de muitas riquezas das terras nordestinas. Os Avilas tornaram-se assim o exemplo maior dos bandeirantes, pois "o bandeirismo do Norte encontrou nos Avilas as suas figuras extraordinárias (...) ninguém pode diminuir ou escurecer a extensão, a segurança e o brilho das conquistas da Casa da Torre".[35]

A tese de doutorado de Ângelo Pessoa, no entanto, propôs um novo eixo de análise, indo na contracorrente de uma memória apaziguadora sobre o passado de conquista e conflito dos Garcias d'Avila. Pessoa procurou demonstrar como o morgadio da casa da Torre representou um modelo consagrado de família patriarcal no nordeste brasileiro. Ademais, analisou a formação do patrimônio territorial da família, os problemas relativos à submissão dos índios e a expansão da pecuária.

---

[32] Pedro Calmon, *História da casa da Torre*, p. 71.
[33] *Idem*.
[34] Urbino Viana, *Bandeiras e sertanistas baianos*.
[35] *Apud* Pessoa, *op. cit.*, p. 33.

Segundo o autor, "grosso modo, as terras que possivelmente eram integrantes do patrimônio da Casa da Torre eram sesmarias que se estendiam por vários dos atuais Estados do Nordeste, compreendendo áreas na Bahia, Sergipe, Alagoas, Pernambuco, Paraíba, Ceará e Piauí".[36] O autor preocupou-se não somente em investigar a montagem do vasto patrimônio de terras e de gado da família como também deslindou a intenção primeira de apropriar-se por via jurídica de extensos territórios. Ao consagrar a propriedade da terra, os Ávilas garantiam o direito de exploração via arrendamentos. As indefinições de limites entre proprietários e arrendatários produziam muitas vezes querelas e embates sobre o direito à terra que chegavam às autoridades régias.[37]

LITÍGIOS DE TERRAS NA CASA DA TORRE: UM NOVO EIXO DE DISCUSSÃO

A despeito dos trabalhos sobre os morgadios aqui anunciados, propomos uma nova chave de leitura sobre aquelas instituições. Como já sinalizamos, são raros os estudos que refletem sobre as concepções de direito em sua relação com a apropriação da terra em áreas coloniais. No caso dos morgadios, falta-nos ainda compreender o elemento conflitivo que se inaugura no processo de expansão territorial preconizado pelos morgadios e a construção não somente de sua legalidade, mas sobretudo de sua legitimidade perante aqueles destituídos do direito a uma parcela de terra. Nesse sentido, a comparação entre as trajetórias de transmissão de patrimônio dos morgadios pode ser uma interessante porta de entrada para elucidar a questão.

---

[36] *Idem*, p. 87.
[37] A extensão do território e sua característica de propriedade vinculada transformariam a casa da Torre num importante emblema para a defesa de uma origem feudal da propriedade no Brasil, exemplificada pela obra de Alberto Passos Guimarães. Tal visão seria retomada mais recentemente pela obra do cientista político e historiador Luiz Alberto Moniz Bandeira, no livro *O feudo*, *op. cit.* Ao investigar os três séculos de domínio do clã de Garcia d'Avila, o autor considera que tal domínio tinha características feudais. A despeito do alerta feito pelo apresentador da obra — Francisco Weffort — acerca da utilização do termo feudo em sentido figurado, o livro de Moniz Bandeira de fato reinaugura a questão do feudalismo em terras tropicais. De todo modo, *O feudo* nos permite recuperar muito dos aspectos concernentes à formação e consolidação da casa da Torre.

A se acreditar nas fontes, a casa da Torre de Garcia d'Avila teria nada menos do que 300 mil quilômetros quadrados de área. Para que se tenha um padrão de comparação, esse número representa cerca de 3,5% do atual território brasileiro ou 3,25 vezes a área da antiga metrópole, Portugal. Mesmo levando em conta a dificuldade dos processos de medição ante uma diferença de escala desse tamanho, não é possível ignorar que a ocupação territorial não poderia passar despercebida.

A ocupação daquele território ocorreu inicialmente em 1509, quando Diogo Alvares, o Caramuru, naufragado na costa da Bahia, fundou a primeira instalação do colonizador europeu, em Salvador. Ali estabeleceu o comércio da madeira pau-brasil com os franceses. Quarenta anos mais tarde, o primeiro governador-geral do Brasil chegou à Bahia, trazendo consigo Garcia d'Avila, homem sem recursos, interessado em estabelecer-se na região. Ao ajudar na construção da primeira capital — Salvador — Garcia d'Avila foi recompensado com a concessão de sesmarias no litoral de Tatuapara, onde erguera em 1551 a casa da Torre, sede de seus domínios. A partir daí, acumulou uma riqueza de incomensurável proporção, expandindo seu território via criação de gado, instituindo assim seu morgadio. Garcia d'Avila não só expandiu seus currais de gado como tornou-se "o principal fornecedor de carne aos habitantes de Salvador e outros povoados".[38] A criação de bois não somente fornecia alimentos e roupas de couro para a população como também constituía-se "fontes de energia dos engenhos, cujas moendas, bem como todas as máquinas dos trapiches, funcionavam por meio de tração animal".[39]

Mais importante do que a produção de gado talvez seja — ao menos aos nossos olhos — a dinâmica de arrendamentos instituída pelo morgadio. Ao se referir a essa questão, Bandeira afirma:

> As relações que, dentro desse senhorio, os senhores da Torre, descendentes de Garcia d'Ávila, estabeleceram com seus dependentes, os forei-

---
[38] *Idem*, p. 135.
[39] *Idem*, p. 137.

ros e outros colonos, não decorreram de vínculos contratuais, mas da privatização do poder público, pois a dominação por eles exercida, tanto ao nível econômico e social quanto ao nível político e jurídico, deveu-se não só à concentração de poder econômico em suas mãos como ao exercício de prerrogativas estatais, sobretudo a utilização de força armada, sem a qual seria impossível exercer poderes senhoriais, ao longo de três séculos, sobre tão vasta extensão territorial.[40]

Em outras palavras, é possível asseverar que a generalização dos arrendamentos, presentes tanto na trajetória histórica da casa da Torre como na casa da Ponte, expressa um exercício de dominação que assegura a legitimidade da ocupação dos grandes potentados; legitimidade gestada, às vezes, num intenso conflito inaugural. Esse tipo de ocupação também nos demonstra certa impossibilidade de ocupar e gerenciar um volume tão grande de terras sem a criação de "agregados". Certamente encontraríamos grandes diferenças de aproveitamento entre as várias "ocupações" e seu uso agrícola. No entanto, os arrendatários exerciam um indiscutível papel: eles se constituíam uma fronteira humana, que assegurava a propriedade da casa, reconhecendo e fazendo reconhecer que não eram eles os donos daquelas terras, e sim um senhor, instalado em terras tão distantes, mas capaz de consagrar seu poder e prestígio em outros lugares. Poder e prestígio, porém, não caem do céu. Era preciso fazer valer um direito, ocultando — muitas vezes — uma ocupação pretérita marcada por intensa violência. Não era assim tão fácil ocupar um território e consagrá-lo como parte constituinte das propriedades das casas.

Em 13 de outubro de 1684, o morgado da casa da Torre enviou uma carta ao Conselho Ultramarino solicitando a confirmação de dezenas de sesmarias, registradas num mapa. O que a princípio poderia ser simples, na verdade inaugurou um conjunto de críticas contra o poder e a expansão territorial dos Garcias e seus sócios. Em 26 de fevereiro de 1701, os povoadores e descobridores do sertão do Piauí enviaram um requerimento ao Conselho Ultramarino no qual solicitavam a posse das terras

---

[40] *Idem*, p. 151.

que cada um tivesse descoberto ou fosse descobrindo, pagando apenas o foro real. Isso significa dizer que vários lavradores queriam ter o título de sesmarias em terras antes solicitadas pelo morgadio da casa da Torre.[41]

Segundo Francisco Carlos Teixeira da Silva, o auge da disputa ocorreu em torno de 1714,

> quando o ouvidor geral do Maranhão, mais próximo dos interesses dos novos homens da fronteira, declara devolutas todas as sesmarias do Piauí. Os interesses dos antigos sesmeiros são defendidos, em Salvador, pelo Marquês de Angeja, vice-rei do Brasil (1714-18). A Coroa, por Alvará de 11 de janeiro de 1715 reafirma a validade das sesmarias mas, transfere o Piauí para a jurisdição do Maranhão, tornando, assim, a justiça mais acessível aos homens da fronteira e menos manipulável pelos politicamente poderosos em Salvador da Bahia.[42]

Entre 1720 e 1730, vários lavradores requereram, naquela região, sesmarias ao rei D. João V.[43] Muitos alegavam ser os primeiros ocupantes, questionando na prática a ocupação anterior da casa da Torre; outros, ao contrário, eram "porta-vozes" dos interesses da casa, alargando ainda mais seu imenso território.

Não à toa, em 7 de setembro de 1725, numa ordem régia, a coroa expressou de forma contundente sua preocupação em relação à existência de vastos domínios na América portuguesa em mãos de algumas famílias. O rei D. João V ordenara ao conde de Sabugosa, então governador-geral do Brasil, que notificasse aos

> possuidores da Casa da Torre, o coronel Garcia d'Avila, da mesma maneira que aos herdeiros das terras de Antônio Guedes de Brito e aos que possuíam as de Domingos Afonso Sertão, Antonio da Rocha Pita e Pedro Barbosa

---

[41] Projeto Resgate, Piauí, post. 1684, 13 de outubro, mapa das sesmarias que a casa da Torre e seus sócios pretendem no sertão de Piauí. 01[165_001], doc. 001.
[42] Francisco Carlos Teixeira da Silva, "Pecuária e formação do mercado interno no Brasil-colônia", *Estudos Sociedade e Agricultura*, nº 8, abr. 1997, p. 119-156.
[43] Entre outros: Projeto Resgate, Piauí, ant. 1722, dezembro, 2º requerimento de Miguel da Silva ao rei (D. João V), solicitando confirmação de carta de sesmarias junto ao rio Igoroá, no Piauí. 01[165_001], doc. 0104.

Leal, para que dentro de um ano apresentassem ao Conselho Ultramarino os títulos pelos quais elas lhes pertenciam, sob pena de sequestro.[44]

A percepção de que a casa da Torre avançava sobre território de outrem havia sido parte da preocupação do governador do Maranhão, Maia da Gama, entre 1722 e 1728. Ele não deixara de registrar as estratégias da casa, que, através de seus procuradores, obrigava os primeiros lavradores a se submeterem a contratos de arrendamentos da casa, consagrando, portanto, a propriedade territorial do morgadio.[45]

Os conflitos entre o morgadio e suas respectivas sesmarias, os sesmeiros e os lavradores desejosos de conseguir um título de sesmarias não tardaram a exigir uma posição mais firme por parte da coroa, ao menos do que se pode inferir a partir de um documento produzido em 11 de fevereiro de 1734. Tal documento era anexo a outro, produzido em 1755, no qual o padre reitor do colégio da Companhia de Jesus da cidade da Bahia, testamenteiro de Domingos Afonso Certão, o coronel Francisco Dias de Avila e o capitão Domingos de Afonso pediam explicações acerca da exigência de demarcação de terras, encaminhada pelo governador do Maranhão. Naquele documento, o de 1734, informava-se acerca "do grande prejuízo que sentem as pessoas que por datas de Sesmarias desse Governo, e do de Pernambuco estavam de posse de muitas terras no distrito do Piauí com o procedimento que tem o Ouvidor Geral do Maranhão na demarcação das terras pertencentes ao distrito daquele Estado." Em outras palavras, havia uma briga de jurisdição em terras no Piauí, gerando distintas interpretações sobre quem teria o direito de ali confirmar as sesmarias

> do que resultava em grande dano aos moradores desse Estado, e podia suceder haver entre uns e outros possuidores das tais terras em guerra civil, que se devia evitar tomando-se a resolução conveniente com a maior brevidade. E por evitar as discórdias que podem haver entre uns e outros

---
[44] Bandeira, *op. cit.*, p. 326.
[45] Pessoa, *op. cit.*, p. 131.

moradores Ordeno ao dito Juiz do Tombo não haja por devolutas as terras que estiverem dadas pelos Governadores da Bahia e Pernambuco.[46]

Em fevereiro de 1755, a câmara da Vila de Moucha, cabeça da comarca do Piauí, encaminha outro documento, desnudando os conflitos ocasionados pela atuação do bacharel José Marques da Fonseca Castelo Branco.[47] Segundo a câmara, a comarca já tinha 60 anos e a vila cresceu a partir da expansão das fazendas de gado, "tendo hoje a dita comarca grande extensão, pois sabe ter de cumprido por fantasia do entendimento duzentas e quarenta e cinco léguas, alguns afirmam ter duzentos e cinquenta, e donde mais Largo oitenta, aonde menos sessenta, e na parte mais estreita cinquenta".[48]

Ainda informava-se que toda aquela área estava povoada de moradores. No entanto, após a posse do ouvidor, ele se instituiu juiz do tombo, que com um "poder absoluto e despótico está constrangendo os moradores (...)". Ainda pelo documento, "o Ouvidor quisera que todos demarcassem suas terras, informando que quem não a fizesse, as terras tornar-se-i-am devolutas". Os moradores exigiam que o ouvidor mostrasse os editais e lhes mostrasse a dita ordem "dizendo que Vossa Majestade assim ordena".[49]

A visão do ouvidor era outra, se não oposta. Ele informara à coroa que incessantemente o povo e a plebe se queixavam naquela comarca e ele relatava o ocorrido "para fazer a justiça que me pediam":

> Que se queixavam o povo que indo aquela Comarca sua Carta do Secretário de Estado, que se acha registrada nos Livros da Câmara em que a Majestade do Senhor Rei Dom João, o quinto, que santa gloria haja determinou se não pagassem foros de terras daquela Comarca enquanto V. Majestade não mandasse expressando a Garcia d'Avila, ou casa chamada da Torre, donde se derivam os que cobram os Padres Jezuítas como Ad-

---

[46] Ministério do reino, expediente geral, consultas do Conselho Ultramarino, maço 312, caixa 417, fevereiro de 1755, documento 1.
[47] *Idem*, documento 2.
[48] *Idem*.
[49] *Idem*.

ministradores das fazendas de Domingos Afonso Certão, e os herdeiros de João Jorge Afonso, os Ministros lhe não haviam dado cumprimento por serem parte muito poderosas; antes faziam executar a muitos que alegavam este fundamento, sendo vexados com contínuas execuções, como se manifesta dos Cartórios dos Tabeliães.[50]

O documento segue a linha de defesa do direito à terra dos primeiros ocupantes, questionando a ocupação incomensurável da casa da Torre.[51] É difícil agora esquadrinhar com mais detalhes o fim dessa história. O certo é que três anos depois, em 1758, é criada, por carta régia do rei de Portugal, a capitania de São José do Piauí, "como um aceno para apaziguar a guerra contínua com as populações nativas e os conflitos de terra entre sesmeiros e posseiros".[52] É certo, porém, que os conflitos da casa não cessaram ali. Para assegurar enormes extensões de terra era preciso um jogo de reatualizações de poder, que ora se expressava territorialmente no processo de obtenção de sesmarias ora era constrangido pelo poder da coroa e de seus representantes. Em 1737, quando do falecimento de Garcia D'Avila Pereira, o morgado havia sido transmitido ao seu primogênito, que contava então com 24 anos: Francisco Dias D'Avila. Ao carregar o peso da honra, assumira o morgadio numa conjuntura de críticas à ocupação sem limites da casa da Torre. Em outras palavras, Francisco Dias D'Avila precisaria reafirmar-se como legítimo e honrado herdeiro da casa, como também reconsagrar o direito sobre as terras ocupadas outrora pelo pai e pelo avô.

Como já haviam sugerido Teixeira da Silva e mais tarde Pessoa, o controle prévio de grandes extensões garantia à casa um futuro direito de exploração, em especial a partir da prática de arrendamentos e cobrança de foros de eventuais posseiros que viessem a se instalar naquela terra.[53] É importante sinalizar, no entanto, que apostar no futuro não é a mesma coisa que controlá-lo. A reafirmação do poder de dizer que o

---

[50] *Idem.*
[51] *Idem.*
[52] Claudete Maria Miranda Dias, "Povoamento e despovoamento: da pré-história à sociedade escravista colonial".
[53] Teixeira da Silva, *op. cit.*, e Pessoa, *op. cit.*, p. 129.

instituidor de um morgado era dono daquelas áreas podia colocar o senhor em intricadas disputas.

Em 1753, por exemplo, Alexandre da Silva Carvalho, "morador no sertão de Ararobá, nas cabeceiras do Moxotó", reclamara ao governador de que o procurador da casa da Torre o havia obrigado a "passar papel de foro que com efeito lhe passou".[54] O reclame de Alexandre talvez confirme a hipótese de Capistrano de Abreu, ao se referir à formação do imenso patrimônio da casa da Torre: afirmou que ela "gastou apenas papel e tinta em requerimentos de sesmarias".[55] Mas é preciso, porém, atentar para um detalhe de não menos importância. Lido isoladamente, o documento parece apenas revelar que havia alguém que ousou questionar o direito do morgadio sobre aquelas terras, alguém que acabou por aceitar aquilo que lhe era imposto, conformando-se com a condição de arrendatário da casa. Numa perspectiva mais ampla, esse mesmo documento é apenas um dos vários que anunciavam e denunciavam uma crítica de fundo, ainda que difusa, de vários agentes sociais que questionavam o direito dos Garcias d'Avila sobre as terras que diziam serem suas. Não bastava, portanto, ser herdeiro de uma casa, era preciso esforçar-se um pouco mais.

É verdade, conforme sinalizou Pessoa, que "a Casa da Torre, através de seus empreendimentos, estendeu uma rede tentacular que passava pela exploração direta de fazendas, a cobrança de foros extraídos à força dos moradores de 'suas' terras".[56] Também é correto afirmar que seus procuradores eram sócios da casa, "pois em troca da possibilidade de partilharem da obtenção de grandes sesmarias" submetiam pequenos posseiros.[57] Essa mesma observação deve ser vista com certo cuidado, pois exercer o domínio sobre aquelas terras podia se tornar um fato, mas era o resultado de um embate entre forças desiguais, ainda assim um embate. Os encaminhados ao Conselho Ultramarino, as várias dis-

---

[54] Porto, *apud* Pessoa, *op. cit.*, p. 130.
[55] Capistrano de Abreu, *Capítulos de história colonial, 1500-1800* e *Caminhos antigos e povoamento no Brasil*, p. 132. Em certa medida, Pessoa reafirma essa assertiva, mas não a explora.
[56] Pessoa, *op. cit.*, p. 184.
[57] *Idem.*

posições da coroa acerca da ocupação dos da Torre, parecem indicar que é preciso ver a formação do patrimônio não como algo certo, numa visão teleológica, de uma história cujo final já sabemos. O mais correto, a meu ver, é compreender que a formação desse patrimônio foi o resultado de um processo de vitórias previstas, mas não asseguradas.

Em 1815, Antônio Joaquim de Carvalho e Albuquerque Cavalcanti de Ávila Pereira realizaram um levantamento dos bens patrimoniais pertencentes à casa da Torre.[58] Numa relação de sítios, os herdeiros detinham a posse de 183 lugares ou sítios, onde as terras eram arrendadas a centenas de pessoas e suas famílias. Segundo Bandeira, a relação então apresentada correspondia a menos da metade do que de fato a casa da Torre detinha, já que num outro documento sob a guarda do Arquivo Público da Bahia, a casa era detentora, ainda nas primeiras décadas do século XIX, de 348 fazendas, sítios e terrenos.[59] Por que a gritante diferença entre os números de sítios pertencentes à casa? É possível pensar que tal diferença seja o resultado da dificuldade de consagrar — como parte do patrimônio — alguns dos sítios em tese pertencentes à casa?

É difícil encontrar a razão pela qual os herdeiros elaboraram essa lista de seu patrimônio naquele ano de 1815. Algumas hipóteses, no entanto, são facilmente delineadas. Em 1805, havia falecido Garcia d'Avila Pereira de Aragão, filho de Francisco Dias d'Avila e Catarina Francisca Correa de Aragão. Pereira de Aragão foi, sem dúvida, o protagonista dos conflitos de terra a partir de meados do século XVIII, quando se intensificaram as críticas e dúvidas em relação aos imensos territórios pertencentes à casa da Torre, iniciadas décadas antes. A se acreditar nas fontes recolhidas por Bandeira, seu pai — Francisco Dias d'Avila — não conseguira manter a posse de terras que considerava suas, pois a coroa concedeu-as a vários lavradores que a requereram por sesmarias.[60] Os documentos discutidos páginas atrás parecem reafirmar

---

[58] Tombo dos bens patrimoniais da casa da Torre, levantado em 21 de outubro de 1815, por Antônio Joaquim de Carvalho e Albuquerque Cavalcanti de Ávila Pereira, *Annaes do Archivo Público e Museu do Estado da Bahia*, Bahia, 1923, v. XI, p. 81-87.
[59] Moniz Bandeira, *op. cit.*
[60] *Idem*, p. 415.

tal hipótese. Há indicações também de que o filho buscara desfazer-se de parte de seu patrimônio, vendendo as terras ocupadas, em tese não submetidas às normas restritivas do morgadio. É possível que a relação então elaborada tivesse como objetivo dar a conhecer o patrimônio de Aragão, ao menos daquele em que ele poderia comprovar ser detentor de um direito, já assegurado outrora.

Aragão não teve filho legítimo homem, e sim vários filhos bastardos havidos com várias escravas. Apesar de não ser proibida a transmissão do morgadio a filhos naturais, ele não requereu a legitimação de nenhum de seus herdeiros para a transmissão da casa da Torre. Optou, portanto, por transmitir o vínculo através de sua sobrinha, Ana Maria de São José e Aragão, filha mais velha de sua irmã Leonor Pereira Marinho e José Pires de Carvalho de Albuquerque. Em 1805, extinguiu-se assim a varonia dos Dias d'Avila no morgadio da casa da Torre. Em 1835, o morgadio foi oficialmente extinto, pela lei de 6 de outubro que proibiu o estabelecimento de morgadios, seguida da lei de 1837 que extinguiu os existentes, declarando-os não escritos.

UMA CONCLUSÃO PROVISÓRIA

A história do patrimônio dos Garcias no século XVIII parece apontar para um crescente questionamento acerca dos limites territoriais da família e de percepções distintas sobre o direito à terra. É difícil e mesmo impossível asseverar se as críticas eram ou não o resultado de uma percepção clara sobre os efeitos da vinculação do patrimônio no processo de sua transmissão. De todo modo, as críticas liberais ao sistema só tornaram-se conhecidas com a divulgação das ilações de Adam Smith, em *A riqueza das nações,* publicado pela primeira vez em 1776, e pelos textos de um dos discípulos de Adam Smith, Gaspar Jovellanos.[61]

Assim, se é impossível olhar para o século XVIII com o olhar do XIX, é importante tentar compreender quais eram os dilemas que fe-

---

[61] Gaspar Melchor de Jovellanos, *Informe sobre La ley agraria.*

riam as bases do sistema de morgadio, antes mesmo de ele ser condenado pela crença liberal. O sistema de morgadio na metrópole estava assentado no usufruto, pois era isso que se transmitia ao herdeiro escolhido, não a propriedade. Era a posse da terra ou os rendimentos fundiários que se configuravam como indicadores de distinção social e de sustentáculo de poder.[62]

As casas nobres portuguesas instituíam senhorios, constituídos de um conjunto de bens, rústicos e urbanos, bem como por direitos de natureza jurisdicional ou outra, exercidos em um determinado território, provenientes de doações régias ou de particulares e de aquisições feitas pelas próprias instituições.[63] Ainda segundo Neto, em muitos senhorios "vigorava o principio consagrado na expressão 'nenhuma terra sem senhor' que se traduzia na afirmação do domínio senhorial sobre todos os recursos (...) e na consequente exigência de partilha de rendimentos provenientes da exploração desses bens".[64] Para que fosse possível perpetuar a força e o poder do senhorio, muitos nobres optaram por instituir um vínculo, preservando a honra de sua casa.

Em áreas coloniais, onde havia muitas terras sem senhor, era possível consagrar tal noção, cabendo ao morgadio a tarefa de ocupar, ocupar, ocupar. Entende-se assim por que no processo de transmitir não havia a preocupação de estabelecer marcas que limitassem a propriedade, o que ocasionaria, mais tarde, intensos litígios. De qualquer forma, o ato de ocupação não garantia a terra automaticamente, mesmo em áreas consideradas como de fronteira aberta. O jogo de poder se instaurava e a honra de ser detentor de um morgado não era condição única para a expansão dos territórios. Era preciso mais do que isso.

O morgado tornava-se o *locus* de onde emanava a propriedade da terra. Com base no poder originado na configuração de uma casa, o instituidor e os descendentes escolhidos procuravam expandir o território inicial, ocupando terras livres, configurando-as como alodiais. A no-

---

[62] Margarida Sobral Neto, "Propriedade e renda fundiária em Portugal na Idade Moderna", in Menendes Motta (org.), *Terras lusas: a questão agrária em Portugal*, p. 13.
[63] *Idem*, p. 17.
[64] *Idem*.

ção de honra, expressa na ação de legar em usufruto um morgadio, tinha de ser reatualizada em cada testamento, bem como a lista de bens de terras alodiais, ocupadas a partir da casa. O escolhido, como sabemos, teria de cumprir uma série de exigências. A ele cabia a manutenção do nome da família, a preservação da casa, o cuidado com os herdeiros mais empobrecidos, numa rede de dependência complexa. Mas a ele cabia também consagrar e reconsagrar o direito às terras ocupadas pela violência, às vezes numa conjuntura adversa ao ideal desejado. É certo — conforme já sinalizou Evaldo Cabral de Mello, e mais tarde Pessoa — que havia um certo estilo de governo, no qual a coroa — na impossibilidade de controlar o seu imenso território — "permitia uma certa bravata de alguns colonos ricos".[65] Mas isso também nos revela que o jogo de inserir bens, alterar a lista de transmissão do patrimônio emanado da casa, não era uma tarefa tranquila. O sistema de morgadio em terras coloniais não somente funcionava como um sistema de proteção à não indivisibilidade da terra mas também — e talvez sobretudo — como um sistema que tendia à concentração da propriedade, como parte de seu mecanismo de expansão. No entanto, era possível e mesmo previsível encontrar alguém e/ou instituição que buscasse limitar a expansão emanada da casa. Se a honra é a mediação entre os padrões sociais idealizados em relação ao comportamento dos indivíduos,[66] o ato de ocupar pela força e *ad infinitum* fazia com que os morgadios não pudessem expressar na América portuguesa um exemplo de honra.

REFERÊNCIAS DOCUMENTAIS E BIBLIOGRÁFICAS

ABREU, Capistrano de. *Caminhos antigos e povoamento no Brasil*. Brasília: Editora da Universidade de Brasília, 1982.

_____. *Capítulos de história colonial, 1500-1800*. São Paulo: Publifolha, 2000.

---

[65] Pessoa, *op. cit.*, p. 201.
[66] Pierre Bourdieu, "O sentimento de honra na sociedade Cabília", in J. G. Peristiany (org.), *Honra e vergonha: valores da sociedade mediterrânea*, 1971, p. 157-194.

BARATA, C. E. de A. e BUENO, A. H. da C. *Dicionário das famílias brasileiras*. São Paulo: s/e, 1999.

BELLOTO, Heloísa Liberalli. *Autoridade e conflito no Brasil colonial: o governo do morgado de Matheus em São Paulo (1765-1775)*. São Paulo: Alameda, 2007.

BOURDIEU, Pierre. "O sentimento de honra na sociedade Cabília". PERISTIANY, J. G. (org.). *Honra e vergonha: valores da sociedade mediterrânea*. Lisboa: Fundação Calouste Gulbenkian, 1971, p. 157-194.

BREWER, Holly. "Entailing aristocracy in colonial Virginia: 'ancient feudal restraints' and revolutionary reform". *The William and Mary Quarterly*, vol. 54, n° 2, p. 307-346, abr. 1997.

BULCÃO SOBRINHO, Antonio de Araujo de Aragão. "Descobrimento de Minas-Geraes". *Revista do Instituto Histórico e Geográfico Brasileiro*, 1866, t. 29. p. 79-81.

_____. *Famílias bahianas: Cavalcanti e Albuquerque (ramos da Bahia)*. Salvador: Imprensa Oficial, 1946.

CALDEIRA, João Luís Picão. *O morgadio e a expansão no Brasil*. Lisboa: Tribuna da História, 2007.

CALMON, Pedro. *História da casa da Torre*. Rio de Janeiro: José Olympio, 1958.

CARRARA, Angelo Alves. *Minas e currais: produção rural e mercado interno em Minas Gerais, 1674-1807*. Juiz de Fora: Editora da UFJF, 2007.

CLAVERO, Bartolomé. *Mayorazgo: propriedad feudal en Castilha (1369-1836)*. Madri: Siglo Veintiuno, 1974.

DIAS, Claudete Maria Miranda. "Povoamento e despovoamento: da pré-história à sociedade escravista colonial". Disponível em http://www.fumdham.org.br/fumdhamentos7/artigos/20%20Claudete%20Dias.pdf, acessado em 19/12/2009.

FLORESCANO, Enrique. *Origen y desarrollo de los problemas agrarios de México. 1500-1821*. México: Era, 1976.

GUILLERMO, F. e MARGADANT, S. "El mayorazgo novohispano, producto natural de un *zeitgeist*, y anatema para el siguiente". Disponível em http://www.juridicas.unam.mx/publica/librev/rev/hisder/cont/11/cnt/cnt8.pdf, acessado em 19/12/2009.

JOVELLANOS, Gaspar Melchor de. *Informe sobre La ley agraria*. Disponível em http://www.cervantesvirtual.com/servlet/SirveObras/12926186438926051876657/index.htm, acessado em 9/9/2009.

KIERNAN, V. G. "Private property in history". In GODOY, Jack; THIRSK, Joan; THOMPSON, E. P. (orgs.). *Family and inheritance: rural society in Western Europe 1200-1800*. Cambridge: Cambridge University Press/Past and Present Society, 1976, p. 364-365.

LEONZO, Nanci. *As companhias de ordenanças na capitania de São Paulo: das origens ao governo do morgado de Matheus*. Dissertação de mestrado em História Social, Universidade de São Paulo, São Paulo, 1975.

LOBÃO, Manoel de Almeida e Sousa de. *Tratado prático de morgados*. Lisboa: Imprensa Nacional, 1841.

MARCÍLIO, Maria Luisa. *Crescimento demográfico e evolução agrária paulista, 1700-1836*. Tese de livre-docência em História, Universidade de São Paulo, São Paulo, 1974.

MELLO, Evaldo Cabral de. *O nome e o sangue: uma fraude genealógica no Pernambuco colonial*. São Paulo: Companhia das Letras, 1989.

MONIZ BANDEIRA, Luiz Alberto. *O feudo: a casa da Torre de Garcia d'Ávila. Da conquista dos sertões à independência do Brasil*. Rio de Janeiro: Civilização Brasileira, 2000.

MONTEIRO, Nuno Gonçalo. "Morgado". In MARTINS, Conceição e MONTEIRO, Gonçalo (orgs.). *História do trabalho e das ocupações: a agricultura*. Dicionário. Coordenação de Nuno Madureira. Oeiras: Celta, 2002, vol. II, p. 76.

PEREIRA, José Flávio e PEREIRA, Lupércio Antônio. "Instituições jurídicas, propriedade fundiária e desenvolvimento econômico no pensamento de José da Silva Lisboa (1829)". *História*, vol. 25, nº 2, p. 192-213, 2006.

PESSOA, Ângelo Emílio da Silva. *As ruínas da tradição: a casa da Torre de Garcia d'Avila. Família e propriedade no nordeste colonial*. Tese de doutorado em História Social, Universidade de São Paulo, 2003.

PETRONE, Maria Thereza. *A lavoura canavieira em São Paulo: expansão e declínio (1765-1851)*. São Paulo: Difusão Europeia do Livro, 1968.

PIRES, Simeão Ribeiro. *Raízes de Minas*. Montes Claros: Edição do Autor, 1979.

ROSA, Maria de Lurdes. *O morgadio em Portugal. Séculos XIV-XV*. Lisboa: Estampa, 1995.

SILVA, Francisco Carlos Teixeira da. "Pecuária e formação do mercado interno no Brasil-colônia". *Estudos Sociedade e Agricultura*, nº 8, p. 119-156, abr. 1997.

SILVA, Maria Beatriz Nizza da. *Ser nobre na colônia*. São Paulo: Editora da Unesp, 2005.

SOBRAL NETO, Margarida. "Propriedade e renda fundiária em Portugal na Idade Moderna". In MOTTA, Márcia Menendes (org.). *Terras lusas: a questão agrária em Portugal*. Niterói: Eduff, 2007.

VIANA, Urbino. *Bandeiras e sertanistas baianos*. São Paulo: Nacional, 1935.

Agradecimentos

Este livro é resultado do III Colóquio Internacional da Companhia das Índias — Núcleo de História Ibérica e Colonial na Época Moderna, sediado na Universidade Federal Fluminense. O colóquio foi realizado em parceria com duas outras frentes: a Red Columnaria — rede temática de investigação sobre as fronteiras das monarquias ibéricas, com origem na Universidade de Múrcia, na Espanha — e com a Universidade de Brown, nos Estados Unidos, tendo ocorrido entre 22 e 25 de junho de 2009, no Hotel Novo Mundo, no Rio de Janeiro. O evento e o livro foram possíveis principalmente graças ao apoio da Faperj e do CNPq ao projeto *Raízes do privilégio: limpeza de sangue, hierarquias e mobilidade social no império português (séculos XVI-XIX)*, coordenado por Ronaldo Vainfas, mediante o segundo Pronex do grupo de pesquisa Companhia das Índias obtido em 2006. Na elaboração desse projeto, Ronald Raminelli teve a inspiração do título e do tema, que se desdobrou, abrangendo várias pesquisas. Também a Capes, por meio do programa de apoio a eventos no país, possibilitou o colóquio, bem como o projeto temático *Dimensões do império português*, coordenado por Laura de Mello e Souza. Ela, Íris Kantor, Luciano Figueiredo, Pedro Puntoni e Rogério Ribas estiveram conosco no colóquio e participaram dos debates, além de vários colegas e alunos da UFF e de outras universidades. Tivemos o privilégio de ter Stela Guerreiro, Alain Tramont e Gustavo Kelly de Almeida como secretários que nos auxiliaram na organização do evento, que contou ainda com a colaboração de Gilciano Menezes Costa e dos bolsistas de iniciação científica Ana Paula Carvalho, André Sampaio, Carolina Silva, Fabrício Conceição, Gustavo Silva, Ingrid Souza, Leonardo Gomes, Raquel Bentes, Sebastião de Castro Jr. e Stephanie Correia.